T0290429

EL TRAJE NUEVO DEL BANQUERO

EL TRAJE NUEVO DEL BANQUERO

Qué ocurre con la banca y cómo resolverlo

Anat Admati y Martin Hellwig

Traducción de Esther Rabasco Espáriz

Antoni Bosch editor

Antoni Bosch editor, S.A.
Palafolls 28, 08017 Barcelona, España
Tel. (+34) 93 206 0730
info@antonibosch.com
www.antonibosch.com

Título original de la obra:
The Bankers' New Clothes
What's Wrong with Banking and What to Do about It

© 2013 by Princeton University Press
© 2013 de la edición en español: Antoni Bosch editor, S.A.

ISBN: 978-84-941267-3-4
Depósito legal: B. 21309-2013
Maquetación: Enric Rújula
Corrección: Andreu Navarro
Impresión: Novoprint

Impreso en España
Printed in Spain

A nuestra familia

Índice

Prólogo

En el otoño de 2008, parecía evidente que sería necesario llevar a cabo una reforma radical. Los bancos y los mercados financieros se encontraban en crisis desde hacía más de doce meses. En septiembre, todo el sistema financiero estaba al borde del colapso. Una institución tras otra estaban en quiebra o a punto de quebrar. Los gobiernos y los bancos centrales detuvieron el pánico mediante intervenciones masivas, pero, aun así, la economía inició un declive de una magnitud nunca vista desde la Gran Depresión.

Confiábamos en que se investigara y se analizara seriamente lo que había fallado y lo que habría que hacer para evitar que se repitiera una crisis de ese calibre. Confiábamos en que se aprendieran las lecciones de la crisis. Pero nos llevamos una desilusión. No se hizo ningún análisis serio de las medidas que se podrían tomar para que el sistema financiero fuera más seguro.

Muchos sostenían que «sabían» cuáles habían sido las causas de la crisis y qué había que hacer —o no hacer—, sin mirar mucho más allá. Los banqueros y sus defensores sostenían que el sistema bancario no tenía ningún problema. Decían sin parar que una reforma profunda interferiría en la actividad de los bancos y perjudicaría la economía. Querían hacernos creer que si nuestro objetivo era que los bancos prestasen y, de esta manera, estimulasen el crecimiento, teníamos que aceptar el sistema más o menos como estaba.

Eso no tenía ningún sentido para nosotros. Parecía que una gran parte de los análisis no tenía en cuenta lo que había ocurrido. Muchos argumentos parecían absolutamente falsos. Como profesores que nos hemos pasado la vida estudiando el sistema financiero

—Anat como profesora de finanzas y economía financiera en Stanford y Martin como profesor de economía y director de un instituto de investigación de Bonn—, nos quedamos horrorizados al ver reportajes de prensa y recomendaciones de política que empleaban engañosamente las palabras, interpretaban erróneamente los principios básicos, utilizaban argumentos falaces y empleaban incorrectamente los modelos matemáticos. Los expertos en banca, entre los cuales se encontraban muchos profesores, parecían creer que los bancos eran tan distintos de las demás empresas que no se aplicaban en su caso los principios básicos de la economía y de las finanzas.

No nos sorprendía que los banqueros presionaran en beneficio propio y dijeran cualquier cosa que pudiera servir a sus intereses; a menudo estaban en juego sus sueldos y sus bonificaciones, y el statu quo los favorecía. Pero nos consternaba —y nos alarmaba cada vez más— que no se pusieran en entredicho sus interpretaciones falsas y sus argumentos inválidos. En lugar de eso, parecía que estaban ganando el debate a ambos lados del Atlántico, que los esfuerzos reformistas estaban llegando a un punto muerto. Las propuestas que se hacían no iban en la buena dirección. Se estaba desaprovechando la oportunidad de mejorar el sistema.

Escribimos sobre estos problemas, abogando por una reforma en profundidad y exponiendo los argumentos falsos que se estaban esgrimiendo en contra de la reforma. Sin embargo, ocurre que una parte importante del debate discurre a puerta cerrada. Incluso cuando los reguladores solicitan opiniones sobre sus propuestas, la mayoría de ellas provienen del propio sector y de sus defensores, de manera que, entre bastidores, las presiones no cesan.

Cuando tratamos de hablar con los participantes en el debate, descubrimos que muchos de ellos no tenían ningún interés en verse implicados, y no lo decimos por lo que supieran o dejaran de saber, sino por lo que querían saber. Los políticos, los reguladores y demás, a menudo preferían no cuestionar el sector bancario. A la gente le gustan los argumentos simples, sobre todo si esos argumentos permiten disimular su propia responsabilidad por las políticas fallidas. El mundo académico se deja llevar por teorías basadas en la creencia de que el sistema tiene que ser eficiente. En una situación así, los argumentos falsos pueden ganar el debate.

También descubrimos que mucha gente, entre la que se encuentran muchos de los que participan en el debate, no comprende los conceptos básicos de modo suficiente para formarse su propia opinión sobre los temas o para evaluar lo que dicen otros. La jerga de los banqueros y de los expertos en banca es deliberadamente impenetrable y eso les ayuda a confundir a los responsables de la política económica y a la gente en general, y embarulla el debate.

Esta situación nos preocupa mucho, ya que el sistema financiero puede ser peligroso y está distorsionado. Hemos escrito este libro para explicar los problemas a la gente en general. Queremos que haya más personas mejor informadas para que puedan formarse su propia opinión. Queremos aumentar el conjunto de participantes y elevar el tono del debate.

Cuando los responsables de la política económica no juzgan adecuadamente los riesgos, todos podemos acabar perdiendo. Un claro ejemplo es Japón, donde los reguladores y algunos políticos corruptos actuaron en connivencia con la Tokio Electric Power Company y prefirieron pasar por alto unos fallos de seguridad que eran conocidos. Cuando Japón sufrió un terremoto y un *tsunami* en 2011, esta negligencia provocó una catástrofe nuclear que se podría haber evitado.

Las deficientes normas, y su aplicación ineficaz, también desempeñaron un papel decisivo en la acumulación de riesgos en el sistema financiero, lo cual convirtió la caída del mercado inmobiliario de Estados Unidos en un *tsunami* financiero. Sin embargo, a pesar de los enormes destrozos, los intentos serios de reformar la regulación bancaria se han ido a pique saboteados por las presiones del sector y la mala gestión.

La banca no es difícil de entender. La mayoría de las cuestiones son bastante sencillas. Basta con conocer el significado preciso de algunos términos que se emplean, como la palabra *capital*, para descubrir algunos de los sinsentidos. No hace falta saber mucho de economía, finanzas o disciplinas cuantitativas para leer y entender este libro.

En esta obra analizamos muchas opiniones y puntos de vista. A veces empleamos términos genéricos atribuyendo algunas afirmaciones a los «banqueros», los «reguladores» o los «políticos». Después de haber hablado y colaborado con muchas personas relacionadas con la banca y la política económica, sabemos que no todos los banqueros, los reguladores o los políticos son de la misma opinión. Muchos miembros de estos y de otros grupos abogan y trabajan por llevar a cabo una reforma beneficiosa. Sin embargo, en cada uno de estos grupos las ideas que analizamos se hallan tan extendidas y han influido tanto en los debates de política que nos sentimos autorizados a generalizar al exponer nuestra postura.

No crea el lector a los que le dicen que las cosas están hoy mejor que antes de la crisis financiera de 2007–2009 y que tenemos un sistema más seguro que incluso mejora conforme las reformas van poniéndose en práctica. El sistema bancario actual, incluso con las reformas propuestas, es tan peligroso y frágil como el que nos llevó a la crisis reciente.

Pero esta situación puede cambiar. Fijándose en lo que hay que fijarse y haciendo un diagnóstico certero de los problemas, es posible tomar de inmediato medidas sumamente beneficiosas.

Para tener un sistema financiero mejor es preciso que las normas reguladoras, y su aplicación, sean eficaces. Y lo que es más importante, hace falta voluntad política para adoptar y aplicar las medidas oportunas. Lo que esperamos al escribir este libro es que si más personas comprenden el alcance de los problemas, los políticos y los reguladores serán más responsables ante la ciudadanía. Los argumentos falsos y peligrosos —«el traje nuevo de los banqueros»— no deben ganar.

Octubre de 2012

Agradecimientos

Al escribir este libro sobre el endeudamiento y su lado malo, nos hemos endeudado mucho nosotros mismos y hemos experimentado el lado bueno del endeudamiento. Nos hemos endeudado mucho con el tiempo, la atención y las reflexiones de otras personas y hemos experimentado el placer de intercambiar opiniones con ellas. Algunos de esos intercambios de opiniones tuvieron lugar hace mucho tiempo, en nuestras discusiones sobre investigación pura, otros hace menos, en nuestros debates sobre la reforma de la política económica y de la regulación que se ha venido llevando a cabo desde 2007.

Escribir un libro sobre los bancos y la regulación bancaria que fuera accesible al lector profano ha sido un enorme reto. Nos sentimos muy agradecidos a numerosos amigos y colegas que nos animaron a aceptarlo y nos ayudaron a seguir adelante con su apoyo y sus consejos.

Estamos especialmente agradecidos a las siguientes personas, que leyeron los primeros borradores de al menos algunas partes del libro y nos hicieron numerosas y útiles observaciones: Philippe Aghion, Neil Barofsky, Jon Bendor, Sanjai Bhagat, Jules van Binsbergen, Christina Büchmann, Rebel Cole, Peter Conti-Brown, Pedro DaCosta, Jesse Eisinger, Christoph Engel, Morris Goldstein, Charles Goodhart, Andrew Green, Susan Hachgenei, Dorothee Hellwig, Hans-Jürgen Hellwig, Klaus-Peter Hellwig, Marc Jarsulic, Bob Jenkins, Simon Johnson, Birger Koblitz, Arthur Korteweg, Tamar Kreps, James Kwak, Alexander Morell, Stefan Nagel, John Parsons, Dieter Piel, Joe Rizzi, Steve Ross, Ingrid Schöll, Graham Steele, Monika Stimpson, Tim Sullivan, Matthias Thiemann, Rob Urstein, Jonathan Weil y Art

Wilmarth. Los editores del libro en Princeton University Press (PUP) también nos hicieron comentarios muy útiles. Queremos dar las gracias especialmente a Paul Pfleiderer, que participó en numerosas discusiones e hizo numerosas sugerencias que resultaron muy útiles para ir mejorando los diferentes borradores.

También damos las gracias a los miembros del grupo de estabilidad financiera convocado por Anat Admati y Simon Jonson en el Peterson Institute for International Economics de Washington, D.C. El Institute for New Economic Thinking ha financiado generosamente a este grupo, incluida una reunión celebrada en junio de 2012 para debatir sobre este libro.

Mientras participábamos en los debates de política económica en los últimos años, hemos tenido numerosas conversaciones con colegas y con personas que han influido en nuestro pensamiento y han dado forma al libro. Damos las gracias a Viral Acharya, Philippe Aghion, Sheila Bair, Mary Barth, Nadine Baudot-Trajtenberg, Jane Baxter, Lawrence Baxter, Urs Birchler, Niklaus Blattner, Jürg Blum, Arnoud Boot, Claudio Borio, Michael Boskin, John Boyd, Dick Brealey, Claudia Buch, Charles Calomiris, John Cochrane, Peter DeMarzo, Thomas Gehrig, Hans Gersbach, Hendrik Hakenes, Andy Haldane, Ian Harrison, Richard Herring, Tom Hoenig, Rob Johnson, Ed Kane, Dennis Kelleher, Mervyn King, David Kreps, Sebastian Mallaby, Maureen McNichols, Hamid Mehran, Allan Meltzer, David Miles, Chuck Morris, Manfred J. M. Neumann, George Parker, Francisco Pérez González, Thierry Philipponnat, John Plender, Barbara Rehm, Isabel Schnabel, David Skeel, Chester Spatt, Ilya Strebulaev, Martin Summer, Elu von Thadden, Adair Turner, Jim Van Horne, Larry Wall, Beatrice Weder di Mauro, Juli Weiss, Mark Whitehouse, Martin Wolf, Daniel Zimmer y Jeff Zwiebel. Es posible que algunos discrepen de nuestras opiniones, pero todos ellos han contribuido al libro con sus ideas.

En este libro, somos críticos con los políticos y los reguladores, aunque muchos de ellos no se ajustan a nuestras caracterizaciones. En nuestro pensamiento ha influido especialmente nuestra participación en diversas comisiones sobre política económica. Agradecemos la oportunidad que nos han brindado estas comisiones para aplicar el pensamiento académico a cuestiones prácticas y para debatir los temas con los políticos y los administradores, los banqueros centrales y los reguladores, los ejecutivos de empresas y otros colegas del mundo académico.

Un importante predecesor de este libro es «Fallacies, Irrelevant Facts, and Myths in the Discussion of Capital Regulation: Why Bank Equity Is Not Expensive», artículo que escribimos durante el verano de 2010 en colaboración con Peter DeMarzo y Paul Pfleiderer, profesores de la Universidad de Stanford. Este artículo iba dirigido a los profesionales que participaban en el debate sobre regulación bancaria. Nuestra experiencia posterior a este debate nos llevó a pensar que debíamos tratar de poner a disposición de una audiencia más amplia las ideas de ese artículo. Este libro es el resultado. Mientras lo escribíamos, también hicimos más investigaciones con Peter DeMarzo y Paul Pfleiderer, que dieron como resultado un artículo que es una continuación del anterior, «Debt Overhang and Capital Regulation», en el que también se basa el libro.

Para escribir una obra cuando uno de los autores se encuentra en California y el otro en Alemania, hace falta no solo tiempo, sino también ayuda para viajar y comunicarse. Estamos agradecidos a la Stanford Graduate School of Business y al Max Planck Institute for Research on Collective Goods de Bonn por proporcionarnos esta ayuda. También agradecemos la prestada por el Ministerio de Educación e Investigación de Alemania por medio del Max Planck Research Award 2012.

Los ayudantes de investigación Siddhartha Basu, Matthew Haney, Josh Loud, Michael Ohlrogge, Lucas Puente, Estefanía Molina Ungar, Zach Wang y Yizhou Xao nos han ayudado mucho con las notas y la bibliografía. También estamos agradecidos a nuestras ayudantes Mandy Ferrero y Monika Stimpson por su inestimable ayuda logística, administrativa y demás.

Seth Ditchik y Meter Dougherty, de PUP, nos han hecho numerosas sugerencias que han mejorado el libro. Les damos las gracias tanto a ellos como a todo el equipo de PUP y de Princeton Editorial Associates por su aliento, paciencia y ayuda en las numerosas revisiones.

Por último, y lo que es más importante, nuestra familia —especialmente nuestros esposos, David Kreps y Odrote Hellwig— ha soportado muchos meses de estrés y de ausencias, mientras estábamos absolutamente concentrados en escribir e informar sobre este libro. Les estamos inmensamente agradecidos por su comprensión y su apoyo.

INTRODUCCIÓN
Los emperadores de la banca van desnudos

1

Los emperadores de la banca van desnudos

Creo simplemente que la cantinela de son los «banqueros, banqueros, banqueros» es sencillamente improductiva e injusta. La gente debería dejar de seguir repitiéndola.

Jamie Dimon, director general de JPMorgan Chase, Davos (Suiza),
27 de enero de 2011

El mundo ha pagado con decenas de millones de parados, que no tenían ninguna culpa y que han cargado con todo. Esto ha causado una enorme irritación. ... Hemos visto que durante los últimos diez años, grandes instituciones en las que creíamos poder confiar han hecho cosas que no tenían nada que ver con el sentido común.

Nicolas Sarkozy, presidente de la República Francesa, Davos (Suiza),
27 de enero de 2011

Después de la crisis financiera de 2007–2009, los banqueros mantuvieron un perfil bajo durante los doce primeros meses, conscientes del enfado que habían causado la crisis y el uso del dinero de los contribuyentes para rescatar los bancos.[1] Los medios de comunicación y la opinión pública se sintieron muy identificados con la respuesta que el presidente francés Nicolas Sarkozy dio en Davos en 2011 al director general de JPMorgan, Jamie Dimon.[2]

En ese momento, los bancos presionaban sobre todo entre bastidores. Sin embargo, desde entonces, los grupos de presión de la banca han vuelto a hablar sin reservas.[3] Al igual que en los años anteriores a la crisis, los banqueros han venido presionando sin cesar y manifestándose en público en contra del endurecimiento de la regulación bancaria.[4] Algunos destacados banqueros se presentan como expertos que saben lo que es bueno para la economía. Son consultados habitualmente por autoridades, reguladores y políticos.[5] La prensa se hace eco extensamente de todas las declaraciones de los grandes banqueros. Pero mientras que esas declaraciones gozan de una amplia cobertura, apenas se examinan realmente los argumentos en que se basan.

En el famoso cuento de Hans Christian Andersen *El traje nuevo del emperador*, dos personas que dicen ser sastres se ofrecen a confeccionar para el emperador un hermoso traje muy especial. Afirman que el traje será invisible para los estúpidos e ineptos. El emperador encarga un juego completo de estas prendas especiales. Cuando manda a sus ministros a vigilar a los «sastres» no ven nada, pero por miedo a que se les considere estúpidos o incompetentes, ninguno de ellos lo reconoce y, en lugar de eso, ensalzan la magnificencia del traje y la tela inexistente de la que está hecho.

El propio emperador observa que su nuevo atuendo es invisible, pero como no quiere parecer estúpido o inepto, alaba el traje inexistente. Cuando recorre la capital «portándolo», los espectadores también admiran su atuendo, aunque no vean nada. Solo cuando un niño grita «¡el emperador va desnudo!», todo el mundo se da cuenta y admite que el emperador va, efectivamente, desnudo.

Un motivo importante del enorme impacto de las declaraciones de los banqueros es que la banca goza de una cierta mística. Está muy extendido el mito de que los bancos son especiales y diferentes de todas las demás empresas y sectores de la economía. Cualquiera que ponga en entredicho esa mística corre el riesgo de ser declarado incompetente para participar en el debate.[6]

Muchas afirmaciones que hacen destacados banqueros y expertos en banca tienen, en realidad, tanta sustancia como el traje nuevo del emperador del cuento de Andersen; pero casi nadie pone en cuestión estas afirmaciones, y sin embargo influyen decisivamente en la política económica. La fachada de competencia y confianza en sí mismos de los expertos es demasiado intimidante. Ni siquiera la gente que más sabe dice lo que piensa. Es posible que el emperador vaya desnudo, pero continúa desfilando sin que nadie ponga en duda su vestimenta.[7]

El objetivo que perseguimos al escribir este libro es desmitificar la banca y explicar los problemas para ampliar el círculo de participantes en el debate. Queremos animar a más personas a formarse su propia opinión y a confiar en ella, a hacer preguntas, a expresar sus dudas y a poner en entredicho los argumentos falsos que dominan el debate. Si queremos tener un sistema financiero más sólido, tiene que haber más gente que entienda sus problemas e influya en la política económica.

Muchos tienen la sensación de que algo le pasa a la banca y tienen dudas. ¿Por qué tuvieron tantos problemas los bancos durante la crisis? ¿Por qué se rescató a estas entidades y a otras instituciones financieras? ¿Eran necesarios esos rescates? ¿Serán rescatadas de nuevo estas instituciones si vuelven a tener problemas? ¿Serán las nuevas normas beneficiosas o perjudiciales? ¿Son demasiado rigurosas o no son lo suficiente?

Algunos destacados banqueros tienen respuestas muy simples a estas dudas. Probablemente admitan que se cometieron errores,[8] pero hablan de la crisis principalmente como si fuera un hecho casual, un accidente que es sumamente improbable que vuelva a repetirse en nuestra vida.[9] Sostienen que sería un despilfarro endurecer las normas reguladoras para prevenir un acontecimiento que a lo mejor ocurre una vez cada cien años. Nos advierten de que el endurecimiento de la regulación interferiría en lo mucho que hacen los bancos para espolear la economía, y eso tendría graves consecuencias inesperadas.[10]

El investigador inglés Francis Cornford escribió en 1908: «Solo hay un argumento para hacer algo; el resto son argumentos para no hacer nada. El argumento para hacer algo es que esto es lo que hay que hacer. Luego viene, por supuesto, la dificultad de asegurarse de qué es lo que hay que hacer».[11] Continúa explicando cómo se utiliza el «cuento del lobo», que es una fuente de terror o falsas alarmas para sembrar dudas y asustar. Si Cornford escribiera hoy, seguramente hablaría del cuento del lobo de las «consecuencias inesperadas».

Al mismo tiempo, los políticos parece que se dejan influir por las presiones. A pesar de lo indignados que dicen estar por la crisis, no han hecho apenas nada para resolver realmente los problemas que plantea. Por ejemplo, se podría deducir de los ataques del presidente Sarkozy a los banqueros que Francia es una defensora de la regulación bancaria. Pero sería un error deducir eso. En los organismos que tratan de coordinar los esfuerzos de los distintos países para regular la banca, Francia se ha opuesto sistemáticamente a todos los intentos de endurecer la legislación.[12] En Estados Unidos, las leyes suelen suavizarse en respuesta a las presiones de la banca. Por ejemplo, cuando se aprobó la ley Dodd-Frank en 2010, el Congreso suavizó la llamada *regla Volcker*, que prohíbe a los bancos comerciales negociar títulos por cuenta propia. Las presiones también influyen en la manera como los órganos reguladores aplican la ley.[13]

Muchas investigaciones sobre la banca, la crisis financiera y la reforma de la regulación parten de la base de que los bancos y el sistema financiero serán siempre vulnerables a los riesgos, y que la quiebra de un banco puede echar abajo todo el sistema financiero. Algunas investigaciones insinúan que esta fragilidad podría ser, en realidad, un subproducto necesario de los beneficios que aportan los bancos a la economía.[14] Sin embargo, estos estudios se basan en supuestos que hacen que la fragilidad sea realmente inevitable, sin cuestionar la relevancia de estos supuestos en la vida real.[15]

Es muy importante extender los debates de política financiera más allá del círculo restringido de los banqueros y de los expertos en banca, y es urgente adoptar medidas que aún no se han tomado.[16] El sistema bancario sigue siendo demasiado frágil y peligroso. Este es un sistema que si bien a muchos banqueros les parece adecuado, a la mayoría de nosotros nos expone a unos riesgos innecesarios y de un coste elevado e introduce considerables distorsiones en la economía.

¿Se puede hacer algo, a un coste razonable, para reducir la probabilidad de que quiebren los bancos y provoquen otra crisis devastadora? En una palabra, sí. ¿Lograrán este objetivo las reformas que se están aplicando? No. ¿Podemos tener una reglas que aumenten extraordinariamente la solidez y la seguridad del sistema y permitan al mismo tiempo a los bancos hacer todo lo que la economía necesita que hagan? Sí. ¿Tendríamos que sacrificar nosotros, como sociedad, algo importante para tener un sistema bancario mejor? No.

Una dirección clara que debe guiar cualquier reforma es la de impedir que los bancos y otras instituciones financieras recurran *tan-*

to como hasta ahora a endeudarse para financiar sus inversiones. Las reformas que se han acordado desde 2008 son, en este sentido, lamentablemente insuficientes y mantienen criterios que no han dado buen resultado. Las ventajas de una reforma más ambiciosa serían importantes, mientras que, contrariamente a lo que sostienen destacados banqueros, los costes para la sociedad, de haberlos, serían bastante pequeños.

No estamos diciendo que la única medida que debe considerarse es la imposición de unos límites más estrictos al endeudamiento de los bancos. Sin embargo, esta medida es importante y beneficiosa, independientemente de todo lo demás que se pueda hacer. La reducción de los riesgos excesivos que impone el sistema bancario a la economía, especialmente las grandes distorsiones que causa la presencia de instituciones que son *demasiado grandes para quebrar*, podría muy bien exigir más medidas. La clave es tratar de dar mejores incentivos a los agentes del mercado y a los que elaboran y aplican las normas, para que lo que hacen los banqueros no esté tanto en conflicto con el interés público.

Un muestreo del traje nuevo de los banqueros

Bastarán unos cuantos ejemplos para ilustrar lo que entendemos por *el traje nuevo de los banqueros*. Se ha constatado que el endeudamiento excesivo de los bancos fue un factor importante en la crisis de 2007–2008. Los propios banqueros lo han admitido a veces.[17] A pesar de eso, el sector bancario lucha ferozmente contra la imposición de una mayor restricción al endeudamiento de los bancos. Lo que se dice una y otra vez es que un endurecimiento excesivo de las condiciones para endeudarse sería perjudicial para el crecimiento económico.

Por ejemplo, en 2009, cuando estaban en marcha las negociaciones para llegar a un nuevo acuerdo internacional sobre regulación bancaria, Josef Ackermann, que era por entonces director general del Deutsche Bank, declaró en una entrevista que la imposición de unas restricciones más estrictas sobre el endeudamiento de los bancos «limitaría la capacidad [de los bancos] para conceder préstamos al resto de la economía. Eso reduce el crecimiento y afecta negativamente a todo el mundo».[18]

Este es el típico cuento del lobo, que insinúa que tenemos que elegir entre crecimiento económico y estabilidad financiera, y que no podemos tener los dos. Al fin y al cabo, ¿quién va a estar a favor de una regulación que «reduce el crecimiento y afecta negativamente a todo el mundo»?

Ackermann reconoció que la imposición de unas restricciones más rigurosas sobre el endeudamiento de los bancos «a lo mejor aumentaría la seguridad de los bancos», pero insistió en que sería a costa del crecimiento. Sin embargo, no habló de cómo afecta al crecimiento la continua inestabilidad y las convulsiones del sistema financiero.

La recesión económica más profunda desde la Gran Depresión de principios de los años treinta se produjo en el último trimestre de 2008, y fue una consecuencia directa de la crisis financiera mundial que afectó a numerosos bancos e instituciones financieras. La disminución sin precedentes que la producción experimentó en 2009 y la consiguiente pérdida económica se han valorado en billones de dólares.[19] La crisis ha causado un enorme sufrimiento a mucha gente.[20] A la luz de estos efectos, las advertencias de que la estabilidad financiera solo puede conseguirse a costa del crecimiento suenan falsas. También las advertencias de que disminuirían los créditos bancarios. En 2008 y 2009, los bancos que eran vulnerables porque se habían endeudado demasiado redujeron radicalmente sus préstamos. La grave contracción crediticia se debió precisamente a que los bancos estaban excesivamente endeudados.

¿Por qué el crédito bancario iba a verse afectado por la limitación del endeudamiento de los bancos?

Un argumento lo expuso en 2010 la British Bankers' Association, a juicio de la cual las nuevas normas sobre capital obligarían a los bancos británicos a «reservar 600.000 millones más de libras que, de no ser así, se podrían utilizar para efectuar préstamos a las empresas y a las familias».[21] A cualquiera que no sepa de qué trata la regulación, este argumento tal vez le parezca convincente. En realidad, es absurdo y falso.

Es absurdo porque hace un mal uso de la palabra *capital*. En el lenguaje de la regulación bancaria, esta palabra se refiere al dinero que el banco ha recibido de sus accionistas o propietarios, que debe distinguirse del dinero que ha recibido prestado. Los bancos utilizan tanto el dinero prestado como el no prestado para llevar a cabo préstamos y otras inversiones. El dinero no prestado es el que han obtenido de sus propietarios, si son bancos privados, o de sus accionistas, si son sociedades anónimas, junto con los beneficios no distribuidos. En la banca, este tipo de financiación se denomina *capital propio* o *fondos propios*.

La regulación sobre capital propio exige que una proporción de las inversiones o de los activos de un banco se financie con dinero no prestado.[22] Es similar a la obligación del comprador de una vivienda de dar una entrada mínima cuando se hipoteca. Tener un cociente mínimo entre los fondos no prestados y el total de activos es una manera de limitar la proporción de activos que se financia endeudándose. Como los fondos no prestados se obtienen sin que medie promesa alguna de efectuar pagos concretos en determinadas fechas, la tenencia de más capital aumenta la capacidad del banco para absorber las pérdidas potenciales causadas por sus activos.

Sin embargo, de la afirmación de la British Bankers' Association no deduciríamos que los requerimientos mínimos de capital se refieren a las cantidades que pide prestadas un banco. La afirmación hace que parezca como si el capital fuera reservas de caja, un dinero en efectivo que tienen los bancos y que no pueden utilizar para conceder créditos.

En realidad, la regulación del capital *no* indica a los bancos lo que tienen que hacer con sus fondos propios. Solo les señala qué proporción de los fondos que utilizan deben ser fondos que no han obtenido en préstamo. Es absurdo decir que las nuevas normas *obligarían* a los bancos británicos a «tener 600.000 millones más de libras de capital». La insinuación de que los préstamos a las empresas o a las familias se reducen automáticamente en esos 600.000 millones de libras es falsa. El capital no es un fondo que se reserva en precaución de que vengan malos tiempos.

La confusión que rodea al término *capital bancario* está muy extendida. Numerosos reportajes de los medios de comunicación afirman que los bancos deben «apartar» capital para satisfacer las nuevas normas. Las referencias a las reservas de capital inducen a pensar que la regulación obliga a los bancos a tener dinero en efectivo paralizado en las cajas del banco sin ponerlo a trabajar en la economía.[23] Parece que un miembro de un grupo de presión de la banca declaró: «Un dólar en capital es un dólar menos trabajando en la economía».[24]

Esta confusión es insidiosa porque distorsiona el debate, e induce a pensar que hay unos costes que no existen realmente. Sí existen unos costes en el caso de las reservas obligatorias, que exigen a los bancos tener una proporción de sus depósitos en efectivo o en depósitos en el banco central. Sin embargo, las necesidades mínimas de capital son distintas de las reservas obligatorias y no plantean los mismos problemas. Confundiendo las dos, es más fácil sostener que las necesidades mínimas de capital impiden a los bancos prestar cuando, en realidad, eso no es cierto.

Las necesidades mínimas de capital bancario no producen ningún efecto automático en la concesión de préstamos bancarios, al menos en el caso de los bancos que son sociedades anónimas. Una regulación que exija aumentar las necesidades mínimas de capital no impide a estas sociedades emitir más acciones y recaudar nuevos fondos para realizar los préstamos y las inversiones que consideren rentables.

Además, tanto los bancos que no tienen acceso a los mercados de valores como los que sí lo tienen pueden aumentar su capital no repartiendo beneficios y reinvirtiéndolos. Lo que *decidan* hacer los bancos con los fondos y las razones por las que tomen sus decisiones son cosas distintas, que no por ello dejan de ser importantes. Pero la regulación del capital no *obliga* en ningún sentido a los bancos a reducir sus préstamos. Los bancos que son viables pueden conseguir más fondos no prestados sin reducir su concesión de créditos.

Los defensores de los bancos, cuando se oponen a que se aumenten las necesidades mínimas de capital, a menudo dicen que el capital propio es caro y que, si han de tener más capital propio, sus costes aumentarán.[25] Este mantra es tan evidente para los expertos en banca que normalmente no ven ninguna necesidad de justificarlo. Pero ¿por qué detestan tanto los bancos el capital propio y piensan que es caro? ¿En qué sentido exactamente es caro y qué significa eso para la sociedad y para la política económica?

Podemos contrastar este argumento comparando los bancos con otras sociedades anónimas. Las sociedades anónimas en la mayoría de los sectores económicos pueden endeudarse tanto como deseen si pueden encontrar a alguien que les preste. Sin embargo, no existe ningún otro sector económico en el que las sociedades anónimas se endeuden ni de lejos tanto como los bancos. En la inmensa mayoría de las sociedades anónimas no financieras de Estados Unidos, la deuda representa menos del 50 por ciento de sus activos. Es más, algunas empresas muy prósperas no tienen ninguna deuda.[26] En cambio, en los bancos, la deuda a menudo representa más del 90 por ciento de sus activos. En algunos grandes bancos europeos, la proporción es incluso mayor, superior al 97 por ciento. También era tan alta en algunos grandes bancos de inversión estadounidenses antes de 2007, así como en los gigantes hipotecarios, la Federal National Mortgage Association (Fannie Mae) y la Federal Home Loan Mortgage Corporation (Freddie Mac), que fueron rescatados.[27] Las nuevas normas, de las que se queja la banca, continúan permitiendo que la deuda financie el 97 por ciento de los activos bancarios.[28]

Si el capital es caro, como insinúan los banqueros, y el endeudamiento es barato, ¿por qué eso no se aplica también a otras sociedades anónimas? ¿Por qué no se endeudan más las sociedades que no son bancos y economizan un capital supuestamente caro? ¿Están haciendo algo mal estas otras empresas? Por ejemplo, ¿por qué Apple, que no se ha endeudado nada, no pide prestado emitiendo algo de deuda que podría utilizar para pagar dividendos a sus accionistas? ¿No sería beneficioso sustituir el caro capital de la compañía por deuda barata? ¿O es que los costes de financiación de los bancos son muy diferentes?

En 2008, se puso de manifiesto una de las diferencias importantes en los costes de financiación de los bancos: si un banco grande tiene dificultades y está a punto de no poder devolver su deuda, la probabilidad de que el gobierno, o el banco central, lo ayude para evitar que incumpla sus obligaciones es muy alta. Algunas empresas que no pertenecen al sector financiero también se han beneficiado de los rescates públicos; por ejemplo, la industria automovilística en Estados Unidos,[29] pero esos casos son raras excepciones. En el sector financiero, el rescate de grandes instituciones o de numerosas entidades, por pequeñas que sean, si todas ellas tienen dificultades al mismo tiempo, se ha convertido en la norma.

Si una empresa puede contar con que la rescatará el Estado si no puede pagar sus deudas y, en consecuencia, a sus acreedores no les preocupa mucho que no las pueda pagar, le prestarán encantados. El resultado es que la empresa descubrirá que endeudarse es barato y que otras formas de financiar sus inversiones, como el capital propio, resultan caras. Los intereses que tenga que pagar por su deuda no reflejarán su verdadero riesgo de impago, ya que este es asumido en parte por el contribuyente. Por tanto, desde el punto de vista de los bancos, el endeudamiento es barato. Pero eso solo es así porque los costes del endeudamiento bancario son asumidos en parte por los contribuyentes.

Cuando los grupos de presión de la banca sostienen que debieran tener más capital, sus costes aumentarían, nunca mencionan los costes que tiene para el contribuyente el estar subvencionando su endeudamiento. A veces niegan incluso que existan esas subvenciones.[30] Sin embargo, existen considerables pruebas de que el endeudamiento bancario se beneficia de la posibilidad de ser rescatado por los contribuyentes. Por ejemplo, las agencias de calificación crediticia a veces dan a la deuda bancaria una nota más alta que la que le darían si los bancos no tuvieran la posibilidad de ser rescatados.[31] Estas notas más altas reducen directamente los tipos de interés a los que pueden endeudarse los bancos.[32] Curiosamente, el montante de esta ganancia es mayor cuanto más se endeuda un banco.

Estos no son más que unos cuantos ejemplos de lo que pretendemos decir cuando hablamos del traje nuevo de los banqueros, afirmaciones falsas y engañosas que se hacen en los debates sobre regulación bancaria. Muchas de ellas coinciden con ciertas sensaciones básicas y, sin embargo, no tienen más sustancia que el traje ficticio del emperador en el cuento de Andersen.

Este libro ofrece al lector un marco para analizar estas cuestiones, de manera que pueda comprenderlas mejor y ver los argumentos falsos como lo que son. Su lectura no exige tener conocimientos previos de economía, finanzas o banca. Tal vez piense que estos asuntos no van con usted. Sin embargo, si se deja el análisis de la banca y de la regulación bancaria exclusivamente a quienes se ven afectados directamente, el sistema financiero continuará estando en peligro por la debilidad de la banca y todos nosotros, usted incluido, podemos acabar sufriendo las consecuencias. La presión de la gente es lo único que puede lograr la voluntad política necesaria. Sin presión de la opinión pública y voluntad política, no esperemos muchos cambios.

Muchas prendas del traje nuevo de los banqueros que exponemos en este libro están relacionadas con el nivel de endeudamiento de los bancos. Para comprender los problemas que esto crea, primero vemos cómo el endeudamiento de los individuos y de las empresas influye sobre el riesgo y las inversiones. Eso nos permitirá entender en qué se parecen los bancos a otras empresas y en qué se diferencian.

El endeudamiento no es el único tema del libro. En el debate sobre la regulación bancaria, se efectúan muchas más afirmaciones falsas. La mayoría de estas prendas del traje nuevo de los banqueros también son cuentos del lobo, advertencias sobre unas consecuencias inesperadas que pretenden asustar a los responsables de la política económica para que no hagan nada y no lleguen a enfocar los temas importantes como es debido ni propongan soluciones a los problemas reales.

Por ejemplo, algunos destacados banqueros suelen pedir que se apliquen a todos las mismas reglas del juego en materia de regulación.[33] Advierten de que podría verse mermada su capacidad para defenderse de la competencia internacional si la regulación fuera más estricta para ellos que para los bancos de otros países. Este argumento también se esgrime en otros sectores económicos y a veces consiguen una regulación más laxa, pero carece de validez.[34] A los poderes públicos de un país no debería preocuparles el éxito de sus bancos o de sus empresas como tal, ya que el éxito que se logra por medio de subvenciones de los contribuyentes o exponiendo a la gente a unos riesgos excesivos —por ejemplo, a los riesgos de contaminación o de una crisis financiera— no es beneficioso ni para la economía ni para la sociedad.

Por lo que se refiere a la cuestión de cuánto deben endeudarse los bancos y de cuánto riesgo deben asumir, existe un conflicto fundamental entre lo que es bueno para los banqueros, en particular, y lo que es bueno para la economía, en general. Si adoptamos medidas que animen a los bancos a endeudarse y a asumir riesgos, paradójicamente haremos que sea atractivo para ellos elegir unos niveles de deuda y de riesgo que resultan perjudiciales y que carecen de utilidad.

Cualquiera que sea lo que hagamos, la imposición de unas restricciones significativas al endeudamiento de los bancos es una manera sencilla y muy barata de reducir los riesgos a los que se expone el conjunto de la economía sin imponer un coste significativo a la sociedad.

Para frenar la toma excesiva y perjudicial de riesgo por parte de los banqueros harán falta unas normas más estrictas.

Por qué es importante la seguridad de los bancos

¿Por qué debe preocuparnos tanto la seguridad de los bancos y su nivel de endeudamiento? La respuesta más simple es que cuanto más se endeuda uno, mayor es la probabilidad de que no pueda pagar sus deudas. Cuando ocurre eso, la mayoría de los deudores quiebran, los derechos de los prestamistas se congelan hasta que un tribunal decide qué se les puede pagar y, cuando llega ese momento, normalmente se les paga mucho menos de lo que se les debe.[35]

Cuando un deudor es un banco, los daños que causa si no paga sus deudas pueden ser grandes y afectar a muchas más personas y empresas de las que están relacionados directamente con el banco. Así sucede sobre todo cuando el banco es una institución financiera de importancia sistémica, como el JPMorgan Chase o el Deutsche Bank, que realizan enormes operaciones en todo el mundo.[36] El endeudamiento excesivo de ese tipo de bancos nos expone a todos a riesgos, costes e ineficiencias que son absolutamente innecesarios.

En el periodo anterior a la crisis financiera, las deudas de muchos grandes bancos financiaban el 97 por ciento o más de sus activos. Lehman Brothers en Estados Unidos, Hypo Real Estate en Alemania, Dexia en Bélgica y Francia y UBS en Suiza debían muchos cientos de miles de millones de dólares, euros o francos suizos.[37] Lehman Brothers se declaró en quiebra en septiembre de 2008. Los otros tres evitaron la quiebra únicamente porque fueron rescatados por sus gobiernos.[38]

La quiebra de Lehman Brothers causó graves trastornos y numerosos daños al sistema financiero mundial.[39] Los precios de las acciones se desplomaron, los inversores se retiraron del mercado de dinero negándose a renovar sus préstamos a la banca y los bancos dejaron de prestarse mutuamente. Ante esta situación, los bancos trataron frenéticamente de vender activos, lo cual redujo aún más los precios de estos. En dos semanas, fueron muchos los que se encontraron ante la perspectiva de no poder devolver sus deudas.[40]

Para evitar que el sistema se hundiera totalmente, los gobiernos y los bancos centrales de todo el mundo proporcionaron a las instituciones financieras fondos y garantías por sus deudas.[41] Estas intervenciones detuvieron el desastre, pero aun así la desaceleración de la actividad económica fue la mayor desde la Gran Depresión.[42] Anton Valukas, el abogado nombrado por el tribunal de quiebras para investigar Lehman Brothers, lo expuso en pocas palabras: «Todo el mundo resultó perjudicado. Toda la economía ha sufrido como consecuencia de la caída de Lehman Brothers ... el mundo entero».[43]

En el otoño de 2008, eran vulnerables no solo Lehman Brothers, sino también otras muchas instituciones financieras. Ben Bernanke, presidente de la Reserva Federal, dijo a la Financial Crisis Inquiry Commission (FCIC) que «de ... las quizá trece instituciones financieras más importantes en Estados Unidos, doce corrían el riesgo de quebrar en una semana o dos».[44] Algunos de los grandes bancos de Bélgica, Francia, Alemania, Islandia, Irlanda, los Países Bajos, Suiza y el Reino Unido o quebraron o corrían grandes riesgos de quebrar si sus gobiernos no los hubieran rescatado.[45]

Los estudios sobre la crisis suelen centrar la atención en los distintos episodios de falta de financiación de los bancos entre agosto de 2007 y octubre de 2008.[46] Una gran parte de la financiación de los bancos consistía en deuda a muy corto plazo. Por tanto, los bancos eran vulnerables al riesgo de que estos créditos no se renovaran. Sin embargo, la causa más profunda de la falta de financiación de los bancos fue su enorme endeudamiento. Cuando los bancos empezaron a sufrir pérdidas, los inversores, incluidas otras instituciones financieras, perdieron confianza en ellos y dejaron de financiarlos temiendo que no pudieran devolver sus deudas.[47] La propia quiebra de Lehman Brothers acrecentó el temor de los inversores, al demostrar que incluso una gran institución financiera podía no ser rescatada, con lo que la posibilidad de que una institución de ese tipo no pudiera pagar su deuda era una posibilidad real.[48]

El problema que plantea el que se considere que algunos bancos son demasiado grandes para quebrar es hoy mayor que en 2008. Desde entonces, los mayores bancos de Estados Unidos han crecido mucho. El 31 de marzo de 2012, la deuda de JPMorgan Chase estaba valorada en 2,13 billones de dólares y la de Bank of America en 1,95 billones, más del triple de la deuda de Lehman Brothers. Las deudas de los cinco mayores bancos de Estados Unidos ascendían en total a unos ocho billones de dólares. Estas cifras habrían sido incluso mayores si se hubieran aplicado las normas contables que se emplean en Europa.[49]

En Europa, los mayores bancos son de parecidas dimensiones. Como las economías europeas son menores que la de Estados Unidos, el problema es aún más grave. Los bancos son considerablemente mayores en relación con el conjunto de la economía, en Europa que en Estados Unidos, especialmente en algunos de los países más pequeños.[50] En Irlanda e Islandia, antes de la crisis, el sistema bancario había crecido tanto que, cuando los bancos quebraron, las economías de estos países se hundieron.[51]

El traumático caso de Lehman ha llevado a la mayoría de los gobiernos a creer que no se debe dejar quebrar a los grandes bancos. Sin embargo, si cualquiera de estos grandes bancos atraviesa graves dificultades, es posible que descubramos que no solo son demasiado grandes para quebrar, sino también demasiado grandes para ser salvados. Ninguna de las opciones posibles será buena.

Las consecuencias de dejar que un gran banco quiebre probablemente sean más graves hoy que en el caso de Lehman Brothers en 2008, pero rescatarlo podría hundir a su país. Los casos de Irlanda y España dan una idea de lo que puede ocurrir si los gobiernos tienen que salvar grandes sistemas bancarios. En ambos países, los gobiernos no fueron capaces de resolver por sí solos sus problemas bancarios, por lo que tuvieron que pedir ayuda al Fondo Monetario Internacional y a la Unión Europea.[52]

Dada esta situación, es sumamente importante evitar los escenarios en los que los gobiernos tengan que elegir entre dejar que una gran institución quiebre o comprometerse a llevar a cabo un rescate carísimo. Una de las soluciones es tratar de crear mecanismos que permitan que los grandes bancos quiebren sin perturbar la economía o sin necesitar ayuda pública. Aunque se han hecho esfuerzos en este sentido, queda el reto de los bancos globales. Es probable que incluso el mejor mecanismo de resolución cause trastornos y resulte caro.[53]

Independientemente de lo que se decida hacer, la solución más sencilla y barata para evitar las crisis es reducir considerablemente la posibilidad de que los grandes bancos se endeuden mucho. La legislación y las propuestas actuales van en la buena dirección, pero distan de ser suficientes y tienen graves fallos.[54] Esta situación se debe al éxito de las presiones de los bancos y a la frecuencia con que se esgrimen argumentos falsos, el traje nuevo de los banqueros, en el debate. Para avanzar, es preciso dejar las cosas claras.

La situación actual es perversa. Es como si subvencionáramos la industria química para que contaminara intencionadamente los ríos y los lagos. Esas subvenciones fomentarían sin duda la contaminación. Si, a continuación, se pidiera a la industria que redujera su actividad nociva, seguro que se quejaría de que sus costes iban a aumentar. ¿Harían esas quejas que toleráramos su contaminación? Subvencionar los bancos para que se endeuden excesivamente y asuman tantos riesgos que pongan en peligro a todo el sistema bancario es exactamente lo mismo que subvencionar y animar a las empresas a que contaminen cuando existen alternativas limpias.

La mayoría de las inversiones entrañan riesgos. Si estas se financian mediante préstamos, los riesgos son asumidos no solo por los prestatarios, sino también por los prestamistas y posiblemente por otros. El propio endeudamiento magnifica el riesgo y crea conflictos fundamentales de intereses que también pueden generar ineficiencias. Estos conflictos de intereses e ineficiencias explican en gran parte lo que le ocurre a la banca e indican lo que hay que hacer para resolverlo.

Para comprender los problemas —y para ver a través del traje nuevo de los banqueros— es importante considerar la relación entre endeudamiento y riesgo. Este es el asunto que analizaremos ahora. En los dos capítulos siguientes examinamos la relación entre endeudamiento y riesgo sin centrar la atención en la banca. A continuación, pasamos a analizar esta, cuál es su riesgo y las consecuencias del riesgo excesivo en los sistemas financieros. Este análisis servirá de marco para examinar en capítulos posteriores la regulación bancaria y el traje nuevo de los banqueros. También esclarecerá la política de la banca. Ayudar a comprender mejor los problemas y el reto político que comportan es el motivo por el que hemos escrito este libro.

PRIMERA PARTE
El endeudamiento, la banca y el riesgo

2

De cómo el endeudamiento magnifica el riesgo

Los préstamos y las deudas son causa de honda preocupación
e inquietud.

Los bancos conceden créditos a los individuos, a las empresas y a los
Estados. Los bancos piden préstamos a los individuos y a las empresas, incluidos otros bancos. Para entender a los bancos, es preciso
comprender el endeudamiento. En este capítulo y en el siguiente,
vemos cómo funciona el endeudamiento y cómo puede afectar al
riesgo. Nuestro análisis se aplica a cualquier endeudamiento privado,
no solo al endeudamiento de los bancos.[1]

Los individuos piden préstamos para comprar cosas, como un automóvil o una casa, con el fin de poseer y disfrutar de estas cosas
antes de lo que podrían disfrutarlas si tuvieran que pagarlas con su
propio dinero.[2] Los individuos y las empresas también piden créditos
para efectuar inversiones. Por ejemplo, un individuo puede emplear
el dinero recibido en préstamo para pagar sus estudios y una empresa puede utilizarlo para invertir en nuevas fábricas o en el desarrollo
de nuevos productos. Los prestatarios confían en pagar sus deudas
con el dinero que ganen más adelante, por ejemplo, cuando sus inversiones den fruto.

El endeudamiento da pie al apalancamiento: endeudándose, los
individuos y las empresas pueden realizar inversiones mayores que las
que podrían permitirse si las llevaran a cabo por su cuenta inmedia-

tamente. Este apalancamiento brinda oportunidades al prestatario, pero también magnifica sus riesgos. El prestatario promete pagar a su prestamista ciertas cantidades en unas determinadas fechas futuras y se queda con todo lo que resta una vez pagada la deuda en los plazos prometidos. En el lado positivo, si las inversiones dan buenos resultados, el apalancamiento magnifica los beneficios del prestatario. Sin embargo, en el lado negativo, si las inversiones no rinden lo suficiente, el apalancamiento magnifica las pérdidas. Cuanto más se endeuda uno, mayor es este riesgo.

Es posible que para los individuos y las pequeñas empresas, el endeudamiento sea el único modo de invertir más de lo que pueden permitirse por su cuenta. Sin embargo, para las sociedades y, especialmente, para las grandes, el endeudamiento no es la única manera de financiar sus inversiones y su crecimiento. Las sociedades anónimas también pueden recaudar fondos de los inversores emitiendo acciones. Cuando toman decisiones de inversión, tienen que elegir una combinación de deuda y acciones para financiarlas.

El ejemplo de una hipoteca

Carolina quiere comprar una casa por 300.000 euros. No tiene suficiente dinero para pagarla en efectivo, pero puede pedir un crédito hipotecario de hasta 270.000. Debe poner, al menos, 30.000 euros, el 10 por ciento del precio de la vivienda, en concepto de entrada.

Una manera de visualizar la compra de la vivienda de Carolina es examinar un balance como el que muestra la figura 2.1. El recuadro del lado izquierdo representa la inversión de Carolina, a saber, la vivienda, que cuesta 300.000 euros. Los recuadros del lado derecho representan las diferentes fuentes del dinero para realizar la inversión, la hipoteca de 270.000 euros y la entrada de 30.000. La diferencia entre el valor de la vivienda y el de lo que debe Carolina es el capital que ha invertido en la vivienda. Al principio, el capital de Carolina es simplemente el importe de su entrada.

El contrato hipotecario de la vivienda de Carolina especifica los pagos que debe efectuar por los intereses y la devolución del propio préstamo. Para simplificar el análisis, suponemos de momento que en el periodo analizado Carolina vive en la casa y solo paga intereses, sin devolver ningún euro de los 270.000 de la hipoteca.

Después de un año, Carolina quiere mudarse, por lo que vende la casa. Para liquidar la hipoteca, tiene que devolver los 270.000 euros. Puede quedarse con lo que reste después de vender la casa, si es que resta algo.

Si el valor de la vivienda no ha variado, puede venderla por 300.000 euros. Después de amortizar la deuda hipotecaria de 270.000 euros, le quedan 30.000, que es exactamente la cantidad de su entrada. Ha tenido que pagar intereses por la hipoteca y también ha perdido el dinero que podría haber ganado si hubiera invertido sus 30.000 euros en otra cosa, pero si le gustaba vivir en la casa, es posible que aun así se alegre de haber efectuado la inversión. Se puede considerar que los intereses que pagó equivalen al alquiler que tendría que haber satisfecho si no hubiera vivido en una casa de su propiedad.

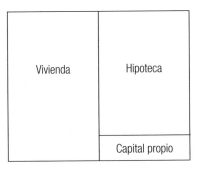

FIGURA 2.1
Diagrama del balance de la compra de una vivienda.

Carolina estaría, desde luego, más contenta si el valor de la vivienda hubiera aumentado durante el año. Supongamos que ha aumentado un 5 por ciento, y ahora vale 315.000 euros. Después de pagar la deuda hipotecaria de 270.000, le quedarán 45.000; es decir, 15.000 más que la entrada de 30.000. Endeudándose, Carolina ha podido adquirir una vivienda que no podría haber comprado por su cuenta y, además, ha obtenido un buen rendimiento por su inversión. Endeudarse es maravilloso si el dinero prestado se invierte en algo que aumenta de valor.

Pero ¿y si la casa de Carolina hubiera perdido valor? Supongamos que su valor hubiera disminuido un 5 por ciento, y que ahora valiera

285.000 euros. Después de devolver 270.000, a Carolina solo le quedarían 15.000 de su entrada de 30.000. En relación con su entrada, habría perdido 15.000, o sea, el 50 por ciento del dinero que invirtió en la casa.

Ya podemos ver en este sencillo ejemplo que el endeudamiento produce un efecto de apalancamiento que magnifica los riesgos y los rendimientos. Una pequeña variación del 5 por ciento del valor de la vivienda de Carolina ha producido espectaculares efectos en su riqueza generando unas ganancias o unas pérdidas del 50 por ciento de su inversión. De la misma manera que una palanca multiplica la fuerza que se ejerce para mover una roca, la deuda permite a los prestatarios multiplicar los activos que pueden financiar con su propio dinero, pero también magnifica las ganancias y las pérdidas que experimentan por cada euro de su propio dinero.

En el lado positivo, si el valor de la casa de Carolina ha aumentado, se quedará con todos los euros de los 15.000 en que ha aumentado el valor de su vivienda. Sin embargo, en el lado negativo, una pequeña disminución porcentual puede ser devastadora para la inversión de Carolina, ya que la cantidad de deuda es fija, por lo que su entrada debe absorber todas las pérdidas, al menos hasta que se cancele la deuda. En el caso de una disminución del 5 por ciento, perderá la mitad de su entrada.

La figura 2.2 presenta las diferentes posibilidades por medio de diagramas de los balances. El diagrama de la izquierda muestra la posición de Carolina cuando compró la vivienda presentada en la figura 2.1. La entrada era su capital propio inicial. Los otros dos diagramas exponen su posición un año más tarde; en el primero se supone que el valor de la vivienda ha aumentado y en el otro se supone que ha disminuido. La deuda de Carolina es la misma en ambos casos. El valor del capital propio varía en la cuantía íntegra de la variación del valor de la vivienda. Como el valor del capital propio es menor que el valor de la vivienda, la variación del capital propio de Carolina es mayor en términos porcentuales que la variación del valor de la vivienda.

La situación de Carolina es aún peor si el valor de la vivienda ha disminuido todavía más. Supongamos, por ejemplo, que ha disminuido un 15 por ciento. Ahora Carolina vende la casa por 255.000 euros, cantidad que es menor que los 270.000 que debe. Carolina pierde toda la entrada de 30.000 y debe por la hipoteca más de lo que vale la casa.

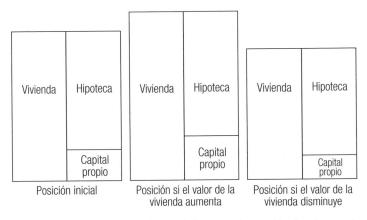

FIGURA 2.2 Diagramas de los balances de la compra de una vivienda y de su venta un año más tarde.

El resultado que Carolina obtiene cuando la casa vale menos de lo que debe depende de que el prestamista pueda exigirle que pague la diferencia con sus otros activos o incluso con sus futuros salarios.[3] En muchos países europeos y en algunos estados de Estados Unidos, los prestamistas hipotecarios pueden obligar a los prestatarios a pagarles con algunos de sus demás activos, como cuentas bancarias, automóviles, cuadros o joyas.[4] En ese caso, Carolina podría verse obligada a pagar los 270.000 euros íntegros, no solo los 255.000 obtenidos por la venta de la casa. Si no tiene suficientes activos, puede quedarse en la ruina.

En algunos estados de Estados Unidos, las hipotecas contienen una cláusula de dación en pago (*non-recourse clause*) que da al propietario de la vivienda la opción de abandonarla sin efectuar ningún pago más.[5] En ese caso, el banco se quedaría con la vivienda abandonada en lugar de recuperar la deuda en su integridad.[6]

¿Cómo cambiarían las cosas si la entrada de Carolina hubiera sido de 60.000 euros en lugar de 30.000? En este caso, Carolina solo habría tenido que pedir un crédito de 240.000 euros para comprar la casa. Evidentemente, los intereses que habría tenido que pagar por el préstamo durante el año que vivió en la casa hubieran sido menores, pero habría tenido inmovilizados en la vivienda 60.000 euros en lugar de 30.000.

Si Carolina comenzara teniendo un capital inicial mayor, el efecto de apalancamiento sería menor que si su capital inicial fuera más reducido. Si el valor de la vivienda aumenta un 5 por ciento, esta se vende por 315.000 euros y Carolina debe 240.000, acabará teniendo 75.000, lo cual representa una ganancia del 25 por ciento sobre su inversión inicial de 60.000. Si el valor de la vivienda disminuye un 5 por ciento, esta se vende por 285.000 euros, acabará teniendo 45.000 una vez pagados 240.000. En este caso, perderá el 25 por ciento de su inversión de 60.000 en la vivienda.

En unidades monetarias, la ganancia y la pérdida generadas por toda la vivienda son las mismas que antes, pero ambas son menores en porcentaje del capital inicial de Carolina si se endeudó menos. Cuanto más se endeuda Carolina, más espectacular es el efecto de apalancamiento; es decir, la magnificación de las ganancias y las pérdidas porcentuales generadas por su inversión. Si Carolina adquirió la vivienda sin pedir ningún crédito, la casa es suya directamente, por lo que sus ganancias o sus pérdidas porcentuales son las mismas que los aumentos o las disminuciones porcentuales del valor de la vivienda. En ese caso, una disminución del valor de esta de un 5 por ciento sería para Carolina una pérdida del 5 por ciento de su inversión; no habría ningún apalancamiento ni magnificación del porcentaje ganado o perdido.

El cuadro 2.1 resume el ejemplo mostrando cuál es la situación de Carolina en cada caso. El panel superior muestra aquel con el que comenzamos, cuando Carolina dio una entrada de 30.000 euros y pidió un crédito de 270.000. El panel inferior muestra el ejemplo en el que la entrada era de 60.000 y la hipoteca de 240.000.[7]

Para exponer mejor el efecto de apalancamiento, incluimos un caso en el que el valor de la vivienda aumenta un 15 por ciento, a 345.000 euros. En el ejemplo en el que Carolina pidió la hipoteca mayor y solo invirtió 30.000 euros, acaba quedándose con 75.000 después de pagar la deuda; su rendimiento por euro invertido en la vivienda es del 150 por ciento, ¡que es, desde luego, una maravilla! Con la hipoteca menor y la entrada mayor de 60.000 euros, el rendimiento de Carolina por euro invertido es del 75 por ciento «solamente». En el lado positivo, el apalancamiento es magnífico.[8] En el lado negativo, representado en el panel inferior, si el valor de la vivienda disminuye, la situación de Carolina es mejor si se endeudó menos; en términos porcentuales, sus pérdidas son inferiores.[9]

CUADRO 2.1 Deuda y capital cuando se compra una vivienda de 300.000 euros con dos entradas distintas (y un crédito hipotecario que contiene una cláusula de dación en pago).

Precio de la vivienda al final del año (euros)	Compra con una entrada de 30.000€ (capital inicial)			
	Variación porcentual del precio de la vivienda	Deuda hipotecaria (euros)	Capital final (euros)	Rendimiento del capital (porcentaje)
345.000 15		270.000	75.000	150
315.000 5		270.000	45.000	50
300.000 0		270.000	30.000	0
285.000 −5		270.000	15.000	−50
255.000 −15		270.000	0	−100

Precio de la vivienda al final del año (euros)	Compra con una entrada de 60.000€ (capital inicial)			
	Variación porcentual del precio de la vivienda	Deuda hipotecaria (euros)	Capital final (euros)	Rendimiento del capital (porcentaje)
345.000 15		240.000	105.000	75
315.000 5		240.000	75.000	25
300.000 0		240.000	60.000	0
285.000 −5		240.000	45.000	−25
255.000 −15		240.000	15.000	−75

Si todo el mundo supone que los precios de la vivienda solo pueden subir, los casos en los que hay pérdidas no se consideran relevantes. Pero a veces, como hemos visto, los precios de la vivienda bajan, aunque los prestamistas y los propietarios de viviendas piensen que eso es imposible.

El ejemplo muestra el importante papel que desempeña la entrada, el capital inicial de Carolina en la vivienda. Cuando Carolina compró la casa, su capital representaba la parte del valor de la vivienda que no pagó con dinero prestado. En cualquier momento posterior, el capital de Carolina es la diferencia entre el valor de la vivienda y la cantidad necesaria para pagar su deuda. El capital propio es un colchón que puede absorber las pérdidas que genera la vivienda. Cuanto mayor es el capital de Carolina, más probable es que su vivienda valga más de lo que debe y le quede algún capital, aunque esta pierda valor.

En suma, el endeudamiento crea apalancamiento y aumenta el riesgo de la inversión de capital de un prestatario. Cuanto más se endeude el prestatario, mayor será la probabilidad de que se quede sin capital. Con la cláusula de la dación en pago, solo pierde el 100 por ciento de su capital inicial. El resto de la pérdida que pueda originarse afecta al acreedor, no al prestatario.

En nuestro ejemplo simplificado, la casa de Carolina se vende un año después y durante ese tiempo que vivió en ella solo pagó intereses, por lo que la cantidad necesaria para liquidar la hipoteca es la misma a la que asciende esta. En una situación más realista, Carolina puede ser propietaria de la casa durante un tiempo. Va efectuando pagos por su hipoteca, y la refinancia posiblemente en algún momento. Mientras es propietaria de la casa, también la mantiene y quizá la mejore o la reforme.

Con el paso del tiempo, el valor de la vivienda, la deuda hipotecaria de Carolina y su capital varían. En el diagrama del balance, todas estas variaciones se representarían cambiando el tamaño de los diferentes recuadros o partidas del balance. En cualquier momento del tiempo, cuanto mayor sea el capital de Carolina en relación con su deuda, menos probable es que una pérdida de valor de la vivienda se lleve por delante el capital.

Hasta ahora, en nuestro ejemplo hemos considerado que el coste de 300.000 euros de la vivienda y la entrada, 30.000 o 60.000 euros, son fijos. Si Carolina quisiera comprar una casa de 300.000 euros y solo tuviera 30.000 para la entrada o no quisiera invertir más que eso en una vivienda, tendría que convivir con el riesgo que entraña endeudarse por el 90 por ciento del valor de la misma. Carolina podría haber reducido su riesgo comprando una casa más barata. Por ejemplo, si hubiera comprado una que costara 150.000 euros con una entrada de 30.000, su capital inicial habría representado el 20 por ciento del valor de la vivienda, el mismo porcentaje que cuando invirtió 60.000 en una casa de 300.000.

Las ganancias y las pérdidas en términos porcentuales habrían sido las mismas si Carolina hubiera comprado una casa de 150.000 euros y hubiera invertido 30.000 que en el panel inferior del cuadro 2.1, en el que da una entrada de 60.000 euros por la vivienda de 300.000. En concreto, mientras que el capital de Carolina de 30.000 desaparece si ha comprado una vivienda de 300.000 cuyo valor ha disminuido un 15 por ciento, una reducción del 15 por ciento no la dejará sin nada si ha comprado una casa de 150.000 con una entrada de 30.000. Para saber cuál le conviene comprar si solo tiene 30.000 para invertir, Carolina tiene que sopesar los beneficios de vivir en una casa mayor y pagar unos intereses mucho más altos por el préstamo más elevado y el riesgo más alto de perder una parte mayor de su inversión o toda.

El endeudamiento de las empresas

Una gran parte del análisis anterior es válido tanto en el caso del endeudamiento de las empresas como en el del endeudamiento personal. Si Carolina lleva su propio negocio, es su única propietaria –es decir, no tiene socios–, el endeudamiento le permite adquirir más máquinas o más espacio de lo que podría con sus propios fondos. También puede tener que endeudarse para pagar a sus empleados antes de empezar a vender algo.

El diagrama del balance se puede utilizar con la misma facilidad en el caso de la empresa de Carolina que en el de su vivienda. El recuadro del lado izquierdo de la figura 2.3 representa el valor de todos los activos de la firma; el recuadro superior del lado derecho, el valor de las deudas o pasivos de Carolina; el recuadro inferior del lado derecho, el valor del capital que ha invertido en el negocio.

Al igual que en el ejemplo del endeudamiento de Carolina para comprar una casa, el balance de su empresa cambia con el paso del tiempo. Los cambios no se deben solo a las variaciones del valor de los activos, sino que también podrían obedecer a los cambios de las propias tenencias de activos. Cuando Carolina produce bienes, sus existencias aumentan y cuando los vende, sus existencias disminuyen

y sus reservas de caja aumentan. Cuando Carolina paga a sus empleados, sus reservas de caja disminuyen. Esta situación es más complicada que la mera variación del valor de la vivienda del ejemplo anterior,
pero la lógica básica es la misma.

FIGURA 2.3
Diagrama del balance de
una empresa.

Al igual que en el ejemplo de la vivienda, la diferencia entre los activos de Carolina y sus deudas es su posición de capital, llamada a
veces *patrimonio neto*. En ambos casos, Carolina no sabe de antemano
cómo evolucionarán sus activos, que en el ejemplo de la vivienda es
su valor. El de la vivienda y la evolución de la empresa son ambos
inciertos. Las variaciones del valor de los activos afectan en ambos casos al capital de Carolina. Si ella tiene beneficios porque los ingresos
que obtiene por las ventas son superiores a sus costes, el valor de sus
activos aumentará, al igual que el de su capital. Si no tiene suerte y
los ingresos no cubren los costes, su capital disminuirá. Pero la deuda
de Carolina sigue siendo la misma, a menos que se endeude más o
pague una parte de la misma.

Al igual que en el ejemplo de la vivienda, el endeudamiento crea
apalancamiento y magnifica los riesgos. Un aumento o una disminución del valor de los activos se traducen en un aumento o en una
disminución igual del valor del capital de Carolina. En porcentaje,
la variación del valor de su capital será un múltiplo de la variación
por euro del valor de sus activos. Este efecto de apalancamiento será
más espectacular cuanto Carolina más se haya endeudado y menos
capital tenga.

Carolina, al ser la única propietaria de su negocio, no está protegida por una cláusula de dación en pago. Si su empresa tiene pérdidas,

no puede simplemente abandonarla sin pagar la deuda. A menos que pueda pagar todas las deudas de la empresa, tal vez se vea en la ruina. Puede proteger su patrimonio personal de los riesgos de la empresa si esta es una sociedad de responsabilidad limitada.[10] Los estatutos de ese tipo de sociedad determinan la cantidad máxima de la que se le puede hacer responsable. Aparte de esa cantidad, Carolina puede desentenderse de la deuda de la sociedad, exactamente igual que en el caso de las hipotecas que contienen una cláusula de dación en pago.

La responsabilidad limitada tiene un inconveniente. Si Carolina se desentiende de algunas de sus deudas, puede tener más dificultades para conseguir créditos.[11] También puede ocurrir que los proveedores teman no tener mucho a lo que recurrir para recuperar su dinero si algo va mal en sus negocios con la mujer del ejemplo. Si Carolina es totalmente responsable y no puede desentenderse de sus deudas, está expuesta a más riesgo, pero eso también puede hacer que los demás confíen más en ella.

Las sociedades anónimas

La sociedad anónima es el tipo más importante de sociedad de responsabilidad limitada. Una sociedad anónima es una institución que tiene un conjunto de normas por las que se rige su funcionamiento, como los derechos y las responsabilidades del consejo de administración y de los accionistas. En muchos casos, la ley trata a esta institución como si fuera un individuo con entidad propia. Como tal, puede firmar contratos con otros, pedir créditos, contratar empleados y vender sus productos. Los abogados llaman *persona jurídica* a una entidad de este tipo. En la práctica, las decisiones y las actuaciones de las sociedades anónimas son el resultado de las actuaciones de sus responsables; es decir, de sus gestores y de sus consejeros.

Si Carolina constituye una sociedad anónima, al principio poseerá las acciones de la empresa y también la gestionará. Sin embargo, no hay razón alguna para que tenga que ser así. Puede querer vender parte de su capital a alguna otra persona o dar algunas acciones a sus familiares, amigos o empleados clave. O puede querer quedarse con las acciones, pero nombrar a otra persona para que gestione la empresa. Dentro del marco legal de una sociedad anónima, puede hacer las dos cosas. No existe una relación necesaria entre la propiedad del capital y la gestión de la empresa.

Las sociedades anónimas pueden endeudarse exactamente igual que los individuos. De la misma forma, cuando las sociedades anónimas se endeudan, reciben dinero a cambio de la promesa legal de devolver en el futuro determinadas cantidades de dinero en determinadas fechas. Esta promesa solo se cumple si la sociedad anónima puede pagar; si no puede hacerlo o no le es posible negociar otras condiciones, quizá tenga que declararse en quiebra. Los accionistas, los propietarios del capital, no pueden ser obligados a realizar más pagos. Su responsabilidad se limita a las cantidades que invirtieron. La deuda de la sociedad anónima debe pagarse enteramente con sus activos en la medida en que sea posible.

FIGURA 2.4
Diagrama del balance de una sociedad anónima.

La situación financiera de una sociedad anónima también puede representarse en un balance. El exhibido en la figura 2.4 es igual que el de la 2.3.[12]

El capital propio de una sociedad anónima representa la diferencia entre el valor de los activos de la sociedad y sus compromisos con sus acreedores. Al igual que antes, la evolución del capital refleja las ganancias y las pérdidas generadas por las inversiones de la sociedad, con un efecto de apalancamiento en razón del endeudamiento. Cuanto más capital propio tenga una sociedad en relación con sus activos, mayores serían las pérdidas que podría soportar sin quedarse sin ningún capital. Cuando las sociedades anónimas tienen poco capital propio, son como el propietario de una vivienda cuya hipoteca representa un elevado porcentaje del valor de la casa. Cuanto menor sea la cantidad de capital, mayor es la probabilidad de que la sociedad se quede sin él si el valor de sus activos disminuye.

Las sociedades anónimas pueden obtener fondos sin endeudarse

Las inversiones de un individuo pueden depender de su patrimonio personal y de lo que pueda endeudarse. Sin embargo, una sociedad anónima puede obtener más dinero para realizar inversiones vendiendo acciones. Las sociedades anónimas pueden expandirse rápidamente sin necesidad de endeudarse.

Los accionistas poseen una parte del capital de la sociedad que depende del número de acciones que compren. Cuando la sociedad anónima obtiene beneficios y reparte algunos o todos en forma de dividendos, los accionistas tienen derecho a recibir la parte que les corresponda de estos dividendos. Dependiendo de los dividendos que esperen recibir, los inversores estarán dispuestos a pagar más o menos dinero por las acciones.

Por tanto, las sociedades anónimas pueden obtener fondos emitiendo acciones y vendiéndolas a los inversores. Los accionistas también pueden vender acciones a terceros.[13] Eso es especialmente fácil si las acciones cotizan en Bolsa. La estructura de la propiedad de las sociedades anónimas es muy flexible y esta flexibilidad ha contribuido a su éxito como institución.

Cuando una sociedad anónima emite acciones, cada una de las que ya existían representa una proporción menor del capital total de la sociedad. Por ejemplo, si la sociedad tiene inicialmente cuatro millones de acciones y emite otro millón, después de la emisión tendrá cinco millones de acciones en circulación. Los cuatro millones de antiguas acciones representan ahora el 80 por ciento del capital de la sociedad y las nuevas el 20 por ciento.

A veces se utiliza la palabra *dilución* para referirse a la reducción de la proporción del capital en manos de los antiguos accionistas, lo cual indica que los antiguos accionistas se encuentran de alguna manera en una situación peor. Sin embargo, aunque su proporción del capital total de la sociedad disminuye, los recursos de la sociedad aumentan. El dinero que pagan los nuevos accionistas por sus acciones queda a disposición de la sociedad anónima para realizar nuevas inversiones. El total de activos de la sociedad anónima aumenta y el lado izquierdo de su balance crece en la cantidad de dinero que la sociedad recibe por las acciones.

¿Cómo afecta la emisión de nuevas acciones a los antiguos accionistas? La respuesta depende de que estén mejor poseyendo una proporción mayor de una sociedad anónima más pequeña o una proporción menor de una sociedad anónima mayor. Si la sociedad anónima puede dar un buen uso al nuevo dinero, es posible obtener así mayores beneficios y tiene más capacidad para crecer, los antiguos accionistas estarán mejor con la nueva emisión de acciones que sin ella.[14] Poseer una proporción menor de una sociedad anónima mayor y que se expande más deprisa puede ser más valioso y más atractivo que tener una proporción mayor de una sociedad menor.[15]

Sin embargo, el valor del capital de los antiguos accionistas puede disminuir si los nuevos fondos se emplean para fines que no los benefician. Por ejemplo, si la empresa crece adquiriendo otros activos a un precio excesivo. Otra posibilidad es que los nuevos fondos beneficien a los acreedores de la empresa y de esa manera quede para los accionistas una cantidad relativamente pequeña de los fondos o de los rendimientos generados por su inversión.[16]

Como las sociedades anónimas pueden emitir acciones, así como pedir préstamos, su nivel de endeudamiento depende no solo de cuánto quieran invertir, sino también de la *combinación de deuda y acciones* que quieran utilizar para financiar la inversión. En este sentido, son muy distintas de los individuos.

El crecimiento interno como una fuente de capital propio

Tanto las sociedades anónimas como el resto de las empresas pueden invertir y crecer sin endeudarse a base de no repartir beneficios y reinvertirlos. El dinero que se reparte entre los propietarios y los accionistas deja de estar a disposición de la empresa o de la sociedad anónima. Las inversiones que se realizan con los beneficios no distribuidos no exigen ningún endeudamiento adicional, por lo que se atribuyen al capital propio. No es necesario nuevo capital.

Los accionistas confían en obtener algo a cambio de reinvertir los beneficios en la sociedad anónima. Si una sociedad anónima no reparte beneficios y lleva a cabo malas inversiones o despilfarra el dinero, los accionistas acaban insatisfechos y el precio de las acciones baja. Los directivos y los accionistas a veces discrepan sobre el destino que se debe dar a los beneficios y, a menudo, los accionistas exigen que los directivos repartan más beneficios.[17]

Sin embargo, en algunas situaciones, puede ocurrir que los accionistas prefieran que no se repartan los beneficios y que se reinviertan. Así sucede si la sociedad tiene enormes oportunidades de crecimiento que a los accionistas les gustaría que la empresa aprovechara. Si las inversiones tienen éxito, los precios de las acciones serán más altos y los dividendos serán mayores en el futuro. Muchas sociedades anónimas no pagan dividendos a sus accionistas durante largos periodos de tiempo y aquellos están contentos. Por ejemplo, Apple no repartió dividendos entre diciembre de 1995 y agosto de 2012. Los accionistas de las sociedades anónimas que no reparten dividendos, pero cuyas acciones cotizan en Bolsa, pueden crear lo que se denomina un *dividendo propio* vendiendo algunas acciones.[18]

Los pagos a los propietarios o a los accionistas se pueden realizar de dos maneras distintas. Cuando una sociedad anónima reparte dividendos, todos los accionistas reciben unos dividendos proporcionales a su participación en la propiedad. La sociedad anónima también puede recomprar algunas acciones. En ese caso, compra las de algunos accionistas y les paga en efectivo, con lo que la participación de los otros accionistas en la propiedad aumenta, ya que quedan menos acciones; al haber menos acciones en circulación, el precio por acción es más alto que si la empresa hubiera repartido dividendos, por lo que los accionistas también se benefician. En ambos casos, los pagos reducen el capital total propio de la sociedad anónima y su capacidad para absorber pérdidas.

Los bancos se endeudan mucho

El nivel de endeudamiento de las sociedades anónimas varía mucho de unas a otras. Algunas, como Apple o Bed Bath and Beyond, apenas se endeudan. Casi todas las demás tienen alguna deuda, pero no suele ser mucha. En Europa, el nivel de endeudamiento de las sociedades anónimas es mayor que en Estados Unidos y se recurre más a los bancos en busca de créditos, pero incluso en Europa no hay casi ninguna gran compañía sólida cuyo capital propio sea inferior al 30 por ciento. Cuando los bancos conceden préstamos, insisten en que los prestatarios tengan suficiente capital propio para absorber posibles pérdidas.[19] Al mismo tiempo, los propios bancos tienden a recurrir mucho a la deuda y normalmente tienen menos del 10 por ciento en fondos propios, a menudo el 5 por ciento o incluso menos, en relación con su total de activos.

Eso no siempre ha sido así. En la primera mitad del siglo XIX, los bancos operaban como sociedades colectivas de responsabilidad ilimitada. Los propietarios de los bancos tenían que pagar a sus depositantes o a otros acreedores con los activos de los bancos o con los suyos propios. Hasta mediados del siglo XIX, era normal que el capital propio representara entre el 40 y el 50 por ciento de las inversiones totales de los bancos.[20] Los banqueros tenían cuidado de no asumir demasiados riesgos, ya que no podían desentenderse de sus deudas cuando las inversiones resultaban fallidas.

En Estados Unidos y en muchos países europeos, las sociedades de responsabilidad limitada, especialmente las sociedades anónimas, comenzaron a ocupar un lugar destacado en el último tercio del siglo XIX. En algunos países, esta forma de organización se extendió menos deprisa a la banca que a otros sectores. Por ejemplo, en Gran Bretaña, muchos bancos se mostraron reacios al principio a aprovechar las nuevas leyes que les permitían operar con responsabilidad limitada. Como explicó un experto en banca de ese periodo, «sería mucho más probable que un depositante confiara su dinero a un banco» si los accionistas tuvieran responsabilidad ilimitada.[21] De la misma manera, en Estados Unidos, aunque la responsabilidad limitada se utilizaba mucho en algunos sectores, la legislación y los contratos privados llevaron a la mayoría de los bancos a no adoptar la responsabilidad limitada hasta la década de 1930.[22]

Los bancos que tienen responsabilidad ilimitada pueden arruinar a sus accionistas cuando están en apuros, y se pensaba que eso disuadía a los individuos adinerados de convertirse en accionistas de los bancos. Estas entidades no podían crecer demasiado cuando operaban como empresas de responsabilidad ilimitada. Tras el hundimiento del City of Glasgow Bank en 1878, en el que los depositantes no perdieron nada, pero el 80 por ciento de los accionistas se quedó en la ruina, se aceleró la tendencia a limitar la responsabilidad de los propietarios de los bancos. Aun así, hasta bien entrado el siglo XX los accionistas de los bancos tuvieron a menudo una responsabilidad amplia que les obligaba a cubrir pérdidas superiores al montante de su inversión inicial.[23]

Esta responsabilidad ampliada no impidió las retiradas masivas de depósitos de los bancos y las pérdidas de los depositantes durante la Gran Depresión debido a que muchas personas se quedaron en la ruina.[24] Tras esa experiencia, Estados Unidos estableció un seguro explícito de depósitos creando la Federal Deposit Insurance Corporation (FDIC). Los bancos que son miembros de la FDIC pagan una prima y sus depósitos están garantizados por esta entidad hasta una cantidad máxima, que actualmente es de 250.000 dólares. También se han desarrollado programas parecidos en otros muchos países.[25]

La tendencia más notable en el modo de financiarse de los bancos desde mediados del siglo XIX ha sido la disminución sistemática de la utilización de capital propio en relación con la deuda. A principios del siglo XX, todavía era frecuente que los bancos tuvieran un capital igual al 25 por ciento de su total de activos, pero en Estados Unidos a principios de los años noventa los niveles de capital de los bancos se redujeron a cifras de un dígito, en torno al 6 u 8 por ciento de su total de activos.[26] También se observó una tendencia parecida en otros países.[27] El endeudamiento aumentó aún más en muchos bancos en el periodo anterior a la crisis financiera de 2007–2008.[28]

Cuando un individuo o una empresa deciden endeudarse, ven principalmente el lado bueno del endeudamiento, la capacidad para realizar mayores inversiones y para disfrutar de mayores rendimientos si las inversiones salen bien. Sin embargo, el apalancamiento del endeudamiento tiene, como sabemos, un lado negativo. Cuanto mayor es la proporción de activos financiada por medio de deuda, más probable es que el prestatario, el prestamista y posiblemente terceros experimenten el lado malo del endeudamiento. En el siguiente capítulo, analizamos más detenidamente el lado malo, cuando el prestatario tiene dificultades financieras y no puede realizar los pagos prometidos. Aunque en el capítulo cuatro centramos únicamente la atención en los bancos, el siguiente capítulo constituye una parte fundamental del libro, ya que el lado malo del endeudamiento explica una gran parte de lo que le pasa a la banca.

3

El lado malo del endeudamiento

El bueno de John Sedley era un hombre arruinado. Se había dicho de él en la Bolsa que era un moroso. ... Se embargó y se subastaron la casa y el mobiliario de Russell Square, y él y su familia se quedaron en la calle, ... tuvieron que guarecerse donde pudieron.

William Makepeace Thackeray (1811–1863), Vanity Fair

La deuda es una promesa. Una vez que existe, los prestatarios y los acreedores deben ocuparse de ella. A veces la carga que impone la promesa es demasiado difícil o imposible de soportar para el prestatario. Eso sucede en el caso de las deudas de los individuos y de las empresas, y a veces también en el caso de la deuda pública. La carga de la deuda puede causar problemas tanto a los prestatarios como a los prestamistas y a veces también a terceros.

Consideremos el caso del endeudamiento de Carolina como persona o como empresaria. Si Carolina no paga sus deudas, las consecuencias legales pueden ser desastrosas para su vida y para su empresa. Carolina podría tratar de pedir otra línea más de crédito, lo cual significa que contraería más deuda para pagar los créditos que ya tenía. Sin embargo, para que Carolina pueda volver a pedir un préstamo, los prestamistas deben creer que sus dificultades solo son temporales y que devolverá en algún momento el nuevo préstamo, así como los iniciales.

Como prestataria, si se ve en apuros, es posible que quiera que sus acreedores crean que solo tiene un *problema temporal de liquidez*; no tiene el dinero en efectivo para pagar hoy, pero podrá pagar más adelante. Seguramente querrá que no se ponga en duda su *solvencia*, es decir, su capacidad para acabar pagando sus deudas. Si los acreedores la creen, es posible que estén dispuestos a permitirle *refinanciar* su deuda. Sin embargo, los prestatarios que tienen problemas supuestamente temporales a veces acaban no pagando ninguna deuda, y quebrando.

¿Es importante que el problema de Carolina sea simplemente un problema de liquidez y no un problema de solvencia? Si Carolina tiene pocas esperanzas de recuperarse y pagar sus deudas, pero sus acreedores le permiten seguir endeudándose y haciendo lo que quiera con el dinero, es posible que se vuelva imprudente. Apostar por una resurrección, hacer apuestas con la idea de que «si sale cara, gano yo; si sale cruz, pierden mis acreedores» puede ser demasiado tentador si no hay otra forma de evitar la quiebra.

El efecto de la deuda se deja sentir incluso antes de que el prestatario deje de pagarla. El sobreendeudamiento puede llevar a los prestatarios a tomar decisiones distintas de las que tomarían si no se hubieran endeudado. Los prestatarios en dificultades pueden volverse excesivamente cautos o excesivamente imprudentes. Ambos comportamientos pueden ser bastante caros para los prestatarios, los acreedores y terceros.

Las cuestiones relacionadas con el lado malo de la deuda son importantes para entender por qué la mayoría de las sociedades anónimas limitan su endeudamiento. Sin embargo, los bancos experimentan la carga de la deuda de una forma distinta. Los bancos ven principalmente el lado bueno. Eso los lleva a endeudarse mucho más que otras sociedades anónimas. El lado malo del endeudamiento no es tan malo para ellos, ya que algunos costes de la deuda son asumidos por terceros. Sin embargo, endeudándose mucho proyectan una negra sombra sobre la economía.

Convivir con la deuda

Reconsideremos el caso de Carolina y la hipoteca de 270.000 euros. En el capítulo anterior, partimos del supuesto de que pide esta hipoteca para comprar una vivienda de 300.000. Vive un año en ella y solo paga intereses. Pasado el año, la vende y liquida la hipoteca. En una situación más realista, Carolina no solo pagaría mensualmente los intereses, sino que también devolvería parte del principal de la hipoteca. Con el paso del tiempo, la deuda restante y los intereses de esta deuda irían disminuyendo y aumentaría la proporción de principal en su pago mensual.

Una vez que Carolina pide el préstamo, tiene que realizar los pagos especificados en el contrato hipotecario. Si tiene un buen trabajo, quizá le parezcan fácilmente asequibles. Pero ¿y si pierde el empleo o alguien de su familia se pone enfermo y necesita un tratamiento muy caro? En ese caso, el pago de la hipoteca puede convertirse en una pesada carga y Carolina tal vez acabe por no tener suficiente dinero para pagar sus gastos habituales más la hipoteca.

El banco de Carolina podría estar dispuesto a permitirle posponer los pagos durante un tiempo. O Carolina podría conseguir más créditos. Pero eso no resolvería realmente su problema, puesto que entonces tendría que pagar aún más intereses, por los nuevos créditos y por el antiguo. La utilización de nuevos créditos para pagar deudas pendientes puede ser el comienzo de un círculo vicioso, o sea, de una trampa de la deuda en la que las obligaciones son cada vez mayores. Lo mismo podría ocurrir si Carolina hubiera pedido una segunda hipoteca sobre su vivienda con el fin de pagarse un viaje por el Mediterráneo; pidiendo la segunda hipoteca, habría aumentado sus deudas y reducido el capital que tiene en la casa.

Los riesgos de Carolina son aún mayores si los intereses hipotecarios se ajustan según las variaciones del mercado. Las hipotecas de tipo variable se utilizaron a menudo en Estados Unidos en la década de 1980, en la que los bancos temían que los tipos de interés a los que estaban endeudándose variaran, y son comunes en otros países. También se utilizaron frecuentemente en el periodo anterior a la crisis reciente, en el que se ofrecía a los prestatarios unos tipos muy tentadores, unos tipos de interés muy bajos durante los dos primeros años con una cláusula por la que pasados dos años, se ajustaban al alza. En el caso de Carolina, si su hipoteca establece ese tipo de ajustes y los intereses de su crédito hipotecario aumentan, su pago mensual aumentará y la carga de la deuda será mayor, posiblemente mucho mayor.

A finales de los años ochenta, el peligro de que variaran los tipos de interés afectó a mucha gente en el Reino Unido. Como no había un mercado de alquiler, muchas personas habían comprado una vivienda endeudándose mucho. La mayoría de los créditos hipotecarios tenían tipos de interés variables. Cuando los tipos de interés subieron vertiginosamente en 1989, muchos prestatarios no pudieron pagar sus hipotecas. Eso provocó un aumento de la morosidad y de las ejecuciones hipotecarias en 1990–1991.[1] Lo mismo ocurrió con muchos préstamos e hipotecas de tipo variable en Estados Unidos cuando subieron los tipos de interés a finales de los años ochenta y de nuevo en 2005–2007.[2]

A Carolina no le gusta vivir con el riesgo de no poder pagar sus deudas. Para evitarlo, mantiene algunas reservas de caja. También podría haberse endeudado menos, para empezar. Es posible que eso no fuera una opción si su trabajo la obligaba a vivir en una determinada zona. Si esta zona era cara y Carolina no pudo encontrar un trabajo parecido en una zona más barata, es posible que tuviera que acabar aceptando endeudarse mucho con el consiguiente riesgo.

Tanto en el caso de las sociedades anónimas como en el resto de las empresas, se plantean cuestiones parecidas. Como los ingresos de las empresas a menudo son más inciertos que las rentas derivadas del trabajo, los riesgos del endeudamiento pueden ser, en realidad, mayores en el caso de las empresas que en el de los individuos. Es frecuente ver empresas que han prosperado durante un tiempo para empezar a perder clientes poco después. Las compañías, al igual que los individuos, pueden reducir temporalmente los riesgos de su endeudamiento endeudándose más, pero eso puede desencadenar un círculo vicioso.

Los costes de las estrategias defensivas, como salvaguarda contra los riesgos, pueden ser más altos para las empresas que para los individuos. Cuando la gente pide créditos para consumo personal, consumir menos suele ser una alternativa realista. Sin embargo, las necesidades de inversión de una empresa dependen en parte de su tipo de negocio y a menudo no se pueden reducir sin dañar el negocio. Un fabricante de automóviles debe tener una cadena de montaje. Un médico necesita un determinado número de aparatos para ejercer la medicina y ha de tener personal. No serviría de nada tener media cadena de montaje o menos aparatos o ningún recepcionista. Una empresa también puede verse obligada a hacer más inversiones para estar a la altura de la competencia. El endeudamiento puede impedir a un prestatario que invierta. El juego del Monopoly puede darnos una idea de este dilema. Si los jugadores corren el riesgo de quedarse sin dinero, es posible que no deban comprar propiedades caras, por rentable que sea comprarlas.

Como señalamos en el capítulo 2, las sociedades anónimas pueden obtener recursos emitiendo acciones y no solo endeudándose. Eso les da más flexibilidad que a los individuos y al resto de las empresas a la hora de evitar las cargas de la deuda. Si una sociedad anónima no emite suficientes acciones o si su capital se ha agotado porque ha sufrido muchas pérdidas, también puede encontrarse con que la deuda pendiente sea una carga que ponga en peligro su futuro.

Morosidad y quiebra

Los prestatarios, por mucho que se esfuercen, pueden acabar siendo incapaces de cumplir los compromisos que han contraído respecto a su deuda. Lo que ocurra entonces dependerá de la legislación y de lo que decidan hacer sus acreedores y los tribunales.

Cuando un prestatario no realiza un pago, el prestamista normalmente espera a ver si es que simplemente se ha retrasado. Puede imponerle un recargo por morosidad. Acudir a los tribunales para tratar de cobrar las deudas o embargar propiedades que sirvan de garantía lleva tiempo y es caro. Si el prestatario sigue sin pagar, el prestamista puede acabar emprendiendo acciones legales para cobrar su deuda por la vía ejecutiva o iniciar un procedimiento de quiebra. Cuando son varios los prestamistas afectados, es posible que tengan menos paciencia, ya que cada uno de ellos puede temer que los demás se adelanten y se apoderen de las propiedades del prestatario, lo cual perjudicaría a los prestamistas más pacientes.

No es lo mismo, por supuesto, que la deuda sea de 50.000 euros o de 50 millones; también es importante lo elevada que sea en relación con el total de activos y de deudas del prestatario y el prestamista. Una deuda de 50.000 euros normalmente es un problema del prestatario, mientras que es probable que una deuda de 50 millones se convierta en un problema del prestamista.[3] Si el prestatario debe

50 millones de euros, es posible que el prestamista vaya con cuidado para no destruir la empresa del prestatario, en la que se ha invertido la cantidad adeudada. Sin embargo, si va con demasiado cuidado, puede tener dificultades para cobrar.

Cuando los prestamistas acuden a los tribunales, las consecuencias dependen de la legislación, que es distinta en los diferentes países y periodos. En la antigua Roma, se confiscaban las propiedades del prestatario moroso y este y su familia podían ser vendidos como esclavos.[4] En *El mercader de Venecia,* de Shakespeare, este reclama una libra de carne del prestatario. En la Edad Media, los prestatarios morosos podían ser llevados a la cárcel para deudores hasta que su familia pagara la deuda.[5] El encarcelamiento de los deudores morosos fue frecuente en muchos países hasta bien entrado el siglo xix. En Estados Unidos, el Gobierno federal y la mayoría de los estados abolieron esta práctica en la década de 1830, pero en algunos estados, aún hoy, los prestatarios pueden ser detenidos cuando no pagan sus deudas.[6]

La morosidad y la quiebra causan muchos trastornos. Con las leyes actuales, causan menos que en la antigua Roma o en la Edad Media, pero aun así la mayoría de la gente prefiere, desde luego, evitar la quiebra como sea.[7] Para una empresa, los trastornos que causa su propia morosidad pueden ser funestos. Si un acreedor embarga un camión o una máquina, las actividades de la entidad pueden paralizarse. Cuando esta tiene varios acreedores, el daño es mayor, ya que sus reclamaciones pueden estar en conflicto. Cada uno de ellos querrá embargar un activo antes que los demás acreedores. En esta situación, declararse en quiebra o en concurso de acreedores puede ser una manera de impedir que los acreedores se peleen entre ellos y reine la ley de la jungla forzando la desaparición de la empresa[8].

Los trastornos que causan la morosidad y la quiebra afectan no solo a los prestatarios y a los prestamistas implicados. También pueden afectar a los empleados de los prestatarios, a sus proveedores y a sus clientes.[9] El Estado recaudará menos impuestos y los comercios locales pueden resultar perjudicados por la disminución de la demanda de los productos que venden. Los precios de la vivienda pueden bajar si la gente se muda de sitio. Si se despide a los empleados y estos no pueden pagar sus hipotecas, las ejecuciones hipotecarias que llevan a abandonar o a desatender las casas y apartamentos también pueden reducir los valores de los bienes inmuebles de una ciudad.[10]

Antes de que los acreedores emprendan acciones por su cuenta, la mayoría de los países permiten a los deudores en dificultades declararse en suspensión de pagos o en quiebra. En ese caso, interviene un tribunal de lo mercantil. Tradicionalmente, el fin de la quiebra es impedir que un acreedor adopte medidas que acaben perjudicando no solo al prestatario, sino también a los demás acreedores. En las últimas décadas, muchos países han tratado de cambiar sus procedimientos de suspensión de pagos y de quiebra para evitar ineficiencias y las consecuencias negativas que tienen los impagos para personas que no son los prestatarios y sus prestamistas.[11]

Mientras que antes lo más importante era liquidar los activos y pagar a los acreedores en función de la prioridad de sus reclamaciones, hoy lo más importante es que la empresa siga funcionando. La suspensión de pagos se emplea para renegociar los contratos con los empleados, los proveedores y los propios acreedores, y quizá también para deshacerse de las actividades de la firma que no son rentables y que esta pueda empezar de nuevo. Las partes afectadas pueden aceptar una reducción de sus derechos cuando la liquidación forzosa de la empresa es aún peor.

En algunos sectores, como las líneas aéreas, el proceso de suspensión de pagos funciona bastante bien. Una línea aérea normalmente continúa realizando sus actividades o es adquirida por otra y el proceso permite la renegociación de los contratos laborales y demás convenios a la luz de las nuevas circunstancias.[12]

En otros sectores, el proceso funciona peor. Puede ocurrir que en las negociaciones intervengan demasiadas partes. Cada una de ellas puede adoptar una política arriesgada para quedarse con una buena parte del botín. Puesto que la empresa está en dificultades, existe una gran incertidumbre acerca de sus perspectivas o sobre el valor de sus activos. Las negociaciones pueden prolongarse durante mucho tiempo, sobre todo cuando hay muchos acreedores y diferentes prioridades e intereses. Durante este tiempo, la compañía puede ser incapaz de competir como es debido en el mercado y atraer a nuevos clientes o conservar los que tiene.[13] Por ejemplo, los compradores de automóviles posiblemente dejen de comprar coches a un fabricante en quiebra o a punto de declararse en quiebra, no vaya a ser que, si se liquida la empresa, sea difícil comprar piezas de repuesto o revender los coches.[14] Este tipo de reacción puede bastar por sí sola para que al final la empresa no pueda continuar funcionando y haya que liquidarla.

Aunque las quiebras y las liquidaciones causan muchos trastornos, deben verse como algo normal en una economía de mercado. Todo el mundo es libre de gestionar las empresas como guste de acuerdo con la ley. Sus estrategias empresariales pueden fracasar, pero si tienen éxito, pueden servir de base para la generación de innovaciones, crecimiento y nuevo empleo. Nadie sabe de antemano qué empresarios, sociedades y estrategias tendrán éxito y cuáles fracasarán. Eso se determinará en el mercado. Por tanto, junto a las empresas prósperas, siempre las habrá también fallidas. La suspensión de pagos, la quiebra y la liquidación son formas de abordar los problemas de estas empresas, reparando algunas y eliminando otras, con el fin de impedir que se despilfarren más recursos en ellas.

«Solo es un problema de liquidez»

Los prestatarios que no pueden pagar sus deudas a menudo quieren que sus acreedores piensen que solo tienen un problema temporal y que podrán pagar sus deudas más adelante. Eso les ayudará a evitar suspender pagos y puede permitirles continuar endeudándose o encontrar alguna manera de financiar nuevas inversiones.

La imposibilidad temporal de pagar se suele llamar *un problema de liquidez*. Para entender qué es un problema de liquidez y su relación con la morosidad y la eventual quiebra, supongamos que Carolina prometió pagar a Pablo 1.000 euros en efectivo a las once de la noche de un determinado día, pero se le olvidó sacar dinero del banco. Fuera de hora, el cajero automático solo dispensa 300 euros. Como no tiene el dinero en efectivo necesario para pagar su deuda, puede no poder cumplir lo prometido. A menos que encuentre la manera de conseguir el dinero a tiempo o de convencer a Pablo de que espere o acepte un pago alternativo, incumplirá su compromiso. Sin embargo, si Carolina tiene realmente más de 10.000 euros en su cuenta bancaria y la promesa de pagar 1.000 es su única deuda, seguramente se le permitirá que la pague más tarde.

Podría decirse que el problema de Carolina en este ejemplo no es más que de liquidez. Este tipo de problema normalmente puede resolverse. Si Carolina puede convencer a Pablo de que tiene suficiente dinero en su cuenta bancaria, Pablo tal vez acepte un cheque en lugar de efectivo. Otra posibilidad es que Carolina encuentre a alguien que le preste el dinero en efectivo. Mientras no haya ninguna duda de que Carolina tiene los recursos necesarios para pagar, es fácil resolver un mero problema de liquidez.

Pero raras veces los impagos se deben a un mero problema de liquidez. Si es razonablemente fácil verificar que un prestatario tiene suficientes activos para efectuar los pagos de un nuevo préstamo, un problema temporal de liquidez normalmente no lleva al impago ni a la quiebra. Como los impagos, y no digamos una quiebra, son desagradables y caros tanto para el prestatario como para los acreedores, tratarán de encontrar alguna otra solución.

Sin embargo, en la práctica, no siempre está claro cuánto valen los activos de un deudor. Supongamos, por ejemplo, que Carolina posee tierras en una lejana isla del Mediterráneo. Si sus acreedores no saben valorar esas propiedades, puede que no estén dispuestos a concederle nuevos préstamos. Si Carolina no tiene dinero en efectivo, puede verse obligada a vender estas tierras para obtener efectivo y pagar sus deudas pendientes. La facilidad o la rapidez con que pueda hacerlo dependen de cómo funcione el mercado del suelo en la isla. En el caso de algunos activos de esa clase, se puede tardar un tiempo en encontrar un comprador. Si Carolina necesita rápidamente el dinero en efectivo, puede verse obligada a aceptar un precio muy bajo. De esa manera, resuelve su problema de liquidez, pero sufre una pérdida, cosa que también es perjudicial.

Los problemas de liquidez son endémicos de la banca. Una gran parte de la deuda de los bancos es a corto plazo, que vence en unos meses o incluso en unos días. Alguna deuda lo es incluso a un día. Sin embargo, muchos activos de los bancos son préstamos y otras inversiones que duran periodos más largos. La mayoría de estos activos no se negocian en mercados en los que puedan convertirse en efectivo avisando con poca antelación sin sufrir considerables pérdidas.

Es, pues, muy importante que los bancos puedan renegociar su deuda con sus acreedores o encontrar nuevos inversores a los que pedir prestado cuando venzan las deudas contraídas anteriormente. Si los bancos no pueden obtener nuevos fondos para reemplazar la deuda anterior, quizá tengan que malvender activos. La venta de activos a precios muy bajos puede hacer que los bancos no puedan pagar sus deudas ni en el futuro ni hoy.

Para ayudar a estas entidades a resolver sus problemas de liquidez, los bancos centrales, como la Reserva Federal, les permiten pedir préstamos depositando activos en el banco central como garantía. Esta red de seguridad se ha introducido suponiendo que si los activos son sólidos y los bancos solo tienen realmente un problema de liquidez, el banco central tiene poco que perder. Al mismo tiempo, permite que los bancos y el sistema financiero eviten malvender sus activos y, de esta manera, una posible crisis.

Algunos creen que la crisis financiera de 2007–2008 se debió principalmente a los problemas de liquidez de unas instituciones financieras que no tenían acceso a la red de seguridad. Los problemas de liquidez llegaron cuando los que prestaron a los bancos y a otras instituciones financieras dejaron de financiarlos y, al mismo tiempo, los mercados de títulos con garantía hipotecaria se hundieron.[15] Sin embargo, poner el énfasis en los problemas de liquidez elude la cuestión fundamental de por qué los prestamistas dejaron de financiar a los bancos.

La falta de financiación de los bancos y de otras instituciones en 2007–2009 no surgió de la nada, sino que se debió al temor legítimo de los inversores a que estas instituciones ya no fueran sólidas y, en consecuencia, incapaces de devolver sus deudas. En otras palabras, el temor era que estos bancos fueran *insolventes*.[16]

Insolvencia

Supongamos que Carolina debe un millón de euros que debe pagar mañana por la mañana, pero todos sus activos, incluida su casa, su cuenta bancaria e incluso el valor probable de sus futuros salarios no valen más de 400.000 euros. En este caso, sus activos son insuficientes para pagar toda su deuda. El impago es inevitable.

He aquí una nueva vuelta de tuerca. ¿Qué ocurre si la deuda de un millón de euros de Carolina vence dentro de un mes y hoy sus activos valen como mucho 400.000 euros? Como la deuda aún no ha vencido, Carolina todavía no está en mora, pero no existe ninguna posibilidad realista de que pueda pagar esta deuda. Su deuda vale más que sus activos, está arruinada, o sea, es *insolvente*.

El concepto de *insolvencia* se refiere a si un prestatario es *capaz*, en principio, de pagar una deuda. Este concepto es fácil de formular, pero bastante difícil de poner en práctica. ¿Qué ocurre si, por un milagro, Carolina averigua de repente que un tío que nunca llegó a conocer ha muerto y le ha legado 10 millones de euros? En ese caso, Carolina podría pagar su deuda.

En la práctica, no es fácil saber si un deudor es realmente insolvente. Para saberlo hay que hacer una previsión de los rendimientos futuros de sus activos y de los beneficios que podría generar su negocio (o su empleo). Estas previsiones dependen de la información de que se disponga. Los prestatarios, o sea, los gestores y los propietarios de la empresa deudora, pueden tener mucha información, pero muchas razones para ocultar toda información desfavorable.

Se sospecha que hay un problema de insolvencia cuando se considera que el valor de los activos de un prestatario no es mucho más alto que el de sus deudas o que incluso es más bajo. En el caso de una sociedad anónima, se puede saber si es insolvente a partir de si puede obtener o no nuevo capital de inversores privados. La imposibilidad de obtener capital a cualquier precio es una clara señal de que la sociedad anónima está tocada y podría ser insolvente.[17]

Insolvencia y dificultades financieras ocultas

Aunque los prestatarios no sean realmente insolventes, pueden tener dificultades financieras. En esas situaciones, existe un alto riesgo de que se declaren insolventes. Los prestatarios que tienen dificultades financieras se suelen comportar de manera muy distinta a como lo harían si no estuvieran endeudados o si su deuda fuera menor. Concretamente, a menudo pecan de una cautela extrema o, por el contrario, de una imprudencia extrema.

Un prestatario puede volverse extremadamente cauto para tratar de no entrar en mora. Esta cautela puede ser ineficiente si pospone inversiones importantes que harían que la empresa continuara siendo competitiva o más próspera.

Aunque el prestatario en dificultades quiera aprovechar una buena oportunidad de inversión, los contratos de deuda con los acreedores podrían impedir realizar la inversión. Es probable que los acreedores, para protegerse, hayan incluido en sus contratos de deuda unas condiciones que limiten las inversiones futuras que pudieran ponerlos en peligro o que obliguen a sus prestatarios a consultarles antes de hacer hacer alguna inversión. Eso reduce la flexibilidad del prestatario para continuar invirtiendo en la empresa conforme surjan necesidades y oportunidades. En esos casos, los préstamos anteriores merman la capacidad del prestatario para realizar inversiones productivas.

A veces un prestatario muy endeudado o insolvente puede decidir no efectuar inversiones debido al peligro del sobreendeudamiento. Por poner un ejemplo, volvamos a Carolina, que pidió un préstamo de 270.000 euros para comprar una casa de 300.000. Su crédito hipotecario contiene una cláusula de dación en pago, por lo que cuando la abandona un año más tarde, no tiene que pagar íntegramente la deuda si la vivienda vale menos que su deuda de 270.000 euros.

Imaginemos que después de que Carolina ha pedido el crédito hipotecario, hay una gran inundación y el valor de su casa disminuye un 20 por ciento, o sea, 60.000 euros. Ahora solo vale 240.000. Carolina no tiene un seguro contra inundaciones para compensar esta pérdida. La inundación se lleva por delante su capital y se encuentra, literalmente, con el agua al cuello.

Ahora bien, resulta que Carolina tiene un amigo que es dueño de una empresa de construcción. Este, apiadándose de ella, se ofrece a reparar los daños de la casa para que vuelva a valer 300.000 euros; las reparaciones valen 60.000 euros, pero solo le cobrará 50.000 por ellas. ¿Querrá Carolina invertir 50.000 euros de su propio dinero para que la casa vuelva a tener un valor de 300.000? Desde el punto de vista de Carolina, esta inversión no es atractiva. Como debe 270.000 euros por la hipoteca, su capital en la vivienda de 300.000 sería de nuevo de 30.000. Pero la inversión de 50.000 para aumentar su capital de cero a 30.000 entraña una pérdida de 20.000.

Si Carolina realizara esta inversión, haría un regalo a su acreedor. Sin las reparaciones, el acreedor recibirá la casa abandonada, que vale 240.000 euros. Si Carolina restablece el valor de la vivienda a 300.000, el acreedor recibirá los 270.000 euros íntegros.[18] Como el que se beneficia de la inversión es en gran medida el acreedor, Carolina no quiere invertir. En cambio, si la casa fuera directamente suya, vería bien la posibilidad de aumentar su valor de 240.000 euros hasta los 300.000 que valía antes gastando 50.000.

En el caso en que el valor de la vivienda de Carolina es menor que la hipoteca, cualquier inversión que realice en ella beneficiará a su acreedor. Por eso, aun cuando tenga algún capital propio invertido en la casa, un elevado nivel de endeudamiento la disuadirá de invertir más, ya que el acreedor podría beneficiarse en parte de la inversión, mientras que sería ella la que tendría que financiarla íntegramente. Imaginemos, por ejemplo, que después de comprar la casa por 300.000 euros, decide pagar 50.000 para hacer un dormitorio más y ampliar la cocina. Ahora la vivienda vale 350.000 euros y Carolina tiene un total de 80.000 euros invertidos, su entrada de 30.000 y los 50.000 de la mejora.

La inversión adicional puede beneficiar tanto al acreedor de Carolina como a ella misma. Supongamos, por ejemplo, que hay una inundación después de la mejora de 50.000 euros y que esta inundación reduce un 20 por ciento el valor de la vivienda, de 350.000 a 280.000. La inundación no afecta al acreedor, al que Carolina sigue debiendo 270.000, y Carolina absorbe toda la pérdida de valor de 70.000 euros de la vivienda. Si Carolina no hubiera invertido los 50.000 euros, podría devolver al acreedor la casa después de la inundación, es decir, este no cobraría toda la deuda. Los 50.000 euros del dormitorio extra y de la ampliación de la cocina también ayudan a proteger al acreedor.

En el otro extremo, los prestatarios en dificultades pueden tener la tentación de asumir riesgos que pueden ser imprudentes e injustificables. Los casos más extremos son los de los prestatarios insolventes. Recuérdese el ejemplo en el que Carolina tiene que pagar un millón de euros dentro de un mes, pero solo tiene 400.000 en activos hoy. Podría contemplar la posibilidad de ir a Las Vegas a apostar sus 400.000 euros a la baja probabilidad de obtener un enorme beneficio. Si ganara mucho, podría pagar la deuda de un millón y quedarse con algún dinero. Si perdiera, podría haber despilfarrado los 400.000 euros de los que podrían haber dispuesto sus acreedores en caso de quiebra. Con su apuesta en Las Vegas, Carolina estaría jugando realmente con el dinero de sus acreedores.

Los prestatarios normalmente no quieren reconocer que son insolventes si pueden dejar de pagar temporalmente su deuda.[19] Sin embargo, en una suspensión de pagos, el conflicto de intereses entre los prestatarios insolventes o en grandes dificultades y sus acreedores puede imponer elevados costes a los acreedores y a terceros. Los prestatarios actúan buscando su propio beneficio, lo cual puede perjudicar a los acreedores. Estos tienen una capacidad limitada para controlar o evitar las acciones perjudiciales de los prestatarios. Por tanto, es importante reconocer pronto la insolvencia y resolver los problemas de las empresas insolventes de una manera ordenada.

El endeudamiento puede ser adictivo

Hemos visto que una vez existe una deuda, el riesgo puede afectar de forma distinta a los prestatarios y a sus acreedores. Los prestatarios se benefician de toda la parte positiva de los riesgos que asumen, mientras que la parte negativa se reparte entre los acreedores, si existe la posibilidad de no se devuelva la deuda. Por tanto, una inversión arriesgada puede ser más atractiva para un prestatario que para una persona o empresa que tuviera que asumir todo el lado negativo del riesgo.

Los prestatarios influyen sobre la posición de sus acreedores no solo a través de sus inversiones, sino a través de los cambios que realizan en su propio endeudamiento, ya sea aumentándolo o reduciéndolo. Como el endeudamiento aumenta el riesgo, la actitud de los prestatarios hacia un aumento de aquel es parecida a su disposición hacia los riesgos de las inversiones. Una vez que están endeudados, resulta tentador aumentar aún más su deuda en vez de procurar reducirla.

Supongamos, por ejemplo, que Carolina, después de firmar la hipoteca de 270.000 euros para adquirir la vivienda de 300.000, hereda algún dinero y gasta 50.000 para reducir su hipoteca de 270.000 a 220.000. Si hubiera una inundación después de eso y esta redujera el valor de la casa a 240.000, Carolina perdería 60.000. Si no hubiera gastado los 50.000 en el pago de la deuda, solo habría perdido su capital inicial de 30.000.

Desde el punto de vista del prestamista, es maravilloso que Carolina reduzca su hipoteca de 270.000 euros a 220.000, ya que la deuda restante se vuelve más segura. Sin embargo, desde el punto de vista de Carolina, la amortización parcial de la deuda tiene el inconveniente de que su parte en cualquier pérdida posterior puede ser mayor.

A menos que el acreedor esté dispuesto a ajustar el tipo de interés de la deuda restante para reflejar el hecho de que es más segura, Carolina probablemente no tenga ningún interés en efectuar esta amortización parcial de la deuda.[20]

A Carolina no le interesa reducir su endeudamiento. ¿Le gustaría incrementarlo? Es muy posible. Una manera de aumentar su endeudamiento es pedir una segunda hipoteca contra la vivienda. Supongamos, por ejemplo, que el valor de su casa aumenta a 315.000 euros poco después de mudarse. Podría pedir una segunda hipoteca de 15.000, esencialmente otro préstamo de 15.000 vinculado a su vivienda. Como consecuencia, Carolina tendría de nuevo 30.000 euros de capital en una vivienda que vale 315.000 y debería 285.000.

En efecto, Carolina ha utilizado un nuevo préstamo contra el valor de su casa para obtener más dinero en efectivo para otras cosas. Con las dos hipotecas, es más probable que se encuentre con que el valor de su vivienda es menor que la hipoteca, ya que eso ocurrirá siempre que sea inferior a 285.000 euros. Sin la segunda hipoteca, la deuda de Carolina es de 270.000 euros solamente y es menos probable que se quede en la ruina.[21]

Sin embargo, desde el punto de vista de Carolina, los 15.000 euros que obtiene por la segunda hipoteca están protegidos de cualquier pérdida que pueda registrarse en el futuro. Por ejemplo, si el valor de la vivienda cae a 270.000 euros, Carolina perderá todo el capital de 45.000 que tiene invertido en la vivienda de 315.000. Pidiendo una segunda hipoteca, solo pierde en este caso los 30.000 euros de capital que tiene invertidos en la vivienda después de la segunda hipoteca.[22]

El efecto descrito en este ejemplo muestra que el endeudamiento es adictivo en el sentido de que los prestatarios, una vez que tienen una deuda, pueden tender a endeudarse más y generalmente se oponen a reducir su endeudamiento.

En el capítulo 2, señalamos que los bancos recurren al endeudamiento mucho más que otras empresas. ¿Ocurre algo en la banca que obliga a los bancos a endeudarse tanto? ¿Y cómo afecta a los bancos el lado malo del endeudamiento? Para responder a estas preguntas, hay que comprender lo que hacen los bancos.

4

¿Es realmente «bello vivir»?

Nada es más responsable de los buenos tiempos de antaño que
una mala memoria.

Franklin Pierce Adams (1881–1960), columnista estadounidense

Algunos de los que están horrorizados por la tormenta financiera
que nos afecta desde 2007 sienten nostalgia de los buenos tiempos
de antaño, cuando la banca era más simple y los banqueros atendían
a sus comunidades locales. Un modelo de esta nostalgia es el banquero George Bailey en la película de 1946, *Qué bello es vivir*.[1] En el
pueblo de Bedford Falls (Nueva York), su Bailey Building and Loan
Association permite a la gente trabajadora comprarse su propia casa
y de esta manera no tener que vérselas con Potter, el magnate inmobiliario local, que no piensa más que en ganar dinero y que exige
exorbitantes alquileres a sus inquilinos.

En la película, el banco de George Bailey es una caja de ahorros,
que acepta depósitos y concede préstamos a propietarios de viviendas y no hace nada más.[2] En concreto, el banco de George Bailey no
compra y vende acciones u otros valores ni ofrece servicios de corretaje a sus clientes. En Estados Unidos, entre 1933 y 1999, la llamada
ley Glass-Steagall prohibía a las instituciones que obtenían fondos por
medio de depósitos dedicarse a ese tipo de actividades. Todo lo que
tuviera que ver con valores mobiliarios se dejaba a los llamados *bancos
de inversión* y a los agentes de cambio y bolsa.

Desde que se derogó la ley Glass-Steagall en 1999, los bancos estadounidenses pueden dedicarse de nuevo tanto a las actividades propias de la banca comercial como a la banca de inversión.[3] La nostalgia por los buenos tiempos de antaño se basa, en parte, en la sensación de que antes de que se derogara la Glass-Steagall, la banca era más segura. Sin embargo, incluso en la película, los buenos tiempos de antaño no son tan buenos y el banco resulta no ser tan seguro. En un momento de la historia, el rumor de que la Bailey Building and Loan Association podría quebrar lleva a la gente a ir corriendo al banco a recuperar su dinero. La posibilidad de que quiebre surge de nuevo cuando roban 8.000 dólares.

En la película, George Bailey detiene la retirada masiva de depósitos pagando a la gente con el dinero que había ahorrado para su luna de miel y repone el dinero robado con la ayuda de su familia y sus amigos. La película tiene, pues, un final feliz, pero cabe preguntarse si la Bailey Building and Loan Association debería considerarse realmente el ideal. ¿Qué habría ocurrido si no se hubiera conseguido el dinero necesario en el último minuto?

En realidad, la suerte de las instituciones bancarias tradicionales no solía ser tan buena. El final feliz hollywoodense de la película contrasta con lo que ocurrió en la Gran Depresión con los bancos comerciales, así como con las cajas de ahorro y los bancos hipotecarios. Más recientemente, en los años ochenta y principios de los noventa, muchas instituciones de ahorro de Estados Unidos quebraron. En el momento de escribir este libro, las cajas de ahorros locales y regionales españolas están en crisis. Los problemas de las instituciones de ahorro de Estados Unidos y de España en estas crisis fueron causados por los riesgos que asumieron estas instituciones con los préstamos hipotecarios que concedieron.

El tipo de banca de George Bailey tenía, en realidad, y continúa teniendo, considerables problemas. Entre 1940 y 1970, quebraron, desde luego, pocos bancos y no hubo ninguna crisis bancaria, pero eso se debió más a los buenos resultados de la economía y a la notable estabilidad de los tipos de cambio y de los tipos de interés que a la alta calidad de la banca en estas décadas. Cuando los resultados económicos empeoraron y aumentó la volatilidad de los tipos de cambio y los tipos de interés en la década de 1970, la banca tradicional, al estilo de George Bailey, entró en una prolongada crisis.

El balance de George Bailey

Como hemos señalado, en la película el banco de George Bailey acepta depósitos y concede préstamos. Mientras estuvo en vigor la ley Glass-Steagall, los bancos comerciales y las cajas de ahorros se dedicaban a aceptar depósitos y conceder créditos. Las diferencias entre estas instituciones no son relevantes para este análisis, por lo que las trataremos como si fueran una misma institución y centraremos la atención en la aceptación de depósitos y la concesión de préstamos, que eran sus principales actividades.

La figura 4.1 describe las grandes partidas del balance de un banco comercial o de una caja de ahorros representativos en Estados Unidos mientras estuvo en vigor la ley Glass-Steagall. Estas partidas, así como algunas otras, también aparecerían en el balance de los llamados *bancos universales*, que se dedican a todas las actividades financieras, incluida la compraventa de valores.

Activo	Pasivo
Reservas Préstamos a corto plazo Préstamos a largo plazo Otras inversiones	Depósitos Deuda a corto plazo Deuda a largo plazo Otras inversiones
	Capital propio

FIGURA 4.1
Balance de un banco comercial tradicional.

En el pasivo del balance, lo primero que encontramos son los depósitos. Son principalmente depósitos a la vista y depósitos de ahorro que todos utilizamos para nuestras transacciones y ahorros diarios. Las empresas también tienen ese tipo de depósitos para realizar sus transacciones. Para los bancos, los depósitos representan una forma de deuda que deben a los depositantes. Los depósitos son la fuente más importante de fondos para muchos bancos.[4]

En el caso de los llamados *depósitos a la vista*, el banco debe pagar a los depositantes siempre que soliciten el dinero. Los depósitos de ahorro tienden a ser algo menos accesibles, pero también es posible disponer de la mayoría de ellos avisando con poca antelación.[5]

Aparte de los depósitos, algunos bancos también obtienen fondos pidiendo préstamos a otras instituciones financieras. En concreto, pueden pedirlos en el llamado *mercado de dinero*, que es el mercado de deuda a muy corto plazo; en este mercado, los prestamistas normalmente son otros bancos que tienen un exceso de fondos u otras instituciones financieras, como los fondos de inversión del mercado de dinero, que se especializan en la concesión de créditos a corto plazo. Algunos bancos también piden préstamos emitiendo bonos a largo plazo que pueden ser comprados por compañías de seguros o fondos de inversión interesados en realizar inversiones a largo plazo que generan una corriente de renta bastante predecible.

En el lado del activo del balance de la figura 4.1, lo primero que encontramos son las reservas de caja. Estas reservas garantizan que el banco dispone de efectivo cuando los depositantes quieren retirar dinero. Como solo algunos depositantes necesitan su dinero en un mismo momento, los bancos normalmente no tienen grandes reservas. En los bancos comerciales o en las cajas de ahorros tradicionales, como la de George Bailey y en muchos bancos hoy, la partida más importante del activo del balance son los préstamos. Estos bancos utilizan la mayor parte de los fondos que reciben de los depositantes, de otros prestamistas y de inversores en la concesión de préstamos hipotecarios, al consumo y a las empresas, a otros bancos y al Estado.

Cómo benefician los bancos a la economía

Entre los servicios importantes que los bancos ofrecen se encuentran los relacionados con su sistema de pagos. Para los depositantes, es importante que los bancos pongan fácilmente a su disposición los fondos depositados donde y cuando los deseen. Las cuentas corrientes en las que se encuentran los depósitos a la vista permiten a la gente recibir y efectuar pagos por medio de cheques, transferencias bancarias o tarjetas de débito y de crédito. Como los bancos ofrecen estos servicios, los depositantes están dispuestos a aceptar unos intereses menores de los que podrían obtener de otra manera.[6] La ocurrente afirmación de Paul Volcker en 2009 de que los cajeros automáticos eran la única innovación bancaria útil de los últimos veinte años da una idea de lo cómodo que es el sistema bancario de pagos.[7]

Los depósitos a la vista y el sistema de pagos que se basa en ellos constituyen una parte importante de la infraestructura de la economía, parecida a una red de carreteras. Si el sistema de pagos es eficiente, las transacciones son baratas y fáciles de hacer y los intercambios económicos se realizan con fluidez. Si el sistema de pagos es malo, las transacciones son engorrosas y los intercambios son caros. Los bancos, al permitir la realización de transacciones sin que la gente tenga que verse para pagar y cobrar en efectivo, contribuyen al funcionamiento fluido de la economía.

Otra actividad básica de los bancos tradicionales que reporta visibles beneficios a la economía es la concesión de préstamos.[8] En la película *Qué bello es vivir*, George Bailey es un héroe porque utiliza los fondos de la Bailey Building and Loan Association para que los habitantes de Bedford Falls puedan tener viviendas mejores y más baratas. Los préstamos que hacen los bancos también pueden financiar inversiones productivas de empresas e individuos y ayudan a la gente a comprar «a crédito».

Sin embargo, la labor de los bancos cuando prestan no solo es proporcionar financiación a cualquiera para cualquier fin, sino también discriminar entre los préstamos que debe conceder y los que no debe conceder. Para que un préstamo funcione, hace falta información y experiencia y significa asumir determinados riesgos. Un prestamista no puede saber con seguridad si los prestatarios van a devolver sus préstamos. Los prestatarios pueden atravesar una mala época y no poder devolverlos; pueden ser imprudentes y despilfarradores o incluso huir con el dinero; o pueden negarse simplemente a pagar sus deudas y encontrar la manera de frustrar los intentos de los prestamistas de cobrar.

Para conceder créditos con éxito y prescindir de los que es mejor evitar, es preciso hacer una evaluación fiable de la solvencia de cada prestatario antes de concederlos, establecer unas condiciones adecuadas para concederlos que dependan de las circunstancias del prestatario y del fin del préstamo y controlar eficazmente este una vez concedido. Para hacer una evaluación fiable desolvencia, se precisa información sobre la probabilidad de que el prestatario incumpla sus obligaciones. Para adquirir toda esta información y utilizarla convenientemente se necesita tiempo, esfuerzo y habilidad.

Muchos bancos han creado departamentos especiales para conceder préstamos. El personal encargado de estos recibe formación específica para evaluar las solicitudes que se presentan y controlar el comportamiento de los deudores. Parte de la información que utiliza es la llamada *información dura*, como planes empresariales, declaraciones de pérdidas y beneficios o calificaciones crediticias de los consumidores y extractos de cuentas. Otras informaciones pueden ser blandas, como las evaluaciones de la capacidad de gestión. Incluso algunas cosas como los chismorreos locales pueden ser relevantes para evaluar la solvencia de un prestatario.[9]

Da la impresión de que los bancos hacen un negocio redondo si pueden cobrar un elevado tipo de interés por los préstamos que conceden –por ejemplo, un 6 por ciento– y pagar a los depositantes un tipo bajo –por ejemplo, un 1 por ciento–. En este caso, ¿por qué los depositantes no prescinden de los intermediarios y prestan directamente a los que necesitan un crédito?[10] El problema de los depositantes que quieren saltarse el banco es que tienen que averiguar por sí mismos si los prestatarios son solventes. Eso es difícil y lleva tiempo, y la mayoría de la gente no posee la capacidad necesaria. Tiene más sentido que los depositantes tengan el dinero en el banco y dejen que este evalúe la solvencia de los prestatarios, sobre todo si la cantidad que tiene cada uno para prestar es pequeña.[11]

El banco hace de intermediario, canalizando el dinero de miles de depositantes y otros inversores y poniéndolo en manos de los que solicitan préstamos. De esa manera, la concesión de préstamos probablemente sea más eficiente. La realización de una sola investigación exhaustiva del solicitante de un préstamo será probablemente más eficaz y más barata que la realización de múltiples investigaciones por parte de muchos pequeños prestamistas. También tiene ventajas recurrir a la experiencia que adquiere el personal responsable de los préstamos de un banco a base de tramitar muchas solicitudes de préstamos y atendiendo a muchos prestatarios.[12]

Cuando los bancos mejoran la eficiencia de la concesión de préstamos, benefician a la economía. Si no canalizaran el dinero de los depositantes y lo pusieran en manos de los que piden préstamos, podría ocurrir que se despilfarrara más dinero en préstamos fallidos.

En ese caso, los tipos de interés podrían tener que ser más altos o quizá que se concedieran pocos préstamos porque los riesgos parecieran demasiado grandes.[13]

Los créditos bancarios son especialmente importantes para las pequeñas empresas que no tienen un historial o una reputación probados. Las firmas de ese tipo, como no son muy conocidas, no pueden acceder fácilmente a otras fuentes de financiación. Si no tuvieran acceso a los préstamos de los bancos o de otros intermediarios financieros, posiblemente se vieran obligadas a utilizar únicamente sus recursos y quizá los de amigos y familiares.[14]

Cuando los bancos tienen problemas y no pueden continuar prestando, las consecuencias para las pequeñas empresas tienden a ser especialmente terribles. La reducción los préstamos bancarios a las compañías desempeña un papel importante en la transmisión de los problemas de la banca al resto de la economía. Este papel fue especialmente dañino en la Gran Depresión de principios de los años treinta.[15]

¿Qué puede ir mal?: los pánicos y las retiradas masivas de depósitos de los bancos

El uso de los depósitos para financiar préstamos ha sido una práctica habitual en la banca durante siglos.[16] En los textos clásicos sobre la banca, se dice que una función básica que desempeñan los bancos en la economía es lo que se denomina *transformación de vencimientos*.[17] Eso significa que los bancos tienen activos, como préstamos, que duran varios años y no pueden venderse fácilmente durante este tiempo, y toman préstamos aceptando depósitos que los depositantes pueden retirar avisándolo con poca antelación, siempre que quieran realizar pagos u obtener efectivo. En otras palabras, existe un desajuste fundamental entre los dos lados de los balances de los bancos. Se dice que la transformación de vencimientos es beneficiosa porque da a los depositantes flexibilidad para decidir cuándo quieren su dinero; esta flexibilidad es útil para ellos, aun cuando no hagan uso de los servicios de pago, por ejemplo, si tienen su dinero en una cuenta de ahorro.[18]

Aunque el uso de depósitos y deuda a corto plazo para financiar los créditos es una práctica que lleva realizándose desde hace siglos y está consagrada en los libros de texto sobre la banca, en realidad es una práctica que entraña muchos riesgos. Si no se renueva la financiación a corto plazo o si se retiran depósitos y si los préstamos a largo plazo no pueden convertirse fácilmente en efectivo, un banco puede tener problemas de liquidez que pueden ser graves.

En el caso de los depósitos a la vista y de muchos depósitos de ahorro, un banco suele estar obligado a pagar al depositante *en cualquier momento*. Eso no es ningún problema si las retiradas y las imposiciones se compensan aproximadamente y el banco dispone de suficiente efectivo para compensar cualquier diferencia que surja entre el dinero que sale y el dinero que entra. Los procesos ordinarios de pago poseen un elemento de predictibilidad que permite al banco pagar a sus depositantes sin dificultad alguna con solo mantener algunas reservas de caja.

Sin embargo, puede surgir un problema si muchos depositantes retiran su dinero al mismo tiempo. Eso podría ocurrir si empezaran a sospechar de la solvencia del banco y trataran de recuperar su dinero antes de que fuese demasiado tarde. Como sabemos por la suerte que corrió la Bailey Building and Loan Association en la película, ese miedo puede provocar una *retirada masiva de depósitos del banco*.

Las retiradas masivas de depósitos de los bancos a veces se analizan como ejemplos de expectativas que se cumplen automáticamente, es decir, de acontecimientos que se hacen realidad simplemente porque la gente espera que ocurran y actúa basándose en esa expectativa. Si los inversores sospechan que muchos depositantes están a punto de retirar su dinero del banco, puede tener sentido que ellos mismos traten de retirar su dinero. Saben que una parte importante de los fondos del banco está inmovilizada en inversiones ilíquidas y que las promesas que el banco ha efectuado a los depositantes no pueden cumplirse si demasiada gente quiere su dinero al mismo tiempo. El temor a una retirada masiva de depósitos puede hacerse, pues, realidad automáticamente. Si el banco vende activos a precios muy bajos para satisfacer a muchos depositantes que están tratando de recuperar su dinero al mismo tiempo, la propia retirada masiva de depósitos merma la solvencia del banco.[19]

La idea de que las retiradas masivas de depósitos pueden deberse simplemente a que la gente espera que ocurra es interesante, pero apenas existen pruebas de que el hecho de que algunas personas crean que muchos depositantes van a retirar sus depósitos provocará el hundimiento del banco. La mayoría de las retiradas masivas de depósitos de un banco son fruto de la publicación de información negativa sobre su solvencia.

Parece que en la Gran Depresión, durante la cual muchos bancos tuvieron dificultades simultáneamente, los depositantes supieron distinguir bastante bien entre las entidades que tenían realmente dificultades y las que podían sobrevivir sin ayuda de nadie.[20] En aquel momento, había en Estados Unidos tantos bancos que tenían problemas de solvencia y el pánico era tan grande que un Estado tras otro se vieron obligados a declarar el cierre de los bancos para impedir que la gente retirara su dinero; finalmente, el 6 de marzo de 1933 el Gobierno federal impuso el cierre de los bancos en todo el país.[21] El cierre nacional de los bancos detuvo el pánico, pero la interrupción total de todos los pagos causó el caos en la economía.

Tras la Gran Depresión, Estados Unidos creó en 1935 un sistema federal de seguro de depósitos para proteger a los depositantes de las consecuencias de las quiebras bancarias y para evitar las retiradas masivas de depósitos.[22] Cuando quiebra un banco asegurado, el organismo pertinente interviene y lo liquida sin perjudicar a los depositantes.[23] Actualmente, este proceso funciona tan bien que los depositantes siempre pueden acceder a sus fondos. Como no tienen nada que temer y es una molestia mover las cuentas de un banco a otro, tienden a dejar su dinero en el mismo banco durante largos periodos de tiempo. La garantía de depósitos está menos consolidada en otros países, pero aun así los depositantes pueden contar con algún tipo de protección en la mayoría de ellos.[24]

El hundimiento de la banca tradicional del «3-6-3»

En Estados Unidos, tras las reformas de los años treinta, el sector bancario gozó durante cuatro décadas de excepcional estabilidad. Las retiradas masivas de depósitos de los bancos eran cosa del pasado. Los bancos comerciales y las cajas de ahorros prosperaron porque las fuentes de financiación eran estables y los riesgos de la concesión de préstamos eran relativamente pequeños. El dicho de que las instituciones de ahorros seguían el «modelo de negocio del 3-6-3»

—aceptar depósitos al 3 por ciento, prestar al 6 por ciento y llegar al campo de golf a las 3 de la tarde— refleja bien el clima reinante en ese periodo. Los bancos comerciales ofrecían por los depósitos tipos incluso más bajos, pero estos bancos también ofrecían caros servicios de pago.

Este mundo de la banca del 3–6–3 llegó a su fin en la década de 1970. Tras la guerra de Vietnam y las crisis de los precios del petróleo de 1974 y 1979, las tasas anuales de inflación sobrepasaron el 10 por ciento. Paralelamente a la inflación, los tipos de interés del mercado de dinero también subieron a niveles de dos dígitos.[25] Al mismo tiempo, la legislación de los años treinta limitaba el tipo de interés que podían pagar los bancos comerciales y las cajas de ahorros por los depósitos.[26]

En esas circunstancias, los depositantes se pasaron de los bancos comerciales y las cajas de ahorros a los fondos de inversión del mercado de dinero, recién creados. Estos fondos pagaban unos tipos de interés mucho más altos y permitían al mismo tiempo a los inversores retirar su dinero rápidamente, incluso a la vista. Los fondos del mercado de dinero podían permitirse pagar un tipo de interés más alto porque estaban prestando al Estado, a sociedades no financieras e incluso a bancos en el mercado de dinero a los elevados tipos que se pagaban en él. Como consecuencia de ello, las instituciones depositarias tradicionales sufrieron considerables retiradas de fondos, no porque la gente dudara de la calidad de los préstamos que habían hecho, sino porque podía obtener mayores rendimientos en otras instituciones, en las instituciones no reguladas.[27]

La oleada de retiradas se detuvo cuando el proceso de liberalización del sistema financiero permitió a los bancos comerciales y a las cajas de ahorros pagar los tipos de interés que necesitaran para conservar sus depósitos y para atraer otros nuevos.[28] Tras la liberalización, desaparecieron los problemas de liquidez de estas instituciones.

Sin embargo, muchas cajas de ahorros tenían problemas ocultos de solvencia. Habían concedido muchos préstamos hipotecarios con tipos de interés fijos y largos vencimientos.[29] En 1980, una hipoteca a treinta años concedida en 1965 a un tipo de interés anual fijo del 6 por ciento todavía tenía quince años de vida. Sin embargo, a principios de los años ochenta los tipos de interés que se ofrecían en los mercados de dinero eran muy superiores al 10 por ciento. Muchas cajas de ahorros sufrieron grandes pérdidas porque tenían que pagar a sus depositantes los elevados tipos de interés que se pagaban en el mercado de dinero, mientras que recibían de los prestatarios hipotecarios los tipos bajos de los años sesenta.[30]

Apostar por la reactivación

A principios de los años ochenta, alrededor de dos tercios de las cajas de ahorros de Estados Unidos eran, en realidad, insolventes debido a la diferencia —estimada en total en 100.000 millones de dólares— entre los intereses que tenían que pagar a los depositantes y los intereses que recibían de sus préstamos hipotecarios.[31] La mayoría de estos casos de insolvencia permanecían ocultos, ya que las cuentas de los bancos no indicaban cuál era la verdadera situación. Las pérdidas efectivas se registraban en las cuentas de resultados, pero no se registraba ni se reconocía el hecho de que estas pérdidas eran un reflejo del considerable empeoramiento de la situación.[32]

Cuando la liberalización eliminó numerosas restricciones a las que estaban sometidas sus inversiones, muchas cajas de ahorros utilizaron esta nueva libertad para invertir en activos de alto riesgo, como inversiones muy especulativas en inmuebles comerciales y títulos de elevado rendimiento, también conocidos con el nombre de *bonos basura*. Los bonos basura son bonos de empresa que tienen un alto riesgo de impago y que pagan un tipo de interés relativamente alto para compensar el riesgo. Los *bancos zombi*, que son los bancos que se habrían considerado insolventes si sus cuentas hubieran reflejado verdaderamente su situación económica, fueron los más imprudentes en la adopción de ese tipo de estrategias.[33] Estaban apostando por la reactivación, basándose en el principio de «si sale cara, vuelvo a ser solvente; si sale cruz, el garante de los depósitos tiene un problema».

Cuando subieron los tipos de interés y la economía se hundió de nuevo a finales de los años ochenta, muchas inversiones especulativas que habían realizado las cajas de ahorro en los años anteriores resultaron desastrosas y finalmente salió a la luz la llamada *crisis de las sociedades de ahorro y crédito inmobiliario*. A finales de los años noventa, cuando se hubo resuelto por fin el embrollo, 1.043 de las 3.234 cajas de ahorro habían cerrado y el coste total había sido de alrededor de

153.000 millones de dólares, 124.000 millones para los contribuyentes en general y 29.000 millones en ayuda al sector por parte de la institución de garantía de depósitos.[34] Habría sido mucho más barato resolver la crisis a principios de los años ochenta, pero en ese momento, los grupos de presión del sector convencieron al Congreso de que las cajas de ahorros de Estados Unidos «solo tenían un problema de liquidez», que se resolvería con la liberalización.[35]

Qué otras cosas pueden ir mal: los riesgos de conceder créditos

Lo que ocurrió en la década de 1980 con las instituciones de ahorros en Estados Unidos es un ejemplo del problema general de que conceder créditos no está exento de riesgos. Leyendo los reportajes de los medios de comunicación sobre la banca y las finanzas, es fácil concluir que en la banca el riesgo se debe principalmente a decisiones especulativas que salen mal. Cuando unos operadores deshonestos imponen pérdidas de miles de millones de dólares a los bancos que los emplean, eso genera grandes titulares.[36] En cambio, cuando un banco sufre enormes pérdidas porque ha cometido errores sistemáticos en los préstamos que ha concedido o porque existe un desajuste entre el vencimiento de sus activos y el de sus pasivos, el problema no suele ser noticia, aun cuando las dificultades del banco causen enormes problemas a terceros.

Por ejemplo, en 1995 el Barings Bank del Reino Unido quebró porque Nick Leeson, operador del banco en Singapur, había hecho una apuesta gigantesca a que los precios de las acciones japonesas subirían, apuesta que causó enormes pérdidas después del terremoto de Kobe. Leeson pasó de inmediato a ocupar las primeras páginas de los medios de comunicación y siguió siendo tema periodístico hasta que fue encarcelado. Sin embargo, las pérdidas causadas por sus operaciones, de alrededor de 1.000 millones de libras, solo representaban una décima parte de las pérdidas originadas por los préstamos fallidos que, poco después, llevaron a la quiebra al banco francés Crédit Lyonnais. En el caso de Crédit Lyonnais, había mucho más en juego, pero los riesgos eran los aburridos riesgos que entrañan los préstamos tradicionales que se conceden a las empresas y a particulares, no los emocionantes riesgos que entraña una apuesta exótica en un lejano país. Encima, tampoco había una cara o una apuesta que pudiera identificarse en los medios de comunicación.[37]

Aunque los riesgos y las pérdidas ocasionadas por la especulación excesiva en el mercado generan mayores titulares, los préstamos tradicionales pueden tener los mismos riesgos y generar enormes pérdidas. Aunque los bancos traten de elegir prestatarios responsables y fijar los tipos de los préstamos de manera que, en promedio, los beneficios de los que son buenos cubran sobradamente las pérdidas generadas por los fallidos, muchas veces los riesgos de los préstamos no se compensan y es inevitable que haya pérdidas. Puede ocurrir que algunos préstamos sean simplemente demasiado grandes. O que una recesión afecte a muchas empresas al mismo tiempo y merme su capacidad de pago. O que caigan los precios de la vivienda y muchos créditos hipotecarios no puedan ser pagados al mismo tiempo.

Estos problemas son especialmente graves si el banco no investigó como debía la solvencia de sus prestatarios. A menudo se conceden préstamos alegremente en los periodos de auge, cuando los prestatarios y los banqueros son excesivamente optimistas y los bancos se ven desbordados por las numerosas solicitudes de préstamos. Los bancos también los conceden alegremente si no tienen los incentivos adecuados para actuar con la debida diligencia cuando conceden un crédito. Cuando se trata de préstamos hipotecarios, el auge del mercado inmobiliario puede autoalimentarse, ya que la subida de los precios de la vivienda comporta que los bancos se sientan más seguros a la hora de conceder préstamos, lo cual les induce a prestar más y contribuyen de esta manera a que las nuevas compras de vivienda presionen aún más al alza los precios, al menos hasta que estalla la «burbuja».

Estos mecanismos fueron los responsables de algunas de las grandes crisis bancarias de las últimas décadas. A finales de los años ochenta, los préstamos hipotecarios y los créditos a las empresas se dispararon en todo el mundo. Cuando a continuación empeoró la situación financiera, muchas economías sufrieron una recesión y los precios de la vivienda se hundieron. Como consecuencia, muchos países, entre los que se encontraban Estados Unidos, Finlandia, Japón, Noruega, Suecia y Suiza, sufrieron graves crisis bancarias, provocadas todas ellas por las pérdidas sufridas en los préstamos hipotecarios y en los créditos a las empresas que se habían concedido en la expansión anterior.[38] Los episodios de crecimiento y caída de los préstamos volvieron a ser el epicentro de la crisis de las hipotecas de alto riesgo (*sub-prime*) de Estados Unidos en 2007, de la crisis irlandesa de 2010 y de la crisis española de 2011.

En la década de 1980 en Latinoamérica y, de nuevo, desde 2010 en Europa, se ha constatado que incluso los Estados pueden tener problemas para pagar sus deudas si no pueden imprimir el dinero que deben. En Latinoamérica, durante la década de 1980, la ayuda del FMI a los países deudores permitió a la mayoría de los bancos salir del atolladero. En Europa, la ayuda del FMI y de otros países de la zona del euro desde 2010 también ha limitado los daños. Sin embargo, el banco franco-belga Dexia y el banco alemán Hypo Real Estate habrían sido insolventes sin la ayuda directa del Estado.[39]

¿Innovación financiera al rescate?

Como hemos visto, el modelo tradicional de banca de depósitos tiene importantes puntos débiles. Las retiradas masivas de fondos pueden afectar su actividad, la renovación de su financiación puede resultar imposible o demasiado cara, y los rendimientos de sus inversiones pueden no ser suficientes para pagar a sus depositantes. La garantía de depósitos casi ha eliminado el problema de la retirada masiva de depósitos, pero no ha resuelto los demás problemas. Desde los años treinta hasta principios de los setenta, estos problemas no fueron muy importantes, pero desde entonces la economía es menos estable y los tipos de interés son mucho más volátiles. Los riesgos que entrañan los costes de refinanciación y la volatilidad de los rendimientos ha aumentado.[40]

A principios de los años ochenta, y de nuevo a finales de esa década, las instituciones depositarias tradicionales demostraron ser muy vulnerables a estos riesgos. Ante estos nuevos riesgos, ya no era viable el modelo de 3–6–3 de las cajas de ahorros especializadas que aceptan depósitos y conceden préstamos hipotecarios.[41]

En un mundo con mucho más riesgo, las necesidades de las pequeñas cajas de ahorros, parecidas a la Bailey Building and Loan Association, impulsaron las innovaciones financieras en las décadas de 1980 y 1990. Se desarrollaron numerosos instrumentos para transferir los riesgos de estas cajas a otros inversores. En este contexto, desempeñó un importante papel lo que se denomina *titulización*, procedimiento que permite a los bancos comerciales y a las cajas de ahorro vender sus préstamos e hipotecas a otros inversores. La palabra *titulización* se refiere al hecho de que un grupo de préstamos que no pueden negociarse directamente en el mercado puede agruparse y convertirse en bonos, es decir, en títulos negociables.

Cuando las empresas grandes y conocidas necesitan un crédito, tienen la posibilidad de emitir bonos negociables. En cambio, el préstamo hipotecario que se concedió a Carolina en nuestro ejemplo no era fácilmente negociable. Los inversores no conocían ni a Carolina ni la propiedad que había comprado con el préstamo. Sin embargo, si su crédito hipotecario se hubiera agrupado en un paquete junto con otros cuantos miles de créditos hipotecarios, a los inversores les habría dejado de preocupar Carolina. Solo les habría interesado saber sobre la media de los prestatarios del paquete.

En el caso de la titulización hipotecaria, un banco de inversión adquiere un gran número de hipotecas, las agrupa en un paquete y vende los derechos sobre este paquete, llamado *título con garantía hipotecaria*.[42] Un ejemplo sería un título de deuda que paga a los inversores con los cobros realizados en todas las hipotecas del paquete. Otro sería un título de deuda *subordinada* que también paga a los inversores con los cobros realizados por las hipotecas del paquete, pero solo en la medida en que el primer título principal pague íntegramente a sus inversores.

La titulización hipotecaria comenzó a gozar de una gran aceptación a principios de los años ochenta debido a que las cajas de ahorro estaban deseosas de vender hipotecas con el fin de evitar los riesgos que entrañaban. Desde entonces, esta innovación ha cambiado por completo el modo en que se financian los créditos hipotecarios. En Estados Unidos, una gran parte de las hipotecas activas ya no está en manos de entidades como la Bailey Building and Loan Association, sino que sirve de garantía de los títulos con garantía hipotecaria que tienen inversores de todo el mundo.

La titulización ha resuelto el problema de que las cajas de ahorros que utilizan sus depósitos para financiar los préstamos hipotecarios no puedan asumir realmente los riesgos en que incurren. Sin embargo, al mismo tiempo la titulización ha creado un nuevo problema. Cuando los bancos que conceden los préstamos hipotecarios saben que los venderán para titulizarlos, acaban teniendo pocos incentivos para evaluar con cuidado la solvencia de sus prestatarios. El banco de inversión que lleva a cabo la titulización podría imponer un cierto control de calidad, pero también tiene pocos incentivos para hacerlo si tiene poco pasivo y si quiere cobrar grandes comisiones por la titulización de cantidades enormes de hipotecas. Dados estos incentivos, no debería haber sorprendido que la calidad de los préstamos hipotecarios resultara ser menor que en el antiguo sistema.[43]

A medida que se ha extendido la titulización desde mediados de los años noventa, la calidad de los préstamos hipotecarios ha empeorado mucho. Han aumentado considerablemente los casos de fraude, así como los atrasos en los pagos y la morosidad lisa y llanamente.[44] Estas tendencias están estrechamente relacionadas con la titulización; los problemas de calidad han sido mucho menos frecuentes en el caso de las hipotecas que no estaba previsto titulizar.[45] El empeoramiento de la calidad de los préstamos hipotecarios contribuyó extraordinariamente al hundimiento de los mercados de títulos con garantía hipotecaria, del mercado hipotecario y del mercado inmobiliario de Estados Unidos en 2007, año que marcó el comienzo de la crisis financiera mundial.[46]

Hasta ahora, no parece que haya forma de proteger a los bancos estadounidenses que conceden préstamos hipotecarios de los riesgos que entraña el carácter de largo plazo de las inversiones inmobiliarias sin destruir también sus incentivos para dedicar suficientes recursos a evaluar la solvencia de sus prestatarios.[47] Mientras se realicen relativamente pocas inversiones inmobiliarias, este problema puede ser poco importante, pero volverá a cobrar importancia inevitablemente cuando el sistema financiero y la economía se recuperen y la inversión inmobiliaria repunte.[48]

En 2007–2008, la caída del mercado inmobiliario y del mercado hipotecario de Estados Unidos que había comenzado en 2006 se convirtió en una enorme crisis financiera mundial que afectó a la economía mundial más en general. ¿Por qué era el sistema financiero tan vulnerable y por qué fueron los daños tan grandes? En el siguiente capítulo, respondemos a estas preguntas.

5

Fichas de dominó bancarias

Era increíble. A cambio de unos cuantos millones de dólares, esta compañía de seguros asumía el riesgo más que real de que se esfumaran sin más 20.000 millones.

Michael Lewis, The Big Short, *refiriéndose a* American International Group *(AIG)*

La crisis financiera mundial que salió a la luz en el verano de 2007 suele atribuirse a la excesiva concesión de préstamos hipotecarios y a la excesiva titulización de hipotecas de baja calidad en Estados Unidos.[1] Según las estimaciones del FMI, en el peor momento de la crisis, en octubre de 2008, las pérdidas totales de las instituciones financieras causadas por los títulos relacionados con hipotecas de alto riesgo ascendían a 500.000 millones de dólares.[2]

Los 500.000 millones de dólares, vistos así, parecen una cantidad enorme, pero en el contexto de un sistema financiero mundial en el que los activos del sector bancario son del orden de 80 billones de dólares o más, no son, en realidad, una cantidad tan grande. De hecho, la pérdida de 500.000 millones causada por los títulos relacionados con hipotecas de alto riesgo no es nada comparada con la pérdida de valor de más de cinco billones de dólares que experimentaron las acciones en las bolsas de valores de Estados Unidos a principios de la década de 2000, cuando estalló la llamada *burbuja tecnológica* a finales de los años noventa.[3]

¿Cómo pudo afectar tanto esta pérdida de valor de los títulos re-

EL TRAJE NUEVO DEL BANQUERO

lacionados con hipotecas al sistema financiero mundial y a la economía? ¿Por qué fue la crisis de las hipotecas de alto riesgo mucho más devastadora que el estallido de la burbuja tecnológica unos años antes? ¿Y por qué ha sido esta crisis mucho más devastadora para la economía mundial que las numerosas crisis bancarias de principios de los años noventa, incluida la crisis japonesa, en las que los préstamos hipotecarios también causaron enormes pérdidas?[4]

La respuesta a estas preguntas es, en una palabra, *contagio*. En 2007, los títulos relacionados con hipotecas de alto riesgo estaban en Estados Unidos principalmente en manos de los bancos y de sus filiales. Estos bancos estaban muy endeudados; tenían sobre todo deuda a corto plazo que había que renovar inmediatamente. Las pérdidas de los bancos pusieron en peligro su solvencia y cortaron sus fuentes de financiación. Sus intentos de hacer frente a la situación deprimieron aún más los mercados financieros, lo cual afectó entonces a otras instituciones financieras.[5]

Cuando se colocan las fichas de dominó una al lado de otra, la caída de una de ellas puede hacer que caigan todas las demás. De la misma manera, las pérdidas iniciales causadas por los títulos relacionados con hipotecas de alto riesgo provocaron una reacción en cadena que acabó amenazando con derribar todo el sistema financiero. Esa es la razón por la que los daños últimos fueron mucho mayores de lo que la pérdida inicial llevaría a esperar.

En cambio, cuando estalló la burbuja tecnológica y se hundieron los mercados de valores a principios de la década de 2000, las pérdidas fueron asumidas principalmente por los inversores finales.[6] Como consecuencia de esas pérdidas, mucha gente acabará teniendo menos dinero cuando se jubile, pero en aquel momento había poca morosidad y ocurrieron pocas quiebras que arrastraran a otras instituciones, y tampoco hubo ventas frenéticas de activos que presionaran aún más sobre el sistema. Ni siquiera las quiebras de Enron y WorldCom en 2002, las mayores quiebras registradas antes de la crisis financiera, causaron el tipo de estragos que se observaron en 2007–2008, sobre todo después de la quiebra de Lehman Brothers.

Por lo que se refiere a la crisis japonesa, como los bancos japoneses se habían endeudado principalmente en Japón, las instituciones financieras de fuera de ese país no se vieron muy afectadas. En cambio, los títulos estadounidenses relacionados con hipotecas de alto riesgo estaban en manos de instituciones financieras de todo el mundo y muchas de estas instituciones habían contraído grandes deudas para realizar estas inversiones. Las interconexiones de las instituciones afectadas, su elevado grado de endeudamiento y los mecanismos de contagio que extienden las pérdidas de unas instituciones a otras explican por qué la crisis hipotecaria e inmobiliaria de Estados Unidos tuvo tamaña repercusión mundial.

Contagio

El contagio a través de los efectos que produce la morosidad de un prestatario sobre sus acreedores es el tipo más sencillo de contagio. Los acreedores pueden perder todas o algunas de sus inversiones. Aunque las pérdidas acaben siendo pequeñas, cuando el prestatario se declara en quiebra, los acreedores resultan perjudicados por la congelación de sus derechos hasta que concluye el procedimiento de quiebra. Durante ese tiempo, a menudo no se sabe cuánto recuperarán, si es que recuperan algo.

Si el prestatario moroso es un gran banco, las consecuencias pueden ser impresionantes. Antes de que se creara el seguro de depósitos, estas consecuencias afectaban tanto a los depositantes como a otros acreedores. Cuando se cerró la banca en Estados Unidos desde el 6 hasta el 13 de marzo de 1933, los depositantes no pudieron retirar durante ese tiempo sus fondos y los pagos se paralizaron por completo. Cuando concluyó el cierre, más de 5.000 de los 17.800 bancos no reabrieron y millones de depositantes se quedaron sin nada.[7] Miles de empresas no sabían cómo iban a pagar a sus trabajadores y proveedores, y no digamos cómo iban a financiar sus inversiones.[8]

El seguro de depósitos impide que los depositantes y el sistema de pagos sufran tantos daños, pero no protege a los demás acreedores de los bancos. Estos experimentan pérdidas cuando un banco incumple sus obligaciones y también posiblemente antes, cuando el banco está en apuros y parece probable que se declare insolvente. Si los acreedores también son instituciones financieras, las dificultades o las pérdidas del banco original pueden hacer que estas otras instituciones también tengan problemas, lo cual puede causar igualmente la interrupción de sus fuentes de financiación.

En septiembre de 2008, la quiebra de Lehman Brothers tuvo fatales consecuencias para el Reserve Primary Fund, fondo de inversión del mercado de dinero que había prestado casi 800 millones de dólares a Lehman Brothers. Como era un fondo de inversión, se financiaba mediante participaciones y, por tanto, no corría el riesgo de declararse insolvente. Pero cuando las pérdidas generadas por los préstamos realizados a Lehman Brothers hicieron que el valor de la participación en el fondo Reserve Primary Fund cayera por debajo de su valor nominal, un dólar, los inversores retiraron rápidamente su dinero. En unos días, el Reserve Primary perdió unos 60.000 millones de dólares de sus 62.000 millones de fondos y fue cerrado poco después.[9]

En ese momento, los inversores en otros fondos del mercado de dinero, incluso fondos a los que no les afectó directamente la quiebra de Lehman, consideraron que la suerte que habían corrido Lehman Brothers y Reserve Primary era una señal de que otros bancos de inversión y otros fondos del mercado de dinero también podían estar en riesgo. Para protegerse, muchos retiraron de repente su dinero. La retirada de dinero de los fondos del mercado monetario solo se detuvo cuando unos días más tarde el Tesoro de Estados Unidos les propuso un plan para crear un seguro de depósitos garantizado por el Estado.[10]

Las retiradas masivas de dinero obligaron a los fondos del mercado monetario a reducir sus inversiones. Muchas de estas inversiones eran préstamos a corto plazo que habían hecho a los bancos, a veces a uno o unos pocos días. El valor de estos préstamos a corto plazo se había vuelto muy sospechoso después de la quiebra de Lehman.[11] La reducción de la concesión de préstamos por parte de los fondos del mercado de dinero afectó no solo a los bancos de inversión de Estados Unidos, que se encontraban en el centro de la tormenta, sino también a bancos europeos, algunos de los cuales dependían mucho de los préstamos de los fondos del mercado de dinero. Al evaporarse la financiación a corto plazo procedente de dichos fondos, los bancos y otras instituciones que dependían de esta fuente de financiación sufrieron graves problemas de liquidez.[12] Al paralizarse por completo los mercados privados de préstamos a corto plazo a los bancos —incluidos los préstamos interbancarios que realizan unos bancos a otros—, los bancos tuvieron dificultades para encontrar nuevos prestamistas.[13]

La intervención de los bancos centrales como prestamistas de última instancia suministrando efectivo a los bancos fue lo único que evitó que otras grandes instituciones de Europa y Estados Unidos también suspendieran pagos.[14] Además, los gobiernos aportaron garantías y nuevo capital con el fin de tranquilizar a los inversores.[15] En Islandia, los impagos y las quiebras de bancos no pudieron evitarse ni siquiera con la ayuda del Estado, ya que una gran parte de la deuda de los bancos estaba denominada en dólares o en euros, que el banco central de Islandia no podía imprimir.

Cuando las instituciones financieras temen por sus fuentes de financiación, se ven obligadas a vender activos con el fin de obtener efectivo.[16] Si no hay compradores, los intentos de vender hacen que los precios de los activos se hundan. En estas circunstancias, es probable que los inversores en instituciones que tienen activos similares lleguen a pensar que los activos de estas instituciones también valen menos, poniendo en duda su solvencia. Esta duda alcanza, a su vez, a las fuentes de financiación de estas instituciones, lo cual puede obligarlas a vender parte de sus activos, ejerciendo así una presión aún mayor sobre los mercados de activos y sobre los precios.

Esas ventas forzadas de activos contribuyó considerablemente a las presiones que sufrieron los mercados en septiembre de 2008 y, asimismo, en el otoño de 2011. En ambos casos, los bancos que perdieron recursos a corto plazo trataron de vender activos. La consiguiente caída de los precios mermó todavía más la confianza de los inversores en los bancos. Las espirales descendentes del sistema solo se detuvieron cuando los gobiernos aportaron garantías y los bancos centrales dejaron claro que inyectarían en los bancos toda la liquidez que necesitaran.

Incluso antes de que quebrara Lehman, entre agosto de 2007 y septiembre de 2008, se pudo observar una versión lenta de este tipo de contagio en los mercados de títulos hipotecarios. Los bancos muy apalancados trataron de reducir su endeudamiento vendiendo estos títulos.[17] Los precios de los títulos cayeron y causaron unas pérdidas aún mayores a los bancos, que se quedaron sin capital propio, lo cual les obligó a vender aún más activos.[18]

En 2007–2008, este contagio a través de ventas febriles y de las caídas de los precios de los activos fue especialmente severo, ya que muchos bancos tenían muy poco capital propio, del orden del 2 por ciento de su total de activos. Si el capital propio solo representa el

2 por ciento del total de activos de un banco, una caída del valor de sus activos del 1 por ciento se lleva por delante la mitad de su capital. La situación es parecida a la de Carolina cuando solo tiene el 2 por ciento, o sea, 6.000 euros, de capital invertido en su casa de 300.000. Basta con que el valor de la casa disminuya el 1 por ciento, o sea, 3.000, para que Carolina pierda la mitad de su capital.

Supongamos, de la misma manera, que los activos del banco valieran inicialmente 100 euros y su capital, 2. Con una pérdida de 1 euro, los activos valen 99 y el capital, 1. Supongamos ahora que el banco no amplía capital y que quiere que el cociente entre su capital propio y sus activos vuelva a representar el 2 por ciento de su total de activos. Para eso tiene que reducir sus activos a 50 euros, casi la mitad de su valor actual de 99, y devolver deuda por valor de 49 para que el euro que tiene como capital represente el 2 por ciento de sus activos. Este ejemplo muestra lo intenso que es el llamado *desapalancamiento* por medio de la venta de activos cuando se tiene muy poco capital propio.

Si el capital inicial del banco representara el 20 por ciento de su total de activos en lugar del 2 por ciento, una pérdida de valor de sus activos del 1 por ciento solo se llevaría el 5 por ciento de su capital. Comenzando con 100 euros de activos y 20 de capital propio, una disminución de los activos del 1 por ciento reducirá el capital propio a 19 de 99 euros de activos. En este caso, la venta del 5 por ciento de los activos sería más que suficiente para que el cociente entre el capital propio y los activos volviera a ser del 20 por ciento. Concretamente, si se venden activos por valor de 4,95 euros y quedan 94,05, los 19 euros de capital propio representarán más del 20 por ciento del total de activos del banco. Eso demuestra que las pérdidas de un banco generalmente inducen a vender más activos y pueden generar mayores presiones sobre los precios y mayores caídas de los precios de los activos si solo una pequeña proporción de sus activos se financia con capital propio. Si los bancos tienen inicialmente más capital, el efecto de desapalancamiento es mucho menos intenso y hay menos probabilidades de que sea desestabilizador.[19]

El contagio a través de las caídas de los precios de los activos puede ser muy importante si hay pocos compradores dispuestos a invertir en los activos de riesgo. En este caso, los precios pueden acabar cayendo mucho, aun cuando la institución que tiene que vender activos sea insignificante y las ventas, pequeñas.[20] Es de esperar que las caídas de los precios sean especialmente grandes si muchas instituciones que tienen posiciones similares atraviesan dificultades parecidas y si, además, los compradores potenciales esperan que las instituciones continúen vendiendo activos durante un tiempo.[21] En este caso, seguramente les convenga aplazar sus compras y esperar a que los precios bajen aún más.

¿Qué diferencia a la crisis de 2007-2009?

En el capítulo 4 señalamos que entre 1940 y 1970 la banca fue segura y aburrida. Hubo en todo el mundo relativamente pocos casos de suspensión de pagos de grandes bancos y todavía menos crisis de sistemas bancarios enteros.[22] En la década de 1970, el riesgo de la banca se convirtió de nuevo en un importante motivo de preocupación tanto en Estados Unidos como en otros países.[23] En su metódico estudio histórico, Reinhart y Rogoff (2009) enumeran nueve crisis bancarias en la década de 1970 y más de cincuenta en cada una de las décadas de 1980 y 1990.[24]

Antes de 2007, las crisis bancarias tendían a ser de corto alcance y casi ninguna traspasaba las fronteras nacionales. El contagio no desempeñaba un papel importante. Por ejemplo, la crisis de las cajas de ahorro y crédito inmobiliario (*savings and loans associations*, S&L) de Estados Unidos no se dejó sentir en Europa. Las crisis de 1992 de Finlandia y Suecia tuvieron poca repercusión fuera de esos países. La crisis japonesa, que fue la mayor de los años noventa y que podría equipararse a la de las hipotecas de alto riesgo de Estados Unidos por la enorme magnitud de las pérdidas iniciales, no repercutió significativamente ni en el país norteamericano ni en Europa. Algunas crisis, como las bancarias asiáticas de 1996-1998, sí traspasaron las fronteras nacionales porque los bancos locales habían recibido préstamos de bancos de otros países. Los efectos transfronterizos de estas crisis solo afectaron a sus prestamistas extranjeros directos.[25]

En cambio, la caída de los mercados inmobiliario e hipotecario de Estados Unidos que comenzó en 2006 desencadenó una crisis financiera verdaderamente mundial. Lo que ocurrió en los mercados inmobiliarios como tales no fue tan distinto de lo que había ocurrido anteriormente en esos mercados, pero en esta ocasión el contagio en el sistema financiero desempeñó un papel mucho mayor.

Son tres los efectos que parecen responsables del enorme alcance de la crisis financiera de 2007–2009. En primer lugar, los títulos relacionados con hipotecas que perdieron una gran parte de su valor estaban en manos de instituciones financieras de todo el mundo. Estas instituciones financieras estaban conectadas entre sí por los precios de mercado de los activos hipotecarios. Cuando las ventas de activos por parte de alguna institución hizo que los precios cayeran, otras instituciones también se vieron afectadas, ya que sus tenencias de estos activos perdieron valor.[26]

En segundo lugar, como las instituciones que poseían títulos hipotecarios tenían muy poco capital, comenzó a cuestionarse en seguida su solvencia, y el efecto dominó de los impagos de los préstamos interbancarios se desarrolló en varias fases. Mientras que, por ejemplo, en 1997 los bancos europeos que habían prestado a instituciones financieras de países asiáticos tenían suficiente capital propio para absorber sin demasiadas dificultades las pérdidas ocasionadas por las crisis bancarias asiáticas, en 2007–2009 las pérdidas causadas por los títulos hipotecarios de alto riesgo pusieron inmediatamente en peligro la solvencia de las instituciones que poseían estos títulos.[27]

En tercer lugar, una gran parte de la deuda de los bancos era deuda a corto plazo contraída contra otras instituciones financieras, especialmente de fondos del mercado de dinero. Esta fuente de financiación de los bancos es especialmente vulnerable al contagio y a las retiradas masivas de dinero, ya que ni los fondos del mercado de dinero ni sus inversores están cubiertos oficialmente por la garantía de depósitos. La negativa de los prestamistas a corto plazo, como los fondos del mercado de dinero, a renegociar y renovar sus préstamos cuando sospecharon de la solvencia de los bancos precipitó las crisis de los bancos de inversión Bear Stearns y Lehman Brothers en 2008. Tras la quiebra de Lehman, los inversores abandonaron los fondos del mercado de dinero y estos se vieron obligados, a su vez, a dejar de financiar a los bancos.[28]

Aumento de las interconexiones

El contagio se ha convertido en un fenómeno más grave desde la década de 1990 porque las instituciones financieras están hoy más interconectadas y son más frágiles que antes. Este aumento de las interconexiones es en cierta medida una consecuencia de la globalización: cada vez es mayor el número de actividades financieras transfronterizas, como los préstamos de los fondos del mercado de dinero de Estados Unidos a los bancos alemanes para comprar títulos relacionados con hipotecas en Estados Unidos.[29]

Las interconexiones y la fragilidad de las instituciones financieras también han aumentado debido a la aparición en el sistema de nuevos tipos de instituciones financieras. Un ejemplo importante es el de los fondos de inversión del mercado de dinero, que se han expandido y se han hecho un hueco cada vez mayor entre los inversores y los bancos. Como explicamos en el capítulo 4, los fondos del mercado de dinero se desarrollaron en la década de 1970 en Estados Unidos para soslayar la legislación que limitaba los tipos de interés de los depósitos de los bancos comerciales y las cajas de ahorros. Aunque se suprimieron algunas de estas normas, los fondos del mercado de dinero han seguido siendo activos y se han convertido en una parte importante del sistema financiero, satisfaciendo, en particular, las necesidades de empresas e inversores institucionales en posesión de unos activos líquidos superiores a los garantizados por el seguro de depósitos de la FDIC.

Los fondos del mercado de dinero ofrecen casi los mismos servicios que los bancos comerciales, pero legalmente sus inversores tienen participaciones en lugar de derechos fijos. Los billones de dólares que recaudan se invierten en deuda a corto plazo de entidades no financieras y de bancos.[30] Cuando los fondos del mercado de dinero invierten en la deuda de instituciones no financieras, compiten con bancos que también podrían prestar a estas instituciones. Cuando los fondos del mercado de dinero hacen préstamos a corto plazo a bancos, crean una capa más de intermediación financiera entre los inversores que quieren servicios como los que ofrecen los depósitos y los bancos que buscan financiación a corto plazo.

El riesgo de que surjan problemas de liquidez y retiradas masivas de depósitos aumenta cuando los bancos tienen deuda de fondos del mercado de dinero. Sin un seguro de depósitos, la situación es parecida a la de George Bailey en la película *Qué bello es vivir*, que analizamos en el capítulo 4. Los gestores de los fondos del mercado de dinero que han prestado a los bancos pueden sospechar de la solvencia de esos bancos e intentar retirar su dinero. Pueden hacerlo no renovando los préstamos a corto plazo que concedieron al banco. Al mismo tiempo, los inversores de los fondos del mercado de dinero pueden llegar a sospechar de los propios fondos y correr a sacar su dinero. Por tanto, puede haber dos tipos de retiradas masivas: los fondos del mercado de dinero pueden retirar su dinero de los bancos y los inversores de los fondos del mercado de dinero pueden retirar su dinero de los fondos.

Esta doble retirada es lo que ocurrió en el otoño de 2008. Los inversores de los fondos del mercado de dinero quisieron de repente transferir su dinero a activos más seguros, como bonos del Estado o incluso simplemente dinero en efectivo. Eso obligó a los fondos del mercado de dinero a dejar de financiar los bancos. La existencia de la capa adicional de intermediación a través de los fondos del mercado de dinero fue una fuente de vulnerabilidad de los bancos.[31]

Las nuevas técnicas de gestión del riesgo han dado lugar a otro nivel de interconexión. Un ejemplo es el uso de títulos con garantía hipotecaria para repartir los riesgos de los préstamos hipotecarios. Como señalamos en el capítulo 4, estos títulos se inventaron para que los bancos pudieran eliminar su exposición a los riesgos de los préstamos hipotecarios, que habían causado la crisis de las S&L en la década de 1980.

Con la titulización, hay más transacciones y más instituciones involucradas. En el mundo de George Bailey, el dinero pasa de los depositantes a un banco que concede un préstamo hipotecario al comprador de una vivienda como Carolina. Antes de la titulización, esta era la última transacción. El banco tenía la hipoteca y recibía los pagos hipotecarios de Carolina. Con la titulización, el banco vende la hipoteca de Carolina, junto con otras muchas, a una institución, como un banco de inversión, que las agrupa en un paquete. La institución crea entonces títulos, prometiendo pagar a los inversores en función de lo que paguen Carolina y los demás propietarios de viviendas que haya en el paquete de hipotecas. Estas promesas se venden a diferentes inversores, aunque a veces el propio banco de inversión compra algunas.[32]

El deseo de alejar el riesgo del prestamista hipotecario original alarga, pues, la cadena de transacciones y aumenta las posibilidades de que los impagos desencadenen efectos dominó. Si los bancos u otras instituciones que compran los títulos hipotecarios piden, para ello, préstamos a fondos del mercado de dinero, la cadena de transacciones es aún más larga.[33]

El uso de las llamadas *permutas de incumplimiento crediticio* es otro ejemplo de cómo los intentos de gestionar el riesgo pueden aumentar la complejidad y la fragilidad del sistema. Una permuta de incumplimiento crediticio (*credit default swap*, CDS) es una especie de contrato de seguro. El comprador de una CDS paga una prima periódica al vendedor. A cambio, este promete reembolsar al comprador si el préstamo o la cartera de préstamos asegurados por la CDS no rinden lo prometido. Comprando una CDS, el banco traslada el riesgo de impago de los préstamos protegidos al vendedor de la CDS, exactamente igual que el comprador de un seguro del hogar traslada el riesgo de incendio a la compañía de seguros.

Antes de 2007, muchas instituciones financieras que compraban títulos hipotecarios también compraban CDS para asegurarse contra el riesgo de que los prestatarios hipotecarios incumplieran sus obligaciones hipotecarias y, en consecuencia, los títulos hipotecarios no pagaran las cantidades prometidas. Esta práctica añadió al asegurador a la serie de entidades que guardaban alguna relación con los títulos hipotecarios.

Más tarde, también se aseguraron con CDS títulos *sintéticos* que no eran en sí mismos préstamos o paquetes de préstamos, sino que se creaban para reproducir los pagos de préstamos reales.[34] Este paso aumentó aún más la complejidad y las interconexiones.

Las CDS eran vendidas por compañías de seguros, principalmente por American International Group (AIG), a la que se refiere el epígrafe de este capítulo. AIG vendió a instituciones financieras CDS por valor de unos 500.000 millones de dólares. Cuando las tasas de morosidad aumentaron en 2008, se puso en duda la solvencia de AIG, y en la tormenta de septiembre de ese año AIG no pudo renovar su financiación. Como entre sus clientes figuraban casi todas las grandes instituciones financieras del mundo, si AIG hubiera quebrado, el riesgo de mayor contagio habría sido enorme. También se habrían visto afectados millones de clientes de seguros ordinarios.

Para evitar estos daños, el Gobierno de Estados Unidos y la Reserva Federal decidieron rescatar a AIG. De esa forma, se aseguraron de que se pagaba íntegramente a las instituciones financieras lo que AIG les debía por las CDE que le habían comprado.[35]

Derivados

Las CDS son un ejemplo de los contratos que se conocen con el nombre de *derivados*. Los derivados permiten negociar y reorganizar los riesgos entre diferentes personas. La palabra *derivado* indica que los pagos de los participantes que estipula el contrato dependen de, o sea, se *derivan* de, alguna otra cosa, por ejemplo, de que un prestatario pague o no su deuda o del precio de un activo que es incierto en el momento en que se firma el contrato.

Los derivados permiten a las instituciones no financieras y financieras gestionar mejor sus riesgos. Por ejemplo, un banco puede firmar lo que se denomina un *contrato a plazo* con un fabricante estadounidense para cambiar euros por dólares a un tipo predeterminado en la fecha en la que el fabricante espera recibir un pago en euros de un cliente europeo. Este contrato elimina el riesgo que corre el fabricante de que el euro valga mucho menos en relación con el dólar cuando llegue el momento de recibir el pago.

Este contrato tiene sentido si al banco el riesgo cambiario le afecta menos que al fabricante. Si el fabricante paga sus costes en dólares, podría ni siquiera cubrir sus costes si el valor del euro disminuyera mucho (en relación con el dólar) en el momento de cobrar en euros. En ese caso, la solvencia de la empresa podría verse en peligro. Por tanto, puede ser importante que el fabricante transfiera el riesgo a un tercero para no estar expuesto a él. En cambio, al banco puede no afectarle mucho el riesgo. Al operar constantemente en los mercados de divisas, es posible que espere compensar la compra a plazo de euros del fabricante estadounidense con una venta a plazo de euros a un fabricante europeo que espera pagos en dólares. Aunque el banco no pueda compensarla totalmente, puede pensar que el riesgo es insignificante en relación con sus inversiones totales. Si la entidad bancaria es una gran empresa con muchos accionistas, el riesgo que corre cualquiera de los accionistas es muy pequeño.

Los contratos a futuro existen desde hace mucho tiempo no solo para las divisas, sino también para los metales, las patatas, la panceta de cerdo y otras materias primas. También se han negociado otros derivados en los mercados desde principios de los años setenta. A partir de los ochenta y especialmente en los noventa los derivados aumentaron espectacularmente y han llegado a desempeñar un importante papel en el sistema financiero. Simultáneamente, se han desarrollado nuevas técnicas que permiten a los bancos gestionar los riesgos que asumen cuando firman ese tipo de contratos.[36] Las innovaciones que se basan en estas técnicas han sido muy útiles, ya que, como hemos señalado antes, los riesgos derivados de las variaciones de los tipos de cambio y de los tipos de interés eran mucho mayores en los años setenta y ochenta que antes.[37]

Las nuevas técnicas de gestión de riesgos ¿han supuesto que el sistema sea más seguro?

Los derivados y las nuevas técnicas de gestión del riesgo han beneficiado a la sociedad al proporcionar mejores medios para repartir los riesgos. Las mejoras del reparto del riesgo permiten reducir los riesgos incurridos y transferir riesgos a quienes pueden asumirlos mejor. Este efecto permite reducir las probabilidades de que una institución financiera no cumpla sus obligaciones y quiebre y permite mejorar la estabilidad económica y financiera.

Sin embargo, los nuevos mercados y las nuevas técnicas también han aumentado las posibilidades de especular y pueden utilizarse de forma que aumentan los riesgos del sistema en lugar de reducirlos.[38] En los últimos veinte o treinta años, muchos escándalos en los que los bancos y sus clientes han perdido enormes cantidades de dinero han tenido que ver con derivados. En el capítulo 4, mencionamos el caso del banquero de Singapur Nick Leeson, que hundió el Barings Bank del Reino Unido en 1995 al apostar a que los precios de las acciones japonesas subirían, pero bajaron.

Utilizando derivados en lugar de comprar acciones, Leeson pudo acumular enormes posiciones en muy poco tiempo sin que apenas lo controlaran los altos directivos del banco. Desde entonces, ha habido al menos veinte incidentes que han causado pérdidas de más de 1.000 millones de dólares y que se han debido a operadores que especulaban con derivados.[39] En el caso de Orange Country (California) en 1994, la especulación causó una pérdida considerable de dinero público.[40]

La especulación y las apuestas siempre han desempeñado un papel importante en los mercados financieros. Sin embargo, en el caso de los derivados, las apuestas que hacen los operadores son ahora mucho mayores y mucho más difíciles de controlar. Además, los efectos dominó de las quiebras incluso de pequeñas instituciones pueden ser desastrosos. Warren Buffett tenía razón cuando calificó los derivados de «armas de destrucción masiva».[41]

Los derivados permiten el aumento del riesgo de formas bastante parecidas a los efectos del apalancamiento analizados en el capítulo 3. Sin embargo, estos riesgos no pueden verse observando el balance de un banco. Si un banco firma un contrato a plazo para el cambio de divisas, el apunte contable inicial del balance es cero.[42] Sin embargo, si el contrato es de 1.000 millones de euros, una disminución del valor del euro en un 10 por ciento supone una pérdida de 100 millones de euros.

Los riesgos que entrañan los derivados son incluso mayores si los pagos varían proporcionalmente más de lo que cambian las variables subyacentes de las que depende el contrato. Esas apuestas se basan en complejas fórmulas que pueden utilizarse para realizar grandes apuestas y ocultárselas a terceros. Las técnicas para reducir los riesgos de los derivados a menudo implican complejas estrategias. A los operadores les gusta no desvelar estas estrategias, ya que no quieren que otros los imiten. A menudo no escatiman esfuerzos para ocultar lo que hacen. Este secretismo los protege no solo de la imitación de otros, sino también del control de los altos directivos. Cuando los propios altos directivos participan en las apuestas, el secretismo sirve para ocultar los riesgos a los supervisores, los clientes y los inversores.[43]

El secretismo y la complejidad de los contratos y las estrategias que se utilizan en las operaciones de derivados permiten a los operadores y a los bancos acumular enormes riesgos, a veces muy deprisa, sin una verdadera supervisión o control. Como los derivados pueden magnificar los riesgos, las grandes operaciones de derivados pueden poner en peligro no solo una institución, sino también, a través del contagio, todo el sistema financiero. Por ejemplo, las grandes apuestas basadas en complejas fórmulas y estrategias fueron una de las razones por las que una pequeña variación de los tipos de interés fijados por la Reserva Federal produjo una gran conmoción en el sistema financiero en 1994; la magnitud de la conmoción fue inesperada, ya que casi nadie tenía conciencia de lo sensibles que eran las posiciones de muchos inversores en derivados a la política de la Reserva Federal.[44]

Otro de los primeros ejemplos de esta magnificación del riesgo es la llamada *crisis de LTCM de 1998*, denominada así por el fondo de alto riesgo Long Term Capital Management (LTCM). LTCM, que tenía a finales de 1997 un capital propio de 4.700 millones de dólares y una deuda de 125.000 millones, era una institución relativamente pequeña. Sin embargo, cuando sufrió grandes pérdidas en 1998, la Reserva Federal temió que su quiebra provocara una reacción en cadena y llevara también a otras instituciones a la insolvencia.

LTCM tenía enormes posiciones en derivados y el temor a que sus socios en estos contratos sufrieran grandes pérdidas si LTCM quebraba se vio exacerbado por la considerable incertidumbre legal sobre el tratamiento de estos contratos.[45] Además, como los inversores temían que estallara una gran crisis financiera, cualquier intento de vender activos de LTCM podía haber causado una caída espectacular de los precios de estos activos, lo cual podía haber producido unos efectos desastrosos en las otras muchas instituciones que habían seguido estrategias parecidas a las de LTCM.

Para impedir esos efectos contagio, el Banco de la Reserva Federal de Nueva York presionó a los grandes bancos, acreedores de LTCM, para que lo rescataran inyectando capital, lo cual permitiría llevar a cabo una lenta liquidación sin un procedimiento de quiebra.[46] LTCM fue tratado como una institución financiera de importancia sistemática a pesar de que antes de la crisis no lo parecía.

Durante la primavera de 2008, una preocupación parecida llevó a la Reserva Federal a querer evitar la quiebra de Bear Stearns, por lo que organizó su absorción por parte de JPMorgan Chase. En ese proceso, la Reserva Federal se hizo cargo de una cartera de cerca de 30.000 millones de dólares de activos dudosos con una aportación de 1.000 millones de dólares de JPMorgan Chase y cerca de 29.000 millones de dólares de su propio dinero.[47] La Reserva Federal actuó de esta manera porque temía que la quiebra de Bear Stearns causara grandes daños a los socios de esta entidad en los contratos de derivados.[48]

En el sector financiero se suele decir que son expertos en detectar y gestionar riesgos y que, por tanto, sus riesgos reales son mucho menores de lo que quizá piensan los demás y, desde luego, mucho menores que los riesgos de las entidades no financieras. Se dice que los modelos cuantitativos y las llamadas *pruebas de resistencia* permiten realizar evaluaciones precisas y fiables de los riesgos y reducirlos mediante sofisticadas técnicas que utilizan derivados.[49]

Estas afirmaciones no deben tomarse al pie de la letra. Aunque los banqueros fueran expertos en el análisis y la gestión de riesgos, a menudo se encuentran con riesgos que no han previsto.[50] Como dijo con una famosa frase el exsecretario de Defensa de Estados Unidos Donald Rumsfeld, «hay cosas que sabemos que no sabemos. Pero también hay cosas que no sabemos que no sabemos»

Por ejemplo, la gente de LTCM, entre la que se encontraban algunas de las mentes más sofisticadas de las finanzas, había calculado minuciosamente los riesgos de las diferentes variaciones que podían experimentar algunos tipos de interés, pero no habían pensado en la posibilidad de que los inversores del mercado comenzaran a inquietarse más por los riesgos en general, y cayeran al mismo tiempo los valores de todos los títulos de deuda, salvo los de los bonos del Estado estadounidenses más seguros. Asimismo, antes de agosto de 2007 los banqueros que habían comprado títulos hipotecarios estadounidenses habían gestionado sus riesgos suponiendo que estos títulos siempre podrían negociarse en el mercado. Sin embargo, en agosto de 2007, los mercados de estos títulos se paralizaron de repente.[51]

La elevada calidad de la propia gestión de riesgos puede ser un problema si la gente del sector comienza a confiar excesivamente en sus modelos y en su capacidad para gestionar los riesgos. Es algo semejante a lo que ocurre con la sensación de protección que dan los cinturones de seguridad y que parece que lleva a mucha gente a conducir con menos cuidado.[52] De la misma manera, la sensación de control que da el uso de modelos cuantitativos de riesgo y de mercados de derivados para gestionar el riesgo parece que lleva a la gente a tener menos cuidado a la hora de limitar sus exposiciones y sus vulnerabilidades. Eso podría explicar por qué las apuestas especulativas con derivados han adquirido tan grandes proporciones y por qué algunas de las pérdidas más espectaculares las han sufrido personas e instituciones que gozaban de especial reputación por la calidad de su gestión del riesgo.[53]

Las propias estrategias de gestión del riesgo elegidas también pueden dar una falsa sensación de seguridad. Comprando un seguro de crédito de AIG, los inversores en títulos hipotecarios pensaban que estaban protegidos. No se dieron cuenta de que, si esos riesgos crediticios se materializaban, el contrato con la propia AIG podría plantear problemas en el momento en que más se la necesitara. Para comprender de verdad la situación, estos inversores tendrían que haber conocido el verdadero alcance de los contratos que AIG había firmado con otros, así como la magnitud de su exposición.

Sin embargo, normalmente los inversores no conocen las posiciones de otros agentes del mercado. Como hemos señalado antes, los agentes a menudo hacen todo lo que está a su alcance para no desvelar sus posiciones y estrategias. Como la mayoría de las operaciones son extrabursátiles, es decir, se realizan fuera de la vista de otros agentes del mercado, es casi imposible para nadie saber cuáles son exactamente las exposiciones y riesgos totales de impago de otros agentes. En concreto, es casi imposible saber si la transferencia de riesgos que se ha prometido funcionará realmente o si y en qué condiciones la entidad con la que se ha contratado podría incumplir sus obligaciones de pago.[54]

¿Debemos dejar que quiebren los bancos?

En 1998, el banco de la Reserva Federal de Nueva York fue muy criticado por presionar a los bancos privados para que rescataran a LTCM. La Reserva Federal también fue objeto de críticas parecidas durante la primavera de 2008 cuando pidió a JPMorgan Chase que adquiriera Bear Stearns, y proporcionara ayuda por medio de garantías de algunos de los activos de Bear Stearns. Ese tipo de intervenciones del banco central o de cualquier otro organismo público está en conflicto con el principio de que se debe permitir o incluso obligar a las empresas a quebrar si no pueden cumplir sus obligaciones.

En el otoño de 2008, este principio se respetó en el caso de Lehman Brothers, pero el resultado confirmó los peores temores que se habían expresado en el caso de LTCM y de Bear Stearns. Desde entonces, no se ha dejado que quebrara ninguna otra institución financiera importante, a pesar de que algunas son muy frágiles y posiblemente insolventes.[55] En lugar de eso, muchas se han rescatado, desde AIG unos días más tarde hasta los bancos europeos Bankia y Crédit

Immobilier de France en el verano de 2012. El principio de que los bancos deben ser obligados, como cualquier otra empresa, a asumir las consecuencias de sus malas decisiones parece que ha dejado paso al miedo general al contagio de la quiebra de los grandes bancos.

La decisión de dejar que Lehman Brothers se declarara en quiebra ha sido objeto de un gran debate.[56] En ese momento, parecía que las autoridades creían que la quiebra de Lehman no causaría demasiados daños al sistema, ya que la fragilidad del banco se conocía perfectamente desde hacía meses y los agentes del mercado habían tenido mucho tiempo para prepararse. La quiebra también serviría para mandar el mensaje de que incluso una institución financiera de importancia sistémica estaba sometida a la disciplina normal del mercado. Sin embargo, los acontecimientos que ocurrieron después de la quiebra de Lehman fueron mucho peores de lo que esperaba casi todo el mundo.

La pregunta que encabeza este apartado no tiene fácil respuesta. No está, en cierto sentido, ni siquiera bien planteada. Por principio, sin pensar en ningún banco concreto ni en ninguna situación concreta, la respuesta debe ser «¡por supuesto que debemos dejar que quiebren!». Si los agentes del mercado no son capaces de cumplir sus obligaciones, deben declararse en quiebra o seguir un proceso legal de suspensión de pagos y reorganizarse o liquidarse. Según este principio, todos los individuos y todas las empresas sabrán que tienen que arreglárselas solos sin ninguna posibilidad de ser rescatados si atraviesan dificultades.

Sin embargo, la pregunta de si se debe dejar que quiebren los bancos raras veces se plantea como una cuestión de principios. Lo que ocurre, más bien, es que un banco tiene problemas y las autoridades deben decidir si le permiten declararse en quiebra o en concurso de acreedores o le permiten continuar operando, posiblemente después de una inyección de dinero público. En una situación de este tipo, a las autoridades les preocuparán mucho los costes que puede imponer la quiebra del banco al resto del sistema financiero y a la economía. Si el banco es pequeño y poco importante, la inquietud será menor, pero si el banco es grande y de importancia sistémica, el miedo a un efecto contagio desastroso puede llevar a las autoridades a dejar que la entidad continúe funcionando. Incluso en el caso de los bancos pequeños, si la quiebra afecta a muchos al mismo tiempo, las autoridades pueden resistirse a dejar que quiebren. Una vez que los bancos tienen dificultades y existe el riesgo de que causen grandes daños a la economía en general, es posible que sea, en realidad, mejor olvidarse de los grandes principios y hacer lo que se pueda para evitar los daños inmediatos.

El argumento que acabamos de exponer pone de manifiesto lo que, en términos generales, es una cuestión de credibilidad de las amenazas. En principio, podría ser deseable amenazar a los bancos con la quiebra si atraviesan por dificultades. Si esta amenaza es creíble puede inducir a los bancos a ser más prudentes. Sin embargo, tal amenaza puede no ser creíble. Si un banco importante está en apuros, es posible que el Gobierno prefiera impedir que quiebre a asumir las consecuencias de la quiebra. Este problema de credibilidad se da también en otros muchos contextos, por ejemplo, en el de la disuasión nuclear o en el del compromiso de no pagar rescate a cambio de rehenes.

Para salir de esta situación, no basta con declarar que se va a dejar que los bancos quiebren. Una declaración de este tipo solo será creíble si se reducen los costes de las quiebras bancarias para el resto del sistema financiero y el conjunto de la economía.

En Estados Unidos, la ley Dodd-Frank intenta reducir los costes de lidiar con los problemas de los bancos que tienen dificultades otorgando a la FDIC la potestad de intervenir o liquidar cualquier institución financiera de importancia sistémica.[57] La FDIC tiene potestad para mantener las actividades de la institución e intentar al mismo tiempo resolver sus dificultades, vender algunos de sus activos y sustituir a sus directivos. Como institución pública, la FDIC puede cubrir temporalmente cualquier déficit pidiendo préstamos al Gobierno federal y puede obligar al resto de los bancos a hacer aportaciones para evitar que se utilicen los impuestos de los contribuyentes.[58] Como la FDIC tiene experiencia en la resolución satisfactoria de instituciones de depósitos, sería de esperar que pudiera afrontar una situación de crisis sin crear otra conmoción como la de Lehman y con un coste tolerable para la gente.

Sin embargo, el reto que significa la resolución eficaz de las instituciones financieras grandes y complejas, como JPMorgan Chase, Bank of America o Citigroup, es enorme. Ese tipo de instituciones tiene miles de filiales y entidades relacionadas con ellas, muchas de las cuales se encuentran en otros países. Según la legislación bancaria internacional, habría en cada país un procedimiento independiente de resolución para las diferentes filiales. La resolución exigiría la coordinación de las diferentes autoridades y de los procedimientos de resolución y posiblemente de quiebra, lo cual puede muy bien ser incompatible con la legislación de cada país.[59]

Además de lidiar con los mecanismos legales de los diferentes países, el reto sería mantener las actividades de importancia sistémica durante el proceso de resolución. Por ejemplo, Lehman Brothers había utilizado su filial londinense para muchas de sus actividades de banca de inversión y corretaje. Cuando el banco se declaró en quiebra, hubo procedimientos independientes de quiebra en Estados Unidos y en el Reino Unido. En el este último, las autoridades se quedaron horrorizadas cuando descubrieron que apenas había dinero en efectivo en la filial de Londres. Aunque las diferentes unidades que Lehman Brothers tenía en los distintos países eran legalmente independientes, su gestión de tesorería se había integrado, por lo que, cuando acababa el día en Londres, todo el dinero en efectivo se enviaba a Nueva York.[60] Al no haber efectivo, la mayoría de las actividades de Lehman Brothers London se paralizaron inmediatamente. Para mantener la actividad en Londres, habría sido necesario que las autoridades de Estados Unidos y del Reino Unido hubieran cooperado para que siguiera funcionando la gestión integrada de tesorería. Es difícil imaginar este tipo de integración cuando las autoridades que se ocupan de las diferentes unidades que hay en los diferentes países no son las mismas.[61] Incluso en un único país, es un reto asumir el control de una compleja institución que tiene numerosas filiales sin interrumpir importantes actividades.[62]

Las iniciativas que se han puesto en marcha en Estados Unidos, el Reino Unido, Alemania y otros países han hecho algunos progresos en la creación de mejores mecanismos de resolución de las instituciones financieras grandes y complejas, pero aún no se ha llegado a un acuerdo internacional para crear un mecanismo que permita que un banco en quiebra y sus filiales sigan siendo una unidad operativa con el fin de reducir lo más posible las consecuencias negativas sobre el sistema financiero y la economía. Además, dados los conflictos inherentes al reparto de las pérdidas y teniendo en cuenta lo complejas que son las negociaciones sobre la reforma del derecho internacional, es improbable que se llegue pronto a un acuerdo de ese tipo.[63]

Dadas las complicaciones que plantea la resolución de las instituciones mayores y más complejas, es muy dudoso que las autoridades vayan a poner realmente en marcha estos mecanismos, aunque una gran institución sea insolvente.[64] El requisito de la ley Dodd-Frank y de otras leyes de que las instituciones financieras presenten testamentos vitales o planes de resolución para facilitar su cierre no es una garantía suficiente de que el cierre de este tipo de instituciones sea suficientemente eficaz para evitar dañar al sistema financiero y a la economía.[65] Aunque realmente se crea que se pondrá en marcha un proceso legal de liquidación, es probable que dicho proceso sea lento y cause trastornos.[66] Este problema puede surgir no solo cuando las instituciones financieras son grandes y complejas, sino también cuando muchos bancos pequeños tienen dificultades o son insolventes al mismo tiempo.

Jaime Dimon, director general de JPMorgan Chase, ha propuesto repetidamente que se permita a su banco y a otros como él quebrar si llegan a ser insolventes y que el sector cubra el coste de la resolución de los «bancos zombis».[67] Esta bravuconada debe tomarse con un cierto escepticismo. JPMorgan es muy vulnerable a los altibajos de los mercados, ya que muchos de sus activos no son préstamos, sino activos que se negocian en Bolsa.[68] El banco también tiene enormes posiciones en derivados y deuda a corto plazo, por lo que está conectado estrechamente con otros bancos de todo el mundo. Según el análisis del propio banco, una pérdida de explotación de 50.000 millones de dólares originada por operaciones realizadas en el mercado podría desencadenar una retirada masiva de fondos del banco y ventas febriles que ocasionarían unas pérdidas aún mayores y posiblemente una crisis financiera.[69] Además, la propuesta de Dimon de que se permita quebrar a los grandes bancos no tiene en cuenta los daños que esa quiebra impondría a la sociedad, que pueden ser muy grandes. Los daños colaterales, incluidos los efectos dominó y la posible paralización de la economía en su conjunto, probablemente serían considerables, aunque el coste directo de la quiebra o de la resolución lo asumieran los inversores del banco o el sector bancario.

La situación que acabamos de describir es realmente mala. Los bancos pueden causar grandes daños a la sociedad. Si un banco grande quiebra, los efectos contagio pueden ser desastrosos. Los costes de no dejar que quiebre también pueden ser muy grandes. Si se deja que los bancos continúen funcionando, aunque tengan dificultades o sean insolventes, el resto de la economía tal vez también resulte perjudicada, ya que los bancos en dificultades tienden a tomar malas decisiones de préstamos, lo cual puede limitar la capacidad de innovación y decrecimiento de la economía.[70] Si los bancos esperan que se les rescate, la situación es mucho peor, ya que entonces tendrán incentivos para asumir más riesgo, lo cual hará aumentar las probabilidades de que sus dificultades y su insolvencia dañen al resto de la economía.

Crear fórmulas viables para que los bancos quiebren sin perjudicar la economía es como preparar procedimientos de emergencia en caso de terremotos o de otras catástrofes naturales: lo importante es reducir los daños. Sin embargo, las crisis financieras son muy diferentes de los terremotos. La analogía es cómoda, pero engañosa.[71] Mientras que es poco lo que se puede hacer para prevenir los terremotos, es mucho lo que es posible hacer para reducir la probabilidad de que haya crisis financieras. En los capítulos siguientes, mostraremos que la fragilidad del sistema financiero no es ni consustancial ni conveniente y que se puede reducir considerablemente. Aun mejor, para crear un sistema más seguro y sólido, no hace falta sacrificar ninguno de los beneficios que puede reportar el sistema bancario.

SEGUNDA PARTE
Los argumentos a favor del aumento del capital de la banca

6

¿Qué se puede hacer?

Una onza de prevención vale una libra de cura.

Benjamin Franklin

¿Tenemos que resignarnos a tener un sistema bancario frágil y peligroso, que perjudique a la economía y requiera la ayuda del Estado cuando los riesgos son demasiado altos y las cosas salen mal? Como hemos visto, no hay muchas probabilidades de que se resuelva el problema de las quiebras de los bancos grandes e interconectados, sobre todo de los que están presentes en muchos países, sin imponer grandes costes a la economía. Esta también sufre daños cuando muchos bancos tienen dificultades financieras al mismo tiempo y no conceden suficientes préstamos porque están excesivamente endeudados. Es importante, pues, concentrar los esfuerzos en evitar que los bancos y demás instituciones financieras atraviesen por dificultades o se declaren insolventes. Para eso tenemos que mejorar su regulación y supervisión.

En cualquier sector, la regulación es importante cuando lo que hace una persona o una empresa puede causar grandes daños a otras.[1] Si los propios incentivos de los bancos con respecto a los riesgos que asumen y al grado en que recurren al endeudamiento coincidieran con los de la sociedad, la regulación de la banca sería menos importante. Sin embargo, resulta que los incentivos de los bancos con respecto a los riesgos que asumen y a su endeudamiento están perversamente en conflicto con los de la sociedad.[2]

En los últimos años, se han hecho numerosas propuestas para resolver el problema de los riesgos que impone el sistema bancario a la sociedad. Sin embargo, son muy pocas las que se han puesto en práctica. La mayoría se ha rechazado, diluido o retrasado, algunas de ellas parece que indefinidamente, porque los bancos han convencido a los responsables de la política económica, a los reguladores y a veces a los tribunales de que las normas propuestas podrían resultar demasiado caras.[3]

¿Qué significa caro en este contexto? ¿Quién incurriría en los costes de aplicar estas normas? Desde el punto de vista de los banqueros, cualquier norma que limite sus actividades o que pudiera reducir sus beneficios es cara. Sin embargo, lo que es caro para los bancos no tiene por qué serlo para la economía. Los costes en los que incurrirían los bancos son importantes, pero también hay que considerar otros costes, especialmente los costes que las crisis financieras o los rescates bancarios tienen para todos los demás.[4]

Si a un fabricante de tintes químicos se le impide contaminar un río, los costes de producción de sus tintes podrían aumentar. En ese caso, quizá tendría que cobrar unos precios más altos y los productos teñidos tal vez también encarecerían. Aun así, toda la economía podría muy bien beneficiarse. Si la contaminación del fabricante de tintes impone todos los años unos costes de limpieza de 20 millones de euros a las ciudades que se encuentran río abajo, pero el coste que tiene para el fabricante la utilización de otros sistemas para deshacerse de sus residuos es de dos millones solamente, habrá una ganancia anual total general de 18 millones si se prohíbe al fabricante contaminar el río. El fabricante de tintes se quejará, desde luego, de que la legislación medioambiental es cara porque le cuesta dos millones de euros al año, pero esa contabilidad no tiene en cuenta los beneficios de 20 millones que puede reportar la ley a los demás.

Cuando los banqueros se quejan de que la regulación bancaria es cara, normalmente no tienen en cuenta los costes de los daños que causan al resto del sistema financiero y a la economía en general con los riesgos que asumen. Sin embargo, los poderes públicos tienen que tener en cuenta todos los costes y no solo los de la banca. El objetivo de la intervención pública es precisamente inducir a los bancos, o a los fabricantes de tintes, a tener en cuenta los costes que imponen a los demás.

Ese tipo de intervención puede ser muy beneficioso para la sociedad. Existe un tipo de regulación bancaria que reduciría las posibilidades de causar daños al sistema financiero sin imponer a los bancos ningún otro coste que no fuera la pérdida de las subvenciones de los contribuyentes. La solución consiste sencillamente en garantizar que los bancos tengan mucho más capital propio para absorber sus pérdidas. El hecho de que esta solución sea beneficiosa y no resulte cara para la sociedad se intenta ocultar con demasiada frecuencia con una serie de afirmaciones falsas y engañosas, que denominamos *el traje nuevo de los banqueros*. El endeudamiento excesivo aumenta la fragilidad del sistema financiero sin aportar ningún beneficio a la sociedad.

Una «fortaleza» frágil

Los banqueros cuestionan incluso que sus instituciones sean frágiles. Dicen que su situación es hoy mucho mejor que antes de la crisis[5]. Jamie Dimon, director general de JPMorgan Chase, a menudo habla de la «fortaleza del balance» de su banco[6]. Con 184.000 millones de dólares de capital propio en el balance del banco, Dimon insinúa que JPMorgan Chase está bien equipado para soportar cualquier acontecimiento negativo. Según él, incluso los casi 6.000 millones de pérdidas provocadas por la especulación en derivados que se revelaron en junio de 2012 solo destruyeron una pequeña parte de esta fortaleza.

El término «fortaleza del balance» que le encanta emplear a Dimon transmite una sensación de seguridad y garantía, lo opuesto a vulnerabilidad y fragilidad. Pero si se examinan los peligros reales que acechan a la cuantía y al tipo de inversiones y deudas del banco, se puede poner en duda la solidez de dicha fortaleza. Si se observan más detenidamente, todo parece indicar que JPMorgan Chase es muy vulnerable y está imponiendo un riesgo considerable al sistema financiero mundial.

Algunos riesgos que hacen que JPMorgan Chase sea peligroso no se pueden ver examinando su balance, ya que las posiciones que dan lugar a esos riesgos no están incluidas en él. Se trata de riesgos de unidades de negocio de las que JPMorgan Chase puede ser propietario en parte o que ha creado y a las que ha dado garantías para que sirvan de barrera de protección si tiene problemas de financiación. Estas unidades podrían ser auténticas filiales o meras *empresas membrete*, vehículos sin conductor, que se crean únicamente por razones legales o fiscales. Los compromisos del banco con estas unidades ascienden a casi un billón de dólares, pero estos pasivos potenciales se dejan fuera de su balance. Sin embargo, son muy relevantes para la salud financiera de JPMorgan Chase.[7]

Las entidades que se dejan fuera del balance de una empresa fueron responsables de la quiebra de Enron en 2001.[8] En 2007, se exigió el pago de garantías por las entidades que habían utilizado los bancos para mantener fuera de sus balances sus tenencias de títulos hipotecarios; eso sometió a estos bancos a una enorme presión y los debilitó extraordinariamente, tanto que algunos necesitaron rescates en ese mismo momento.[9] En 2008, surgieron presiones parecidas, porque los bancos que habían creado los fondos del mercado de dinero y que los habían mantenido fuera de sus balances tuvieron que ayudarlos.[10] La «fortaleza del balance» de Dimon no tiene en cuenta estos compromisos extracontables y los riesgos que podrían imponer a JPMorgan.

Por lo que se refiere al verdadero balance del banco, la figura 6.1 muestra una representación aproximada de las diferentes partidas del balance de JPMorgan Chase a 31 de diciembre de 2011.[11]

El diagrama de la izquierda corresponde a la información pública del banco basada en las normas contables de Estados Unidos, los llamados *principios de contabilidad generalmente aceptados* (PCGA).[12] El diagrama de la derecha ajusta esta información basándose en las Normas Internacionales de Información Financiera (NIIF), que se utilizan en la Unión Europea.[13] El ajuste afecta principalmente al tratamiento de los derivados; influye mucho en los balances de los bancos que realizan grandes operaciones de derivados, principalmente JPMorgan Chase, Bank of America y Citigroup.

En las dos representaciones del balance de JPMorgan Chase, el pasivo muestra unos depósitos de alrededor de 1,13 billones de dólares, una deuda a largo plazo valorada en unos 257.000 millones y un capital propio declarado de unos 184.000 millones. El resto de la deuda del banco, que consiste en obligaciones a corto plazo que no son depósitos y en compromisos relacionados con contratos de derivados, figuran con cantidades muy diferentes en las dos versiones del balance del banco, elaboradas utilizando unas normas distintas. Según los PCGA, las demás deudas, aparte de los depósitos y las deudas a largo plazo, tienen un valor de unos 698.000 millones de dólares; de acuerdo con las NIIF, tienen un valor de 2,49 billones, una cifra mucho más alta.

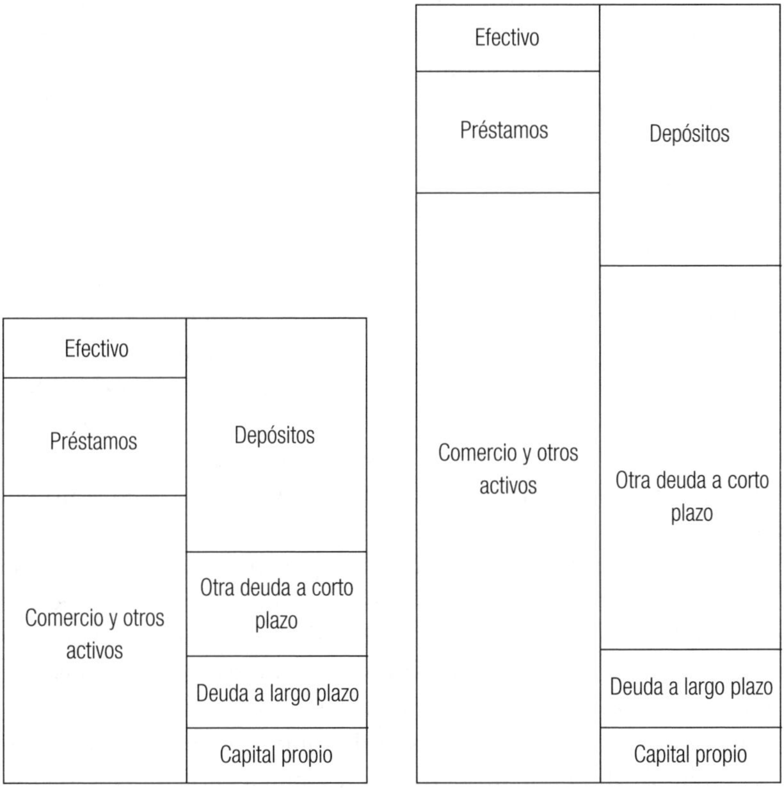

FIGURA 6.1 Balance de JPMorgan Chase, a 31 de diciembre de 2011, según las normas contables de Estados Unidos (izquierda) y según las normas internacionales (derecha).

La discrepancia es parecida en el activo del balance. En las dos representaciones del balance de JPMorgan Chase mostradas en la figura 6.1, encontramos unas reservas de caja de alrededor de 145.000 millones de dólares y unos préstamos valorados en unos 696.000 millones. Sin embargo, los activos negociables y otros activos ascienden a

1,43 billones de dólares con las normas contables estadounidenses y a 3,22 billones según las normas contables internacionales.[14] Por tanto, el total de activos es de 2,27 billones según los PCGA y de 4,06 billones según las NIIF.[15]

Las diferencias producen unos efectos espectaculares en el modo en que se ve la capacidad de absorción de pérdidas por parte del capital propio del banco. Según la «fortaleza del balance» que muestra JPMorgan Chase en sus informes oficiales, su capital propio representa alrededor del 8 por ciento de su total de activos. Sin embargo, si JPMorgan Chase utilizara las mismas normas contables que sus homólogos europeos, esta cifra se reduciría al 4,5 por ciento solamente.

La diferencia entre las cantidades publicadas de acuerdo con las normas contables de Estados Unidos y según las europeas está relacionada con el tratamiento de los derivados que puede tener el banco con sus socios comerciales o contrapartes. Los PCGA indican que las posiciones en derivados valoradas en unos 1,8 billones de dólares no se contabilizan en la fortaleza del balance de JPMorgan Chase porque el banco puede utilizar acuerdos de compensación para eliminarlas tanto de su activo como de su pasivo, como si no importaran para la posición financiera de la entidad.[16] Las normas NIIF no permiten la mayoría de estas compensaciones.

La práctica de la compensación que permiten las normas contables de Estados Unidos para los derivados oculta importantes riesgos. Por ejemplo, en la última fase de la crisis de Bear Stearns, los intentos de las contrapartes de los contratos de derivados de cerrar sus posiciones o de traspasarlas a otros desempeñaron un importante papel y contribuyeron a la retirada masiva de fondos del banco. En el caso de Lehman Brothers, se observó una dinámica parecida. Estos casos inducen a pensar que si JPMorgan atravesara dificultades, las enormes posiciones en derivados del banco podrían ser una importante fuente de inestabilidad para este y para el sistema financiero.[17]

Mientras que los bancos suelen subrayar su papel en la concesión de préstamos, resulta que el balance del JPMorgan Chase muestra que los préstamos solo representan una pequeña proporción de las actividades del banco. Los préstamos solo representan unos 700.000 millones de dólares del activo de la entidad, menos de un tercio de su activo según los PCGA y menos de un quinto de su activo según las

NIIF. Desde los años noventa, los grandes bancos globales han venido dedicándose cada vez más a los activos negociables.[18] La concesión de préstamos a empresas, en particular, ha sido menos atractiva para ellos que la negociación de derechos financieros, especialmente de derechos que prometen elevados rendimientos y cuyos riesgos pueden ocultarse.[19]

La fortaleza de JPMorgan parece aún más frágil si consideramos el valor de mercado del capital propio del banco. El 30 de diciembre de 2011, la fecha en la que reveló su información financiera el banco, el precio de las acciones de JPMorgan Chase era de 33,25 dólares por acción, por lo que el valor total de su capital propio en la Bolsa era de unos 126.000 millones. Esta cifra es muy inferior a la de 184.000 millones de capital propio que figura en el balance de JPMorgan Chase, el llamado valor contable de su capital propio. Si utilizamos la cifra del valor de mercado de 126.000 millones en lugar del valor contable de 184.000 millones para el capital propio del banco, la capacidad de JPMorgan para absorber futuras pérdidas parece aún menor y su coeficiente de capital propio incluso inferior al 8 por ciento según los PCGA y al 4,5 por ciento según las NIIF, calculados de acuerdo con los valores contables.[20]

¿Qué conclusiones sacamos de la discrepancia entre el valor contable y el de mercado del capital propio de JPMorgan? El valor contable se basa en el balance, que es realizado y publicado por el banco; es igual a la diferencia entre el valor de los activos de la entidad y el valor de sus deudas calculadas aplicando las normas contables vigentes. Para evaluar el valor contable de los activos del banco, este debe dar un valor a sus préstamos. Si algunos prestatarios están retrasándose en la realización de sus pagos, el banco debe decidir cuánto va a esperar para considerar que estos préstamos son fallidos y para reconocer que generarán pérdidas con casi toda seguridad. Una pérdida puede ser considerable si una vivienda pasa por el procedimiento de ejecución hipotecaria o si el préstamo es una segunda hipoteca del prestatario y no la devolverá a menos que pague íntegramente la primera. La dirección del banco puede tener incentivos, desde luego, para retrasar ese reconocimiento con el fin de hacer ver a inversores y reguladores que los activos del banco valen más de su valor real, lo cual también sobreestima el valor de su capital propio.

Sin embargo, los inversores en el mercado tienen su propia opinión sobre el valor de los activos de un banco y estas opiniones se reflejan en la valoración bursátil del banco. El hecho de que el valor de mercado sea más bajo que el contable induce a pensar que los inversores creen que el valor contable es demasiado optimista.[21] Esta discrepancia entre los valores contables y los de mercado tiene una importancia práctica inmediata si el banco quiere hacer una ampliación de capital vendiendo acciones en el mercado. El precio al que puede hacerlo depende del valor que los inversores bursátiles den a las nuevas acciones, no de lo que ponga el banco como *valor* contable en su contabilidad.

En el caso de algunos bancos, la discrepancia entre la valoración bursátil de su capital propio y el valor contable del capital propio que publican en sus balances ha sido incluso mayor que en el caso de JPMorgan. Por ejemplo, en los últimos años los valores bursátiles de Citigroup y Bank of America han sido a menudo menos de la mitad de sus valores contables.[22]

Bearn Stearns se consideraba un banco fuerte en 2006, dieciocho meses antes de que se hundiera.[23] JPMorgan Chase es mucho mayor y más complejo de lo que eran Bear Stearns o Lehman Brothers antes de que se desplomaran. Su capital propio puede ser capaz de absorber las pérdidas ocasionales en circunstancias normales. Sin embargo, en las recesiones, en las cuales muchas instituciones financieras tienden a sufrir pérdidas simultáneamente, los mecanismos de contagio descritos en el capítulo 5 pueden llevar fácilmente incluso a un banco relativamente fuerte como JPMorgan Chase a verse en apuros o incluso a declararse insolvente.

Cómo controlar los riesgos de las inversiones de los bancos

¿Cómo se puede controlar y reducir el riesgo de la banca y la fragilidad del sistema? Se pueden imaginar algunos métodos en relación con los balances de los bancos. Uno de ellos es tratar de cambiar los activos o inversiones de un banco, el lado izquierdo del balance. Una medida muy simple consiste en limitar la cantidad que puede prestar el banco a un prestatario y reducir así los efectos de la morosidad de cualquier prestatario. Esta medida tal vez parezca poco controvertida, pero las propuestas recientes para limitar más esas cantidades en Estados Unidos se han encontrado con la oposición de los bancos.[24]

Es útil limitar la exposición de los bancos a contrapartes individuales. Se reduce el riesgo —especialmente frecuente en el caso de un pequeño número de megabancos— de que la quiebra de una institución arrastre una tras otra a las demás, amenaza que desempeñó un papel importante en el rescate de AIG por parte de la Reserva Federal. Pero no basta con limitar las grandes exposiciones para reducir los riesgos que asumen los bancos. Por ejemplo, eso no impide a un banco conceder muchos préstamos pequeños que tengan una probabilidad significativa de que muchos prestatarios no paguen su deuda al mismo tiempo.

Antes, algunas normas no permitían a los bancos diversificar sus préstamos. Por ejemplo, en Estados Unidos antes de la crisis de las S&L, la mayoría de las instituciones de ahorro solo podían conceder préstamos hipotecarios en sus estados. Asimismo, en muchos países europeos los bancos solo podían prestar en su propio país, a veces como consecuencia de normas explícitas, otras como consecuencia de restricciones sobre el movimiento de capitales al extranjero.

La limitación de las actividades de los bancos a su propio territorio tiene una larga tradición. Estas normas, pensadas claramente para obligar a estas entidades a realizar inversiones seguras, a menudo se han utilizado para garantizar que los prestatarios locales, incluidas las administraciones públicas, recibieran abundante financiación en buenas condiciones.[25]

Sin embargo, las crisis de los años ochenta y noventa demostraron que invertir en casa no es lo mismo que realizar inversiones seguras. Por ejemplo, en Texas la crisis de las S&L de finales de los años ochenta comenzó antes, ya en 1986, y fue más grave que en casi todos los demás estados, debido a que a los mercados inmobiliario e hipotecario texanos les afectó especialmente la caída de los precios del petróleo de 1985. En Suecia, la crisis bancaria de 1992 fue más grave que las que sufrieron otros países a principios de los años noventa, porque, al tratar de proteger el tipo de cambio, el banco central sueco subió los tipos de interés para los préstamos a un día a una cifra histórica del 500 por ciento al año, tras lo cual los mercados inmobiliarios sufrieron un desplome espectacular.[26]

En Estados Unidos, esas normas también tenían por objeto impedir que los bancos crecieran demasiado.[27] La mayoría se ha suprimido. En las dos últimas décadas, la concentración de la banca ha aumentado espectacularmente, sobre todo como consecuencia de las fusiones y adquisiciones.[28] La crisis financiera reforzó aún más la tendencia de los bancos a ser cada vez mayores, cuando *se salvó* a algunas instituciones de la quiebra haciendo que fueran adquiridas por otras instituciones, normalmente mayores.

Actualmente, las mayores instituciones no solo son demasiado grandes para quebrar en el sentido de que su quiebra podría llevar al desastre, sino que, además, como demuestra el caso de Islandia e Irlanda, es posible que también sean demasiado grandes para ser salvadas, en el sentido de que su rescate sería una carga excesiva para los contribuyentes. Los grandes bancos e instituciones financieras son, con mucho, las mayores empresas del mundo por su volumen de activos y posiblemente también se encuentren entre las más complejas.[29] Como señalamos en el capítulo 5, la enorme complejidad es una de las razones por las que el proceso de quiebra o de liquidación es tan caro y causa tantos trastornos. Si las instituciones fueran más sencillas, el uso de los mecanismos de liquidación sería más creíble.[30]

Uno de los métodos para llevar a cabo una reforma es, pues, encontrar la manera de dividir los bancos en entidades más pequeñas, más manejables y menos complejas. Aunque los grandes bancos alardean de que lo grande es bello y se burlan de las normas que intentan limitar su tamaño, apenas hay datos que induzcan a pensar que los bancos que tienen más de 100.000 millones de dólares de activos sean más eficientes; en realidad, es posible que las instituciones de mayor tamaño sean más ineficientes y tengan graves problemas de gobernanza y de control.[31] Los incentivos de los bancos para crecer por medio de fusiones pueden atribuirse en parte a las ventajas de las subvenciones implícitas que reciben si se convierten en instituciones demasiado grandes para que se las deje quebrar. Pero estas ventajas se obtienen a expensas de los contribuyentes.

La realización de muchos tipos de actividades bajo un mismo techo no aumenta necesariamente la eficiencia. La historia de los grupos de empresas que se formaron en Estados Unidos durante la década de 1960 lo demuestra. Muchos de estos grandes grupos de empresas no obtuvieron buenos resultados y más tarde se escindieron en empresas más pequeñas y más especializadas.[32] La reducción del tamaño y el alcance de los grandes bancos también podría aumentar su eficiencia, pero las subvenciones implícitas debidas al tamaño —así como el atrincheramiento de los directivos, que también se observa en otros sectores— han impedido hasta ahora que eso ocurra.[33]

Algunas reformas propuestas pretenden proteger a los depositantes y al seguro de depósitos de los riesgos de la banca de inversión. En Estados Unidos, la llamada *regla Volcker* pretende prohibir a los bancos comerciales la realización de operaciones por cuenta propia. En el mismo sentido, la Independent Commission on Banking (ICB) del Reino Unido ha propuesto separar la banca minorista, la aceptación de depósitos y la concesión de préstamos, en instituciones especiales que no puedan dedicarse a la banca de inversión. En la Unión Europea, un grupo de expertos creado por la Comisión Europea bajo la presidencia del gobernador del banco central finlandés, Erkki Lükanen, ha presentado una propuesta similar.[34]

Estas propuestas suponen que la preocupación por los depositantes y por el sistema de pagos es o debería ser el principal motivo de la intervención del Estado en la banca, de las garantías y los rescates, así como de la regulación bancaria. Por ejemplo, la propuesta de la ICB de separar la banca minorista en el Reino Unido se basa en el supuesto de que los bancos minoristas se podrán beneficiar de las garantías del Estado y de que los bancos de inversión no podrán contar con esa ayuda. Dada la posibilidad de que los bancos minoristas reciban ayuda pública, la ICB quiere aislar a estas entidades de los riesgos de actividades como la especulación con las cuentas propias de los bancos, la participación en mercados de derivados o, en términos más generales, la banca de inversión.[35]

Sin embargo, estas propuestas tienen dos puntos débiles. En primer lugar, la protección de los depositantes y del sistema de pagos no es lo único que podría inducir a los gobiernos a rescatar a los bancos. En segundo lugar, las actividades de la banca comercial también pueden ser una fuente de riesgos que lleven a los bancos a quebrar a menos que sean rescatados.

Por lo que se refiere a la primera cuestión, observamos que tanto Bear Stearns como Lehman Brothers eran bancos de inversión que no aceptaban depósitos, AIG era una compañía de seguros y LTCM, que se consideraba de importancia sistémica en 1998, era un fondo de alto riesgo. Ninguno tenía depositantes y ninguno estaba relacionado con el sistema de pagos; sin embargo, Bear Stearns, AIG y LTCM fueron considerados lo suficientemente importantes como para evitarles la quiebra por miedo a que pudieran causar graves daños al resto del sistema financiero. Lehman Brothers sí se declaró en quiebra, pero, retrospectivamente, se observa que esta tuvo unos costes elevadísimos.[36] El caso de estas instituciones induce a pensar que no solo deben preocupar las garantías y los rescates públicos en el caso de la banca comercial. Las instituciones financieras de importancia sistémica no necesitan aceptar depósitos; no necesitan ni siquiera llamarse bancos.[37]

En segundo lugar, como señalamos en el capítulo 4, las actividades tradicionales de la banca comercial han provocado muchas crisis bancarias en el pasado. La caída de bancos comerciales en Estados Unidos durante la Gran Depresión se debió en gran parte a que muchos prestatarios no pudieron pagar sus deudas, sobre todo empresas a las que no fue posible vender sus productos durante la depresión.[38] Los créditos a empresas y los préstamos hipotecarios desempeñaron un papel fundamental en las crisis bancarias de finales de los años ochenta y principios de los noventa.[39] Los problemas que han tenido en los últimos años algunos bancos irlandeses y españoles y, de hecho, muchos bancos estadounidenses y europeos, pueden atribuirse a los préstamos fallidos que se han concedido a promotores inmobiliarios y a compradores de viviendas. En algunos casos, el problema no ha sido, en realidad, que los bancos fueran demasiado grandes para quebrar sino que eran demasiados para quebrar, ya que muchos estaban expuestos a los mismos riesgos y, por tanto, corrían el riesgo de quebrar al mismo tiempo.

La experiencia alemana de 2009 permite efectuar un análisis parecido desde una interesante perspectiva. En Alemania, la banca minorista, los depósitos y la concesión de préstamos a pequeñas empresas están dominadas por bancos locales, en concreto, por cajas de ahorros de propiedad pública. A estos bancos locales apenas les afectaron la crisis y la recesión económica. Por tanto, no hubo una gran contracción del crédito a las pequeñas y medianas empresas.

Sin embargo, la crisis afectó mucho a los Landesbanken, que son bancos públicos globales, pero que no tienen negocio minorista, depósitos o préstamos; en realidad, la mayoría de los costes que la crisis tuvo para los contribuyentes alemanes fueron causados por estos bancos, que se habían metido en diversas aventuras porque no tenían un negocio minorista rentable. Parte de este coste fue asumido por las cajas de ahorros locales, que son copropictarias de los Landesbanken y depositan en ellos su exceso de fondos. En este caso de sistema bancario en el que existe una cierta separación entre la banca minorista (depósitos) y la banca de inversión, la banca minorista estaba algo protegida de los riesgos de la banca de inversión, pero aun así estos riesgos afectaron al sistema, y a los contribuyentes.[40]

El objetivo fundamental de la regulación bancaria debería ser reducir la fragilidad de los bancos y del sistema para que pudiera contribuir a la economía de una manera segura. Para lograrlo, probablemente sería necesaria una combinación de medidas.

Las reformas estructurales propuestas que hemos analizado centran la atención en los activos de los bancos, en el lado izquierdo de sus balances. Sin embargo, la fragilidad del sistema financiero está estrechamente relacionada con la manera en que se financian las instituciones financieras, con el lado derecho de sus balances. Cualesquiera que sean las demás medidas que se tomen para reducir el riesgo que supone el sistema financiero para la economía, una parte fundamental de cualquier reforma debe ser la corrección de las distorsiones en la composición de la financiación de los bancos.

Cómo controlar los riesgos de liquidez

Los bancos pueden tener problemas de liquidez cuando los depósitos y demás deuda a corto plazo que utilizan para financiarse se retiran de repente, mientras que muchas de las inversiones que realizan no siempre pueden convertirse en efectivo fácilmente. Una manera tradicional de resolver este problema es obligar a los bancos a invertir suficientes cantidades en activos que se consideran líquidos. Lo más sencillo es obligarlos a tener una determinada proporción de sus depósitos en efectivo o en cuentas en el banco central de las que pueda retirarse efectivo en cualquier momento. Esta regulación se denomina *reservas obligatorias*.

Las reservas obligatorias a menudo se consideran caras porque los fondos que se mantienen en reservas rinden pocos o nulos intereses.[41] El aumento de las reservas obligatorias puede acabar obligando a los bancos a cobrar mayores comisiones por sus servicios. Cuando se fijan las reservas obligatorias, hay que tener en cuenta los costes que esta decisión tendrá para los clientes de los bancos, junto con los beneficios que supone el hecho de que los bancos tengan efectivo fácilmente disponible.

En los últimos años, los debates internacionales han girado en torno a las medidas que podrían adoptarse para tratar de reducir la incidencia de los problemas de liquidez en la banca regulando la liquidez de los activos de los bancos. Por ejemplo, Basilea III propone la introducción de la llamada *norma del coeficiente de cobertura de liquidez* con el fin de garantizar que los bancos poseen en todo momento suficientes activos que pueden convertirse inmediatamente en efectivo sin incurrir en una pérdida para satisfacer todas sus obligaciones de pago en los treinta días siguientes.[42] Esta norma afecta menos que las reservas obligatorias a la capacidad de los bancos para obtener intereses. Al centrar la atención en la capacidad de los bancos para cumplir sus obligaciones futuras, también va a la raíz del problema de liquidez, a diferencia de las meras reservas obligatorias.[43]

La norma del coeficiente de cobertura de liquidez suscita, sin embargo, nuevos interrogantes. Por ejemplo, ¿qué tipos de activos deben considerarse suficientemente líquidos?[44] Casi todos los activos, salvo el efectivo y los derechos sobre el banco central, pueden pasar de repente de ser muy líquidos a ser muy ilíquidos. A los bancos les gustaría que la regulación de la liquidez tratara muchos activos como activos líquidos para poder satisfacer así fácilmente los requisitos sin reducir los intereses que pueden obtener. Si la regulación es muy vaga, existe el riesgo de que los activos supuestamente líquidos no faciliten realmente a los bancos el efectivo que necesitan en una contracción.[45]

Antiguamente, los problemas de liquidez solían estar relacionados con retiradas masivas de depósitos. Por ejemplo, como señalamos en el capítulo 5, la Gran Depresión de principios de los años treinta en Estados Unidos fue acompañada de desastrosas retiradas masivas de depósitos y de crisis bancarias. Sin embargo, desde la creación de la FDIC, apenas ha habido retiradas masivas de depósitos.[46] Los fondos del mercado de dinero no gozaban de esta protección y sufrieron retiradas masivas de fondos por parte de los inversores en septiembre de 2008; estas retiradas se detuvieron cuando el Gobierno dio a los fondos del mercado de dinero una especie de seguro de depósitos. Al mismo tiempo, el resto de los grandes bancos de inversión, Goldman Sachs y Morgan Stanley, se convirtieron de la noche a la mañana en entidades de crédito normales para poder acceder a la Reserva Federal como prestamista de última instancia.[47] En otros muchos países, también se utilizaron en septiembre y octubre de 2008 garantías del Estado y fondos públicos para acabar con la tormenta financiera que estalló tras la quiebra de Lehman.[48]

¿Quiere eso decir que debemos recurrir más en general a las garantías del Estado para evitar los problemas de liquidez? Hay quienes opinan que las redes de seguridad del Estado deberían expandirse para cubrir todo el sistema de deudas a corto plazo de las instituciones financieras, tanto de las que son bancos como de las que no lo son.[49] Sin embargo, es un error resolver los problemas de liquidez por medio de garantías del Estado sin tener en cuenta la cuestión de la solvencia, ya que los problemas de solvencia son mucho más peligrosos que los de liquidez. De hecho, estos últimos se *deben* a menudo a problemas de solvencia, ya que la preocupación por la solvencia de una institución induce a los acreedores a retirar sus fondos. Si los acreedores confían en que un banco es solvente y puede pagarles lo que les debe, no es probable que retiren sus fondos de la entidad.

Las garantías del Estado pueden ser, en realidad, muy perjudiciales si los bancos son insolventes o casi insolventes y tienen muchas dificultades financieras. Las garantías permiten a los bancos que tienen dificultades refinanciar su deuda e incluso endeudarse más sin hacer nada para recuperar su solvencia y, como consecuencia de los incentivos distorsionados, no hacer necesariamente las inversiones más productivas. Eso puede ser caro tanto para la economía como para los contribuyentes.

En el capítulo 4, analizamos lo que ocurrió en los años ochenta, cuando las instituciones de ahorros estadounidenses insolventes fueron tratadas como si solo tuvieran problemas de liquidez. Se les eximió de las normas y se volvieron imprudentes, lo cual tuvo elevados costes que acabaron siendo pagados por los contribuyentes.[50] Otro ejemplo es el de los Landesbanken alemanes, bancos públicos garantizados tradicionalmente por los estados. Tras decidir la Comisión

Europea en 2001 que estas garantías tenían que desaparecer a partir de 2005, pidieron prestados más de 100.000 millones de euros mientras las garantías seguían en vigor e invirtieron una gran parte de ese dinero en títulos tóxicos en Estados Unidos. Es probable que las pérdidas causadas por estas inversiones asciendan a más de 50.000 millones de euros.[51]

Cómo controlar la capacidad de los bancos para absorber sus pérdidas

Los métodos para reducir los riesgos bancarios que acabamos de analizar giraban en torno al intento de controlar el volumen o el tipo de actividades que realizan los bancos o al intento de controlar el desajuste entre el carácter de corto plazo de las deudas de los bancos, en el lado derecho de sus balances, y el carácter de largo plazo y la dificultad de venta de sus activos, en el lado izquierdo. El tercer método para hacer frente al reto de reducir la fragilidad de los bancos y del sistema bancario se llama *regulación del capital;* gira en torno a la capacidad de los bancos para absorber las pérdidas sin declararse insolventes.

La regulación del capital centra la atención en el modo en que los bancos financian sus activos y no en estos mismos. Se refiere a la combinación de deuda y capital propio del lado derecho de sus balances.[52] Como vimos en los capítulos 2 y 3, un prestatario como Carolina, que compra una casa y tiene un negocio con un conjunto dado de activos, puede absorber mejor las pérdidas cuanto mayor sea su capital propio. Cuanto más tiene, menos probable es que tenga que declararse insolvente. La regulación del capital pretende asegurarse de que los bancos no tengan demasiado poco capital propio.

Obligando a los bancos a tener más capital propio y menos deuda, se aborda más directamente el problema de la solvencia de los bancos. Recuérdese el ejemplo que pusimos en el capítulo 2, en el que Carolina compra una casa de 300.000 euros con dinero prestado y algún dinero propio. Si la entrada o capital inicial de Carolina es de 30.000 euros, una pérdida posterior de valor de la vivienda del 10 por ciento o más se llevará por delante todo su capital y su hipoteca valdrá menos de lo que vale la casa. En cambio, si Carolina invierte 60.000 como entrada, solo perderá todo su capital si el precio baja un 20 por ciento o más; de lo contrario, continuará teniendo capital invertido en la casa. Asimismo, cuando el capital representa menos del 5 por ciento del valor total de los activos, como suele ocurrir en el caso de los bancos, una pequeña pérdida de valor de los activos pone en peligro la solvencia del banco.

La regulación del capital también rebaja indirectamente la fragilidad. Si se reduce el riesgo de insolvencia, también disminuye la probabilidad de que surjan problemas de liquidez y retiradas masivas de depósitos, ya que los depositantes y demás acreedores estarán menos preocupados por su dinero. Además, aparte de la propia capacidad del banco para absorber las pérdidas sin tener problemas financieros, la proporción de activos que puede tener que vender después de sufrir pérdidas con el fin de recuperar su coeficiente de capital será menor si tiene más capital. Por tanto, el contagio causado a través de las ventas de activos y las interconexiones es menor cuando los bancos tienen más capital. El aumento de la capacidad de los bancos para absorber las pérdidas por medio del capital ataca, pues, a la fragilidad del sistema de una manera muy eficaz y de múltiples formas.

La regulación del capital no restringe las actividades de los bancos y de sus inversiones. De hecho, cuanto más capital tenga una entidad bancaria, más podrá elegir entre los activos que quiere tener, y se puede dejar al banco la gestión de los riesgos relacionados con estos activos.

La regulación del capital también mejora los incentivos de los banqueros para asumir riesgos. Si un banco tiene más capital y menos deuda, será mayor la parte negativa de sus actividades que será asumida por la institución y sus accionistas y no por sus acreedores o los contribuyentes. Este aumento del capital da a los banqueros más incentivos para gestionar los riesgos de sus inversiones y da a los accionistas más incentivos para asegurarse de que los directivos no asumen demasiados riesgos. Las decisiones que tomen los bancos que poseen más capital propio tendrán, pues, más en cuenta los riesgos. Es menos probable que esos bancos tengan los conflictos de intereses procedentes del lado malo del endeudamiento que analizamos en el capítulo 3. Eso es beneficioso para todo el que sufriría las consecuencias si las inversiones salieran mal, incluidos los contribuyentes y la economía en general.

El debate sobre la regulación del capital

Las necesidades mínimas de capital han sido el principal instrumento de la regulación bancaria desde principios de los años noventa.[53]. Muchas normas que se pusieron en marcha después de la Gran Depresión se habían desmantelado en los años setenta y ochenta. En un mundo en el que los tipos de interés y los tipos de cambio experimentan grandes fluctuaciones y en el que se ha intensificado la competencia procedente de intermediarios que no son bancos y de bancos de otros países, muchas normas más antiguas se habían vuelto contraproducentes.

A finales de los años ochenta, los reguladores de los grandes países se reunieron para coordinar internacionalmente la regulación bancaria. La idea era fijar unas normas mínimas por las que si un banco se adhería a estas normas, los demás permitían que sus bancos operaran en su territorio. En 1988, estas negociaciones llevaron al Acuerdo de Basilea (Basilea I), llamado así por ser Basilea la ciudad suiza en la que se reunieron los reguladores. El acuerdo de Basilea I obligaba a los bancos a tener un «capital regulador» igual al 8 por ciento como mínimo de sus préstamos. Posteriormente, el acuerdo de Basilea II firmado en 2004 permitió que el requisito tuviera mucho más en cuenta los riesgos de los diferentes préstamos e inversiones. Los bancos que operaban en el marco de Basilea II, que eran los de Europa y los de inversión de Estados Unidos, encontraron muchas formas creativas de tener un enorme apalancamiento y eludir los requisitos trasladando los riesgos a otros u ocultándolos tras modelos de riesgo erróneos o de calificaciones crediticias engañosas.[54]

Cuando comenzó la crisis financiera en 2007, el capital propio de algunas de las grandes instituciones financieras de todo el mundo representaba el 2 o 3 por ciento de su total de activos. El hecho de que estos márgenes de seguridad fueran tan pequeños desempeñó un importante papel en la crisis.[55] Por ejemplo, sin la ayuda del Singapore Sovereign Wealth Fund y del Gobierno suizo, el banco suizo UBS se habría declarado insolvente, destruido por las pérdidas generadas por los títulos con garantía hipotecaria y por los derivados relacionados con ellos que se habían tratado como si estuvieran libres de riesgo.[56]

Tras la crisis, los reguladores se propusieron reforzar la regulación del capital. Aunque el acuerdo resultante, Basilea III, elimina algunos abusos, no resuelve el problema básico de que los bancos pueden sortear fácilmente la regulación. El capital propio de los bancos puede seguir siendo de solo un 3 por ciento de su total de activos. No está claro que las cosas hubieran sido muy distintas en la crisis de 2007–2009 si ya hubiera estado en vigor el acuerdo de Basilea III.

La debilidad de Basilea III se debe a la intensa campaña de presión que lanzaron los banqueros contra la introducción de grandes cambios en la regulación. Esta campaña ha continuado desde entonces. Actualmente, incluso está en duda la plena aplicación de Basilea III.[57]

Sinsentidos del debate

Según los banqueros, el aumento de las necesidades mínimas de capital de los bancos restringirá la concesión de préstamos bancarios y reducirá el crecimiento económico. Sostienen que para tener unos bancos más seguros, tenemos que sacrificar crecimiento. En el capítulo 1, citamos a Josef Ackermann, que era por entonces director general del Deutsche Bank y que decía que el aumento de las necesidades mínimas de capital «limitaría la capacidad [de los bancos] para conceder préstamos al resto de la economía» y que «eso reduce el crecimiento y afecta negativamente a todo el mundo».[58] El Institute of International Finance, grupo de presión bancario clave, prevé que la reforma que pretende el acuerdo de Basilea III elevará considerablemente los tipos de interés de los préstamos bancarios en Estados Unidos y en Europa y reducirá las tasas reales de crecimiento durante algunos años.[59] Otros banqueros y sus grupos de presión se hicieron eco de las mismas advertencias de que el aumento de las necesidades mínimas de capital «reduciría extraordinariamente el crecimiento».[60]

Estas afirmaciones y otras muchas de las que se hicieron en el debate sobre la regulación del capital carecen de validez; son tan inconsistentes como el traje nuevo del emperador del cuento de Andersen. Como señalamos en el capítulo 1, las necesidades mínimas de capital no impiden a los bancos conceder préstamos. Las afirmaciones que insinúan que se lo impiden carecen de sentido y son falaces, prendas del traje nuevo de los banqueros. En capítulos posteriores, mostramos que el aumento de las necesidades mínimas de capital no impone grandes costes a la sociedad. Si los banqueros creen que son caras, la razón es la misma que da el fabricante de tintes, que alega que la prohibición de arrojar residuos al río es cara porque a él le costaría dos millones de euros, mientras que reportaría un beneficio de 20 millones a los demás, lo que hace un beneficio neto de 18 millones.

En el debate sobre la regulación bancaria, hay muchos argumentos falsos y confusos. Como señalamos en el capítulo 1, el intento de confundir capital con reservas es especialmente insidioso. Consideremos las afirmaciones «el capital es el dinero estable sobre el que se sientan los bancos» y «concíbase como un gran fondo para cuando vengan malos tiempos».[61] Estas afirmaciones tendrían sentido si se refirieran a las reservas de caja de los bancos, pero son falsas si se aplican a las necesidades mínimas de capital. El capital y las reservas están en lados distintos de los balances de los bancos. Las necesidades mínimas de capital se refieren a la financiación de los bancos, mientras que las reservas obligatorias limitan el modo en que estas entidades pueden utilizar sus fondos.

Para entender la confusión, consideremos de nuevo el ejemplo del crédito hipotecario del capítulo 2. Si Carolina da una entrada de 30.000 euros por su vivienda, está utilizando este capital propio, junto con el préstamo hipotecario, para pagar la casa. Ese dinero no *se aparta* como una reserva de caja. El valor del capital propio fluctuará conforme varíe el valor de la vivienda una vez concedido el préstamo, pero el capital propio siempre estará invertido en la casa. Lo mismo ocurre con las empresas. El capital propio de cualquier empresa —piénsese en Apple o Wal-Mart—, exactamente igual que la inversión de Carolina en su casa, no está parado. Lo mismo ocurre también con el capital propio de los bancos o lo que los bancos llaman su capital.[62] Si un banco tiene efectivo como reserva, este efectivo forma parte del activo del banco. Los depositantes y demás acreedores del banco, así como sus accionistas que son dueños de su capital, tienen derechos que se pagarán con los activos del banco.

La confusión entre capital propio y reservas se refleja en el lenguaje del debate público. En muchos reportajes de los medios de comunicación, así como en documentos oficiales, se dice que los bancos «conservan» o «apartan» capital como si fuera un activo. La propia palabra capital contribuye a la confusión, ya que en otros contextos sí se refiere a los activos. Por ejemplo, cuando los economistas dicen que la producción de una empresa es intensiva en capital, quieren decir que la compañía tiene muchas máquinas que le ayudan a ahorrar trabajo. Sin embargo, en el mundo de la banca y de la regulación bancaria, capital se refiere al capital propio.[63] Este capital propio es de los inversores que financian el banco, de sus accionistas. Cuando se dice que el banco «conserva capital» se hace un uso incorrecto y confuso de la lengua. El banco no mantiene en reserva su capital propio, la parte de su balance que representa los fondos que no le han prestado; el banco mantiene préstamos y otros activos *financiados* con capital propio y deuda. Asimismo, no se dice que Wal-Mart «conserva» su capital propio.

No se trata de un tonto juego de palabras. La confusión lingüística crea confusión mental sobre lo que el capital hace y no hace. Esta confusión beneficia a los banqueros, ya que da la falsa impresión de que el capital es caro y de que los bancos deben esforzarse en tener lo mínimo que les permitan los reguladores.

El aumento de las necesidades mínimas de capital reporta, de hecho, considerables beneficios a la sociedad y no tiene casi ningún coste para ella. En cambio, las reservas obligatorias tienen costes y los beneficios que procuran al reducir los riesgos de la banca son escasos. A menos que las reservas obligatorias sean muy altas, no se resuelve realmente el problema de solvencia que se plantea cuando los bancos utilizan dinero prestado para hacer inversiones de riesgo.

Hacer falsas afirmaciones que crean confusión entre capital y reservas no es el único sinsentido del debate. En 2010, cuando uno de nosotros estaba escribiendo un informe para el Gobierno alemán que abogaba por unas necesidades mínimas de capital de al menos el 10 por ciento del total de activos, una asociación del sector lo criticó diciendo que la propuesta reduciría en un 40 por ciento la concesión de préstamos.[64] Los debates posteriores demostraron que habían considerado que el capital propio de los bancos era intocable y habían llegado a la conclusión de que si se duplicaran las necesidades mínimas de capital, habría que reducir la concesión de préstamos a la mitad.

Por ejemplo, si los bancos tienen un capital propio por valor de 500.000 millones de euros y este debe representar el 5 por ciento de su total de activos, los bancos pueden tener unos activos por valor de 10 billones de euros, ya que pueden pedir prestados 9,5 billones para *apalancar* este capital. Si esos mismos 500 millones de euros deben representar el 10 por ciento del total de activos de los bancos, según el razonamiento de la asociación del sector, estas entidades solo podrían tener 5 billones de euros en activos, ya que únicamente podrían pedir prestados 4,5 billones utilizando este capital, por lo que probablemente su concesión de préstamos se reduciría a la mitad.

Sin embargo, este argumento es engañoso: otra prenda del traje nuevo de los banqueros. Como señalamos en el capítulo 2, los bancos pueden crecer e invertir sin endeudarse. Los bancos cuyas acciones cotizan en Bolsa pueden recaudar dinero emitiendo más acciones y vendiéndolas a inversores. Si los fondos adicionales se emplean para conceder nuevos préstamos, el aumento de las necesidades mínimas de capital permitirá, en realidad, a los bancos prestar más en lugar de menos.

Los bancos que no tienen acceso a la Bolsa pueden aumentar su capital propio reinvirtiendo sus beneficios. Estas entidades tienen como máximo un problema de transición. Después de un tiempo, tendrán suficiente capital propio para conceder los mismos préstamos que antes y pueden continuar creciendo reinvirtiendo sus beneficios o vendiendo nuevas acciones.

Cuando los banqueros presionan para que no se eleven las necesidades mínimas de capital, también afirman que si se elevaran, aumentarían los costes de los bancos y perjudicarían a la economía. Sin embargo, como mostramos en los tres capítulos siguientes, estas afirmaciones también carecen de validez. Algunos de sus argumentos son sencillamente falsos y otros no abordan las cuestiones relevantes, al confundir los costes y los beneficios de la intervención pública para los bancos y los banqueros con los costes y los beneficios para la sociedad.

7

¿Es caro el capital?

El banquero sentado a mi lado se lamentaba de las oportunidades de conceder préstamos que estaban dejando pasar los
bancos que tenían poco capital, cuando le interrumpí y le dije:
«Si es así, ¿por qué no obtienen más capital?» … «No pueden»,
me dijo. «Es demasiado caro. Sus acciones están vendiéndose
por el 50 por ciento solamente de su valor contable». «Los valores contables no tienen nada que ver con el coste del capital en
acciones», le respondí. «Es simplemente una manera que tiene
el mercado de decir: dimos un dólar a esa gente y se las arregló
para convertirlo en 50 centavos».

Merton Miller, premio Nobel 1990

La conversación citada y publicada por Merton Miller se refiere a una
cuestión fundamental en toda regulación bancaria.[1] A los banqueros
les parece obvio que el capital es caro.[2] ¿Pero qué quiere decir caro
y cuáles son los costes de que los bancos financien sus activos e inversiones emitiendo más acciones? Lo que insinúa el banquero en la
conversación anterior es que como la regulación del capital obliga a
los bancos a financiar algunos préstamos con acciones y como las «acciones son caras», los bancos tienen que dejar pasar oportunidades
de conceder préstamos que serían atractivas si pudieran financiarlos
simplemente con deuda. ¿Por qué tiene que ser cara la financiación
mediante acciones?

La idea de que es más cara la financiación mediante acciones que mediante deuda a veces se justifica diciendo que por cada euro que invierten los accionistas en las acciones de un banco, *exigen* un rendimiento mayor del que exigen los tenedores de deuda. Por ejemplo, el rendimiento exigido en el caso de la deuda puede ser del 4 por ciento al año y, en el de las acciones, del 15 por ciento al año. Para algunos eso quiere decir que al banco le costaría 40 millones de euros anuales en concepto de intereses (el 4 por ciento de la cantidad total) recaudar 1.000 millones emitiendo deuda y 150 millones al año (el 15 por ciento de la cantidad total) recaudar 1.000 millones emitiendo acciones. Según esta idea, si el regulador obliga a los bancos a financiar sus inversiones con más acciones, sus costes aumentarán y tendrán que cobrar más a sus clientes, por ejemplo, exigiendo unos tipos de interés más altos por los préstamos.[3]

Este argumento tal vez parezca convincente a primera vista, pero en realidad es absolutamente falso, otra prenda más del traje nuevo de los banqueros. Si las acciones son tan caras, ¿por qué recurren tanto a ellas las instituciones no financieras? ¿Por qué no se endeudan estas lo más posible? La afirmación de que «el rendimiento que se exige a las acciones es mayor que el coste de la deuda» se aplica a todas las empresas, no solo a los bancos, y no hay ninguna norma que restrinja el modo en que la mayoría de las empresas pueden financiar sus inversiones. No existe, sin embargo, casi ninguna firma que recurra tanto al endeudamiento y utilice tan poca financiación mediante acciones como los bancos. ¿Están haciendo algo mal estas compañías por no economizar en acciones? ¿Tienen los bancos algo de especial que hace que las acciones sean caras para ellos y, en cambio, sean más baratas para otras sociedades?

Pensemos en una empresa como Apple, que se financia enteramente mediante acciones y que el 11 de octubre de 2012 valía alrededor de 630.000 millones en Bolsa. Supongamos que Apple emitiera 10.000 millones de dólares de deuda y utilizara estos fondos para recomprar algunas de sus acciones. Si estas cuestan el 15 por ciento al año y la deuda el 4 por ciento, parecería que Apple podría ahorrar 1.100 millones anuales si hiciera eso. No existe ninguna norma que controle el nivel de endeudamiento de Apple. Entonces, ¿por qué no lo hace?

La afirmación de que «las acciones son caras porque los accionistas exigen mayores rendimientos que los tenedores de deuda» contiene dos errores básicos. En primer lugar, las tasas de rendimiento exigidas por la deuda y por las acciones de una empresa no son fijas, sino que dependen del riesgo de las inversiones que lleva a cabo la compañía. En segundo lugar, los costes de la deuda y los de las acciones no pueden considerarse por separado y aislados, sin referirse a la *combinación* de deuda y acciones que se emplea.

Los accionistas exigen mayores rendimientos porque las acciones tienen más riesgos que la deuda. El riesgo de 100 euros invertidos en acciones de una empresa depende, sin embargo, fundamentalmente de cuánto esté endeudándose la empresa. Nuestro análisis del capítulo 2 implica que si una empresa utiliza más capital propio y se endeuda menos, la inversión en capital tendrá menos riesgo (por euro invertido), ya que le afectará menos la incertidumbre de las inversiones. Cuando los accionistas asumen menos riesgo por euro invertido, la tasa de rendimiento que exigen es más baja. Por tanto, considerar que los costes de las acciones son fijos e independientes de la combinación de acciones y deuda es una absoluta falacia.

La conversación entre Merton Miller y el banquero que encabeza este capítulo no menciona, en realidad, las tasas de rendimiento. El banquero sostiene que el capital es caro porque los precios de las acciones de los bancos solo representan el 50 por ciento de su valor contable (el valor declarado en los balances de los bancos). La respuesta de Miller indica que la referencia del banquero a los valores contables falla por su base. La utilización de estos como guía para tomar decisiones de inversión es, de hecho, otra prenda del traje nuevo de los banqueros. Los valores contables normalmente reflejan valoraciones históricas que ya no son relevantes. Las decisiones de inversión deben tomarse teniendo en cuenta las valoraciones actuales.

Las falacias analizadas en este capítulo son menos obvias que el error de confundir capital propio con reservas, pero no son menos importantes.

Los costes del endeudamiento

En el caso de la deuda, el concepto de su coste parece sencillo. Si una empresa emite un bono a un tipo de interés anual del 4 por ciento, cada año tendrá que pagar a los tenedores de los bonos el 4 por ciento de la cantidad que debe, por ejemplo, 40 millones de euros por una emisión de bonos de 1.000 millones de euros.

El tipo de interés de un préstamo o de un bono depende de numerosos factores. Por ejemplo, un prestatario que viva en un pueblo alejado en el que solo haya un banco podría tener que aceptar el tipo de interés que cobre el banco, ya que no hay otra manera alternativa de obtener fondos.[4] En cambio, si hay muchos bancos que compiten entre sí, el tipo de interés que puede conseguir el prestatario reflejará básicamente los costes de la concesión del préstamo.[5] Estos comprenden no solo los costes de evaluar la solvencia del prestatario y de hacer un seguimiento del crédito, sino también los costes en que incurre el prestamista para obtener sus fondos o la imposibilidad de utilizarlos para hacer otras inversiones.

Por ejemplo, la concesión de un préstamo hipotecario se podría comparar con la concesión de un préstamo al Estado. Si los bonos del Estado pagan, por ejemplo, el 3 por ciento al año, el tipo de interés del préstamo hipotecario tendrá que ser suficientemente alto para que el banco no prefiera invertir los mismos fondos en el bono del Estado. Es probable que el préstamo hipotecario sea menos seguro para el prestamista que un bono del Estado de Estados Unidos.

Prestar al Estado, en Estados Unidos, casi no tiene riesgo, ya que el Estado siempre puede pagar sus deudas. Si es necesario, el banco central puede imprimir dinero para pagar la deuda.[6] En cambio, cuando se presta dinero a un prestatario por medio de un préstamo hipotecario, existe el riesgo de que aquel no pague la deuda y el riesgo de que si no la paga, la casa valga menos que esa deuda. Cuando el prestamista concede el crédito, tiene que preguntarse qué probabilidades hay de que no recupere íntegramente la cantidad prometida y cuánto recuperaría en ese caso. Si parece probable que el valor de la vivienda vaya a disminuir considerablemente, es posible que el prestamista se niegue a conceder un préstamo por una proporción importante del valor de la vivienda y le pida al prestatario que ponga mucho más dinero suyo como entrada. También puede cobrar un tipo de interés más alto para reflejar el riesgo de no recuperar íntegramente la deuda.

El principio de que los tipos de interés cobrados por los préstamos reflejan la probabilidad de que el prestatario incumpla sus obligaciones y la cantidad que el prestamista recuperaría en ese caso puede observarse en el mercado de bonos de los países europeos. Por ejemplo, en el momento en que estamos escribiendo este libro, España tiene que pagar más del 5 por ciento por un bono a diez años, mientras que Alemania está endeudándose por menos del 2 por ciento durante este mismo periodo.[7] Podría ser tentador para cualquiera tratar de pedir créditos al tipo alemán, utilizar el dinero para prestar a España y beneficiarse del diferencial de más del 3 por ciento. Los bancos europeos podrían hacer algo parecido con los préstamos al 1 por ciento que pueden obtener del Banco Central Europeo.[8]

La petición de un préstamo a un bajo tipo de interés para invertir en algo que promete una tasa de rendimiento más alta se denomina *carry trade*. Si la inversión no tuviera ningún riesgo, la obtención de un préstamo al 2 por ciento y la percepción del 5 por ciento *con toda seguridad* se denominaría *oportunidad de arbitraje*. Una oportunidad de arbitraje es una especie de máquina de hacer dinero. En los mercados competitivos, normalmente no existen esas máquinas de hacer dinero.[9]

En general, si se puede pedir un préstamo a un determinado tipo y utilizar el dinero prestado para efectuar inversiones de riesgo, *tiene* que haber una probabilidad de que el rendimiento de la inversión sea menor que el tipo al que se pidió el préstamo, es decir, de que el prestatario sufra pérdidas. La posibilidad de ganar más dinero *con toda seguridad*, sin poner ningún capital para absorber las posibles pérdidas, normalmente es demasiado buena para que sea cierta.

Si España tiene que prometer más del 5 por ciento de intereses por un préstamo a diez años, mientras que Alemania puede prometer menos del 2 por ciento, es porque los inversores creen que España podría no ser capaz de pagar su deuda conforme a lo prometido. Eso significa que quien pida un préstamo al 2 por ciento e invierta en bonos españoles que prometen el 5 por ciento podría sufrir una pérdida. En el caso de los bonos soberanos, tal vez parezca raro, pero los inversores que compraron bonos del Estado griegos durante los años anteriores a 2012 sufrieron considerables pérdidas cuando Grecia suspendió el pago de parte de su deuda en marzo de ese año.[10]

Los tipos de interés más altos compensan a los prestamistas cuando corren un riesgo de impago. La cuantía de la compensación depende de las probabilidades que crean que existen de no cobrar la deuda y de la cantidad de pérdidas que esperan sufrir si eso ocurre. En el caso de los préstamos a prestatarios que podrían incumplir sus obligaciones cuando la economía está débil, los tipos de interés también incluyen una cantidad extra, ya que a los prestamistas les desagrada el riesgo. A menos que obtengan una prima de riesgo, prefieren invertir en bonos seguros a hacer préstamos de riesgo. La idea de la prima de riesgo es que, en promedio, y teniendo en cuenta la posibilidad de impago, el prestamista tiene que poder ganar por sus préstamos más del 3 por ciento que paga el Estado.

En un país, los tipos de interés de los créditos varían. Los tipos de los préstamos hipotecarios normalmente son más bajos que los que se cobran por los préstamos a empresas o al consumo, debido en parte a que la vivienda sirve de garantía que pasa a ser propiedad del prestamista si no se paga el crédito. Los tipos de interés de los préstamos a empresas normalmente son más bajos que los tipos de los destinados al consumo o de la deuda de las tarjetas de crédito. Los tipos de interés que se cobran por esta última deuda son especialmente altos porque la gente que retrasa el pago y utiliza más esta deuda es la que carece de efectivo y tiene unas probabilidades relativamente altas de no pagarla.[11]

Lo mismo ocurre cuando las empresas piden un crédito. Los prestamistas pueden ser distintos, pero sus preocupaciones son parecidas, a saber, si recuperarán íntegramente su dinero y qué ocurrirá en caso contrario. Mientras que una persona que quiera comprar una vivienda normalmente pedirá un crédito a un banco o a una institución hipotecaria, una empresa como IBM normalmente emitirá bonos que pueden ser comprados por los bancos, las compañías de seguros, los fondos de inversión y los inversores privados.

El principio de que el tipo de interés que se cobra por la deuda depende de su riesgo de impago se aplica a todas las clases de endeudamiento. Si se considera que no tiene riesgos, el tipo que se cobre no será mucho más alto que el tipo de la deuda soberana libre de riesgo. Sin embargo, los inversores, cuando conceden un préstamo que tiene riesgo, exigen que el tipo de interés sea más alto. Solo se hace una excepción a este principio si la deuda está garantizada por un tercero que es fiable como el Estado. A los depositantes que dejan su dinero en el banco, y cuyos depósitos están garantizados por el sistema nacional de garantía de depósitos, no les preocupa mucho si el banco es más o menos seguro.

Ya podemos ver que algo falla en el argumento de que «el 4 por ciento es menos que el 15 por ciento y, por tanto, la financiación mediante deuda es más barata que la financiación mediante acciones». Si este argumento fuera correcto, cualquier empresa querría olvidarse totalmente de las acciones y financiarse exclusivamente mediante deuda. Pero la empresa, a medida que se endeuda cada vez más, debe cada vez más a sus acreedores. Si sus inversiones tienen algún riesgo, la probabilidad de impago aumentará y, por tanto, los intereses de la deuda tienen que aumentar. En otras palabras, a medida que la empresa se endeude más, el coste del endeudamiento acabará siendo superior al 4 por ciento.

Volvamos al crédito hipotecario de Carolina. Si ella pide un crédito de 270.000 euros y un año más tarde el valor de su vivienda disminuye por debajo de lo que debe, es posible que no pague la deuda hipotecaria si su crédito hipotecario tiene una cláusula de dación en pago. En cambio, si solo pide un crédito de 240.000 euros, es menos probable que no pague, ya que su deuda es menor. Así pues, desde el punto de vista del prestamista, prestar a Carolina es mucho menos arriesgado si tiene 60.000 euros de su dinero invertidos en la vivienda que si solo tiene 30.000. El hecho de que el capital absorba las pérdidas protege al prestamista, ya que la deuda debe pagarse primero y, con menos deuda y más capital, es más probable que se pague la deuda. Por tanto, si existe la posibilidad de que disminuya el valor de la vivienda —por ejemplo, de 300.000 euros a 250.000—, Carolina tendrá que pagar un tipo de interés más alto si su capital inicial es de 30.000 euros que si es de 60.000.[12]

En el caso de las empresas, el riesgo de impago también depende de la combinación de deuda y acciones que utilicen para financiarse, y eso afecta al coste del endeudamiento. En términos generales, si un prestatario está más endeudado, son mayores las probabilidades de que no pague su deuda y normalmente más se perderá cuando no la pague. Por ambas razones, cuando se pide un crédito mayor, se cobra un tipo de interés más alto.

El coste de las acciones

Los accionistas de una sociedad anónima son como los propietarios de una empresa. Si la sociedad obtiene beneficios, estos pertenecen a la sociedad y a sus accionistas. La sociedad puede repartir los beneficios en forma de dividendos o puede recomprar algunas de sus acciones. También puede no distribuir los beneficios y utilizarlos para hacer nuevas inversiones que espera que reporten a los accionistas unos beneficios aún mayores en el futuro. Si las acciones de la sociedad cotizan en Bolsa, los accionistas pueden venderlas siempre que prefieran invertir el dinero en otra cosa o lo necesiten para dar la vuelta al mundo. Vendiendo acciones, los accionistas de una empresa cuyas acciones cotizan en Bolsa pueden crear un *dividendo casero* para sí mismos en cualquier momento.

Cuando alguien compra acciones, o sea, capital, de una sociedad, compra los dividendos inciertos que pudiera recibir en el futuro y la capacidad de vender las acciones a un precio que se determinará en el mercado en el momento en que las venda. En este contexto, ¿a qué se refiere el coste de la financiación mediante acciones? ¿Cómo paga la empresa las acciones?

El coste de las acciones corresponde esencialmente a los rendimientos que debe dar la empresa a los accionistas para justificar el dinero que ha recibido de ellos. Los accionistas, a diferencia de los tenedores de deuda, no tienen ningún compromiso contractual en el que la empresa se comprometa a pagarles. Sin embargo, han comprado sus acciones esperando obtener rendimientos en el futuro. Si estas expectativas no se cumplen, muchos accionistas vendrán sus acciones, lo cual hará bajar su precio. Esta bajada del precio probablemente tenga consecuencias negativas para la empresa y para sus directivos. Si la remuneración de los directivos se basa en el precio de las acciones, eso podría perjudicarles directamente. El consejo de administración también puede tener interés en mantener el valor de las acciones en un nivel suficientemente alto, ya que eso puede ayudar a la empresa a obtener en el futuro más financiación mediante la emisión de acciones.[13]

Naturalmente, los beneficios y el precio de las acciones de cualquier empresa varían de un año a otro y los accionistas lo saben cuando compran acciones. Unos años, la empresa prospera; otros, los beneficios disminuyen y las perspectivas pueden ser malas. La compañía puede prosperar gracias a una nueva patente o puede perder dinero porque caen las ventas en una recesión.

Aunque los accionistas comprenden que la empresa puede ir mal a veces, quieren tener una cierta seguridad de que en las épocas buenas habrá más beneficios, que compensarán los malos resultados de las épocas malas; de lo contrario, no estarán dispuestos a pagar mucho por las acciones de la firma. El concepto de rendimiento exigido por las acciones se refiere al rendimiento medio o esperado que necesitarían prever los accionistas, en promedio, para decidir invertir en las acciones de la sociedad al precio al que cotizan en el mercado.[14] Aunque no existe ningún contrato que obligue a la empresa a generar un determinado rendimiento a sus accionistas, estos compararán el rendimiento medio que esperan obtener con el que consideran adecuado teniendo en cuenta los riesgos de la inversión. Si los inversores calculan obtener un rendimiento demasiado bajo, el precio de las acciones tendrá que bajar.

Es cierto que los rendimientos que se exigen a las acciones generalmente son más altos que los que se exigen a los bonos. La diferencia es una compensación a los inversores por aceptar los riesgos más altos de una inversión en acciones. Los datos históricos indican que existe una relación entre rendimiento medio y riesgo, por lo que cuanto más alto sea el riesgo de la inversión, mayor será el rendimiento medio. Por ejemplo, el rendimiento medio de las letras del Tesoro de Estados Unidos fue del 3,6 por ciento entre 1926 y 2010. El rendimiento anual medio de una amplia cartera de bonos de empresa fue del 6,14 por ciento durante ese mismo periodo. El rendimiento medio de una inversión en un índice de acciones de empresas de tamaño medio fue superior al 13,7 por ciento.[15]

Cómo afecta la combinación de deuda–acciones al rendimiento exigido a las acciones

Nos encontramos ya en condiciones de explicar por qué es falsa la afirmación de que las acciones son caras puesto que el rendimiento que se les exige es mayor que el que se exige a la deuda. Como acabamos de señalar, el coste del endeudamiento depende de cuánta deuda se contraiga: cuanto más endeudado esté el prestatario, más probable es el riesgo de que no pague la deuda. ¿Cómo afecta la cantidad de endeudamiento al coste de las acciones?

En el capítulo 2 vimos que el endeudamiento produce un efecto de apalancamiento que magnifica el riesgo que asume el prestatario cuando realiza su inversión. Para simplificar el argumento manteniendo el mismo el nivel de inversión en capital, pero cambiando la cantidad de endeudamiento, supongamos que Carolina y Pablo ponen ambos 30.000 euros para comprar viviendas. Sin embargo, Carolina pide un préstamo de 270.000 euros para comprar una vivienda de 300.000 y Pablo solo pide un préstamo de 120.000 para comprar una vivienda de 150.000. Carolina tiene el 10 por ciento de capital invertido en su vivienda; Pablo tiene el 20 por ciento. El endeudamiento de Pablo es igual que el que tendría Carolina si ella hubiera invertido 60.000 euros en la vivienda, un caso que analizamos en el capítulo 2. La diferencia entre Carolina y Pablo es que utilizan cantidades diferentes de deuda para apalancar su inversión de 30.000 euros en sus respectivas casas.

Imaginemos que el valor de las casas de Carolina y de Pablo aumenta un 5 por ciento; el valor de la casa de Carolina sube 15.000 euros y el de la casa de Pablo crece en 7.500. Eso significa que Carolina obtendrá un rendimiento del 50 por ciento por su inversión de 30.000, mientras que Pablo *solo* obtendrá un rendimiento del 25 por ciento por la suya. Como señalamos en el capítulo 2, el apalancamiento es maravilloso cuando aumenta el valor de las inversiones, ya que magnifica las ganancias.

Pero también magnifica el lado negativo. Supongamos que el valor de las casas de Carolina y de Pablo disminuye un 5 por ciento. Para Carolina, eso significará una pérdida de 15.000 euros, o sea, del 50 por ciento de su inversión de 30.000. Para Pablo, la pérdida de 7.500 no será tan dolorosa, ya que solo representará el 25 por ciento de su inversión inicial. Un descenso de los precios de la vivienda del 12 por ciento se llevará todo el capital de Carolina por delante y el valor de su hipoteca será mayor que el de la vivienda, pero Pablo seguirá teniendo capital en su casa.

El apalancamiento funciona de la misma forma en el caso de los accionistas de las empresas, incluidos los bancos y sus accionistas. Cuanto más capital se apalanque endeudándose, más pueden beneficiarse los accionistas de las ganancias inesperadas de las inversiones de la empresa y más vulnerables serán a las pérdidas que generen estas inversiones.

Por poner un ejemplo concreto de un banco y sus accionistas, consideremos los 8.500 millones de dólares que Bank of America acordó pagar extrajudicialmente por sus operaciones con derivados hipotecarios y que anunció el 29 de junio de 2011.[16] Mientras el banco continúe pagando su deuda, los accionistas serán los únicos que asuman esta pérdida.

Cuando Bank of America anunció el acuerdo extrajudicial de 8.500 millones de dólares, el valor total de sus acciones en la Bolsa de valores era de alrededor de 110.000 millones. Eso significa que los 8.500 millones que tuvo que pagar representaban en ese momento alrededor del 7,5 por ciento del valor de mercado de sus acciones. Si un accionista tenía 100.000 dólares invertidos en Bank of America en ese momento, la parte de la pérdida sufrida por sus acciones fue de 7.500 dólares aproximadamente.

¿Qué habría ocurrido si, en lugar de tener 110.000 millones de dólares de capital propio, Bank of America hubiera tenido solo la mitad, 55.000 millones? En ese caso, la pérdida de 8.500 millones se habría repartido entre la mitad de capital y representaría un 15 por ciento del capital total en lugar de un 7,5 por ciento. Un accionista que hubiera invertido 100.000 dólares en acciones habría perdido 15.000, no 7.500. Al igual que en el ejemplo del préstamo hipotecario, el apalancamiento de la empresa magnifica las pérdidas, así como las ganancias, de los accionistas.

Ya podemos ver el fallo fundamental que hay en el simple cálculo matemático que considera que el rendimiento del capital (*return on equity*, ROE) que se exige es fijo e igual a una determinada tasa, por ejemplo, el 15 por ciento, independientemente del apalancamiento de la empresa. Cuando hay más deuda en la composición del pasivo y, por tanto, más apalancamiento, el riesgo que asumen los accionistas por euro invertido es mayor. Como asumen más riesgo, exigen un rendimiento mayor en compensación. En otras palabras, el ROE exigido será menor cuando haya más acciones y menos deuda en el pasivo y mayor si hay menos acciones y más deuda.

Como el ROE exigido varía dependiendo de cuánto se endeude la empresa, la cuestión es cómo afecta la combinación de fuentes de financiación a los costes *globales* o totales de financiación de las inversiones de una compañía, teniendo en cuenta la totalidad de la financiación, tanto la financiación por medio de deuda como la que se lleva a cabo por medio de acciones. Cuando se reduce el apalancamiento y hay más capital, el capital que se dice *caro* se abarata, ya que se está utilizando una parte mayor del capital. ¿Qué efecto total produce la combinación de acciones y deuda en los costes de financiación? Si comparamos dos empresas que tienen los mismos activos, pero una de ellas tiene el 50 por ciento de deuda y el 50 por ciento de acciones, mientras que la otra tiene el 30 por ciento de deuda y el 70 por ciento de acciones en su combinación de fuentes de financiación, ¿cuál de las dos tiene mayores costes de financiación?[17]

Durante mucho tiempo, no se entendió bien la respuesta a esta pregunta. En 1958, apareció una idea clave, cuando Franco Modigliani y Merton Miller afirmaron que un cambio en la composición de la financiación —un cambio que solo afecta al reparto de los riesgos entre los que aportan la financiación, pero no al total de rendimientos de la inversión que debe repartirse entre los que la financian— no puede afectar los costes de financiación.[18]

La idea es sencilla. Si las inversiones de la empresa son fijas y los rendimientos de las inversiones se emplean para pagar a todos los inversores que financian la entidad, se aplica un principio básico de conservación. Si hay algún riesgo en las inversiones, *alguien* tiene que asumir este riesgo. Por ejemplo, los 8.500 millones de dólares por daños y perjuicios que tuvo que pagar Bank of America tuvieron que ser asumidos por *alguien*. De una manera parecida a lo que se observa en el principio físico de que la energía se conserva en un sistema cerrado, mientras los riesgos de las inversiones sean asumidos colectivamente por los inversores que financian la empresa, los cambios del modo en que se repartan los riesgos entre ellos no alteran por sí solos los costes totales de financiación.

Imaginemos que los rendimientos totales de la firma son como una tarta y que la composición de la financiación es una manera de cortar la tarta en diferentes trozos. Se dice que en una ocasión el legendario jugador de béisbol Yogi Berra pidió a un camarero que cortara su pizza en cuatro trozos porque: «Hoy no tengo tanta hambre como para comerme ocho pedazos».[19] Es gracioso, pues sabemos que el cambio de la forma en que se corta una pizza no afecta a su contenido alimenticio. De la misma manera, el modo en que la composición de la financiación reparte los riesgos y los rendimientos entre los inversores en deuda y los inversores en acciones no afecta en sí mismo al valor de la empresa o sus costes de financiación.

El contenido alimenticio de la pizza habría cambiado si el modo en que se cortara afectara de alguna manera a su contenido. Por ejemplo, si parte de la pizza se quedara pegada al cuchillo y se perdiera cada vez que se corta, una pizza cortada en ocho trozos podría tener menos contenido alimenticio que una pizza cortada en cuatro (en cambio, si el cuchillo hubiera tenido un mecanismo especial para añadir queso al cortarla, la pizza habría tenido más sustancia cuando se cortara en ocho trozos, por lo que Yogi Berra habría debido tener realmente más hambre para comer una pizza de ocho trozos que una de cuatro).

De la misma manera, si la composición de la financiación mediante deuda y acciones afecta al valor y a los costes de financiación de una empresa, las razones tienen que estar relacionadas con el modo en que afecta al tamaño de la *tarta* total que reciben los inversores y no con el modo en que se reparte entre ellos. En este caso, los efectos que pueda producir la combinación de deuda y acciones sobre los costes totales de financiación no se deben al hecho de que un determinado título que cede la empresa a los inversores a cambio de sus fondos tenga más riesgo que otros títulos, sino al hecho de que la utilización de una combinación diferente podría afectar a cosas como la cantidad de impuestos que paga la empresa, las subvenciones que recibe o las decisiones de inversión que toma.

La gran pregunta: ¿son especiales los bancos?

Los banqueros y muchos expertos en banca sostienen a menudo que los bancos son diferentes de otras empresas y que, por tanto, las ideas analizadas sobre el modo en que los costes de financiación dependen de la combinación de deuda y acciones son irrelevantes para los bancos. La cantinela es que M&M (que es como se denomina a menudo el resultado de Modigliani y Miller) no se aplica a los bancos. ¿Es cierto eso?

La pregunta «¿se aplica M&M a los bancos?» fue formulada por Merton Miller en el título del artículo del que procede el epígrafe de este capítulo. En ese artículo, dio una sucinta respuesta: «sí y no», la misma que daría cualquiera cuando se le preguntara por la aplicabilidad de M&M a cualquier sector. «Sí», porque las consideraciones básicas que subyacen al resultado se aplican a la banca, así como a cualquier otro sector; «no», porque el supuesto subyacente, que no hay fricciones en el sistema, no se cumple en la realidad, ni en la banca ni en ningún otro sector. La cuestión fundamental no es si hay desviaciones con respecto a M&M, sino si y cómo podrían ser relevantes esas desviaciones para una empresa concreta y para las consideraciones de política económica.[20]

En el capítulo 4, vimos que algunas de las funciones principales de los bancos van ligadas a su endeudamiento. Por ejemplo, los depósitos, que constituyen la base del sistema de pagos, son deudas del banco porque toma prestado de los depositantes. Como los bancos ofrecen muchos servicios a cambio de los depósitos, los tipos de interés que pagan por los depósitos normalmente son muy bajos. Pero el hecho de que paguen unos tipos bajos a los depositantes no significa necesariamente que los depósitos le resulten baratos al banco. Por ejemplo, los bancos incurren en gastos cuando ofrecen cajeros automáticos y servicios de pago (aunque suelen cobrar, desde luego, comisiones por algunos servicios). Si los depósitos están garantizados por el sistema nacional de seguro de depósitos, el banco también tiene que pagar ese seguro, por lo que lo barato o lo caro que le resulte a la entidad la utilización de depósitos para financiarse también depende de lo que pague por este seguro. Por todas estas razones, la financiación de sus inversiones por medio de depósitos es diferente de otros tipos de financiación que utilizan los bancos.[21]

Sin embargo, los bancos normalmente tienen mucha más deuda que no son depósitos. De hecho, algunos tienen mucha más deuda en otros tipos de instrumentos que en depósitos. En el caso de estos otros tipos de deuda y de las acciones que cotizan en Bolsa, la relación de los costes de financiación con la composición de dicha financiación viene determinada por la misma lógica que hemos analizado antes y por la misma lógica que se aplica a la financiación de cualquier empresa. Los que poseen deuda no garantizada emitida por un banco evalúan el riesgo de no recuperar su dinero y fijan, conforme a ese riesgo, las condiciones de la deuda. Si existe riesgo de impago, cobran unos tipos más altos o exigen al banco que les dé una garantía que pasará a ser de su propiedad si el banco no les devuelve el dinero. Los principios que rigen el coste de las diferentes combinaciones de financiación son los mismos para los bancos que para los demás, sobre todo cuando el banco tiene que elegir entre aumentar su capital o aumentar su endeudamiento.

En el caso de las acciones, en concreto, los inversores que invierten en acciones de bancos y se convierten en sus accionistas piensan en el riesgo de su inversión en acciones bancarias de la misma manera que piensan en el riesgo de cualesquiera otras acciones o inversiones que puedan realizar. Los inversores en acciones bancarias a menudo son los mismos que invierten en acciones de otros tipos de empresas. Son los fondos de inversión que invierten en grandes carteras diversificadas o son inversores individuales que piensan en los riesgos y los rendimientos de todas las diferentes inversiones que pueden hacer. Muchos de nosotros tenemos acciones de bancos en nuestras inversiones en fondos de pensiones sobre todo si diversificamos nuestras inversiones.

La idea de que el ROE exigido es fijo e independiente de la composición de la financiación es tan falaz en el caso de los bancos como en el de las instituciones no financieras. Es una prenda del traje nuevo de los banqueros que se debe ver como la ficción que es.[22] Existen, de hecho, abundantes pruebas empíricas de que el rendimiento medio de las acciones de los bancos que recurren más al endeudamiento es más alto que el rendimiento medio de las acciones de los bancos que recurren menos al endeudamiento y tienen más capital propio.[23]

La combinación de deuda y acciones que utilizan las empresas influye en sus costes totales de financiación. Por ejemplo, si se utiliza una mayor proporción de deuda, cualquier firma consigue pagar menos impuestos, lo cual permite a los inversores repartirse más rendimientos de los que se repartirían si no tuviera ninguna deuda. Este ahorro fiscal puede dar una ventaja al endeudamiento en comparación con las acciones.

En el caso de los bancos, también hay otras consideraciones por las que el tipo de financiación es importante. Pero estas consideraciones no están relacionadas con el hecho de que el riesgo de las acciones sea más alto y que, por tanto, se les exija un rendimiento mayor que a la deuda. En el caso de los bancos, no se cumple el supuesto

EL TRAJE NUEVO DEL BANQUERO

de que el riesgo de una inversión sea asumido por los inversores que los financian.

Por ejemplo, una parte del lado negativo del riesgo de la inversión es asumido por el sistema nacional de seguro de depósitos, que garantiza estos. Si el banco sufre tantas pérdidas que no tiene suficientes activos para pagar a sus depositantes, el fondo de garantía de depósitos pagará lo que los activos del banco no cubran. En la crisis reciente, el Estado ofreció garantías a favor de muchas deudas bancarias que no estaban en forma de depósitos. Eso puede suponer que el endeudamiento sea más barato y más atractivo para los bancos, pero esos ahorros de costes son pagados por otros y, por tanto, no deberían influir en las decisiones de política económica.

Irrelevancia de los valores contables

En la conversación de la que habla Merton Miller, el banquero que sostiene que las acciones son caras se refiere a la diferencia entre su valor contable y el de mercado, no a los rendimientos exigidos por diferentes combinaciones de deuda y acciones. En nuestro análisis, no hemos considerado hasta ahora su objeción. Apenas nos hemos referido al precio de las acciones. ¿Dónde entra el precio?

En nuestro análisis, hemos centrado la atención en el modo en que el ROE exigido depende del riesgo de las acciones. El rendimiento que exigen los accionistas es importante, ya que, como hemos señalado, si esperan un rendimiento más bajo, reducirán su demanda de esas acciones, lo cual presionará a la baja sobre su precio. El precio de las acciones debe ser suficientemente bajo para que, de acuerdo con sus expectativas sobre su rendimiento medio, los accionistas prefieran conservar las acciones.

El banquero de la conversación se queja de que los precios de las acciones de los bancos solo representan el 50 por ciento de su valor contable. Parece que desde su punto de vista la emisión de acciones es cara, porque las acciones tendrán que venderse por el 50 por ciento del valor que figura en los balances del banco. Los banqueros no quieren financiar nuevos préstamos emitiendo nuevas acciones en estas condiciones, dice el banquero; sin embargo, estarían encantados de financiarlos endeudándose más.

La respuesta de Miller es muy clara: que los valores contables sean menores o mayores que los de mercado no tiene nada que ver con el coste de las acciones. O, como diríamos nosotros, la afirmación del banquero es una prenda del traje nuevo de los banqueros. Conceder o no un préstamo dependiendo de que el precio de mercado de las acciones de un banco sea más bajo o más alto que el valor de las acciones en los libros contables de la entidad es una mala estrategia empresarial.[24]

En el capítulo 6, señalamos que el 30 de diciembre de 2001 JPMorgan Chase declaró que el valor contable de su capital era de 181.000 millones de dólares. Esto se traduce en un valor contable por acción de 48,55 dólares, cifra significativamente superior a los 33,25 dólares a los que estaban vendiéndose las acciones del banco en la Bolsa en esa misma época. En el caso de los bancos más débiles, la situación se parecía a la afirmación del banquero de que «sus acciones están vendiéndose por un 50 por ciento solamente del valor contable».

Si el valor contable de 48,55 dólares por acción de JPMorgan Chase era el valor correcto de una acción de esa entidad, la emisión de una nueva acción a cualquier precio cercano al que tenían en ese momento, 33,25, podría parecerle al banco un mal negocio. Sin embargo, ¿valían realmente las acciones 48,55 dólares cada una? Como hemos señalado, el precio de mercado de una acción refleja la valoración que los inversores realizan de los futuros rendimientos que generarán las acciones, que dependen de los rendimientos que el banco obtendrá por sus activos, de los intereses que tenga que pagar por su deuda y de las decisiones del banco de repartir dividendos o de reinvertir estos rendimientos. Si los accionistas de JPMorgan Chase creían que las perspectivas del banco justificaban un precio de 33,25 dólares por acción, quizá fuera ese, después de todo, el valor correcto.

Si un banco ha hecho muchos préstamos morosos y parece improbable que recupere todo el dinero, pero no se consideran problemáticos y se declaran a los valores históricos, el valor contable de las acciones puede ser demasiado optimista como estimación de lo que valen las acciones. Si el banco reconociera los problemas, tendría una pérdida y asignaría un valor más bajo a estos préstamos. Como vimos en el capítulo 2, esa pérdida reduciría directamente el valor del capital del banco en su balance. En ese caso, el valor contable por acción también sería más bajo.

Es muy frecuente que el valor de mercado de las acciones de un banco sea más bajo que el valor contable, ya que sus directivos se resisten a reconocer pérdidas. Eso puede deberse a una ilusión, puede deberse a que los directivos confíen en que los problemas de los prestatarios acaben no siendo tan graves. También puede ocurrir que los directivos quieran retrasar la revelación de las pérdidas para poder recibir antes una prima por los beneficios declarados ese año. La asignación de un valor más alto a las acciones en el balance también ayuda a satisfacer las necesidades mínimas de capital. Los banqueros tienen claros incentivos para retrasar el reconocimiento de las pérdidas si pueden hacerlo, y las normas contables son lo suficientemente flexibles como para dejar mucho margen para retrasar el reconocimiento de dichas pérdidas.

Sin embargo, la negativa de los banqueros a admitir y reconocer las pérdidas no hace que estas desaparezcan.[25] Si un banco deja pasar oportunidades rentables simplemente porque ha sufrido pérdidas por sus inversiones anteriores y no está dispuesto a aceptar esas pérdidas, puede muy bien estar perjudicando a sus accionistas. Si las pérdidas son reales, la emisión de nuevas acciones al precio que se paga en el mercado le parecerá cara al banquero que tiene que reconocer que ha conseguido convertir un euro en cincuenta céntimos, pero no a los accionistas, que tendrán que asumir, de todos modos, las pérdidas. Los accionistas pierden realmente si el miedo del banquero al desprestigio que puede sufrir por reconocer pérdidas lo lleva a dejar pasar algunas oportunidades rentables.[26]

Cuando los banqueros toman decisiones de inversión y de financiación y cuando presionan para que no se aumenten las necesidades mínimas de capital, ¿en nombre de quién actúan? Como cabría esperar y veremos en el siguiente capítulo, los banqueros actúan por encima de todo en interés propio.

8

Pagados por jugar

¡Es difícil hacer entender algo a un hombre, cuando su sueldo depende de que no lo entienda!

Upton Sinclair, I,
Candidate for Governor: And How I Got Licked *(1935)*

Cuando los banqueros y demás se oponen a que se aumenten las necesidades mínimas de capital, afirman al unísono que eso «reduciría el rendimiento del capital» (*return on equity*, ROE).[1] Sostienen que esta reducción del rendimiento perjudicaría a sus accionistas y podría «hacer que fuera poco atractivo invertir en el sector bancario en relación con otros sectores».[2]

Los argumentos en contra del aumento de las necesidades mínimas de capital que se basan en ese razonamiento fallan por su base. No tienen en cuenta la relación básica entre endeudamiento y riesgo, analizada en el capítulo 2, ni la relación básica entre riesgo y rendimientos exigidos, de la que tratamos en el capítulo 7. Tampoco dicen apenas nada sobre la cuestión de política económica que está en juego, ya que no tienen en cuenta la necesidad de proteger a la economía de los riesgos que entraña el hecho de que los bancos se financien con muy poco capital propio.

El énfasis en el ROE está profundamente enraizado en la cultura de la banca. Por ejemplo, en un importante libro de texto, escrito por un destacado profesor y antiguo cargo del banco central de Estados Unidos, se afirma que el capital bancario «tiene tanto beneficios como costes. Tiene costes porque, cuanto mayor sea, menor será el rendimiento del capital, dado el rendimiento de los activos».[3]

Como afirmación general sobre el ROE efectivo, eso es sencillamente falso: el ROE *no* tiene por qué ser siempre más bajo porque haya más capital. En el capítulo 2, vimos que el endeudamiento magnifica el riesgo tanto en el lado negativo como en el positivo. Por tanto, si el valor de los activos de un banco disminuye, su ROE será, en realidad, más alto, menos negativo, si hay más capital.

Es cierto que el ROE medio puede disminuir si el banco utiliza más capital. Sin embargo, como vimos en el capítulo 7, cuando se utiliza más financiación mediante acciones, el ROE *exigido* es menor, puesto que los accionistas asumen menos riesgo por cada euro invertido. Por tanto, los accionistas no tienen por qué resultar perjudicados cuando se utiliza más capital. El menor rendimiento medio puede compensarlos lo suficiente por el riesgo al que se exponen. En este caso, la afirmación del libro de texto de que el aumento del capital bancario es caro también es falsa.

El propio ROE es una medida imperfecta del rendimiento. El ROE efectivo refleja acontecimientos económicos como el nivel de los precios de la vivienda, así como la suerte, por ejemplo, el resultado de las operaciones especulativas con derivados. El ROE medio puede ser alto porque un banco está asumiendo unos riesgos excesivos, lo cual puede ser recompensado con un rendimiento medio más alto en los mercados financieros. Sin embargo, la mera asunción de riesgos no ayuda a los accionistas, ya que estos pueden asumir riesgos ellos mismos de muchas formas y obtener un rendimiento adecuado no solo invirtiendo en los bancos.

En este contexto, a los inversores les interesa saber si el rendimiento medio que obtienen por cualquiera de los activos que poseen es adecuado *en relación con el riesgo que asumen.* Como señalamos en el capítulo anterior, el rendimiento medio de las inversiones seguras es más bajo que el rendimiento medio de las inversiones de riesgo. Hay inversores que deciden comprar activos seguros, como bonos, aunque obtengan, en promedio, menos rendimientos, y el riesgo de cualquier inversión depende fundamentalmente de si y de cuánto esté apalancada mediante endeudamiento.

¿Por qué ponen los banqueros tanto acento en el ROE? La cita de Sinclair que se encuentra en el epígrafe del capítulo da una pista. Es posible que los banqueros se marquen como objetivo un elevado ROE, porque se considera que es una medida del rendimiento que afecta a su remuneración. Si la remuneración depende del ROE, los banqueros tienen incentivos directos para asumir riesgos. Los directivos de los bancos también tienen incentivos para aumentar el endeudamiento del banco con el fin de aumentar el ROE medio, así como el riesgo de la entidad.

Mientras las apuestas salgan bien, los accionistas ganan. Por otro lado, las pérdidas se comparten también con los acreedores y los contribuyentes. No obstante, incluso los accionistas pueden resultar perjudicados si los directivos tratan de conseguir un elevado ROE sin preocuparse lo suficiente por el riesgo.[4] Si los directivos de los bancos encuentran la manera de ocultar los riesgos durante un tiempo, los inversores y los reguladores pueden no enterarse. Para cuando se materializan, los directivos pueden haber hecho efectivas ya las bonificaciones por los beneficios obtenidos anteriormente.

Los problemas de gobernanza relacionados con el control de los riesgos en los bancos son especialmente complicados, ya que los riesgos son difíciles de juzgar y pueden ocultarse fácilmente. La gestión del riesgo y el control del riesgo no parece que sean la máxima prioridad de los bancos. Los incentivos de los altos directivos también pueden estar distorsionados o puede ocurrir que estos no sean capaces de controlar a sus subordinados. Incluso los consejos de administración pueden tener incentivos distorsionados y tener problemas para controlar los riesgos globales que asumen los bancos.

En el lado negativo, el ROE es mayor con más capital

Para comprender la mecánica del ROE, consideremos de nuevo el ejemplo del préstamo hipotecario del capítulo 2, en el que Carolina compra una vivienda de 300.000 euros con un préstamo hipotecario de 270.000 o con uno de 240.000. En el capítulo 2, vimos que si Carolina pide un préstamo menor, las variaciones que el valor de la vivienda pueda sufrir después afectarán menos a su posición de capital.

En el capítulo 2, simplificamos el análisis no teniendo en cuenta los pagos de intereses que realiza Carolina durante el año ni el alquiler que se ahorra por vivir en su propia casa. Eso nos permitió ver más fácilmente cómo el endeudamiento crea apalancamiento y magnifica el riesgo.

Este efecto también se puede ver cuando se tiene en cuenta el tipo de interés, ya que este debe considerarse cuando se comparan diferentes tasas de rendimiento.[5] El cuadro 8.1 presenta los mismos cálculos que el 2.1 bajo el supuesto de que Carolina paga un tipo de interés del 4 por ciento por su crédito hipotecario. Simplificando de nuevo para facilitar el análisis, suponemos que todos los intereses se pagan al final del año cuando se vende la casa y se amortiza la hipoteca (tampoco tenemos en cuenta lo que ahorra Carolina en alquileres, lo cual no afecta a nuestras conclusiones).

CUADRO 8.1 La petición de un crédito al 4 por ciento para comprar una vivienda de 300.000 euros con dos entradas distintas (suponiendo que el crédito hipotecario contiene una cláusula de dación en pago).

	Compra con una entrada de 30.000€ (capital inicial)			
Precio de la vivienda al final del año (euros)	Variación porcentual del precio de la vivienda	Deuda hipotecaria (euros)	Capital final (euros)	Rendimiento del capital (porcentaje)
345.000	15	280.800	64.200	114
315.000	5	280.800	34.200	14
300.000	0	280.800	19.200	−36
285.000	−5	280.800	4.200	−86
255.000	−15	280.800	0	−100

	Compra con una entrada de 60.000€ (capital inicial)			
Precio de la vivienda al final del año (euros)	Variación porcentual del precio de la vivienda	Deuda hipotecaria (euros)	Capital final (euros)	Rendimiento del capital (porcentaje)
345.000	15	249.600	95.400	59
315.000	5	249.600	65.400	9
300.000	0	249.600	50.400	−16
285.000	−5	249.600	35.400	−41
255.000	−15	249.600	5.400	−91

Si Carolina pide un préstamo de 270.000 euros, el pago de intereses del 4 por ciento asciende a 10.800 euros y debe 280.800 por el crédito hipotecario al final del año. Si pide un préstamo de 240.000 a un tipo de interés del 4 por ciento, su coste de intereses es de 9.600 euros y debe 249.000.[6]

El ROE de Carolina es lo que obtiene por euro de su inversión inicial. Por ejemplo, si invirtió 30.000 euros y la casa se vende por 345.000 (como en el panel superior), termina teniendo 64.200 una vez pagada la hipoteca, lo cual representa un rendimiento de 34.200 de su inversión de 30.000, o sea, el 114 por ciento.

Como muestra el cuadro, el ROE efectivo de Carolina será mayor o menor con más endeudamiento dependiendo de que el valor de la casa aumente en un porcentaje superior o inferior al tipo de interés que tiene que pagar, o sea, el 4 por ciento.[7] Si el valor de la vivienda aumenta más del 4 por ciento, por ejemplo, el 5 o el 15 por ciento, el ROE de Carolina es mayor si se endeuda más (como en el panel superior) que si se endeuda menos y tiene más capital (como en el panel inferior). El apalancamiento magnifica sus elevados rendimientos en estos dos casos y cuanto mayor sea el apalancamiento, mayor será la magnificación.

Sin embargo, si el valor de la vivienda aumenta menos del 4 por ciento, el ROE de Carolina será mayor si se endeuda menos y tiene más capital. En concreto, si el valor de la vivienda no varía o incluso disminuye, como en los tres casos mostrados en el cuadro, el ROE de Carolina será negativo y su pérdida será mayor si se endeuda más (como en el panel superior) que si se endeuda menos y tiene más capital (como en el panel inferior). Por tanto, su ROE será mayor (menos negativo) con menos endeudamiento en estos casos negativos. El apalancamiento magnifica sus pérdidas y reduce aún más su ROE, ya de por sí negativo.

Lo mismo ocurre cuando se endeudan las empresas. Cuando una firma utiliza más capital, su ROE efectivo solo será menor en los casos en que los activos rindan más que el tipo de interés de la deuda. En caso contrario, el ROE efectivo será mayor cuando se utiliza más capital. Por tanto, la afirmación de que el ROE siempre disminuye cuando se utiliza más capital es falsa, una prenda del traje nuevo de los banqueros.

¿Se puede no tener en cuenta la desagradable posibilidad de que los activos generen un rendimiento menor que el tipo pagado por los créditos? Un banquero optimista podría pensar que sí; en muchos casos, el diferencial entre la tasa de rendimiento de los activos y el tipo que se paga por los créditos se considera positivo, y es posible obtener elevados rendimientos sin preocuparse nunca por la posibilidad de que haya pérdidas. Si fuera imposible que las hubiera, no habría necesidad de tener capital para absorberlas.

La posibilidad de utilizar dinero prestado para invertir en activos que siempre pagan más que los costes del endeudamiento es demasiado buena para que sea cierta, al menos para la gente normal y corriente y para las empresas y las sociedades no financieras. Si los prestatarios normales invierten fondos prestados en activos de riesgo cuyo valor es incierto cuando se realiza la inversión, tiene que existir *alguna* probabilidad de que el rendimiento de los activos sea inferior al tipo al que se pidió el crédito. Si los activos siempre rinden más que el tipo del crédito, el prestatario nunca puede perder. Por tanto, tendrá la proverbial gallina de los huevos de oro, que le permite ganar dinero con seguridad sin arriesgar ningún dinero suyo.[8]

Tal vez parezca que los bancos no son prestatarios normales y que a veces tienen acceso a una gallina de ese tipo. Por ejemplo, durante los pocos años que han transcurrido desde la crisis financiera, los bancos estadounidenses han podido pedir préstamos a la Reserva Federal a un tipo de interés casi nulo. Si los bancos pueden pedir préstamos a ese tipo a diez años e invertir el dinero en bonos del Estado norteamericanos que son absolutamente seguros y pagan un tipo de interés del 2 por ciento a diez años, puede decirse que tienen la gallina.[9]

Sin embargo, hay aquí un problema: si el bajo tipo de interés es efectivo solo para un préstamo a corto plazo y no para los próximos diez años, los bancos corren el riesgo de que en algún momento de esos diez años sus costes de endeudamiento aumenten, quizá incluso más que el 2 por ciento que están obteniendo por los bonos a diez años que tienen, momento en el que perderán dinero por su inversión.[10] Por tanto, ni siquiera los bancos pueden ignorar el riesgo de que la tasa de rendimiento de sus activos sea más baja que el tipo de interés al que pueden endeudarse.

Cuanto más capital hay, menor es el ROE exigido

Los bancos confían, desde luego, en obtener, en promedio, unos rendimientos muy superiores a los tipos a los que se endeudan y normalmente lo consiguen. En ese caso, un cambio de la composición de la financiación de un banco, por ejemplo, un aumento de las acciones y una disminución de la deuda, reducirá el ROE medio del banco.[11]

Sin embargo, una disminución del ROE medio *no* significa que los accionistas resulten perjudicados. Aunque los accionistas reciben, en promedio, una compensación menor por asumir riesgos, también asumen menos riesgos. Como señalamos en el capítulo 7, el riesgo por euro invertido en el capital de un banco es menor si hay más capital. Por tanto, el *ROE exigido*, que introdujimos en el capítulo 7 como rendimiento de referencia que esperan recibir, en promedio, los accionistas, también es menor cuando los bancos tienen más capital. Si la disminución del ROE medio y la del ROE exigido son iguales, la compensación que reciben los accionistas es aún así suficiente por el riesgo que asumen. Los accionistas solo resultan perjudicados si el ROE medio disminuye más que el exigido.

El ROE fijado como objetivo y la creación de valor para los accionistas

Los banqueros se marcan a menudo un elevado objetivo para el ROE y prometen a sus accionistas que tratarán de alcanzarlo. También les dicen a los políticos, los reguladores y la opinión pública que los accionistas «les exigen» esforzarse en alcanzar este objetivo. En los años anteriores a la crisis financiera, Josef Ackermann, director general del Deutsche Bank desde 2002 hasta 2012, anunció repetidamente que el nivel de referencia para un banco de inversión competente era un ROE del 25 por ciento antes de impuestos y que el Deutsche Bank aspiraba a alcanzar, al menos en promedio, este nivel de referencia en unos años.[12] En una escala más modesta, Bob Diamond, director general de Barclays desde 1996 hasta 2012, anunció en abril de 2011 que su objetivo era lograr un ROE del 13 por ciento en 2013.[13]

Estas declaraciones dan por supuesto que el ROE es una medida significativa de los resultados y que tiene sentido fijar unos niveles de referencia y unos objetivos para el ROE. Sin embargo, si no se tiene en consideración cuánta deuda se ha contraído para crear apalancamiento y, en términos más generales, el riesgo de las acciones por euro invertido, el ROE es una medida de los resultados que no tiene sentido ni mide la creación de valor para los accionistas. Si no se tiene en cuenta la situación del mercado, como sus tipos de interés, la comparación del ROE con un nivel de referencia dado tampoco tiene sentido. He aquí implícita otra prenda del traje nuevo de los banqueros.

El 25 por ciento de que habla Ackermann habría significado dos cosas distintas en un momento en el que el tipo de interés de los bonos a largo plazo fuera del 6 por ciento y en un momento en que este tipo de interés fuera del 2 o 3 por ciento. Asimismo, la compensación que los inversores exigen para estar dispuestos a asumir riesgos puede cambiar con el paso del tiempo, y eso afectará al ROE exigido en todas las empresas.

Como hemos señalado antes, si una empresa utiliza más acciones para financiar sus inversiones o si sus activos tienen menos riesgo, el riesgo por euro invertido en el capital será menor, lo cual significa que el ROE exigido será inferior. Los accionistas a los que les parezca demasiado bajo el ROE medio y quieran aumentar espectacularmente el rendimiento medio de sus inversiones pueden hacerlo por su cuenta, por ejemplo, endeudándose para crear apalancamiento. Cuando son los bancos los que se endeudan en lugar de sus accionistas, aumentan el riesgo del sistema financiero y pueden dañar la economía.

Los accionistas podrían resultar, de hecho, perjudicados por lo que hacen los directivos para tratar de lograr el ROE que se han marcado como objetivo. Los directivos tienen muchas formas de asumir riesgos con el dinero de los inversores, por ejemplo, operando en los mercados de derivados. Esas operaciones pueden exponer a los accionistas a riesgos que a lo mejor preferirían no asumir y por los que pueden no verse suficientemente compensados. Además, como los derivados no se negocian en mercados organizados, donde las transacciones y los precios son totalmente transparentes, los accionistas podrían no ser ni siquiera conscientes de los riesgos que asumen.[14]

El objetivo del 25 por ciento que había fijado Ackermann para el Deutsche Bank era mucho más alto que el ROE efectivo medio que logró el banco durante su mandato. Entre 2003 y 2012, la media del ROE antes de impuestos del Deutsche Bank solo fue del 11,7 por ciento. Solo fue superior al 20 por ciento durante tres años, de 2005 a 2007, durante los cuales obtuvo grandes beneficios con la producción y la venta de títulos hipotecarios. Desde 2003, el ROE del Deutsche Bank ha sido inferior al 16 por ciento todos los años; en 2008, el peor año de la crisis, fue, de hecho, de menos 16,5 por ciento; ese año, la entidad sufrió grandes pérdidas.[15]

Cuando un banco fija un objetivo que está tan alejado del ROE de los años anteriores, no puede alcanzarlo haciendo simplemente mejor lo que ha hecho hasta entonces.[16] Solo será posible lograr el objetivo si el banco asume mayores riesgos.

El ROE del 13 por ciento que fijó como objetivo Diamond en abril de 2011 para el Barclays podría parecer a primera vista más realista. Sin embargo, incluso este objetivo parece difícil cuando los tipos de interés de mercado son bajos y los bancos se enfrentan a muchos retos.[17]

Cuando Diamond anunció su objetivo de un ROE del 13 por ciento, estaba diciendo que el banco estaba dispuesto a aumentar su *apetito de riesgo* con el fin de alcanzar el objetivo. No dijo, sin embargo, si el aumento de los rendimientos que lograría asumiendo los riesgos adicionales sería suficiente para compensar a sus accionistas por los riesgos añadidos que tendrían que asumir.

Si los banqueros como Bob Diamond del Barclays o sus sucesores son capaces de encontrar inversiones que tengan perspectivas de rendimiento suficientemente mejores para compensar a los accionistas por el riesgo, estos querrán que aprovechen estas oportunidades, cualquiera que sea el objetivo que se hayan marcado para el ROE. Si no pueden generar valor por medio de sus inversiones, sus accionistas resultarán perjudicados si el banco trata de alcanzar el ROE fijado como objetivo simplemente aumentando su apetito de riesgo.

En otras palabras, si ya se pueden realizar las inversiones de riesgo que planea llevar a cabo un banco como el Barclays como consecuencia del aumento de su apetito de riesgo, ¿por qué no las ha efectuado ya para beneficiar a sus accionistas? ¿Por qué necesita aumentar el banco su apetito de riesgo para hacer buenas inversiones? Y a la inversa, si el banco asume riesgos simplemente para alcanzar el objetivo de ROE que se ha marcado, ¿cómo está creando valor para sus accionistas? Los inversores que están dispuestos a asumir riesgos pueden encontrar multitud de oportunidades para llevar a cabo inversiones de riesgo y recibir un rendimiento medio adicional en los mercados financieros. Un banco, como cualquier empresa de la economía, debe hacer por sus accionistas lo que estos no pueden hacer por sí mismos si no es permitiendo que los banqueros inviertan en su nombre.[18]

Remuneración basada en el rendimiento

En realidad, es posible que el énfasis en el ROE tenga más que ver con el modo en que se remunera a los banqueros que con los deseos de los accionistas. Los banqueros que ocupan puestos de responsabilidad son remunerados en función de los beneficios que obtienen sus bancos. También se les da incentivos para que se preocupen por la evolución del precio de las acciones por medio de una remuneración relacionada con la evolución de las acciones. La idea es que los beneficios son altos porque el rendimiento de los directivos es bueno y los precios de las acciones son altos porque los inversores estiman positivo este rendimiento.

Sin embargo, los beneficios que obtiene un banco dependen tanto de su nivel de endeudamiento y del riesgo que asume como de la capacidad de sus directivos.[19] También se pueden lograr unos beneficios elevados si los directivos del banco se van una semana a Las Vegas a invertir en los casinos y da la casualidad de que tienen suerte y vuelven con grandes ganancias. Ese afortunado resultado es, desde luego, bastante improbable, pero si la remuneración se establece de tal forma que el banquero consiga quedarse con el 5 por ciento de los beneficios y no sufra ninguna penalización por perder, la opción de jugar en Las Vegas puede parecerle atractiva. La parte negativa del riesgo la asumen otros.

En realidad, los banqueros no juegan, desde luego, en Las Vegas (aunque el Deutsche Bank ha invertido recientemente 5.000 millones de dólares en el casino Cosmopolitan de Las Vegas).[20] Las probabilidades de ganar jugando con derivados pueden ser mayores que las de ganar jugando en los casinos. Sin embargo, el principio es el mismo: si su remuneración permite a los banqueros obtener grandes ganancias sin que las pérdidas les afecten mucho, es posible que resulte atractivo asumir riesgos.

Cuando se asumen riesgos, los accionistas pueden ganar o perder dependiendo de que la parte del lado positivo del riesgo les compense lo suficiente por el lado negativo del riesgo que tienen que asumir. Si la remuneración de los directivos y de los operadores de los bancos basada en el rendimiento depende sobre todo de las ganancias y menos de las pérdidas, sus incentivos para asumir riesgos pueden ser tales que a los accionistas no les hagan ninguna gracia sus apuestas, si se enteran.[21] Además, el riesgo negativo que causa dificultades financieras o impagos perjudica también a los acreedores y puede llegar a perjudicar a los contribuyentes.

Los riesgos son especialmente altos para los contribuyentes si los directivos de los diferentes bancos siguen estrategias parecidas y, por tanto, muchos bancos acaban sufriendo pérdidas al mismo tiempo.[22] Esa conducta gregaria puede resultar atractiva, ya que permite repartir la culpa cuando las cosas van mal. Las excusas del tipo «todos cometimos este mismo error» o «no podemos ser inmunes a una crisis de todo el sistema» pretenden reducir la responsabilidad personal. La posibilidad de que cuando muchos bancos experimentan pérdidas el Gobierno se sienta obligado a dar ayuda, también puede hacer que la conducta gregaria sea atractiva.

Los elevados ROE que lograron los bancos antes de la crisis financiera permitieron a los banqueros cobrar grandes primas y bonificaciones, aun a pesar de que los bancos asumieron considerables riesgos y aumentaron su dependencia del endeudamiento. Sin embargo, cuando los bancos sufrieron grandes pérdidas desde la crisis, la remuneración de los banqueros no ha disminuido proporcionalmente para reflejar la disminución del ROE.[23]

Mostrar los beneficios, ocultar los riesgos

Hasta ahora nuestro análisis ha centrado la atención en los rendimientos obtenidos en un determinado periodo, por ejemplo, en un año. Sin embargo, en realidad las inversiones afectan a los riesgos y los rendimientos a lo largo de periodos más prolongados. Después de un año, a menudo todavía no está claro cuántos rendimientos generará una inversión. Sin embargo, la remuneración del ejecutivo se decide anualmente en función de los rendimientos del año anterior. En el caso de los directivos, una parte importante de la remuneración se basa en los beneficios y en el ROE obtenidos el año anterior.

En el caso de los empleados de los bancos, como los operadores o los vendedores, sus primas normalmente se basan en su contribución a los beneficios.[24]

Para determinar los beneficios de un determinado periodo, hay que asignar algunos valores a las inversiones que se realizaron durante ese periodo. Esta asignación de los valores a menudo es aproximada e incluso especulativa. Cuando se trata de inversiones que pueden realizarse en mercados organizados, como los de valores, es posible basarse en los precios de mercado. Cuando se trata de inversiones para las que no existe ese tipo de mercados, los valores se asignan en función de convenciones contables o de modelos matemáticos que asignan a las posiciones lo que se denomina *un valor razonable*.

En el segundo caso, los banqueros y empleados tienen muchos incentivos para seguir estrategias que resulten en unos elevados beneficios inmediatos, aunque los riesgos no aparezcan hasta más tarde. Los beneficios se adelantan para que los resultados sean mejores a corto plazo, mientras que los riesgos y las pérdidas que pueden aparecer más tarde no se tienen debidamente en cuenta. Uno de los métodos puede consistir en ocultar los riesgos de las filiales o de otras entidades que no figuran en el balance utilizando fórmulas parecidas a las que empleaba Enron antes de declararse en quiebra.[25]

A veces ese esfuerzo extra para ocultar los riesgos no es ni siquiera necesario. Los inversores pueden creer, por ejemplo, que los títulos calificados de totalmente seguros y a los que las agencias de calificación crediticia les ha dado la nota AAA no entrañan casi ningún riesgo. No se tiene en cuenta el principio de que el mayor riesgo tiene que ser la razón por la que el tipo de interés de un título AAA es algo más alto que el de los títulos del Tesoro de Estados Unidos.

Durante los años anteriores a la crisis, los banqueros utilizaron grandes cantidades de dinero prestado para comprar esa clase de títulos. Como los rendimientos de estos títulos eran algo más altos que los costes de financiación, en los libros contables de los bancos aparecían elevados beneficios. Las diferencias de rendimiento eran pequeñas, pero, como se habían invertido decenas de miles de millones de dólares, incluso un rendimiento extra del 0,1 por ciento generaba buenos beneficios, y buenas primas a los banqueros involucrados. No se tenía en cuenta el riesgo de los créditos hipotecarios subyacente a los títulos.[26]

Cuando en 2007 se descubrió que muchos títulos eran tóxicos, los operadores, los banqueros y los altos ejecutivos ya habían hecho efectivas sus primas por los resultados anteriores. Las pérdidas se dejaron a los accionistas y a los acreedores de los bancos, y a los contribuyentes. Si los propios directivos aún poseían acciones, participaron en estas pérdidas, pero, dada la elevada remuneración que habían percibido antes, aun así acabaron obteniendo enormes ganancias.[27]

El control del riesgo, la cultura de las primas y el ROE

El problema del riesgo puede ir más allá de los operadores; tal vez se extienda a todas las filiales o divisiones de un banco. El *Report to UBS Shareholders on Write Downs* (2008) del banco suizo UBS explica con mucho detalle cómo la filial del banco, UBS Investment Bank, había asumido enormes riesgos en la titulización y venta o incluso en la tenencia de títulos hipotecarios.[28] El informe también explica que a los altos directivos de UBS nunca se les había dado una explicación exhaustiva del modelo de negocio que estaba siguiendo el UBS Investment Bank ni un amplio análisis sistemático de los riesgos que entrañaba. Hasta junio de 2007, el UBS Investment Bank pudo obtener financiación adicional del banco matriz a un tipo de interés que no reflejaba realmente los riesgos.

Cuando uno lee este informe, tiene la impresión de que el USB Investment Bank hizo todo lo que estaba a su alcance para asegurarse de que los altos directivos de UBS no examinaran con demasiado detenimiento lo que estaba haciendo el banco de inversión. Sin embargo, uno también tiene la impresión de que los altos directivos de UBS no hicieron muchos esfuerzos para averiguarlo, hasta que fue demasiado tarde. También se hicieron parecidas observaciones en el caso de Enron antes de que quebrara y en otros documentos de la década antes de la crisis financiera reciente. Mientras una unidad genere beneficios, es posible que se tolere que asuma riesgos y tome atajos. Eso es lo que ocurre generalmente cuando se utilizan los beneficios a corto plazo de las empresas como indicador del éxito de la dirección.[29]

La cultura del ROE va más allá del banco. Los analistas y los periodistas que comentan los informes trimestrales o anuales de los bancos normalmente destacan los beneficios de estas entidades y mencionan su ROE, pero apenas dicen nada sobre los riesgos. Estos son difíciles de observar, calcular y comunicar de una manera accesible. En cambio, los beneficios y el ROE son cifras exactas para analizar y se pueden comparar con las de otros años o con las de otros bancos.

El informe de UBS también insinúa que las presiones competitivas llevan a los bancos a realizar las mismas actividades que otros y a asumir algunos de los mismos riesgos, con el fin de «no ser menos que los Goldman»[30]. Chuck Prince, director general de Citigroup, lo expresó de esta forma en julio de 2007: «Mientras siga la música, hay que ponerse de pie y bailar».[31] Las evaluaciones externas basadas en comparaciones de los objetivos de beneficios y de ROE contribuyeron a estas presiones.

¿Qué ocurre con los consejos de administración de las entidades bancarias? Estos normalmente concentran toda su atención en los bancos. Eso significa que su preocupación principal son los accionistas, sobre todo los que tienen grandes participaciones en esas instituciones. Al igual que otros de dentro y de fuera de los bancos, a menudo ponen el acento en las medidas de rentabilidad y de rendimiento a corto plazo. Puede resultarles difícil preguntar si la cifra histórica de beneficios del último trimestre se debe a que los bancos asumieron muchos riesgos y tuvieron suerte o a que el director general es una persona competente. Hace falta valor para poner en cuestión lo que todo el mundo considera un éxito histórico. Además, los consejeros muchas veces no saben nada de banca y es probable que no estén dispuestos a poner en entredicho los informes de la dirección.[32]

Los consejeros y algunos grandes accionistas pueden discrepar de otros accionistas, de los acreedores y de la gente, sobre todo cuando se trata de la seguridad del banco. Uno de los ejemplos son los pagos, tales como los dividendos y las recompras de acciones. Como señalamos en los capítulos 2 y 3, cuando se paga dinero en efectivo a los accionistas o a los propietarios, ya no se dispone de él para pagar a los acreedores. Esta situación corresponde al caso del capítulo 3, en el que Carolina pide una segunda hipoteca y utiliza el dinero para consumo. Reduce su capital y aumenta la probabilidad de que acabe debiendo más de lo que vale la casa. Si los acreedores del banco permiten estos pagos porque están protegidos por garantías, entonces los pagos ponen en riesgo a los contribuyentes. Si a los miembros del consejo de administración de los bancos no les preocupan las consecuencias que las decisiones de estas entidades puedan tener sobre los acreedores, los contribuyentes o la economía, aprobarán esas decisiones, aunque perjudiquen a estos.[33]

Para abordar el problema de los riesgos que asumen los directivos de los bancos, algunos de estos han decidido recientemente retrasar el pago de las primas y han introducido cláusulas de reembolso que les permiten obligar a sus directivos a devolver algunas de sus primas en caso de pérdidas. Sin embargo, en la práctica estas cláusulas se han utilizado pocas veces hasta ahora y es improbable que la amenaza que suponen influya mucho en la toma de riesgos, a menos que cambien los sistemas de remuneración.[34] Como la toma excesiva de riesgo puede dañar a la economía, algunos políticos y reguladores han propuesto que se regulen las remuneraciones en los bancos.[35]

Sin embargo, aunque se mejoren los sistemas de remuneración, el tratamiento de los beneficios a corto plazo como medida clave del rendimiento continuará induciendo a los responsables de tomar decisiones en los bancos a apostar con el dinero de los inversores. Uno de los motivos es la ambición. Por ejemplo, a principios de los años noventa Mathis Cabiallavetta, miembro del consejo ejecutivo de Union Bank of Switzerland, estaba orgulloso de tener un operador de derivados en Londres que obtenía elevados beneficios. Gracias a estos beneficios, Cabiallavetta fue ascendido a director general del banco. Pero en 1997 los beneficios generados por los derivados se convirtieron en unas pérdidas mucho mayores y se encargó de que su banco fuera absorbido por Swiss Bank Corporation para formar el nuevo UBS.[36]

Los bancos no parece que destinen muchos recursos a la gestión del riesgo. Los que se dedican a gestionar y controlar el riesgo no son retribuidos tanto como los que asumen los riesgos. Los gestores de estos a menudo no reciben suficiente información y tienen poca autoridad para interferir en las decisiones.[37] Los accionistas, por su parte, parece que no pueden promover una gestión mejor del riesgo, incluso cuando lo intentan.[38]

La quiebra de Enron en 2001, una de las mayores y más complejas quiebras de la historia de Estados Unidos, reveló la existencia tanto de grandes problemas de gobernanza como de problemas relacionados con las prácticas de contabilidad y auditoría.[39] En respuesta a estos problemas, la ley Sarbanes-Oxley, aprobada en 2002, estableció nuevas normas para los consejos de administración, la dirección y los auditores de las empresas que cotizan en Bolsa en Estados Unidos. Sin embargo, las cuestiones que motivaron esta reforma legal siguen siendo problemáticas. Los auditores pueden estar en una buena posición para alertar a los consejos de administración y a los inversores de las prácticas discutibles y de los riesgos ocultos, pero pueden tener sus propios conflictos de intereses. Como consecuencia, los inversores y los reguladores pueden no recibir suficiente información para valorar los riesgos que asumen las grandes instituciones financieras.[40]

Nadie puede endeudarse, a menos que alguien acepte prestarle en unas condiciones aceptables. ¿Por qué los bancos, a pesar de estar tan endeudados, pueden encontrar prestamistas dispuestos a prestar y continuar endeudándose en unas condiciones que son suficientemente atractivas para ellos? Como veremos en el siguiente capítulo, un cúmulo de garantías y subvenciones desempeñan un papel fundamental en la respuesta a esta pregunta.

9

Dulces subvenciones

No sé cómo calcula esa subvención. ... Por eso dicen que es
inestimable.
*Mark Zandi, economista jefe de Moody's Analytics, parte de la agencia
de calificación crediticia Moody's, abril de 2009*

La insinuación de Yogi Berra de que el contenido de una pizza puede
depender de cómo se corte es absurda. Sin embargo, cuando los bancos se endeudan y economizan capital, la *tarta* total a disposición de
los inversores crece.[1] Cuando los bancos se endeudan, se benefician
de subvenciones de las que no disfrutarían si se financiaran más con
capital propio. Cuanto más se endeudan los bancos, mayores son las
subvenciones; es como si el pizzero añadiera más queso cuando cortara la pizza en más trozos.

La principal fuente de subvenciones de los bancos es la ayuda
que da el Estado para protegerlos a ellos, a sus depositantes y, a veces,
a sus demás acreedores y a sus accionistas. Los bancos y sus acreedores se benefician de garantías del Estado, explícitas e implícitas.
Los depositantes están protegidos por un seguro de depósitos, que
es garantizado por los contribuyentes. Otros acreedores e incluso los
accionistas de los bancos se benefician si el Estado inyecta capital
para rescatar a los bancos de la quiebra, por ejemplo, en una crisis.

Como los depositantes y demás acreedores tienen en cuentan esta
ayuda, están dispuestos a prestar a los bancos en condiciones más
favorables que las que impondrían si no contaran con ella. En con-

creto, los tipos de interés que deben pagar los bancos por su deuda son más bajos de lo que serían sin la ayuda del Estado. Eso les incentiva a preferir el endeudamiento a otros tipos de financiación que pudieran obtener para realizar sus inversiones. Los contribuyentes subvencionan, en la práctica, el endeudamiento de los bancos. Paradójicamente, estas subvenciones animan a los bancos a ser más frágiles. Refuerzan las distorsiones producidas por la tendencia que tienen los grandes deudores a endeudarse aún más, el efecto del sobreendeudamiento que analizamos en el capítulo 3.

El endeudamiento excesivo de los bancos puede exponer a todo el mundo a grandes riesgos. Un banco que expone a la gente a determinados riesgos es como un petrolero que se acerca demasiado a la costa o como una empresa química que expone el medio ambiente al riesgo de que sus residuos tóxicos contaminen el suelo, las aguas subterráneas o un río cercano.[2] Los bancos que son demasiado frágiles, al igual que los petroleros o las empresas químicas que asumen demasiados riesgos, ponen en peligro a la gente y pueden perjudicarla. La limpieza de las costas y de los ríos y el rescate de los bancos tienen costes todos ellos para los contribuyentes. Los riesgos y los costes de la gente son más que reales en todos estos casos. Por tanto, es importante para la sociedad contener los riesgos de los petroleros, las químicas y los bancos, incluso aunque eso tenga un coste. En el caso de los bancos, la exigencia de más capital reportaría, en realidad, a la sociedad grandes beneficios sin apenas costes.

Las garantías públicas tanto explícitas como implícitas producen efectos perversos en el nivel de endeudamiento y de toma de riesgos de los bancos. El tratamiento fiscal preferencial de la deuda también fomenta el endeudamiento. Con más endeudamiento, mayores son los incentivos para asumir excesivos riesgos, tema que hemos analizado en el capítulo 8.

Las garantías y las subvenciones públicas refuerzan, pues, los efectos del sistema de remuneración de los banqueros y del énfasis que se pone en el ROE, así como los efectos del sobreendeudamiento, todo lo cual fomenta un gran endeudamiento y una excesiva toma de riesgos. La posibilidad de convertirse en una institución de importancia sistémica o demasiado grande para que se acepte su quiebra da a los bancos motivos para crecer y ser más complejos. Las garantías implícitas reducen los costes de financiación de las instituciones que son demasiado grandes para quebrar y da a estos bancos una ventaja sobre los demás y sobre las empresas en general. Si los bancos responden a estos incentivos creciendo y volviéndose más complejos, eso aumenta, a su vez, los daños que causarán estas instituciones a la sociedad si tienen dificultades financieras o se declararan insolventes. Es como si el Estado subvencionara los petroleros que se acercan mucho a la costa para que fueran cada vez mayores.

¿No es maravilloso tener una tía así?

Para ver cómo funcionan las garantías, examinemos de nuevo el ejemplo de Carolina, que pide un crédito hipotecario para comprar una casa de 300.000 euros que vende un año más tarde.[3] En el caso analizado en el capítulo 8, partimos del supuesto de que Carolina pide un préstamo de 270.000 euros a un tipo de interés del 4 por ciento y pone 30.000 como entrada o capital inicial. Si después de un año Carolina liquida su hipoteca y paga todos los intereses, debe 280.000, incluidos los 10.800 euros de intereses, para liquidar la hipoteca un año más tarde. Si la hipoteca de Carolina contiene una cláusula de dación en pago, como hemos venido suponiendo, no paga íntegramente su deuda cuando disminuye el valor de su vivienda por debajo del montante de la deuda hipotecaria, que es de 280.800 euros.[4] Podemos suponer que el tipo de interés del 4 por ciento que paga Carolina incluye alguna compensación por el riesgo de que el banco no recupere todo su dinero.

Cambiemos ahora algo el ejemplo suponiendo que Clara, la tía de Carolina, se ofrece a garantizar el crédito hipotecario de esta. Si la casa se vende después por menos de lo que Carolina debe por su hipoteca, tía Clara compensará la diferencia. El banquero local sabe que tía Clara es rica. Al garantizar el crédito hipotecario, el banco no corre casi ningún riesgo, por lo que concede a Carolina un crédito al tipo de interés del 3 por ciento, un crédito libre de riesgos.

Consiguiendo un crédito de 270.000 euros al 3 por ciento en lugar del 4 por ciento, Carolina solo paga 8.100 de intereses en lugar de los 10.800 que debería pagar sin la garantía. Ahorra el 1 por ciento de intereses por el préstamo de 270.000, lo que equivale a 2.700 euros al año. De esa manera le queda más dinero después de pagar la deuda hipotecaria. Por ejemplo, si el valor de la vivienda aumenta un 5 por ciento, y llega a valer 315.000 euros, vimos en el capítulo 8 que a Carolina le quedarán 34.000 euros, es decir, obtendrá un rendimiento del 14 por ciento en su inversión de capital, si consigue un préstamo al 4 por ciento. Si lo consigue al 3 por ciento y solo debe 278.000 euros, le quedarán 36.900, lo cual supone un rendimiento de su inversión de capital del 23 por ciento, después de vender la casa por 315.000 y pagar su deuda hipotecaria.

El ahorro de 2.700 euros de intereses también hará que el golpe sea menor si Carolina pierde parte de su inversión, suponiendo que el valor de la casa siga siendo superior a su deuda y que Carolina pueda pagar su hipoteca. Por ejemplo, si la casa se vende por 300.000 euros, a Carolina le quedarán 19.200 euros si consigue un crédito al 4 por ciento, lo que supone una pérdida del 36 por ciento de su inversión, pero le quedarán 21.900 si consigue un crédito al 3 por ciento, en cuyo caso solo perderá el 27 por ciento de su inversión. Asimismo, perderá menos si el valor de la vivienda disminuye un 5 por ciento, a 285.000 euros. En el peor de los casos, si la vivienda acaba perdiendo 278.100 euros de valor, Carolina lo perderá todo, independientemente de que consiga un préstamo al 3 por ciento o al 4 por ciento; la garantía de tía Clara no beneficia a Carolina en este caso.

El cuadro 9.1 resume la situación. El panel superior repasa el caso que analizamos en el capítulo 8, en el cual Carolina paga un tipo de interés del 4 por ciento, mientras que el panel inferior muestra el caso en el que Carolina consigue un crédito al 3 por ciento gracias a la garantía de su tía. Carolina se beneficia de la garantía incluso cuando puede pagar su deuda, y eso se refleja en su ROE.

En los capítulos 2 y 8 vimos que el endeudamiento magnifica los riesgos del prestatario, tanto los positivos como los negativos. Con la garantía de su tía, el riesgo positivo en que incurre Carolina es aún mejor y el riesgo negativo es mejor o, como mínimo, no es peor. Carolina está, desde luego, muy contenta con la garantía de su tía y el banco sabe que recuperará su dinero con toda seguridad. Sin embargo, tía Clara tendrá que poner dinero en el caso de que Carolina no pueda pagar. Si la vivienda se vende por 255.000 euros solamente, tía Clara tendrá que poner la cantidad que falta, 23.100 euros, para que el banco cobre los 278.000 euros en su integridad.

CUADRO 9.1 Cómo se beneficia Carolina de las garantías cuando pide un crédito.

Precio de la vivienda al final del año (euros)	Posición de Carolina sin ninguna garantía (crédito al 4 por ciento)			
	Variación porcentual del precio de la vivienda	Deuda hipotecaria (euros)	Capital final (euros)	Rendimiento del capital (porcentaje)
345.000	15	280.800	64.200	114
315.000	5	280.800	34.200	14
300.000	0	280.800	19.200	−36
285.000	−5	280.800	4.200	−86
255.000	−15	280.800	0	−100

Precio de la vivienda al final del año (euros)	Posición de Carolina con garantías (crédito al 3 por ciento)			
	Variación porcentual del precio de la vivienda	Deuda hipotecaria (euros)	Capital final (euros)	Rendimiento del capital (porcentaje)
345.000	15	278.100	66.900	123
315.000	5	278.100	36.900	23
300.000	0	278.100	21.900	−27
285.000	−5	278.100	6.900	−77
255.000	−15	278.100	0	−100

¿Le gustaría a Carolina reducir su entrada, si pudiera, y endeudarse más? Supongamos que tía Clara está dispuesta a garantizar el crédito hipotecario de Carolina aunque esta pida un crédito de 290.000 euros. El banco permitiría a Carolina pedir un crédito hipotecario mayor, ya que sabe que recuperará todo su dinero independientemente de lo que ocurra con el valor de la casa. El tipo de interés que cobraría a Carolina sería de nuevo del 3 por ciento, aunque pidiera un crédito hipotecario mayor.

¿Qué diferencia hay entre la situación en la que Carolina solo invierte en la vivienda 10.000 euros en lugar de 30.000 y la situación en la que invierte 30.000? Si Carolina pide un crédito de 290.000 euros a un año al 3 por ciento, pagará unos intereses de 8.700 euros, por lo que deberá 298.700. En este caso, Carolina se encontrará con que no puede pagar su deuda hipotecaria vendiendo la casa si esta se vende acaba vendiendo por menos de 280.000. Por ejemplo, si la casa se vende por 285.000 euros, Carolina no podrá pagar su deuda hipotecaria si pide un préstamo de 290.000. En este caso, tía Clara tendrá que pagar 13.700 para asegurarse de que el banco cobra los 298.700 que se le deben. En cambio, si Carolina pide un crédito de 270.000 euros solamente y pone 30.000 de entrada, absorberá toda la pérdida sin necesidad de las garantías.

El cuadro 9.2 resume las posiciones tanto de Carolina como de su tía si Carolina invierte 30.000 euros en capital y pide un préstamo de 270.000, como muestra el panel inferior del cuadro 9.1, y si invierte 10.000 y pide un préstamo de 290.000, ambos préstamos a un tipo de interés del 3 por ciento.

Evidentemente, si Carolina se endeuda más, tía Clara asumirá una parte mucho mayor del riesgo negativo. Por ejemplo, si el valor de la casa acaba bajando a 255.000 euros, tía Clara tendrá que poner 23.100 si Carolina pide un préstamo de 270.000 y debe 278.000. En el panel inferior del cuadro 9.2, que representa la situación en la que Carolina pide un préstamo de 290.000 y debe 298.700, tía Clara tendrá que cubrir nada menos que 43.700 con su garantía. Aunque Carolina perderá toda su inversión en ambos casos, la pérdida solo será de 10.000 euros si pide un crédito de 290.000, mientras que será de 30.000 si lo pide de 270.000.

Las garantías son un regalo de tía Clara a Carolina. Cuanto más se endeuda Carolina, mayor es el valor del regalo. Si Carolina se endeuda más, como en el panel inferior del cuadro 9.2, tía Clara tendrá que pagar más que si Carolina se endeuda menos (en los casos en los que Carolina puede pagar el crédito hipotecario vendiendo la casa, su tía no pagará nada en ninguno de ellos).

Si tía Clara le pide a Carolina que aporte más dinero suyo en su entrada, ella podría decirle: «¡El capital es caro!». Y verdaderamente, una vez tenga las garantías de su tía, le resultará caro invertir más dinero en la casa, ya que invirtiendo más arriesga más dinero suyo que puede perder, cuando en lugar de eso tiene la posibilidad de endosar una parte mayor del riesgo negativo a su tía Clara y dejar que esta absorba unas pérdidas potenciales mayores (no estamos teniendo en cuenta, por supuesto, las consideraciones familiares o la mala conciencia que podría tener Carolina por aprovecharse de la generosidad de su tía).

CUADRO 9.2 Cómo las garantías suponen que el endeudamiento sea más atractivo para Carolina.

Precio de la vivienda al final del año (euros)	Variación porcentual del precio de la vivienda	Deuda hipotecaria (euros)	Capital final de Carolina (euros)	Posición de tía Clara (porcentaje)
Entrada de 30.000€ (capital inicial)				
345.000	15	278.100	66.900	0
315.000	5	278.100	36.900	0
300.000	0	278.100	21.900	0
285.000	−5	278.100	6.900	0
255.000	−15	278.100	0	−23.100

Precio de la vivienda al final del año (euros)	Variación porcentual del precio de la vivienda	Deuda hipotecaria (euros)	Capital final de Carolina (euros)	Posición de tía Clara (porcentaje)
Entrada de 10.000€ (capital inicial)				
345.000	15	298.700	46.300	0
315.000	5	298.700	16.300	0
300.000	0	298.700	1.300	0
285.000	−5	298.700	0	−13.700
255.000	−15	298.700	0	−43.700

Carolina acabará obteniendo, en realidad, mejores o peores resultados si invierte 30.000 euros en la vivienda dependiendo de lo que haga con los 20.000 que no invierte en ella si solo entrega 10.000 de entrada y pide un préstamo de 290.000. Carolina podría hacer un viaje de postín con el dinero y pasárselo muy bien.[5] Si en lugar de eso invierte los 20.000 euros en otra cosa, la cuestión es si esta inversión acabará rindiendo más o menos de lo que puede ganar invirtiendo el dinero en la casa y ahorrándose intereses. Si puede invertir el dinero a un 3 por ciento libre de riesgos, ganará lo mismo en los casos en que la casa siga valiendo la misma cantidad que la hipoteca, pero en los que valga menos que esta y tenga que hacer uso de las garantías de Clara, obtendrá mejores resultados si invierte su dinero en otra cosa, ya que no tendrá que asumir las pérdidas. Por tanto, Carolina quiere aportar el menor capital posible en la vivienda; sin dedicar capital a la vivienda, disfrutará de la parte positiva del riesgo y perderá menos en la parte negativa.[6]

En resumen, Carolina se beneficia más de las garantías de su tía al poder pagar menos por el préstamo. Eso le permite ahorrar gastos por los intereses. Carolina puede ir aumentando aún más sus ganancias endeudándose más e invirtiendo menos capital en la casa. Cuanto más se endeude, más valor tendrá para ella el regalo de tía Clara. A Carolina le parece caro invertir su propio dinero en la casa, ya que eso la expone al riesgo negativo que, si no invierte tanto en la casa, puede endosar a tía Clara.[7]

El tipo de garantías que tía Clara da a Carolina comporta que a ésta le resulte muy atractivo endeudarse. El lado bueno del endeudamiento —la magnificación de la parte positiva— le parece fantástico al prestatario, mientras que el lado malo, la magnificación de las pérdidas, afecta a la persona que aporta las garantías, que en el caso de Carolina es tía Clara. Cuando el tipo de interés de los créditos es más bajo, es más fácil que haya otras inversiones que rindan por encima de ese tipo de interés. Por otro lado, lo peor del lado negativo se comparte con el garante.

Llevando este razonamiento un paso más allá, supongamos que tía Clara acepta garantizar una hipoteca de cualquier cuantía y que el banco sabe que tía Clara es fiable y tiene capacidad para pagar. En ese caso, Carolina preferiría no tener ningún capital en la casa y se le permitiría no tenerlo. No tendría ningún capital inicial y pediría prestados los 300.000 euros a un tipo de interés del 3 por ciento con la promesa de pagar 309.000.[8] Si el valor de la vivienda acaba aumentando lo suficiente para pagar la hipoteca, Carolina podrá disfrutar de todo el lado positivo. En caso contrario, no perderá nada.[9]

El caso en el que Carolina no invierte ningún capital inicial es maravilloso para ella. Al no invertir nada en la casa, no expone ningún dinero suyo al riesgo de que el valor de la vivienda no sea suficiente en el futuro para pagar la deuda hipotecaria; no puede perder nunca, pero ganará si la vivienda se aprecia más de lo que necesita para pagar la deuda hipotecaria. La vivienda será, para Carolina, una especie de gallina de los huevos de oro; le permitirá disfrutar de todo el lado positivo del riesgo sin enfrentarse a su lado negativo, que será asumido totalmente por tía Clara.

Los bancos tienen un tío Sam

La relación entre Carolina y tía Clara en el ejemplo es semejante a la que existe entre los bancos que son demasiado importantes para quebrar y los contribuyentes. De la misma manera que tía Clara interviene cuando Carolina no puede pagar su deuda hipotecaria, el Estado ayuda a menudo a los bancos cuando no pueden pagar sus deudas. Y los bancos, al igual que Carolina, quieren economizar capital y endeudarse lo más posible. Las garantías públicas son una subvención que aumenta el atractivo del endeudamiento. Los acreedores de los bancos están más seguros de que recuperarán íntegramente su dinero que si no hubiera garantías, por lo que están dispuestos a prestar a esas entidades a un tipo de interés más bajo y les preocupa relativamente poco el capital propio de los bancos o los riesgos que asuman.

La red de seguridad bancaria adopta diferentes formas. Algunas garantías se dan explícitamente y otras son implícitas, en el sentido de que se cree que, en una crisis, es muy probable que el Estado intervenga en ayuda de los bancos. En la tormenta que estalló después de la quiebra de Lehman Brothers, muchas instituciones que recibieron ayuda pública no tenían garantía explícita alguna.

Las garantías explícitas son limitadas y los bancos, además, deben efectuar pagos destinados a cubrir sus costes, lo cual es como pagar una prima de seguro. Por ejemplo, en Estados Unidos los depósitos de hasta 250.000 euros están garantizados por la FDIC.[10] La FDIC cobra a los bancos una prima de seguro de depósitos y se supone que se autofinancia. Sin embargo, durante casi una década, hasta 2006, la FDIC no cobró ninguna prima, porque el fondo estaba bien capitalizado, dado que no había habido ningún caso de impago durante los años anteriores.

Como las primas se basan en las tasas medias de impago, a la FDIC le suelen faltan fondos cuando las tasas de morosidad son inesperadamente altas. Si se queda sin fondos, puede aumentar la prima del seguro. Sin embargo, si aumenta la prima en una crisis, puede exacerbarla, ya que cualquier recargo representará un impuesto sobre los bancos en buena situación para compensar las pérdidas de los que son insolventes. Si son muchos los que tienen problemas y el sector no es capaz de cubrir las pérdidas, puede ser necesaria la ayuda de los contribuyentes para cubrir la diferencia.[11]

En ese sistema, las aportaciones de cualquier banco a la FDIC no reflejan correctamente el riesgo que este banco impone al sistema de garantía de depósitos. Cuando una entidad bancaria quiebra, ya no hace, por supuesto, ninguna aportación y es la FDIC, es decir, los demás bancos o los contribuyentes, la que cubre cualquier falta de fondos u otros gastos que pudiera haber.

Las garantías implícitas, por su parte, son potencialmente ilimitadas y los bancos no pagan nada por ellas. En el otoño de 2008, estos recibieron grandes cantidades de ayuda del Estado de diversas formas. En Estados Unidos, el Estado aportó 900.000 millones de dólares, 700.000 millones para el TARP y 200.000 millones para Fannie Mae y Freddie Mac, las gigantescas instituciones hipotecarias que habían dominado las finanzas inmobiliarias durante décadas. En otros países, el Estado comprometió cantidades parecidas: por ejemplo, 550.000 millones de libras en el Reino Unido, 480.000 millones de euros en Alemania y 360.000 millones en Francia.[12] Estas operaciones acabaron protegiendo a la mayoría de los tenedores de deuda, incluso a los que tenían deuda *híbrida* que se suponía que tenía que participar en la absorción de las pérdidas y que se había permitido utilizar a los bancos para satisfacer algunas de sus necesidades mínimas de capital.

Los bancos centrales también ayudaron adquiriendo activos de muchos bancos privados, bien directamente, bien garantizando préstamos. En Estados Unidos, la Reserva Federal aumentó más de 1,3 billones de dólares la oferta monetaria, de algo menos de 900.000 millones a más de 2,2 billones, adquiriendo activos de menor calidad, asumiendo deuda de empresas privadas y de particulares entre la que había dudosos títulos con garantía hipotecaria y derivados relacionados con ellos. Esas intervenciones también afectaron a los contribuyentes, ya que cualquier pérdida que sufra el banco central por los activos adquiridos reduce sus beneficios y, por tanto, los pagos que realiza al Tesoro. En total, las operaciones de rescate de 2008 pusieron en riesgo alrededor de 2,2 billones de dólares de dinero de los contribuyentes estadounidenses, 900.000 millones a través del Tesoro y 1,3 billones a través de la Reserva Federal.[13]

Otro tipo de subvención que obtienen los bancos son los créditos baratos que reciben de los bancos centrales. Desde 2008, los bancos centrales de Estados Unidos, el Reino Unido y Europa han permitido a los privados pedir préstamos a tipos de interés del 1 por ciento o menos. Si se invierte este dinero en títulos seguros que rindan más del 1 por ciento, los bancos centrales están proporcionando realmente una ganga a los privados.[14]

En Estados Unidos, también se dio este tipo de ayuda en 1990, cuando, en respuesta a la información de que algunos grandes bancos comerciales tenían problemas, la Reserva Federal bajó el tipo a corto plazo que cobraba a los bancos que querían pedirle dinero prestado.[15] Los bancos comerciales estadounidenses utilizaron estos créditos baratos para invertir en bonos a largo plazo, obteniendo grandes beneficios desde 1990 hasta 1994 y, de esta manera, reconstruyendo su capital.

En Europa, desde diciembre de 2011 el Banco Central Europeo (BCE) ha dado a los bancos más de un billón de euros en préstamos baratos dentro de las llamadas *operaciones de refinanciación a largo plazo* (ORLP), que son préstamos a tres años a tipos muy bajos. Pedir créditos al BCE al 1 por ciento para prestar en Italia o a España al 4 o 5 por ciento puede parecer una manera muy atractiva de reconstruir el balance del banco por medio de una operación de arbitraje (como señalamos en el capítulo 8, esta práctica puede entrañar considerables riesgos).[16]

En todos estos ejemplos de préstamos de los bancos centrales a tipos inferiores a los de mercado o de garantías públicas de la deuda de los bancos, las instituciones que tienen acceso a estos préstamos y garantías están recibiendo unas subvenciones que otras empresas no pueden obtener. En el peor momento de la crisis financiera en 2008, se dieron garantías a los fondos del mercado de dinero, y Goldman Sachs y Morgan Stanley, los dos bancos de inversión puros que quedaban en Estados Unidos, cambiaron su status legal para poder acceder a diversas ayudas. Al final, se beneficiaron de las ayudas y manteniendo este status.[17]

Desde la crisis, muchos han exigido que no se vuelva jamás a rescatar a ningún banco. La ley Dodd-Frank de Estados Unidos prohíbe los rescates públicos y algunos tipos de ayuda de la Reserva Federal, como los que se utilizaron en el rescate de AIG.[18] Cuando el presidente Obama aprobó la ley, dijo: «Jamás se volverá a pedir al pueblo norteamericano que pague la factura de los errores de Wall Street. No habrá más rescates pagados por los contribuyentes. Y punto».[19] La ley trata de cumplir esa promesa dando poder a la FDIC para intervenir y liquidar cualquier institución financiera de importancia sistémica, y prohibiendo que se utilice el dinero de los contribuyentes. Establece que los costes de la intervención de la FDIC y de la liquidación de una institución financiera deberán ser cubiertos por los acreedores de la institución o con aportaciones de otras instituciones financieras. Este requisito corresponde al principio de que la FDIC debe autofinanciarse.

Sin embargo, la FDIC está garantizada por los contribuyentes. Si todo el sector bancario tiene problemas y si la imposición de recargos al resto de los bancos agrava una crisis, los contribuyentes tendrían que intervenir y ayudar a la FDIC, como ocurrió con las cajas S&L a finales de los años ochenta y principios de los noventa. Como todo el sector estaba en quiebra, los contribuyentes pagaron 124.000 millones de dólares para contribuir al sistema de seguro de depósitos.[20] Ante una crisis importante, es probable que la mayoría de los gobiernos y de los bancos centrales intervenga de nuevo para ayudar a los bancos y limitar los daños. Si la ley prohíbe un rescate, los legisladores pueden volver a modificarla rápidamente, sobre todo en una situación de crisis. Por tanto, casi nadie considera creíble el compromiso de que no se llevarán a cabo más rescates. Los bancos a los que es más probable que se dé ayuda serán los mayores y más «sistémicos», ya que su liquidación causaría enormes trastornos y tendría muchos costes. Como señalamos en el último apartado del capítulo 5, aún no existe ningún procedimiento viable para liquidar los bancos que operan en los mercados internacionales y que tienen sucursales y filiales en diferentes países, ni ningún acuerdo sobre la manera de repartir las pérdidas entre los diferentes países afectados.

Si los gobiernos tienen miedo de dejar quebrar a los bancos de importancia sistémica, estos disfrutarán de unas garantías implícitas casi ilimitadas, similares a las garantías que recibe Carolina de su tía. Es muy difícil que los gobiernos se comprometan de forma convincente a eliminar estas garantías. En una crisis, será aún más difícil mantener este compromiso y no ayudar a las instituciones que se consideran fundamentales para la supervivencia económica. Una vez que estalle la crisis, puede no ser ni siquiera deseable mantenerlo, ya que dejar que los bancos quiebren en una crisis puede ser muy dañino. La perspectiva de que los bancos reciban ayuda pública en una crisis lleva perversamente a sus acreedores a estar dispuestos a prestarles a bajos tipos de interés y da a los bancos una razón para afirmar que el capital es caro.

Subvenciones fiscales al endeudamiento

Aparte de los incentivos a economizar capital que las garantías proporcionan, los sistemas tributarios de la mayoría de los países animan a las empresas a endeudarse. Para demostrarlo, volvamos al ejemplo de Carolina que compra su casa con garantías de tía Clara. Supongamos que Carolina pudiera pagarla sin pedir un crédito, pero estudió de todas formas la posibilidad de pedirlo. ¿Cambiaría eso las cosas? En Estados Unidos, la respuesta generalmente es sí, ya que los intereses que se pagan por los créditos hipotecarios pueden deducirse de los impuestos. Para calcular su renta imponible, Carolina podría deducir los pagos de intereses hipotecarios como gasto.[21] Por tanto, el crédito podría reducir los impuestos de Carolina, haciendo en esencia que tío Sam contribuyera a la compra de su casa.[22]

Las empresas también pueden ahorrar impuestos endeudándose. En la mayoría de los países, las empresas pagan un impuesto de sociedades sobre sus beneficios que se definen de tal manera que los intereses pagados por la deuda de la compañía se consideran gastos deducibles de los impuestos.[23] Cuanta más deuda y menos capital propio utilice una empresa para financiarse, menos impuestos paga. La parte de la *tarta* con la que puedan quedarse los inversores crecerá cuanto mayor sea el endeudamiento, ya que será menor la parte de los beneficios que vaya a parar al Estado en forma de impuestos. Eso anima a las firmas a endeudarse más de lo que decidirían de no ser así.[24]

Algunos países (por ejemplo, Australia, Alemania entre 1977 y 2000, y, desde 2004, Bélgica) han tratado de neutralizar la penalización fiscal de la financiación mediante acciones. En Estados Unidos, muchas comisiones también han recomendado que se cambie la legislación tributaria para eliminar o reducir los incentivos que da a las empresas para endeudarse.[25]

Aunque la legislación tributaria normalmente se basa en consideraciones y principios diferentes de los que determinan la regulación bancaria, es importante reconocer que una legislación sobre el impuesto de sociedades que subvencione la deuda de las empresas y penalice la financiación vía acciones va directamente en contra de la estabilidad financiera. La legislación tributaria, al dar a las sociedades incentivos fiscales para utilizar deuda, fomenta el endeudamiento excesivo de las instituciones financieras que perjudica al sistema financiero al aumentar su fragilidad.

La vida sin garantías

Todas las empresas pueden beneficiarse de esta subvención fiscal. Sin embargo, las no financieras se abstienen de endeudarse mucho y algunas, como Apple, casi no utilizan deuda.[26] ¿A qué se debe eso? La razón principal tiene que ver con la carga de la deuda analizada en el capítulo 3, que puede hacer que para las empresas no bancarias resulte caro un elevado nivel de endeudamiento.

El endeudamiento aumenta evidentemente la probabilidad de tener dificultades financieras y de quebrar. La quiebra es cara en el sentido de que agota los activos de una empresa aún más de lo que ya se han reducido antes de la quiebra. Por ejemplo, los abogados y los tribunales de quiebras cobran honorarios y costas que deben ser pagados con los activos de la empresa o por sus acreedores. Estos costes se deben enteramente al uso de deuda, y la probabilidad de incurrir en ellos sería menor si la entidad tuviera más recursos propios y menos deuda. Si se puede evitar la quiebra, las pérdidas generadas por las inversiones afectarán a los accionistas, pero no habrá ningún gasto en abogados y tribunales.

Utilizando el ejemplo de la pizza de Yogi Berra, los costes de la quiebra reducen el tamaño de la *tarta* total a disposición de los inversores. Los acreedores, adelantándose a la posibilidad de que los activos de una empresa se agoten en caso de quiebra, cobran un tipo de interés más alto que si la quiebra no tuviera costes. Eso encarece la utilización de deuda para la empresa y la disuade de endeudarse demasiado.

Como señalamos en el capítulo 3, los costes de una quiebra van más allá de los honorarios de los abogados y las costas judiciales. Por ejemplo, un concurso de acreedores puede paralizar las actividades de la empresa. Incluso antes de quebrar, cuando la empresa empieza a tener dificultades financieras, esto le resta flexibilidad y capacidad para competir en sus mercados. Un elevado nivel de endeudamiento también exacerba los conflictos de intereses entre propietarios y directivos por una parte y los acreedores. Los propietarios y directivos preferirán por ejemplo inversiones de riesgo que pueden perjudicar a los acreedores, o dejarán pasar buenas oportunidades, exactamente de la misma manera que el propietario de una vivienda que vale menos que su hipoteca es menos probable que invierta en la mejora de la casa.

Cuando los acreedores acuerdan prestar a una empresa, tratan de protegerse por adelantado cobrando unos tipos de interés más altos o añadiendo a los préstamos que conceden unas condiciones, llamadas generalmente *cláusulas restrictivas*. Los bancos hacen lo mismo cuando prestan a individuos y a empresas. Estas condiciones limitan la flexibilidad del prestatario y pueden reducir el atractivo de endeudarse.

Por ejemplo, los acreedores pueden prohibir a la empresa que pide un crédito contraer más deuda o pagar dividendos a los accionistas en determinadas situaciones en las que eso perjudicaría a los acreedores. Los acreedores también pueden exigir que las decisiones de inversión importantes sean aprobadas por ellos. Esa exigencia puede impedir al prestatario aprovechar con la presteza necesaria las oportunidades de inversión que surgen.

Sin garantías, los costes y las ineficiencias relacionados con las dificultades financieras y el impago se reflejan en los tipos de interés y en las condiciones de los contratos de deuda, elevando los costes totales de financiación. Eso ayuda a explicar por qué, a pesar de las ventaja fiscales de la deuda, la mayoría de las empresas no financieras evitan endeudarse mucho, aunque tengan capacidad para endeudarse más.

Sin embargo, con garantías, las cargas de la deuda son menores. Los acreedores creen que recuperarán con toda probabilidad las deudas en su integridad. Por consiguiente, no piden cobrar tanto y no imponen tantas condiciones, como ocurriría si el banco hiciera las mismas inversiones sin garantías.

Por tanto, para los bancos los costes de aumentar su deuda son mucho menores cuando hay garantías, aunque ya estén muy endeudados. Con razón consideran que el capital propio es caro y que el endeudamiento siempre es atractivo. Como señalamos en el capítulo anterior, la importancia que da la banca al ROE refuerza este efecto, al remunerar a los directivos de los bancos de una manera que fomenta la toma de riesgos y el endeudamiento.

Incentivos perversos

Cuando se considera que los grandes bancos son demasiado grandes para quebrar, esta situación produce unos efectos muy perversos en su conducta. La posibilidad de beneficiarse de su status de *demasiado grande para quebrar* les da muchos incentivos para crecer, fusionarse, endeudarse y asumir riesgos de tal forma que se puedan aprovechar al máximo las garantías potenciales o efectivas. Esto también puede incentivar a los bancos a tomar riesgos que tienen las mismas probabilidades de salir bien como de salir mal. Si salen mal, todo el sector puede verse afectado, lo cual resultará en una enorme presión sobre el Estado para que preste su ayuda. Esto genera conductas contraproducentes por parte de los bancos, lo cual aumenta aún más la probabilidad de que la economía resulte perjudicada como consecuencia de las secuelas de los riesgos asumidos por el sector financiero.

Algunos incentivos perversos que se da a los bancos se pueden ver volviendo al ejemplo de Carolina y tía Clara. Si esta garantiza el crédito hipotecario de Carolina para comprar únicamente la casa de 300.000 euros, Clara no perderá más que 309.000, la deuda de Carolina si no aporta ningún capital; como es probable que la casa no se deprecie, el coste de tía Clara será menor. Sin embargo, la exposición de tío Sam a los riesgos de los grandes bancos de importancia sistémica, o a los de todo el sistema bancario, no es tan limitada, sobre todo cuando los bancos y el sector bancario pueden seguir creciendo y asumiendo riesgos.

La situación de los bancos es como si tía Clara diera a Carolina una garantía por *cualquier* deuda, no solo por un crédito hipotecario de 300.000 euros. Con unas garantías universales, Carolina puede comprar una casa mayor. También puede crear una empresa y hacer inversiones de riesgo con el dinero prestado. Si mantiene muy poco capital propio, no puede perder mucho; sin embargo, a medida que continúa endeudándose e invirtiendo, sus beneficios pueden acabar siendo muy grandes.

Qué maravilloso sería eso para Carolina. Mientras las garantías de tía Clara sigan siendo buenas, Carolina puede endeudarse a un bajo precio y a la vez procurar mantener un capital casi nulo. Si sus inversiones son rentables, puede cobrarse un buen dividendo y continuar endeudándose, y con poco capital propio, el riesgo no asusta a Carolina. En realidad, le resulta atractivo, ya que tiene la posibilidad de obtener grandes ganancias si tiene éxito, sin apenas consecuencias si fracasa. A lo sumo, podría temer que si sus apuestas no tienen éxito y tía Clara tiene que pagar por ellas, quizá en el futuro no esté dispuesta a darle más garantías.

En este ejemplo hipotético, los beneficios que puede obtener Carolina expandiendo su empresa y asumiendo más riesgos, o la cantidad que podría tener que aportar tía Clara, son ilimitados. Cuanto más se endeuda Carolina, más puede ganar si le sale bien y continuará estando protegida si le sale mal. También son ilimitadas las cantidades que pueden tener que poner los contribuyentes si no se imponen restricciones sobre lo que pueden hacer los bancos, lo que pueden expandirse, individualmente o como sector, y lo que pueden endeudarse. En la crisis más reciente, los gobiernos dieron a los bancos garantías universales para evitar que pudiera hundirse el sistema financiero. En una crisis parecida en el futuro, el coste de ese tipo de garantías podría ser aún más alto.

Si Carolina acumulara suficientes pérdidas, tía Clara podría quedarse sin fondos. Del mismo modo, los bancos pueden imponer una carga excesiva a los contribuyentes con sus pérdidas. Eso es esencialmente lo que ocurrió en Islandia e Irlanda en 2008. Los bancos de esos países crecieron e invirtieron tanto que sus pérdidas eran superiores a las que podían asumir sus respectivos países.[27] En España, podría estar ocurriendo algo parecido.

El hecho de que se considere que un banco es demasiado grande para quebrar puede ser extraordinariamente valioso para él, ya que reduce sus costes de endeudamiento. De la misma manera que Carolina pudo endeudarse a un tipo de interés más bajo gracias a las garantías de tía Clara, los bancos que se benefician de garantías implícitas del Estado reciben mejores calificaciones crediticias y, por tanto, pagan menos intereses cuando se endeudan. Eso reduce los costes totales de financiación de los bancos y aumenta el tamaño de la *tarta* total de la que pueden disponer los inversores.

Existen abundantes pruebas de que las subvenciones que se conceden a los bancos por ser demasiado grandes para quebrar pueden hacer que estos parezcan más rentables, cuando en realidad no están generando más valor, sino simplemente beneficiándose de una financiación subvencionada.[28] No parece que los bancos sean más eficientes cuando crecen y llegan a tener más de 100.000 millones de euros en activos y, sin embargo, el crecimiento puede permitirles disfrutar de la financiación subvencionada que va aparejada a las garantías implícitas.[29] Con financiación subvencionada a través de garantías, el crecimiento es fácil y la creación de imperios puede resultar bastante rentable.[30]

En la banca, las fusiones también han resultado estar motivadas en parte por el deseo de conseguir la condición de *demasiado grande para quebrar*, que generalmente reduce los costes y permite endeudarse en las mejores condiciones. Un banco está dispuesto a pagar más de la cuenta por la adquisición de otros bancos si gracias a la fusión, pasa a ser considerado demasiado grande para quebrar.[31]

Según un estudio reciente, en el peor momento de la crisis financiera, las garantías al sector financiero de Estados Unidos estaban valoradas en cerca de 160.000 millones de dólares.[32] Se ha estimado que, en 2009, el valor de las subvenciones correspondientes a las garantías de los Estados era de alrededor de 2,3 billones de dólares en todo el mundo.[33] Estas mismas garantías en el mercado privado habrían costado unas cantidades enormes. La magnitud de las subvenciones implícitas ha aumentado desde la crisis, ya que los bancos más grandes se han expandido.[34] Naturalmente, el valor de las garantías varía dependiendo de la situación económica y es máximo cuando la economía está débil y los bancos tienen más dificultades financieras.

Dichas garantías, incluso cuando no llevan a los bancos a fusionarse, pueden influir mucho y negativamente en la conducta de los bancos. En Estados Unidos, siempre se ha considerado que los gigantes hipotecarios Fannie Mae y Freddie Mac estaban protegidos por el Estado. No se han beneficiado de ninguna garantía explícita, pero los inversores creían que eran demasiado grandes para quebrar y, de hecho, fueron rescatados en septiembre de 2008. Su condición de *demasiado grandes para quebrar* les permitió crecer a la enorme tasa del 16 por ciento al año desde 1980 hasta la crisis, al tiempo que su participación en préstamos hipotecarios para viviendas y en garantías hipotecarias pasó de 85.000 millones de dólares a 5,2 billones y su cuota del mercado hipotecario del 7,1 por ciento al 41,3.[35]

La posibilidad de endeudarse a unos tipos muy bajos a pesar de que su capital representaba entre el 2,5 y el 5 por ciento de su total de activos facilitó este crecimiento. Si sus garantías hipotecarias se hubieran incluido en sus balances, su capital habría sido aún menor, entre el 1 y el 2 por ciento de su total de activos. Su endeudamiento a un bajo precio sin apenas capital propio solo fue posible gracias a las garantías implícitas. La Congressional Budget Office estimó que en 2000 el valor de estas garantías era de 13.600 millones de dólares. Al menos un tercio de esta cantidad era una simple transferencia de riqueza de los contribuyentes a los accionistas y a los directivos de estas dos empresas y no más de dos tercios habían mejorado las condiciones en las que los compradores de viviendas podían pedir créditos. Según algunos estudios, el valor de las garantías públicas implícitas representaba casi todo el valor de mercado de estas empresas.[36]

En un sector en el que la competencia es feroz, sobre todo la competencia por crecer, las garantías tienden a fomentar la imprudencia.[37] Si los acreedores de los bancos creen que sus inversiones son seguras gracias a las garantías, no prestan mucha atención a los riesgos que asumen los bancos. Eso permite a los bancos crecer rápidamente endeudándose más sin que suban los intereses que pagan por sus créditos. Fannie Mae y Freddie Mac son ejemplos de este problema. Otros ejemplos, de la década de 1980, son las S&L de Estados Unidos, que atrajeron grandes cantidades de fondos ofreciendo elevados tipos de interés por unos depósitos que estaban garantizados por el fondo federal de garantía de depósitos. En todos los casos, las garantías públicas explícitas e implícitas fueron la base del extraordinario crecimiento experimentado, que acabó siendo muy caro para los contribuyentes.[38]

Endeudamiento excesivo: caro para tía Clara, para tío Sam y para el resto de nosotros

Las subvenciones que reciben los bancos cuando se endeudan y asumen excesivos riesgos son pagadas por los contribuyentes. A medida que las subvenciones a los bancos crecen, también resultan más caras para la sociedad. En nuestro ejemplo de Carolina y tía Clara, cualquier capital que invierta Carolina en su casa reduce los pagos que tenga que hacer tía Clara para que sea efectiva la garantía que dio para cubrir la deuda de Carolina. El capital es caro *para Carolina*, pero cualquier coste que suponga para ella tener más capital es compensado íntegramente por los menores gastos de tía Clara. Para Carolina y tía Clara juntas, la utilización de más capital y menos deuda por parte de Carolina no resulta cara; las dos juntas siempre pagan íntegramente la hipoteca. Cualquier beneficio que Carolina obtenga en las distintas opciones a las que puede optar es a expensas de tía Clara. Al mismo tiempo, Carolina gana mucho si todo sale bien pero, para tía Clara, lo mejor que le puede ocurrir es que no tenga que pagar nada; esta es su mayor ganancia posible.

El coste conjunto de Carolina y Clara será, en realidad, menor si Carolina tiene más incentivos para tomar decisiones más sensatas cuando tiene más capital en juego y, por tanto, tiene más que perder. Si tía Clara da a Carolina unas garantías universales y no se puede hacer a Carolina responsable de su deuda, nada le impedirá utilizar fondos prestados para jugar en Las Vegas. Sería menos probable que hiciera ese tipo de apuestas si tuviera más capital propio en juego y pudiera perderlo.

Asimismo, cuando se consideran los costes y los beneficios que tiene para la gente la utilización de diferentes combinaciones de deuda y capital propio por parte de los bancos, hay que tener en cuenta los costes que tienen para los contribuyentes las garantías y subvenciones del Estado. También son relevantes los daños que sufre la economía cuando los bancos tienen dificultades financieras e incluso más cuando no pagan sus deudas y se declaran en quiebra; estos daños incluyen el enorme coste que puede representar que los bancos no den créditos. Una combinación de financiación en la que haya mucha deuda y poco capital y que le parezca barata al banco puede ser, en realidad, muy cara para la sociedad. Y a la inversa, aunque los bancos consideren que la financiación mediante la emisión de acciones es más cara que el endeudamiento, la financiación de los bancos a través de este procedimiento puede ser, en realidad, mucho más *barata* para la sociedad cuando se tienen en cuenta los costes y los riesgos que tiene para ella que los bancos se vuelvan más frágiles endeudándose.

Los costes que imponen los bancos a la sociedad pueden ser altos. En Estados Unidos, la crisis financiera reciente ha provocado una pérdida considerable de producción, probablemente de billones de dólares. Las pérdidas que ha sufrido el Estado como consecuencia de las diversas operaciones de rescate que ha llevado a cabo desde 2008 oscilan entre 200.000 y 500.000 millones de dólares.[39] Aparte de los costes de los rescates, la economía ha sufrido enormes daños colaterales.[40] Si este dinero no se hubiera perdido, sino que se hubiera invertido a un 4 por ciento anual, que es el rendimiento normal de las inversiones a largo plazo con poco riesgo, se habrían obtenido unos ingresos anuales adicionales de 8.000–20.000 millones de dólares. En un presupuesto federal que en 2012 destinó 129.800 millones de dólares a educación y 94.500 millones a transporte, imagínense lo que 8.000–20.000 millones al año podrían haber significado de haberse destinado a estos ámbitos.

Como señalamos en el capítulo 2, en el siglo XIX y a principios del XX, los niveles de capital de los bancos solían ser del 25 por ciento o más (y en la primera mitad del siglo XIX, incluso de nada menos que el 40 o el 50 por ciento). La reducción del capital bancario durante el siglo pasado hasta llegar a los bajos niveles actuales fue paralela a la expansión de la red pública de seguridad de los bancos: los niveles de recursos propios disminuyeron a medida que se expandía la red de seguridad proporcionada por el Estado.[41]

Si los bancos se basaran menos en el endeudamiento subvencionado y utilizaran más capital propio, cualquier aumento de sus costes de financiación sería compensado plenamente por lo que se ahorrarían los contribuyentes al no tener que subvencionar a los bancos. La sociedad se beneficiaría si los bancos fueran más sólidos y más seguros y tuvieran menos probabilidades de atravesar por dificultades financieras y de imponer costes adicionales, y habría menos incentivos distorsionados para aprovecharse de estas garantías. ¿Interferiría en cualquiera de los servicios que prestan los bancos el hecho de que tuvieran más capital propio? Como veremos en el siguiente capítulo, la respuesta es rotundamente «no». De hecho, unos bancos más seguros que utilicen más capital propio pueden prestar mejores servicios a la economía.

10

¿Deben endeudarse tanto los bancos?

Los fenicios inventaron el dinero, pero ¿por qué tan poco?
Johann Nepomuk Nestroy (1801–1862),
dramaturgo austriaco

Como vimos en el capítulo 4, los bancos desempeñan un papel importante en la la economía aceptando depósitos y concediendo préstamos. De estas dos actividades, la aceptación de depósitos es exclusiva de los bancos. En cambio, los créditos puede hacerlos también cualquier otra institución que tenga la capacidad necesaria para evaluar la solvencia de los solicitantes de préstamos y para hacer su seguimiento. El que la concesión de créditos esté tan concentrada en los bancos se debe a la facilidad para disponer de los fondos de sus depósitos.[1]

Como también vimos en el capítulo 4, los bancos ofrecen a los depositantes otros servicios importantes, como la realización de pagos y la posibilidad de obtener dinero en efectivo en cualquier momento. Como los depósitos son una forma de deuda, el endeudamiento constituye una parte esencial de la banca. ¿Significa eso que los bancos serían menos beneficiosos para la sociedad si recurrieran menos al endeudamiento y utilizaran más capital propio? La respuesta es «no».

Los bancos siempre han sido frágiles y propensos a tener problemas. La propia palabra *bancarrota*, común a muchas lenguas, alude a los bancos.[2] La historia de la banca está llena de quiebras y crisis. El periodo comprendido entre 1940 y 1970, en el que apenas hubo crisis bancarias y pocas quiebras de bancos, fue una notable excepción.[3] La incidencia de las quiebras y las crisis desde 1970 no es muy diferente de los episodios anteriores de inestabilidad financiera, por ejemplo, los del siglo XIX.[4]

Los expertos en banca suelen comenzar diciendo que los bancos, al depender de los depósitos, siempre han sido vulnerables a las retiradas masivas de depósitos y concluyen diciendo que la fragilidad de la banca es inevitable. Según esta teoría, las crisis bancarias se parecen a las catástrofes naturales, como los terremotos o los huracanes, que no se pueden prevenir. Cuando hay una catástrofe natural, los gobiernos normalmente dan ayuda de emergencia. Si las crisis bancarias son como las catástrofes naturales y no se pueden prevenir, se podría concluir que lo único que puede hacer el Estado es dar ayuda de emergencia cuando estalla una crisis.[5]

¿Es acertada esta analogía de las crisis bancarias con las catástrofes naturales? ¿Son las crisis bancarias tan imposibles de prevenir como los terremotos? No. ¿Quiere eso decir que, puesto que los depósitos y otros tipos de deuda de los bancos suelen reportar beneficios, los bancos deben recurrir al endeudamiento tanto como actualmente o tanto como las normas reguladoras que se están proponiendo les permitirían? La respuesta es, de nuevo, «no».

Cuando los expertos en banca analizan los beneficios que reportan los bancos a la economía, normalmente no tienen en cuenta el papel del capital propio en la financiación de los bancos. Pero, como hemos señalado, estos pueden aumentar su financiación ampliando su capital sin reducir su deuda. Por ejemplo, los bancos pueden no repartir dividendos o emitir nuevas acciones. ¿Disminuirían por eso los beneficios que reportan por medio de sus depósitos y otras deudas?

Raras veces se hace esta pregunta, pero la respuesta es sorprendente. Si los bancos aumentaran su capital y no alteraran sus depósitos y demás endeudamiento, los beneficios que obtendrían los depositantes y demás acreedores serían, en realidad, *mayores*. Como vimos en los capítulos 2 y 3, cuando un banco tiene más capital, existen menos riesgos de que se declare insolvente cuando sus inversiones no salen como esperaba. Si el riesgo de que tenga dificultades financieras y de que se declare insolvente es menor, los depósitos y otros préstamos al banco son más seguros. Si el banco es más seguro, los depositantes, otros acreedores y el sistema de garantía de depósitos se benefician. Un claro beneficio del hecho de que el banco tenga más capital propio es que es más fiable y es menos probable que sufra una retirada masiva de depósitos.

El hecho de que los bancos siempre hayan sido frágiles no demuestra que eso sea inevitable, esencial o eficiente. En realidad, la fragilidad que observamos en la banca es en gran medida consecuencia de los conflictos de intereses entre los banqueros y sus acreedores (o los contribuyentes). Sin regulación, estos conflictos de intereses normalmente no se resuelven de una manera eficiente. Por otra parte, no se presta suficiente atención a los efectos de las decisiones de los bancos en la estabilidad del sistema financiero y en el conjunto de la economía.

Los depósitos, los pagos y la fragilidad de los bancos

En Inglaterra, los billetes de cinco libras llevan una inscripción que indica: «Prometo pagar al portador a la vista la suma de cinco libras». Antiguamente, esa promesa representaba la obligación del Banco de Inglaterra de redimir el billete por una cantidad equivalente en oro.[6] El Banco de Inglaterra, cuando se fundó en 1694, era, en realidad, una de las muchas instituciones que emitían billetes de ese tipo. En esa época, muchos bancos, así como otras instituciones, aceptaban depósitos de oro, sobre todo monedas de oro, y emitían pagarés contra estos depósitos, que eran esencialmente promesas de devolver los depósitos a los portadores de estos pagarés.[7] La gente utilizaba los pagarés para efectuar pagos de la misma manera que hoy utilizamos dinero en efectivo. Estos primeros banqueros se dieron cuenta de que no tenían que tener todos los depósitos en reservas, por lo que se dedicaron a prestar, concediendo préstamos a los clientes con oro o con otros pagarés recién creados.[8]

La emisión de pagarés se ha convertido con el tiempo en un privilegio de los bancos centrales, pero los depósitos siguen constituyendo una parte importante de la financiación de los bancos comerciales y continúan estando estrechamente relacionados con el sistema de pagos que facilitan los bancos.[9] La gente trata sus depósitos como si fueran dinero, algo que se puede utilizar fácilmente para realizar pagos, por medio de cheques o de transferencias bancarias o de tarjetas de crédito y de débito.[10] En palabras de un autor, «desde una perspectiva monetaria», la banca forma parte del «sofisticado mecanismo que canaliza los flujos de efectivo, cualquiera que sea su procedencia, para satisfacer las necesidades de efectivo allí donde sean más acuciantes»[11].

El papel de los bancos en el sistema de pagos, tanto en el pasado cuando se emitían pagarés, como más tarde con los depósitos a la vista en cuentas corrientes, ha hecho que sean vulnerables al riesgo de sufrir retiradas masivas de depósitos. En el siglo XVIII, había incluso retiradas masivas de depósitos del Banco de Inglaterra cuando el banco parecía inseguro como consecuencia de las guerras y del estado de las finanzas públicas. En Estados Unidos, las retiradas masivas de depósitos y los pánicos en el National Banking System fueron una de las razones por las que se creó en 1913 la Reserva Federal, a la que se le concedió el monopolio de la emisión de moneda.[12]

La vulnerabilidad a las retiradas masivas de depósitos podría parecer una consecuencia necesaria de la promesa que hacen los bancos a sus depositantes de que pueden retirar su dinero siempre que quieran. Esta promesa hace que los depósitos sean muy útiles para realizar pagos, pero, como explicamos en el capítulo 4, también expone a los bancos al riesgo de que todos los depositantes quieran recuperar su dinero al mismo tiempo. Este riesgo ha sido característico de la banca durante siglos y, por tanto, suele darse por sentado, como algo que no puede evitarse si se quiere tener un sistema de pagos eficiente.[13]

Sin embargo, el nexo entre el sistema de pagos, los depósitos, el dinero y la fragilidad de los bancos no es tan sencillo y automático como parece indicar este razonamiento. En primer lugar, algunas partes importantes del sistema actual de pagos no tienen ningún riesgo de incumplir sus obligaciones. Los billetes son emitidos por los bancos centrales y en la mayoría de los países no prometen nada.[14] La inscripción de los billetes ingleses no es más que una reliquia histórica.[15] Los depósitos a la vista que tienen los bancos comerciales en el banco central son una deuda del banco central, pero esta deuda solo obliga al banco central a entregar la cantidad equivalente en billetes. Como el propio banco central puede imprimir los billetes, es una deuda sin ningún riesgo de impago.[16]

En segundo lugar, la fragilidad de los bancos centrales —es decir, la probabilidad de que tengan problemas— depende del grado en que los sistemas de pago de la economía se basen en los billetes y los depósitos en el banco central. Cuanto más recurre la gente al dinero en efectivo y más se basan los bancos comerciales en las reservas de dinero del banco central, más inmune es el sistema de pagos al riesgo de que se produzca una retirada masiva de depósitos. Como el tipo de interés pagado por el efectivo y los depósitos que se encuentran en el banco central es bajo, si es que se paga alguno, tanto los inversores como los bancos comerciales siempre tienen la tentación de utilizar menos como medio de pago el efectivo y los depósitos que tienen en el banco central.[17] Se trata de una cuestión de elección más que de necesidad.

La aceptación de depósitos y la promesa de devolverlos siempre que los depositantes lo deseen no supone que los bancos comerciales vayan a tener problemas automáticamente. Si los depósitos se trataran como si fueran contratos de custodia, al igual que en el caso de los guardamuebles, y si los bancos no invirtieran estos fondos, los bancos no serían vulnerables, ya que, aunque hubiera una retirada masiva de depósitos, podrían devolver lo que deben.[18] Los bancos solo se vuelven vulnerables si utilizan los fondos de los depositantes para hacer inversiones que no puedan convertirse fácilmente en efectivo. Cuanto más los utilizan para eso, más vulnerables se vuelven.

Algunos de los préstamos y otras inversiones que hacen los bancos son tan rentables para ellos como deseables para la economía. Sin embargo, esta observación por sí sola no sirve de mucho para saber cuánto deben invertir los bancos y cuánto deben tener en reservas. Tampoco dice nada sobre la cantidad de capital propio que deben utilizar para financiarse. Los riesgos negativos de los préstamos y las inversiones tienen que ser gestionados y asumidos por *alguien*. El modo en que se gestionen estos riesgos depende de las decisiones de inversión de los bancos y de la cantidad de pérdidas que pueda absorber el capital que tengan.

Cuando los bancos se basan principalmente en fondos prestados y hacen inversiones de riesgo, se vuelven vulnerables al riesgo de ser insolventes, así como al riesgo de sufrir problemas de liquidez y retiradas masivas de depósitos. Como señalamos en los capítulos 4 y 5, los dos tipos de riesgo están relacionados entre sí, pero son distintos. La mayoría de las retiradas masivas de depósitos son originadas por el temor a que los bancos sean insolventes.[19] El seguro del Estado, es decir, las garantías de depósitos, pueden reducir mucho el riesgo de sufrir retiradas masivas de depósitos o eliminarlo, pero no hacen nada para reducir el riesgo de que los bancos acaben siendo insolventes. De hecho, los costes de la insolvencia pueden magnificarse si las garantías del Estado y la oferta de liquidez del banco central permiten a los bancos seguir financiándose y operando, aunque sean, en realidad, insolventes.

Si los bancos aceptan depósitos que los clientes pueden utilizar para realizar sus pagos, este hecho no determina por sí solo la probabilidad de que tengan problemas. El riesgo de que sufran retiradas masivas de depósitos o de que acaben siendo insolventes depende de cómo utilicen sus fondos, del riesgo que entrañen sus inversiones y de cuánto capital tengan para absorber posibles pérdidas. Cuanto más capital tenga un banco, menor es el riesgo de que atraviese por dificultades financieras y de que sea insolvente y menos vulnerable es al riesgo de sufrir retiradas masivas de depósitos y, en términos más generales, al riesgo de no cumplir sus compromisos de deuda.

Las decisiones de los bancos sobre la cantidad de reservas o sobre su uso de capital propio tienen poco que ver con el hecho de que los depósitos sean líquidos o, en términos más generales, con los beneficios que obtengan los bancos a través de los depósitos u otros tipos de endeudamiento. Los beneficios que proporciona a la sociedad la disponibilidad de los depósitos serán, en todo caso, mayores, si un banco tiene más reservas o más capital propio, ya que a sus depositantes y otros acreedores les preocupará menos la capacidad del banco para pagarles.[20]

Por ejemplo, si un banco emite más acciones o si no reparte beneficios entre sus accionistas, puede aumentar su capital sin reducir ninguno de sus depósitos u otros tipos de endeudamiento. Con los fondos adicionales, el banco puede conceder créditos razonables que beneficien aún más a la economía. Si no encuentra ningún préstamo que le parezca que merece la pena hacer, puede invertir el dinero que obtiene en otros activos, como acciones y bonos, y obtener un rendimiento adecuado. El rendimiento de estas nuevas inversiones le permitirá pagar sus deudas con mayor fiabilidad y eso reducirá la probabilidad de insolvencia.[21]

Por tanto, tener más capital hace que el banco sea más seguro y aumente la confianza de los inversores en él. Si los depósitos no están asegurados, los depositantes y otros acreedores son los beneficiarios del mayor capital. Si existe un seguro o algún tipo de garantía de los depósitos, las instituciones que proporcionan el seguro y las garantías pueden ser las que más se beneficien. Los acreedores no asegurados también se beneficiarán, ya que todo el mundo sabe que el banco es más seguro si tiene más capital. Si todo el mundo sabe que el banco es más seguro —y todo el mundo sabe que todo el mundo sabe lo mismo— todo el mundo tendrá menos miedo de que alguien pueda iniciar una retirada masiva de depósitos.

Antiguamente, cuando los bancos emitían billetes, la información de que un banco tenía mucho capital hacía que sus billetes fueran más aceptables como medio de pago. Los cheques contra cuentas sin asegurar en un banco también eran más aceptables si se sabía que el banco tenía más capital. Recuérdese la opinión de un experto en banca del siglo XIX, al que nos referimos en el capítulo 2, de que los depositantes tienen más confianza cuando los propietarios de los bancos tienen una responsabilidad ilimitada, como ocurría entonces. Con más capital, los propietarios tienen más responsabilidad, y los bancos tendrán más capacidad para pagar a sus depositantes y demás acreedores. Además, los propios beneficios de los bancos, como consecuencia de la facilidad que tienen sus depositantes de disponer de sus depósitos *aumentan*, pues, cuando los bancos tienen más capital.

La insaciable necesidad de liquidez

El dinero es maravilloso; podemos utilizarlo para cualquier cosa que queramos. Sin embargo, la utilización de dinero en efectivo para realizar algunos pagos es poco práctica. Además, el dinero en efectivo no rinde intereses. Un depósito bancario puede ser incluso mejor que el dinero; se puede utilizar para pagar casi todo, a veces de una manera más cómoda que pagando en efectivo, e incluso puede rendir intereses. Una participación en un fondo de inversión del mercado de dinero puede ser incluso mejor: también puede utilizarse para realizar pagos y rinde incluso más intereses.

Queremos tenerlo todo. Queremos que nuestras inversiones sean tan fáciles de utilizar como el dinero en efectivo, es decir que sean seguras y fácilmente disponibles cuando queremos pagar algo. Al mismo tiempo, queremos que las inversiones generen un rendimiento mayor que el efectivo para poder tener así más dinero en el futuro. Puede que en el fondo sepamos que posiblemente no se pueda tenerlo todo y, sin embargo, escuchamos con especial ilusión a los gestores de fondos, banqueros o asesores que nos ofrecen una inversión que es tan fácil de usar como el efectivo, pero genera un rendimiento mucho mayor.

Los bancos satisfacen el deseo de la gente de tener activos que se parezcan al efectivo, pero que rindan más que éste.[22] Según un experto en banca, «los bancos producen deuda» del mismo modo que los fabricantes de automóviles producen coches.[23] No cualquier deuda, por supuesto, sino depósitos y otros tipos de deuda a muy corto plazo que se considera que son como el dinero. Se piensa que la economía tiene una necesidad ilimitada de ese tipo de «activos líquidos».[24] Se dice que los bancos, los fondos del mercado de dinero y otras instituciones que ofrecen servicios bancarios están ahí para satisfacer esta «necesidad». Las innovaciones que permiten a los bancos y a otras instituciones producir una cantidad mayor de esta deuda líquida deben considerarse, pues, según este argumento, útiles y beneficiosas.[25]

Sin embargo, la idea de que la economía tiene una «necesidad» ilimitada de activos líquidos es otro ejemplo del traje nuevo de los banqueros. Es imposible discutir de una manera coherente la *necesidad* de cualquier cosa sin tener en cuenta su coste. Cuando un joven adulto le dice a su padre que *necesita* un automóvil elegante, lo que quiere decir en realidad es que *quiere* el automóvil y espera que su padre se lo pague, y quizá también el seguro y el mantenimiento. Si tiene que pagarlo todo él, es posible que su llamada *necesidad* sea muy distinta. Del mismo modo, no tiene sentido hablar de la necesidad de liquidez sin hablar de su coste.

El dinero, en forma de efectivo o de reservas en los bancos centrales, es, desde luego, absolutamente líquido. El efectivo se puede utilizar para realizar casi cualquier transacción. Aun así, en condiciones de mercado realistas, la necesidad real de efectivo es limitada. Hay un punto a partir del cual la gente prefiere invertir sus fondos en activos que generen un rendimiento, como depósitos a plazo que devengan mayores intereses, acciones o bonos.

Estos activos que devengan intereses son menos líquidos y/o menos seguros que el efectivo y suelen emplearse menos para realizar pagos. Ni siquiera los depósitos y otros activos parecidos al dinero que crean los bancos y otras instituciones financieras son exactamente iguales que el dinero real. Mientras que el dinero —es decir, el efectivo— no es deuda de nadie, las deudas parecidas al dinero que están representadas por los depósitos y otros tipos de endeudamiento a muy corto plazo si representan promesas hechas por las instituciones emisoras. Mientras que el efectivo no tiene ningún riesgo de impago, en el caso de los depósitos y de otras clases de deuda existe el riesgo de que el banco no pueda cumplir sus compromisos, por ejemplo, si realiza malas inversiones con el dinero o sufre grandes pérdidas.[26]

La realidad es que todo lo que es tan seguro y tan cómodo como el dinero en efectivo no puede generar un rendimiento mayor que el del efectivo, que es cero.[27] Si los bancos ofrecen inversiones alternativas que generan mayores rendimientos, estas inversiones tienen que tener alguna desventaja en relación con el efectivo. Quizá las inversiones tengan riesgos o dejen de ser líquidas, es decir, sean difíciles de vender rápidamente y de convertirse en efectivo sin un descuento. Para obtener mayores rendimientos que con el efectivo, los inversores tienen que renunciar a algo.

Sin embargo, siempre es tentador tomar atajos, no tener en cuenta los riesgos y esperar mayores rendimientos sin renunciar a ninguna de las ventajas del efectivo. Los banqueros que desean nuestros fondos quieren hacernos creer que sus deudas son como el dinero incluso cuando no lo son, y nosotros queremos creerles.[28] La insinuación de que la economía tiene una necesidad ilimitada de activos líquidos refleja estos deseos, pero no se basa en un razonamiento sólido.

Si se tienen en cuenta las diferencias de riesgos, de liquidez y de intereses, la necesidad de la forma más perfecta de activo líquido, a saber, el efectivo, es en realidad bastante pequeña, y la necesidad de formas menos perfectas de liquidez depende de la disposición de la gente a no considerar los riesgos ocultos de estos activos.[29] Naturalmente, la gente puede creer que el Gobierno intervendrá para asegurarse de que se pagan todos los derechos. Si ocurre eso, el atractivo de un activo para el inversor puede resultar muy caro para la sociedad, ya que las instituciones financieras estarán recibiendo financiación a tipos de interés subvencionados que no reflejarán los verdaderos costes, con lo que la fragilidad del sistema financiero aumentará.

En el capítulo 4, señalamos que los bancos utilizaban tradicionalmente los fondos que obtenían de los depósitos para conceder créditos y que solían conservar estos créditos, normalmente durante años, hasta que se pagaban. Los depósitos eran pagaderos a la vista y, por tanto, los depositantes los consideraban muy líquidos, pero los créditos que respaldaban estos depósitos eran muy ilíquidos; era casi imposible venderlos al instante a un precio razonable.[30]

Los expertos en banca utilizan el término transformación de liquidez para referirse a este uso de las deudas líquidas, como los depósitos a la vista, para financiar préstamos ilíquidos y otras inversiones.[31] El término *transformación de liquidez*, a diferencia de la afirmación de que los bancos solo «producen deuda parecida al dinero», llama la atención sobre la relación entre los activos ilíquidos en los que invierten los bancos y la deuda líquida que crean.

Los riesgos de las inversiones que hace un banco pueden limitar, en realidad, su capacidad para producir deuda parecida al dinero. Si existen muchos riesgos de que el banco no pague sus deudas, estas pueden resultar menos líquidas, ya que su liquidez depende de la medida en que la gente está segura de su valor. Es lo mismo que ocurre con las tarjetas regalo de los grandes almacenes, que son casi tan útiles como el efectivo para comprar cualquier cosa que haya en la tienda, pero solo en la medida en que la tienda siga funcionando. De la misma manera, un billete de avión solo es útil para volar si las líneas aéreas no se declaran en quiebra (a menos que se busquen otras soluciones, por ejemplo, que otras líneas aéreas acepten el billete).

Del mismo modo, un depósito a la vista, que es muy líquido en principio, puede dejar de serlo totalmente si el banco en el que se encuentra se declara en quiebra y no forma parte de un sistema de garantía de depósitos. Los pagarés o los bonos bancarios pueden dejar de repente de ser fácilmente negociables si la gente teme que el banco sea inseguro y que otros que tengan estos pagarés o estos bonos se aprovechen los vendan urgentemente al enterarse de que el banco está en dificultades.[32] Si la gente sospecha que los vendedores de esos activos están tratando de colocarles unos activos que peligran, solo comprarán si los precios son muy bajos, más bajos incluso de lo que podría indicar la información disponible sobre el banco.

Así pues, la deuda a corto plazo que produce un banco puede no parecerse mucho al dinero si el banco no tiene mucho capital propio. Si carece de suficiente capital que sirva para amortiguar sus pérdidas, existe el riesgo de que tenga dificultades financieras, de que se declare insolvente y posiblemente de que no pague su deuda. En el caso de la deuda que puede retirarse en cualquier momento o que debe renovarse, también puede existir un alto riesgo de retirada masiva de fondos. Todos estos riesgos implican que la deuda puede dejar ser líquida de repente, aun cuando no lo pareciera inicialmente.

Los depósitos y demás deuda a corto plazo de un banco también pueden dejar de ser como el dinero si la entidad toma malas decisiones a la hora de conceder créditos. Esas decisiones aumentan el riesgo de que la institución acabe siendo insolvente. Como consecuencia, sus deudas podrían no ser ni líquidas ni seguras.

Un ejemplo de cómo una política de créditos equivocada puede destruir la liquidez de la deuda que se suponía que era como dinero es lo que ocurrió en 2007 con los títulos hipotecarios. Como explicamos en el capítulo 5, muchos de estos títulos se habían creado unos años antes. La titulización permitió a los bancos hipotecarios vender sus créditos. Los bancos de inversión y otras instituciones compraron muchas hipotecas, las agruparon y emitieron diversos títulos cuyos compradores recibían los pagos de los deudores hipotecarios.

Estos títulos —o al menos los que tenían el primer derecho sobre los pagos de los deudores hipotecarios y que habían recibido la máxima calificación crediticia, AAA— se consideraron durante un tiempo, hasta 2007, tanto extraordinariamente seguros como muy líquidos, fáciles de convertir en efectivo. Sin embargo, entre 2004 y 2006 los criterios para evaluar la solvencia de los créditos hipotecarios y la calidad de las hipotecas se habían relajado espectacularmente.[33] Cuando en el verano de 2007 los inversores se dieron cuenta del grado de riesgo crediticio, los mercados de estos títulos hipotecarios se paralizaron de repente. Los títulos, en lugar de ser muy líquidos, pasaron a ser totalmente ilíquidos, por lo que sus precios cayeron dramáticamente.[34] Al mismo tiempo, los prestamistas dejaron de aceptar estos títulos como garantía de sus préstamos.

Desde 2007, los bancos centrales han intervenido en varias ocasiones y han ayudado a los bancos comerciales aceptando títulos hipotecarios como garantía de su deuda e incluso comprándolos directamente. Para el que crea que la liquidez lo es todo, eso era justo lo que había que hacer y posiblemente la manera de evitar un desastroso hundimiento del sistema bancario.[35]

Sin embargo, ese tipo de intervenciones puede ser caro. Si los títulos comprados acaban siendo malos riesgos, el banco central habrá incurrido en una pérdida. El coste de imprimir el dinero necesario para comprar títulos o para prestar contra garantías es, desde luego, insignificante. Sin embargo, si, en lugar de eso, este dinero se hubiera empleado para adquirir activos seguros, el banco central estaría obteniendo mayores rendimientos. Estos rendimientos complementarían el presupuesto del Estado y quizá permitirían gastar más en carreteras o escuelas. Si los títulos hipotecarios comprados por el banco central se ven afectados por una alta morosidad, habrá mucho menos dinero para carreteras o escuelas.[36]

También existe el riesgo de que cuando el banco central imprime dinero, el poder adquisitivo de éste disminuya y la gente se encuentre con que el dinero que tiene vale menos.[37] En este caso, la inflación reducirá no solo el valor del dinero que tiene la gente, sino también el valor de los depósitos bancarios y de cualesquiera otros activos que estén denominados en unidades monetarias. Imprimir dinero no tiene coste alguno para el banco central, pero puede imponer a la gente un elevado «impuesto por inflación».

A menudo se ha abusado del poder de los bancos centrales para imprimir dinero y, lo que es más importante, los gobiernos han utilizado la imprenta para procurarse financiación que no podían obtener de los contribuyentes, a veces con consecuencias desastrosas.[38] Para evitar que se cometa ese tipo de abusos, muchos países han establecido salvaguardas institucionales y normas legales que limitan las posibilidades de imprimir dinero como fuente de financiación del Estado.[39]

Algunas de las normas que restringen las actividades de los bancos centrales se refieren a sus intervenciones en ayuda de los bancos comerciales. En concreto, las ayudas de liquidez de los bancos centrales no están pensadas ni deben utilizarse para mantener a flote a los bancos insolventes. Sin esa restricción, existiría el riesgo de que los bancos comerciales concedieran excesivos créditos. Las decisiones de conceder créditos de mala calidad implican que se destinan recursos a inversiones que no rendirán. Si los bancos comerciales utilizan depósitos para financiar préstamos fallidos, esta transformación de liquidez debe considerarse excesiva e ineficiente. Cuando las cosas vayan mal y aumente la morosidad, los bancos centrales tendrán la tentación de imprimir dinero para «inyectar liquidez», que, en realidad, serán rescates disfrazados. Como hemos señalado antes, esos rescates imponen costes a la gente, aunque los costes no se vean porque parece que imprimir dinero no tenga costes, al menos a corto plazo (naturalmente, en el futuro los que se dedicaron a imprimir dinero pueden muy bien no estar ya en el poder, o no se les relacionará con ello).

Tomar atajos por medio de innovaciones

Otra de las palabrejas de los libros de texto sobre banca que mencionamos brevemente en el capítulo 4 es *transformación de vencimientos*. El término impresiona, igual que le impresionaba a Mark Twain la palabra *coliflor* hasta que se dio cuenta de que la «coliflor no es nada más que una col con educación universitaria».[40] Transformación de vencimientos significa simplemente que los bancos utilizan las deudas a corto plazo, como los depósitos, para financiar sus inversiones a largo plazo, como los créditos hipotecarios. Según los libros de texto de banca, esta es una de las funciones básicas de los bancos.

La transformación de vencimientos está estrechamente relacionada con la transformación de liquidez, pero no es lo mismo. Por ejemplo, un banco puede financiar un conjunto de préstamos hipotecarios a diez años emitiendo un bono a diez años, es decir, deuda que se pagará dentro de diez años. En este caso, el tiempo que transcurre hasta que expiran los préstamos —su vencimiento— es el mismo que transcurre hasta que expira el bono, por lo que no hay ninguna transformación de vencimientos. Sin embargo, el bono puede negociarse en el mercado de bonos, en cuyo caso puede convertirse fácilmente en efectivo, a diferencia de los préstamos hipotecarios individuales, por lo que hay alguna transformación de liquidez.[41]

Sin embargo, la financiación de préstamos hipotecarios a diez años por medio de deuda a corto plazo sería un ejemplo de transformación de vencimientos. En el capítulo 4, analizamos este tipo de transformación como una característica de los bancos comerciales o de las cajas de ahorro tradicionales, como la Bailey Building and Loan Association ficticia. Ese tipo de bancos se financiaba mediante depósitos que se podían retirar avisando con poca antelación y los bancos los utilizaban para hacer préstamos hipotecarios a largo plazo.

Cuando los bancos se dedican a la transformación de liquidez y, sobre todo, cuando también se dedican a la transformación de vencimientos, corren el riesgo no solo de tener problemas de liquidez y de sufrir retiradas masivas de depósitos, sino también de ser insolventes, que es un riesgo mucho más grave. Por ejemplo, si los tipos de interés de los créditos hipotecarios son fijos y, en algún momento de la vida de esas hipotecas, el tipo de interés de los depósitos es mucho más alto, el banco puede acabar siendo insolvente. Como hemos señalado, eso es lo que les ocurrió a muchas instituciones de ahorros de Estados Unidos a principios de los años ochenta.

La titulización de hipotecas fue una respuesta a esta experiencia. La venta de hipotecas a terceros parecía una buena manera de eliminar los riesgos que entrañaba la transformación de vencimientos. Sin embargo, los riesgos no se eliminaban; simplemente se transferían.

Para ver cómo persistían los riesgos, consideremos una cadena típica de financiación, como la que analizamos en el capítulo 5. La cadena comenzaba con la inversión de un particular o de una institución no financiera en un fondo de inversión del mercado de dinero. El fondo de inversión del mercado de dinero hacía, a su vez, un préstamo a un día a un banco o a un llamado *vehículo de inversión estructurada*, una filial creada por un banco, normalmente para soslayar la legislación.

A continuación, el banco o la filial del banco utilizaba el dinero procedente del fondo de inversión del mercado de dinero para comprar títulos hipotecarios que habían sido creados por las filiales de los bancos de inversión a partir de grandes paquetes de títulos que habían adquirido a los bancos hipotecarios originales. Los bancos hipotecarios tenían, a su vez, estas hipotecas para vender, ya que prestaban dinero a los compradores de viviendas.

En esta cadena de transacciones, la inversión con la que comenzamos, la del particular o la institución financiera en el fondo del mercado de dinero, se *transformaba* en una inversión en las propiedades que eran compradas con las hipotecas. La inversión pasaba de ser un compromiso de deuda líquida a corto plazo, el que hacía el fondo de inversión del mercado de dinero con el inversor, a una deuda vinculada a un paquete de viviendas que probablemente duraría unas cuantas décadas. Además, los títulos hipotecarios acababan en manos de bancos y, de nuevo, estas inversiones se financiaban con deuda a corto plazo.[42]

Si uno cree que el papel de la banca es *producir deuda líquida*, se asombrará de las maravillas de la ingeniería financiera que hacen posible la transformación de billones de euros de deudas de los bancos y de otras instituciones financieras parecidas al dinero, en inversiones en viviendas y propiedades inmobiliarias.[43] Si lo que uno quiere es tener un sistema financiero seguro y sólido, tal vez convenga preguntarse por los riesgos que puede entrañar tanta transformación de vencimientos. Al igual que en el caso de la Bailey Building and Loan Association de la película Qué bello es vivir, uno de los posibles riesgos es una retirada masiva de fondos que seque los canales de financiación de los bancos que tienen los títulos hipotecarios. Un riesgo más grave es la posibilidad de que el banco se declare insolvente, que es precisamente lo que ocurrió con algunos bancos en 2007 y 2008.

Los casos de insolvencia de 2007 y 2008, a diferencia de los de principios de los años ochenta, no se debieron a que variaran los tipos de interés. Muchas hipotecas tenían tipos de interés ajustables, que subieron junto con los tipos de mercado en 2005–2007. Lo que ocurrió es que estos ajustes de tipos provocaron un aumento de la morosidad.[44]

Las subidas de los tipos de interés en Estados Unidos fueron mucho menores en 2005–2007 que a finales de los años setenta y finales de los ochenta, pero, unidas a la dudosa solvencia de los prestatarios, fueron suficientes para marcar el comienzo del cambio de sentido de los precios de la vivienda en Estados Unidos y generaron un gran aumento de la morosidad. Cuando los riesgos de los títulos hipotecarios se hicieron patentes en el verano de 2007, los precios de estos títulos bajaron considerablemente. Dado que las instituciones que los tenían contaban con muy poco capital, muchas tuvieron dificultades financieras y algunas se declararon insolventes.[45]

En el capítulo 5, analizamos los riesgos de contagio de las largas y complicadas cadenas de transacciones. Estas cadenas permitían a los participantes engañarse a sí mismos sobre los riesgos a los que estaban expuestos. Había una considerable cantidad de transformación de vencimientos en el sistema, pero ninguno de los participantes parecía haber contemplado los riesgos desde donde estaba. Es muy posible que, dados los incentivos de muchos de los participantes, prefirieran ignorarlos.

Dividiendo toda la operación en muchos pasos diferentes e interconectados, los participantes en el mercado podían ocultar los riesgos y decirse a sí mismos, a sus supervisores y a sus clientes que todo era seguro y líquido, ya que cada uno de los pasos parecía seguro. Los prestamistas estaban entusiasmados con la posibilidad de invertir en deuda parecida al dinero que pagaba un tipo de interés algo más alto que el de la deuda pública, y se concedieron muchas hipotecas dudosas para alimentar la carrera por la titulización y la «producción» de deuda líquida.

¿Por qué toda esta complejidad?

La complicada cadena de transacciones que acabamos de analizar es un ejemplo del aumento de las interconexiones del sistema financiero en las últimas décadas. Como señalamos en el capítulo 5, estas interconexiones son fundamentales para entender el contagio que hizo que la crisis financiera de 2007–2009 fuera tan dañina.

El aumento de las interconexiones no se debió simplemente al deseo de mejorar la eficiencia financiera. Algunos elementos, al menos, de la cadena de transacciones se debieron al intento de los participantes de soslayar las normas vigentes. Por ejemplo, el que los fondos de inversión en el mercado de dinero, que desempeñaron un importante papel en el pánico que estalló después de la quiebra de Lehman, continúen siendo importantes en el sistema financiero de Estados Unidos se debe a su capacidad para ofrecer los mismos servicios que los bancos sin estar sometidos a las mismas normas. Pueden generar mayores rendimientos a los inversores porque no forman parte del sistema de seguro de depósitos y, por tanto, no tienen que pagar primas de seguro. Sin embargo, en septiembre de 2008 el Gobierno de Estados Unidos decidió de todas formas darles garantías en lugar de dejar que la huida de los inversores de los fondos de inversión del mercado de dinero y la huida de los fondos de inversión del mercado de dinero de los bancos continuaran desestabilizando el sistema financiero.[46]

En el capítulo 5, mencionamos que el rescate de AIG se debió al temor al contagio que pudiera producir el hecho de que AIG no cumpliera sus compromisos de seguro crediticio. Los bancos habían comprado este seguro para reducir sus riesgos y, por implicación, el capital que estaban obligados a tener. Sin el rescate de AIG, el seguro crediticio habría desaparecido y los bancos se habrían visto afectados por los riesgos crediticios que pensaban que habían asegurado.

La colocación de títulos hipotecarios en vehículos de inversión estructurada (SIV, en sus siglas en inglés), partidas que podían mantenerse fuera de los balances de los bancos, también se debió al deseo de soslayar la legislación. Los reguladores trataban los SIV como si fueran independientes de los bancos que los habían creado. Por tanto, los bancos no tenían obligación de financiar estas inversiones con capital propio. Sin embargo, los SIV solo podían obtener financiación, porque los bancos que los habían creado los garantizaban.[47] Los bancos asumían los riesgos de los SIV sin respaldar su compromiso con capital propio y, por tanto, sin capacidad para absorber las posibles pérdidas.[48]

Había (y sigue habiendo) en todo esto un componente de ficción. Los banqueros y los inversores, en su intento de obtener mayores rendimientos, reales o imaginados, restaban importancia a los riesgos. Los bancos aseguraban que cubrían los riesgos de formas que engañaban a los inspectores, así como a los propios banqueros, pero que acabaron siendo ineficaces. Nadie se molestaba en averiguar de qué parte del sistema procedían los riesgos. Algunos de las ganancias parecían extraordinariamente pequeñas en relación con los riesgos implícitos. Por ejemplo, los intereses adicionales generados por los títulos hipotecarios que eran solo relativamente «seguros» podían llegar a ser de solo un 0,1 por ciento, cifra que apenas compensaba los riesgos reales que entrañaban.[49]

¿Por qué estaba tan dispuestos los bancos no solo a engañar a los reguladores, sino también a engañarse posiblemente a sí mismos? La respuesta es que tenía incentivos para hacerlo.[50] Como señalamos en el capítulo 8, los banqueros reciben primas basadas en la evaluación de su contribución a los beneficios, sin apenas tener en cuenta los riesgos. Invertir 1.000 millones de dólares en un título cuyo rendimiento promete ser un 0,1 por ciento superior al coste del endeudamiento puede parecer muy atractivo y un motivo para pagar una elevada prima, ya que, si todo va bien, la inversión resultará en un beneficio de un millón de dólares al año. Si un año más tarde el valor del título disminuye un 10 por ciento, el banco pierde 100 millones de dólares, pero eso no tiene por qué afectar a la prima que recibió el banquero al hacer la inversión.

Los banqueros generalmente actúan en respuesta a los incentivos que se les dan, aunque lo que hagan no genere unos beneficios sostenibles a nadie, salvo a sí mismos. Endeudarse algo más para hacer una inversión de riesgo que apenas rinde más que el tipo de interés que se paga por endeudarse puede parecerle atractivo a un banquero si no debe tener en cuenta el riesgo adicional. Sin embargo, como consecuencia del riesgo asumido, este endeudamiento y la inversión realizada con los fondos prestados pueden muy bien no ser deseables para los accionistas del banco, sus demás acreedores y la sociedad en general.

Como señalamos en el capítulo 5, el sobreendeudamiento hace que los prestatarios muy endeudados se resistan a reducir su deuda si con eso el resto de ella es más segura. De hecho, los prestatarios muy endeudados tienen incentivos para endeudarse aun más, aunque esto sea ineficiente.

En nuestro ejemplo de las hipotecas, vimos que Carolina podría resistirse a invertir 50.000 euros en la mejora de su casa, aunque esta aumentara el valor de su vivienda más de lo que le cuesta la obra; el motivo es que la inversión aumentará el valor de su capital en menos de 50.000 euros si existe la posibilidad de que su casa acabe valiendo menos que su deuda. En este caso, la inversión beneficiaría a los acreedores de Carolina, no a ella. Carolina también podría tener la tentación de pedir una segunda hipoteca, aumentando así la probabilidad de no cumplir sus compromisos. De la misma manera, directivos y accionistas pueden tener razones para oponerse a que se tomen medidas para que los bancos sean más seguros y traten incluso de asumir más riesgos a costa de sus acreedores, y de la sociedad.[51]

¿Por qué hay quien acepte prestar a los bancos en esas circunstancias? Una de las razones es que al menos algunos de ellos están asegurados y no tienen nada que temer. Es el caso de los depositantes cuyos derechos están cubiertos por un seguro de depósitos. Los acreedores asegurados no tienen razón alguna para controlar lo que hace un banco y comprobar cuál es el riesgo que asume. Desde la introducción del seguro de depósitos, estos han sido para los bancos una fuente de financiación bastante estable.

Otro motivo por el que los acreedores prestan en esas circunstancias es que creen que pueden protegerse concediendo únicamente préstamos a corto plazo. La concesión de créditos a corto plazo les permite reaccionar rápidamente a las malas noticias sobre un banco dejando de renovar su financiación. Concediendo únicamente préstamos a corto plazo, los acreedores también se protegen de la emisión de nueva deuda del banco, que puede tener prioridad sobre sus derechos en caso de suspensión de pagos.[52]

El endeudamiento bancario acarrea una especie de carrera desenfrenada, en la que cada acreedor trata de asegurarse de que recuperará su dinero antes que los demás.[53] Una manera de hacerlo es prestar únicamente durante brevísimos periodos, por ejemplo, a un día. La transformación de vencimientos a la que se dedican los bancos, que consiste en la utilización de depósitos y deuda a corto plazo para financiar inversiones a más largo plazo, se debe al menos en parte a esta carrera desenfrenada. La gente presta a los bancos por medio de depósitos y otros tipos de deuda parecida al dinero no solo porque es cómodo, sino también porque quiere asegurarse de que tiene prioridad sobre todos los demás acreedores. La concesión repetida de préstamos a un día que los prestatarios pueden renovar diariamente da a los acreedores la sensación de controlar la situación.

Los acreedores tienen mayor sensación de control y de protección si un banco aporta una garantía, es decir, si asigna a una deuda determinados activos que los acreedores pueden quedarse si esta no se paga. En la última década, el endeudamiento con el uso de garantías ha adoptado cada vez más la forma de los llamados *acuerdos de repo*, donde *repo* se refiere a *recompra*.

Legalmente, un acuerdo de repo no es un contrato de préstamo con un prestatario y un prestamista, sino, más bien, un acuerdo por el que el prestatario vende la garantía al prestamista, es decir, a la parte que pone el dinero, y al mismo tiempo acepta recomprar la garantía a un determinado precio en el futuro, a menudo al día siguiente. El hecho de que este contrato sea tratado legalmente como una venta y una recompra y no como un préstamo permite efectivamente al acreedor soslayar los procedimientos de quiebra o concurso de acreedores que podrían congelar los activos del prestatario. Si este se declara en quiebra y no recompra el activo como prometió, el prestamista simplemente se queda con la garantía, que legalmente es suya.[54]

El uso de acuerdos de repo, al igual que el acortamiento de los vencimientos de la deuda, es un mecanismo mediante el cual los nuevos acreedores pueden pasar por delante de los acreedores anteriores y asegurarse de que cobran incluso en caso de quiebra.[55] Los activos que se utilizan como garantía no se pueden utilizar para pagar otras deudas del banco. Muchos contratos de derivados están protegidos del mismo modo por garantías y, por tanto, también se benefician de este tipo de exención. Aunque el banco tenga problemas o se declare insolvente, puede continuar endeudándose de esta manera y seguir aportando garantías, reduciendo los activos de los que puedan apropiarse tanto el asegurador de los depósitos como los demás acreedores en caso de quiebra del banco.

Algunos han afirmado que la deuda a corto plazo es útil y fomenta la eficiencia de los bancos, ya que disciplina a sus directivos; se dice que los directivos actúan en interés de los inversores por miedo a una retirada masiva de fondos.[56] Sin embargo, está muy claro que en el periodo anterior a la crisis financiera de 2007–2009, la deuda a corto plazo no disciplinó a los banqueros. Estos podían endeudarse e invertir como quisieran, mientras tuvieran garantías para los repo y otros tipos de endeudamiento a corto plazo, y los prestatarios tampoco hacían nada para disciplinarlos. La caída de Bear Stearns y Lehman Brothers se precipitó cuando los acreedores dudaron de la calidad de las garantías, así como de la viabilidad de estos bancos.[57] En el contexto del debate sobre la regulación bancaria, la idea de que la deuda a corto plazo disciplina a los directivos es otra prenda más del traje nuevo de los banqueros.

Cuando los acreedores a corto plazo retiraron finalmente la financiación y los mercados se paralizaron en los diversos episodios de crisis de 2007 y 2008, una gran parte de la excesiva expansión del sistema ya había ocurrido y era demasiado tarde para cambiar algo. Para entonces, las estrategias que habían elegido los banqueros habían llevado a sospechar de la solvencia de los bancos y de la calidad de los títulos hipotecarios supuestamente seguros y líquidos que habían creado y que tenían.

Las garantías y las subvenciones públicas dadas al endeudamiento de los bancos y que analizamos en el capítulo 9 reforzaron aún más los efectos del sobreendeudamiento y promovieron la carrera desenfrenada por endeudarse. Las garantías y las subvenciones reducen los costes y la carga del endeudamiento de los bancos y eliminan los incentivos de los acreedores por controlar los bancos. Como consecuencia, los bancos experimentan la carga del endeudamiento de forma distinta a otras empresas. En concreto, no experimentan ni la reticencia habitual de los acreedores a prestar a los prestatarios muy endeudados, ni los costes y las restricciones que suelen acompañar a un gran endeudamiento y que inducen a las empresas en general a endeudarse poco. Los banqueros, en cambio, responden a la oportunidad de endeudarse endeudándose lo más posible, y al hacerlo, imponen directamente un coste y un riesgo a los contribuyentes y a la sociedad.

La excesiva producción de deuda dista de ser eficiente

¿Por qué se endeudan tanto los bancos y tanto a corto plazo? La razón *no* se halla en que deben economizar capital para poder ejercer como bancos. Aunque algunas actividades de la banca, como los depósitos, entrañan un endeudamiento a corto plazo, nada impide a los bancos basarse más en el capital propio. Eso no reduciría los beneficios que reportan a la economía. Al contrario; como hemos señalado, los bancos que tienen más capital están incluso en mejor condiciones de conceder préstamos y crear activos parecidos al dinero y tienen mejores incentivos para hacer sus préstamos a empresas e individuos solventes.

El capital no es escaso para las empresas viables, y eso es así tanto en el caso de los bancos como de otras empresas. Los bancos pueden aumentar sus niveles de capital internamente —como hace la mayoría de las empresas antes de buscar cualquier nueva fuente de financiación, sea mediante deuda o mediante acciones— no repartiendo beneficios. Los bancos también tienen acceso a la misma comunidad de inversores que proporciona financiación, por la vía de compra de acciones, a otras empresas. En el caso de los bancos cuyas acciones cotizan en Bolsa, estos inversores son los fondos de inversión, los fondos de pensiones y los inversores individuales.

Los expertos a menudo insinúan que los bancos son especiales porque hacen inversiones a largo plazo utilizando financiación a corto. Esta afirmación se refiere a la idea clásica de la transformación de vencimientos que hemos analizado antes, según la cual se utilizan depósitos a corto plazo para financiar préstamos a largo plazo. Sin embargo, realizar inversiones a largo plazo es habitual en otros sectores, por lo que eso no convierte los bancos en especiales. Por ejemplo, algunas compañías farmacéuticas invierten en proyectos para desarrollar nuevos fármacos que se tarda décadas en poder comercializar. Estas inversiones son obviamente de alto riesgo. Por esta razón, las empresas que hacen inversiones a largo plazo tienden a financiarlas con mucho capital propio. Quieren evitar el lado malo del endeudamiento.

En cambio, a los bancos esto les preocupa menos. No quieren utilizar más capital propio y ser más seguros. Prefieren vivir al borde del precipicio, con un endeudamiento que magnifica el lado positivo de sus inversiones dejando el lado negativo a otros, para más tarde. Esta conducta tiene poco que ver con los beneficios que puedan aportar los bancos a la economía; tiene que ver, más bien, con el modo en que se remunera a los banqueros, con las garantías y las subvenciones que confiere su endeudamiento y con su capacidad para endeudarse repetidamente utilizando esas garantías. Satisface la adicción de los bancos a endeudarse, pero dista de ser eficiente.

En los cuatro últimos capítulos, hemos puesto en evidencia la falsedad de los argumentos que se esgrimen en contra de un aumento de las necesidades mínimas de capital. Sin embargo, la sociedad se beneficiaría mucho y el sistema financiero podría prestar incluso mejores servicios a la economía, si los bancos y otras instituciones financieras fueran mucho menos frágiles de lo que permiten las normas actuales y las propuestas de reforma que se están discutiendo. ¿Es posible pasar del sistema que tenemos, frágil y peligroso, a uno más seguro y sólido? ¿Podemos mantener un sistema bancario próspero y más estable que juegue siempre a favor de la economía? La respuesta a ambas preguntas es «sí». En el siguiente capítulo, explicamos cómo.

TERCERA PARTE
Avanzando

Si no es ahora, ¿cuándo?

El tiempo ... tiene el problema de que se estropea antes de que madure.

Francis M. Cornford (1874–1943), estudioso clásico inglés,
Microcosmographia Academica, *1968.*

Hemos venido sosteniendo que si los bancos tienen más capital propio, el sistema financiero será más seguro y más sólido y estará menos distorsionado. Desde el punto de vista del conjunto de la sociedad, los beneficios son grandes y los costes difíciles de encontrar. Sin embargo, a menudo se alega que una reforma de este tipo sería cara de realizar en la práctica. Se dice que los bancos no pueden aumentar su capital emitiendo nuevas acciones, sin que esto reduzca su capacidad para conceder créditos. Se alega que la consiguiente reducción de créditos perjudicaría la economía, mucho más en un momento en que todavía no se ha recuperado totalmente de la profunda recesión de 2008.[1]

Como consecuencia de todo ello, Basilea III, el nuevo acuerdo internacional sobre las necesidades mínimas de capital de los bancos, contenía un largo periodo de transición, hasta 2019.[2] Esta transición tenía por objeto evitar que las nuevas normas provocaran cambios bruscos. Sin embargo, eso significó que el problema de la insuficiencia de capital propio de los bancos no se resolviera inmediatamente. Esto mantuvo las dudas sobre la solvencia de estas entidades, lo cual contribuyó extraordinariamente a la tormenta financiera de 2011.

Lo mejor, en realidad, para el sistema financiero y para la economía es que los problemas de la banca se resuelvan de una manera rápida y decisiva. Si los bancos tienen poco capital propio, es importante reconstruirlo rápidamente. También es importante aflorar la morosidad oculta y cerrar los bancos zombi. Recapitalizar rápidamente los bancos es posible y beneficioso, si se lleva a cabo como es debido, y sus consecuencias negativas son mucho menos caras que las consecuencias negativas de posponer la decisión. Eso es así, aunque la economía esté pasando por un mal momento.

El largo periodo de transición no es el único fallo de Basilea III. Otros fallos son el bajísimo nivel de capital propio que se sigue permitiendo y la complejidad del sistema regulador. Las normas que intentan ajustar las necesidades mínimas de capital utilizando modelos cuantitativos de riesgo y pruebas de resistencia pueden manipularse fácilmente. La deficiente regulación ha causado una excesiva fragilidad en el pasado; ha llevado a los bancos a no conceder préstamos a las pequeñas y medianas empresas y a invertir, en lugar de eso, en activos negociables. Basilea III sigue manteniendo este enfoque errado, sin introducir apenas cambios.

«Ahora no es el momento oportuno»

El nivel de capital propio de los bancos no ha aumentado mucho desde la crisis financiera de 2007–2008. Basilea III, el acuerdo internacional pensado para aumentar el capital de los bancos tiene, como hemos dicho, un periodo de transición que durará hasta 2019. En 2011, la crisis de la deuda soberana europea despertó una seria preocupación por la solvencia de los bancos europeos. Esta preocupación llevó a los fondos del mercado de dinero y a otros inversores de Estados Unidos a dejar de prestar a muchos bancos europeos.[3] Los préstamos fueron sustituidos, en parte, por préstamos de los bancos centrales, pero eso no redujo los problemas de solvencia.[4] Como los bancos europeos estaban operando con poco capital propio, se pensaba con razón que eran muy vulnerables.

Cuando estábamos escribiendo este libro en octubre de 2012, aún no se había resuelto la crisis de la deuda soberana europea. El centro de atención había pasado de Grecia y de la deuda soberana griega a España, a los bancos españoles y al Estado español.[5] Las cifras en juego y los riesgos de los bancos franceses y alemanes probablemente sean mayores, pero parece que preocupa menos su solvencia de lo que preocuparon en 2011 los efectos de una suspensión del pago de la deuda griega.

Una diferencia importante entre 2012 y 2011 es que, entretanto, los bancos europeos se han visto obligados a aumentar su capital propio, como consecuencia de una decisión tomada en la cumbre de los líderes de la Unión Europea celebrada en octubre de 2011.[6] La consecuencia inmediata de esta decisión pareció confirmar la idea de que las necesidades mínimas de capital deben imponerse con sumo cuidado, no cuando los bancos tienen problemas y la economía va mal.[7] No obstante, los mayores niveles de capital propio que han tenido los bancos como consecuencia de la aplicación de esta decisión han contribuido a que los bancos europeos fueran más sólidos en 2012.[8]

Desde el punto de vista de los bancos, nunca es el momento oportuno para aumentar las exigencias mínimas de capital o para imponer cualquier otra norma restrictiva. Por lo que se refiere a los reguladores, cuando el sector va mal, temen que un aumento de las necesidades mínimas de capital genere una contracción crediticia que perjudique la economía. Pero cuando el sector va bien, nadie ve la necesidad de hacer nada.[9] El análisis se basa en el «principio de la inmadurez del tiempo», como lo llamó el clasicista inglés Francis Cornford, el principio según el cual «no hay que hacer en el momento presente lo que se cree que es adecuado en ese momento, porque el momento en el que se cree que es adecuado aún no ha llegado».[10]

El principio de la inmadurez del tiempo es el cuento del lobo. En la banca, puede acabar siendo muy caro dejarse asustar por este cuento.[11] Por ejemplo, en la década de 1990, las autoridades japonesas no obligaron a sus bancos a reconocer las pérdidas originadas por sus préstamos fallidos. Temía que si lo hacían, se viera que los bancos eran insolventes y eso perturbara el sistema financiero. Los bancos continuaron prestando a los morosos para evitar su quiebra, reduciendo al mismo tiempo la concesión de créditos a nuevos proyectos. Como consecuencia, la economía dejó de crecer. Negar los problemas de solvencia y posponer la liquidación de los bancos insolventes fue una razón importante de que la crisis japonesa durase más de una década y tuviera enormes costes económicos y sociales.[12]

En el capítulo 3, analizamos el comportamiento potencialmente peligroso de los deudores con dificultades financieras y, sobre todo, de los que se encuentran en situación de insolvencia oculta. Lo que ocurrió en Japón demuestra que estas situaciones son importantes en el caso de los bancos. Los bancos débiles no benefician a la economía. A base de refinanciar los créditos de los clientes con dificultades financieras evitan tener que identificarlos como morosos, pero este comportamiento perjudica a la economía al sostener empresas fracasadas y limitar la financiación de proyectos nuevos. Los bancos que tienen dificultades financieras o son insolventes suelen además asumir riesgos excesivos para sobrevivir. Permitir que los bancos débiles o insolventes continúen funcionando —y sobre todo ayudarlos con préstamos o con garantías de préstamos— acaba siendo caro e ineficiente.[13]

Cuando los grandes bancos, o todo el sector bancario, tienen problemas, los políticos y el regulador suelen temer que si aplican estrictamente la ley, el resultado sea una contracción crediticia y una recesión.[14] Creen que no es el momento oportuno de resolver los problemas y, en lugar de eso, permiten a los bancos que son insolventes o que tienen graves dificultades continuar funcionando y, si es necesario, los rescatan.[15] Sin embargo, las investigaciones sobre las crisis bancarias han demostrado que cuando los problemas de la banca no se resuelven de manera rápida y con contundencia, el resultado suele ser una crisis más grave, una mayor contracción del crédito y, en última instancia, una recesión más profunda.[16] Postergar la resolución de los problemas puede ser muy caro.

A veces el problema no son las dificultades financieras o la insolvencia oculta de un banco. Un banco puede tener problemas porque haya demasiados bancos en el mercado. Cuando hay demasiados, la competencia puede ser feroz y los bancos pueden tener dificultades para obtener los márgenes o las comisiones que necesitan para cubrir sus costes. Aunque esa situación agrade a los clientes de los bancos, al menos durante un tiempo, puede poner en peligro el sistema financiero, ya que los bancos tenderán a asumir riesgos innecesarios con el fin de tener alguna posibilidad de sobrevivir.[17] Si la existencia de un exceso de capacidad en la banca es la causa principal de los problemas del sector, las ayudas del Estado o del banco central a los bancos puede perpetuar los problemas, ya que impedirá que se realicen los ajustes necesarios.[18]

La crisis estadounidense de 2007–2008, y lo que ocurrió después en Europa, han debilitado a muchos bancos. Aunque algunas de sus pérdidas se han reconocido y algunos bancos han desaparecido, existen muchos indicios y una firme sospecha de que puede haber aún muchas pérdidas y de que puede existir todavía un exceso de capacidad en la banca. Por tanto, los inversores no están dispuestos a pagar un precio muy alto por las acciones de los bancos que han caído a niveles relativamente bajos. Como señalamos en los capítulos 6 y 7, esto se manifiesta en el hecho de que las cotizaciones de las acciones de los bancos son significativamente más bajas que sus valores contables declarados.[19]

En Estados Unidos, los bancos están concediendo menos hipotecas nuevas y no están reconociendo la morosidad de los préstamos existentes.[20] La situación es parecida a la de Japón en la década de 1990. Sin embargo, en Europa y Estados Unidos las autoridades han sido reacias a afrontar el problema de la continua debilidad de muchos bancos. Aún no se han aprendido las lecciones del pasado.

¡Hay que reforzar los bancos inmediatamente!

La manera más sencilla de aumentar la solidez y la estabilidad del sistema financiero es prohibir a los bancos el pago de dividendos a sus accionistas y obligarles a retener los beneficios hasta que tengan mucho más capital propio. Estas medidas reportarían unos beneficios inmediatos y no tendrían ningún efecto negativo en la economía; reforzarían los bancos de una manera rápida y directa y no tendrían ninguna consecuencia inesperada.

¿Qué ocurrirá si los bancos no pagan a sus accionistas y retienen sus beneficios durante un tiempo? Si hay préstamos que merece la pena llevar a cabo, los bancos pueden hacerlos utilizando los beneficios no distribuidos en lugar de endeudarse más. Las empresas prósperas utilizan los beneficios no distribuidos como fuente fundamental de recursos para realizar nuevas inversiones. De hecho, los beneficios no distribuidos son la fuente más popular de financiación de las sociedades anónimas.[21] Si los bancos no encuentran ningún préstamo que merezca la pena efectuar, pueden utilizar los beneficios no distribuidos para pagar algunas de sus deudas o para invertir en títulos negociables que generen unos rendimientos adecuados. En todos estos casos, los niveles de capital propio de los bancos aumentarán sin mermar la capacidad de los bancos para conceder préstamos.

¿Qué pensarán los accionistas si los bancos no reparten dividendos? Los accionistas de las empresas que tienen poca o nula deuda, como Apple, estarán contentos si el dinero se invierte productivamente, ya que el valor añadido de las inversiones se reflejará en el valor de sus acciones. Independientemente de lo que haga Apple con sus beneficios, incluso si los invierte en letras del Tesoro y espera a que se presente la oportunidad de invertir rápidamente en el futuro sin necesidad de buscar financiación, los accionistas tienen derecho a todos los beneficios de Apple, ahora y en el futuro, y el valor de sus acciones se ajustará para reflejar las inversiones.[22] Si las acciones cotizan en Bolsa, los accionistas que necesitan dinero en efectivo pueden crear *dividendos caseros* vendiendo algunas de sus acciones.[23]

¿Qué ocurre con los bancos, cuya financiación es en más del 90 por ciento deuda? Como señalamos en el capítulo 3, estar sobreendeudado influye en la actitud de los deudores hacia el riesgo y hacia un mayor endeudamiento. Los prestatarios muy endeudados tienden a asumir más riesgos y a endeudarse más. Estar endeudado implica que el riesgo sea más aceptable, ya que se beneficia de su lado positivo mientras comparte su lado negativo con los acreedores y con los que aseguran a dichos acreedores. Se trata de un conflicto fundamental que se debe al endeudamiento y que es especialmente grande cuando este es elevado.

Como los bancos están muy endeudados, sus decisiones afectan no solo a sus accionistas, sino también a sus depositantes y a otros acreedores, al fondo de garantía de depósitos y a la sociedad en general. El pago de dividendos a los accionistas permite a los bancos mantener o aumentar su endeudamiento, como en el caso, analizado en el capítulo 3, de un prestatario (Carolina en nuestro ejemplo) que pide una segunda hipoteca para financiar su consumo o para realizar otras inversiones.

Cuando los banqueros pagan dividendos a sus accionistas en lugar de retener sus beneficios para invertir o para pagar deuda, de hecho se están resistiendo a reducir su endeudamiento. Es posible que el pago de dividendos a los accionistas mantenga a estos contentos durante un tiempo, pero perjudica a la sociedad. Como señalamos en el capítulo 8, también puede ocurrir que los directivos asuman unos riesgos por los que los accionistas no sean suficientemente compensados. Desde un punto de vista de política económica, no hay razón alguna para permitir que los bancos pongan en peligro a un país con el pago de dividendos a sus accionistas. Si un banco es lo suficientemente sólido como para que su deuda sea absolutamente segura incluso después de pagar dividendos a sus accionistas, su situación será similar a la de Apple, que no tiene ninguna deuda, y no hay ningún conflicto de intereses con acreedores. Mientras se pague la deuda, los accionistas asumen el riesgo positivo y negativo de toda inversión, exactamente igual que en una empresa como Apple.

Si los accionistas asumen los riesgos, tanto negativo como positivo, de toda inversión, no pierden mucho con un simple retraso del reparto de dividendos. Cuando se pagan dividendos a los accionistas, el valor del capital disminuye, en su mayor parte, exactamente en la cuantía del reparto de dividendos; por tanto, la riqueza total de los accionistas es independiente de que se repartan o no dividendos. Por consiguiente, mientras los accionistas asuman todos los riesgos —y aparte de las desgravaciones fiscales relacionadas con la deuda (que analizamos en el capítulo 9)— su riqueza no se verá afectada si se prohíbe el reparto de dividendos.[24]

La prohibición de repartir dividendos sí reduce el valor de las acciones de un banco, si la solvencia de este es discutible, y la prohibición de repartir dividendos supone que el banco sea más seguro. En este caso, es posible que algunos costes del pago de dividendos a los accionistas sean asumidos por los acreedores y posiblemente por el fondo de garantía de depósitos o por el contribuyente, ya que es más probable que el banco quiebre si reparte dividendos. Y a la inversa, si la deuda es más segura con la prohibición, los beneficios de esta irán a parar a los acreedores y posiblemente al fondo de garantía de depósitos o a los contribuyentes. Además, una prohibición de este tipo beneficiará a la sociedad en su conjunto, ya que si el banco es más seguro, estará en mejores condiciones para hacer préstamos de calidad y ofrecer otros servicios.

En 2007 y 2008, los reguladores en Estados Unidos permitieron a los bancos repartir grandes dividendos. Lo permitieron incluso después de que estallara la crisis de las hipotecas de alto riesgo en agosto de 2007.[25] El reparto de dividendos debilitó considerablemente los bancos. Las cantidades que pagaron los grandes bancos a sus accionistas fueron alrededor de la mitad de los fondos que posteriormente les dio el Gobierno a través del TARP. Si los bancos no hubieran pagado esos dividendos, la ayuda del Estado en el otoño de 2008 no habría necesitado ser tan cuantiosa.[26]

Desde 2011, la Reserva Federal, así como las autoridades de otros países, han permitido a la mayoría de los bancos pagar dividendos a sus accionistas, a pesar de que los bancos sigue siendo débiles y algunos de ellos aún no han alcanzado el nivel de capital que exige el acuerdo de Basilea III. Los bancos rentables podrían alcanzar los niveles de capital de Basilea III mucho antes si no repartieran dividendos. No tiene sentido retrasar la aplicación de Basilea III alegando que los bancos necesitan tiempo para ajustarse y permitir al mismo tiempo repartos de dividendos que harán que el ajuste sea más lento. Permitiendo el reparto de dividendos antes de que se hayan alcanzado los nuevos niveles de capital, se beneficia a los bancos y se perjudica al país.[27]

Los bancos sólidos no necesitan esperar a que el capital se vaya acumulando internamente reteniendo los beneficios. Esos bancos pueden pasar a ser más seguros inmediatamente obteniendo nuevo capital, y los reguladores pueden obligarles a ello. Se pueden vender nuevas acciones a los antiguos accionistas (en una oferta de derechos de suscripción preferente) u ofrecérselas a nuevos accionistas.[28] Los fondos obtenidos de esta forma se pueden utilizar para conceder préstamos, para realizar otras inversiones o para pagar deudas.

Los directivos de los bancos y, posiblemente, los accionistas, se opondrán a la obligación de emitir nuevas acciones por las mismas razones por las que se oponen a que se prohíba el reparto de dividendos: el sobreendeudamiento y la pérdida potencial de desgravaciones. Sin embargo, como hemos señalado antes, ninguna de estas preocupaciones comporta ningún coste para la sociedad.[29] Es legítimo pedir que los directivos y los accionistas de los bancos asuman una parte del riesgo negativo mayor que los acreedores y los contribuyentes.

La decisión de obligar a los bancos a alcanzar una determinada proporción entre capital propio y activos puede producir efectos negativos si los bancos responden a esta exigencia haciendo menos préstamos, en lugar de aumentar sus niveles de capital no repartiendo dividendos o emitiendo nuevas acciones.[30] Sin embargo, se puede evitar la caída del crédito si el regulador, en lugar de fijar una proporción, exige una cantidad concreta de capital.[31]

Si un banco puede aumentar su capital porque no tiene beneficios que retener o no puede colocar nuevas emisiones de acciones, habrá razones para sospechar que tiene muchas dificultades financieras o incluso que es insolvente.[32] En ese caso, el supervisor deberá intervenir, examinar los créditos y otros activos uno por uno, calcular su valor y estimar la probabilidad de sufrir pérdidas en el futuro. Hacerlo no es barato, pero es esencial para no tener bancos zombi disfuncionales. El cierre a tiempo de los bancos insolventes es una tarea básica del supervisor.[33]

Cuando todo un sistema bancario está afectado, la intervención del regulador es crucial; una vez que se hayan valorado los activos y los inversores estén seguros de que se han eliminado los activos malos, los demás *bancos buenos* pueden venderse de nuevo en el mercado, como ocurrió en Suecia durante la década de 1990. En esa limpieza, también podría ser importante reducir la dimensión del sector bancario.[34] Si las pérdidas se han debido a que había demasiados bancos enzarzados en una competencia imprudente, como hemos señalado antes, los problemas del sistema no desaparecerán a menos que se reduzca el tamaño del sector bancario.[35]

Más allá de Basilea: ¡hay que aumentar considerablemente las necesidades mínimas de capital!

Basilea III tiene otros dos importantes fallos, además de un periodo de transición innecesariamente largo. En primer lugar, las necesidades mínimas de capital que exige son demasiado bajas. En segundo lugar, el capital exigido se calcula en su mayor parte, no en relación con el total de activos del banco, sino con los llamados *activos ponderados por el riesgo*, que solo representan una proporción del total de activos. Basilea III obliga a los bancos a tener, el 1 de enero de 2019, un capital igual al menos a un 7 por ciento de sus activos ponderados por el riesgo[36].

El que las necesidades mínimas de capital del 7 por ciento se fijen en relación con el total de activos o con sus activos ponderados por el riesgo puede ser fundamental. Por ejemplo, los 55.000 millones de euros que tenía aproximadamente en capital propio el Deutsche Bank en su balance presentado a finales de 2011 representaban más del 14 por ciento de los activos ponderados por el riesgo del banco, pero solo el 2,5 por ciento del total de activos del banco, que era de de 2,2 billones.[37] En términos más generales, cuando un banco europeo afirma orgulloso que tiene un 10 por ciento de «capital básico», podemos apostar tranquilamente a que su capital representa menos del 5 por ciento de su total de activos, muy probablemente solo el 2 o el 3 por ciento.[38]

La idea en la que se basa la ponderación de riesgo es que si los activos que tienen los bancos son de menor riesgo, es posible que sea necesario menos capital para que un banco pueda absorber sus pérdidas potenciales. La forma más sencilla de analizar la idea de asignar *ponderaciones de riesgo* a los diferentes activos es imaginar que las necesidades mínimas de capital correspondientes a cada uno de los activos del banco dependen del riesgo de cada uno. Por ejemplo, como el dinero en efectivo no tiene riesgos, los bancos no están obligados a respaldar sus tenencias de efectivo con capital. Un banco que tenga 1,8 billones de euros en préstamos y 200.000 millones en efectivo tiene la obligación de tener la misma cantidad de capital que uno que solo tenga 1,8 billones en préstamos.

El capital mínimo exigido también es el mismo si un banco de Estados Unidos tiene 1,8 billones de dólares en préstamos y 200.000 millones en títulos del Estado federal. En Europa, un banco que tenga 1,8 billones de euros en préstamos y 200.000 millones en deuda pública española o griega no está obligado a tener más capital que uno que tenga 1,8 billones de euros en préstamos y 200.000 millones en efectivo. La normativa supone que esa deuda pública está libre de riesgos, al igual que el efectivo, pero en Europa se demostró que este supuesto era erróneo cuando Grecia suspendió el pago de su deuda en marzo de 2012.[39]

Cualesquiera que sean en teoría las ventajas de fijar las necesidades mínimas de capital en relación con los activos ponderados por el riesgo, en la práctica muchos bancos han utilizado esta característica del *método de Basilea* para reducir su capital a una pequeñísima proporción de su total de activos. Cuando el capital representa el 2,5 por ciento del total de activos de un banco, una disminución del valor de los activos del 2,5 por ciento es suficiente para llevarse el capital por delante y hacer que el banco sea insolvente. Desde 2007, algunos grandes bancos han tenido esta experiencia y han quebrado (Lehman Brothers, Washington Mutual) o habrían quebrado si no hubieran sido rescatados con el dinero de los contribuyentes (UBS, Hypo Real Estate, Dexia). En algunos casos, las pérdidas que se llevaron el capital por delante procedían de activos que los reguladores habían considerado libres de riesgo y que, por tanto, no tenían que estar respaldados por ningún capital.[40]

Estados Unidos nunca ha aplicado totalmente el acuerdo de Basilea II para los bancos comerciales, debido en gran medida a que Sheila Bair, presidenta por entonces de la FDIC, creía que el método de las ponderaciones de riesgo de Basilea II planteaba problemas. El hecho de que no se aplicara contribuyó a que los bancos asegurados por la FDIC fueran más fuertes que los bancos europeos o que los bancos de inversión de Estados Unidos regulados por la Securities and Exchange Commission, que permitía el uso de ponderaciones de riesgo.[41] El acuerdo de Basilea III propone una regulación basada en el llamado *coeficiente de apalancamiento*, lo cual es una gran innovación. Esta regulación fija un nivel mínimo de capital en relación con el total de activos. Basilea III fijó este nivel mínimo en un 3 por ciento.[42] Si esta cifra parece escandalosamente baja, es porque lo es. Cuando se anunció el acuerdo en septiembre de 2010, la columna de Martin Wolf en el Financial Times se tituló acertadamente «Basel: The Mouse that did not Roar» [«El ratón que no rugía»].[43] Señalaba con sarcasmo que el requisito de triplicar el mínimo anterior «parece duro, pero solo si uno no se da cuenta de que triplicar casi nada no es mucho».

Que los bancos tengan el 3 por ciento de capital es como que Carolina tenga 9.000 euros de capital y una hipoteca de 291.000 para financiar una casa de 300.000. Como hemos visto, si Carolina se endeuda tanto, basta una pequeñísima pérdida de valor de su vivienda para que esta valga menos que su hipoteca, es decir, para que Carolina deba más de lo que vale la casa. En el caso de los bancos, este tipo de situación significa la aparición de dificultades financieras o incluso de la insolvencia.

Si el capital propio de los bancos es tan bajo como permite la regulación, tenemos que estar preparados para ver continuas quiebras y crisis bancarias, con grandes costes para los contribuyentes y considerables y persistentes daños para la economía. Con estos bajos niveles de capital, los bancos —y los reguladores bancarios— están apostando a favor de la capacidad del sistema para evaluar correctamente las ponderaciones de riesgo y de la capacidad de los bancos para evitar pérdidas. Sin embargo, lo que hemos visto desde 2007 demuestra que no se puede confiar en ninguna de estas capacidades. El capital exigido a los bancos debería ser *muy* superior al 3 por ciento del total de activos que propone Basilea III.

La historia sirve de orientación. Como señalamos en el capítulo 2, durante una gran parte del siglo XIX, cuando los bancos eran sociedades cuyos propietarios eran totalmente responsables de sus deudas, las entidades bancarias solían tener un capital del orden del 40 por ciento o incluso del 50 por ciento de su total de activos. Alrededor de 1900, era frecuente en muchos países que los bancos tuvieran un capital del 20–30 por ciento. No existía ninguna regulación que exigiera estos niveles de capital, sino que surgían de forma natural por la interrelación entre dueños y gestores de los bancos, los depositantes y otros inversores.

La disminución que experimentaron los niveles de capital posteriormente a lo largo del siglo XX está relacionada estrechamente con las necesidades de financiación de los gobiernos en la Primera Guerra Mundial y con el desarrollo y las repetidas ampliaciones de las diversas redes de seguridad por medio de las cuales el Estado ayuda al sector bancario, desde las garantías explícitas que da el seguro de depósitos hasta los rescates bancarios y las garantías implícitas a los bancos que son demasiado grandes para quebrar.[44] Como señalamos en el capítulo 9, las crecientes redes de seguridad que ayudan a la banca han hecho que sea posible que las instituciones bancarias *economicen* capital y aumenten su endeudamiento. Los problemas de gobernanza y de control, analizados en el capítulo 8, también han contribuido a la disminución de los niveles de capital propio de los bancos.

La idea de que no es posible aumentar la seguridad de los bancos a su costa es falsa. La situación de los bancos y de sus acreedores debería ser tal que fuera muy improbable que necesitaran ayuda ni rescates públicos. Obligando a los bancos a tener un capital de al menos un 20–30 por ciento de su total de activos, el sistema financiero sería mucho más seguro y sólido. Con esos niveles de capital, la mayoría de los bancos normalmente podrían arreglárselas solos y no necesitarían ayuda en forma de liquidez nada más que de vez en cuando.[45]

Como el uso de los depósitos y de otros tipos de deuda a corto plazo puede provocar retiradas masivas e ineficientes de fondos, los seguros de depósitos como el que ofrece el Estado en muchos países benefician a la sociedad. También puede ser beneficioso que los bancos centrales inyecten de vez en cuando liquidez en los bancos sólidos. Sin embargo, la red de seguridad de los bancos distorsiona los incentivos de los banqueros y de sus acreedores induciéndolos a asumir o a tolerar riesgos excesivos fruto de su endeudamiento y de las inversiones de riesgo.

Exigir un nivel de capital propio significativamente mayor es la forma más sencilla de contrarrestar estas distorsiones; es simplemente pedir a los bancos que reduzcan el riesgo de que se enfrenten a dificultades financieras que perjudiquen a los demás. Este objetivo lo pueden conseguir los bancos obteniendo capital a precios de mercado, en los mismos mercados en los que otras empresas consiguen su financiación. Refiriéndose a que los bancos economizan capital a costa de los demás, el premio Nobel Merton Miller, cuyo intento de discutir las necesidades mínimas de capital con los banqueros se expuso en el capítulo 7, dice: «No puedo evitar sonreírme cuando oigo a los banqueros quejarse del capital que se les exige tener, sabiendo que ellos siempre han impuesto unas exigencias aún mayores a la gente que se endeuda con ellos».[46]

Se deberían exigir unos niveles de capital mucho más altos a todas las instituciones que ofrecen servicios bancarios a la gente y en concreto, con servicios de pagos.[47] Además, se debería exigir un nivel considerable de capital a las instituciones que tienen importancia sistémica, en el sentido de que sus dificultades financieras, por no hablar de su insolvencia, podrían desestabilizar y dañar considerablemente el sistema.[48]

Para decidir quién debe someterse a la exigencia de capital, hacen falta reguladores y supervisores que averigüen dónde se acumulan los riesgos en el sistema. Como señalamos en el capítulo 6, los *hedge funds* pueden ser de importancia sistémica, y la crisis ha demostrado que también se debería vigilar a las compañías de seguros.[49] Las necesidades mínimas de capital podrían variar de unos tipos de instituciones a otros. En algunos casos —por ejemplo, en el de los bancos de inversión, que pueden asumir unos riesgos incontrolablemente grandes en la compraventa de valores o en las operaciones con derivados, o en el de las instituciones que sirven de contrapartes en las operaciones con derivados— quizá se debiera imponer unas necesidades mínimas de capital especialmente altas, ya que los riesgos sistémicos que crean sus actividades son enormes y puesto que los derivados pueden utilizarse para ocultar considerables riesgos.[50]

No existe ninguna razón para que los niveles mínimos de capital propuestos en Basilea III sean tan escandalosamente bajos. Estos niveles de capital son el resultado de la presión que han ejercido los bancos en todo el debate y de los argumentos engañosos que se emplean en las discusiones sobre regulación bancaria: el traje nuevo de los banqueros.

Sin calcular como es debido los costes y los beneficios sociales, el enfoque adoptado por los reguladores se ha basado en la idea errónea de que imponer unos niveles de capital mucho más altos a los bancos plantea importantes disyuntivas a la sociedad. Al final, lo que se ha hecho ha sido establecer una cantidad mínima de capital para *ir tirando,* y no más. Sin embargo, como hemos hecho evidente en este libro, la idea de que la exigencia de un capital elevado tiene costes para la sociedad es falsa. No reporta más que beneficios.

Las investigaciones que se han realizado en apoyo de la regulación propuesta en Basilea subrayan los beneficios pero inventan unos costes ficticios de aumentar significativamente las necesidades mínimas de capital. Por ejemplo, casi todos los estudios que se han presentado en apoyo de Basilea III suponen que si los bancos se ven obligados a ampliar capital mediante nuevas emisiones de acciones, eso comporta un coste para la sociedad. Pero estos estudios no explican satisfactoriamente esta conclusión. En concreto, no tienen en cuenta la distinción clave entre los costes privados del capital para los bancos y los costes para la sociedad.[51]

Los beneficios que resultan del aumento de las exigencias mínimas de capital, cuando se analizan correctamente desde el punto de vista de la sociedad, son grandes y los costes, difíciles de encontrar.[52] No existe, pues, motivo alguno para economizar tanto el capital de la banca como propone Basilea III. Si el ajuste a unos niveles de capital más altos se realiza como es debido, la transición no tiene por qué ser larga ni producir efectos negativos en la capacidad crediticia de los bancos.

Entre las ventajas que tiene para la estabilidad del sistema financiero el que los bancos operen con mucho más capital propio se encuentra el hecho de que cualquier pérdida de valor de sus activos tiene un impacto menor en su capital y, por tanto, no requiere tantos ajustes como cuando los bancos tienen menos capital. Una pérdida de valor de los activos de un banco del 1 por ciento destruye un tercio de su capital si este solo representa un 3 por ciento de sus activos, pero solo destruye el 4 por ciento si representa el 25 por ciento de sus activos. Si el banco quiere vender activos para restablecer la relación entre su capital y el total de sus activos, o por otras razones, después de una pérdida, tiene que vender el 32 por ciento de sus activos si el capital inicial representa un 3 por ciento de sus activos, pero solo un 3 por ciento de sus activos si el capital inicial representaba un 25 por ciento. El efecto contagio del desapalancamiento a través de las ventas forzosas de activos a precios de saldo es mucho menor si el capital inicial es mucho mayor.

Otra ventaja importante de la exigencia de una proporción de capital mucho mayor radica en que, de esta manera, las instituciones financieras tienen más confianza unas en otras. Las instituciones financieras se prestan normalmente unas a otras para reducir las fluctuaciones de su financiación, que suelen deberse a las subidas y bajadas de los depósitos de sus clientes. Si los bancos tuvieran más confianza unos en otros, esta financiación a corto de unos a otros sería menos vulnerable a las perturbaciones y funcionaría más eficientemente.

Han sido muchos los que han afirmado que los requisitos de Basilea III son demasiado bajos.[53] Sin embargo, incluso entre los partidarios de que se eleven las necesidades mínimas de capital, son pocos los que defienden unos niveles tan altos como los nuestros.[54] La mayoría parece que toma los niveles de capital de las últimas décadas como punto de referencia. Sin embargo, eso plantea diversos problemas. En primer lugar, los niveles de capital de las últimas décadas eran artificialmente bajos, porque los bancos y sus acreedores se habían acostumbrado a la red de seguridad del Estado. En segundo lugar, la intensificación de la competencia que hemos observado en los mercados financieros desde la década de 1970 ha mermado la capacidad de los bancos para hacer frente a las perturbaciones que ocurren en el sistema. En tercer lugar, el elevado grado de interconexión del sistema fruto de las innovaciones financieras y de la globalización ha magnificado las consecuencias que puede tener para la economía mundial la quiebra de una institución financiera de importancia sistémica. Además, todas las instituciones tienden a estar expuestas a las mismas perturbaciones y, por tanto, a tener problemas al mismo tiempo. Todas estas razones nos llevan a concluir que los niveles de capital que han tenido los bancos en las últimas décadas no sirven de referencia para saber cuánto capital deben tener los bancos.[55]

Desde 2010, que es cuando comenzamos a hablar más abiertamente de la necesidad de llevar a cabo una reforma ambiciosa de la regulación del capital, hemos participado en muchos debates sobre el tema y, sin embargo, nunca hemos recibido una respuesta coherente a la pregunta de por qué los bancos *no* deben tener unos niveles de capital de entre el 20 y el 30 por ciento de su total de activos[56] (una advertencia: es preferible no dar unos coeficientes de capital concretos, ya que su significado dependerá de las convenciones contables).

Algunos dirán que los bancos no pueden obtener tanto capital. Esa afirmación es falsa. En primer lugar, como hemos subrayado, cualquier banco que sea rentable debería ser capaz de aumentar su capital no repartiendo dividendos. Por ejemplo, el JPMorgan Chase tenía previsto pagar en 2012 alrededor de 19.000 millones de dólares a sus accionistas. Si se quedara con este dinero en lugar de repartirlo, su capital aumentaría en esta cantidad, que representa alrededor del 10 por ciento de su valor contable y un porcentaje más alto de su valor de mercado.[57] Si los bancos viables no pagan dividendos a sus accionistas y emiten nuevas acciones, la banda del 20–30 por ciento de capital en relación con el total de sus activos debería poderse alcanzar bastante deprisa.

En segundo lugar, cuando se trata de obtener capital emitiendo nuevas acciones, no existe ninguna distinción entre las acciones de los bancos y las demás acciones. Todas las acciones están en manos de inversores, que las valoran utilizando los mismos criterios. Se puede vender acciones a precios que sean los adecuados, teniendo en cuenta las evaluaciones que hacen los inversores de los riesgos y los rendi-

SI NO ES AHORA, ¿CUÁNDO?

mientos potenciales. Los inversores diversificados, como los fondos de pensiones y los fondos de inversión, compran una amplia combinación de acciones y las bancarias no tienen nada especial o diferente de las demás acciones.

En tercer lugar, si los bancos no tienen beneficios que puedan retener o si no pueden obtener nuevo capital, es posible que ya sean insolventes o que no sean modelos viables de negocio. Ese tipo de bancos debe ser liquidado, como el resto de las empresas que no tienen modelos viables de negocio. Es posible que el tamaño actual del sector bancario sea, en muchos países, excesivo y exija una cierta reducción. Si es realmente excesivo, la utilización de ayuda pública para mantener las instituciones existentes es sumamente ineficiente.

Nadie sabe cuál es el tamaño ideal de un sector. Averiguarlo es una de las razones de ser del mercado, de manera que las empresas rentables prosperan y las que no son viables se ven obligadas a cerrar. En la banca, este mecanismo de mercado ha sido distorsionado por las garantías y los rescates públicos, por un endeudamiento excesivamente barato y por la prevención artificial hacia las quiebras bancarias. El aumento de las necesidades mínimas de capital que impone un pasivo mayor a los accionistas de los bancos, y que reduce el importe de las subvenciones, puede llevar al sector a reducirse a un tamaño más adecuado. En consecuencia, la imposición de un nivel mayor de capital reduciría las distorsiones descritas y permitiría a los mercados funcionar mejor, lo cual beneficiaría a la economía en general.

Más allá de Basilea: hay que abandonar la ilusión de un ajuste perfecto

Como hemos señalado antes, Basilea III establece las necesidades mínimas de capital de los bancos en relación con sus activos ponderados por el riesgo y no en relación con su total de activos. El método del coeficiente de apalancamiento, que establece las necesidades mínimas de capital en relación con el total de activos, constituye una barrera de protección para eliminar los abusos más extremos del método de ponderación del riesgo. Sin embargo, algunos se han opuesto incluso al establecimiento de un coeficiente de apalancamiento muy laxo. Esta oposición proviene en parte de las instituciones del sector a las que les afectaría directamente incluso un nivel de capital del 3 por ciento y, en parte, de los reguladores y de otros a los que les gusta la sofisticación de la ponderación del riesgo.[58]

El método de la ponderación de los activos por el riesgo da la impresión de ser científico; el riesgo de cada activo del banco se mide *científicamente* y las necesidades mínimas de capital se deciden basándose en estas mediciones. Tal vez parezca obvio que una regla basada en la ciencia es mejor que una regla que es solo aproximada.[59]

Ese argumento se ha impuesto en los trabajos de los reguladores de muchos países que han venido reuniéndose en el Comité de Supervisión Bancaria de Basilea.[60] El primer acuerdo internacional, firmado en 1988, solo tenía unas categorías aproximadas para distinguir los activos en función de sus riesgos. Desde entonces, los reguladores han estado buscando el santo grial de las ponderaciones *correctas*. Se pensaba que el acuerdo de Basilea II, firmado en 2004, estaba funcionando bien, pero la crisis financiera demostró que tenía fallos.[61] El acuerdo de Basilea III intenta corregir algunos fallos de Basilea II, pero no ha cambiado el enfoque general.[62]

El método de la ponderación de los activos por el riesgo es extraordinariamente complejo y tiene muchas consecuencias inesperadas que dañan el sistema financiero. Permite a los bancos reducir su capital concentrándose en las inversiones que la regulación considera seguras. Los bancos también pueden utilizar derivados para transferir los riesgos de sus inversiones a terceros, y eso puede aumentar las interconexiones. Un ejemplo sería la compra de permutas de incumplimiento crediticio de un banco para asegurarse contra el riesgo crediticio de los títulos de deuda que tiene la entidad. Como vimos en el capítulo 5, ese seguro crediticio sirvió para considerar los títulos hipotecarios como absolutamente seguros; también fue una fuente de riesgo sistémico y desempeñó un importante papel en la decisión del Gobierno estadounidense de rescatar AIG.

Los bancos han desarrollado diversas técnicas para *optimizar la ponderación de riesgo* que les permiten elegir inversiones que son, en realidad, más arriesgadas de lo que creen los supervisores y que tienen perspectivas de rendimiento que reflejan estos riesgos de tal manera que sus rendimientos son, en promedio, mayores que los rendimientos de las inversiones que son más seguras.[63]

En teoría, las ponderaciones de riesgo pretenden adaptar las necesidades mínimas de capital a los riesgos de las inversiones de los bancos; en la práctica, las ponderaciones son el resultado de una mezcla de política, tradición, ciencia genuina y ficticia e intereses individuales de los bancos. En esta mezcla, se pasan totalmente por alto algunos riesgos importantes y reales.[64] Por ejemplo, como hemos señalado antes, un banco de la zona del euro no necesita utilizar ningún capital cuando invierte en deuda pública griega o alemana denominada en euros, si la inversión se financia en esta moneda. Dentro de la zona del euro, ese tipo de deudas se ha considerado libre de riesgo incluso después de la suspensión de pagos griega de marzo de 2012.[65]

Desde mediados de los años noventa, los bancos pueden utilizar sus propios modelos para evaluar los riesgos de sus inversiones.[66] Los reguladores lo permitieron porque se dieron cuenta de que los bancos generalmente tienen una información mejor y más actualizada sobre estos riesgos, así como mejores técnicas para evaluarlos. A pesar de los problemas obvios del método de las ponderaciones del riesgo que puso de manifiesto la crisis, entre los reguladores y otros muchos —entre los cuales se encuentran políticos, expertos en banca y una gran parte de la prensa financiera— está muy extendida la idea de que es bueno utilizar técnicas *científicas* para ajustar perfectamente las mediciones del riesgo.

Sin embargo, en el proceso de averiguar cuál era la mejor manera de medir el riesgo, se perdió de vista el fin de la regulación. Los reguladores y demás expertos pasaron por alto el hecho de que los intereses de los bancos cuando miden y gestionan sus riesgos no coinciden con el interés público de tener un sistema financiero seguro; no se tuvo en cuenta la posibilidad de que los bancos aprovechasen su control de los modelos de riesgo para manipular la medición del riesgo en beneficio propio. Los reguladores y demás expertos tampoco tuvieron en cuenta las consecuencias de la ponderación del riesgo sobre las estrategias de inversión de los bancos.[67] Hay motivos para creer que incluso cuando no hay ninguna intención de manipulación, el método de las ponderaciones del riesgo puede fallar.[68]

El acuerdo de Basilea II contribuyó mucho a la fragilidad del sistema financiero mundial en 2007–2009. El apalancamiento de los bancos era tan grande porque en el periodo anterior a la crisis, muchos bancos habían hecho uso del derecho de calcular sus necesidades de capital basándose en sus propios modelos de riesgo para economizar capital, tratando los riesgos como si no existieran si eso les beneficiaba.[69] Las inversiones de los bancos se habían concentrado en activos cuya evaluación del riesgo era fácil de manipular, a diferencia de los activos en los que esa manipulación era difícil. Eso explica por qué se invirtieron tantos fondos en títulos hipotecarios en lugar de ser prestados a pequeñas empresas.[70] Los fondos que se invirtieron en títulos hipotecarios sirvieron, en última instancia, para financiar la construcción de muchos edificios residenciales que hoy están vacíos y deteriorándose, un horrible despilfarro que fue fomentado por el sistema de regulación.

En el capítulo 5, señalamos que el aumento de las interconexiones en el sistema financiero fue una de las razones por las que algo relativamente pequeño, como la crisis de las hipotecas de alto riesgo de Estados Unidos, pudo afectar el mundo entero. Estas interconexiones se debían en parte al método de Basilea para calcular las necesidades mínimas de capital basado en las ponderaciones del riesgo. Un ejemplo, que ya hemos mencionado repetidamente, es el uso excesivo de permutas de incumplimiento crediticio para no tener en cuenta el riesgo crediticio y no preocuparse por la capacidad de pago del asegurador del crédito.

Otro ejemplo es la creación de más y más capas de titulización que señalamos en el capítulo 5.[71] En cada fase de este proceso, se ponían en un paquete algunos títulos de baja calificación, se emitían nuevos títulos con derechos que dependían de los rendimientos de los títulos del paquete y se daba a algunos de los nuevos títulos la mejor calificación crediticia posible, AAA, para que los bancos pudieran tener los títulos sin apenas respaldo de capital.

Todo esto se hacía porque los bancos querían inversiones que no les obligaran a tener mucho capital y que les permitieran aumentar el ROE sin preocuparse apenas por las posibles pérdidas. Al crear una demanda artificial de títulos AAA, la regulación hizo atractiva la creación de títulos de ese tipo. Por tanto, la regulación contribuyó, de hecho, a la desaparición total de la disciplina del mercado en la concesión de préstamos hipotecarios y en la titulización de las hipotecas y, más tarde, al hundimiento total de muchos mercados. Los compradores no tenían ninguna manera realista de averiguar cuáles eran los riesgos crediticios y los vendedores no tenían ningún incentivo para hacerlo. La crisis estalló en el verano de 2007 cuando se vio de repente el riesgo de estos títulos y se sustituyeron las calificaciones AAA supuestamente muy seguras, que equiparaban estos títulos a la deuda pública de Estados Unidos, por calificaciones mucho más bajas.

El intento de ajustar perfectamente la regulación del capital se basa en una ilusión. Aparte de los problemas de corrupción en el terreno de la política y de manipulación por parte de los bancos, los propios riesgos están cambiando permanentemente y los bancos carecen de la información necesaria para medirlos correctamente.[72] Por ejemplo, los riesgos de que las contrapartes incumplan sus obligaciones pueden cambiar cuando estas cambian, como ocurrió cuando AIG vendió muchos más derivados crediticios con el paso del tiempo. La capacidad para convertir activos en efectivo puede cambiar de repente cuando los inversores se dan cuenta de que no tienen apenas información sobre estos activos, como ocurrió en 2007 en el caso de los títulos hipotecarios. Los riesgos relacionados con los precios de los activos también pueden cambiar porque otros inversores experimentan pérdidas y tienen que vender sus activos a precios de saldo. Todos estos acontecimientos no pudieron predecirse a tiempo basándose en la información que tenían los bancos. Dadas estas limitaciones, es peligroso confiar en el ajuste perfecto de las mediciones del riesgo, por muy *científicos* que se quiera hacer creer que son los modelos cuantitativos de riesgo de los bancos.[73]

Los estudios empíricos sobre la crisis financiera han mostrado que una *ratio* entre el capital y los activos ponderados por el riesgo de un banco alto no significaba que este fuera seguro. En cambio, el que la *ratio* entre el capital y el total de activos, sin ponderaciones de riesgo, fuera alta, significaba que el banco estaba en mejores condiciones para hacer frente a la crisis.[74]

A pesar de lo que ocurrió en la crisis financiera, no ha desaparecido la confianza en conseguir un ajuste perfecto de las mediciones del riesgo basadas en los modelos cuantitativos de los bancos. Basilea III apenas aporta cambios significativos, salvo la propuesta del coeficiente de apalancamiento. Los reguladores y los supervisores también se basan en modelos cuando realizan las pruebas de resistencia para averiguar si los bancos tienen suficiente capital. Se ha realizado ese tipo de pruebas en Estados Unidos en 2009, 2011 y 2012 y en Europa en 2010 y 2011.[75]

Las pruebas de resistencia que se realizan en la banca, y que se parecen a las que se utilizan en ingeniería o en medicina, pretenden averiguar si los bancos tienen suficiente capital para hacer frente a determinadas perturbaciones; por ejemplo, a una recesión económica que impide a los prestatarios pagar sus deudas o a una caída de la Bolsa de valores. Sin embargo, este método no es más científico o fiable que el que se utiliza para ajustar las necesidades mínimas de capital.

Las predicciones de lo que ocurriría en los escenarios de estrés se basan en modelos desarrollados por los bancos y los reguladores. Las pruebas de resistencia, al igual que las mediciones del riesgo, tienen, pues, la limitación de que estos modelos no recogen algo tan importante como la dinámica del contagio analizada en el capítulo 5 porque, en realidad, no hay suficientes datos para poder integrarla en el modelo. Además, en las predicciones influyen, por supuesto, la política de cómo se hacen las pruebas de resistencia y los intereses de los bancos y, posiblemente, de los reguladores cuando construyen sus modelos.

Dadas estas limitaciones, apenas sorprende que tanto en 2010 como en 2011 algunos bancos europeos que habían superado las pruebas de resistencia con éxito se encontraran con dificultades financieras y tuvieran que ser rescatados poco después.[76]

Cualquier cosa menos capital

En otro intento equivocado de ajustar las necesidades mínimas de capital, que permite a los bancos tomar atajos, a veces la regulación del capital trata algunas deudas como si fueran acciones. Por ejemplo, un banco puede emitir deuda que da a los inversores el derecho a recibir anualmente unos intereses fijos, salvo en aquellos años en los que el banco no obtenga beneficios. Desde el punto de vista de los accionistas, esa clase de título es como una deuda, ya que los que lo poseen tienen derecho a cobrar antes de que se paguen dividendos a los accionistas. Sin embargo, algunas normas entienden que este tipo de título es como las acciones, ya que el banco no tiene la obligación de hacer ningún pago si incurre en pérdidas.

En el acuerdo de Basilea II, se tuvieron en cuenta muchos de esos títulos híbridos (que es como se llaman) para establecer las necesidades mínimas de capital, a pesar de que no eran, en realidad, acciones. La idea era que los inversores en estos títulos participaran en las pérdidas exactamente igual que los accionistas. Sin embargo, en los rescates de 2007–2009 las ayudas públicas salvaron de las pérdidas a los que tenían estos títulos híbridos, junto a los depositantes y otros acreedores.[77] Parece que los gobiernos temían que pudiera haber otro *acontecimiento Lehman* si se hacía que estos títulos híbridos participaran en las pérdidas de los bancos.[78]

Está claro, pues, que en una crisis solo se puede utilizar el capital para absorber pérdidas. Los autores de Basilea III trataron de aplicar esa lección, pero los banqueros han ejercido muchas presiones, sobre todo en Europa, para conseguir que se incluyan otros títulos en el capital.[79] Su enfoque puede denominarse cualquier cosa menos capital. La búsqueda de cualquier cosa menos capital para absorber pérdidas ha llevado últimamente a centrar la atención en los llamados *bonos convertibles contingentes* que pueden convertirse en capital cuando ocurre un *evento activador*.[80] La idea es que algunos acreedores se verían obligados a convertirse en accionistas si el capital del banco disminuyera como consecuencia de sus pérdidas.

Este enfoque plantea numerosos problemas y serias razones para dudar de que sea eficaz o fiable. Si un banco llegara a acercarse a uno de los *puntos de activación* que inicia la conversión de alguna deuda en capital, podría estallar una tormenta, ya que la conversión beneficiaría a unos inversores y perjudicaría a otros, y muchos participantes, incluidos los directivos del banco, podrían tomar medidas para influir en si se alcanzó o no el punto de activación. Esas medidas podrían provocar el pánico en los mercados de estos títulos o en los mercados de acciones del banco.[81]

Es posible que los cocos protejan menor que la simple deuda la seguridad del banco. Sin embargo, son claramente menos fiables que el capital. No existe ninguna razón válida para que se piense en alternativas que no son capital y no en este, cuando sería más sencillo y eficaz utilizar el capital para alcanzar los objetivos de un sistema financiero estable y sólido.[82]

El intento de incluir en las necesidades mínimas de capital cualquier cosa menos este se basa enteramente en el traje nuevo de los banqueros.[83] Parece que se debe al énfasis erróneo en el ROE que analizamos en el capítulo 8. Mientras los títulos parecidos al capital no sean realmente capital, producen los mismos efectos que la deuda en el cálculo del ROE. En abril de 2011, Bob Diamond, que era por entonces director general de Barclays, declaró: «Barclays está contando con poder financiar parte de sus necesidades mínimas de capital con nuevos instrumentos convertibles contingentes, o cocos, que no reducirán el ROE».[84]

El atractivo de los títulos que no son capital también se debe al interés en mantener las desgravaciones fiscales de que goza el endeudamiento si esos títulos pueden considerarse deuda a efectos fiscales.[85] Esto nos recuerda que la legislación tributaria penaliza el capital de los bancos y fomenta la deuda o cualquier cosa que no sea capital, lo cual es perverso y debe modificarse. No tiene sentido poner en peligro la estabilidad financiera para dar a los bancos una ventaja fiscal.

Cómo hacer que funcione la regulación del capital

Es importante decidir qué deben exigir las leyes, pero ¿qué ocurre si se infringen? En principio, si un banco tiene muy poco capital, el supervisor debe intervenir y obligar la entidad a aumentar su capital amenazándole al mismo tiempo con que tomará medidas disciplinarias contra él, incluida la revocación de su licencia y su cierre.

La amenaza de cerrar un banco puede no ser creíble si este es grande y está muy interconectado con otros. El supervisor también puede temer que si se demuestra que un banco ha tenido muchas pérdidas, la gente cuestione su supervisión. Por tanto, es posible que el supervisor, en lugar de cerrar el banco, prefiera pasar por alto sus pérdidas y permitirle mantener préstamos morosos en su contabilidad sin reconocerlos como pérdidas. Como ya hemos señalado, eso puede ser muy peligroso y muy caro.

Tenemos que olvidarnos de la simple dicotomía entre tener y no tener suficiente capital y considerar más detenidamente qué deben hacer los supervisores cuando un banco tiene poco capital. En este punto, Basilea III va en la buena dirección. El requisito de un 7 por ciento que hemos mencionado tiene dos componentes, unas necesidades mínimas de capital del 4,5 por ciento y un llamado *colchón de conservación de capital* del 2,5 por ciento de los activos ponderados por el riesgo. La idea es que si el capital de un banco se encuentra entre el 4,5 y el 7 por ciento, este se verá obligado a retener sus beneficios y no pagar dividendos con el fin de reconstruir su capital internamente, pero no tendrá que obtener inmediatamente nuevo capital.

Esta idea puede aplicarse a los niveles mínimos de capital mucho mayores y más seguros que proponemos. Por ejemplo, la exigencia de un nivel de capital del 20–30 por ciento del total de activos de los bancos, como hemos propuesto antes, se podría establecer de tal manera que los bancos tuvieran al menos el 30 por ciento de capital en las épocas buenas. Si incurrieran en pérdidas que redujeran su capital a un nivel inferior al 30 por ciento, pero no inferior al 20 por ciento, se les ordenaría que no pagaran dividendos a sus accionistas y que reconstruyeran su capital no repartiendo beneficios. Algunos pagos, como los de los directivos, se podrían realizar en forma de nuevas acciones.[86] Sin embargo, si el capital de los bancos disminuyera por debajo del 20 por ciento, se debería obligarles a reconstruir su capital inmediatamente, emitiendo nuevas acciones si fuera necesario.[87]

En términos más generales, tiene sentido tener un sistema graduado de necesidades mínimas de capital en el que las respuestas de los supervisores y de los bancos puedan ser diferentes dependiendo del nivel de capital que tengan realmente los bancos. En Estados Unidos, la Federal Deposit Insurance Corporation Improvement Act de 1991 prevé un sistema graduado de respuestas que implican diversas *acciones correctivas rápidas* que dependen de la gravedad del problema. La extensión de esta práctica nos permitiría superar un sistema en el que los incumplimientos de las necesidades mínimas de capital llevan a preguntarse inmediatamente si se debe cerrar un banco.

Las consecuencias prácticas del establecimiento de cualquier porcentaje de capital en relación con los activos dependen fundamentalmente de las normas que determinan qué activos y pasivos deben incluirse en el balance de un banco y cómo se calculan sus valores. Aquí el principio debería ser que ha de incluirse cualquier inversión o compromiso que exponga al banco a algún riesgo. Los inversores y los reguladores tienen que ser capaces de evaluar los riesgos. Por ejemplo, no se debería permitir a los bancos mantener fuera del balance entidades a las que se les está prometiendo ayuda en forma de liquidez o de otras garantías, y se debería incluir las posiciones en derivados que pueden causar fragilidad en lugar de compensarlas y no tenerlas en cuenta.[88]

Los coeficientes de capital propio basados en las convenciones contables no siempre indican los problemas de solvencia a su debido tiempo. Esos coeficientes no siempre habrían indicado la existencia de problemas en el otoño de 2008, ya que, como señalamos en el capítulo 6 y antes en este capítulo, no se ajustan con la suficiente celeridad y los bancos pueden manipularlos.[89] El regulador debería tener en cuenta otras fuentes de información, como los precios de las acciones y otros indicadores del mercado, para tratar de mantener la seguridad y la solidez del sistema financiero. Cualquier inquietud ante una acumulación de riesgos debería llevar a tomar medidas prudentes, como la prohibición del pago de dividendos a los accionistas, con el fin de impedir que disminuyera el capital. El mantenimiento de unos niveles suficientes de capital por medio de ese tipo de instrumentos puede ser una manera eficaz de conseguir que podamos contar con el sistema financiero para apoyar la economía real.

El supervisor debe tener presente que su tarea básica es proteger a la gente. Las cuestiones relacionadas con los detalles de la regulación del capital, las normas contables y otras mediciones no deben desviar la atención de este objetivo. Si un banco dice que el riesgo ha desaparecido porque se ha protegido contra él, ¿quién lo ha asumido realmente? Diversificar el riesgo o transferirlo solo es beneficioso si las instituciones que lo asumen pueden asumirlo sin problemas. De lo contrario, la transferencia del riesgo propiciada por el sistema de regulación puede dañar el sistema financiero y la economía.

El regulador debería también ocuparse más de los riesgos que suponen acontecimientos poco frecuentes. Los peligros no deben ignorarse aunque se piense que hay menos del 1 por ciento de probabilidades de que ocurran. Si ocurre ese tipo de acontecimientos, el sistema financiero y la economía pueden sufrir enormes daños, y esta posibilidad se debería tener en cuenta, aunque se crea que su probabilidad es baja.

Es útil comparar la regulación del capital y otras normas que pretenden conseguir que el sistema bancario sea más seguro con los límites de velocidad y otras normas que existen para los camiones que transportan explosivos u otros productos químicos por una zona habitada. Es posible que la velocidad sea más fácil de medir que los niveles de capital de los bancos, pero los objetivos fundamentales de proteger a la gente son muy parecidos.

Las empresas de transporte por carretera pueden argumentar que tienen excelentes conductores y que, por tanto, no hace falta rebajar el límite de velocidad a menos de 120 kilómetros por hora. También pueden afirmar que sus conductores saben cuidarse solos y que, por tanto, no hace falta regular los periodos de descanso. También pueden aducir que la reducción de los límites de velocidad o la imposición de periodos de descanso a los conductores de camiones encarecerían el transporte terrestre de mercancías y reducirían el crecimiento económico. La respuesta podría ser un debate sobre si los modelos de riesgo de las empresas de transporte terrestre están teniendo debidamente en cuenta las ráfagas de viento de costado o las placas de hielo de la carretera, pero después del primer desastre las autoridades probablemente llegarían a la conclusión de que tal vez fuera más importante proteger a la gente que ajustar al detalle la normativa.

Las mismas consideraciones que se aplican a los camiones, los aviones o los reactores nucleares deberían aplicarse a los bancos. El objetivo debe ser la seguridad pública. Sin embargo, una notable diferencia entre la imposición de unas necesidades mínimas de capital mucho mayores y las medidas de seguridad en otros muchos contextos es que la exigencia de unas elevadas necesidades mínimas de capital es una ganga increíble para la sociedad: ¡los considerables beneficios que se obtienen imponiendo unos niveles mucho más altos de capital son, en realidad, gratis!

Si los conductores de camiones tuvieran que conducir más despacio y parar treinta minutos cada dos horas y no pudieran conducir de noche, recorrerían menos kilómetros al día y eso podría aumentar el coste del transporte. En cambio, el aumento de las necesidades mínimas de capital del 3 al 25 por ciento del total de activos de los bancos solo entrañaría una reorganización de los derechos financieros y lograría un sistema financiero mejor y más seguro. No tendría ningún coste para la sociedad.[90]

¿Por qué ha fallado la regulación del capital y por qué no se ha revisado a pesar de la crisis? La respuesta tiene mucho que ver con la política de la banca, que ha hecho que afirmaciones falsas calen tanto en los reguladores como en los políticos. Nos ocuparemos de las cuestiones políticas en los dos últimos capítulos del libro.

12

La política de la banca

«¡El rey va desnudo!», pero bajo espléndidas vestiduras.
Stanislaw Jerzy Lec (1909–1966), aforista polaco,
Unkempt Thoughts

Comenzamos el capítulo 1 citando la airada reprimenda del presidente francés Nicolas Sarkozy a los banqueros estadounidenses que habían perdido el «sentido común». Podríamos deducir de esa cita que los bancos franceses están sometidos a una supervisión tan férrea que los banqueros franceses no tienen ninguna posibilidad de perder el sentido común.

En realidad, los bancos franceses han sido un importante motivo de preocupación en la crisis europea. Durante toda la crisis, han tenido muy poco capital y mucha financiación a corto plazo procedente, en concreto, de fondos del mercado de dinero de Estados Unidos. En 2011, estos fondos estaban preocupados por la crisis de la deuda soberana en Europa y retiraron su dinero. Sin la inyección de liquidez del Banco Central Europeo (BCE), los bancos franceses y europeos habrían tenido graves problemas.[1]

La financiación procedente del BCE pudo inyectar liquidez, pero no fue suficiente en el caso del banco franco-belga Dexia.[2] Este banco ya había sido rescatado en 2008 con una inversión de los contribuyentes de 6.400 millones de euros. A finales de 2010, su capital ascendía a 11.000 millones, lo que representaba menos del 2 por ciento de sus activos. Durante los nueve primeros meses de 2011, este capital disminuyó aún más, y en octubre de 2011 no quedaba nada para absorber las nuevas pérdidas originadas por la deuda griega. El banco tuvo que ser rescatado de nuevo; la parte belga y la parte francesa se escindieron y se nacionalizaron las dos.[3]

Menos de dos meses antes de que se nacionalizara Dexia, la directora del Fondo Monetario Internacional, Christine Lagarde, había advertido a los bancos europeos de que eran muy débiles y necesitaban más capital.[4] Christian Noyer, gobernador del Banco de Francia, que también es responsable de la supervisión financiera, le espetó: «Quizá su personal le haya informado muy mal». El ministro francés de Hacienda tampoco vio ninguna razón para «dudar o temer por el sistema bancario francés». Anteriormente, Noyer había advertido contra los «excesivos colchones de capital» e insistido en que las tenencias de deuda griega de los bancos franceses no eran motivo de especial preocupación.[5]

En las negociaciones internacionales sobre la reforma de la regulación bancaria de los últimos años, Francia se ha opuesto sistemáticamente a que se endurezca la regulación. En el capítulo 11, nos referimos a la caracterización que hizo Martin Wolf de Basilea III en el título de su columna en el *Financial Times*, «The Mouse that did not Roar» [«El ratón que no rugía»]. La reforma de la regulación se suavizó debido en gran medida a las presiones de Francia, Alemania y Japón.[6]

Se observa en muchos políticos una notable contradicción entre lo que dicen y lo que hacen. En público, suelen ser críticos con los bancos, pero hacen poco para controlar los riesgos que estos imponen a los contribuyentes. Sin embargo, los políticos franceses y alemanes que se oponen al endurecimiento de la regulación deberían saber por propia experiencia que los rescates bancarios son muy caros.[7]

Los políticos, los reguladores, los supervisores y demás suelen alinearse con los banqueros, porque quieren promover los intereses de los bancos de sus países frente a la competencia internacional. En las negociaciones internacionales, luchan por los bancos de sus países, aunque las normas por las que luchan puedan poner en peligro la estabilidad financiera.[8] Las quejas de que la nueva regulación podría poner en situación de desventaja a los bancos de sus países frente a la competencia internacional han pesado más en ellos que la preocupación por los riesgos a los que estos bancos están exponiendo a los contribuyentes.

Los argumentos proteccionistas apelan a los sentimientos nacionalistas, pero son falsos. La promoción de la competitividad internacional de los bancos, cueste lo que cueste, no sirve a los intereses nacionales. Cuando los bancos de un país salen victoriosos frente a la competencia internacional imponiendo riesgos y costes al resto de la economía y a los contribuyentes, eso perjudica, en realidad, a la economía de un país.

Otro motivo por el que las presiones de los bancos suelen tener éxito es que los políticos ven en ellos una fuente de recursos en lugar de una fuente de riesgos. Regular estrictamente los bancos puede afectar al volumen de fondos que suelen dirigir a financiar sus causas favoritas, entre ellas el propio Gobierno. El traje nuevo de los banqueros puede servir de tapadera para ignorar los riesgos cuando conviene.

Los banqueros se aprovechan de esta situación. Es posible que los políticos en el Gobierno piensen en *sus* bancos, pero los banqueros piensan, a su vez, en *sus* gobiernos. Dada su pericia y su control del dinero, se encuentran en una buena posición para influir tanto en el debate público como en las decisiones de los políticos y los reguladores, influyendo en la política pública en beneficio propio. El fenómeno de la *captura del regulador*, por el que los políticos y los reguladores son influidos por aquellos a los que regulan, existe en la mayoría de los sectores regulados, pero es especialmente llamativo en la banca y las finanzas.[9]

Como los diferentes países tienen diferentes instituciones y tradiciones, la política sobre la banca y la regulación bancaria varían de unos países a otros.[10] Sin embargo, detrás de esas diferencias hay un importante trasfondo común.

«La competencia internacional exige las mismas reglas del juego para todos»

Los representantes de los bancos y de otros sectores suelen quejarse de que la regulación merma injustamente su capacidad para competir con las empresas de otros países y esgrimen el argumento expresado en el encabezamiento de este apartado. Por ejemplo, Jamie Dimon, director general de JPMorgan Chase, tildó el acuerdo de Basilea III de «antiamericano».[11] Según él, Basilea III favorece a las instituciones europeas y podría hacer que los bancos asiáticos se hicieran con una parte de la cuota de mercado ahora en manos norteamericanas. De la misma manera, los bancos franceses se quejaron de que las nuevas normas no tenían en cuenta la situación especial de sus grupos financieros y de las compañías aseguradoras y los bancos públicos alemanes sostenían que las nuevas normas jugaban en su contra.[12]

Los responsables públicos suelen entonar la misma canción. Cuando se criticó a Michel Barnier, comisario europeo para el mercado interior y los servicios, responsable de la regulación financiera, por suavizar el acuerdo de Basilea III en respuesta a las presiones francesas y alemanas, se quejó de que Estados Unidos estaba tardando en aplicar Basilea III, de que ni siquiera había aplicado totalmente el acuerdo anterior de Basilea II y de que no había cumplido el acuerdo del G20 para limitar los incentivos de los banqueros en la toma de riesgos.[13] El Tesoro de Estados Unidos respondió recalcando que la regulación de las operaciones con derivados es más avanzada y más rigurosa en Estados Unidos que en Europa.[14]

En este juego de acusaciones, todo el mundo reclama que las reglas del juego sean las mismas para todos y todo el mundo culpa a los demás de conceder privilegios especiales a sus propios bancos. Los banqueros y sus grupos de presión dicen que todos los bancos tienen que estar sometidos, en aras de la justicia, a las mismas normas. De hecho, se quejan de la injusticia para luchar contra las normas que no les gustan, tratando de conseguir ventajas para sí mismos. Gracias a su éxito, la coordinación internacional de la regulación bancaria ha tendido a reducir la regulación al mínimo común denominador.[15]

En los deportes, los competidores suelen quejarse de las reglas y de que los árbitros favorecen al rival. Los medios de comunicación nacionales se suman a las quejas, sabiendo que su audiencia va a favor del equipo de casa. Sin embargo, la economía mundial no es un acontecimiento deportivo. En los Juegos Olímpicos, las competiciones de los diferentes deportes son independientes y un país podría llegar a esperar que sus deportistas jugasen bien en todos ellos o incluso que ganasen medallas en todas las competiciones. Sin embargo, en la economía mundial los diferentes sectores están interrelacionados y ningún país puede ganar la competición en todos los sectores al mismo tiempo.

Una economía es un sistema de producción, intercambio y consumo. Las empresas emplean personas y compran otros factores para producir bienes y servicios que pueden vender a otras empresas y a la gente.[16] Utilizan los ingresos generados por sus ventas para pagar a sus empleados y a los proveedores de factores; finalmente, los propietarios de la empresa pueden disponer del excedente, si lo hay. Los empleados y los propietarios pueden utilizar la renta que ganan para consumir, para realizar compras o para hacer inversiones productivas.

En este sistema, las empresas y los individuos se especializan en determinadas actividades y no tratan de hacerlo todo ellos mismos. Compran a otros las cosas que no hacen ellos. La división del trabajo, por la que cada persona hace una cosa que comercia, es beneficiosa porque la gente y las empresas, especializándose en las actividades que hacen bien, contribuyen a aumentar la productividad de la economía.

Especializarse y hacer algo bien significa necesariamente no hacer bien otras cosas, pero eso no es motivo de preocupación. Por ejemplo, los médicos se especializan en la práctica de la medicina y están contentos de comprar las fresas a un agricultor o en un supermercado que a lo mejor se las ha comprado a agricultores de California o de Israel.

Esta lógica también se aplica en el comercio internacional. Los políticos a veces dicen que los países compiten entre sí. Este argumento es falso, otra prenda del traje nuevo de los banqueros. Si las instituciones financieras del Reino Unido o de Suiza ocupan un lugar destacado en los mercados financieros internacionales, su éxito está relacionado directamente con la incapacidad de las empresas de su país para competir en otras actividades. De la misma manera que los médicos utilizan los honorarios que obtienen por sus tratamientos para pagar las fresas, así el Reino Unido y Suiza utilizan los ingresos que obtienen por la venta de servicios financieros en todo el mundo para comprar ordenadores en Estados Unidos o vino en Francia. En realidad, estas compras no son realizadas por el Reino Unido o por Suiza, sino por personas y empresas de estos países, que a lo mejor cobran por trabajar en el sector financiero.

Los bancos de un país no solo compiten con los bancos de otros países. También compiten con otros sectores de su propio país, y lo que es más importante, compiten por la gente, sobre todo por la que tiene un talento que escasea, a la cual las empresas de otros sectores también querrían contratar. Si el sector financiero puede ofrecer elevados sueldos e interesantes carreras profesionales, es más probable que atraiga a personas muy cualificadas, a expensas de los sectores que no pueden hacer ofertas competitivas. Si los demás sectores no pueden permitirse pagar unos sueldos suficientemente altos, seguramente estarán en peores condiciones para competir por el talento. Por tanto, pueden acabar vendiendo peor sus productos o sus servicios en el mercado nacional y en el internacional.

Suiza e Islandia son una muestra de que los bancos tienen éxito a costa de otros sectores. Hace cien años, el turismo suizo se beneficiaba de la mano de obra barata de las regiones montañosas más aisladas. Actualmente, ya no existe esta mano de obra barata, porque la gente puede mudarse fácilmente a las ciudades y conseguir un empleo bien remunerado en el sector financiero. El éxito del sector financiero (y de algunos otros) ha llegado a costa del sector turístico. De la misma manera, el auge del sector financiero en Islandia en los diez años anteriores a 2008 atrajo hacia la banca a personas que trabajaban en otras actividades, como la agricultura, la pesca y el turismo.[17]

Para un país en su conjunto —o, mejor dicho, para la población del país— la cuestión importante no es si sus bancos o sus fabricantes de automóviles tienen éxito en la economía mundial, sino si sus recursos, especialmente su gente, se dedican a sus usos más productivos.

Por ejemplo, los bancos modernos emplean matemáticos y físicos para crear sus modelos matemáticos de riesgo. Los físicos que trabajan para los bancos no están disponibles para trabajar en otros sectores, por ejemplo, para desarrollar nanotecnología o automóviles eléctricos que reducirían nuestra dependencia del petróleo. ¿Sabemos, acaso, que es mejor que estos físicos se dediquen a concebir modelos de riesgo para los bancos que a desarrollar nanotecnología? Y esas personas inteligentes que trabajan en la banca de inversión, ¿no serían más productivas desarrollando nuevos programas informáticos?

Nadie puede responder a estas preguntas directamente. Una manera indirecta de averiguarlo es ver qué empresas ganan cuando compiten por la gente. Si los mercados funcionan bien, las empresas más productivas serán más capaces de atraer a las personas que tienen talento. El éxito en la venta de sus productos y el éxito en la atracción de gente van de la mano; unos ingresos elevados generados por unas buenas ventas permiten a las empresas pagar salarios altos. A menos que el sistema de mercado esté distorsionado, el éxito de una empresa en sus mercados es una señal de que el uso del talento y de los demás recursos que adquiere es bueno para el conjunto de la economía.[18]

Sin embargo, los mercados pueden estar distorsionados. Cuando las empresas no asumen todos los costes de sus actividades y se aprovechan de otros para que paguen algunos de esos costes, puede ocurrir que se destinen demasiados recursos a actividades cuyos costes no son tenidos totalmente en cuenta. En este caso, el resultado puede ser un mercado poco eficiente. Un ejemplo es una empresa que contamina un río y no paga los daños que esa contaminación impone a las personas y empresas que se encuentran río abajo. A lo mejor la empresa es un líder mundial en sus mercados, pero si sus productos son baratos porque los costes de su contaminación son asumidos por otros, ese éxito no es beneficioso para la sociedad.

También se llega a la misma conclusión si la actividad impone riesgos a otros. Ejemplos son los productos químicos que son baratos porque las medidas de seguridad son insuficientes, el transporte que es barato porque la empresa ahorra en mantenimiento y, del mismo modo, hablaremos de las actividades financieras que pueden provocar una crisis económica. No existen muchas diferencias entre los bancos que se dedican a asumir riesgos que pueden hacer volar por los aires el sistema financiero y los camiones que llevan cargas peligrosas y pueden hacer volar por los aires una zona poblada.

En Islandia, todo el mundo pagó caros los éxitos mundiales de los bancos islandeses antes de 2008. La crisis financiera provocó una profunda recesión, un aumento del paro y una caída de los salarios. La inflación y la devaluación de la corona en relación con otras monedas mermaron el poder adquisitivo de los ahorros de la gente. Los costes de rescatar a los depositantes ahogaron al Estado.[19] Irlanda también pasó por una experiencia parecida. Sin embargo, como formaba parte de la zona del euro, no pudo devaluar su moneda, por lo que el Gobierno irlandés tuvo que solicitar ayuda a las instituciones europeas.[20]

Cuando los mercados están distorsionados, el Gobierno puede tratar de corregir las distorsiones gravando las actividades que son perjudiciales para otros o subvencionando las actividades beneficiosas que el mercado no retribuye lo suficiente. Sin embargo, los propios impuestos y subvenciones pueden crear sus propias distorsiones. A menos que se necesiten subvenciones para recompensar a una empresa por proporcionar beneficios a la sociedad por los que no es compensada por los mercados —por ejemplo, por medio de investigaciones cuyas ideas también pueden ser utilizadas por otros—, es probable que las empresas subvencionadas tengan una ventaja desproporcionada cuando compiten con empresas de otros países o con empresas de otros sectores que no reciben subvenciones.

Es probable que las empresas subvencionadas atraigan demasiados recursos y sean más prósperas de lo que es bueno para la sociedad. La conclusión es la misma independientemente de que se gaste el dinero de los contribuyentes para subvencionar la agricultura, la siderurgia o los rescates bancarios. También es la misma si las subvenciones apoyan los éxitos de las empresas en los mercados internacionales.[21]

Las garantías dadas implícitamente a los grandes bancos plantean especiales problemas y son perversas, ya que fomentan el endeudamiento excesivo que aumenta el riesgo de crear una inestabilidad financiera que puede resultar muy cara. Se parecen a las subvenciones que se dan en Estados Unidos al maíz y que reducen el coste del sirope de maíz de alto contenido en fructosa y, por tanto, aumentan indirectamente las enfermedades relacionadas con la obesidad.[22] En el caso de los bancos, hay un problema más, y es que las subvenciones no tienen un límite natural. Las políticas que se basan en el concepto de *demasiado grande para quebrar* animan a los bancos a ser muy grandes y complejos y a hacer enormes apuestas.

Siempre que los individuos o las empresas no asumen todos los costes de sus actos, es importante corregir las distorsiones resultantes. Aunque la regulación reduzca la capacidad de las instituciones afectadas para competir en los mercados internacionales, la sociedad acabará disfrutando de mayor bienestar. Si los bancos tienen menos éxito en los mercados internacionales, otros sectores atraerán el talento y demás recursos disponibles. Eso puede ser mejor que exponer a la economía y a los contribuyentes a unos riesgos excesivos.[23]

Si los costes de financiación de los bancos crecen porque se deja de subvencionar parte de su endeudamiento, y los bancos aumentan los costes que cobran por sus préstamos, es probable que aun así los efectos sean beneficiosos. Es posible que los tipos de interés subvencionados sean indebidamente bajos. Es posible que las grandes cantidades de préstamos baratos a los propietarios de viviendas parezcan buenas durante un tiempo, pero no lo son si los riesgos son demasiado grandes. Todo el mundo habría disfrutado de mayor bienestar si los bancos no hubieran prestado tanto a las pequeñas empresas a finales de los años ochenta y a los compradores de viviendas durante los años anteriores a 2007.

Las empresas sufren, desde luego, cuando pierden subvenciones y ya no pueden imponer a otros algunos de sus costes. Eso no lo dicen, por supuesto, cuando hacen *lobbying*; lo que sí hacen es apelar al nacionalismo económico y advertir de que pueden perder competitividad a escala internacional, como si fueran los representantes de su país en las Olimpiadas mundiales. Su argumento es otra prenda del traje nuevo de los banqueros.

En las décadas de 1970 y 1980, hubo quejas parecidas contra la legislación medioambiental que tenía por objeto reducir las emisiones de las fábricas siderúrgicas, textiles o químicas.[24] Desde entonces, han desaparecido muchos fabricantes siderúrgicos y textiles tradicionales, quizá en parte como consecuencia de la legislación medioambiental.[25] Las regiones en las que se encontraban estas industrias resultaron perjudicadas como consecuencia del cambio, pero la economía en su conjunto ha prosperado. ¿Hay alguien —con la posible excepción de la gente de los sectores que se beneficiaba de las subvenciones— que desee volver a una economía con ríos contaminados, cielos ennegrecidos y contribuyentes que subvencionan las minas de carbón y las acerías que no pueden financiarse por sí solas?

Sin embargo, los políticos y los reguladores a menudo caen en la retórica de la competencia internacional y de la necesidad de establecer las mismas reglas del juego para todos y luchan por asegurarse de que las normas internacionales no perjudican a los bancos de su país. Otros, incluso los que deberían saber más, se suman al coro y no mencionan los costes que tiene para la gente ayudar a los bancos a prosperar.[26]

Cuando los directivos de los grandes bancos se quejan de que la aplicación de una cierta norma les impedirá ganar frente a la competencia internacional, el político necesita valor y firmeza para defender que se sirven mejor los intereses nacionales sometiendo a la banca a determinadas restricciones que permitiéndole prosperar asumiendo riesgos que pueden perjudicar al resto de la economía. Las quejas de los banqueros tienen mucho eco, y los riesgos son invisibles y parecen abstractos, hasta que se materializan. Cuando los riesgos se materializan, sus causas son tantas que es difícil atribuir la responsabilidad a alguien. Raras veces se imputa a banqueros, políticos y reguladores, y pocas veces sufren en alguna medida sus consecuencias.[27]

No es una casualidad que el Reino Unido, Suecia y Suiza hayan sido desde la crisis los que más han defendido en las negociaciones internacionales que se endureciera la regulación bancaria. Los sectores financieros de estos países son especialmente grandes y han resultado muy afectados por las crisis financieras.[28] En otros países, los políticos y los medios parecen menos conscientes de lo caros que pueden ser los éxitos de sus bancos.

«Los bancos están donde está el dinero»

Hay una razón más profunda por la que los políticos son reticentes a imponer una regulación estricta que reduzca el riesgo de los bancos. Estos manejan dinero.[29] El dinero es un objeto de deseo y una fuente de poder. Casi todo el mundo tiene su propia opinión sobre la manera en que los bancos deben utilizar su dinero.

Cuando los políticos quieren financiar algo que les interesa, la reducción de los riesgos de la banca pasa a ser menos importante. Los responsables públicos pueden llegar a creer incluso que la principal labor de los bancos y las cajas sea financiar al Estado. Las normas que reduzcan la propensión de los bancos de asumir riesgos parecerán, pues, contraproducentes. Las normas que obliguen a esas entidades a financiar al Estado parecerán mucho mejores. Lo mismo ocurrirá con las normas que obliguen o animen a los bancos a financiar cualquier otra cosa que los políticos consideren deseable, como la compra de una vivienda.

La historia de la regulación bancaria está llena de normas que ordenan a los bancos financiar actividades a las que el sistema político quiere dar preferencia. La más importante de todas, el propio Estado. Un ejemplo típico es la obligación de los bancos de tener grandes reservas en el banco central. Si el tipo de interés de estas reservas es cero, este requisito obliga a los bancos a hacer un gran préstamo libre de intereses al banco central e, indirectamente, al Estado. Este tipo de norma desempeñaba un importante papel en algunos países europeos antes de 1990. Pretendía aparentemente aumentar la seguridad de los bancos evitando los préstamos privados de riesgo. En realidad, facilitaba la financiación de los déficit públicos. Como los créditos a prestatarios privados estaban restringidos, el tipo de interés que cobraban los bancos por los préstamos a las empresas y a los individuos era alto. Eso reducía la inversión y el crecimiento.[30]

En Europa, la mayoría de estas normas se desmantelaron cuando la Unión Europea obligó a sus miembros a abrir sus mercados de servicios bancarios. Al estar sometidos los bancos a la competencia de los de otros países, ese tipo de norma se volvió insostenible y podría haber puesto en peligro la estabilidad financiera si se hubiera mantenido.

Como hemos señalado en el capítulo anterior, la regulación bancaria favorece aun así la concesión de préstamos de los bancos al Estado. Les permite no tener en cuenta el riesgo de que el Estado no pague su deuda, incluso cuando ese riesgo existe. En la crisis de la deuda pública, han aumentado de nuevo las presiones sobre los bancos para que financien a su propio Estado, por lo que, por ejemplo, los bancos griegos fueron los más afectados por la suspensión del pago de la deuda griega en marzo de 2012.[31]

Si los bancos estadounidenses prestan al Gobierno de Estados Unidos, podría estar justificado considerar que ese tipo de préstamos está libre de riesgos, puesto que el Gobierno puede imprimir el dinero que debe.[32] En la zona euro, la situación es distinta. Cuando el Gobierno de Grecia o de Alemania se endeuda y promete pagar en euros, es como si el Gobierno de México o el Ayuntamiento de Nueva York se endeudara y prometiera pagar en dólares estadounidenses. De la misma manera que los gobiernos de México y de la ciudad de Nueva York no pueden imprimir dólares, los gobiernos de Alemania y Grecia no pueden imprimir euros.[33]

En la zona euro, la creación de dinero es competencia del BCE, que es independiente de los diferentes Estados miembros y que tiene prohibido, de hecho, por ley prestar a los Estados. Cuando estos deben euros, no existe ninguna seguridad de que puedan pagar sus deudas.[34]

No obstante, la regulación bancaria europea considera que la deuda de los Estados de la zona del euro denominada en euros es absolutamente segura.[35] Los bancos pueden financiar estos préstamos enteramente con dinero prestado. El banco franco-belga Dexia, mencionado antes, había utilizado esta norma para adquirir una gran cantidad de deuda pública con muy poco capital propio.[36] Cuando quedó claro que Grecia no pagaría su deuda, Dexia se hundió y otros muchos bancos europeos tuvieron enormes problemas. Aun así, no se vislumbra ningún cambio de la regulación.

Cuando las normas tienen por objeto dar preferencia a la deuda pública, los bancos están más dispuestos a prestar al Estado. Eso es cómodo para los gobiernos, por lo que son reacios a cambiar las normas. Si los contribuyentes tienen que pagar en algún momento un rescate, los votantes no podrán identificar al responsable. Tampoco entenderán la conexión si el rescate paraliza las finanzas públicas y las medidas de austeridad afectan a todo el mundo. En muchos casos, los políticos responsables habrán dejado el cargo antes de que se materialicen los riesgos de sus políticas.

Los bancos y los gobiernos siempre han tenido una relación simbiótica. Desde los comienzos de la banca moderna en la Italia medieval, la concesión de préstamos al Estado ha sido una actividad fundamental de los bancos. Es fácil hacer grandes préstamos al Estado y pueden ser muy rentables, hasta que el Estado deja de pagarlos. Históricamente, los Estados que no pagan sus deudas han sido las causas más importantes de las crisis bancarias.[37]

Otras normas también han estado motivadas por la idea de que los bancos son fuentes de dinero. Por ejemplo, como señalamos en el capítulo 6, en Estados Unidos, antes de la liberalización de los años ochenta, las instituciones de ahorro de muchos estados solo podían conceder préstamos hipotecarios para adquirir propiedades que estuvieran situadas dentro de su estado. La justificación era que la concesión de préstamos localmente es especialmente segura, pero en realidad esas normas impedían a las cajas de ahorros diversificar sus inversiones y hacían que fueran vulnerables a los riesgos específicos de los estados en los que estaban situadas. Desde el punto de vista político, el motivo de esas normas era el deseo de ofrecer crédito barato a los compradores de viviendas de los estados y no el deseo de que las cajas de ahorros fueran seguras.

Para los políticos, ese tipo de normas tiene la ventaja de que los costes de obligar a los bancos a realizar determinadas inversiones no aparecen en el presupuesto del Estado hasta que estas entidades tienen problemas. En ese momento, una vez más, es improbable que los votantes establezcan la conexión entre los problemas de los bancos y las normas o las decisiones políticas.[38]

En Europa, la idea de que los bancos son fuentes de recursos para los fines que desean los políticos es general en el tratamiento de estas instituciones, sobre todo de los bancos públicos. En Alemania, los bancos públicos desempeñan un importante papel desde hace mucho tiempo. Hasta 2005, estaban garantizados por el Estado y podían endeudarse a un precio muy bajo. Aun así, los Landesbanken, bancos públicos regionales, no eran rentables.[39] Desde su creación en la década de 1970, no ha habido casi ninguna década en la que no haya surgido un escándalo multimillonario relacionado con uno o algunos de estos bancos. Su falta de rentabilidad se ha debido tanto a la falta de competencia como a su implicación en la política industrial fallida de los gobiernos regionales.

En la crisis financiera, los Landesbanken fueron algunas de las instituciones más afectadas y necesitaron muchos miles de millones de euros de dinero de los contribuyentes. A pesar de eso, las autoridades políticas no han estado dispuestas a liquidarlos.[40] Para un político, la posibilidad de disponer de unos cuantos millones de euros con una mera llamada telefónica, sin tener que pasar por los trámites parlamentarios, bien vale cada euro del dinero de los contribuyentes. Esa es la razón por la que el exceso de capacidad ha sido una fuente permanente de inestabilidad en el sistema financiero alemán.[41]

Francia es otro país en el que los bancos se consideran instituciones públicas.[42] Tras las elecciones de 1981, los bancos franceses fueron nacionalizados y el Gobierno nombró a sus directores generales. Posteriormente, se privatizaron de nuevo, pero sus directivos siguen procediendo del mismo grupo de *enarques*, antiguos alumnos de la elitista École Nationale d'Administration (ENA).[43] Los directivos han hecho su carrera en la Administración, normalmente en el Ministerio de Finanzas, para pasarse en algún momento a la banca.

Un ejemplo representativo es la carrera de Pierre Mariani, que pasó alrededor de trece años en diversos ministerios y acabó ocupando el cargo de director del gabinete del ministro del Presupuesto, Nicolas Sarkozy, en 1993–1995. Mariani pasó después al sector financiero, donde trabajó en BNP Paribas antes de ser nombrado director general de Dexia después del primer rescate público del banco en 2009, bajo la presidencia de Nicolas Sarkozy.[44]

La resistencia de Francia y Alemania a endurecer la regulación bancaria se debe, en parte, al papel de los Landesbanken en Alemania y a las interconexiones de los enarques franceses. Los Landesbanken no pueden obtener capital en la Bolsa de valores y sus propietarios públicos prefieren no poner más dinero si pueden evitarlo. Eso sí, ni hablar de renunciar al control. De la misma manera, en Francia, la red de políticos, banqueros y burócratas enarques no quiere someter a los bancos al control de los inversores del mercado.[45]

Captura del regulador

Aunque los políticos pueden decretar cualquier ley o norma que les parezca conveniente, no son los que mandan en su relación con los bancos. Los banqueros saben de banca más que los políticos. Además, estos quieren la cooperación de los banqueros para hacer las inversiones que ellos más desean, o sea, la financiación de sus campañas electorales.[46] Cuando los banqueros advierten de que las necesidades mínimas de capital reducirán la concesión de préstamos bancarios y el crecimiento económico, raras veces son cuestionados por los políticos, no solo porque estos no ven lo que hay detrás de lo que dicen los bancos, sino también porque no quieren estropear su simbiosis con los banqueros.[47] Los banqueros y los políticos tienen una dependencia que va en los dos sentidos. En esta situación, a un político le resulta fácil olvidar sus responsabilidades de manera que el sistema político no protege a la economía del riesgo de la banca. Como reconoció un político, los bancos «andan como Pedro por su casa», incluso después de la crisis financiera.[48]

Las tres décadas que desembocaron en la crisis financiera de 2007–2009 estuvieron marcadas por un enorme crecimiento de los sectores financieros en Estados Unidos y Europa. Los bancos y las empresas financieras convencieron a los políticos y a los reguladores de que no eran necesarias unas normas rigurosas, puesto que los mercados funcionaban suficientemente bien. Los banqueros ganaron prestigio y riqueza y su influencia política aumentó. También contribuyó a ello una ideología contraria a la regulación.[49]

Antes de la crisis financiera, los reguladores no establecieron unas normas adecuadas y los supervisores no aplicaron las normas vigentes para impedir que los banqueros se comportaran temerariamente.[50] Por ejemplo, en Estados Unidos, Alan Greenspan (gobernador de la Reserva Federal), Arthur Levitt (presidente de la Securities and Exchange Commission [SEC]) y Robert Rubin (secretario del Tesoro) impidieron en 1998–2008 una iniciativa que habría impuesto más transparencia en los mercados de derivados. En el periodo anterior a la crisis financiera, había una absoluta falta de transparencia.[51] Una resolución de la SEC de 2004 permitió a los bancos de inversión de Estados Unidos decidir su capital regulador basándose en sus propias evaluaciones del riesgo, y eso permitió a Lehman Brothers y a otros bancos de inversión endeudarse mucho y ser muy vulnerables.[52] El Reino Unido también instituyó la llamada *regulación de manga ancha* con el fin de reforzar su papel de gran centro financiero.[53]

Un importante factor de la crisis financiera de 2007–2009 es el hecho de que los reguladores y los supervisores de Estados Unidos y de Europa no establecieran y aplicaran unas normas adecuadas para impedir que los banqueros se comportaran temerariamente.[54] Los supervisores de Estados Unidos y de Europa permitieron a los bancos soslayar las necesidades mínimas de capital creando diversas entidades que no aparecían en sus balances. Los inversores estaban dispuestos a prestar a estas entidades porque los bancos que las habían creado daban garantías. Los supervisores no se opusieron a que los bancos mantuvieran estos riesgos fuera de sus balances ni trataron de limitar las obligaciones de los bancos derivadas de las garantías que daban. Estas obligaciones acabaron debilitando extraordinariamente a los bancos que habían creado estas entidades y llevaron a la quiebra a algunos de ellos cuando estalló la crisis en el verano de 2007.[55]

¿Cuáles son las causas de la captura del regulador? En primer lugar, la regulación y la supervisión de un sector requieren una considerable pericia. Quien más pericia posee es la gente del propio sector. Por tanto, entre los reguladores y los supervisores tiende a haber muchas personas reclutadas en el sector. Si estas personas son competentes, pueden acabar siendo contratadas de nuevo por el sector. En ese sistema de puertas giratorias, un regulador puede acabar sintiendo una cierta simpatía por el banco que acaba de dejar.[56] Además, los reguladores tal vez no quieran ser demasiado duros con los bancos, de los que esperan recibir ofertas de trabajo en el futuro.

En Estados Unidos, los banqueros son miembros de los consejos de los bancos regionales de la Reserva Federal, que son responsables de supervisar los bancos e incluso de establecer las normas reguladoras. Por ejemplo, Jamie Dimon, director general de JPMorgan Chase, ha sido consejero del Banco de la Reserva Federal de Nueva York desde 2007 y seguirá siéndolo hasta 2012, aun a pesar de que el Fed de Nueva York participa directamente en la formulación y la aplicación de la regulación de capital y de otras políticas que afectan a JPMorgan Chase y a otros bancos.[57] Esta situación puede crear grandes conflictos de intereses.[58]

En segundo lugar, los reguladores participan de lo que en los deportes se conoce como la tendencia de los árbitros a favorecer al equipo de casa, la simpatía subconsciente de los árbitros hacia el equipo local, que es apoyado en el campo por sus seguidores locales.[59] Si la multitud de seguidores de la banca, como algunos sectores de la prensa, políticos y expertos del sector, favorecen a determinadas personas e instituciones, los supervisores también pueden ser parciales y favorecerles. La tendencia a favorecer al equipo de casa es especialmente fuerte si las empresas afectadas sostienen que una norma merma injustamente su capacidad para competir con los equipos de fuera, es decir, con las compañías de otros países.

En este contexto, es importante darse cuenta de que los grupos de presión tienden a hacerse oír más que la gente en general. Una norma determinada puede ser muy importante para ellos, por lo que es natural que inviertan mucho esfuerzo en oponerse a ella. A cualquier persona que no tenga intereses especiales en juego, la norma a lo mejor le parece demasiado poco importante para que merezca prestarle atención y energía. Incluso aunque el conjunto de la sociedad pidiera que se aplicara la norma, por existir muchas personas afectadas, los grupos de presión que luchan contra ella pueden acabar teniendo mucha más influencia.[60]

En tercer lugar, las empresas del sector influyen en los políticos y en los administradores ejerciendo presiones y dando dinero, especialmente para las campañas electorales. Las empresas de los sectores regulados quieren asegurarse de que las personas que se nombren para ocupar cargos en los organismos reguladores no planteen demasiados problemas. Los grandes banqueros y los políticos interactúan también a través de numerosos cauces informales. Por ejemplo, Jamie Dimon cultiva sus relaciones con los altos cargos públicos y ha afirmado que JPMorgan Chase obtiene «un buen rendimiento en la *séptima línea de negocios* de la compañía: las relaciones con el Gobierno».[61] Si un organismo regulador trata celosamente de controlar el sector, el Parlamento puede reducir el presupuesto del organismo para contener ese celo.[62]

En otros sectores, la resistencia de los clientes de la competencia, de la gente y de los políticos puede reducir los efectos de la captura del regulador.[63] Por ejemplo, no se tolerarían durante mucho tiempo unas normas de seguridad que permitieran que pudiera haber accidentes aéreos.[64] El daño, en este caso, es evidente y es fácil atribuirlo a la negligencia y la imprudencia.

Sin embargo, en la banca es más difícil descubrir los daños causados por la ineficacia de la regulación y la supervisión. Además, por las razones que hemos señalado antes, a los políticos les puede parecer bueno y cómodo que los reguladores y los supervisores sean laxos con los bancos. La gente está dispersa y desorganizada y otras personas y empresas tienen poco que ganar individualmente presionando para que se reforme la banca.[65] Todo el mundo tiene tratos con los bancos y a muchos le resulta beneficioso o necesario mantener sus buenas relaciones con ellos. En este clima, es más probable que los argumentos confusos y falsos —el traje nuevo de los banqueros— influyan en los poderes públicos.

Esta situación solo puede cambiar si la gente presiona. Las asociaciones ciudadanas y los grupos de presión sin fines de lucro tratan de contrarrestar las presiones de los grupos del sector, pero sus recursos apenas pueden competir con los del sector financiero y a menudo tienen dificultades para acceder a los políticos y reguladores.[66]

Se puede hacer una interesante comparación con las autoridades japonesas responsables de supervisar la Tokio Electric Power Company (Tepco) antes del terremoto y el *tsunami* del 11 de marzo de 2011.

Según la comisión nombrada por el Gobierno para investigar la catástrofe nuclear de la planta de energía nuclear Fukushima Daiichi después de esos acontecimientos, la catástrofe se podría haber evitado si el supervisor hubiera sido más diligente en la imposición de las normas de seguridad y la compañía hubiera estado más presta a cumplirlas.

En lo que el informe sobre la catástrofe nuclear llama «cultura de la complacencia», en la conducta de Tepco y de sus supervisores influyeron los lazos entre la industria nuclear, los reguladores y los políticos. Los reguladores permitieron a Tepco mantener en funcionamiento reactores que se sabía que tenían importantes problemas y ese organismo pudo ocultar algunos problemas que eran incluso más graves. Las normas adecuadas, o no existían, o eran incoherentes, o no se aplicaron. Los responsables involucrados parecían más preocupados por sus propios intereses que por la seguridad de las plantas. En la llamada *aldea nuclear*, había puertas giratorias que unían el sector con el regulador y una red de conexiones entre los cargos públicos, los reguladores y Tepco.[67] Los informes sobre el clima regulador y político que se realizaron a propósito de Tepco muestran una llamativa similitud con lo que ocurre en el sector financiero. En ambos casos, la captura del regulador y los políticos era y es un hecho palmario, que permitió la ocultación de los riesgos, hasta que ocurrió la catástrofe.

Son muchas las cosas que funcionan mal en la banca y son muchas las cosas que se pueden hacer para resolverlas. Si los políticos y los reguladores no protegen a la gente, se les debe presionar para que cambien. En el siguiente capítulo, reunimos los temas fundamentales del análisis de este libro y ponemos al descubierto una vez más los argumentos facilones y falsos que ayudan a justificar la falta de acción. El reto consiste en hacer que los que manejan el dinero de los demás —entre los que se encuentran los banqueros, los políticos y los reguladores— asuman las consecuencias de sus decisiones.

13

El dinero de los demás

Estoy decepcionado porque muchos de estos hechos ocurrieron durante mi mandato. Es responsabilidad mía asegurarme de que no vuelva a ocurrir. ... No teníamos los controles pertinentes. Sinceramente, calculamos mal el riesgo. ... Sabemos que una pequeña minoría nos ha fallado. También sabemos que tenemos que reconstruir los lazos de confianza con la sociedad a la que servimos.

Bob Diamond, director general de Barclays, 2 de julio de 2012

La cita anterior procede de una carta a los empleados de Barclays, el gigantesco banco británico.[1] La carta se refiere a la implicación de la entidad en un plan en el que los operadores de algunos grandes bancos supuestamente conspiraron para manipular la información sobre el LIBOR, un índice clave de los tipos de interés, cuyo valor afecta a billones de contratos en todo el mundo.[2] Unos días más tarde, Barclays había aceptado pagar más de 450 millones de dólares a las autoridades estadounidenses y británicas para que se retiraran las acusaciones de manipulación del LIBOR. El presidente del consejo de administración del Barclays acababa de dimitir y Diamond fue obligado a hacer lo propio al día siguiente.[3]

En su carta, Diamond es increíblemente vago sobre los «hechos» a los que se refiere. Habla de un «riesgo» insuficientemente controlado, pero no dice que se infringiera alguna ley. Tampoco parece que la manipulación de los informes para el lucro personal, un comportamiento delictivo que puede ser considerado fraude, suscitara en él preocupación alguna. Diamond atribuye la manipulación a un pequeño grupo de personas a las que el banco no había controlado lo suficiente. Sin embargo, la manipulación se había venido realizando durante años, y personas ajenas al banco sospechaban desde hacía tiempo que existía.[4] ¿Por qué el banco no controló a los operadores en cuestión? Si los altos directivos sabían que podían no estar haciendo lo que debían, ¿por qué los colocaron en puestos de confianza? Si la dirección no lo sabía, ¿por qué no?[5]

Según numerosos estudios, la codicia ha acabado dominando la cultura de las grandes instituciones bancarias en las dos o tres últimas décadas.[6] Con unas posiciones especulativas cada vez mayores, los operadores de los bancos han asumido unos riesgos más elevados cada vez. Si sus apuestas tienen éxito, pueden percibir grandes primas, y muchos de ellos se han enriquecido extraordinariamente. Este comportamiento sirve de ejemplo a otros, que luchan por enriquecerse tanto como sus modelos o por demostrar que son tan atrevidos como ellos.[7] Las grandes recompensas y la sensación de que «todo el mundo hace lo mismo» han socavado los códigos de conducta, en los que el eje central es la confianza de los clientes.[8]

Argumentos facilones

Diamond afirma que el escándalo del LIBOR no tuvo nada que ver con la cultura del banco. A pesar de reconocer que «nuestra cultura, y la del sector en general, tiene que cambiar», insiste en que «una pequeña minoría nos ha fallado».

Un tema importante de este libro es que en relación con la banca se suelen utilizar argumentos facilones, se suelen contar historietas para explicar lo ocurrido, confiando, de esta manera, evitar que se hagan preguntas comprometedoras. Estos argumentos e historias son ejemplos de lo que denominamos *el traje nuevo de los banqueros*. La carta de Diamond encaja perfectamente en este modelo. Al insistir en que el escándalo del LIBOR se debió a unas pocas personas que no se comportaron como debían, Diamond trata de evitar que se exija una investigación más amplia.

Restar importancia a los problemas también ha sido la respuesta habitual a la crisis financiera de 2007–2009.[9] Por ejemplo, muchos políticos y reguladores restan importancia a los costes de la crisis. El Tesoro de Estados Unidos y la Reserva Federal anuncian orgullosos que han obtenido beneficios con los activos que han adquirido a cambio de ayudar a los bancos, pero omiten algunas partes importantes de su intervención, como la ayuda que se dio a Fannie Mae y Freddie Mac con el dinero de los contribuyentes.[10] Y lo que es más importante, los políticos y los reguladores, cuando hablan de los costes de la intervención, suelen pasar por alto, al igual que los banqueros, los enormes costes de la crisis en el conjunto de la economía: la pérdida de producción registrada en la recesión, la pérdida de empleo y los sufrimientos que acompañan a las ejecuciones hipotecarias.[11] Minimizando los costes de la crisis, este argumento pretende acallar las voces que reclaman más reformas.

Otro argumento relacionado con este y que suele ser utilizado por los banqueros, los reguladores y los economistas es que la crisis financiera de 2007–2009 fue principalmente una «crisis de liquidez».[12] Según esta interpretación, los inversores perdieron la confianza, primero en los títulos hipotecarios y después en los bancos. Las retiradas masivas de fondos que se produjeron a consecuencia de ello provocaron enormes daños y produjeron fuertes contagios en otros bancos y mercados.

De no haber sido por estas retiradas masivas, dice el argumento, las pérdidas habrían sido mucho menores. Se comparan estas retiradas masivas de fondos con las retiradas masivas de depósitos tan frecuentes antes de que se introdujera la garantía de depósitos, cuando las retiradas masivas recientes no las hicieron individuos, sino empresas y se centraron en los préstamos a corto plazo a los bancos y en las inversiones en los fondos del mercado de dinero.[13]

En la explicación en términos de liquidez, a veces se compara el sistema financiero con las cañerías de una casa, invisibles pero esenciales.[14] La metáfora es interesante, pero no está claro qué se pretende decir con eso, y las metáforas poco claras no sirven de guía para adoptar medidas correctoras. Viendo las palabras cañerías y liquidez una al lado de otra, uno podría sospechar que el mensaje se refiere a la necesidad de asegurarse de que se dispone de agua corriente —o de dinero— donde y cuando se necesita (¿o se refiere la metáfora a la parte de las cañerías que se utiliza para tirar agua por el sumidero?). Un problema de liquidez en el sistema financiero probablemente equivaldría en ese caso a un grifo por el que no sale agua, y una inyección de dinero en el sistema por parte del banco central sería como aumentar el suministro de agua para llenar las cañerías.

Pero, ¿por qué no sale agua del grifo? ¿Es porque se filtra por las oxidadas cañerías o porque hay una sequía que ha obligado a la compañía suministradora de agua a limitar el suministro? Si las cañerías están oxidadas y tienen agujeros, apenas servirá de nada aumentar el caudal de agua; si es debido a una sequía, ni siquiera el Gobierno puede tener la capacidad de suministrar más agua.

Las cañerías deben verse en el contexto de la estructura en la que se encuentran. Un banco muy endeudado es como un edificio inestable y mal construido. Cuando ocurre una fuerte tormenta o un terremoto, las paredes de ese tipo de edificio pueden ponerse a temblar y quizás esto dañe las cañerías. El resultado será un *problema de liquidez* en el grifo, pero a nosotros nos debería preocupar más la inestabilidad de los muros. De la misma manera que la falta de suministro de agua se debe, en realidad, a que el edificio está muy mal construido, la falta de liquidez de un banco suele deberse a que está muy endeudado.

En la explicación en términos de liquidez, el principal problema es impedir que haya retiradas masivas de fondos e inyectar liquidez cuando esta empieza a faltar. Si esta es realmente la cuestión clave, se podría extraer la conclusión de que los poderes públicos deben concentrar sus esfuerzos en extender la red de seguridad pública, es decir, en dar garantías para reforzar la confianza de los inversores, y para inyectar liquidez en los bancos que la necesiten.[15] Sin embargo, poner el énfasis en la red de seguridad no tiene sentido si los problemas de liquidez y las retiradas masivas no son más que síntomas de dificultades más profundas de los bancos.

El argumento de la liquidez se vale de la fascinación que siente la gente por las retiradas masivas de fondos y los pánicos y que contribuye al éxito de películas como *Qué bello es vivir* y *Mary Poppins*. A los estudiosos, los analistas, los periodistas y la gente en general les fascina que la más mínima desconfianza, incluso cuando se debe a un malentendido, pueda desatar tal pánico que destruya un banco. La fascinación por las retiradas masivas y los pánicos hace que el argumento de la liquidez sea atractivo, pero no significa que sea cierto.

A lo largo de este libro, hemos subrayado la importancia fundamental de la solvencia de los bancos y demás instituciones financieras. Si estas instituciones están muy endeudadas, no hace falta un gran cataclismo para que su solvencia sea puesta en cuestión. Si esto es así es fácil que los acreedores procuren retirar su dinero lo antes posible y generen problemas de liquidez en los bancos. Como señalamos en los capítulos 3–5, las retiradas masivas y otros problemas de liquidez raras veces surgen de la nada, sino que comienzan normalmente cuando está en duda la solvencia de un banco. Incluso durante las crisis, los inversores suelen distinguir entre las instituciones sólidas y las que no lo son.[16] A veces una retirada masiva de fondos puede ser incluso el mecanismo para descubrir una insolvencia oculta y desencadenar una acción correctora.[17]

La preocupación por la solvencia de los bancos debe tomarse muy en serio cuando se explica la crisis de 2007–2009. Los bancos experimentaron grandes pérdidas como consecuencia de sus préstamos hipotecarios morosos. Estas pérdidas habrían causado graves dificultades, aunque no hubiera habido problemas de liquidez. Muchos bancos estaban tan endeudados que no tenían suficiente capital para absorber las pérdidas. Incluso los que no se declararon insolventes observaron como su capital disminuía rápidamente y les obligaba a reducir sus actividades o a vender activos.[18] La consiguiente contracción crediticia en la economía real se debió a las dificultades financieras de los bancos originadas por su excesivo endeudamiento.

Decir que la crisis financiera fue una crisis de liquidez ignorando los problemas de solvencia puede resultar cómodo, pero no es correcto en el caso de esta crisis, como tampoco lo es en el de la mayoría de las crisis financieras recientes, por no decir de casi todas.[19] Esta explicación desvía la atención de cuestiones mucho más importantes, como, por ejemplo, por qué habían aumentado tanto los préstamos hipotecarios de baja calidad, por qué tantos bancos eran tan vulnerables a posibles pérdidas y por qué los reguladores y los supervisores habían permanecido de brazos cruzados mientras se acumulaban los riesgos.[20]

La explicación en términos de liquidez desvía la atención de la cuestión de la responsabilidad por la vulnerabilidad de los bancos y del sistema. Enmascara, pues, los numerosos fallos de gobernanza y regulación del sector financiero así como de la supervisión, que contribuyeron extraordinariamente a la acumulación de riesgos en el periodo anterior a la crisis. Los banqueros asumieron muchos riesgos y los ocultaron a los inversores. Las normas estaban mal formuladas y en algunos casos fueron contraproducentes. Los supervisores permitieron a los bancos prácticas que se saltaban o incumplían las normas y que demostraron ser muy dañinas en 2007 y 2008.[21]

La crisis no se debió a un problema puro de liquidez, sino a la grave y legítima preocupación por la solvencia de algunos bancos y otras instituciones.[22] El argumento de la liquidez pretende desviar nuestra atención y nos impide entender por qué surgieron los problemas de solvencia.

Muchos políticos, reguladores, banqueros y expertos quieren hacernos creer que los bancos y el sistema financiero están hoy mucho mejor que antes de la crisis, que las actividades peligrosas se han reducido considerablemente y que las nuevas normas han hecho que el sistema sea más seguro.[23] Pero algunas mejoras cuyo mérito se atribuyen los reguladores no se pueden atribuir realmente a ellos. Por ejemplo, los bancos pueden hacer creer que son rentables aprovechando los bajos tipos de interés actuales para endeudarse. Al mismo tiempo, pueden retrasar la refinanciación de los préstamos hipotecarios para que sus prestatarios no puedan beneficiarse de unos tipos bajos. Estas prácticas hacen que los bancos parezcan que están mejor, pero no reflejan una mejora real del sistema.

Las nuevas reformas que están poniéndose en práctica distan de ser satisfactorias. Es posible que los bancos sean hoy más sólidos que en 2008, pero eso no indica lo sólidos que son realmente ni lo sólidos que deberían ser. Como señalamos en el capítulo 11, los banqueros y reguladores prefieren negar las debilidades de los bancos en lugar de afrontarlas como deberían. Esto ha supuesto que aún no se hayan resuelto los problemas de insolvencia oculta, y el sistema financiero siga siendo vulnerable a los problemas heredados del pasado. En el momento de escribir este libro, en octubre de 2012, el sistema financiero no parece estar mejor preparado que en 2000–2006 para limitar la acumulación de riesgos o que en 2007–2009 para absorber pérdidas.[24]

Por qué pueden triunfar los argumentos falsos

Los argumentos facilones, al igual que otras prendas del traje nuevo de los banqueros, suelen tener éxito incluso cuando son falsos. Se ponen raras veces en entredicho e influyen en los poderes públicos.

Como vimos en el capítulo 12, políticos y reguladores suelen tener sus propias razones para ponerse del lado de los bancos en el debate sobre regulación o para proteger su conducta anterior. A los políticos les preocupa perder las contribuciones de bancos y banqueros a sus campañas. También les preocupa que puedan disminuir los préstamos de los bancos al Estado, a los compradores de viviendas o a las empresas. Siguiendo el ejemplo y, a veces, las instrucciones explícitas de los políticos —o con la intención de mantener abierta la posibilidad de hacer carrera en la banca en el futuro—, reguladores y supervisores también rehúyen los conflictos.

Las *lobbies* de la banca suelen tener éxito porque apenas se cuestionan. Los beneficios que obtienen los grupos de presión saltándose la ley o consiguiendo que cambie son grandes. Por tanto, les merece la pena dedicar dinero y esfuerzos a este objetivo. En cambio, las consecuencias negativas para la gente, que pueden ser mucho mayores en total, tienden a repartirse entre tantas personas que cada una de ellas apenas nota el daño.[25]

En una situación de ese tipo, es muy posible que un grupo de presión tenga éxito, aun cuando, en conjunto, sus propuestas causen más perjuicios que beneficios; los grupos de presión que se benefician se hacen oír mucho más que la gente en general, aunque los perjuicios que le causen sean muy grandes. Las personas que son conscientes del problema pueden tener poco que ganar desafiando al grupo de presión y poca capacidad para que su desafío surta efecto.

Como señalamos en el capítulo 12, las asociaciones ciudadanas y otros grupos sin ánimo de lucro tratan de contrarrestar las acciones de los grupos de presión, pero estas asociaciones apenas pueden competir con ellos en organización y recursos. Las asociaciones ciudadanas y demás grupos parecidos tienen dificultades a menudo para acceder a los políticos y a los reguladores, si a estos no les conviene escucharlos, por lo que los grupos de presión poderosos suelen tener mucha más influencia sobre los poderes públicos.[26]

Por lo que se refiere a la regulación financiera, a pesar del enfado que la crisis financiera y los rescates han causado a la gente, los banqueros y sus grupos de presión continúan ejerciendo la máxima influencia. Como hemos señalado en algunos capítulos de este libro, los banqueros han conseguido suavizar las reformas legislativas tanto en su redacción como en su aplicación. Las presiones ejercidas sobre políticos y reguladores lejos de la vista de la opinión pública han sido especialmente eficaces. Cuando los debates son públicos, los argumentos facilones desvían la atención de las cuestiones fundamentales.

Desgraciadamente, no basta con formular argumentos válidos para influir en los poderes públicos. Un destacado ejemplo en Estados Unidos es la batalla que estalló hacia 1994 a propósito del tratamiento de las opciones sobre acciones de los ejecutivos en las cuentas de resultados de las empresas. El Financial Accounting Standards Board (FASB), el órgano de expertos encargado de desarrollar las normas contables de las empresas en Estados Unidos, había propuesto que las opciones se trataran como gastos en el momento en que se concedían.

Los grupos de presión asustaron con las funestas consecuencias que, según ellos, tendría la aplicación de esta propuesta de cambio de las normas contables. Aseguraron que el cambio haría que las empresas estadounidenses tuvieran más dificultades para obtener fondos, que ahogaría la innovación y que reduciría la competitividad de las empresas estadounidenses en los mercados internacionales. Influido por sus presiones, el Senado de Estados Unidos aprobó una resolución que se oponía a la propuesta y el FASB desistió. Diez años más tarde, después de la quiebra de Enron y de otros escándalos contables, finalmente se puso en práctica la norma y no se confirmó ninguna de las advertencias anteriores.[27]

En este caso, tuvo que haber varios escándalos relacionados con la contabilidad y la gobernanza para que se aplicara un simple cambio de normas contables, cuyos defensores habían sido silenciados con falsos argumentos. Hasta ahora no hemos aprendido una lección parecida de la crisis financiera de 2007–2008; las alegaciones falsas han continuado dominando el debate.[28]

La estabilidad financiera es cosa de todos

El traje nuevo de los banqueros ha contribuido a crear un clima contrario a la regulación de forma que políticos, reguladores y supervisores tienen miedo de interferir en las prácticas del sector bancario y este se siente con derecho a eludir al Gobierno y a los supervisores.[29] Este clima contribuyó en gran parte a la liberalización de los años ochenta y noventa, así como a la reticencia de los políticos y reguladores a introducir nuevas reglas más exigentes o incluso a aplicar estrictamente las ya existentes.[30]

En el caso del LIBOR que hemos analizado antes, el regulador tenía información que debería haberles hecho sospechar que se estaba infringiendo la ley.[31] Durante los últimos diez años o más, pocas personas y pocas empresas del sector financiero han sido procesadas por posible incumplimiento de la ley.[32] Las personas que trabajan en el sector financiero corren pocos riesgos de ser castigadas, incluso por cometer fraude.[33] La mayoría de los casos se resuelven en los tribunales con multas que son diminutas en relación con las primas y beneficios que han obtenido los demandados dedicándose a prácticas ilegales o inmorales.[34] Las multas suelen ser pagadas por los bancos, lo cual significa, en realidad, por los accionistas y, en caso de impago, incluso por los acreedores; los individuos responsables pagan poco o nada y los bancos se debilitan.

Los numerosos pactos extrajudiciales pueden ser cómodos para las autoridades, ya que los juicios son caros y, dada la complejidad de los temas, los veredictos suelen ser inciertos. La presentación de cargos también podría repercutir negativamente en los supervisores que no intervinieron a tiempo. De hecho, los bancos suelen defenderse alegando que los reguladores estaban ahí, les dejaron hacer lo que hacían y no intervinieron cuando continuaron haciéndolo. Por tanto, apenas se rinde cuentas por las actividades delictivas.[35]

El hecho de que la banca no responda de sus actos es perjudicial. Es preciso que la regulación bancaria y su aplicación sean eficaces para proteger el interés público. Dejar que individuos y empresas actúen libremente como quieran, sometidas únicamente a la llamada *disciplina del mercado*, es una buena idea en en muchos ámbitos de la actividad económica, pero no en la banca. Si se deja que los bancos actúen a su aire, pondrán en peligro y distorsionarán la economía, por lo que el interés público resultará perjudicado. Ya se ha hecho mucho daño y el peligro no ha desaparecido.

En 1914, Lous Brandeis, que más tarde fue juez del Tribunal Supremo de Estados Unidos, destacó el hecho de que los banqueros utilizan «el dinero de los demás».[36] Los riesgos que asumen los banqueros les afectan no solo a ellos, sino también a las demás personas cuyo dinero utilizan, y a otras muchas además. Cuando los políticos, los reguladores y los supervisores redactan y ejecutan leyes y normas, toman decisiones que afectan a otras muchas personas, entre las cuales se encuentran no solo los accionistas y acreedores de los bancos, sino también la gente en general. Sin embargo, *los demás* no tienen voz alguna en las decisiones de los banqueros.

Los bancos y otras instituciones financieras tienen que regularse porque sus dificultades financieras y su insolvencia pueden tener graves consecuencias para el resto del sistema financiero y para la economía. Cuando los bancos se endeudan demasiado y asumen excesivos riesgos, perjudican a todo el mundo. Si un Gobierno trata de limitar los daños rescatando los bancos, los contribuyentes corren con los costes.

El problema no es la toma de riesgos per se. Tomar riesgos forma parte de la mayoría de las inversiones y sin arriegarse habría muy poca innovación y crecimiento. Por ejemplo, para financiar a empresarios innovadores, es preciso asumir riesgos considerables. Por eso, quienes invierten en estos proyectos hacen todo lo posible para calcular las probabilidades de éxito, pero saben muy bien que muchas empresas nuevas fracasarán y que las que obtengan unos resultados espectaculares, como Apple o Google, serán muy pocas.[37] Las empresas consolidadas también tiene que asumir riesgos para innovar o incluso para seguir funcionando: las compañías farmacéuticas asumen unos riesgos enormes cuando desarrollan nuevos medicamentos, o los fabricantes de automóviles cuando diseñan coches híbridos o eléctricos.

El riesgo no plantea problemas a la sociedad cuando los que toman las decisiones también asumen sus consecuencias y cuando no perjudican a otros que apenas controlan sus decisiones. Sin embargo, los banqueros no asumen todas las consecuencias de sus decisiones y pueden perjudicar a otros que apenas los controlan. Los bancos se endeudan con un conjunto de depositantes que suele ser enorme y disperso, depositantes que quieren simplemente que sus depósitos estén seguros y que sus pagos se realicen sin problemas, pero carecen de suficiente información o capacidad para evaluar o influir en las decisiones que se toman con su dinero y en los riesgos que se asumen. Además, la adopción de riesgos por parte de los bancos afecta no solo a sus depositantes y demás acreedores, sino también a la gente en general, a través de las diferentes formas de contagio analizadas en el capítulo 5.

Como las decisiones de los banqueros afectan significativamente a otros, el principio de que todo debe dejarse al libre mercado no regulado no es válido en el caso de la banca. Las decisiones de los banqueros pueden poner en peligro a demasiadas personas. Por tanto, es esencial que la regulación y su aplicación sean eficaces.

La gente tiene mucho más interés que los propios bancos en que estos sean seguros. Es posible que los bancos gestionen sus riesgos con métodos muy sofisticados, pero sus cálculos no tienen en cuenta los intereses de otras personas e instituciones, como los costes del contagio de sus problemas. Por si eso fuera poco, los costes y los beneficios a los que se enfrentan las personas que trabajan para los bancos son diferentes, una vez más, de los costes y los beneficios a los que se enfrentan los inversores de los bancos y la gente en general. Los banqueros se benefician de los beneficios que pueden obtener los bancos, pero no asumen ningún coste personal si el banco quiebra, y no digamos si perjudican al resto de la economía con los riesgos que han asumido.

El objetivo fundamental de toda regulación bancaria debe ser velar por la seguridad y la solidez del sistema financiero en aras del interés público.[38] No deben interferir otras cuestiones. Favorecer el éxito de los bancos del país en los mercados internacionales no va en aras del interés público, si este éxito se debe a que los bancos asumen unos riesgos excesivos a expensas de los contribuyentes. Muchos países han pagado caros los éxitos de sus bancos.

Animar a los bancos a financiar al Estado tampoco va en aras del interés público si esa financiación pone en peligro los bancos. Ese tipo de financiación será cómodo para los políticos que quieren ocultar los costes de sus políticas, pero si un Estado suspende el pago de su deuda y eso va acompañado de una crisis bancaria, las consecuencias pueden ser desastrosas para muchas personas.[39]

La necesidad de una regulación eficaz es acuciante. La gran escala de las apuestas de los banqueros y el elevado grado de interconexión que hay en el sistema financiero hacen que este sea muy frágil. Si quiebra un banco u otra institución financiera grande y muy conectada, puede desestabilizar todo el sistema financiero y causarnos enormes daños a todos.

Los políticos, los reguladores, los supervisores e incluso los banqueros centrales también controlan el dinero de los demás. Están encargados de velar por el interés público, pero a veces son capturados o responden a otros incentivos y se olvidan de sus obligaciones. Permitiendo que los argumentos falsos influyan en su política y no diseñando ni aplicando leyes y normas eficaces que beneficien el interés público, también abusan del control que ejercen sobre el dinero de los demás. Solo la presión de la gente puede resolver este problema de gobernanza.

Regulación sensata y barata

Tras los rescates de 2008–2009, ha habido un amplio debate sobre los problemas del sistema bancario, que suele centrar la atención en los bancos más grandes, los llamados *demasiado grandes para quebrar*.[40] Hay otras instituciones financieras que pueden estar demasiado interconectadas, ser demasiado importantes o quizá demasiado políticas para quebrar. Se dice que son *de importancia sistémica.*

Una de las peores consecuencias de que haya instituciones que son *demasiado importantes (demasiado grandes, demasiado sistémicas o demasiado políticas) para quebrar* —es decir, instituciones cuya quiebra quiere evitar el Gobierno— es que eso da unos incentivos distorsionados y peligrosos a esas instituciones o a otras que quieran alcanzar esa condición. Para resolver este problema, una posibilidad es concentrar los esfuerzos en averiguar qué se puede hacer para que esas instituciones sean más pequeñas, estén menos interconectadas, sean menos importantes o menos políticas, para que no haya ningún problema en dejar que quiebren.[41]

Nuestro enfoque centra, por el contrario, la atención en la cita de Benjamín Franklin con la que comenzamos el capítulo 6: «Una onza de prevención vale una libra de cura». En lugar de concentrar los esfuerzos únicamente en ver cómo nos preparamos ante la posibilidad de que quiebren estas instituciones o en lugar de concentrarlos en reorganizar sus actividades para que la quiebra sea aceptable, ¿podemos hacer algo, a un coste razonable, para impedir que las instituciones financieras lleguen a una situación de quiebra? Esta pregunta se puede hacer tanto en el caso de las pequeñas instituciones como de las grandes y en el de todos los tipos de instituciones cuya quiebra podría ser perjudicial para el sistema. Sin embargo, es claramente más urgente en el caso de instituciones cuya quiebra sería muy perjudicial para la economía.

La quiebra financiera significa el impago de las deudas, es decir, el incumplimiento de las promesas legales de pago. Los bancos y otras instituciones perjudican enormemente la economía cuando tienen dificultades financieras o son insolventes, o sea, cuando llegan a una situación en la que no pueden pagar sus deudas o cuando los inversores temen que no puedan pagarlas. Es más probable que lleguen a esta situación si, para empezar, se endeudan demasiado y si los directivos de los bancos o el regulador no toman las debidas precauciones para evitar las dificultades financieras.

Otra cosa que es muy importante, la quiebra o la insolvencia de las instituciones financieras no solo dañan a los depositantes, a los que garantizan los depósitos y a los prestamistas existentes y nuevos. Por ejemplo, Lehman Brothers no se dedicaba a la banca comercial y, sin embargo, su quiebra causó enormes daños.[42] Estas observaciones inducen a pensar que la regulación bancaria debe concentrarse en proteger el sistema financiero de los riesgos que surgen en la banca de inversión al menos tanto como aspira a proteger a los depositantes y a asegurarse de que los bancos conceden préstamos razonables y adecuados.[43]

Las interconexiones de los mercados financieros y las instituciones financieras que analizamos en el capítulo 5 indican que no solo hay efectos contagio en la banca comercial. En 1998, las autoridades pensaban que el fondo de alto riesgo LTCM era de importancia sistémica e intervinieron para impedir que quebrara como hubiera sido normal. Bear Stearns y Lehman Brothers eran ambos bancos de inversión puros; la absorción de Bearn Stearns por parte de JPMorgan Chase fue subvencionada por la Reserva Federal y la quiebra de Lehman Brothers creó un enorme caos. En septiembre de 2008, el Gobierno de Estados Unidos también rescató a la compañía de seguros AIG en lugar de dejar que quebrara.[44]

Aunque los mayores bancos disminuyan de tamaño, las interconexiones del sistema financiero y el riesgo de contagio probablemente crearán, aún así, una excesiva fragilidad, a menos que se haga algo más para controlarla.[45] De otra manera, las instituciones financieras podrían seguir teniendo problemas y si cuando los tengan, las consecuencias de su quiebra sobre el sistema financiero llegan a parecer espantosas, es probable que tampoco se las deje quebrar.[46]

Esto explica por qué ponemos el acento en mejorar la seguridad y la solidez de los bancos. Si disminuyera la probabilidad de que quebrasen, el sistema financiero sería más sólido y estable y podría servir de ayuda a la economía de una manera más sistemática. La prioridad de la regulación debe ser aumentar la resistencia de los bancos a posibles perturbaciones, sobre todo porque existe una manera barata de hacerlo. Independientemente de cualquier otra cosa que se haga, es fundamental encontrar el modo de reducir la probabilidad de que los bancos tengan dificultades financieras o lleguen a ser insolventes.

En este libro hemos afirmado que para lograr este objetivo de la manera más directa, con pocos o nulos costes para la sociedad, habría que obligar a los bancos a tener *mucho* más capital y a recurrir menos al endeudamiento. Si los bancos se financian más con acciones, será menos probable que sean insolventes o que quiebren y será menos probable que los gobiernos se encuentren en una situación en la que tengan que elegir entre el rescate y la quiebra.

Es preciso regular la financiación mediante capital, ya que si se deja que los bancos elijan ellos mismos su nivel de capital, tienen incentivos para elegir un nivel demasiado bajo. Como explicamos en el capítulo 9, el seguro de depósitos y otras garantías, así como el sistema tributario, comportan que los bancos tiendan a preferir endeudarse. El hecho de que los bancos ya estén muy endeudados también implica que tiendan a continuar endeudándose y a oponerse a que se les exija un nivel de capital más alto. Como hemos explicado a lo largo del libro, el endeudamiento puede ser adictivo, sobre todo si el prestatario se beneficia de garantías públicas. En pocas palabras, los bancos están tan endeudados y son tan frágiles únicamente porque *quieren* serlo y no porque eso reporte un beneficio a la sociedad. Nada de lo que hacen los bancos exige que se endeuden tanto como sucede o tanto como presionan para que se les permita endeudarse.

Una buena regulación debería resolver directamente los problemas fundamentales que hay que solucionar y tendría que resolverlos de la forma más barata posible.[47] Si un diagnóstico fundamental es que los bancos y otras instituciones financieras son demasiado frágiles, asegurarse de que tienen mucho más capital propio es la manera más sencilla y más barata de resolver este problema y, de esta manera, se corregirán o reducirán muchas distorsiones creadas por las garantías y las subvenciones del Estado. Los beneficios de este enfoque son especialmente grandes en el caso de los bancos y de otras instituciones cuyas dificultades, y su posible insolvencia, afectarían a todo el sistema.

La regulación del capital ya existe, y para mejorarla no hacen falta nuevas leyes. Los reguladores suelen tener mucho poder para actuar. La regulación bancaria, exigiendo únicamente que los bancos financien sus activos con más capital, interfiere menos que cualquier otro tipo de regulación que pueda afectar la actividad de los bancos. Como señalamos en el capítulo 11, las normas anteriores sobre capital fracasaron porque eran insuficientes, contenían fallos y no se aplicaba bien. Podemos y debemos hacerlo mucho mejor de lo que contienen las propuestas actuales.

Una situación en la que se obligara a los bancos y a otras instituciones financieras a tener mucho más capital tiene muchas ventajas. En primer lugar, si poseyeran más capital, disminuiría su probabilidad de tener problemas financieros o acabar siendo insolventes. Como señalamos en el capítulo 6, eso aumentaría la estabilidad del sistema y resolvería los problemas de contagio, pero tendría también otras ventajas. Los bancos menos endeudados se encuentran en mejores condiciones para otorgar buenos préstamos. En cambio, los bancos muy endeudados son propensos a asumir riesgos excesivos cuando conceden préstamos y pueden dejar de prestar si sus problemas financieros son graves.

Otra ventaja de la exigencia de unos niveles de capital más altos es que disminuirían lógicamente la importancia de las garantías y las subvenciones, así como los efectos distorsionadores que producen. Al haber menos subvenciones, los grandes bancos podrían escindirse sin verse obligados a hacerlo porque les obliga la ley, presionados por los inversores preocupados por la ineficiencia de su tamaño y de su complejidad. La exigencia de un elevado nivel de capital aumentaría las probabilidades de que los bancos disminuyeran de forma natural de tamaño.

Por tanto, la exigencia de unos niveles de capital más altos atenuaría el problema de que los bancos sean demasiado grandes, estén demasiado interconectados y sean demasiado políticos para quebrar. No solo disminuirían las probabilidades de que quebraran; también asumirían una parte mayor de sus propias pérdidas, si las tuvieran, y podrían aprovecharse menos del endeudamiento barato subvencionado del que han podido aprovecharse por ser demasiado grandes para quebrar.

Lo mejor de todo es que estas numerosas ventajas de la exigencia de unos niveles de capital mucho más altos se podrían obtener sin apenas costes para la sociedad. Los contribuyentes ahorrarían en subvenciones y la gente se beneficiaría de un sistema financiero más estable y sólido. Por tanto, este enfoque no exige hacer ningún equilibrio. La sociedad obtendría grandes beneficios a coste cero.

Los banqueros luchan contra el aumento de las necesidades mínimas de capital, pero la única manera de que tener más capital pudiera significar realmente algún coste para ellos es impidiendo que se beneficien a costa de los contribuyentes y de los acreedores. A lo largo de todo este libro, hemos expuesto una gran colección de lo que llamamos *el traje nuevo de los banqueros*, argumentos falsos que han esgrimido estos para demostrar que no es deseable ni posible adoptar un sistema con mucho más capital bancario, ni siquiera del 20 o 30 por ciento del total de activos de los bancos.[48] Estos argumentos falsos y estas presiones de los bancos han impedido llevar a cabo una reforma que habría sido sumamente beneficiosa.

Por ejemplo, cuando se analiza el coste del aumento del nivel de capital, los banqueros suelen referirse al rendimiento que exigen los inversores, y lamentan que no puedan dárselo si tienen que ampliar capital. Este razonamiento va en contra de los principios básicos por los que se rigen los mercados financieros en los que operan los bancos. Uno de estos principios es que los inversores exigen una compensación por el riesgo. Por ejemplo, actualmente están dispuestos a no obtener casi ningún rendimiento cuando invierten en bonos del Estado, que son seguros. Cualquier análisis de los rendimientos que no reconozca este principio falla por su base. Marcándose el objetivo de conseguir unos elevados rendimientos, los banqueros pueden asumir riesgos por los que sus accionistas no sean debidamente compensados y que perjudiquen, en última instancia, a sus acreedores o a la gente en general.

La preocupación que más se oye en relación con la exigencia de unos niveles de capital más altos es que reduciría el volumen de créditos. Esta preocupación está fuera de lugar. La concesión de créditos, al igual que otras inversiones, debe guiarse por su calidad potencial y por el coste económico de financiarlos. La exigencia a los bancos de unos niveles más altos de capital no interferiría en este proceso, sino que haría que los mercados de crédito funcionaran mejor.

Los banqueros eligen sus créditos y otras inversiones teniendo en cuenta sus propios incentivos. Como vimos en el capítulo 6, en muchos de los grandes bancos, los créditos no representan más que una pequeña parte de sus actividades. La reducción de los créditos tiene menos que ver con las necesidades mínimas de capital que con los incentivos que tienen los bancos para utilizar sus fondos para otras actividades.

Es posible que la estructura actual de la legislación disuada de conceder préstamos. Por ejemplo, cuando los banqueros se dedican a realizar inversiones que los reguladores consideran que tienen menos riesgos de los que tienen realmente, es posible que los créditos parezcan menos atractivos que otras inversiones. Las que encuentran atractivas los banqueros pueden poner en peligro el sistema, como ocurrió en el periodo anterior a la crisis financiera de 2007–2009, cuando los bancos *innovaron* para crear títulos AAA que resultaron ser de alto riesgo. Obligando a los bancos a tener más capital para absorber pérdidas, con requisitos que no se puedan manipular con modelos de riesgo desarrollados para su propia conveniencia o gracias a la flexibilidad que dan las normas contables, es probable que desaparezcan los malos incentivos y que, por tanto, se fomente la concesión responsable de créditos que pueden beneficiar a la economía.

Como también hemos visto, el hecho de que los bancos tengan tanta deuda también distorsiona sus incentivos para conceder préstamos e invertir, así como para endeudarse aún más. Las garantías y las subvenciones a la deuda distorsionan todavía más sus incentivos. Cuando los bancos responden a estos incentivos, ponen en peligro el sistema financiero y a la gente. Este estado de cosas hay que corregirlo.

Adair Turner, presidente de la Financial Services Authority del Reino Unido, instando a emprender una reforma radical y a reconsiderar el papel del sistema financiero en la economía, dijo en 2010: «No existe ninguna prueba de que el crecimiento que han experimentado la escala y la complejidad del sistema financiero en el mundo desarrollado rico en los últimos veinte o treinta años haya aumentado el crecimiento o la estabilidad, y la actividad financiera puede extraer rentas de la economía real en lugar de generar valor económico», y continuó diciendo: «Tenemos que poner radicalmente en entredicho algunos de los supuestos de los últimos treinta años y tenemos que estar dispuestos a plantearnos respuestas radicales».[49]

En el capítulo 11, hacemos propuestas concretas que serían sumamente beneficiosas para el sistema financiero e instamos a que se adopten inmediatamente. Estas propuestas no requieren nada más que la voluntad de los gobiernos y los reguladores para tomar las medidas esenciales. La primera de nuestras recomendaciones es averiguar qué bancos son insolventes y liquidarlos, aunque los costes inmediatos parezcan pavorosos. Las experiencias de Japón y de otros países han demostrado que es perjudicial y caro dejar que sigan funcionando los bancos insolventes o *zombi*.

En segundo lugar, recomendamos fervientemente que se refuercen los bancos prohibiendo los pagos a los accionistas, como los dividendos o las recompras de acciones, hasta que los bancos tengan unos niveles de capital mucho más altos de los que tienen actualmente. Los bancos cuyas acciones cotizan en Bolsa se pueden reforzar aún más obligándoles a ampliar capital. Como explicamos en el capítulo 11, estas medidas no tendrían más que ventajas, no supondrían ningún coste para la sociedad y no interferirían en la capacidad de los bancos para conceder créditos durante la transición. De hecho, si los bancos se abstuvieran de pagar dividendos a sus accionistas y aumentaran su capital, tendrían más fondos para otorgar préstamos.[50]

La objeción que se hace normalmente a esta propuesta, que la prohibición del reparto de dividendos o la obligación de obtener nuevo capital provocaría una caída de las cotizaciones de las acciones de los bancos, no reconoce que si cayeran, se debería únicamente al hecho de que, al tener estas entidades más capital, sus accionistas, que se benefician del lado positivo de las decisiones tomadas en su nombre, también tendrían que asumir una parte mayor de los riesgos negativos. Eso simplemente corregiría una situación en la que los bancos pueden recurrir a terceros para hacer recaer sobre ellos algunos de los riesgos negativos.

El enfoque oficial de la regulación del capital bancario, consagrado en los diferentes acuerdos de Basilea sobre la llamada *regulación del capital*, es insatisfactorio. Incluso el acuerdo reciente de Basilea III, del que se dice que es mucho más estricto que sus predecesores, permite a los bancos tener muy poco capital, solo el 3 por ciento de su total de activos. Además, los complejos intentos de esta regulación de ajustar perfectamente las necesidades mínimas de capital —por ejemplo, basándose en mediciones y ponderaciones de riesgo— son profundamente erróneos y crean muchas distorsiones, entre ellas un sesgo en contra de los préstamos tradicionales.

Es la sociedad en su conjunto la que asume, en última instancia, todos los riesgos. Algunos son inevitables y otros recaen sobre los individuos, las empresas y el Estado. El sistema financiero puede ayudar a la economía a crecer y prosperar repartiendo los riesgos de un modo más eficiente y facilitando la financiación de las inversiones productivas. Sin embargo, para eso es preciso que las responsabilidades y las deudas se asignen y se impongan claramente. Hasta ahora no se ha satisfecho esta condición, por lo que el sistema financiero se ha vuelto demasiado peligroso y distorsionado. La corrección de esta distorsión no interferiría con ninguna actividad productiva ni con un reparto adecuado del riesgo y de la financiación de las inversiones, que es a los que se dedica el sistema financiero.

En el capítulo 8, señalamos que a menudo se da incentivos directos a los banqueros, a través de su remuneración, que les hacen endeudarse demasiado y asumir excesivos riegos. En esa situación, es legítimo temer que si el aumento de las necesidades mínimas de capital les impide magnificar los riesgos de sus inversiones al no permitírseles un mayor apalancamiento, se vuelvan más imprudentes con el fin de lograr los elevados rendimientos que se han marcado en los últimos tiempos como objetivo.

Este temor lleva a pensar que es importante mejorar la gobernanza y el control del riesgo en los bancos. Si estos tienen más capital, es posible que los accionistas tengan más incentivos para controlar la toma de riesgos. Sin embargo, como los accionistas se benefician del lado positivo de la toma de riesgos, mientras que la sociedad asume en parte el lado negativo del riesgo, y como una gobernanza eficaz por parte de los accionistas también puede ser difícil, tal vez sea deseable aumentar la supervisión o incluso regular la gobernanza de los bancos y poner más controles.[51]

El cuento del lobo de la banca en la sombra

El traje nuevo de los banqueros que hemos analizado hasta ahora contiene argumentos falaces que restan importancia a los problemas, así como numerosos cuentos del lobo, advertencias de consecuencias imprevistas que pretenden asustar a los políticos y a los reguladores para que no endurezcan el control. Entre las afirmaciones que hemos analizado aquí se encuentran las siguientes: «El aumento de las necesidades mínimas de capital reduciría la concesión de préstamos y el crecimiento», «el capital es caro» y «nuestra posición competitiva en los mercados internacionales se verá perjudicada». Como hemos visto, por lo que se refiere al menos a las necesidades mínimas de capital, y a menudo a otras reformas propuestas, estas afirmaciones son todas ellas falsas.

Otro cuento del lobo es la advertencia de que el endurecimiento de la regulación podría llevar a trasladar las actividades financieras de la banca regulada al llamado *sector bancario en la sombra*, en el que hay menos regulación si es que hay alguna.[52] Un ejemplo típico son los fondos de inversión del mercado de dinero, analizados en varios capítulos anteriores.[53]

El argumento de que no debemos tener ninguna regulación porque esto invitaría a los bancos a eludirla es perverso. Convierte la incapacidad para imponer la regulación en un argumento en contra de tenerla.

Para ver la falacia, imaginemos que se nos propusiera que no prohibiéramos los robos porque en este caso los ladrones se esconderían más y sería aún más difícil controlarlos. Cuando se trata de robos y de otros delitos violentos, no aceptamos ese tipo de argumentos, sino que pedimos a la policía que patrulle todos los rincones. Algunas películas como *Solo ante el peligro* nos recuerdan que la anarquía tiraniza a la sociedad. Es posible que la aplicación eficaz de la ley exija coraje y fuerza, pero mejora la vida de la gente. De la misma manera, no renunciamos a recaudar impuestos simplemente porque muchos tratan de aprovecharse de las lagunas fiscales. La regulación de los bancos y de otras instituciones financieras, al igual que la aplicación de la ley o la recaudación de impuestos, es esencial para la sociedad y aplicar una regulación eficaz es un reto que debemos aceptar.

El cuento del lobo de que las actividades financieras de riesgo se trasladarán a los segmentos no regulados del sistema carece, en realidad, de fundamento, si se tiene en cuenta el motivo por el que la banca en la sombra ha sido un problema. El motivo no ha sido el exceso de regulación, la incapacidad de los reguladores y de los supervisores para aplicar la regulación cuando era necesario o la falta de instrumentos a su disposición. El origen del problema ha sido, más bien, que los reguladores y los supervisores *no han querido* emplear los instrumentos con los que cuentan y aplicar la legislación eficazmente.

Los reguladores y los supervisores siempre han tenido potestad, al menos en Europa y Estados Unidos, para regular y supervisar la banca comercial con el fin de mantener la seguridad del sistema financiero. Sin embargo, han permitido a esas instituciones crear y garantizar las deudas de numerosas entidades en la sombra, a la vez que el regulador les ofrecía todo tipo de garantías, entre ellas la liquidez necesaria. Estas prácticas contribuyeron extraordinariamente a la acumulación de riesgos antes de la crisis financiera de 2007–2009. La Financial Crisis Inquiry Commission concluyó que «los fallos generales de la regulación y la supervisión financieras demostraron ser devastadores para la estabilidad de los mercados financieros del país». Los centinelas no estaban en su puesto.[54]

De hecho, algunas de las instituciones más peligrosas de la banca en la sombra que dañaron el sistema financiero en 2007 y 2008, entidades que poseían y emitían títulos hipotecarios, estaban afiliadas a los bancos regulados.[55] Como consecuencia de estas afiliaciones, los bancos regulados estaban asumiendo considerables riesgos, lo cual debería haber hecho saltar las alarmas de la inspección bancaria, que debería haber considerado inaceptables algunos riesgos de los bancos. En lugar de eso, se mantuvo al margen.[56]

El cuento del lobo de que no debemos regular porque no podemos aplicar la regulación es otra prenda del traje nuevo de los banqueros. En lugar de tirar la toalla, deberíamos aceptar el reto que plantea una regulación y una aplicación eficaz. Es mucho lo que está en juego.

Los banqueros y la sociedad: cómo resolver el conflicto

El cuento del lobo de la banca en la sombra convierte el fracaso de la regulación y de su aplicación en un argumento en contra de una regulación más estricta y beneficiosa. Como la regulación es esencial, la prioridad debe ser conseguir que su aplicación sea más fácil y más eficaz. Sin embargo, algunas normas son contraproducentes y hacen que su aplicación sea más difícil, ya que, en realidad, dan más incentivos a los bancos para endeudarse excesivamente. Por ejemplo, como señalamos en el capítulo 9, la legislación tributaria de muchos países permite a las empresas deducir como gasto los pagos de los intereses de la deuda. Este tratamiento penaliza fiscalmente la financiación mediante acciones y fomenta el endeudamiento.

Penalizar las ampliaciones de capital y fomentar la financiación mediante deuda es especialmente perverso cuando se trata de bancos, ya que su endeudamiento excesivo daña el sistema financiero al aumentar su fragilidad. Paradójicamente, la legislación tributaria subvenciona el endeudamiento, pero la regulación bancaria sobre el capital trata de reducirlo. Es como si diéramos incentivos fiscales que animaran a conducir temerariamente o a contaminar y aprobáramos al mismo tiempo leyes que prohibieran estos comportamientos. Dar a los bancos incentivos fiscales para endeudarse es una mala política. La legislación tributaria no debería interferir en la estabilidad financiera; en todo caso, debería tratar de evitar dar incentivos distorsionadores.

Otras leyes también hacen que a los bancos les sea más fácil endeudarse demasiado. Por ejemplo, muchos contratos de deuda a corto plazo que se utilizan en el sistema financiero están exentos de los procedimientos normales de quiebra. Estas exenciones pueden contribuir a permitir el tipo de *carrera por el endeudamiento* que analizamos en el capítulo 10, que implica que el sistema bancario sea más frágil;[57] deberían revisarse.

La regulación sería más fácil de aplicar si estuviera acompañada de medidas que permitieran a los inversores y a los supervisores vigilar y controlar mejor la toma de riesgos de los banqueros. Aumentando la transparencia de los mercados de derivados —por ejemplo, obligando a negociar muchos de ellos en la Bolsa— sería más difícil que los banqueros pudieran ocultar los riesgos que asumen. También es importante que la gobernanza corporativa sea eficaz. Si los directivos de los bancos no pueden ser controlados por sus consejos de administración ni por los accionistas, su conducta puede ser especialmente peligrosa. Las leyes y las normas que fomentan la gobernanza corporativa responsable pueden ayudar a reducir el conflicto entre los que toman las decisiones en las instituciones financieras y otros agentes de la economía que podrían resultar perjudicados, pero que no tienen ningún control.

El elemento esencial: voluntad política

Una vez que se identifican correctamente los problemas del sistema financiero, es mucho lo que se puede hacer para crear un sistema mejor que apoye a la economía sin someternos a todos nosotros a excesivos riesgos. Para ello será necesario desarrollar unas leyes y normas adecuadas, así como aplicarlas eficazmente.

A pesar de los enormes daños que ha causado la crisis financiera de 2007-2009, se han frustrado los intentos de reformar el sistema financiero. El motivo principal ha sido político. Los que prefieren el statu quo han dominado el debate, mientras que los que abogan por una reforma eficaz no han tenido tanto éxito.[58]

Los políticos prefieren a menudo pasar por alto u olvidar los riesgos que impone el sistema financiero a la sociedad. Tal vez crean equivocadamente que estos riesgos son inevitables. O permiten que intervengan otras consideraciones, como la financiación de sus campañas o el deseo de favorecer determinadas inversiones. Las afirmaciones falsas a las que hemos dado el nombre del *traje nuevo de los banqueros* contribuyen al problema sembrando confusión y dando argumentos a los que se oponen a la reforma y a la regulación.

Cuando los políticos prefieren pasar por algo los riesgos de la banca, los reguladores y supervisores también acaban prefiriendo no enfrentarse a los bancos. Puede resultarles más fácil o más cómodo, o pueden sentirse presionados políticamente, por ejemplo, cuando el Congreso les amenaza con reducir sus presupuestos.[59] Es posible que en el sistema actual de puertas giratorias, la preocupación por la carrera personal también desempeñe un papel importante en la actitud de los inspectores de la banca. Dado que son tantos los factores que contribuyen a la incapacidad o a la falta de disposición de los reguladores y los supervisores para imponer mayor responsabilidad y aplicar la regulación del sector financiero, se olvida que es en el interés público tener un sistema financiero seguro y estable.[60]

Cuando la gente tiene la posibilidad de ver de cerca la realidad de la aplicación de las leyes, a veces reacciona enérgicamente. En el verano de 2012, tras un juicio en el que la SEC acusó a un banquero de nivel medio de fraudes relacionados con la crisis, el jurado se sintió suficientemente fuerte para tomar la decisión poco habitual de añadir una nota a su veredicto, en la cual instaba a la SEC a «continuar investigando el sector financiero y modificar la legislación vigente conforme sea necesario». El presidente del jurado dijo que «el sector parecía estar absolutamente fuera de control sin supervisión alguna», y añadió que «las actividades de Wall Street nos perjudican a todos y necesitamos desesperadamente un guardián que les ponga freno».[61]

Podemos tener un sistema financiero que funcione mucho mejor que el actual, sin sacrificar nada. Pero para lograrlo es preciso que los políticos y los reguladores pongan el acento en el interés público y tomen las medidas necesarias. El ingrediente fundamental —que sigue faltando— es la voluntad política.

Notas

1. Los emperadores de la banca van desnudos

1. Nuestra cronología de la crisis parte de las turbulencias del verano de 2007 y de las peticiones de ayuda del sector financiero que continuaron hasta principios de 2009. Véanse las descripciones de la Financial Crisis Inquiry Commission (FCIC, 2011). Antes del verano de 2007, los mercados hipotecarios e inmobiliarios de Estados Unidos ya llevaban doce meses en declive. Después de 2009, algunos dirían que la crisis continuó hasta la crisis europea más reciente, que estalló en 2010. Sin embargo, la crisis europea es distinta en muchos aspectos de los acontecimientos de 2007-2009. Véase Reinhart y Rogoff (2009) para una historia detallada de las crisis financieras de los últimos ochocientos años. Laeven y Valencia (2012) analizan las crisis bancarias sistémicas de 1970-2011.

2. La declaración de Dimon procede de una sesión anterior de ese mismo día. Estas declaraciones fueron publicadas por Reuters («DAVOS–Sarkozy to JPMorgan Chief: Banks 'Defied Common Sense'», 27 de enero de 2011).

3. En la época en la que tuvo lugar el intercambio de palabras de Davos entre Dimon y Sarkozy, en enero de 2011, Bob Diamond, que era por entonces director general de Barclays, dijo en el mismo sentido que se había acabado el tiempo del arrepentimiento. Véase «Bob Diamond: No Apologies. No Restraint. No Shame», *The Independent,* 12 de enero de 2011. Más recientemente, se ha publicado una entrevista de Jessica Pressler a Jamie Dimon con el título de «122 Minutes with Jamie Dimon: The JPMorgan Chase CEO Is Really, Really, Really Sorry. Except When He's Not», en *New York Magazine,* 12 de agosto de 2012. En esta entrevista, Dimon afirma: «Soy un claro defensor de la *verdad*».

4. Según el Center for Responsive Politics, en 2011 el sector financiero gastó 477.607.675 dólares en presiones. Esta cifra representa un aumento del 13,7 por ciento con respecto a 2007 (durante este periodo, la inflación total fue de alrededor del 7,8 por ciento). En el capítulo 12, analizamos en términos más generales las presiones y la política de la banca.

5. Véase, por ejemplo, Victoria McGrane y Jon Hilsenrath, «Fed Writes Sweeping Rules from Behind Closed Doors», *Wall Street Journal*, 21 de febrero de 2012. Sheila Bair, presidenta de la Federal Deposit Insurance Corporation (FDIC) desde 2006 hasta 2011, describe detalladamente cómo afectan las presiones de la banca y la captación de políticos y reguladores a la elaboración y la aplicación de las leyes y las normas en Estados Unidos y en organismos reguladores internacionales como el Comité de Supervisión Bancaria de Basilea (Bair, 2012).

6. Por ejemplo, Richard X. Bove, un analista de banca que es entrevistado frecuentemente en la televisión, criticó un editorial de Bloomberg (véase Neil Hume, «Bove vs. Bloomberg». *Financial Times*, Alphaville, 26 de septiembre de 2011). Patrick Jenkins y Brooke Masters, en «Higher Capital Ratio Talk Cuts Banks' Appeal» (*Financial Times*, 27 de marzo de 2011), citan a un «destacado gestor de inversiones de Londres», que atribuye a personas del Banco de Inglaterra que presionaron para que se llevara a cabo una reforma financiera la afirmación de que «hay una facción talibán de fundamentalistas y puristas dentro del banco». Barofsky (2012, pág. 148), describiendo las presiones de los bancos, afirma que «una táctica fundamental es sostener que las cuestiones relacionadas con las altas finanzas son tan increíblemente complejas que es casi imposible para los simples mortales entender las consecuencias inintencionadas de la legislación. Los defensores... según ese argumento, no tienen sencillamente la experiencia necesaria para entender».

7. No somos nosotros los únicos que nos referimos al cuento de Andersen en el contexto de la banca y la regulación financiera. El primer capítulo de Hayes (2012), en el que se analiza a Alan Greenspan, Robert Rubin y Larry Summers, destacados responsables de la política económica de los años noventa, se titula «Los emperadores desnudos».

8. Por ejemplo, en una conferencia celebrada en Nueva York en noviembre de 2009, Lloyd Blankfein, director general de Goldman Sachs, admitió que «participaron en cosas que estaban claramente mal y ... tienen motivos para lamentarlo y pedir perdón por ello» (la afirmación de Blankfein fue publicada por el *New York Times* en su editorial «Goldman's Non-Apology» del 21 de noviembre de 2009). Asimismo, en su comparecencia ante la FCIC en

enero de 2010, Brian Moynihan, director general y presidente de Bank of America, reconoció: «En el transcurso de la crisis, nosotros, como sector, hemos causado un enorme daño. Nunca ha estado tan claro cómo han afectado a la economía real las malas evaluaciones empresariales que hemos efectuado» (FCIC, 2011, pág. 389).

9. Alan Greenspan, antiguo presidente de la Reserva Federal, compara el intento de proteger a los ciudadanos de los riesgos del sistema financiero con la construcción de una barrera que «puede contener caros materiales de construcción cuya flexibilidad ante un terremoto solo es necesaria durante un minuto o dos cada cien años o unas grandes existencias de vacunas para una temida epidemia que puede no llegar a producirse nunca» (véase «Regulators Must Risk More to Push Growth», *Financial Times,* 27 de julio de 2011). Esta afirmación dio lugar a una carta de veinte profesores (Admati *et al.,* «Greenspan's Reasoning on Excessive Equity Is Misleading», *Financial Times,* 2 de agosto de 2011). La lógica de no preocuparse por un «acontecimiento que puede ocurrir una vez cada cien años» también se encuentra en el trasfondo de los modelos utilizados por los bancos y los reguladores que emplean las llamadas *medidas de valor en riesgo,* cuyo objetivo es calibrar el capital bancario en el triple de la cantidad necesaria para tener una probabilidad del 99 por ciento de soportar las pérdidas. No se tienen en cuenta las pérdidas que podrían producirse con una probabilidad de menos del 1 por ciento, aunque puedan ser extraordinariamente grandes y caras tanto para la sociedad como para los bancos. Tampoco se tiene en cuenta ni la incertidumbre sobre las probabilidades ni las dudas sobre los modelos ni los datos que se utilizan para estimar las probabilidades. Véase Tett (2009), Das (2010), Smith (2010), Taleb (2010) y nuestro análisis del capítulo 11.

10. En un ejemplo representativo (contado a Martin Hellwig en privado), un abogado que trabaja para el sector financiero advierte de que las normas que limitan la exposición de un banco a cualquier contraparte «podrían dañar el coste del capital, dañar la liquidez y obligar a las instituciones a adoptar métodos diferentes de gestión del riesgo que pueden no ser tan eficaces... Hay toda una serie de consecuencias imprevistas que no se han considerado detenidamente» («Banks Fight Fed's Push to Make Them Less Entwined», Reuters, 25 de junio de 2012). Analizando la regla de Volcker, se dice que un responsable de JPMorgan afirmó lo siguiente: «Creemos que los [detalles específicos propuestos] podrían tener enormes consecuencias negativas inintencionadas para la competitivad y el crecimiento económico de Estados Unidos» (Edward Wyatt, «Bank Lobbyists Sought Loopholes on

Risky Trading», *New York Times,* 12 de mayo de 2012). Los banqueros de Japón y de otros países también se sumaron a las presiones de los bancos de Estados Unidos (véase Michael Crittenden, «BOJ's Nishimura: Volcker Rule May Hurt Liquidity in Sovereign Debt», Dow Jones Newswires, 5 de marzo de 2012). Ponemos más ejemplos a partir del capítulo 6.

11. Francis M. Cornford (1874–1943) fue un célebre estudioso clásico de la Universidad de Cambridge. Su breve tratado *Microcosmographia Academica: A Guide for the Young Academic Politician,* publicado en 1908, es la fuente de algunas frases como «Dale al sistema actual una oportunidad» y «El tiempo no está maduro», que analizamos en el capítulo 11. Escrito en forma de sátira sobre la política del mundo académico, contiene ideas que se aplican a la política de cualquier organización. Puede consultarse en Internet en http://larvatus.livejournal.com/222591.html (consultado el 28 de septiembre de 2012). Para los antecedentes del tratado de Cornford, incluido el propio texto, véase Johnson (1994).

12. En un artículo titulado «Sarkozy's Bark Worse than Bite on Banks» (Reuters, 18 de febrero de 2011), se dice que Francia es más blanda que el Reino Unido o que Suiza. En otro, titulado «Behind French Bank Drama, a Relaxed Regulator?» (Reuters, 15 de septiembre de 2011), se afirma que el grupo de presión de la banca es más fuerte en Francia que en cualquier otro país. En otro de Tom Braithwaite, «FDIC Chief Says Watchdogs 'Succumbing' to Bank Lobby» (*Financial Times,* 21 de julio de 2010), se dice que en las discusiones de Basilea III, Alemania, Francia y Japón abogaron por establecer unos requisitos más laxos (véanse la nota 22 y el capítulo 12). Bair (2012) da más detalles. Volveremos a analizar las cuestiones políticas en los capítulos 11–13.

13. Acharya *et al.* (2010, capítulo 7) analizan la aprobación de una «regla Volcker modificada» de la ley Dodd-Frank. Para las presiones que llevaron a esta situación, véase Yalman Onaran, «Volcker Said to Be Disappointed with Final Version of His Rule», Bloomberg, 20 de junio de 2010. Para las presiones ejercidas durante el proceso de aplicación véase, por ejemplo, Ben Protess, «Behind the Scenes, a Lawmaker Pushes to Curb the Volcker Rule», *New York Times,* 21 de septiembre de 2012. Como explicaron los senadores Carl Levin y Jeff Merkley, «los grupos de presión financieros tienen demasiado éxito en la suavización de la regulación del sector» («Senators Slam JPMorgan over London Losses and Demand Tighter Regulation», *The Guardian,* 11 de mayo de 2012).

14. Por ejemplo, Gorton (2010) insinúa que los bancos benefician a la economía «produciendo» deuda a corto plazo opaca que es muy líquida, por lo

que sus tenedores pueden convertirla fácilmente en efectivo. En French *et al.* (2010, capítulo 5), cuyos autores son quince destacados profesores, se dice que la deuda a corto plazo ejerce un papel disciplinario que hace que los bancos sean más eficientes. Véanse Admati *et al.* (2011) y capítulo 10 para más bibliografía y análisis.

15. Estas cuestiones se analizan en los apartados 5, 7 y 8 de Admati *et al.* (2011), en las observaciones finales de Admati *et al.* (2012a) y en los capítulos 10 y 11 de este libro.

16. En un sentido parecido, Bair (2012) insta a la economía real a presionar a los políticos y a los reguladores para que obliguen a controlar más eficazmente la Bolsa. Aunque ha habido muchos debates sobre las reformas, apenas se ha hecho nada realmente. En Estados Unidos, aún no se han aplicado muchas de las numerosas normas introducidas por la ley Dodd-Frank. Para un extenso análisis de la ley, véase Acharya *et al.* (2010) y Skeel (2010). En el momento de escribir este libro, no se ha confirmado el número total de instituciones financieras de importancia sistémica y algunas de las disposiciones fundamentales están pasando por un largo proceso de debate y de comentarios. A pesar de la insistencia de muchos, la Securities and Exchange Commission no ha tomado medidas para reformar el sector de los fondos del mercado de dinero. Véase, por ejemplo, Christopher Condon, «Money Fund Tests Geithner, Bernanke, as Shapiro Fails», Bloomberg, 24 de agosto de 2012.

17. Por ejemplo, en su comparecencia ante la FCIC del 13 de enero de 2010, el director general de Bank of America, Brian Moynihan, declaró que el excesivo apalancamiento era una de las causas de la crisis. En sus propias palabras, «el apalancamiento fue un factor crucial» (véase la pág. 6 de su comparecencia escrita, que se encuentra en http://fcic-static.law.stanford.edu/cdn_media/fcic-testimony/2010-0113-Moynihan.pdf; consultado el 22 de septiembre de 2012). En esa misma comparecencia, dijo, además, que «el capital es importante y el apalancamiento de los bancos de inversión era insostenible» (pág. 11). De la misma manera, Jamie Dimon, director general de JPMorgan, reconoció en esa misma comparecencia que una de «las causas subyacentes fundamentales de la crisis [fue] el excesivo apalancamiento dominante en todo el sistema» (véase la pág. 8 de su comparecencia escrita, que se encuentra en http://fcic-static.law.stanford.edu/cdn_media/fcic-testimony/2010-0113-Dimon.pdf; consultado el 22 de septiembre de 2012). Por último, John Mack, que era por entonces director general de Morgan Stanley, señaló que «muchas empresas estaban demasiado apalancadas, asu-

mían unos riesgos excesivos y no disponían de suficientes recursos para gestionarlos eficazmente en un entorno en rápida transformación» (véase la pág. 1 de su comparecencia escrita, que se encuentra en http://fcic-static. law.stanford.edu/cdn_media/fcic-testimony/2010-0113-Mack.pdf; consultado el 22 de septiembre de 2012).

18. Véase «Josef Ackermann im Gespräch: 'Ohne Gewinn ist alles nichts'» («Hablando con Josef Ackermann: 'Sin beneficios no hay nada'), entrevista, *Süddeutsche Zeitung*, 20 de noviembre de 2009, http://www.sueddeutsche.de/ geld/josef-ackermann-im-gespraech-ohnegewinn-ist-alles-nichts-1.144881, consultado el 22 de septiembre de 2012. En el mismo sentido, véase el artículo de opinión de Vikram Pandit, director general de Citigroup, «We Must Rethink Basel, or Growth Will Suffer», *Financial Times*, 10 de noviembre de 2010. También se expone el mismo argumento en los estudios del Institute of International Finance (IIF) (2010), una institución de presión clave integrada por bancos que operan en los mercados internacionales, que supone que los mercados de capitales no son capaces de fijar correctamente el precio del capital, por lo que la imposición de unas necesidades mínimas de capital más estrictas afecta considerablemente a los costes de financiación de los bancos. Esta falacia se analiza en el capítulo 7. En CSBB (2010a), se mantiene la falacia en aras de la argumentación, pero las conclusiones son muy distintas de las del IIF. Según algunos estudios empíricos, la falta de capital bancario puede afectar negativamente a la concesión de préstamos bancarios a corto plazo, pero este efecto desaparece en el curso de dos o tres años y, a largo plazo, el aumento de las necesidades mínimas de capital no afecta negativamente ni a la concesión de préstamos bancarios ni al crecimiento (para los efectos a corto plazo, véase, por ejemplo, Aiyar *et al.*, 2012, y los estudios citados en Hanson *et al.*, 2011, 12–15; para los efectos a largo plazo, véanse Hanson *et al.*, 2011, págs. 18–91; Buch y Prieto, 2012; y Junge y Kugler, 2012). Como se señala en Admati *et al.* (2012a) y en los capítulos 9 y 11 de este libro, los efectos a corto plazo pueden atribuirse al efecto del sobreendeudamiento que ya tienen los bancos y al uso de ponderaciones de riesgo y pueden evitarse si se aumentan las necesidades mínimas de capital de una manera adecuada; por ejemplo, asegurándose de que los bancos no pagan dividendos a los accionistas y obtienen más capital. Por último, también se podría poner en entredicho la afirmación de Ackermann de que una disminución de la concesión de préstamos bancarios «reduce el crecimiento y afecta negativamente a todo el mundo». No todos los préstamos bancarios son deseables. Si los bancos hubieran prestado menos y con más cuidado en los años anteriores a 2007,

las economías de Estados Unidos y de muchos países europeos serían mucho más sólidas hoy. Véanse Jordà *et al.* (2011) y Schularick y Taylor (2012) sobre las consecuencias de la excesiva expansión del crédito y Turner (2010, 2012) sobre la necesidad de distinguir entre los diferentes tipos de préstamos.

19. Para datos sobre la recesión económica mundial de 2008–2009, véase FMI (2009, 2010a). El FMI (2009, capítulo 4) da proyecciones del efecto a largo plazo producido en la economía real. En 2009, la producción mundial experimentó una *contracción* del 0,6 por ciento; compárese con el crecimiento medio del 4 por ciento de los años anteriores; en las economías avanzadas, la contracción de la producción fue mucho mayor, del 3,2 por ciento, mientras que el crecimiento medio fue de más del 1 por ciento en los años anteriores. La experiencia nos dice que una parte significativa de la pérdida de producción será definitiva, por lo que con el paso de los años podría muy bien llegar a representar unas «cifras astronómicas» (Haldane, 2010). Por lo que se refiere a Estados Unidos, la Congressional Budget Office estima que la pérdida de producto interior bruto (PIB) como consecuencia de la recesión será en 2016 de 5,7 billones de dólares en relación con el potencial. La Reserva Federal estima que entre 2007 y 2010 la riqueza mediana de los hogares disminuyó un 38,8 por ciento en términos reales. Better Markets (2012) estima que el coste total de la crisis ascenderá finalmente a más de 12,8 billones de dólares (véase http://bettermarkets.com/reform-news/cost-crisis-caused-wall-street-no-less-128-trillion-dollars, consultado el 22 de septiembre de 2012). Haldane (2010) prevé que en el Reino Unido la pérdida total de producción a largo plazo será de 1,8 billones de libras como mínimo; en la economía mundial, prevé una pérdida total de producción de al menos 60 billones de dólares. Véanse también Huertas (2010, pág. 1) y Laeven y Valencia (2012). Sinn (2010, capítulo 1) señala que sin la intervención del Estado, las pérdidas de producción habrían sido aún mayores. Jordà *et al.* (2011) y Schularick and Taylor (2012) muestran que históricamente las recesiones que han estado relacionadas con explosiones del crédito que han estallado y con una crisis financiera posterior han sido mucho mayores y caras que otros tipos de recesiones. Para la lenta recuperación de la crisis financiera en Estados Unidos, véanse Carmen Reinhart y Kenneth Rogoff, «Sorry, U.S. Recoveries Really Aren't Different», Bloomberg, 15 de octubre de 2012, y Martin Wolf, «A Slow Convalescence under Obama», *Financial Times,* 24 de octubre de 2012.

20. Por ejemplo, según el Banco de la Reserva Federal de San Luis, entre febrero de 2008 y septiembre de 2009, el empleo no agrícola total disminuyó en

8,138 millones. Posteriormente, solo ha aumentado en 3,36 millones. Véase Better Markets (2012).

21. Esta advertencia se hizo en el G20 en junio de 2010, basándose en un informe preliminar realizado por PricewaterhouseCoopers, a petición del sector bancario («Tighter Banking Rules Will Drain £1tn from Financial System, Study Shows», *The Guardian*, 10 de julio de 2010).

22. En el capítulo 11, analizamos con cierto detalle la regulación del capital bancario. La regulación nacional se basa en acuerdos internacionales forjados por el Comité de Supervisión Bancaria de Basilea, órgano de reguladores bancarios de los grandes países que se reúne periódicamente en la ciudad suiza. El acuerdo al que se opusieron el IIF (2010) y la British Bankers' Association, también conocido con el nombre de Basilea III, se encuentra en CSBB (2010c, 2010e). Este acuerdo refuerza y complementa el acuerdo anterior de Basilea II, que se halla en CSBB (2004).

23. Entre los numerosos ejemplos se encuentran los siguientes: «Las presiones de Estados Unidos para endurecer las normas sobre el modo en que los bancos apartan capital inducen a pensar que la reforma sobre las necesidades mínimas de capital podría durar años», en «U.S. Turns Up Heat on Basel Bank Reform», Reuters, 3 de septiembre de 2009; «Las nuevas normas sobre el capital también obligarían a los bancos a apartar capital durante un año para cualquier instrumento, incluso aunque tuviera un vencimiento de menos de un año», en «Regulate and Be Damned; Basel III Was Designed to Prevent Another Financial Crisis, but the Unintended Consequences Could Lock Up Global Trade», *Wall Street Journal*, 7 de febrero de 2011; y «Las nuevas normas de Basilea obligarían a los bancos a tener más dólares en reservas para la misma cantidad de operaciones, o sea, más capital para ningún nuevo trabajo económico», en Wayne A. Abernathy, «Shrinking Banks Will Drag Down the Economy», *American Banker*, 27 de agosto de 2012. Incluso Alan Greenspan, antiguo presidente de la Reserva Federal, insinuó que la regulación del capital exigiría «la acumulación de un colchón de recursos paralizados que no se dedican a la producción de bienes y servicios», en «Regulators Must Risk More to Push Growth», *Financial Times*, 27 de julio de 2011. Como señalamos en la nota 9, esta declaración dio lugar a una carta de algunos profesores (Admati *et al.*, «Greenspan's Reasoning on Excessive Equity Is Misleading», *Financial Times*, 2 de agosto de 2011).

24. Steve Bartlett, jefe de Financial Services Roundtable, citado por Floyd Norris en «A Baby Step toward Rules on Bank Risk», *New York Times*, 16 de septiembre de 2010.

25. Véase, por ejemplo, IIF (2010) y la cita de Miller (12995) que encabeza el capítulo 7. En los capítulos 7–9, damos más bibliografía y analizamos algo detalladamente estas afirmaciones.

26. Por ejemplo, Apple, Bed Bath and Beyond, Citrix y otras empresas no tienen casi ninguna deuda. Tanto los mercados de valores como los de deuda pública están más desarrollados en Estados Unidos que en Europa. Véase, por ejemplo, La Porta *et al.* (1997, 1998, 1999). Aunque una gran parte de la deuda se utiliza a menudo para llevar a cabo lo que se denomina *compras apalancadas*, normalmente la deuda se amortiza con relativa rapidez. Las empresas afectadas por una compra apalancada a menudo vuelven a salir a Bolsa en un plazo de tiempo relativamente breve. Véase Berk y DeMarzo (2011). En otros países, el endeudamiento de las sociedades no financieras suele ser más importante debido a que los mercados de valores están menos desarrollados. En el caso de las empresas cuyas acciones cotizan en Bolsa, el endeudamiento no es muy diferente al de las empresas de Estados Unidos; véanse, por ejemplo, Rajan y Zingales (1995, 1998) y Jostarndt y Wagner (2006). En el caso de las empresas que no cotizan en Bolsa, el endeudamiento es mayor; sin embargo, los bancos que prestan a estas empresas imponen límites a su endeudamiento.

27. Por ejemplo, a finales de 2011 el Deutsche Bank solo tenía, según sus informes anuales, alrededor del 2,5 por ciento de capital en relación con su total de activos. En el caso de Fannie Mae y Freddie Mac, Acharya *et al.* (2011a, págs. 25 y sigs.) dan cifras de entre el 2,5 y el 5 por ciento y señalan que estas cifras subestiman el problema, ya que la deuda declarada no incluye las obligaciones procedentes de garantías. McLean y Nocera (2010), FCIC (2011) y Morgenson y Rosner (2011) describen la acumulación de endeudamiento y riesgo de Fannie Mae y Freddie Mac y su intervención por parte del Estado.

28. El límite inferior del 3 por ciento de capital en porcentaje del total de activos viene dado por la llamada *regulación del coeficiente de apalancamiento*. La mayoría de las normas de Basilea mencionan coeficientes más altos, pero estos se refieren al capital en relación con lo que se denominan *activos ponderados por el riesgo*. Los activos ponderados por el riesgo son menores, a menudo mucho menores, que el total de activos. La idea es que los activos que se consideran más seguros pueden estar respaldados por menos capital, por lo que no se valoran por su valor nominal, sino por una proporción del valor nominal; la proporción corresponde a la *ponderación de riesgo* del activo. Basilea III exige que las acciones ordinarias representen al menos un

7 por ciento de los activos ponderados por el riesgo. Invirtiendo en activos que tengan bajas ponderaciones de riesgo, los bancos pueden cumplir esta norma y, aun así, tener un capital de menos del 3 por ciento de su total de activos. Para un análisis detallado véase el capítulo 11.

29. Véanse FCIC (2011, pág. 375) y Bair (2012, págs. 175–177, 358–359). Debe señalarse que General Motors Acceptance Corporation (actualmente Ally Financial) y Chrysler Financials eran grandes instituciones financieras y que GMAC, en particular, se dedicaba a conceder préstamos hipotecarios.

30. Carta anual de 2010 de Jamie Dimon a los accionistas (http://files.shareholder.com/downloads/ONE/2103717927x0x458384/6832cb35-0cdb-47fe-8ae4-1183aeceb7fa/2010_ JPMC_AR_letter_.pdf, consultado el 5 de octubre de 2012). En ese mismo documento, Dimon también afirma: «Los bancos no se beneficiaron de ningún tipo de garantía implícita».

31. Por ejemplo, en un comunicado en el que explicaba la rebaja de la calificación de la deuda de Bank of America, el Moody's Investors Service dejó claro que esas «rebajas se deb[ían] a una disminución de la probabilidad de que el Gobierno de Estados Unidos apoyara al banco, si fuera necesario» (Moody's Investors Service, «Moody's Downgrades Bank of America Corp. to Baa1/P-2; Bank of America N.A. to A2, P-1 Affirmed», *Ratings News*, 21 de septiembre de 2011). Del mismo modo, al explicar las calificaciones de Citigroup, la Moody's Global Credit Division afirmó que «Moody's continúa considerando que las probabilidades de que se ayude en Estados Unidos a las instituciones de importancia sistémica muy interconectadas son muy altas, aunque menores que durante la crisis financiera» (Moody's Investors Service, «Moody's Downgrades Citigroup Inc. to P-2; Citibank Prime-1 Affirmed; All Long-Term Senior Ratings Confirmed», *Ratings News*, 21 de septiembre de 2011).

32. En la década de 1990, la influencia de las garantías del Estado en los costes del endeudamiento estuvo en el epicentro de las quejas contra los Landesbanken, que eran bancos públicos alemanes que disfrutaban de esas garantías. En el caso de estos bancos, las agencias de calificación publicaban, de hecho, calificaciones crediticias distintas según que hubiera o no garantías. Las notas solían ser AAA, las mejores posibles, con las garantías públicas, y CCC, notas mucho más bajas —de hecho, calificaciones de «bono basura»— sin las garantías. Como este efecto daba a los Landesbanken considerables ventajas a la hora de endeudarse, la Comisión Europea declaró que las garantías (explícitas) representaban una forma de ayuda pública que distorsionaba la competencia y que, por tanto, eran incompatibles con lo que

es hoy el Tratado de Funcionamiento de la Unión Europea (art. 107). Alemania impugnó inicialmente el fallo, pero acabó cediendo. Evitando un largo proceso ante el Tribunal de Justicia de la Unión Europea, en 2001 la Comisión y el Gobierno alemán acordaron que a partir de 2005 no se darían nuevas garantías. Véase Comisión Europea, «Germany Agrees on the Implementation of the Understanding with the Commission on State Guarantees for Landesbanken and Savings Banks», comunicado de prensa, 28 de febrero de 2002, http://europa.eu/rapid/pressReleasesAction.do?re ference=IP/02/343&format=HTML&ag ed=1&language=EN&guiLanguag e=en, consultado el 28 de septiembre de 2012. En Estados Unidos, se pudo observar un efecto parecido en el caso de Freddie Mac y Fannie Mae, dos de las llamadas *government-sponsored enterprises* (agencias semipúblicas). Estos bancos disfrutaron durante años de una elevada calificación crediticia, entre A y AAA, a pesar de que eran de alto riesgo y tenían poco capital propio. Las agencias de calificación estaban seguras de que, si era necesario, el Gobierno de Estados Unidos las rescataría y eso es exactamente lo que ocurrió en 2008; véase Acharya *et al.* (2011a) y capítulo 17 de FCIC (2011). La importancia de las garantías implícitas para los costes de financiación de los bancos, especialmente de los que se consideran demasiado grandes para quebrar, se analiza en el capítulo 9.

33. Véase, por ejemplo, «RBC Chief Nixon Concerned over Uneven Regulatory Playing Field», Dow Jones News Service, 20 de septiembre de 2011; «Regulation: Wariness over EU's Level Playing Field», *Financial Times*, 9 de mayo de 2011; y «JPMorgan's Dimon: 'We Want a Global Level Playing Field' », Dow Jones Business News, 30 de marzo de 2011.

34. Véase, por ejemplo, «Geithner: International Banking Deal to Establish 'Level Playing Field' », Dow Jones Business News, 22 de septiembre de 2010. En el capítulo 12, nos ocuparemos más extensamente de esta cuestión y daremos más bibliografía.

35. De hecho, el sector financiero utiliza frecuentemente algunas excepciones a las leyes de quiebra, como la exención de la llamada suspensión de las actuaciones que se ha concedido a los acuerdos de recompra (repos), los *swaps* (permutas) y los derivados. Esas exenciones pueden estar contribuyendo a la fragilidad del sistema financiero al fomentar el uso excesivo de financiación y derivados a corto plazo por parte de los bancos y de otras instituciones financieras. Véase Skeel y Jackson (2012). Esta cuestión se analiza en el capítulo 10.

36. El término *instituciones financieras de importancia sistémica* ha acabado em-

pleándose frecuentemente. Por ejemplo, la ley Dodd-Frank contiene disposiciones sobre el tratamiento especial de ese tipo de instituciones. El concepto de riesgo sistémico se analiza a partir del capítulo 5.

37. En 2008, cuando Lehman Brothers anunció que se declaraba en quiebra, tenía un total de activos de 639.000 millones de dólares y una deuda de 613.000 millones. Estas cifras se basan, por supuesto, en convenciones contables. Después de más de tres años de procesos de quiebra, quedó mucho menos para dar a los acreedores y la mayoría de ellos recibieron mucho menos de lo que les debían. Véase Valukas (2010). Hypo Real Estate tenía un total de activos de 400.000 millones de euros y una deuda de 394.000 millones el 31 de diciembre de 2007 y un total de activos de 395.000 millones de euros y una deuda de 391.000 millones el 30 de septiembre de 2008; véanse los informes financieros de la compañía en http://www.hyporealestate.com/eng/6375.php, consultado el 22 de septiembre de 2012. Según sus informes anuales, Dexia tenía un total de activos de 605.000 millones de euros y una deuda de 588.000 millones (véase también Thomas, 2012) y UBS tenía un total de activos de 2,27 billones de francos suizos y una deuda de 2,23 billones a finales de 2007.

38. El Gobierno alemán ayudó inicialmente a Hypo Real Estate con 124.000 millones de euros en garantías de su deuda. Además, inyectó en Hypo Real Estate 7.400 millones de euros de nuevo capital, absorbiendo en el proceso a los antiguos accionistas. En el otoño de 2010, a cambio de bonos del Estado, se transfirieron 173.000 millones de euros en activos a FMS Wertmanagement, uno de los llamados bancos malos creados para eliminar los activos tóxicos de los balances del banco; con esta transferencia, el propio banco ya no necesitó las garantías (véase Expertenrat 2011, pág. 94). En 2010 y 2011, este banco malo tuvo que dotar provisiones por pérdidas de 3.900 millones y 11.400 millones de euros, respectivamente; véanse los comunicados de prensa del 13 de mayo de 2011 y 27 de abril de 2012 en Pressearchiv, http://www.fmsa.de/de/presse/index.html, consultado el 22 de septiembre de 22, 2012. En el caso de Dexia, el banco recibió rescates de 6.000 millones de euros de los gobiernos de Bélgica, Francia y Luxemburgo en 2008. En 2011, Dexia recibió otro rescate de 4.000 millones de euros y una garantía de 90.000 millones de esos mismos gobiernos. De la misma manera, en 2008 UBS recibió una línea de crédito de 60.000 millones de dólares del Swiss National Bank. Al mismo tiempo, también recibió una inyección de capital de 6.000 millones de francos suizos (5.200 millones de dólares) del Gobierno suizo. Bair (2012, pág. 118) insinúa que en ese momento Citi-

group, Merrill Lynch y AIG también estaban «realmente enfermos» y eran insolventes. Los rescates y la red de seguridad de los bancos se analizan más detalladamente a partir del capítulo 9.

39. Para las causas y los efectos del hundimiento de Lehman Brothers, véase la opinión del juez Lewis A. Kaplan sobre la cuestión (U.S. Bankruptcy Court, S.D. New York 2011), así como el informe del examinador Anton Valukas (2010).

40. Para una descripción detallada, véase el capítulo 20 de FCIC (2011).

41. Según los datos del European Policy Studies Task Force (2010), «durante la crisis, la Comisión Europea tramitó 20 planes de garantía de deuda y 15 planes de recapitalización de bancos y 44 casos de ayudas bancarias individuales en el marco de las normas aplicables a las ayudas estatales. En el peor momento de la crisis, la ayuda efectivamente comprometida llegó a representar cerca del 13 por ciento del PIB de la UE». Las últimas cifras son aún más espectaculares. Según la Comisión Europea, «entre los meses de octubre de 2008 y 2011, la ... Comisión autorizó medidas de ayuda estatal a las instituciones financieras por valor de 4,5 billones de euros (lo que equivale a un 37 por ciento del PIB de la UE). Eso evitó quiebras bancarias y enormes perturbaciones económicas, pero se ha hecho recaer en los contribuyentes el deterioro de las finanzas públicas y no se ha resuelto el problema de qué hacer con los grandes bancos transfronterizos en dificultades» (Comisión Europea, «New Crisis Management Measures to Avoid Future Bank Bail-Outs», comunicado de prensa, 6 de junio de 2012, http://europa.eu/rapid/pressReleasesAction.do?reference=IP/12/570&format=HTML&aged=0&language=EN&guiLanguage=en, consultado el 28 de septiembre de 2012). Para las ayudas y los rescates en Estados Unidos, véase FCIC (2011, capítulos19–20) y Barofsky (2012). Damos más detalles en el capítulo 9.

42. Según las Naciones Unidas, en 2009 la producción mundial se contrajo un 2 por ciento y la cifra mundial de parados mundial pasó de 178 millones de personas en 2007 a 205 millones en 2009. Además, ese mismo año la renta per cápita disminuyó en 52 países (NU/DAES, 2011). Según el Grupo del Banco Mundial, el crecimiento medio del PIB disminuyó del 6 por ciento en 2005–2007 al 1 por ciento en 2009 (Independent Evaluation Group, 2012). Véase también FMI (2009, 2010a). Haldane (2010, págs. 102–103) estimó que las pérdidas totales de producción registradas en todo el mundo como consecuencia de la crisis financiera ascenderían finalmente a entre 60 y 200 billones de dólares y que la pérdida de producción en el Reino Unido sería de entre 1,8 y 7,4 billones de libras. Por lo que se refiere a los

efectos en Estados Unidos, según los datos del Economic Analysis, la producción (PIB) disminuyó un 3,1 por ciento en 2009. La FCIC (2011, pág. 390) señala que en veintiún meses los hogares estadounidenses perdieron 17 billones de dólares y que el paro declarado alcanzó un máximo del 10,1 en octubre de 2009. Como señalamos en la nota 19, Better Markets (2012) estima que el coste total de la crisis para la economía de Estados Unidos ascenderá finalmente a más de 12,8 billones de dólares.

43. CBS, entrevista a Valukas, *60 Minutes,* 22 de abril de 2012.

44. Declaración de Ben Bernanke en una entrevista privada en la FCIC, transcrita en el informe final de la Commission (FCIC, 2011, pág. 354).

45. Para los detalles de los bancos afectados, véase Expertenrat (2011), especialmente las págs. 44–50. En las listas que contienen no figuran Islandia e Irlanda, países en los que también se vieron afectados todos los grandes bancos. Véase también Onaran (2011).

46. Por ejemplo, el Fondo Monetario Internacional, en su *Global Financial Stability Report* de 2010, pone el acento en la falta de financiación a corto plazo y en los riesgos sistémicos de liquidez como determinantes de la crisis. Según el informe, «la incapacidad de múltiples instituciones financieras de refinanciarse o de obtener nueva financiación a corto plazo fue una de las características distintivas de la crisis. Los riesgos sistémicos de liquidez no fueron suficientemente reconocidos ni por el sector privado ni por el sector público y requirieron una intervención sin precedentes de los gobiernos y de los bancos centrales durante la crisis» (FMI, 2010b, pág. 57). En la misma línea, véanse también Hesse *et al.* (2008), Brunnermeier (2009), Gorton (2010) y Copeland *et al.* (2012), entre otros.

47. Para algunos estudios de las causas y la dinámica de la crisis, véanse, por ejemplo, Hellwig (2009), Sorkin (2009), Sinn (2010), FCIC (2011) y Bair (2012). Según su comparecencia ante la FCIC (2011, por ejemplo págs. 241 y 353), Ben Bernanke coincide con el análisis de que la solvencia de las grandes instituciones financieras fue un factor fundamental en la falta de financiación. Véanse también King (2010) y la nota 17.

48. Meltzer (2012, pág. 34) señala que la Reserva Federal siguió una política basada en la idea de *demasiado grande para quebrar,* evitando desde la década de 1970 la quiebra de bancos y, cada vez más, de instituciones no bancarias; la quiebra de Lehman produjo una gran conmoción, ya que se esperaba que tampoco se dejara quebrar a ese banco. Bair (2012, pág. 107) afirma que la quiebra «desafió a las expectativas del mercado. Se había rescatado a Bear Stearns y la mayoría de los agentes del mercado suponían que el Gobierno

también intervendría en Lehman, puesto que era una institución mucho mayor».

49. El tamaño relativo de los mayores bancos de Estados Unidos continúa aumentando. Un indicador de la actividad económica total es el PIB del país, que indica el valor de la producción anual. Basándose en los datos oficiales (en los balances de la Federal Deposit Insurance Corporation o FDIC y en el PIB del Bureau of Economic Analysis), los activos de los seis mayores bancos de Estados Unidos en porcentaje del PIB representaban el 60,1 por ciento en el primer trimestre de 2012. En 2005, los activos conjuntos de esos mismos bancos representaban el 48,4 por ciento del PIB, mientras que en 1995 la cifra era del 17,1 por ciento solamente. Estas cifras serían mayores si los activos se valoraran utilizando las convenciones contables que se emplean en Europa. En el capítulo 6, analizamos el balance de JPMorgan Chase.

50. Según el Banco Mundial, en 2008 el total de pasivos de los bancos representaba el 93,9 por ciento del PIB en Estados Unidos; el 550 por ciento en el Reino Unido; el 135 por ciento en Alemania; el 273 por ciento en Francia; y el 629 por ciento en Suiza. Solo el pasivo de UBS representaba el 372 por ciento del PIB en Suiza.

51. Los activos de los bancos en relación con el PIB anual representaban el 800 por ciento en Irlanda y el 1.500 por ciento en Islandia. Cuando se hundieron los bancos islandeses, el sistema nacional de garantía de depósitos no pudo cumplir sus obligaciones con los depositantes y tuvo que ser ayudado por el Gobierno islandés. Sin embargo, solo recibieron ayuda los depositantes que tenían depósitos en Islandia. Quienes los tenían en los Países Bajos y el Reino Unido, donde los bancos islandeses habían estado presentes a través de sucursales, fueron pagados por los propios gobiernos de esos países. Los acuerdos por los que Islandia habría compensado a los Países Bajos y al Reino Unido por este dinero, 3.800 millones de euros más intereses, alrededor de dos tercios del presupuesto anual del Estado, fueron rechazados dos veces por votación popular. El conflicto está dirimiéndose en el Tribunal de la Asociación Europea de Libre Comercio. Islandia, tras el hundimiento de su sector bancario en octubre de 2008, sufrió una crisis cambiaria, así como una grave recesión económica. Su Gobierno cayó y el país negoció un préstamo de miles de millones del FMI y tuvo que buscar más ayuda financiera de algunos países (véase «Iceland's Rescue Package Flounders», *Financial Times,* 12 de noviembre de 2008). El hundimiento de la banca de Islandia fue el peor en relación con las dimensiones de su economía («Cracks in the

Crust», *The Economist*, 11 de diciembre de 2008). Véanse también OCDE (2009) y Lewis (2011).

52. En la cumbre de la UE celebrada en noviembre de 2010 —es decir, en la reunión de jefes de Estado o de gobierno de los diferentes Estados miembros de la UE— se concedió a Irlanda préstamos por valor de 85.000 millones de euros, de los cuales 17.500 millones procedían del Tesoro irlandés y del National Pension Reserve Fund y 67.500 millones del FMI, de las instituciones de ayuda de la zona del euro recién creadas, el Fondo Europeo de Estabilidad Financiera y el Mecanismo Europeo de Estabilidad Financiera, y de algunos Estados miembros de la Unión Europea que no pertenecen a la zona del euro. De estos préstamos, 35.000 millones de euros se han destinado a ayudar a los bancos irlandeses; véase RTE News [Ireland], «Government Statement on EU/IMF Rescue Deal», 28 de noviembre de 2010, http://www. rte.ie/news/2010/1128/govtstatement.html, consultado el 22 de septiembre de 2012. En la cumbre de la UE celebrada en junio de 2012, se decidió destinar 100.000 millones de euros del Mecanismo Europeo de Estabilidad Financiera recién creado a ayudar a los bancos españoles una vez que se haya desarrollado un mecanismo eficaz para la supervisión europea de los bancos; véase http://consilium.europa.eu/uedocs/cms_data/docs/pressdata/ en/ec/131359.pdf, consultado el 22 de septiembre de 2012.

53. Algunos países han tratado de crear un proceso para la resolución de grandes instituciones financieras que permitiría que quebraran sin dañar a la economía. En particular, la ley Dodd-Frank de Estados Unidos otorgó a la FDIC mayor poder para resolver los problemas de las instituciones financieras *de importancia sistémica*. El Reino Unido ha desarrollado un proceso similar al de Estados Unidos y Alemania ha creado un mecanismo algo distinto. Sin embargo, es difícil decidir cómo deben repartirse las pérdidas cuando se trata de instituciones mundiales que operan en muchos países que tienen sistemas jurídicos diferentes. Esta cuestión se analiza al final del capítulo 5

54. En el capítulo 11, analizamos los fallos de las normas sobre la regulación del capital que se han propuesto. La legislación tributaria también fomenta el endeudamiento al permitir a las empresas deducir como gasto los intereses pagados por la deuda. Las exenciones de las disposiciones normales sobre las quiebras de que gozan los derivados y los acuerdos de recompra que se utilizan extensamente en el sector financiero también fomentan la fragilidad. Véase nuestro análisis de estas cuestiones en los capítulos 9 y 10.

PRIMERA PARTE
El endeudamiento, la banca y el riesgo

2. De cómo el endeudamiento magnifica el riesgo

1. El endeudamiento del sector público sigue una lógica algo diferente. Mientras que los recursos que pueden utilizar los prestatarios privados para pagar los gastos y devolver las deudas dependen de su renta y de sus activos, los recursos que pueden utilizar los Estados dependen de su capacidad para recaudar ingresos por medio de los impuestos. El endeudamiento es una manera de liberar a los contribuyentes actuales, por ejemplo, de la carga de una guerra, o de engañar a la gente sobre los costes de las políticas actuales del Gobierno. Reinhart y Rogoff (2009) han realizado un detallado estudio del endeudamiento público y de las relaciones entre los bancos y los gobiernos en los últimos ochocientos años. Muestran que el endeudamiento público excesivo ha llevado repetidamente a la suspensión del pago de la deuda; dada la participación de los bancos en la financiación de los Estados, estos casos de suspensión del pago de la deuda han ido acompañados a menudo de quiebras bancarias y de crisis del sector financiero. En algunos países de Europa, la relación causal se ha invertido recientemente, ya que los problemas de la banca de Islandia, Irlanda y España y la ayuda pública a los sistemas bancarios de esos países han dañado las finanzas públicas de esos países. Cuando los gobiernos de España y de otros países de Europa meridional se han visto en apuros, han recurrido, a su vez, a los bancos para que les prestaran.

2. Como explica Hyman (2012), en Estados Unidos la compra a crédito se disparó en el siglo xx; la General Motors Acceptance Corporation fue una de las primeras que permitió a la gente comprar primero y pagar después.

3. La situación de impago se analiza en el capítulo 3, «El lado malo del endeudamiento», y los costes y otras consideraciones desde el punto de vista del prestamista en los capítulos 7 y 9.

4. Por ejemplo, en Irlanda muchos prestatarios se quedaron en la ruina como consecuencia de su deuda hipotecaria (véase Lewis, 2011). Más recientemente, los prestatarios españoles han sufrido pérdidas y la ley los obliga a pagar algunas de sus deudas aunque hayan sido desahuciados (véase «Spanish Homeowners Rally Together to Fight Evictions by Banks», *The Telegraph*, 2 de mayo de 2012).

5. Por ejemplo, en Florida, Arizona y Texas las hipotecas contienen una cláusula de dación en pago. En California, solo la contiene la primera hipoteca

«por el importe del precio de compra» (Ghent and Kudlyak, 2009). En el caso de las segundas hipotecas, que están subordinadas a primeras hipotecas y solo reciben pagos después de que se han satisfecho las primeras hipotecas, los prestatarios no tienen derecho a esta protección. El proyecto de ley 458 presentado en el Senado de California en julio de 2011 extendería la protección de la dación en pago a las segundas hipotecas (véase «Real Estate: New Short Sale Law», *The Examiner*, 15 de julio de 2011).

6. El acreedor tal vez tuviera problemas para vender la vivienda y esta podría perder más valor en el proceso de ejecución hipotecaria y por falta de mantenimiento. El proceso quizá sea bastante ineficiente. Campbell *et al.* (2011) muestran que el «descuento por la ejecución» es del 27 por ciento. Véase también Michael Wilson, «Foreclosures Empty Homes, and Criminals Fill Them Up», *New York Times*, 14 de octubre de 2011.

7. Aunque este ejemplo es una simplificación, ya que no tiene en cuenta el tipo de interés del préstamo y los beneficios de vivir en la casa, esto no afecta nuestras observaciones. En el capítulo 8, analizamos el rendimiento del capital propio en relación con el coste total del endeudamiento, incluidos los intereses.

8. En términos más generales, el lado positivo se magnifica cuando el valor de las inversiones aumenta más que el tipo de interés pagado por el crédito. En el caso de la compra de una vivienda, el pago de intereses se puede concebir como el alquiler que paga Carolina por vivir en la casa. Volveremos a ver cómo afecta el endeudamiento al rendimiento del capital en el capítulo 8, en el que también tendremos en cuenta los intereses de los préstamos, que dejamos de lado en este capítulo para simplificar el análisis.

9. Obsérvese que el capital de Carolina, que es el equivalente del capital en la banca, siempre está invertido en la vivienda; está inmovilizado en ella, pero no está parado y no es una reserva de caja. En el capítulo 6, analizamos de nuevo la confusión reinante sobre el término *capital bancario*, ya mencionada en el capítulo 1.

10. Existen muchos tipos de sociedades de responsabilidad limitada, cuyos detalles legales varían de unos países a otros e incluso de unas sociedades a otras. En el caso de las sociedades anónimas cuyas acciones cotizan en Bolsa, muchos aspectos de la gobernanza y el control, como la obligación de revelar información sobre su situación económica, se especifican por ley o mediante normas; eso permite a los inversores obtener la información que necesitan para tomar sus decisiones de compra. En las sociedades anónimas cuyas acciones no cotizan en Bolsa, es mucho menos necesario proteger a los

inversores, por lo que hay una gran flexibilidad para decidir la gobernanza de la sociedad en sus estatutos. Véase Allen *et al.* (2009, págs. 86–92, 183).

11. Para información sobre las consecuencias que puede tener para las calificaciones crediticias el desentenderse de las deudas, véase Les Christie, «How Foreclosure Impacts Your Credit Score», *CNN Money*, 22 de abril de 2010, y Michelle Singletary, «What's Worse for Credit Score–Foreclosure, Short Sale or Deed in Lieu?», *Washington Post*, 30 de agosto de 2011.

12. Las sociedades anónimas cuyas acciones cotizan en Bolsa deben revelar periódicamente sus balances de situación o sus estados financieros, por ejemplo, trimestral o semestralmente, para suministrar información a los inversores. El capital propio es la diferencia entre el llamado *valor contable* de los activos del banco y sus pasivos o deuda. Los contables tienen normas para la actualización de los balances de situación. Como señalamos en el capítulo 6, las convenciones contables varían de unos países a otros. Para información más detallada sobre los principios contables, véase Horngren *et al.* (2012).

13. A veces, la capacidad para vender acciones está sometida a algunas restricciones. Por ejemplo, en el caso de las acciones que se adjudican a los ejecutivos como parte de su remuneración, puede tener que pasar un periodo mínimo para poder venderlas. También puede ocurrir que las acciones se emitan como acciones nominativas y no como acciones al portador y que el registro de un nuevo accionista esté sujeto a ciertas restricciones. Por ejemplo, en Suiza, desde los años setenta hasta principios de los noventa, los estatutos de muchas sociedades anónimas permitían a los altos directivos negarse a registrar a un comprador potencial de acciones nominativas; véase Hellwig (2000).

14. Los beneficios de las nuevas inversiones pueden muy bien incorporarse al precio al que se emiten las nuevas acciones. Si los accionistas que compran las nuevas acciones saben que con estos nuevos recursos aumentará el valor de los activos de la empresa, aceptarán pagar por las acciones un precio más alto que el anterior, por lo que tendrá que emitir menos acciones.

15. La existencia de más acciones también puede afectar al control de la sociedad anónima al crear una estructura de propiedad más dispersa con más accionistas, cada uno de los cuales tiene una proporción menor del total. Sin embargo, en el caso de las grandes sociedades anónimas que tienen muchos millones de acciones, los accionistas no tienen individualmente mucha influencia en las decisiones de la empresa. Es un error pensar que la situación de los antiguos accionistas empeora automáticamente cuando se

emiten nuevas acciones, simplemente porque el capital de la empresa está más dividido. Véase Berk y DeMarzo (2011, pág. 469).

16. Como veremos en capítulos posteriores, esta posibilidad es especialmente probable si la empresa ya se ha endeudado mucho y su capacidad para pagar su deuda está en duda. En este caso, los accionistas podrían negarse a hacer una inversión que quizá fuera rentable para la empresa en su conjunto y también podrían oponerse a nuevas emisiones de acciones. La razón se halla en que las nuevas inversiones benefician a los acreedores, mientras que son los accionistas los que las financian en su integridad. En ese sentido, el endeudamiento puede volverse adictivo. Eso forma parte de un importante efecto llamado *sobreendeudamiento*, que introduciremos en el capítulo 3 y que aparecerá en muchos análisis posteriores de este libro. En los capítulos 7 y 11, volveremos a examinar la cuestión de la emisión de nuevas acciones.

17. Durante una gran parte del siglo xx, en Europa continental las sociedades anónimas eran muy tacañas con los dividendos y no repartían beneficios, aun cuando los proyectos en los que invertían no fueran nada prometedores. Para una descripción de la política de dividendos en Europa, véase La Porta *et al.* (2000a, 2000b). Para una visión distinta de los orígenes de esta tendencia, véase Baker (2009). En Estados Unidos, a principios de los años ochenta, las compañías petrolíferas, que obtenían elevados beneficios de sus pozos de petróleo, fueron criticadas por despilfarrarlos en nuevas prospecciones, que no tuvieron mucho éxito, en lugar de repartirlos entre sus accionistas. Por ejemplo, entre 1982 y 1984 la industria solo obtuvo, en promedio, entre 60 y 90 centavos por cada dólar invertido en prospecciones y producción y el valor total de mercado de estos rendimientos de las compañías era incluso más bajo que si estas los hubieran obtenido haciendo perforaciones. En un estudio de treinta grandes sociedades petrolíferas, se instó a veintitrés a que redujeran entre el 25 y el 35 por ciento su gasto en prospecciones y producción. Véase Jensen (1986). Para datos y otra información sobre las tasas de proyectos de prospección durante las décadas de 1970 y 1980, véase Reiss (1990).

18. Para la política de dividendos, véase Berk y DeMarzo (2011, capítulo 17). Algunos directivos e inversores son contrarios al reparto de dividendos porque su tratamiento fiscal puede ser desfavorable para los accionistas. En los capítulos 3 y 11, analizamos los dividendos y los posibles conflictos de intereses que puede plantear el reparto de dividendos.

19. En los estudios sobre las condiciones para conceder préstamos existen

pruebas de que estas varían cíclicamente con la situación del mercado bancario y de que influyen en los resultados de las carteras de préstamos (Rajan 1994; Weinberg 1995; Dell'Ariccia *et al.*, 2008; O'Keffee, 2009). En el capítulo 7, analizamos los costes del endeudamiento. La cantidad de capital propio que exigen los acreedores a los prestatarios depende de otras condiciones de la transacción, como la garantía. Por ejemplo, los préstamos hipotecarios pueden exigir menos capital propio que otros tipos de préstamos porque la vivienda puede servir de garantía.

20. Véanse Holtfrerich (1981), Berger *et al.* (1995), Alessandri y Haldane (2009), Buch y Prieto (2012) y Haldane (2012a). Riesser (1912, págs. 447–448) señala que en 1910 los bancos alemanes tenían un capital propio superior a un tercio de su deuda, es decir, su capital propio representaba más de un cuarto de su total de activos.

21. Haldane (2011b, pág. 3). En cambio, en Alemania los bancos se encontraban entre las primeras instituciones que aprovecharon las oportunidades que daba la ley de 1870 sobre la constitución de sociedades anónimas. Véase, por ejemplo, Tilly (1989).

22. Uno de los destacados defensores de esas leyes, Sherman, senador por Ohio, señaló que la responsabilidad contingente «impediría a los accionistas y a los directores de un banco realizar operaciones arriesgadas» (Esty, 1998, pág. 190). Para la historia de la responsabilidad limitada de los bancos y otras cuestiones relacionadas con esta, véanse Tilly (1989), Grossman (2001), Alessandri y Haldane (2009), Acheson *et al.* (2010), Grossman y Imai (2011) y Haldane (2011b).

23. Véanse Macey y Miller (1992) y Grossman (2007).

24. Véase Grossman (2001, 2007).

25. La cantidad cubierta por la FDIC se elevó de 100.000 dólares a 250.000 en octubre de 2008, primero hasta finales de 2010 y después hasta finales de 2013. En la Unión Europea, la Directiva 94/19/CE del Parlamento Europeo y el Consejo del 30 de mayo de 1994 sobre sistemas de garantía de depósitos, al principio obligó a todos los Estados miembros a tener un sistema de garantía de depósitos para cubrir al menos el 90 por ciento de las cantidades depositadas, hasta 20.000 euros como mínimo por depositante. En respuesta a la crisis de 2007–2008 y para recuperar la confianza en el sistema, el 11 de marzo de 2009 el Parlamento Europeo y el Consejo aprobaron la Directiva 2009/14/CE, que elevó las cantidades mínimas garantizadas a 50.000 euros primero y a 100.000 en diciembre de 2010. En Australia, el 12 de octubre de 2008 el Gobierno anunció que garantizaría temporalmen-

te el 100 por ciento de los depósitos realizados en instituciones depositarias australianas. Esta cantidad se redujo a un máximo de un millón de dólares por cliente e institución. Finalmente, el 11 de septiembre de 2011 se anunció que la garantía se reduciría a 250.000 dólares a partir del 1 de febrero de 2012 (véase «Questions & Answers about the Guarantee on Deposits», http://www.guaranteescheme.gov.au/qa/deposits.html#3, consultado el 5 de febrero de 2012). En los capítulos 4 y 9, analizamos más extensamente el seguro de depósitos.

26. Por ejemplo, en «Banks Need More Capital, Not More Rules» (*Wall Street Journal*, 16 de mayo de 2012), Allan Meltzer afirma: «Durante las expansiones de Estados Unidos posteriores a la guerra de Secesión y la Primera Guerra Mundial, los bancos comerciales desempeñaron las funciones tanto de bancos comerciales como de bancos de inversión. Por motivos de seguridad, tenían mucho más capital por dólar de activos. En la década de 1920, los coeficientes de capital de los grandes bancos neoyorquinos representaban entre el 15 y el 20 por ciento de los activos». Para cocientes más recientes entre el capital propio y los activos, véase FDIC, «Basel and the Evolution of Capital Regulation: Moving Forward, Looking Back», An Update on Emerging Issues in Banking, 14 de enero de 2003, http://www.fdic.gov/bank/analytical/fyi/2003/011403fyi.html, consultado el 25 de septiembre de 2012.

27. Véanse Berger *et al.* (1995) para Estados Unidos; Alessandri y Haldane (2009) para el Reino Unido; Holtfrerich (1981) y Buch y Prieto (2012) para Alemania; y Junge y Kugler (2012) para Suiza.

28. Véase, por ejemplo, Acharya *et al.* (2011b, de próxima aparición). Como señalamos en numerosos capítulos más adelante (por ejemplo, en los capítulos 5, 6 y 10), algunos de los medios que utilizan los bancos para endeudarse son las operaciones extracontables o los derivados y que son, por tanto, más difíciles de ver.

3. El lado malo del endeudamiento

1. En 1991, la tasa de ejecuciones hipotecarias fue 2,5 veces la media de veinte años; véase Satchell (2011). Para más información sobre el mercado inmobiliario británico y, más concretamente, sobre la crisis hipotecaria de 1989–1991, véanse Muellbauer y Murphy (1997); Aron y Muellbauer (2010) y Oxford Economics (2012).

2. Para datos sobre el uso de los créditos hipotecarios de tipo ajustable en Estados Unidos a finales de los años ochenta, véase Schwartz y Torous (1991). En algunos segmentos del mercado hipotecario de ese país, los créditos hipotecarios de tipo ajustable volvieron a ser muy frecuentes en los años anteriores a 2007. Estas hipotecas tenían a menudo unos tipos tentadores iniciales artificialmente bajos. Cuando los tipos de interés subieron después vertiginosamente, muchos prestatarios tuvieron dificultades y a veces no pudieron pagar la hipoteca (véase, por ejemplo, FMI, 2007). La FCIC (2011, capítulo 7) y Bair (2012, capítulo 7) señalan que las pérdidas causadas por esa clase de hipotecas obligaron a WaMu (anteriormente Washington Mutual) a cancelar 1.100 millones de dólares en el cuarto trimestre de 2007 y otros 1.100 millones en el primero de 2008. Gorton (2010) alaba los beneficios de las hipotecas de tipo ajustable porque permiten al prestamista obligar a renegociar una hipoteca después de dos años, pero no describe las consecuencias que tiene el hecho de que los prestatarios no puedan pagar.

3. Una deuda de 50.000 millones de euros es aún más un problema del acreedor. Esa es la razón por la que las crisis de la deuda soberana son tan peligrosas. Véase Reinhart y Rogoff (2009) para un extenso análisis. En la suspensión más reciente del pago de la deuda soberana y la reestructuración de la deuda, en marzo de 2012, los acreedores privados de Grecia aceptaron el canje de antiguos títulos de deuda por otros nuevos que entrañaban una rebaja del valor nominal de la deuda superior a los 100.000 millones de euros (véase, por ejemplo, Spiegelonline International, «Greece Pulls Off Historic Debt Restructuring Deal», http://www.spiegel.de/international/europe/historic-opportunity-greece-pulls-off-debt-restructuring-deala-820343.html, consultado el 29 de septiembre de 2012).

4. La institución que permitía esta práctica era la *manus iniectio,* que significa literalmente 'poner la mano encima'. Como explica Peter Struck, «en el derecho procesal romano más antiguo, la [*manus iniectio* es] un tipo de ejecución impuesto sobre la persona de quien ha sido condenado a pagar una determinada suma. Si esta no se pagaba en el plazo de treinta días a contar desde la condena, el demandante podía detener al deudor y llevarlo ante el pretor, el cual se lo entregaba al acreedor con la palabra *addico* ('lo adjudico'), a menos que pagara allí y en ese momento, o a menos que se presentara un *vindex* y pagara por él o demostrara que no había ningún motivo de queja. El acreedor mantenía al deudor encarcelado en su casa durante sesenta días; si en ese periodo no se hubieran satisfecho sus reclamaciones, podía matarlo o venderlo como esclavo en el extranjero» (véase *Online Latin Dictionary,*

http://www.classics.upenn.edu/myth/php/tools/dictionary.php?method=d
id&regexp=719&setcard=1&media=1&link=0, consultado el 16 de agosto de
2012). Para más información, véanse Ford (1926) y Silva (1973, pág. 68).

5. Véanse Ford (1926), Freedman (1928) y «Timeline: A Brief History of
Bankruptcy», *New York Times,* 16 de noviembre de 2005.

6. Para la historia y la abolición de los presos por deudas en Estados Unidos,
véase Ford (1926) y Jill Lepore, «I.O.U.: How We Used to Treat Debtors», *New
Yorker,* 13 de abril de 2009. Conviene tener presente que aunque las cárceles
para deudores son ilegales en Estados Unidos, «cada vez es más frecuente
que la gente pase un tiempo en la cárcel como consecuencia de una deuda»
(Susie An, «Unpaid Bills Land Some Debtors behind Bars», *Morning Edition,*
NPR, 12 de diciembre de 2011). En la misma línea, véase Jessica Silver-Greenberg, «Welcome to Debtors' Prison, 2011 Edition», *Wall Street Journal,* 16 de
marzo de, 2011. Según este reportaje, «en Estados Unidos, más de un tercio
de todos los estados permiten encarcelar a los prestatarios que no pueden pagar o no pagan. Los jueces han dictado más de 5.000 sentencias judiciales de
ese tipo desde principios de 2010 (y hasta marzo de 2011) en nueve condados
que tienen una población total de de 13,6 millones de habitantes».

7. En la novela de Thackeray *Vanity Fair,* de la que procede el epígrafe de este
capítulo, el agente de Bolsa arruinado no es enviado a la cárcel para deudores, pero su vida y la de su familia quedan devastadas. La palabra *arruinado,*
que ocupa un lugar tan destacado en el relato de Thackeray, significaba la
absoluta destrucción social. El Free Online Dictionary dice que esta palabra
es el participio pasado de «1. Destruir totalmente, demoler. 2. Dañar irre-
parablemente. 3. Llevar a la pobreza o a la quiebra. 4. Privar de castidad».
Véase http://www.thefreedictionary.com/ruined, consultado el 23 de octubre de 2012.

8. La palabra alemana *Konkurs,* que se empleaba para referirse a los procedimientos de quiebra hasta 1999, se derivaba del hecho de que todos los
acreedores son convocados para que formulen sus reclamaciones y propor-
cionen la base para resolver el problema ordenadamente (en latín *concurre-
re*; en francés, *concourir,* significan *acudir al mismo lugar, aparecer juntos*).

9. Los proveedores también se encontrarán entre los acreedores, a menos que
hayan cobrado las facturas antiguas. Aparte de eso, también les perjudica la
pérdida de negocio en el futuro.

10. Existen pruebas de que los precios de la vivienda son más bajos en los ba-
rrios con ejecuciones hipotecarias que en los que no las tienen (Harding *et
al.,* 2009; Campbell *et al.,* 2011; Whitaker y Fitzpatrick, 2012) y que esos pre-

cios más bajos pueden ser una consecuencia del efecto contagio (Harding *et al.*, 2009). Barofsky (2012) sostiene que el TARP (el *Troubled Asset Relief Program*) no se empleó eficazmente para resolver el problema. Bair (2012, capítulos 6, 11 y 13) analiza el hecho de que el Gobierno no haya promovido una reestructuración eficiente de las hipotecas y de las ejecuciones hipotecarias. Ante esta situación, las autoridades del condado de San Bernardino han anunciado un plan para hacerse con las hipotecas con problemas y reestructurarlas utilizando las leyes de expropiación. Más de una docena de administraciones locales, entre las que se encuentran en el condado de Suffolk (Nueva York); Berkeley (Ontario); Fontana (California) y Chicago están examinando la propuesta (véanse Alejandro Lazo, «San Bernardino Eminent Domain Plan Draws Wall Street Criticism», *Los Angeles Times,* 16 de agosto de 2012, y Joe Nocera, «Housing's Last Chance», *New York Times,* 9 de julio de 2012).

11. En Estados Unidos, este hecho se remonta a los fallos judiciales del siglo xix favorables a los empleados. Hasta ahora, la reforma que se introdujo en 1978 en el procedimiento de insolvencia establecido en el capítulo 11 de la ley de quiebras de Estados Unidos constituye el régimen más favorable a la empresa. En el Reino Unido, la ley de insolvencias de 1986 desarrolló el concepto de *administración* como mecanismo para garantizar la supervivencia de la empresa y que esta pudiera seguir funcionando, permitiendo una moratoria en el pago de determinadas deudas. En Alemania, la sustitución en 1999 de los procedimientos anteriores de quiebra y liquidación por un único procedimiento de insolvencia también tenía por objeto aumentar las posibilidades de que la entidad continuara funcionando. Aparte de algunas excepciones aparentemente poco importantes, los procedimientos son similares a los previstos en el capítulo 11 de la ley de quiebras de Estados Unidos. Para las excepciones y sus efectos, véase la nota 19.

12. En el sector de las líneas aéreas, los principales activos son los aviones y los derechos de despegue y aterrizaje en determinados aeropuertos. Estos activos son fáciles de transferir de una línea aérea a otra sin apenas incertidumbre sobre su valor. Según LoPucki (2005), el procedimiento puede funcionar mejor o peor dependiendo de que haya prenegociación. Si hay prenegociación, la empresa deudora desarrolla el plan de insolvencia con antelación y lo somete a votación a los acreedores. Si los que tienen el 90–95 de la deuda están de acuerdo, ni siquiera es necesaria la declaración de quiebra. Si más del 50 por ciento de los acreedores que tienen más de dos tercios de la deuda, pero menos del 90 o el 95 por ciento exigido, están

de acuerdo, la empresa deudora se declara en quiebra y el tribunal puede aprobar el plan en treinta días, imponiéndolo incluso a los acreedores que no estaban de acuerdo con él. Cuando hay prenegociación, los acreedores apenas tienen voz y voto y se mantiene en el cargo a la antigua dirección de la empresa.

13. Véase Berk y DeMarzo (2011, 511–517). Enron pagó 793 millones de dólares en honorarios a abogados, administradores y demás asesores; Lehman Brothers ha pagado ya 1.600 millones de dólares en gastos judiciales y administrativos y la cifra sigue creciendo. Véanse Linda Sandler y Lindsay Fortado, «Lehman Fees Could Reach $1.4 Billion, Besting Enron», Bloomberg, 23 de octubre de 2008, y Maureen Farrell, «Lehman Bankruptcy Bill: $1.6 Billion», *CNN Money*, CNN, 6 de marzo de 2012. Davydenko *et al.* (2012) estiman que el coste medio de la morosidad representa nada menos que el 21,7 por ciento del valor de los activos. Al final del capítulo 5, analizamos de nuevo la quiebra de Lehman y en el 9 la influencia de los costes de la quiebra en la elección de la combinación de formas de financiación de los bancos y de otras empresas.

14. Según la experiencia de Martin Hellwig —que en ese momento era miembro de una comisión que estaba estudiando las solicitudes de préstamos o garantías de préstamos del Estado por parte de entidades no financieras durante la crisis—, este problema se planteó en relación con la solicitud de ayuda estatal temporal por parte de la filial Opel de General Motors en Alemania en 2009 y 2010.

15. Véanse Hellwig (2009), Gorton (2010), Gorton y Metrick (2010), Mehrling (2010), y FCIC (2011, capítulos 19–20). La FCIC (2011, pág. 429) señala que a la Comisión no le convencían las afirmaciones de que los bancos solo tenían problemas de liquidez y no problemas de solvencia. Mientras que los directivos de los bancos sostenían que sus problemas se debían a las retiradas masivas e injustificadas de fondos, la FCIC concluye que «estos directivos sabían o deberían saber que estaban poniendo en riesgo la solvencia y, por tanto, la supervivencia de sus empresas». Este análisis es compartido por Hennessey, Holtz-Eakin, y Thomas en su voto particular; véase FCIC (2011, págs. 429 y siguiente). En los capítulos 4, 10 y 13, analizamos el hecho de que se pusiera el acento en los problemas de liquidez para desviar la atención de los problemas de solvencia, que eran mucho más importantes.

16. Ben Bernanke, presidente de la Reserva Federal, declaró ante la FCIC que Lehman Brothers carecía de suficientes garantías para obtener más fondos (FCIC, 2011, pág. 354). Eso significa esencialmente que Lehman Brothers

era insolvente cuando se declaró en quiebra. Timothy F. Geithner, secretario del Tesoro de Estados Unidos, declaró en su comparecencia ante el House Financial Services Committee que «Lehman provocó la insolvencia de Lehman» (http://www.treasury.gov/press-center/press-releases/Pages/tg645.aspx, consultado el 29 de septiembre de 2012). Bair (2012) insinúa que los problemas que llevaron a la crisis se debieron al excesivo endeudamiento y a las dificultades financieras y la insolvencia de los bancos y de otras instituciones cuando los prestatarios comenzaron a no pagar los créditos hipotecarios. Véanse también las notas 19–21 del capítulo 13.

17. Obsérvese que los accionistas o los directivos de una sociedad anónima en dificultades se opondrían a una ampliación de capital, ya que eso protegería a los acreedores del impago a expensas de los accionistas, puesto que, con más capital, la deuda soportaría una parte menor del lado negativo del riesgo. La dilución del valor de las acciones refleja una transferencia efectiva de riqueza de los accionistas a los acreedores. En el capítulo 11, analizamos más extensamente esta cuestión.

18. La observación de que los prestatarios en dificultades pueden invertir demasiado poco a causa del sobreendeudamiento se debe a Myers (1977). Cuando los bancos están excesivamente endeudados, conceden menos préstamos, como ocurrió a finales de 2008 (véase Ivashina y Scharfstein 2010). Existen pruebas de que los propietarios de viviendas cuyo valor es inferior a la hipoteca no invierten en ellas y eso reduce aún más el valor de las casas y crea ineficiencias (véase Melzer, 2012). En teoría, por supuesto, un acreedor asumiría parte del coste de reparar una vivienda, pero ese tipo de negociaciones suele ser difícil, sobre todo si la hipoteca de la vivienda se ha titulizado, como señalamos en los dos capítulos siguientes. En el caso de las sociedades anónimas, Korteweg (2010) estima el coste de las dificultades financieras en un 15–30 por ciento del valor de mercado de los activos de las empresas muy apalancadas (en dificultades financieras).

19. Un fenómeno que se observa normalmente en los procedimientos de quiebra es que el prestatario retrasaba la quiebra lo más posible, a veces recurriendo incluso al fraude. Eso es lo que ocurría normalmente en Estados Unidos antes de que se reformara en 1978 la ley de quiebras. La reforma de 1978 aumentó las posibilidades de que los directivos de las grandes compañías pudieran conservar el control. El nuevo capítulo 11 de la ley les ha dado muchos más incentivos para declararse en quiebra voluntariamente, sobre todo porque la competencia entre los tribunales de quiebras les brinda la oportunidad de investigar y ver con qué tribunal tienen más posibilidades de no perder el

control. Eso es especialmente importante cuando la dirección quiere presentar un plan de insolvencia prenegociado, pidiendo al tribunal que apruebe un plan que no ha sido aprobado por el 90–95 por ciento de los acreedores, lo cual haría innecesaria la declaración de quiebra; véase LoPucki (2005). LoPucki señala que es más probable que las empresas que consiguen que se aprueben planes de insolvencia prenegociados en Delaware, que es el estado que tiene el tribunal de quiebras que atrae la mayoría de los casos, vuelvan a declararse en quiebra después de unos años. En casi todos los demás países, la posición de la dirección en los casos de quiebra es mucho más débil y los directivos de las empresas, así como otros prestatarios, tratan de retrasar los procedimientos de quiebra o de liquidación si pueden. Por ejemplo, la sustitución de los procedimientos de quiebra y liquidación de Alemania por una única ley de insolvencia en la década de 1990 no desencadenó una avalancha de declaraciones voluntarias de quiebra como ocurrió en Estados Unidos. La explicación son tres diferencias que tienen aparentemente poca importancia. En primer lugar, las empresas alemanas no pueden dedicarse a buscar el tribunal que les sea más favorable, sino que deben declararse en quiebra en el tribunal en cuyo distrito se encuentra su sede central. En segundo lugar, los tribunales alemanes, a diferencia de los estadounidenses, que pueden o no nombrar un síndico, siempre nombran un administrador judicial y, aunque la dirección de la empresa siga ocupando su puesto, este administrador debe estar de acuerdo con cualquier liquidación de los activos de la empresa; incluso antes de la apertura formal del procedimiento, un administrador judicial temporal tiene derecho a acceder totalmente a los libros de contabilidad de la empresa. Y en tercer lugar, las normas relativas a la aprobación de un plan de insolvencia por parte de los acreedores son bastante estrictas. Véase, por ejemplo, «Introduction to German Insolvency Law», http://www.justiz.nrw. de/WebPortal_en/projects/ieei/documents/public_papers/german_insolvency.pdf, consultado el 29 de septiembre de 2012.

20. Si solo hay un acreedor, Carolina podría negociar un plan que implicara no solo la amortización parcial, sino también una reducción del tipo de interés que reflejara el hecho de que la amortización parcial reducirá el riesgo de que no pague la deuda. Cuando hay muchos acreedores, ese tipo de negociación es difícil y caro.

21. Normalmente, los acreedores de la primera hipoteca serían más antiguos y, por tanto, cobrarían primero. En ese caso, recibirían toda la vivienda, mientras que los acreedores de la segunda hipoteca no obtendrían nada, ya que no cobran hasta que los acreedores de la primera cobran íntegramente la

deuda. Sin embargo, los acreedores de la primera hipoteca podrían perder si el valor de la vivienda disminuyera aún más como consecuencia del proceso de ejecución hipotecaria y la falta de mantenimiento de la casa. Si el valor de la vivienda disminuyera a 280.000 euros solamente, Carolina sería morosa, ya que debe 295.000.

22. En este caso, suponiendo que la segunda hipoteca es más reciente, Carolina pagará íntegramente la primera y no pagará la segunda. Aun así, el acreedor de la primera perderá en la ejecución hipotecaria si entretanto el valor de la casa disminuye aún más debido a la falta de mantenimiento y a otros problemas.

4. ¿Es realmente «bello vivir»?

1. En la película, el papel del personaje George Bailey es interpretado por James Stewart. El título del libro de Kotlikoff, *Jimmy Stewart Is Dead* (2010), se refiere a la nostalgia. Kotlikoff deja claro que el tipo de banca de George Bailey era frágil e inseguro, pero comparte la nostalgia por el banquero que se entrega a su comunidad local (véase Kotlikoff, 2010, págs. 1–3).

2. Hay aquí un leve anacronismo. Las sociedades de ahorro y crédito inmobiliario, que antes eran «sociedades de crédito hipotecario» o «cooperativas de crédito para la construcción», se crearon a principios del siglo XIX como instituciones cooperativas en las que la gente tenía participaciones en lugar de depósitos. Su objetivo inicial era la de aunar recursos para que los socios pudieran adquirir su propia vivienda. Posteriormente, la relación entre ahorro y crédito desapareció, por lo que las instituciones recibían ahorros incluso de personas que no iban a pedir un crédito para adquirir su propia vivienda. Sin embargo, incluso entonces casi ninguna de estas instituciones aceptaba depósitos, hasta que llegó el seguro federal de depósitos en la década de 1930. Durante la Gran Depresión, muchas sociedades de ahorro y crédito inmobiliario quebraron, pero, en contra de lo que se cuenta en la película, las quiebras se debieron a moras e impagos más que a retiradas masivas de depósitos. Como no aceptaban depósitos a la vista, no sufrían el tipo de retiradas masivas de depósitos que sufrían los bancos comerciales. Sí sufrían, sin embargo, retiradas cuando sus miembros sacaban sus ahorros para mantener su consumo. Para los detalles, véase Barth y Regalia (1988).

3. Para la ley Glass-Steagall y su desaparición, véase, por ejemplo, Fink (2008), Acharya *et al.* (2010, págs. 187–191) y Johnson and Kwak (2010, capítulo 3).

En Europa, los llamados bancos universales, que se dedican a realizar todo tipo de actividades, han sido frecuentes desde el primer momento.

4. En el caso de la Bailey Building and Loan Association, al igual que en el de la mayoría de las cajas de ahorros, el lado del pasivo del balance estaba formado principalmente por depósitos de ahorro. En el de los bancos comerciales, está formado por depósitos a la vista, así como por depósitos de ahorros.

5. La distinción entre cuentas corrientes y cuentas de ahorro se difuminó cuando en 1974 algunas cajas de ahorros de Nueva Inglaterra comenzaron a ofrecer cuentas NOW, que son cuentas de ahorro que permiten a los depositantes utilizar «órdenes negociables de retirada» para pagar sus facturas. Hasta entonces, las cuentas de ahorros no podían utilizarse directamente para realizar transacciones.

6. Hasta principios de los años ochenta, la ley Glass-Steagall prohibía a las instituciones depositarias pagar intereses por los depósitos a la vista. Eso permitía a los bancos comerciales obtener considerables rendimientos netos invirtiendo una gran parte de los fondos que recibían en depósitos. Utilizaban estos rendimientos para cubrir los costes de los servicios. Véase, por ejemplo, Klein (1974). Actualmente, los costes se cubren en gran parte mediante las comisiones.

7. Véase, por ejemplo, «Paul Volcker: Think More Boldly», *Wall Street Journal*, 14 de diciembre de 2009.

8. El historiador económico Alexander Gerschenkron llegó a afirmar que los préstamos bancarios a la industria explicaban la diferencia que existía a finales del siglo XIX entre el desarrollo económico alemán y el inglés, ya que los bancos alemanes estaban dispuestos a conceder préstamos para realizar grandes inversiones industriales a largo plazo (véase Gerschenkron, 1962). También se han hecho afirmaciones parecidas sobre el desarrollo económico japonés después de la Segunda Guerra Mundial (véase Mayer, 1988). Para un análisis de las bases analíticas y empíricas de estas afirmaciones, véase Hellwig (1991). Para el caso de la Alemania anterior a la Primera Guerra Mundial, véanse los estudios más recientes de Tilly (1989) y Fohlin (2007).

9. Rajan *et al.* (2010) documentan la relación entre el aumento del uso de la titulización para vender créditos hipotecarios a otros inversores en los años anteriores a la crisis financiera de 2007–2009 y la disminución del uso de información blanda para conceder préstamos hipotecarios.

10. Algo de eso es lo que está ocurriendo, de hecho, en pequeña escala, por ejemplo, a través de páginas web que ofrecen la posibilidad de realizar prés-

tamos entre particulares (véase Ron Lieber, «The Gamble of Lending Peer to Peer», *New York Times*, 4 de febrero de 2011).

11. Lo que se supone aquí es que el banco es más digno de confianza que un prestatario no financiero. Si el banco es más digno de confianza, podría deberse a que entraña relativamente menos riesgos, ya que concede muchos préstamos distintos cuyos riesgos se compensan unos con otros; el banco también puede tener una reputación reconocida de la que una nueva empresa carece. Sin embargo, ambos argumentos deben aceptarse con reservas: si los numerosos préstamos que hace el banco tienen riesgos que dependen de un factor subyacente común —por ejemplo, del ciclo económico o de los precios de la vivienda—, este puede afectar mucho al banco. Por otra parte, la reputación del banco puede ser irrelevante si algún nuevo acontecimiento induce a su dirección a asumir grandes riesgos. Véanse Diamond (1984), Keeley (1990), Hellwig (1998) y Allison (2011).

12. Véanse Diamond (1984) y Hellwig (1991, 1998). Como señalan Hellwig (1991) y Rajan (1992), pueden surgir problemas si la concentración de fondos en los bancos les da poder de monopolio y eso puede permitirles imponer condiciones abusivas a sus prestatarios. Weinstein y Yafeh (1998) insinúan que eso es lo que sucedió, de hecho, en Japón durante mucho tiempo. Boyd y De Nicolò (2005) muestran que ese poder de monopolio de los bancos puede ser malo para la estabilidad financiera, ya que puede inducir a sus prestatarios a ser imprudentes.

13. Sin embargo, no siempre está claro que los bancos realicen los esfuerzos necesarios para investigar y controlar como es debido a los clientes de los préstamos. Pueden tratar de ahorrar esfuerzos utilizando procedimientos estandarizados de investigación demasiado aproximados para hacer una evaluación válida de los prestatarios o conceder menos y mayores préstamos para no tener que controlar a tantos prestatarios. Ese ahorro de esfuerzo no es malo *per se*; al fin y al cabo, ahorra recursos reales. Sin embargo, puede ser malo si los bancos, cuando deciden conceder un préstamo, no tienen en cuenta los daños que pueden causar a terceros, como sus acreedores, si la concesión de préstamos de baja calidad —la reducción de la diversificación resultante de la asunción de menos y mayores riesgos— aumenta el propio riesgo de impago del banco. Los bancos también pueden animar a endeudarse excesivamente a personas que no pueden permitirse realmente los gastos para los que piden créditos. Algunos bancos han utilizado técnicas discutibles para recuperar su dinero con las que el prestatario está en desventaja en los tribunales. Véase, por ejemplo, Joe Nocera, «Why People

Hate Banks», *New York Times,* 4 de abril de 2012, y Jessica Silver-Greenberg, «Problems Riddle Moves to Collect Credit Card Debt», *New York Times,* 12 de agosto de 2012. El Consumer Financial Protection Bureau creado en aplicación de la ley Dodd-Frank Act tiene por objeto ayudar a suministrar mayor información a los consumidores de productos financieros.

14. En cambio, las grandes empresas que tienen un historial probado pueden acudir directamente a los mercados financieros y obtener dinero emitiendo bonos que son comprados por individuos o instituciones, como compañías de seguros o fondos de pensiones. Véanse Hoshi *et al.* (1990, 1991), Diamond (1991) y Rajan (1992).

15. Bernanke (1983, 1995). Véanse también Bernanke y Lown (1991) y el estudio de Bernanke *et al.* (1996) sobre la contracción crediticia de principios de los años noventa, así como Reinhart y Rogoff (2009).

16. Mientras que tanto los depósitos como los préstamos se conocían en la antigüedad, la combinación de recepción de pagos, aceptación de depósitos y concesión de préstamos se remonta a finales de la Edad Media. Los comerciantes, cuando iban de feria en feria por toda Europa, no querían llevar oro o monedas extranjeras. En vez de eso, llevaban papel comercial, letras de cambio o cartas de crédito, que utilizaban para pagar a los proveedores o para obtener efectivo en lugares distantes. Estos documentos permitían a los que los recibían cobrar a otro comerciante la cantidad que se les debía. Normalmente, revendían el derecho a alguna otra persona, la cual lo presentaba a un comerciante o a un banco de otro lugar, y así sucesivamente, hasta que al final se presentaba al emisor en el que el primer comerciante había hecho inicialmente un depósito. Estos primeros banqueros se dieron cuenta de que no tenían que tener todos los depósitos en reservas y de que podían emplear parte del dinero para conceder préstamos y realizar otras inversiones. Véase Lopez (1976, págs. 78–79, pág. 103 y sigs.) o Kindleberger (1984, pág. 35 y sigs.). Esta primera práctica se repitió en el Banco de Amsterdam, fundado en 1609, y en el Banco de Hamburgo, fundado en 1619. Ambos bancos al principio eran bancos públicos de depósitos cuyo fin era permitir a los comerciantes realizarse pagos unos a otros sin utilizar las monedas que circulaban por entonces y cuyo contenido de metal era incierto. Cuando estos bancos se dieron cuenta más tarde de que no necesitaban tener siempre almacenado todo el oro, empezaron a prestar también, comenzando con la concesión de préstamos en descubierto a sus depositantes. A mediados del siglo XVII, en Inglaterra la gente empezó a dejar el oro en depósito a los orfebres y estos descubrieron que podían utilizar parte

del oro para hacer préstamos. Desde entonces, la tríada del ofrecimiento de servicios de pago, aceptación de depósitos y concesión de préstamos se ha redescubierto varias veces y se ha llegado a considerar que es la esencia de la banca. Para el Banco de Amsterdam, véase Kindleberger (1984, pág. 47 y sigs.), y para el Banco de Hamburgo, véase Lütge (1966, págs. 390 y sigs.). Para los orfebres ingleses, véanse Kindleberger (1984, págs. 50 y sigs.), Rothbard (2008) y Selgin (2010).

17. Véase, por ejemplo, Wikipedia (http://en.wikipedia.org/wiki/Financial_ intermediary, consultado el 30 de septiembre de 2012). Mishkin (2007, pág. 223) afirma en su libro de texto que a lo que se dedica la banca es a la «sustitución de activos» y dice que «los bancos obtienen beneficios vendiendo pasivos que poseen una serie de características (una determinada combinación de liquidez, riesgo, tamaño y rendimiento) y utilizando las ganancias para comprar activos que poseen una serie distinta de características». La literatura sobre la banca, aparte de referirse a la transformación de vencimientos, destaca la transformación de liquidez de los bancos, que utilizan depósitos que pueden retirarse en cualquier momento para conceder préstamos que no son fácilmente negociables (el término *liquidez* se refiere a la facilidad con que se puede convertir un activo en efectivo; en el capítulo 10, volveremos a analizar este tema más detalladamente). La teoría de la banca basada en la transformación de activos, que fue formulada inicialmente por Gurley y Shaw (1960), ha sido criticada por Hellwig (1991, 1994, 1998) por no relacionar las actividades de los bancos con los mercados en los que operan los bancos, sus depositantes y sus prestatarios.

18. Antes de que se concediera a los bancos centrales el monopolio de la emisión de billetes bancarios, los bancos también daban pagarés al portador a los depositantes. Estos podían presentarlos en los bancos en cualquier momento, pero también podían utilizarlos directamente para realizar pagos sin tener que volver a los bancos. Véanse Friedman y Schwartz (1963) y Gorton (1988, 2010) para la era de la banca nacional en Estados Unidos. Mehrling (2010) hace hincapié en la creación de liquidez al describir la llamada *teoría monetaria de la banca.* En el capítulo 10, analizamos más extensamente estas ideas.

19. Véase Merton (1957). Bryant (1980) y Diamond y Dybvig (1983) presentan modelos formales de la retirada masiva de depósitos de los bancos que se deben a profecías que se cumplen automáticamente. En la película *Mary Poppins,* se desata una retirada masiva de depósitos cuando un niño grita «quiero

que me devuelva mi dinero», refiriéndose a su dinero de bolsillo, y otros lo interpretan como una prueba de que el banco tiene problemas de pago.

20. Calomiris y Mason (1997) y Schnabel (2004). Calomiris y Gorton (1991) describen de una manera más general el papel de la información como desencadenante de las retiradas masivas de depósitos.

21. Para un estudio magistral de la crisis de 1933, véase Friedman and Schwartz (1963, pág. 324 y sigs.).

22. Estados Unidos, además de crear la FDIC, encargada de garantizar los depósitos de los bancos comerciales, también creó la Federal Savings and Loan Insurance Corporation (FSLIC) para garantizar los depósitos de las instituciones de ahorro y crédito inmobiliario (*savings and loan associations,* S&L). Sin embargo, como consecuencia de la crisis de los años ochenta, en 1989 la FSLIC se desmanteló y sus competencias se traspasaron a la FDIC. Se supone que la FDIC debe autofinanciarse por medio de las primas que cobra a los bancos miembros. También debía autofinanciarse la FSLIC, pero en la crisis de las S&L los fondos que podía obtener con las primas no bastaron para compensar las pérdidas de las instituciones en quiebra. La FDIC puede pedir hasta 100.000 millones de dólares en préstamo al Tesoro de Estados Unidos (Federal Deposit Insurance Act, apartado 14, en http://www.fdic.gov/regulations/laws/rules/1000-1600.html, consultado el 30 de septiembre de 2012). En el capítulo 9, se analiza de nuevo esta cuestión.

23. La cantidad garantizada por la FDIC es limitada. El límite fue de 100.000 dólares desde 1980 hasta 2008 y se elevó a 250.000 ese año. Para la historia de la evolución de la cobertura del seguro, véase «A Brief History of Deposit Insurance in the United States», tabla A-2, puede consultarse en http://www.fdic.gov/bank/historical/brief/brhist.pdf, consultado el 30 de septiembre de 2012.

24. Véase, por ejemplo, Demirgüç-Kunt *et al.* (2008). En el capítulo 9, volveremos a analizar el tema del seguro y las garantías de depósitos.

25. En Estados Unidos, los tipos de interés a corto plazo llegaron a ser del 10 por ciento en 1974 y del 15 por ciento en 1981; después bajaron a unos niveles más normales y en 1990 subieron de nuevo al 8 por ciento. Para los datos históricos sobre el papel comercial y los tipos de los fondos federales, véase la página web de la Reserva Federal, http://www.federalreserve.gov/releases/h15/data.htm, consultado el 30 de septiembre de 2012.

26. Esta regulación, llamada Regulación Q, fue impuesta por la Reserva Federal en uso de las competencias que le otorgaba la ley Glass-Steagall.

27. El primer fondo del mercado de dinero fue el Reserve Fund, creado en

1971. El sector despegó cuando la destacada agencia de corretaje Merrill Lynch comenzó a ofrecer una «cuenta de gestión de tesorería» en un fondo del mercado de dinero. Esa cuenta permitía a los clientes sortear la Regulación Q y a Merrill Lynch sortear la prohibición de combinar la aceptación de depósitos y el corretaje. Véase también la nota 28 del capítulo 5 y la nota 46 del capítulo 10.

28. La Depository Institutions Deregulation and Monetary Control Act de 1980 fue la pieza clave de la legislación federal que puso fin a la regulación del sector bancario. Esta ley liberalizó los bancos y otorgó al mismo tiempo a la Reserva Federal más poder sobre los bancos que no eran miembros. En particular, obligó a estos bancos a acatar las decisiones de la Reserva Federal, pero les dio más libertad de acción para fusionarse. También permitió a las cajas de ahorros ofrecer depósitos a la vista, eliminó los tipos de interés máximos para todos los depósitos, salvo los depósitos a la vista, y permitió a los bancos fijar sus propios tipos de interés para los préstamos. Además, la ley elevó la garantía de depósitos a 100.000 dólares por cuenta. El sector bancario se liberalizó aun más —en concreto, las instituciones de ahorros— con la Garn–St. Germain Depository Institutions Act de 1982, que autorizó a las instituciones de ahorros a conceder préstamos comerciales y permitió a los organismos federales aprobar las adquisiciones de bancos.

29. Tras la introducción de la garantía de depósitos en la década de 1930, los vencimientos de los créditos hipotecarios se habían alargado considerablemente. Véase Benston *et al.* (1991, pág. 309).

30. Véanse Kane (1985), Benston *et al.* (1991), Dewatripont y Tirole (1994), y Hellwig (1994).

31. Véase Kane (1985, tabla 4.6).

32. En la contabilidad de los bancos, un crédito hipotecario a treinta años concedido en 1965 a tipo de interés fijo del 6 por ciento se habría consignado a su valor nominal sin tener en cuenta el hecho de que, con unos tipos de interés de mercado del 15 por ciento, las perspectivas de rendimientos de este crédito hipotecario eran menores que las de una nueva inversión cuyo valor nominal fuera la mitad. La discrepancia entre el tipo del 6 por ciento del crédito hipotecario y el tipo de más del 10 por ciento de los depósitos solo figuraba en la contabilidad cuando los pagos efectivos indicaban una pérdida efectiva. Además, también había retrasos en el reconocimiento de las pérdidas. Véase White (1991).

33. Véanse Benston *et al.* (1991), Hendershott y Shilling (1991), White (1991) y Dewatripont y Tirole (1994). Como explican Akerlof y Romer (1993),

también había un absoluto saqueo; los *préstamos* a empresas privadas se utilizaban, por ejemplo, para transferir recursos de una institución de ahorros a inversores privados relacionados con el director de la institución.

34. Véase Curry and Shibut (2000).

35. El Congreso siguió su consejo y desoyó las advertencias de que la liberalización podría empeorar los problemas. Véase, por ejemplo, Kareken (1983). Kane (1985) fue aún más franco. Pero todavía en 1987 la presión del Congreso impidió a los supervisores resolver los problemas aparentes de solvencia y restringir las inversiones imprudentes. En el episodio más conocido, cinco senadores, los llamados Keating Five, que habían recibido aportaciones económicas de la Lincoln Savings and Loan Association, interfirieron en 1987 deteniendo una investigación federal de la institución. Cuando esta quebró en 1989, la quiebra tuvo para los contribuyentes unos costes de alrededor de 3.000 millones de dólares. Los Keating Five eran los senadores Alan Cranston, Dennis DeConcini, John Glenn, John McCain y Donald W. Riegle Jr.

36. En este sentido, la historia de la banca moderna comenzó con la quiebra en 1974 del Herstatt Bank de Alemania, que se hundió cuando Danny Dattel, un operador deshonesto, perdió cerca de 500 millones de marcos alemanes especulando con divisas. La quiebra de Herstatt marcó el final del periodo de estabilidad de la banca que había comenzado en la década de 1930. El Herstatt era un banco pequeño, pero su quiebra sembró dudas sobre el sistema internacional de pagos. En el momento en el que las autoridades cerraron el Hersttat, el banco se encontraba en medio de un intercambio de divisas con bancos de Estados Unidos. El intercambio pretendía ser un intercambio de efectivo por efectivo, sin ningún elemento de crédito, pero debido a la diferencia horaria entre Estados Unidos y Alemania, las distintas partes de las transacciones no se produjeron simultáneamente. El banco se cerró después de que los bancos de Estados Unidos hubieran pagado al Herstatt, pero antes de que este hubiera pagado a los bancos de Estados Unidos, dejando a estos últimos como acreedores involuntarios de un banco en quiebra.

37. Crédit Lyonnais sí fue objeto de una cierta atención, ya que había rumores de la implicación del Gobierno en algunas de las decisiones de préstamos y de otras inversiones de la institución Además, durante un tiempo pareció que las investigaciones podían reducir las posibilidades de Jean-Claude Trichet, el alto cargo del Ministerio de Finanzas, de convertirse en el presidente, primero, de los franceses y, después, del Banco Central Europeo.

38. En Estados Unidos, la recesión afectó no solo a las S&L, como hemos seña-

lado antes, sino también a muchos bancos comerciales; véanse, por ejemplo, Bernanke y Lown (1991) y Boyd y Gertler (1994). Para otros países, véanse los informes anuales del Banco de Pagos Internacionales, así como Staub (1998), Berglöf y Sjögren (1998) y Englund (1999).

39. Dexia fue nacionalizado en octubre de 2011. Hypo Real Estate ya había sido nacionalizado en 2009, y en 2010 la mayoría de sus activos tóxicos se habían transferido a un *banco malo*, una institución gestionada por un organismo público. A cambio de los activos tóxicos, Hypo Real Estate había recibido bonos del Estado, por lo que el banco no se vio afectado por las pérdidas adicionales generadas por estos activos y estas pérdidas fueron asumidas por el Estado. En marzo de 2012, el banco malo sufrió unas pérdidas de más de 6.000 millones de euros por la deuda soberana griega. Si el Hypo Real Estate hubiera seguido teniendo esta deuda y si no hubiera recibido ya ayuda pública, estas pérdidas lo habrían llevado al borde del precipicio. Para Dexia, véanse Michael Birnbaum, «France, Belgium Agree to Nationalize Troubled Dexia Bank», *Washington Post,* 6 de octubre de 2011, y Thomas (2012). Para Hypo Real Estate, véase «Hypo Real Estate Is Nationalized with Squeeze Out», Reuters, 13 de octubre de 2009; Oliver Suess, «Hypo Real Will Move $256 Billion of Assets to Bad Bank, Gets More Capital», Bloomberg, 22 de septiembre de 2010; y Expertenrat (2011).

40. Goodhart (1996) sostiene que el aumento del riesgo financiero debe verse como una vuelta a la normalidad. En comparación con el siglo XIX, lo que se debe considerar una excepción es el periodo de calma, digamos, de 1935 a 1975, no el periodo más turbulento que hemos experimentado desde entonces.

41. En Estados Unidos, los bancos comerciales también sufrieron presiones, pero como los préstamos a empresas tienden a tener menores vencimientos que los créditos hipotecarios, sus pérdidas y sus riesgos fueron algo menores. Los bancos comerciales respondieron a las presiones diversificando y realizando otras actividades, en concreto, operaciones de derivados, que analizamos en el capítulo 5. También empezaron a hacer campaña en favor de la derogación de la ley Glass-Steagall Act, alegando que la banca universal permitiría diversificar mejor los riesgos entre las diferentes actividades. Parece que la experiencia de Suiza a principios de los años noventa confirma esta tesis. En ese país, los bancos regionales especializados en la concesión de préstamos hipotecarios y préstamos a empresas sufrieron una grave crisis; los grandes bancos universales tuvieron problemas parecidos, pero pudieron compensar sus pérdidas en las actividades bancarias tradicionales

con los beneficios generados por los nuevos tipos de contratos financieros y títulos como derivados, que analizamos en el siguiente capítulo. Sin embargo, en otros países, como Suecia, la banca universal no salvó a los bancos de las consecuencias del ciclo de auge y caída del mercado inmobiliario.

42. Lewis Ranieri, banquero del banco de inversión Salomon Brothers, fue uno de los que introdujeron la titulización (véase Lewis, 1990). En términos técnicos, la titulización implica la creación por parte del banco de inversión de un vehículo especial de financiación, es decir, de una entidad jurídica independiente que adquiere el paquete de hipotecas y emite diferentes tipos de deuda. Los tenedores de la deuda cobran de los pagos realizados por las hipotecas del paquete. Para más información sobre la titulización, véanse Das (2010, págs. 292–300) y FCIC (2011, capítulo 3).

43. En las décadas de 1980 y 1990, las instituciones que se dedicaron principalmente a la titulización hipotecaria fueron Fannie Mae y Freddie Mac, las llamadas *government-sponsored enterprises* (agencias semipúblicas) de Estados Unidos. Estas instituciones garantizaban el servicio de la deuda de los títulos con garantía hipotecaria. También imponían unos niveles mínimos de calidad para las hipotecas que titulizaban, las llamadas *hipotecas de primera clase.* Cuando los bancos privados de inversión entraron en el sector de la titulización hipotecaria a principios de la década de 2000, no daban ninguna garantía y se dedicaban a las hipotecas de alto riesgo, no a las de primera clase, es decir, a las hipotecas que no cumplían los niveles mínimos de calidad que habían establecido Fannie Mae y Freddie Mac. Para un análisis sistemático de la titulización hipotecaria y de sus fallos, véanse Hellwig (2009) y Bair (2012, capítulo 5). Gorton (2010) niega la influencia de los incentivos sin tener en cuenta, sin embargo, las pruebas presentadas por UBS en su informe a los accionistas (UBS, 2008) o por Shiller (2008), Demyanyk y Van Hemert (2009) y Ben-David (2011). El estudio de Ben-David (2011), del que ya se disponía en 2007, muestra que el comportamiento de las hipotecas que se titulizaban era mucho peor que el de las que conservaba el banco que las había concedido. Keys *et al.* (2010) también muestran que la titulización va acompañada de una probabilidad mayor de impago.

44. Véase Demyanyk y Van Hemert (2009).

45. Véanse Agarwal *et al.* (2011) y Ben-David (2011).

46. Véanse Hellwig (2009) y FCIC (2011, capítulos 5–7).

47. Desde el punto de vista teórico, la cuestión es cómo conciliar el deseo de los inversores de tener fácil acceso a sus fondos si los necesitan con el carácter de largo plazo de las inversiones en vivienda. Hellwig (1994) muestra que

el problema puede resolverse si las inversiones en vivienda se financian con créditos a largo plazo, por ejemplo, mediante la emisión bancaria de los llamados *bonos garantizados*, en los que la garantía son carteras de préstamos hipotecarios. Los bonos garantizados se diferencian de los títulos con garantía hipotecaria en que el banco emisor es responsable de la deuda. En Estados Unidos, los bonos garantizados no eliminarían, sino que transformarían simplemente los riesgos de solvencia que entraña la transformación de vencimientos. Como en Estados Unidos los prestatarios tienen derecho a amortizar los créditos hipotecarios antes de su vencimiento, un banco que emita un bono garantizado en un momento en el que los tipos de interés son altos tiene razones para temer que los tipos de interés bajen y los prestatarios refinancien y amorticen sus hipotecas. Véase también la nota 48.

48. Es interesante comparar los títulos con garantía hipotecaria con los bonos garantizados, que hemos analizado en la nota 47 y que son frecuentes en Europa. En el caso de los títulos con garantía hipotecaria, ni el banco que concedió las hipotecas ni el banco inversor que las tituliza son responsables de la deuda emitida. En cambio, el emisor de un bono garantizado sigue siendo responsable, aunque los prestatarios hipotecarios no paguen. Emitiendo un bono garantizado, el banco elimina el riesgo de que el préstamo hipotecario se refinancie cuando varíen los tipos de interés, pero mantiene el riesgo crediticio. Por tanto, los bonos garantizados pueden dar mayores incentivos para evaluar la solvencia que los títulos con garantía hipotecaria. La preferencia por los títulos con garantía hipotecaria en Estados Unidos parece que se debe a la opción de cancelar el préstamo antes de su vencimiento que permite la legislación estadounidense a los prestatarios. Es muy probable que se utilice esta opción si el tipo de interés inicial del crédito hipotecario era alto y entretanto los tipos de interés han bajado. Un banco que financie los préstamos hipotecarios emitiendo bonos garantizados corre, pues, el riesgo de que si bajan los tipos de interés de mercado, los prestatarios cancelen los préstamos antes de su vencimiento y las inversiones que podría realizar el banco no rindan lo suficiente para pagar los intereses del bono garantizado. En cambio, la distinción de múltiples tramos de títulos con garantía hipotecaria da más flexibilidad para afrontar el riesgo de que los prestatarios cancelen los préstamos antes de su vencimiento. En la mayoría de los países, salvo en Estados Unidos, Japón y Dinamarca, los prestatarios son penalizados si cancelan las hipotecas de tipo fijo antes de su vencimiento; esta penalización tiene por objeto compensar a los prestamistas por la renta que pierden cuando bajan los tipos de interés. Alemania es

el país en el que mayores son las penalizaciones, que no se imponen únicamente si el propietario de la vivienda se muda. Véase, por ejemplo, London
Economics *et al.* (2009).

5. Fichas de dominó bancarias

1. El epígrafe de Lewis (2010, pág. 72) que encabeza el capítulo se refiere al
    enorme riesgo que había asumido la compañía de seguros AIG al vender
    por un valor total de cerca de 500.000 millones de dólares lo que se deno-
    minan *permutas de incumplimiento crediticio* (*credit default swaps*, CDS), que son
    contratos de seguro que pagan en caso de impago. AIG subestimó enorme-
    mente la posibilidad de que hubiera muchos impagos al mismo tiempo.
    Esta cuestión se analiza más adelante en este capítulo, así como en el 11.
2. Para la distinción entre las hipotecas de alto riesgo y otras hipotecas, véa-
    se la nota 43 del capítulo 4. Utilizamos el término *títulos relacionados con
    hipotecas* para referirnos a una amplia clase de títulos que engloba no solo
    los títulos con garantías hipotecarias (*mortgage-backed securities*, MBS), sino
    también los títulos resultantes de la titulización de MBS. Los propios MBS
    pueden servir de garantía de las obligaciones con la garantía de un fon-
    do de deuda (*collaterallized debt obligations*, CDO) (véase, por ejemplo, Das,
    2010, capítulo 9). La idea y el procedimiento son los mismos que en el caso
    de la creación de un título con garantía hipotecaria a partir de un paquete de
    hipotecas, con la salvedad de que la garantía consiste en MBS o en títulos
    con garantías de activos más generales (*asset-backed securities*, ABS) en lugar
    de hipotecas. Los MBS CDO resultantes o, en términos más generales, los
    ABS CDO —obligaciones de deuda con la garantía de un fondo de deuda
    en las que la garantía son MBS o ABS— podrían titulizarse aún más para
    crear ABS CDO^2, CDO cuya garantía consiste en ABS CDO. Para las esti-
    maciones de las pérdidas, véase FMI (2008b). En este informe, las pérdidas
    totales estimadas de las instituciones financieras como consecuencia de la
    crisis financiera son mayores que las meras pérdidas generadas por los títu-
    los relacionados con hipotecas de alto riesgo (1,4 billones de dólares), pero
    esta estimación más alta ya incluye las importantes pérdidas que se iban a
    registrar después.
3. Para los datos sobre los valores de las acciones negociadas en los mercados
    de valores a principios de la década de 2000 y las variaciones interanuales de
    estos valores, véase la World Federation of Exchanges en http://www.world-

exchanges.org/statistics/time-series/market-capitalization, consultado el 7 de octubre de 2012. Las pérdidas registradas en los mercados de valores de Estados Unidos a principios de la década de 2000 entrañaron una disminución del valor de los títulos financieros en manos de los inversores; esas pérdidas a menudo se denominan *pérdidas no realizadas*. Las pérdidas de recursos reales fueron mucho menores. Asimismo, en el caso de los títulos relacionados con hipotecas, las pérdidas causadas por los prestatarios que no han pagado realmente sus deudas han sido hasta ahora muy inferiores a los 500.000 millones de dólares estimados por el FMI en 2008. La relación entre las llamadas pérdidas no realizadas y las pérdidas causadas por los prestatarios realmente en mora es analizada extensamente por el FMI (2008a, capítulo 2, esp. págs. 65–66, y 2008b, capítulo 3). Aún no se conoce el volumen total de pérdidas efectivas relacionadas con las hipotecas, ya que muchas de las hipotecas aún figuran en la contabilidad de los bancos, las ejecuciones hipotecarias se han retrasado por problemas de documentación y algunas de las pérdidas, como las pérdidas generadas por segundas hipotecas, aún no se han reconocido.

4. Para la crisis japonesa, véase Hoshi y Kashyap (2010).

5. FMI (2008b), Hellwig (2009, 2010a), FCIC (2011, capítulos 12–15), y Acharya *et al.* (de próxima aparición). Las causas de esta vulnerabilidad del sistema se analizan en los capítulos 10 y 11.

6. Los bancos no habían invertido mucho en las empresas punto.com. Si los bancos hubieran tenido simplemente el 10 por ciento de las acciones en circulación de las empresas que cotizaban en Bolsa, sus pérdidas habrían sido mucho mayores que las causadas por las hipotecas de alto riesgo.

7. Según Friedman y Schwartz (1963, pág. 422 y sigs.), en Estados Unidos los depósitos disminuyeron alrededor de un sexto entre el 31 de diciembre de 1932 y el 15 de marzo de 1933 y el 70 por ciento de esta disminución se registró en bancos que no reabrieron. De los 5.000 bancos que no reabrieron, alrededor de 3.000 reabrieron más tarde y 2.000 cerraron para siempre.

8. La crisis bancaria alemana de 1931, en la que se cerraron los bancos el 14 y 15 de julio y se restringieron las operaciones hasta agosto, tuvo consecuencias parecidas. El agravamiento de la depresión provocado por la caída de la concesión de préstamos bancarios está en el origen de los acontecimientos políticos de 1932–1933 que llevaron a Hitler al poder (véase Eichengreen, 1992).

9. Véase BPI (2009, pág. 26). Según la FCIC (2011, pág. 357), una semana des-

pués de que quebrara Lehman, se retiraron 349.000 millones de dólares de fondos del mercado de dinero de primera clase.

10. Véase FCIC (2011, pág. 359).

11. Véase FCIC (2011, pág. 358).

12. En línea con nuestra afirmación anterior de que las retiradas masivas de depósitos no surgen de la nada, las retiradas afectaron sobre todo a las instituciones que se sabía que tenían dificultades, como los bancos de inversión de Estados Unidos, o que algunos acontecimientos posteriores iban a demostrar más tarde que las tenían porque estaban excesivamente apalancadas, como Dexia en Francia e Hypo Real Estate en Alemania. Sin embargo, algunas instituciones menos expuestas al riesgo, como el Aareal Bank de Alemania, también resultaron afectadas (véase Expertenrat, 2011).

13. Al percibirse que los bancos habían asumido muchos riesgos, los tipos de interés de los préstamos no garantizados subieron espectacularmente. Uno de los ejemplos es el comportamiento del *London interbank offered rate* (LIBOR), que es un índice de los tipos que se cobran mutuamente los bancos londinenses por los préstamos no garantizados. Antes de agosto de 2007, la diferencia entre el LIBOR y un tipo de interés de los préstamos que se consideraba libre de riesgo era de alrededor de 10 puntos básicos (0,01 por ciento). El 14 de septiembre de 2007, el día que el Banco de Inglaterra anunció una inyección de fondos de emergencia en el Northern Rock, uno de los mayores prestamistas hipotecarios del Reino Unido, la diferencia llegó a los 85 puntos básicos. Esta diferencia alcanzó un máximo histórico (hasta ese momento) de 108 puntos básicos el 6 de diciembre de 2007, otro máximo de 83 puntos básicos el 17 de marzo de 2008, después de la caída de Bear Stearns, y, finalmente, una cifra sin precedentes de 365 puntos básicos el 10 de octubre de 2008, después de la tormenta desatada por la quiebra de Lehman. Véase Sengupta y Tam (2008), Acharya *et al.* (2010, págs. 335–340) y FCIC (2011, pág. 252) (algunas revelaciones recientes sobre la manipulación de los tipos del índice LIBOR inducen a pensar que los tipos efectivos de los préstamos interbancarios fueron incluso más altos en octubre de 2008; estas revelaciones se analizan en el capítulo 13). Cada vez que los mercados interbancarios se sumían en el caos, los bancos centrales intervenían para inyectar en los bancos la liquidez que ya no podían lograr en los mercados. Por ejemplo, el 9 de agosto de 2007, después de que el gran banco francés BNP Paribas hubiera paralizado temporalmente los pagos de tres de sus fondos porque no podía valorar con fiabilidad los activos garantizados por deuda hipotecaria de alto riesgo estadounidense que ha-

bía en esos fondos, el Banco Central Europeo respondió con la mayor inyección de liquidez a corto plazo de sus nueve años de historia hasta entonces —acuerdos de venta y recompra a un día (llamados repo) (que analizaremos en el capítulo 10) por valor de 94.800 millones de euros (130.000 millones de dólares en ese momento)— y el Banco de la Reserva Federal de Nueva York utilizó acuerdos de repo a un día para inyectar 24.000 millones de dólares en el sistema bancario de Estados Unidos. Véase Cecchetti (2009).

14. Por ejemplo, el Banco de Inglaterra proporcionó a los bancos británicos un total de 500.000 millones de libras en préstamos y garantías. Véase Tesoro del Reino Unido, «Statement by the Chancellor on Financial Stability», del 8 de octubre de 2008, en http://webarchive.nationalarchives.gov.uk/+/ http://www.hm-treasury.gov.uk/statement_chx_081008.htm, consultado el 8 de octubre de 2012. La cadena CNNM facilita una lista completa de los programas de rescate de Estados Unidos y de sus costes en http://money.cnn.com/news/storysupplement/economy/bailouttracker/index.html, consultado el 1 de octubre de 2012. Véase también Phil Kuntz y Bob Ivry, «Fed Once-Secret Loan Crisis Data Compiled by Bloomberg Released to Public», Bloomberg, 22 de diciembre de 2011. Sinn (2010, capítulo 9) ofrece una visión panorámica de los programas de rescates bancarios de diferentes países. En el capítulo 9, se analizan los rescates y algunas ayudas dadas a los bancos.

15. Para una descripción detallada, véase BPI (2008, capítulo 2, y 2009, también capítulo 2).

16. Según la FCIC (2011, pág. 282), Bear Stearns se dedicó a vender algunos activos, pero era «demasiado tarde». Para reducir su apalancamiento, en mayo de 2008 UBS también vendió al fondo de alto riesgo Black Rock unos activos que tenían un valor nominal de 22.000 millones de dólares, experimentando una pérdida de 7.000 millones de dólares (véase http://www.ubs.com/global/de/about_ubs/investor_relations/releases/news-displayinvestor- releases.html/de/2008/05/21/2008_05_21a.html, consultado el 1 de octubre de 2012).

17. Lo que desencadenó el reconocimiento de la magnitud de la crisis en julio y agosto de 2007 fue el hecho de que dos fondos de alto riesgo se declararan insolventes como consecuencia de las pérdidas generadas por los títulos relacionados con hipotecas y por los derivados relacionados con ellas y de que las agencias de calificación decidieran que los riesgos crediticios de muchos títulos eran mucho más altos de lo que se había dicho. El capital de algunos bancos se vio afectado de inmediato como consecuencia de las pérdidas

que tuvieron que asumir. Otros tenían estos títulos *fuera de balance* a través de los llamados *vehículos especiales de inversión*, filiales sin capital propio por las que los bancos matrices habían dado garantías. En agosto de 2007, los vehículos especiales de inversión dejaron de poder financiarse en el mercado y los bancos matrices tuvieron que intervenir e incluir los títulos en sus balances, momento en el que se hundió el cociente declarado entre el capital propio y los activos de sus balances. Para los detalles, véanse Hellwig (2009) y la bibliografía que ahí se cita, así como Acharya *et al.* (de próxima aparición).

18. Las presiones para aumentar el cociente entre el capital propio y los activos provenían no solo de los supervisores, sino también de instituciones que habían concedido préstamos a los bancos en los mercados de dinero. Véanse FMI (2008a, 2008b), BPI (2008, 2009) y Hellwig (2009).

19. Naturalmente, los bancos no siempre necesitan vender activos para reducir su endeudamiento. También podrían ampliar capital y recomprar parte de su deuda o utilizar sus ganancias para invertir en más activos. En 2007, en las primeras fases de la crisis financiera, cuando aún no se había reconocido totalmente la gravedad de la crisis, algunos bancos ampliaron capital para compensar las pérdidas. En 2008, las nuevas emisiones de acciones se paralizaron. Véase, por ejemplo, FMI (2008b, págs. 23–24). Admati *et al.* (2012a) analizan las diferentes maneras en que las empresas pueden reducir su apalancamiento y muestran que, aunque a los bancos a veces les da lo mismo unas que otras, en determinadas circunstancias pueden tener una preferencia estricta por las ventas de activos para recomprar deuda subordinada. Los bancos eligen este método si les permite empeorar la posición de sus acreedores principales. En el capítulo 11, vemos cómo funcionó este tipo de *desapalancamiento* en Europa en el otoño de 2011.

20. Como señalamos más adelante en este capítulo, el temor a la reacción en cadena sistémica que pudieran producir las liquidaciones de activos y el desplome de los precios también fue una importante razón por la que en 1998 la Reserva Federal no quiso que quebrara el fondo de alto riesgo insolvente Long Term Capital Management (LTCM). Schnabel y Shin (2004) analizan un ejemplo histórico de cómo las ventas de liquidación por quiebra desencadenan el contagio en una crisis.

21. El BPI (2008) señala este papel de las expectativas en los acontecimientos de 2007–2008.

22. Véase Reinhart y Rogoff (2009, tabla A.3.1). Su tabla A.4.1 contiene una breve descripción histórica de cada crisis. Las dos únicas crisis bancarias

que hubo entre 1940 y 1970 ocurrieron en la India, tras la independencia de ese país en 1947, y en Brasil en relación con la recesión de la economía brasileña de 1963.

23. Como se señaló en el capítulo anterior, eso se debió a un cambio del entorno en el que realizan sus actividades los bancos. Aparte de las variaciones de los tipos de interés, que analizamos en el capítulo 4, el riesgo cambiario cobró importancia a partir de 1973, tras el desmantelamiento del sistema de tipos de cambio fijos. En 1974, Herstatt en Alemania y Franklin National en Estados Unidos fueron las primeras víctimas de este riesgo (véase Grossman, 2010, pág. 267).

24. Véanse las tablas A.3.1 y A.4.1 de Reinhart y Rogoff (2009). Por lo que se refiere a los primeros años de la década de 2000, Reinhart y Rogoff (2009) enumeran siete crisis; antes de 2007, se tenía, de hecho, la sensación de que el sistema se había vuelto más estable.

25. La crisis bancaria japonesa sí puso fin en la década de 1980 a la expansión de los bancos japoneses en Estados Unidos, especialmente en California. Sin embargo, es difícil saber qué repercusión tuvo este fin de la expansión —por ejemplo, en los precios del mercado inmobiliario de California, que habían comenzado a bajar incluso antes de la crisis japonesa— dado que, incluso antes de 1992, el acuerdo entre Japón y Estados Unidos sobre la reducción voluntaria de las exportaciones japonesas había reducido el superávit comercial japonés y, por tanto, los fondos que podían invertir los inversores japoneses en Estados Unidos; además, en California la crisis de las S&L y los problemas de importantes bancos comerciales ya habían afectado a la financiación inmobiliaria.

26. Muchos bancos trataban estos títulos como valores disponibles para la venta, lo cual significaba que había que valorarlos a los precios vigentes en el mercado (eso permitía a los bancos arbitrar entre diferentes maneras de calcular las necesidades mínimas de capital que exigía la legislación). Para detener la espiral descendente, en octubre de 2008 los reguladores permitieron a los bancos transferir estos títulos a la llamada cartera bancaria, tratándolos como préstamos que iban a conservar hasta que expiraran. A partir de entonces, los bancos ya no tenían que ajustar las valoraciones de sus activos a los cambios de los precios de mercado. El papel de la contabilidad por el método del valor razonable o de valoración a precios de mercado ha sido objeto de controversia. El FMI (2008a, capítulo 3, y 2008b, también capítulo 3) explica que esta norma contable puede exacerbar una crisis y perjudicar, de hecho, a un banco que reacciona vendiendo activos a los que

el mercado da un valor demasiado pesimista. Laux y Leuz (2009) y Barth y Landsman (2010) insinúan que en 2008 el problema se debió no tanto al uso de la contabilidad por el método del valor razonable como a las reacciones de los bancos, los inversores y los reguladores a las consecuencias de la aplicación de estas normas. Haldane (2011c) aboga por la utilización de un sistema contable diferente en los bancos. En los capítulos 6 y 7, analizamos más extensamente las cuestiones relacionadas con el valor contable y de mercado de los bancos.

27. Los problemas del Industriekreditbank y el Sächsische Landesbank de Alemania y del Northern Rock del Reino Unido ya aparecieron en agosto de 2007 (véase Hellwig, 2009). Durante los doce meses siguientes, la espiral descendente de los mercados de activos destruyó la solvencia de otros muchos bancos fuertemente endeudados.

28. En este capítulo explicamos brevemente y en el 10 más extensamente cómo se desarrollaron los fondos del mercado de dinero y cómo llegaron a desempeñar un papel tan importante en las interconexiones del sistema (véanse Fink, 2008, y Goodfriend, 2011).

29. Lewis (2010, pág. 67) señala que cada vez que alguien preguntaba quién era tan estúpido como para comprar títulos estadounidenses relacionados con hipotecas, la respuesta era «Düsseldorf». Esa ciudad de Alemania era la sede tanto de WestLB como de Industriekreditbank, grandes compradores de títulos hipotecarios que después necesitaron rescates de miles de millones de euros (de hecho, West LB se escindió y estuvo casi cerrado durante el verano de 2012 por orden de la Comisión Europea; véase «State Aid: Commission Approves Splitup of West LB», http://europa.eu/rapid/pressReleasesAction.do?reference=IP/11/1576&format=HTML&ag ed=1&language=EN&guiLanguage=en, consultado el 1 de octubre de 2012). Para otros ejemplos, véanse Hellwig (2009) y Kaserer (2010).

30. Los fondos del mercado de dinero se introdujeron en el capítulo 4, especialmente en la nota 27. Los intentos de reformarlos han fracasado recientemente (véase Nathaniel Popper, «Changes to Money Market Funds Stall», *New York Times,* 22 de agosto de 2012). En los capítulos 10, 11 y 13, analizaremos de nuevo los fondos del mercado de dinero.

31. Véase FCIC (2011, págs. 356–360).

32. En la decisión de tener estos títulos en la propia cuenta del banco influyeron, en parte, los problemas de gobernanza existentes en el seno del banco y, en parte, la deficiente regulación y supervisión (véanse UBS, 2008; Hellwig, 2009; Merkley y Levin, 2011; Better Markets, 2012; y Acharya *et al.,*

de próxima aparición). En el capítulo 8, analizamos estos problemas de gobernanza y en los capítulos 11 y 13, las distorsiones provocadas por la regulación y la supervisión.

33. A todas estas instituciones hay que añadir las agencias de calificación, a las que se les pagaba por las consultas y las calificaciones, y a los bufetes de abogados, que cobraban por la redacción de los diversos contratos. El gran número de partes implicadas podría explicar la sorprendente conclusión de Acharya *et al.* (de próxima aparición) de que los bancos que invertían en títulos relacionados con hipotecas ganaban entre 10 y 30 puntos básicos (0,1-0,3 por ciento) más de lo que costaba endeudarse en el mercado de dinero cuando los tipos hipotecarios para los prestatarios de alto riesgo eran, en realidad, 600 puntos básicos más altos.

34. Véanse Tett (2009), Das (2010), Lewis (2010), McLean y Nocera (2010), FCIC (2011, capítulos 9–10), Dunbar (2011) y Morgenson y Rosner (2011). La palabra *permutas* se empleaba para que pudieran gozar de las exenciones de la regulación de las que gozaban los llamados *acuerdos de intercambio*. Según Dunbar (2011, pág.16), «la denominación de permutas iba a garantiza que los CDS permanecieran fuera del radar de la regulación durante una década». Además, los CDS, aunque son contratos de seguro, no eran supervisados por los reguladores del sector de seguros, que suelen exigir que exista un interés asegurable (para que nadie pueda comprar un seguro por la casa o por la vida de otra persona). Lewis (2010, pág. 88) describe hasta qué punto era AIG poco consciente del enorme riesgo de las hipotecas de los paquetes que aseguraba y señala que «retrospectivamente, su ignorancia parece increíble, pero entonces todo un sistema financiero se basaba en su desconocimiento y se le pagaba por este talento». Tanto este autor como otros describen la ignorancia de las agencias de calificación crediticia, que no tuvieron en cuenta las correlaciones entre los impagos y dieron la nota AAA a numerosos títulos hipotecarios que más tarde resultó que no eran tan seguros como indicaba la calificación.

35. El rescate se describe en FCIC (2011, capítulo 19). Fue desencadenado por la necesidad de AIG de cubrir las garantías en efectivo de los bancos a los que había vendido contratos de CDS debido a la rebaja de la calificación de los títulos hipotecarios. El uso de dinero de los contribuyentes para el rescate ha sido controvertido, sobre todo porque los bancos cobraron en su integridad, a pesar de que el Estado invirtió 85.000 millones de dólares, a los que hay que sumar muchos miles de millones de dólares en garantías y líneas de crédito destinados a la adquisición de una consi-

derable participación en AIG. Véase Barofsky (2012) para un análisis del rescate de AIG.

36. Estas técnicas se basan en el estudio pionero de Black y Scholes (1973) y Merton (1973), que recibieron el Premio Nobel de Economía en 1997.

37. Entre los derivados más utilizados se encuentran las permutas de tipos de interés y de divisas. Para una descripción de las operaciones y los mercados de derivados, véanse Partnoy (2009, 2010), Hull (2007), Das (2010) y Dunbar (2011).

38. Das (2010, pág. 333) da una respuesta definitiva a la pregunta que hacemos al comienzo de este apartado, afirmando que «la transferencia de riesgos resultó ser el juego del trile de los mercados de crédito. Un pequeño timo rápido y fácil de llevar a cabo. La innovación financiera no redujo el riesgo, sino que lo aumentó significativamente de formas complejas».

39. Son destacados ejemplos Sumitomo Corporation en 1996, Société Générale y Morgan Stanley en 2008 y JPMorgan Chase en 2012. Para una lista de grandes pérdidas de explotación en la historia, véase http://en.wikipedia. org/wiki/List_of_trading_losses, consultado el 1 de octubre de 2012.

40. En la década de 2000, antes de la crisis financiera, se puso de nuevo en riesgo una gran cantidad de dinero público, cuando los tesoreros de administraciones públicas deseosos de mejorar sus finanzas fueron víctimas propiciatorias del personal de ventas de los bancos. En muchos casos, no se informó debidamente a los compradores de los riesgos de los productos que compraban. En un caso relacionado con los llamados *spread ladder swaps* (permutas basadas en combinaciones de tipos de interés a largo y corto plazo), que eran apuestas sobre el futuro de la diferencia entre los tipos de interés de largo y corto vencimiento, en 2011 el Tribunal Supremo de Alemania condenó al Deutsche Bank a pagar 500.000 euros por daños y perjuicios a una pequeña empresa que había comprado estas permutas. El tribunal declaró que el Deutsche Bank debería haber informado mejor al cliente; en concreto, debería haber dejado claro que como consecuencia de las comisiones, el valor de mercado de la posición que adquirió el cliente era negativo. Véase «Deutsche Bank to Pay Damages Over Swaps: Court», Reuters, 22 de marzo de 2011. El caso llamó mucho la atención, ya que se dijo que se habían realizado ventas de este tipo de producto a cientos de pequeñas empresas y ayuntamientos por valor de unos 1.000 millones de euros. Partnoy (2009), Lewis (2010, 2011), Dunbar (2011) y Cohan (2012) también analizan el fraude.

41. Véase Warren Buffett, «What Worries Me», *Fortune*, 3 de marzo de 2003, en http://www.tilsonfunds.com/BuffettWorries.pdf, consultado el 6 de oc-

tubre de 2012. Los riesgos y el apalancamiento oculto que entrañan los derivados se describen en Partnoy (2009, 2010) y Das (2010).

42. Eso se debe a que si se considera que el precio que se fijó es el precio a plazo competitivo adecuado, las dos partes de la transacción a plazo, la compra de euros y la venta de dólares, se anulan. Las normas contables que se aplican a los derivados utilizan el valor de mercado de los derivados para registrar la transacción y, al comienzo, este valor es cero. Cuando varía el tipo de cambio, una de las partes de la transacción estará endeudada con la otra, dependiendo del sentido en que varíe el tipo de cambio. Eso llevará a una de las partes a anotar el valor de la posición como un activo y a la otra a anotarlo como un pasivo o deuda. Véase Hull (2007). En el capítulo 6, analizaremos más extensamente el tratamiento de los derivados en los estados contables.

43. Véanse Partnoy (2009, 2010), UBS (2008) y Das (2010). Das (2010, pág. 54) describe a una persona en prácticas la jerarquía del patio de operaciones de la siguiente manera: «Hay vendedores: estos mienten a los clientes. Los operadores mienten a los vendedores y a los gestores de riesgos. ¿Los gestores de riesgos? Estos mienten a los jefes; mejor dicho, ellos son los jefes. Los jefes mienten a los accionistas y a los reguladores». Cuando le pregunta por los clientes, le dice que «se mienten principalmente a sí mismos» y concluye diciendo (pág. 53): «Entrar en el mundo de los derivados es entrar en el mundo de las mentiras bonitas» («las mentiras que nos gustaría creer»). En el capítulo 8, analizamos los incentivos y los problemas de gobernanza.

44. Véase, por ejemplo, Partnoy (2009). Entre las víctimas que sufrieron grandes pérdidas en ese momento se encontraban Procter and Gamble, Orange County, Credit Suisse First Boston y Salomon Brothers.

45. Véase *The President's Working Group on Financial Markets* (1999), en particular, las págs. 17–23 y 26–28. La incertidumbre legal se vio exacerbada por el hecho de que el fondo LTCM era una sociedad organizada en las islas Caimán. Acharya *et al.* (2010, pág. 213 y sigs.) señalan que diez años después de la crisis de LTCM, no se había reducido el problema del contagio de la quiebra de una institución financiera global de importancia sistémica.

46. Para los detalles, véanse Lowenstein (2001) y Das (2010).

47. FCIC (2011, pág. 290) y Cohan (2012).

48. Se esperaba que estos socios se quedaran con la garantía que había entregado Bearn Stearns; tratando de venderla, ejercerían grandes presiones a la baja sobre los precios de los activos. Incluso antes del final, las personas que trataron de deshacerse de los contratos de derivados con Bear Stearns desempeñaron un importante papel en la retirada masiva de fondos de Bear

Stearns (FCIC, 2011, págs. 286–291). Esta cuestión se analiza en el siguiente capítulo.

49. Véase, por ejemplo, Wuffli (1995) y las intervenciones de Freeland y Gummerlock en Hellwig y Staub (1996). En ese momento, Wuffli era director financiero y Gummerlock era director de riesgos de Swiss Bank Corporation, que más tarde se fusionó con UBS; Freeland era secretario general adjunto del Comité de Supervisión Bancaria de Basilea. En el capítulo 11, analizamos las limitaciones de los modelos cuantitativos y de las pruebas de resistencia.

50. Taleb (2001, 2010) califica esos riesgos de riesgos de «cisne negro». Estos riesgos son acontecimientos que se piensa que es imposible que ocurran y que tienen importantes consecuencias cuando ocurren. Taleb pone varios ejemplos en los que el hecho de que no se tuviera en cuenta el riesgo de «cisne negro» llevó al desastre. Das (2010, capítulo 5) analiza los peligros de la «gestión del riesgo mediante los números», incluida la historia de LTCM. Gillian Tett, en «Clouds Sighted off CDO Asset Pool» (*Financial Times,* 18 de abril de 2005), señala que «si llegara a ocurrir un horrible accidente con las CDO, podría tener una repercusión inesperada en todo el sistema financiero» y que «aunque los bancos insisten en que estos riesgos pueden medirse exactamente con sus modelos … la proyección de las probabilidades de impago es un arte, no una ciencia». Frydman y Goldberg (2011) sostienen que el conocimiento y la interpretación siempre imperfectos de la información por parte de los agentes del mercado son importantes para comprender las grandes oscilaciones de los precios y los malos resultados de los modelos económicos que no tienen en cuenta esta cuestión.

51. Véase Lewis (2010). Hellwig (2009) describe los acontecimientos de 2007 y 2008 y sostiene que, con la información de la que se disponía de antemano, el desarrollo de los acontecimientos no se podría haber predicho con ninguna precisión. Los datos de los que se disponía no permitían extraer ninguna conclusión fiable sobre el comportamiento de un sistema social que es extraordinariamente complejo. Taleb (2001, 2010) defiende la idea general de que los acontecimientos más importantes son, por principio, impredecibles. Otro ejemplo en el que las complejas estrategias y la confianza en un modelo tuvieron consecuencias sistémicas es el desplome de la Bolsa de octubre de 1987, relacionado con el uso de seguros de carteras. En ese caso, las compañías que se ofrecían a asegurar las carteras de los fondos de pensiones y de otros inversores se basaban en programas informáticos que requerían que los mercados respondieran rápidamente a las órdenes de compraventa. Cuando

esas órdenes sobrecargaron los sistemas informáticos en las bolsas, las aseguradoras de las carteras no pudieron cumplir sus promesas. La Bolsa cayó el 19 por ciento en un día debido a que los inversores no estaban seguros de dónde provenían las grandes órdenes de venta. Véase Anice C. Wallace, «The Brady Report: Looking for Flaws; Study Cites Portfolio Insurers' Role as a Key to the Market Meltdown», *New York Times*, 11 de enero de 1988.

52. Es lo que se conoce con el nombre de *efecto Peltzman* tras la investigación fundamental de Peltzman (1975), que demostró que los efectos de las mejoras de la seguridad de los automóviles son neutralizados en gran medida por los cambios de comportamiento de los conductores. Das (2011, capítulo 8) ofrece el punto de vista de una persona del sector sobre la incapacidad de los modelos para recoger realmente el riesgo y la falsa confianza que inspiran en los agentes y los reguladores de los mercados. En el capítulo 11, volveremos a analizar esta cuestión.

53. Lewis (1990, 2011), Partnoy (2009, 2010), Lowenstein (2001) y Das (2010) describen la cultura. Véase FCIC (2011, págs. xxix–xxv y 298–301) para el crecimiento de los mercados de derivados.

54. Sobre esta cuestión, véase Hellwig (1995, 2009, 2010a).

55. Véanse Onaran (2011) y Expertenrat (2011).

56. Esta decisión es analizada extensamente por la FCIC (2011, capítulo 18 y págs. 433 y sigs.).

57. Véanse Acharya *et al.* (2010, págs. 220–226), Bair (2012, págs. 194–195) y un discurso pronunciado por Martin Gruenberg, presidente en funciones de la FDIC, el 10 de mayo de 2012, en http://www.fdic.gov/news/news/speeches/chairman/spmay1012.html, consultado el 1 de octubre de 2012.

58. Los rescates y las subvenciones se analizan en el capítulo 9.

59. Según el llamado *principio del país de origen*, cualquier entidad jurídica independiente es sometida a un procedimiento de resolución en el país en el que está constituida como sociedad anónima. Para la complejidad de las instituciones más grandes, véase la nota 62.

60. Véanse Matthew Goldstein, «Lehman Bankruptcy Gets Ugly», *Business Week*, 2 de octubre de 2008, y Cumming y Eisenbeis (2010, págs.12–13).

61. Para un análisis de la cuestión, véase CTC (2012).

62. La resolución exigiría desentrañar las complejas estructuras legales de los megabancos y vender las piezas (véase Bair, 2012, pág. 331), algunas de las cuales se ocultan a los inversores y posiblemente a los reguladores. Por ejemplo, Herring y Carmassi (2010) señalan que ocho grandes instituciones financieras tienen más de 1.000 filiales y que Citi tiene más de 2.500

filiales. Sin embargo, es posible que estas cifras estén subestimadas, y muchas filiales y entidades que están fuera de los balances de los bancos no se revelan totalmente a los inversores o a los reguladores. Por ejemplo, en su informe financiero de 2006 (el llamado Form 10-K), Lehman Brothers mencionó 168 filiales. Herring y Carmassi (2010, tabla 8.1) señalan (basándose en datos de BankScope) que en 2006 Lehman Brothers tenía 433 filiales de participación mayoritaria. Pero Harvey A. Miller y Maurice, al destacar el reto que plantea la resolución en «A Better Solution Is Needed for Failed Financial Giants» (*New York Times*, 9 de octubre de 2012), afirman que la quiebra de Lehman afectó a alrededor de 8.000 filiales repartidas por más de 40 países. Cumming y Eisenbeis (2010, pág. 7) dicen: «Y lo que es interesante, Lehman Brothers era relativamente poco complicado, ya que tenía menos de la mitad del número total medio de filiales de otras grandes y complejas instituciones financieras (GCIF)», señalando que tenía «filiales en 20 países, mientras que la media en general de las GCIF era de 44» (evidentemente, desconocían la existencia de algunas filiales que mencionan Miller y Horowitz.) Para una lista de las filiales que tenía Bank of America el 31 de diciembre de 2011, revelada a la Securities and Exchange Commission (SEC), véase http://www.sec.gov/Archives/edgar/data/70858/00000 7085812000155/bac-12312011x10ekx21.htm, consultado el 8 de octubre de 2012. Para la creciente complejidad de los grandes bancos y los retos que plantea, véase también Boot (2011).

63. Los documentos del *Financial Stability Board* (FSB, 2011a, b) enumeran las condiciones que deben darse para que la resolución de instituciones de importancia sistémica sea viable. El Comité de Supervisión Bancaria de Basilea (CSBB, 2011b) ofrece una visión panorámica de lo que se ha hecho. La comparación de estos documentos muestra lo mucho que falta para tener un sistema viable. En el caso de la Unión Europea, en junio de 2012 la Comisión Europea propuso una nueva directiva que exigiría a todos los Estados miembros la instauración de un sistema de resolución parecido al que esbozan la ley Dodd-Frank de Estados Unidos o la Banking Act de 2009 del Reino Unido. La propuesta de la Comisión Europea de una directiva europea preveía una cierta coordinación de las autoridades de la UE, pero no el tipo de gestión conjunta que impediría la desintegración de los procedimientos empresariales. Véase http:// ec.europa.eu/internal_market/bank/crisis_management/index_en.htm#maincontent Sec2, consultado el 1 de octubre de 2012, y Daniel Gros y Dirk Schoenmaker, «Cleaning Up the Mess: Bank Resolution in a Systemic Crisis», *Vox*, 6 de junio de 2012. Para la

falta de un acuerdo *ex ante* sobre el reparto de las pérdidas, véase Schoenmaker (2010). Para las cuestiones generales, véase Hellwig (2012).

64. Por lo que se refiere a la cuestión de la credibilidad, Kane (2012c, pág. 655)
traza una analogía entre las reacciones del Gobierno y de la opinión pública ante la crisis y las diferentes fases del duelo. Kane cree que «las autoridades federales están alternando la fase de negación con la de negociación
política superficial, mientras que la opinión pública está alternando la ira
con la depresión». Véase también Daniel Indiviglio, «Will the FDIC's New
Power End 'Too Big to Fail'?», *Atlantic*, 20 de enero de 2011, y «Still Too
Big, Still Can't Fail», *Wall Street Journal*, 5 de marzo de 2011. Mayo (2011,
loc. 3.121-25) señala que «al final... el resultado será el mismo. El dolor de
dejar que una de estas instituciones se hunda es casi siempre excesivo para
que la asuman los políticos y nuestro Gobierno».

65. Por ejemplo, en Estados Unidos, la ley Dodd-Frank obliga a cada institución
financiera a redactar un testamento vital o plan de resolución en el que
tiene que describir cómo se liquidaría si tuviera que declararse en quiebra.
Mientras que la lógica de otorgar a la FDIC o a autoridades similares en
otros países mayor poder de resolución se basa en el reconocimiento de que
el proceso de quiebra no funciona bien en el caso de los bancos de importancia sistémica, el requisito del testamento vital pide a las instituciones que
consideren su propia resolución según la ley de quiebras. La redacción de
testamentos vitales es cara para las instituciones y su evaluación es cara para
los reguladores, y la información debe actualizarse periódicamente para que
sea relevante. Como las instituciones de importancia sistémica prefieren evitar la quiebra y la resolución, sus incentivos para redactar testamentos vitales útiles son muy distintos de los incentivos de los individuos que redactan
testamentos vitales en parte para ayudar a sus seres queridos. En general,
no está claro que la inclusión de testamentos vitales en la regulación sea
eficaz desde el punto de vista de los costes. Evidentemente, la planificación
de la resolución requiere buena información sobre las instituciones que se
van a resolver, pero si existe un problema de credibilidad y las instituciones
no temen realmente la quiebra, tienen pocos incentivos para reducir su
complejidad; podrían tener incentivos, por el contrario, para ser más complejas y que de esa manera la resolución fuera aún más difícil. El requisito
de los testamentos vitales puede ser útil si estos testamentos permiten a los
reguladores utilizar su poder para imponer unas necesidades mínimas de
capital más altas a las instituciones complejas o para obligarlas a simplificar
sus estructuras de manera que la resolución sea una opción más aceptable

(véase Bair, 2012, págs. 329–330). Sin embargo, es probable que la política de la banca, analizada en el capítulo 12, haga que eso sea difícil.

66. Una de las razones por las que la resolución sería larga y cara son las interconexiones del sistema. Jessica Silver-Greenberg y Nelson D. Schwartz, en « 'Living Wills' for Too-Big-to-Fail Banks Are Released» (*New York Times*, 12 de julio de 2012), citan a analistas, según los cuales «los grandes bancos estaban tan interrelacionados que si uno quebrara, probablemente arrastraría a otros con él, haciendo que fuera improbable que quedaran suficientes bancos sanos para comprar los activos del enfermo».

67. Véase, por ejemplo, Dashiel Bennett, «The One Quote Jamie Dimon Probably Hopes Won't Come Back to Haunt Him», *Atlantic Wire*, 13 de junio de 2012. En su carta de 2010 a los accionistas (en http://files.shareholder. com/downloads/ONE/2103717927x0x458384/6832cb35-0cdb-47fe-8ae4-1183aeceb7fa/2010_JPMC_AR_letter_.pdf, consultado el 5 de octubre, 2012), Dimon propuso que el sector pagara la resolución de lo que denominó «bancos tontos», llamando al proceso de resolución (en la página 25) «Quiebra Mínimamente Dañina de los Grandes Bancos Tontos (QMDD-GBT)». Para un comentario sobre esta idea, incluso desde la perspectiva de JPMorgan, véase la última parte de Anat Admati, «An Open Letter to JPMorgan Board», *Huffington Post*, 14 de junio de 2011.

68. La afirmación de que el balance de JPMorgan es una «fortaleza» se analiza en el capítulo 6.

69. Véase Tom Braithwaite, «JPMorgan Doomsday Scenario Revealed», *Financial Times*, 12 de junio de 2012. Las transparencias de la presentación de un representante de JPMorgan se encuentran en http://www.law.harvard. edu/programs/about/pifs/symposia/europe/baer.pdf, consultado el 15 de octubre de 2012.

70. Las ineficiencias y los incentivos distorsionados relacionados con las dificultades financieras y la insolvencia se analizaron en el capítulo 3. Los efectos de las garantías y de las quiebras se examinarán en el capítulo 9. La importancia de la intervención temprana para evitar estas distorsiones se analizará más extensamente en el capítulo 11. La experiencia japonesa de la década de 1990 demuestra que no abordar pronto las cuestiones relacionadas con la resolución puede ser perjudicial para la calidad de los préstamos y para el crecimiento económico (véanse Hoshi y Kashyap, 2004 y 2010, y CTC, 2012).

71. Véase, por ejemplo, Alan Greenspan, «Regulators Must Risk More to Push Growth», *Financial Times*, analizado en la nota 9 del capítulo 1.

SEGUNDA PARTE
Los argumentos a favor del aumento del capital de la banca

6. ¿Qué se puede hacer?

1. Para un análisis accesible de las causas por las que pueden fallar los mercados y puede ser necesaria la regulación, véase Wheelan (2003, capítulos 3 y 4).

2. En el mismo sentido, Meltzer (2012), economista conocido normalmente por exaltar las virtudes del libre mercado, afirma que la regulación bancaria es esencial para «limitar el tamaño de los bancos y su apetito de riesgo» y para proteger a la gente (pág. 9). Está de acuerdo concretamente con la necesidad de que se impongan elevadas necesidades mínimas de capital y afirma que «el capital bancario impide la asunción excesiva de riesgo al obligar al banco a pagar por sus errores y por los cambios imprevistos de su cartera. ... Si los reguladores elevaran las necesidades mínimas de capital, los accionistas de los bancos asumirían el riesgo de cometer errores, lo cual fomentaría la prudencia. Los contribuyentes no pagarían por los errores de los banqueros» (pág. 35) (véase también la nota 54 del capítulo 11).

3. Véanse, por ejemplo, las notas 10 y 13 del capítulo 1 sobre los retrasos en la aplicación de la regla Volcker. Troy Paredes, miembro de la Securities and Exchange Commission, dijo (2010) que, aunque el Congreso había aprobado la ley Dodd-Frank, la SEC aún tenía que estudiar si la aplicaría. Para los retos legales, véase Ben Protess, «US. Judge Strives Down Commodity Speculator Limits», *New York Times,* 29 de septiembre de 2012.

4. «Reform Group Defends U.S. CFTC's [Commodity Futures Trading Commission's] Position Limits» (Reuters, 23 de abril de 2012) cita la afirmación de Dennis Kelleher, el presidente de la organización sin fines de lucro, de que «la CFTC debe guiarse por los dictados del interés público, no por las cargas que impone la regulación al sector». Para los detalles, véase Better Markets, «Industry False Claims about Cost-Benefit Analysis», en http://bettermarkets.com/blogs/industrys-false-claims-about-cost-benefit-analysis, consultado el 18 de octubre de 2012. Algunas de las tácticas dilatorias del sector son presentar muchos *estudios* que sostienen que han estimado el coste de la regulación para el sector y pedir a los reguladores que respondan a estos estudios. No se tienen en cuenta los costes que impone la inestabilidad financiera a la gente. Por lo que se refiere a estos costes,

recuérdese la estimación de 12,8 billones de dólares del coste de la crisis financiera en Estados Unidos (Better Markets, 2012), analizada en la nota 19 del capítulo 1

5. Por ejemplo, en una comparecencia ante el Financial Services Committee el 16 de junio de 2011, criticando los llamados *recargos* de capital de las instituciones financieras de importancia sistémica (SIFI, *systemically important financial institutions*), que son las necesidades adicionales mínimas de capital impuestas a algunos de los mayores bancos del mundo, Barry Zubrow, director de riesgos de JPMorgan Chase, declaró que las necesidades mínimas de capital de Basilea III (descritas más adelante en este capítulo y examinadas detalladamente en el capítulo 11) «obligarían, de hecho, a JPMorgan Chase a tener un 45 por ciento más de capital del necesario para sortear la crisis». En muchos informes y cartas a los accionistas de los bancos, se pueden encontrar afirmaciones sobre lo mucho mejor capitalizados que están hoy los bancos y lo estrictas que son las nuevas exigencias. Sin embargo, como señalamos en el capítulo 11, las necesidades mínimas de capital que exige Basilea III no son, en realidad, muy estrictas. En los capítulos 7–9, mostramos que si los costes de los bancos aumentan por tener más capital propio, es únicamente porque los contribuyentes pagan actualmente algunos de los costes de los bancos, al asumir algunos de los riesgos que deberían asumir los accionistas y a través de otras subvenciones de la deuda. Zubrow (2011) es un ejemplo del modo en que se queja el sector de los costes que tiene para él la regulación sin tener en cuenta los costes que tiene su comportamiento para la gente.

6. La expresión se emplea en todas las cartas a los accionistas y aparece frecuentemente en las declaraciones y entrevistas. Véase, por ejemplo, Dawn Kopecki, «JPMorgan's Dimon Says Balance Sheet Built to Handle 'Surprises'», Bloomberg, 15 de mayo de 2012. Dimon afirma: «La fortaleza de nuestro balance permanece intacta» (véase, por ejemplo, *BBC News,* BBC, 13 de junio de 2012).

7. Según su Form 10-K de 2011, informe que exige la Securities and Exchange Commission (SEC) de Estados Unidos y que resume los resultados de las sociedades que cotizan en Bolsa, JPMorgan Chase tenía un total de compromisos relacionados con préstamos que ascendían a 975.000 millones de dólares (nota 29 del informe), de los cuales solo 1.000 millones figuran en el balance. Además, tenía garantías y otros compromisos por una cantidad contractual de 316.000 millones de dólares, de los cuales la cantidad que figuraba en el balance era de 4.000 millones solamente.

8. Para Enron, véanse Healy y Palepu (2003) y McLean y Elkind (2004).

9. Es lo que ocurrió en el caso del Industriekreditbank y el Sächsische Landesbank de Alemania y del Northern Rock del Reino Unido (véase Hellwig, 2009). Thiemann (2012) explica por qué los supervisores permitieron que los bancos no cumplieran estos compromisos.

10. Véase Brady *et al.* (2012).

11. Estas cifras se basan en la Form 10-K de 2011 (véase la nota 7 anterior) que presentó JPMorgan al SEC, especialmente la nota 3 del informe (pág. 189). Según los principios de contabilidad generalmente aceptados (PCGA) de Estados Unidos, el activo neto en derivados en el balance es de 92.500 millones de dólares. Si JPMorgan Chase basara, en cambio, su informe en las Normas Internacionales de Información Financiera (NIIF), según la International Swaps and Derivatives Association (ISDA) (2012), los derivados por cobrar deben figurar en términos brutos, lo que daría un saldo del activo de 1,884 billones de dólares y el correspondiente saldo del pasivo de 1,792 billones. En la nota sobre los derivados, se da una información parecida, pero está estructurada de forma distinta.

12. La mayoría de los manuales de contabilidad contienen información sobre los PCGA; véase, por ejemplo, Horngren *et al.* (2012).

13. Las NIIF son elaboradas por el International Accounting Standards Board (IASB), que es una organización privada. Las NIIF, que tienen que ser aprobadas mediante un proceso oficial de aprobación, son obligatorias en la Unión Europea para todas las empresas que cotizan en Bolsa. Lo que diferencia principalmente a las normas estadounidenses es el tratamiento que dan a los derivados. Véase ISDA (2012) y una declaración del IASB y del FASB sobre esta cuestión, en http://www.fasb.org/cs/ContentServer?site= FASB&c=FASBContent_C&pagename=FASB%2 FFASBContent_C%2FNew sPage&cid=1176159547684, consultado el 6 de octubre de 2012. David Reilly propone en «Derivatives Tide Rises at Big Banks» (*Wall Street Journal,* 8 de noviembre de 2011) que los inversores presten atención a la cifra bruta, no solo a la neta, ya que «cuando los activos se contabilizan en billones de dólares, incluso un problema muy pequeño puede convertirse en uno grande». Para las controversias sobre la contabilización de las pérdidas generadas por los préstamos, véase también Floyd Norris, «Accounting Détente Delayed», *New York Times,* 19 de julio de 2012.

14. Estas inversiones reflejan las actividades bancarias de inversión a las que también se dedica JPMorgan Chase como banco universal. La banca tradicional de inversión implica la prestación de servicios financieros a empresas

y a inversores, así como la compraventa de valores por parte del propio banco, las llamadas *operaciones por cuenta propia*. Los servicios bancarios de inversión que se ofrecen a las empresas consisten tradicionalmente en asesoramiento y comercialización en relación con las ofertas de títulos y con las fusiones y adquisiciones. Los servicios bancarios de inversión que se ofrecen a los inversores consisten tradicionalmente en asesoramiento sobre inversiones y servicios de gestión de carteras. Las operaciones por cuenta propia surgen naturalmente si el banco de inversión suscribe una oferta pública, es decir, si compra todas las acciones o bonos y los revende al público. El desarrollo de los derivados ha aumentado enormemente el alcance de estas actividades.

15. La ISDA (2012, págs. 8–9) realiza el mismo cálculo utilizando cifras de 2009 de los mayores bancos de Europa y Estados Unidos. En 2009, el ajuste por compensación habría sido de 1,485 billones de dólares en el caso de JPMorgan Chase, de 600.000 millones en el de Citigroup y de 1,414 billones en el de Bank of America. Eso significa que en 2009 el total de activos de JPMorgan Chase habría sido de 3,437 billones según las NIIF (en lugar de 2,032 según los PCGA), el de Citi habría sido de 2,389 billones de dólares según las NIIF (en lugar de 1,856 según los PCGA) y el de Bank of America de 3,557 billones de dólares según las NIIF (en lugar de 2,224 según los PCGA).

16. Eso significa que si JPMorgan Chase tiene, en términos netos, una posición en la que debe al Banco X derivados por valor de un millón de dólares y el propio banco X debe a JPMorgan Chase derivados por valor de 1,5 millones, con la compensación el balance solo tendría una deuda de 0,5 millones que el Banco X debe a JPMorgan Chase. Esto se basa en los acuerdos de compensación redactados por la ISDA que supuestamente permitirían compensar las posiciones si una de las contrapartes incumpliera sus obligaciones y entrara en quiebra. La validez legal del acuerdo no se ha comprobado en los casos en los que las partes están sometidas a regímenes legales diferentes. Si un banco es *demasiado grande para quebrar*, las situaciones en las que incumple realmente sus obligaciones a través de la quiebra son, en realidad, irrelevantes.

17. El argumento que se esgrime normalmente en favor del método estadounidense es que, según los acuerdos de compensación firmados por las partes, en caso de quiebra solo importan las posiciones netas. Este argumento no tiene en cuenta la posibilidad de que la preocupación de las contrapartes de los contratos de derivados por una posible quiebra del banco pudiera ser desestabilizadora *antes* de que se active realmente la quiebra o la resolu-

ción. Por ejemplo, las contrapartes de un banco en dificultades pueden tratar de transferir sus exposiciones a otros si llega a preocuparles la quiebra del banco. La FCIC (2011, págs. 287–288) describe el comportamiento de las contrapartes de Bear Stearns. Por ejemplo, «el miércoles 12 de marzo, la SEC observó que Bear pagó otros 1.100 millones de dólares por demandas de cobertura suplementaria de 142 contrapartes de contratos de derivados que estaban nerviosas» (pág. 288). Y más tarde, Bear sufrió retiradas masivas de prestamistas de repos, clientes de fondos de alto riesgo y contrapartes de contratos de derivados. La retirada masiva contrapartes de contratos de derivados también desempeñó un papel importante antes de la quiebra de Lehman (pág. 343). Véase también Bryan Burrough, «Bringing Down Bear Stearns», *Vanity Fair,* 1 de agosto de 2008.

18. Los préstamos representan el 31 por ciento de los activos de JPMorgan Chase según los PCGA, pero alrededor del 17 por ciento según las NIIF. Y lo que es interesante, cuando se utilizan las NIIF, el capital propio, los depósitos, la deuda a largo plazo y otra deuda en porcentaje del total de activos del banco de JPMorgan Chase y el banco suizo UBS son muy parecidos. Sin embargo, el tamaño absoluto de JPMorgan Chase medido por los activos es el triple del tamaño de UBS. En el caso de UBS, el capital propio representa el 6,1 por ciento del total de activos, según las NIIF. Los préstamos representan el 28,2 por ciento de las inversiones totales del banco. Para más información, véase UBS (2011). La ISDA (2012, pág. 8) muestra los derivados y el total de activos declarados por cinco bancos europeos en 2009. Para un análisis de las tendencias de las actividades bancarias, véase Haldane *et al.* (2010) y Turner (2010, 2012).

19. Como señalamos en los capítulos 8–12, hay motivos para creer que el desplazamiento relativo que han sufrido los préstamos bancarios en favor de otras actividades se debe a los incentivos distorsionados de los banqueros y de los bancos, los cuales son consecuencia de los sistemas retributivos erróneos y de los problemas de gobernanza, a los que hay que sumar las garantías y las subvenciones públicas y los efectos distorsionadores del sobreendeudamiento.

20. Se podría calcular un coeficiente de capital propio basado en el valor de mercado dividiendo el valor de mercado del capital propio del banco (la llamada capitalización de mercado) por la suma de su pasivo y el valor de mercado del capital propio. Berk y DeMarzo (2011, pág. 496) muestran coeficientes de capital propio para distintos sectores calculados de forma parecida. Para las cuestiones de contabilidad y la regulación bancaria, véase Haldane (2011c).

21. Los balances publicados representan una mezcla de valoraciones realizadas a valores históricos y ajustadas de acuerdo con determinadas convenciones, así como los valores de mercado o *razonables*, que proceden de los mercados activos. En los bancos, muchos activos negociables se valoran al valor de mercado. Sin embargo, los activos que no se negocian frecuentemente a menudo se valoran a como «indica el modelo», lo cual da a los bancos mucha libertad para utilizar modelos matemáticos y datos históricos para dar un valor a sus activos. Véanse Beattie *et al.* (1995), Beaver y Engel (1996) y nota 26 del capítulo 5. Evidentemente, las pérdidas no reconocidas pueden ocultar insolvencias. Como ya señalamos en los capítulos 3 y 4, la insolvencia de los bancos es peligrosa y perjudicial. En el capítulo 7, volveremos a analizar la distinción entre valor contable y valor de mercado y en el 11 examinaremos de nuevo la insolvencia y el reconocimiento de pérdidas. Smith (2010, pág. 190) señala que «existen multitud de formas de manipular las cifras» y analiza algunas de las mismas cuestiones que planteamos aquí. Mayo (2011), analista de banca, también menciona la existencia de considerables retrasos en el reconocimiento de las pérdidas y estima (págs. 3.091–3.092) que a mediados de 2011 los bancos no habían reconocido alrededor de 300.000 millones de dólares en sus informes financieros. Debe señalarse que en el caso de las instituciones no financieras sólidas, los valores de mercado a menudo son significativamente más altos que los valores contables. Por ejemplo, el 30 de junio de 2012 Apple declaró un valor contable de su capital propio de alrededor de 112.000 millones de dólares, mientras que al mismo tiempo el valor de mercado de su capital propio era de unos 547.000 millones. En el caso de Wal-Mart, el 31 de julio de 2012 el valor contable de su capital propio era de 70.000 millones de dólares, mientras que el valor de mercado era de unos 253.000 millones.

22. Según Onaran (2011), estos dos bancos podrían muy bien ser insolventes, aunque su contabilidad no lo muestre. En el caso de los bancos más grandes que se benefician de garantías implícitas, sus acciones pueden tener un valor positivo de mercado basándose en el supuesto de que los bancos acabarán recuperándose, con la ayuda del Estado y del banco central, cuando la economía se recupere. La exigencia de aumentar el capital propio puede servir de prueba de la solvencia. Si un banco no puede aumentar su capital a ningún precio, es una clara señal de que podría ser insolvente. En el capítulo 11 volveremos a analizar esta cuestión.

23. Véase, por ejemplo, «Fitch Affirms Ratings for the Bear Stearns Companies Inc.; Outlook Stable», *Business Wire,* 25 de agosto de 2006. El propio Leh-

man Brothers hizo que pareciera más fuerte de lo que era utilizando ardides contables que ocultaron su verdadero endeudamiento. Véanse Michael J. de la Merced y Julia Werdigier, «The Origins of Lehman's 'Repo 105'», *New York Times,* 12 de marzo de 2010, y Valukas (2010).

24. La ley Dodd-Frank (apartado 610) amplió los límites crediticios existentes de las contrapartes y las filiales para incluir más tipos de posiciones y algunos otros pasivos. Para las presiones ejercidas por el sector en relación con esta cuestión, véase Lauren Tara LaCapra, «Banks Fight Fed's Push to Make Them Less Entwined», Reuters, 25 de junio de 2012. Las normas propuestas conocidas con el nombre de *propuesta sobre el límite de crédito* de una contraparte obligarían a las instituciones financieras que tienen unos activos de al menos 500.000 millones de dólares a limitar su exposición entre sí al 10 por ciento de su capital. Según el artículo, el sector «está asustado con estas normas», porque mostrarían lo expuestas que están unas instituciones a otras. Se dice que Goldman Sachs estima que «los titanes de la banca de Estados Unidos están hasta 18 veces más expuestos unos a otros con la metodología de la norma propuesta de lo que los propios bancos consideran que están ahora». El artículo contiene muchas de las amenazas habituales de que las normas tendrán «consecuencias inintencionadas». Según nuestra carta a la Reserva Federal sobre esta cuestión, Admati *et al.* (2012b, pág. 7), la información que contienen las cartas de los bancos, incluida la de The Clearing House, solo apuntan a sus exposiciones peligrosamente grandes. Véase también David Clarke, «CEOs of Big U.S. Banks Bend Fed's Ear», Reuters, 2 de mayo de 2012, que describe las reuniones de los directores generales de grandes bancos para presionar sobre esta cuestión. México también se sumó a las presiones de los bancos tratando de ayudarlos (véase Victoria McGrane, «Mexico Balks at Fed Proposal», *Wall Street Journal,* 2 de mayo de 2012).

25. En Estados Unidos, desde 1927 hasta 1994, la ley McFadden prohibió a los bancos tener sucursales en más de un estado. Para más información sobre esta ley, véase Markham (2002). En Europa, entre los años treinta y los setenta, muchos países regularon las inversiones que podían realizar los bancos y a menudo se les prohibió mover fondos fuera del país. Para el caso de Europa, véanse Baltensperger y Dermine (1987) y Dermine (1990). En el capítulo 12, analizamos la política sobre este tipo de regulación.

26. Para un extenso análisis de la crisis de las S&L en Texas, que fue especialmente grave, véase Kane (1989). Para Suecia, véase Englund (1990, 1999).

27. Este era el fin principal de la ley McFadden de 1927 y de muchas normas de los estados, como las que obligaban a los bancos a realizar todas sus actividades bajo el mismo techo. En Estados Unidos, la concentración de la banca ha aumentado espectacularmente desde que se suprimieron estas normas, especialmente la prohibición de la banca interestatal. Véase Johnson y Kwak (2010).

28. Ejemplos son la fusión de Crédit Communal de Belgique y Crédit Local de France en 1995 para formar Dexia y la fusión de Banque Nationale de Paris y Compagnie Financière de Paris et des Pays-Bas (Banque Paribas) en 2000 para formar BNP Paribas. Otro ejemplo de ese tipo de fusión es la de Swiss Bank Corporation y UBS en 1997. Ese tipo de fusiones suele justificarse diciendo que la globalización está creando mayores mercados y que los mayores mercados necesitan mayores *jugadores*. En esos argumentos, se pasan por alto los riesgos que estas mayores instituciones imponen a sus países de origen. Véase Johnson y Kwak (2010), Barth *et al.* (2012) y Thomas (2012).

29. En 2011, 79 empresas entre las mayores del mundo por su volumen de activos eran todas ellas bancos. La mayor empresa no financiera, Royal Dutch Shell, ocupaba el octogésimo lugar, con *solo* 340.000 millones de dólares de activos (véase «The World's Biggest Companies», *Forbes,* 12 de abril de 2012). Estas clasificaciones deben interpretarse, desde luego, con cautela, debido a las advertencias que hemos hecho antes sobre las normas contables. Por ejemplo, a finales de 2011 Apple era mayor que Royal Dutch Shell por valor de mercado.

30. Hu (2012) trata el reto de la divulgación de información y de la comprensión de las grandes instituciones, diciendo que son «demasiado grandes para describirlas». Boot (2011) también analiza la complejidad de los grandes bancos y propone reestructurarlos para simplificar su estructura. Bair (2012, págs. 328–331) propone que la FDIC y la Reserva Federal hagan uso de su poder para obligar a las grandes instituciones a reestructurarse si no son capaces de demostrar que la resolución de sus entidades no bancarias por medio de la quiebra no causaría trastornos.

31. Davies y Tracey (2012), por ejemplo, muestran que con una corrección para eliminar el valor de las filiales relacionado con el concepto de *demasiado grande para quebrar*, los mayores bancos no son más eficientes que los más pequeños y posiblemente lo sean menos. Allison (2011), veterano en el sector, sostiene que el modelo de negocio y las prácticas recientes de los megabancos fallan por su base. Afirma (pág. 433) que «apenas se cuestiona

el supuesto de que los megabancos tienen más resistencia, pero es falso» (admite, sin embargo, que es improbable que los bancos se escindan por su cuenta y propone que se legisle para lograrlo). En el capítulo 8, analizamos las cuestiones relacionadas con la gobernanza; en el 9, examinamos más extensamente las subvenciones y el crecimiento excesivo; y en el 10, analizamos los incentivos distorsionados para endeudarse excesivamente utilizando deuda a corto plazo.

32. Véase, por ejemplo, Berk y DeMarzo (2011, pág. 893).

33. Johnson y Kwak (2010) abogan por la escisión de los grandes bancos en parte para reducir su poder político. Hoenig y Morris (2011) y Allison (2011) hacen propuestas específicas en este sentido. Un intento reciente de limitar el tamaño de los mayores bancos fue la presentación en 2010 por parte de los senadores Sherrod Brown y Ted Kaufman de la ley bancaria SAFE (*Safe, Accountable, Fair, and Efficient*), que pretendía limitar el pasivo no constituido por depósitos de cualquier banco en relación con el PIB, así como el tamaño total del sector bancario. Para el fracaso de este intento, véase Ryan Grim y Shahein Nasiripour, «Senate Votes for Wall Street; Megabanks to Remain Behemoths», *Huffington Post,* 17 de junio de 2010. El senador Sherrod Brown presentó la ley bancaria SAFE de 2012 (y los congresistas Brad Miller y Keith Ellison presentaron una ley parecida). Estas propuestas también limitaban el apalancamiento de los bancos. Véase http://www.brown.senate. gov/newsroom/press/release/brownintroduces-bill-to-end-too-big-to-fail-policies-prevent-mega-banks-from-putting-oureconomy-at-risk, consultado el 12 de octubre de 2012. Como sugiere nuestro análisis del balance de JPMorgan Chase, las convenciones contables pueden influir en la aplicación efectiva de esas leyes, ya que pueden cambiar el modo en que se calculan los pasivos.

34. La regla Volcker se incluyó en la ley Dodd-Frank con modificaciones. La regla ha encallado por su complejidad, ya que las exenciones que los bancos consiguieron incluir en la ley con sus presiones hacen que sea muy difícil distinguir las operaciones permitidas por la ley, como las que están relacionadas con la cobertura o la creación de mercado, de las que no están permitidas. Como hemos señalado antes, la aplicación de la regla Volcker ha sido objeto recientemente de grandes debates y presiones. Véase, por ejemplo, «Volcker Author: Ban Banks' Physical Prop Trades», Reuters, 31 de julio de 2012. La Independent Commission on Banking (ICB, 2011) incluye el informe final de la ICB en el Reino Unido. El informe de octubre de 2012 de la Liikanen Commission se encuentra en http://ec.europa.

eu/internal_market/bank/docs/high-level_expert_group/report_en.pdf, consultado el 15 de octubre de 2012.

35. Para algunas valoraciones, véanse Martin Wolf, «Liikanen Is at Least a Step Forward for EU Banks», *Financial Times*, 4 de octubre de 2012; Helia Ebrahimi, «Paul Volcker: Ring-Fencing Banks Is Not Enough», *The Telegraph*, 23 de septiembre de 2012; y Admati y Hellwig (2011a). Turner (2010, pág. 60) también afirma que «las reglas Volcker son en principio deseables, pero no son una respuesta suficiente».

36. Otros ejemplos son Dexia e Hypo Real Estate. Ninguno de los dos bancos tenía muchos depósitos y, sin embargo, se les rescató, Dexia, porque era importante en la concesión de préstamos a las administraciones locales de Bélgica y Francia; Hypo Real Estate, porque era un importante emisor de bonos garantizados y el Gobierno alemán temía que se perdiera la confianza en los bonos garantizados. También preocupaba que las quiebras de estas instituciones pudieran afectar a otros bancos como prestamistas.

37. La ley Dodd-Frank reconoce que las instituciones que no son bancos y otras instituciones pueden tener importancia sistémica. Por ejemplo, en el apartado 165 coloca en esta categoría a todas las instituciones cuyo total de activos es de al menos 50.000 millones de dólares y permite al nuevo Financial Stability Oversight Council (FSOC) someter a las entidades financieras que no son bancos a una supervisión mayor en algunas circunstancias. Sin embargo, la denominación sigue siendo controvertida. El FSOC declaró «instituciones financieras» a ocho entidades en aplicación del título octavo de la ley Dodd-Frank. Véase Ian Katz, «FSOC Designates Eight Financial Market Utilities», Bloomberg, 12 de julio de 2012. El Comité de Basilea ha formulado unos principios para identificar y regular los bancos globales y nacionales de importancia sistémica (véase CSBB, 2011b, 2011c, 2012). El Comité de Basilea también ha identificado veintisiete bancos globales de importancia sistémica a los cuales se les debería aplicar la regulación más estricta. Véase Jim Brunsden, «Basel to Disclose Banks Facing Surcharges», Bloomberg, 3 de noviembre de 2011.

38. En ese momento, esta experiencia llevó a presentar propuestas a favor de lo que se denomina *sistema bancario de reservas del 100 por ciento* o *banca en sentido estricto*. En ese sistema, las instituciones depositarias solo podrían invertir en activos muy líquidos y seguros, es decir, en efectivo, depósitos en el banco central y posiblemente deuda pública a corto plazo. Véase, por ejemplo, Douglas *et al.* (1939) o Friedman (1960). El sistema bancario de reservas del 100 por ciento también forma parte de las reformas propuestas

por Kotlikoff (2010). Como explicamos en el capítulo 10, el sistema bancario de reservas del 100 por ciento protegería realmente a los depositantes sin necesidad de un rescate público, pero no eliminaría el problema de que las instituciones que no aceptan depósitos también fueran demasiado importantes para quebrar. Kay (2010) también propone la «banca en sentido estricto», que limita radicalmente las actividades de las instituciones depositarias para eliminar el riesgo crediticio. Turner (2010, pág. 60) sostiene, al igual que nosotros, que es improbable que ese aislamiento de los depósitos y los pagos de los riesgos de otras actividades resuelva el problema de la inestabilidad financiera, ya que el resto del sistema puede volverse inestable y peligroso, cuando ocurra algo parecido a lo que hemos presenciado, a menos que se regule estrictamente.

39. Es interesante, que en Suiza, a principios de los años noventa una crisis cuyo origen fueron las pérdidas provocadas por los préstamos no fue, en realidad, tan grave porque, gracias a la banca de inversión, los tres grandes bancos tenían enormes beneficios que compensaron las pérdidas originadas por los préstamos hipotecarios y los créditos a empresas y también les permitió adquirir muchos bancos locales y regionales que probablemente hubieran quebrado. Para la crisis suiza de principios de los años noventa, véase Staub (1998). Sin embargo, algunos beneficios generados por la banca de inversión eran consecuencia de una considerable asunción de riesgo en derivados, que más tarde provocó la caída del antiguo UBS; véase Schütz (1998).

40. Eso no se debe simplemente al carácter público de los Landesbanken y de las cajas de ahorros locales. En Alemania, las cajas rurales tienen una estructura parecida y sufrieron experiencias similares. Lo cierto es que, a juzgar por los bajísimos márgenes y los elevados riesgos, Alemania tiene un exceso de capacidad tanto en la banca mayorista como en la de inversión, y esa es la razón por la que todos los bancos, públicos y privados, que solían basarse en este negocio han tenido problemas. Véanse Expertenrat (2011) y capítulo 11.

41. El dinero en efectivo no rinde intereses. En Estados Unidos, las reservas obligatorias que se encuentran en cuentas del Banco de la Reserva Federal rinden intereses desde octubre de 2008 a un tipo del 0,25 por ciento al año, que es más o menos parecido a los tipos que se pagan mutuamente los bancos en el mercado de dinero. Hasta 2008 en Estados Unidos y aún hoy en otros muchos países, las reservas obligatorias no devengaban intereses. Las reservas obligatorias obligaban, en realidad, a los bancos a hacer préstamos libres de intereses al banco central. Como los beneficios de esta entidad se

distribuyen entre las administraciones públicas, los presupuestos del Estado eran los principales beneficiarios. Eso explica por qué tradicionalmente las reservas obligatorias mínimas han sido altas en los países que tienen dificultades para recaudar impuestos. En Estados Unidos, actualmente representan el 10 por ciento de los depósitos. Compárese con la cifra del 1 por ciento de la zona del euro (donde las reservas mínimas pagan intereses al mismo tipo que utiliza el Banco Central Europeo cuando refinancia bancos), del 20 por ciento de Brasil y del 30 por ciento de Líbano. En Europa meridional, representaban alrededor del 20 por ciento o más en los años setenta y ochenta. Véanse los ensayos de Dermine (1990) sobre Italia, España y Portugal. En el capítulo 10, analizamos la liquidez y en el 12 la política de las reservas obligatorias.

42. Basilea III, además de proponer el coeficiente de cobertura de liquidez, también sugiere introducir el llamado coeficiente de financiación estable neta (*net stable funding ratio*, NSFR), que limita el grado en que los bancos utilizan financiación a corto plazo para realizar inversiones a largo plazo. Esta norma pretende limitar los riesgos de liquidez y los de solvencia de la transformación de vencimientos, que analizamos en el capítulo 4. Sin embargo, queda mucho por hacer y la norma del NSFR no entrará en vigor hasta 2019, si es que entra entonces.

43. No está claro que unas reservas obligatorias del 10 por ciento eliminen realmente el riesgo de liquidez de un banco. Si un depositante retira 1.000 euros, eso solo libera 100 euros de las reservas obligatorias. Los 900 restantes deben proceder de las *reservas libres* del banco, es decir, de la cantidad de sus reservas totales superior a las reservas obligatorias o, de lo contrario, el banco infringirá la norma de las reservas obligatorias y pagará una multa. En el caso de las reservas obligatorias del 1 por ciento de la zona del euro, las dudas deben ser aún mayores. La norma de los coeficientes de cobertura de liquidez prevé unos porcentajes muy altos para las necesidades previsibles de efectivo.

44. Por ejemplo, ¿son suficientemente *líquidos* los bonos del Estado a largo plazo denominados en la moneda nacional? ¿O sirve de advertencia el caso de la deuda soberana griega? ¿Qué ocurre con algunos títulos, como los bonos garantizados, que se basan en determinados activos como los créditos hipotecarios? Ese tipo de bonos podría negociarse en mercados abiertos, pero estos mercados pueden congelarse de repente cuando preocupa la posibilidad de impago. En el caso de los títulos con garantías hipotecarias de Estados Unidos, los mercados se paralizaron de un día para otro el

7–8 de agosto de 2007, cuando la incertidumbre sobre estos títulos hizo que los inversores no estuvieran dispuestos a negociarlos. Véase, por ejemplo, FCIC (2011, pág. 471).

45. Un ejemplo desastroso de este problema es lo que ocurrió durante la crisis alemana de 1931. Los grandes bancos tenían letras de cambio como principal reserva de activos líquidos, suponiendo que si necesitaban efectivo, siempre podrían presentar estas letras en el Reichsbank, el banco central alemán, como garantía para pedir préstamos. Esa era la práctica cuando existía el Banco Prusiano, el predecesor del Reichsbank, a mediados del siglo XIX. Dada la seguridad de que el banco central siempre les suministraría liquidez, los bancos alemanes participaban mucho menos que los bancos británicos en la financiación de la industria a largo plazo (véase Tilly, 1989). Sin embargo, cuando en julio de 1931 hubo una retirada masiva de depósitos de los bancos, el Reichsbank no pudo suministrar efectivo a los bancos. Como también hubo una huida de la moneda, el Reichsbank no disponía de suficientes reservas de divisas y de oro, que necesitaba por ley para respaldar el dinero que creaba; véanse Ferguson y Temin (2003, 2004) y Schnabel (2004, 2009). El sistema bancario alemán se hundió y eso exacerbó extraordinariamente la depresión económica.

46. En los países en los que no hay un seguro de depósitos, ha habido no hace mucho críticas retiradas masivas de depósitos. Ejemplos son las retiradas masivas de depósitos bancarios de Argentina en 2001 y de Northern Rock en el Reino Unido en 2007. A pesar del seguro de la FDIC, en Estados Unidos hubo una retirada masiva de depósitos de Washington Mutual, banco que se hundió en septiembre de 2008. Los depositantes retiraron 16.700 millones de dólares en nueve días (Jim Zarolli, «Washington Mutual Collapses», All Things Considered, NPR, 26 de septiembre de 2008). El banco se cerró el 25 de septiembre de 2008 y pasó a ser administrado por la FDIC.

47. Véase Michael J. de la Merced *et al.*, «As Goldman and Morgan Shift, a Wall Street Era Ends», *New York Times,* 21 de septiembre de 2008.

48. La garantía de depósitos también se amplió para cubrir los depósitos de hasta 250.000 dólares de cualquier cuenta bancaria. Por otra parte, en el marco del programa temporal bienal de garantía de liquidez, también llamado *programa de garantía de cuentas para transacciones* (*Transaction Account Guarantee Program*), todos los depósitos que no devengaban intereses estaban garantizados por la FDIC. Está previsto que este programa expire a finales de 2012, pero los bancos están presionando para que se amplíe el plazo. Véase Jed Horowitz, «Banks Urge Congress to Extend Crisis-Era

Deposit Insurance», Reuters, 30 de julio de 2012. Las garantías del Estado se analizan en el capítulo 9.

49. Véase Gorton (2010). Mehrling (2010) propone, por el contrario, que el banco central intervenga a través de los mercados y esté dispuesto a comprar activos a los bancos si no se puede encontrar ningún otro comprador. En el capítulo 10 analizamos estas propuestas y en el 13 volvemos a examinar el argumentario de que la crisis se debió únicamente a problemas de liquidez.

50. Las instituciones de ahorros invirtieron en promociones inmobiliarias comerciales de riesgo y en los llamados *bonos basura*, que son bonos de empresa que pagan un elevado tipo de interés y que tienen un alto riesgo de impago. Para la imprudencia de las S&L, véanse White (1991, 2004) y Curry y Shibut (2000).

51. Kaserer (2010) estima las pérdidas en 34.000–52.000 millones de euros. La información de la que se dispone desde entonces induce a pensar que las pérdidas serán, en realidad, mucho mayores que incluso la cifra más alta de estas dos. Onaran (2011) sostiene que muchos bancos de Europa y Estados Unidos, entre los que se encuentran Landesbanken, Citigroup y Bank of America, se han declarado *de facto* insolventes. En el capítulo 11 analizamos de nuevo esta cuestión.

52. Estrictamente hablando, esta afirmación no solo es cierta en el caso del tipo más sencillo de regulación del capital, que impone un límite inferior a la proporción de activos financiados con capital propio. En las versiones más complejas que ha desarrollado el Comité de Supervisión Bancaria de Basilea, que es el órgano que elabora los acuerdos internacionales sobre regulación bancaria, la cantidad de capital que debe tener un banco depende de la combinación de activos de riesgo y de menos riesgo que tiene, así como de la cantidad total. Los detalles de la regulación del capital, incluida la dependencia de las necesidades mínimas de capital de los riesgos de los activos, se analizan en el capítulo 11.

53. El acuerdo de Basilea II, firmado en 2004, no entró en vigor hasta 2008. Sin embargo, en 1996 ya se firmó un precursor de Basilea II, una enmienda que extendía la regulación del capital propio de Basilea I a los «riesgos de mercado» —es decir, al riesgo de que los precios de mercado de los activos pudieran variar— y que desempeñó un importante papel en la determinación del comportamiento de los bancos antes de la crisis. Goodhart (2011) analiza extensamente el proceso hasta 1997, examinando Basilea I y el comienzo de Basilea II. Tarullo (2008) analiza Basilea II. Véase también Roubini y Mihm (2010, págs. 203–209).

54. Basilea II nunca se ha aplicado, en realidad, en Estados Unidos, a los bancos garantizados por la FDIC. Sheila Bair, presidenta de la FDIC, criticó la libertad de acción que daba la regulación a los bancos para economizar capital propio (véanse Joe Nocera, «Sheila Bair's Bank Shot», *New York Times,* 24 de julio de 2011, y Bair, 2012, capítulo 3). Los acuerdos de Basilea II y III se analizan detalladamente en el capítulo 11.

55. Véanse Hellwig (2009), Bair (2012) y el capítulo introductorio de FCIC (2011), donde se dice que uno de los factores fundamentales fue el hecho de que el nivel de capital propio fuera demasiado bajo. Véase la nota 17 del capítulo 1 para las declaraciones de banqueros que estaban de acuerdo con esta valoración.

56. Véase UBS (2008) para el tratamiento de los títulos relacionados con hipotecas de alto riesgo. Las pérdidas totales que sufrió el banco como consecuencia de esos títulos se han cifrado en más de 50.000 millones de dólares, una cantidad superior al capital del banco, que era de 40.000 millones de francos suizos. Véase Susanne Craig, Ben Protess y Mathew Saltmarsh, «UBS Faces Questions on Oversight after a Trader Lost $2 Billion», *New York Times,* 14 de septiembre de 2011, así como «Chronology: UBS in Turmoil», http:// www.drs.ch/www/de/drs/nachrichten/wirtschaft /ubs-vom-musterschueler-zum-problemfall/ 72270.218256.chronologie-die-ubs-in-turbulenzen.html, consultado el 14 de septiembre de 2012.

57. Véase, por ejemplo, «Basel III Implementation Delay Looms», *Wall Street Journal,* 22 de agosto de 2012, que describe los retrasos en Europa, China y en otros países. Según «Europe's Big Bang for Bank Rules Set to Sputter» (Reuters, 24 de agosto de 2012), el presidente de la comisión de la UE que participó en la negociación de la regulación bancaria declaró que «es probable que se revisen las fechas» y un auditor afirmó que «los bancos tienen una buena idea de lo que sería necesario, pero las cifras varían bastante en este momento». En el capítulo 11 vemos cómo se puede reforzar bastante deprisa los bancos y el sistema con el poder que ya dan las normas existentes a los reguladores.

58. Entrevista, *Süddeutsche Zeitung,* 20 de noviembre de 2009.

59. En el caso de los tipos de los préstamos, la previsión era un aumento de más de 1 punto porcentual; en el de las tasas reales de crecimiento era una reducción de alrededor de 0,6 puntos porcentuales.

60. Discurso pronunciado por Jamie Dimon, director general de JPMorgan Chase, en la Cámara de Comercio, publicado por Tom Braithwaite, «Dimon Warns of 'Nail in the Coffin' », *Financial Times,* 31 de marzo de 2011.

61. La primera afirmación se atribuye a Steven Bartlett, presidente de Financial Services Roundtable, citado por Floyd Norris en «A Baby Step toward Rules on Bank Risk», *New York Times,* 17 de septiembre de 2010. La segunda procede del artículo «A Piece-by-Piece Guide to New Financial Overhaul Law», Associated Press, 21 de julio de 2010. Wayne A. Abernathy, de la American Bankers Association, dijo en *American Banker* («Shrinking Banks Will Drag Down the Economy», 27 de agosto de 2012): «Un dólar de capital de reservas, cuando se utiliza eficientemente, permite a un banco poner hoy diez dólares a trabajar y expande la actividad económica. Las nuevas normas de Basilea obligarían a los bancos a tener más dólares en reservas para la misma cantidad de negocio, o sea, más capital para no hacer ningún nuevo trabajo económico». Ambas afirmaciones, así como otras del artículo, son falsas y engañosas: implican que el capital es lo mismo que las reservas de caja y que Basilea se refiere a las reservas obligatorias. Según el *Financial Times* («Alan Greenspan, Silently Fade Away, Please», 27 de julio de 2011), Alan Greenspan, antiguo presidente de la Reserva Federal, afirma: «El exceso de capital propio de los bancos ... constituiría un colchón que no está disponible para financiar inversiones de capital que aumentan la productividad». Véase, en respuesta, Paul Krugman, «The Malevolent Ex-Maestro», *New York Times,* 30 de julio de 2011, y una carta de 20 profesores, «Greenspan Reasoning on 'Excess Capital' Is Misleading», *Financial Times,* 2 de agosto de 2011. En otro lugar, Greenspan (2010) ha defendido, en realidad, el aumento de las necesidades mínimas de capital, señalando que si los bancos se hubieran financiado con más capital propio antes de 2007, las pérdidas originadas por las hipotecas podrían no haber desencadenado una crisis mundial tan grave y se habría ahorrado a los contribuyentes el coste de ayudar a los bancos.

62. Uno encontraría pequeñas cantidades de pasivos a corto plazo o *corrientes* en el balance de Apple; tienen que ver con las operaciones diarias y no con la financiación de inversiones a largo plazo.

63. La regulación del capital prevé lo que se denomina *diferentes niveles de capital.* Algunos títulos que no son iguales que las acciones ordinarias, como las acciones preferentes e incluso la deuda a largo plazo, también pueden considerarse *capital regulador.* En el capítulo 11, analizamos más detalladamente esta cuestión.

64. Academic Advisory Committee (2010).

7. ¿Es caro el capital?

1. Véase Miller (1995, pág. 483). El incidente tuvo lugar en una conferencia a la que había asistido Miller quince años antes en Williamsburg (Virginia). El relato de Miller continúa de la siguiente manera: «En ese momento, había un ruido sordo que provenía de la audiencia de banqueros, muchos de los cuales estaban vendiendo acciones incluso por menos del 50 por ciento del valor contable. Cuando miré por la ventana, vi un pelotón de soldados vestidos con trajes y mosquetes de la guerra de la Independencia que desfilaban por Village Green camino del ayuntamiento. ¡Dios mío! pensé, ¡están mandando a buscar al pelotón de fusilamiento! No hace falta decir que no me dispararon, pero tampoco me dejaron decir nada más. Parece que nunca conseguí captar la atención del moderador». Miller analiza en su artículo algunas cuestiones que tratamos en este capítulo y en el 9.

2. Como señalamos en el capítulo 6, muchas afirmaciones que insinúan que las acciones son caras tratan erróneamente las acciones como si fueran un activo, un tipo de reserva inmovilizada que es cara porque no genera intereses. Cuando los participantes en el debate reconocen que en el contexto de la regulación bancaria la palabra *capital* se refiere al capital propio y no a las reservas, insinúan aun así que es caro, sin dar normalmente muchas explicaciones. Se utilizan términos como *cargas de capital* o *recargos de capital* para insinuar que son costes. Por ejemplo, Barry Zubrow, director de riesgos de JPMorgan Chase, afirma (2011, págs. 3 y 9) que un «recargo potencial sobre las instituciones financieras globales de importancia sistémica (G-SIFI) [*globally systemically important financial institutions*] ... crea unos costes que corren el riesgo de ser superiores a los beneficios decrecientes del aumento de las necesidades mínimas de capital por encima del mínimo de Basilea III». En el siguiente capítulo, analizamos los detalles de este argumento.

3. En este argumento, se basan los estudios preparatorios del acuerdo de Basilea III del Comité de Supervisión Bancaria de Basilea, por ejemplo, las estimaciones del efecto que produciría un aumento de las necesidades mínimas de capital en los costes de financiación de los bancos y en los tipos de interés de los préstamos (CSBB, 2010a). El acuerdo de Basilea III se analiza en el capítulo 11.

4. Como señalamos en el capítulo 4, Weinstein y Yafeh (1998) muestran que en Japón el poder de monopolio de los bancos fue hasta 1990 un importante determinante de los costes de endeudamiento de las empresas japonesas.

5. Este sería más ventajoso para el prestatario y menos para los bancos, por lo que estos podrían tratar de coludir para fijar los precios. En Estados Unidos, la fijación colusoria de los precios está prohibida por la ley Sherman de 1890, en la Unión Europea por el capítulo antimonopolio del Tratado sobre el Funcionamiento de la Unión Europea (art. 101). El llamado *escándalo LIBOR*, que analizamos en el capítulo 13, podría contener algunos elementos de fijación colusoria de los precios por parte de operadores activos en el mercado de préstamos interbancarios de Londres, así como de información fraudulenta. Ese tipo de fijación colusoria de los precios infringe la legislación antimonopolio.

6. Para la deuda soberana, véase el estudio fundamental de Reinhart y Rogoff (2009). Si la deuda está denominada en unidades sobre las que el Gobierno no tiene ningún control, como oro o una moneda extranjera, hay un riesgo de suspensión de pagos incluso en el caso de la deuda pública. Los datos que presentan Reinhart y Rogoff muestran clarísimamente la importancia de este riesgo. Las crisis de la deuda pública de la zona del euro constituyen un vívido ejemplo. En la zona del euro, la deuda está denominada en euros. El euro es la moneda de sus estados miembros, pero esta moneda es emitida (impresa) por el Banco Central Europeo, una institución supranacional que es independiente de los gobiernos nacionales. Si el Estado puede pagar su deuda creando dinero, no hay riesgo de suspensión de pagos, pero es probable que la creación de dinero genere inflación, lo cual supondrá que el propio dinero pierda valor en términos reales. El riesgo de inflación podría llevar a los inversores a preferir las propiedades inmobiliarias o las acciones. Sin embargo, no afectará a la elección entre un bono del Estado y un préstamo hipotecario, a los cuales les afecta por igual la pérdida de valor del dinero. En los países en los que la financiación del Estado por medio de la creación de dinero y la inflación son frecuentes, puede surgir una demanda de lo que se denomina *deuda indiciada,* que es deuda cuyo valor nominal se ajusta con el tiempo para mantener el valor real en relación con una cesta de bienes. Ese tipo de deuda era frecuente en Brasil durante los años setenta y sigue siéndolo en Israel. Si la inflación es demasiado alta, el endeudamiento en la moneda nacional puede volverse realmente imposible. Estas cuestiones se analizan más extensamente en el capítulo 10.

7. Según http://markets.ft.com/RESEARCH/Markets/Government-Bond-Spreads (consultado el 19 de octubre de 2012), el 19 de octubre de 2012 los tipos de interés de los bonos a diez años eran del 5,37 por ciento para España y del 1,60 para Alemania.

8. Acharya y Steffen (2012) presentan pruebas de que eso es precisamente lo que están haciendo los bancos europeos, especialmente los bancos débiles de los países del sur de Europa.

9. Ese tipo de oportunidades podría existir temporalmente, pero los inversores que trataran de aprovecharlas harían que desaparecieran cambiando los precios a los que se negocian los activos. Esta cuestión se analiza más extensamente en el capítulo 8.

10. Véase «Greece Auction to Settle $3.2 Billion of Credit Default Swaps», Bloomberg, 8 de marzo de 2012.

11. Esta probablemente no sea la única razón por la que el tipo de interés de la deuda de las tarjetas de crédito es alto. El elevadísimo tipo que observamos probablemente también contenga elementos de poder de mercado de las compañías de tarjetas de crédito y de indefensión de los prestatarios que no pueden gestionar sus finanzas personales. Véase también la nota 15 del capítulo 4.

12. Si tuviéramos en cuenta las posibles ineficiencias del proceso de ejecución hipotecaria, que podrían hacer que el prestamista recuperara incluso menos de 255.000 euros, el tipo de interés tendría que ser aún más alto. En el caso de los préstamos hipotecarios de alto riesgo que se concedieron antes de la crisis financiera, a menudo se incumplieron los principios que analizamos aquí, por ejemplo, cuando los prestatarios conseguían créditos hipotecarios a bajos tipos sin pagar ninguna entrada, es decir, con un capital inicial nulo. Como señalamos en el capítulo 4, los bancos que concedieron las hipotecas no evaluaron con cuidado la solvencia y el riesgo de impago de los prestatarios, ya que esperaban vender las hipotecas a otros para su titulización y, por tanto, no se jugaban nada. Para bibliografía, véase la nota 43 del capítulo 4. En el capítulo 9, se analiza la influencia del coste del impago en los costes de financiación.

13. La bajada del precio también puede perjudicar a los altos directivos, si se interpreta como una señal de incompetencia, y llevar al consejo de administración a buscar nuevos directivos. Si los incentivos de los directivos no van ligados al precio de las acciones, los accionistas pueden ser víctimas de la mala gobernanza, ya que la empresa primero recauda dinero de ellos y después los trata mal. Ese tipo de conducta ha sido, de hecho, bastante frecuente en el pasado y aún lo es en algunos países. Así, por ejemplo, a principios de la década de 1900 el destacado banquero alemán Carl Fürstenberg acuñó la siguiente frase citada frecuentemente: «¡Los accionistas son estúpidos e impertinentes! ¡Estúpidos porque dan su dinero a algún

otro sin controlar lo que este hace con él e impertinentes porque piden dividendos para recompensar su estupidez! Ese tipo de problemas de gobernanza puede impedir que los mercados de acciones funcionen correctamente para proporcionar financiación a las empresas. Para un análisis de estas cuestiones, véase Shleifer y Vishny (1997). En el capítulo 8 se analizan más extensamente los problemas relacionados con la gobernanza de las empresas.

14. La lógica es la misma en el caso de los precios de los bonos cuando varían los tipos de interés. Supongamos, por ejemplo, que el tipo de interés de mercado o *exigido* por los préstamos a un año libres de riesgo fuera del 4 por ciento. Eso significa que un bono que prometa pagar 100 euros dentro de un año tendría un precio de alrededor de 96,15 (por lo que a un tipo de interés del 4 por ciento, pagaría 100 euros dentro de un año). Si el tipo de mercado fuera más alto, por ejemplo, del 5 por ciento, el bono que pagaría 100 euros dentro de un año tendría un precio más bajo, ya que, al precio de 96,15 euros, no generaría el rendimiento del 5 por ciento que exigen ahora los inversores, en el mercado actual con un tipo de interés más alto; el precio más bajo sería de alrededor de 95,24 euros, por lo que la promesa de pagar 100 euros dentro de un año supondría un tipo de interés del 5 por ciento. En el caso de las acciones, el concepto de rendimiento exigido no se refiere al tipo de interés de mercado, sino a un rendimiento medio o esperado que exigen los inversores, dado el riesgo de las acciones (y en vista del tipo de interés libre de riesgo del mercado).

15. La media en el caso de las acciones de las grandes empresas era del 11,8 por ciento y en el de las acciones de empresas de pequeña capitalización, del 15,2 por ciento. Estas cifras proceden del *Ibbotson Valuation Yearbook*, 2012, publicado por Morningstar. Los rendimientos no están ajustados para tener en cuenta la inflación. Para las correcciones para tener en cuenta las variaciones de los precios, véase, por ejemplo, «Hedging Inflation», *Forbes*, 5 de marzo de 2012, que señala que el rendimiento del índice bursátil es un 7 por ciento más alto que el aumento del índice de precios al consumo.

16. Véase «Bank of America in $8.5 Billion Settlement», *CNNMoney*, CNN, 29 de junio de 2011. Este pago redujo los beneficios del banco en 2011. Sin embargo, no nos interesa la forma en que se refleja la pérdida en los tratamientos contables de los bancos, sino la pérdida efectiva de valor de los derechos de los accionistas. Esta se reflejará más deprisa en el precio de las acciones o en el valor de mercado del banco. La repercusión que tenga en el valor de mercado dependerá de la información que extraigan los ac-

cionistas de este acuerdo sobre los futuros beneficios de Bank of America. Otros bancos podrían verse afectados si los inversores se enteran de algo sobre la probabilidad de que otros bancos lleguen a acuerdos extrajudiciales parecidos y de la magnitud de esos acuerdos.

17. Por *activos* entendemos los llamados *activos de explotación de la empresa.* Si la propia combinación de financiación genera ahorros fiscales o cargos adicionales o si produce otros efectos indirectos en todo el balance, los activos incluirán estos efectos. Analizamos este tipo de situaciones en el capítulo 9. Esta cuestión se estudia en la mayoría de los manuales de finanzas corporativas. Véase, por ejemplo, Berk y DeMarzo (2011, capítulos 23–25).

18. El resultado original se encuentra en Modigliani y Miller (1958). Los temas analizados en este capítulo y en capítulos posteriores (incluido otro resultado de Modigliani y Miller relativo a los dividendos) se tratan en todos los libros de texto sobre finanzas corporativas modernas (véase, por ejemplo, Berk y DeMarzo, 2011, quinta parte).

19. Véase Berra (1998).

20. Para una divertida parábola que emplea como analogía un debate sobre si la fórmula del volumen se aplica realmente a todos los cilindros, véase Pfleiderer (2010). Véanse también David Miles, «Don't Dismiss Modigliani-Miller Logic on Bank Funding», *Financial Times,* 30 de noviembre de 2010, y Berk y DeMarzo (2011, págs. 456, 470). Esta columna dio lugar a algunas cartas que decían esencialmente: «No son más que teorías», a las que respondimos Miles y nosotros dos (David Miles afirma en «Don't Dismiss Modigliani-Miller Logic on Bank Funding», *Financial Times,* 30 de noviembre de 2010, que «la lógica de M-M no puede descartarse tan fácilmente. También es muy importante por qué podría no cumplirse exactamente». Anat Admati concluye en «Highly Leveraged Lenders Inflict Great Suffering on Society», *Financial Times,* 2 de diciembre de 2010, que los autores de las cartas «deben hacer algo más que descartar los argumentos calificándolos de teóricos y lanzando amenazas vagas y no fundamentadas. ... Deben explicar qué fuerzas exactamente deberían llevar a la sociedad a no imponer unas elevadas necesidades mínimas de capital a los bancos y cómo se produce ese tipo de efecto». Martin Hellwig afirma en «Recent Practice Proves Theory That Banks Need to Improve Equity», *Financial Times,* 2 de diciembre de 2010: «Las prácticas de la banca en los últimos años nos han enseñado, desde luego, muchas cosas. Una de ellas es que la economización de capital por parte de los bancos es una fuente de fragilidad del sistema financiero y nos pone a todos en peligro. Los autores de las cartas pasan por alto este

aspecto de las prácticas de la banca»). Véase Anat Admati, «What Jamie Dimon Won't Tell You», *Huffington Post,* 5 de diciembre de 2010 (corrección: al final de este artículo, Admati da a entender que Wal-Mart es mayor que JPMorgan Chase; en realidad, incluso aplicando las normas contables de Estados Unidos, JPMorgan Chase es alrededor de diez veces mayor que Wal-Mart). Véase también Jenkins (2012b), «A Debate Framed by Fallacies».

21. La observación de que los depósitos son especiales podría indicar que deberíamos abstenernos de introducir normas que induzcan a los bancos a reducir sus depósitos, pero ni siquiera en este caso debería pasarse por alto la contribución del capital propio a aumentar la seguridad de los bancos. Con la misma cantidad de depósitos y *más* capital propio, un banco estaría en condiciones de prestar más o de realizar otros tipos de inversiones rentables. En este caso, el mismo argumento que hemos dado en este capítulo demuestra que el ROE exigido sería menor, ya que el banco tiene más capital y podría absorber más pérdidas sin declararse insolvente.

22. Son muchos los que han señalado, al menos, en los últimos treinta años lo falaz que es pensar que el rendimiento exigido es constante e independiente de la composición de la financiación o decir que M&M no se aplica a los bancos. He aquí una lista bibliográfica parcial: King (1990), Schaefer (1990), Miller (1995), Harrison (2004), Brealey (2006), Kashyap *et al.* (2010), Mehran y Thakor (2010) y Miles *et al.* (2011).

23. Kashyap *et al.* (2010), Miles *et al.* (2011) y Tsatsaronis y Yang (2012) presentan pruebas empíricas de que el ROE medio de los bancos aumenta conforme mayor es su apalancamiento.

24. La irrelevancia de los valores contables puede verse fácilmente examinando las instituciones no financieras. En las empresas más sólidas, los precios o los valores de mercado de las acciones son significativamente más altos que los valores contables que figuran en los balances. Por ejemplo, el 31 de julio de 2012 Wal-Mart declaró un total de alrededor de 70.000 millones de dólares de capital propio, lo que se traduce en un valor contable de alrededor de 21 dólares por acción. Al mismo tiempo, el precio de las acciones de Wal-Mart era de alrededor de 75 dólares por acción, significativamente superior al valor contable. Según la lógica del banquero, para Wal-Mart es «barato» financiar las inversiones con acciones, ya que sus acciones tienen un precio muy alto en el mercado. Pero ¿debería ser importante este hecho cuando Wal-Mart trata de decidir si lleva a cabo o no una determinada inversión? Cualquiera que sea su valor contable, Wal-Mart puede hacer inversiones buenas o malas, y sus accionistas querrán que los directivos

de Wal-Mart hagan buenas inversiones que aumenten aún más el valor de sus acciones. Si Wal-Mart despilfarra dinero en una mala adquisición, sus accionistas no estarán contentos. En cambio, si Wal-Mart hace inversiones rentables con los beneficios no distribuidos o mediante otros tipos de financiación, sus accionistas si lo estarán. En ninguno de los dos casos a los accionistas o a los directivos les importa que el valor contable sea diferente del valor de mercado. Nuestro razonamiento no prejuzga si las valoraciones basadas en los precios bursátiles son correctas. El punto clave de la discusión es que los valores contables no son relevantes para tomar decisiones. Estas deben adoptarse teniendo en cuenta toda la información relevante en el momento en que se toman.

25. Los banqueros podrían insinuar que tienen mejor información sobre la calidad de los activos del banco y acerca de la probabilidad de que no se devuelvan los préstamos. Si eso es cierto, cabría preguntarse por qué no son capaces de transmitir esta información a los inversores de una manera creíble para que suba el precio de mercado de sus acciones. Lo más probable es que los inversores sospechen, ya que los valores contables están inflados casi siempre debido a la negativa de los banqueros a reconocer las pérdidas. Por ejemplo, hay motivos para sospechar que en la aversión de los bancos a llevar a cabo ejecuciones hipotecarias o a reestructurar las hipotecas influye el hecho de que ese tipo de transacciones les obligaría a reconocer pérdidas que, de lo contrario, podrían fingir que no existen. En Estados Unidos, los banqueros han venido luchando contra las autoridades locales que tratan de utilizar las leyes de expropiación para renegociar las hipotecas cuando intervienen propiedades en aras del interés público. Muchos creen que el principal motivo de los bancos es el hecho de que eso les obligaría a reconocer pérdidas que actualmente no están reconociendo. Las pérdidas serían especialmente graves en el caso de las segundas hipotecas, que solo se devuelven después de que se han pagado la principal. Véase, por ejemplo, Rep. Brad Miller, «No Wonder Eminent Domain Mortgage Seizures Scare Wall Street», *American Banker*, 12 de julio de 2012. Para la reticencia de los bancos, a veces con la colaboración de las autoridades, a reconocer las verdaderas pérdidas, véase también CTC (2012) y BPI (2012). En el capítulo 11, volveremos a analizar esta cuestión.

26. Como los bancos están muy endeudados, cualquier inversión que hagan afecta no solo a sus accionistas, sino también a sus acreedores. Eso puede producir un efecto de sobreendeudamiento, que podría llevar a los accionistas a abstenerse de hacer inversiones. El efecto de sobreendeudamiento

se presentó en el capítulo 3; se debe a los conflictos de intereses entre los prestatarios y los acreedores, genera ineficiencias y puede dañar a otros. En los capítulos 9 y 11, se analiza más extensamente esta cuestión.

8. Pagados por jugar

1. Véase Patrick Jenkins y Brooke Masters, «Higher Capital Ratios Talk Cuts Banks' Appeal», *Financial Times*, 27 de marzo de 2011. En este artículo, Jenkins y Masters señalan que «según los cálculos de los analistas, las valoraciones de mercado actuales de los bancos suponen que el rendimiento del capital —el ROE, que es la medida tradicional de la rentabilidad de los bancos— caerá a una media de alrededor de un 11 por ciento, cifra muy inferior al 20 por ciento o más que acumularon los mejores bancos en los años de auge de la última década». Según el gestor de un fondo de alto riesgo, «si puedo conseguir un ROE mayor invirtiendo en una empresa regulada totalmente segura, ¿por qué demonios voy a invertir en un banco?». Barry Zubrow, director de riesgos de JPMorgan, declaró en una comparecencia que si se impusiera un recargo de capital a las instituciones financieras globales de importancia sistémica, «disminuirá el apetito inversor por el capital de los grandes bancos, lo cual los obligará a abandonar los negocios más intensivos en capital, a subir los precios para obtener un rendimiento suficiente por el capital o a presionar a los bancos para que reduzcan el tamaño de sus balances. Cualquiera de estas opciones afectará a la economía de Estados Unidos». La consecuencia es que las necesidades mínimas de capital harán que los bancos sean menos rentables, ya que reducirán su ROE. Véase Zubrow (2011).
2. Ackermann (2010, pág. 6). Véanse también las afirmaciones de la nota anterior citadas por Jenkins y Masters en «Higher Capital Ratios Talk Cuts Banks' Appeal».
3. Mishkin (2007, pág. 233). Frederic Mishkin fue vicepresidente ejecutivo y director de investigación del Banco de la Reserva Federal de Nueva York en 1994-1997 y miembro de la junta de gobernadores de la Reserva Federal desde 2006 hasta 2008.
4. Eso es cierto sobre todo si los problemas de su banco son lo suficientemente grandes como para afectar al sistema financiero y a la economía en general o al presupuesto público. En este caso, los accionistas también resultarán afectados como contribuyentes y como parte de la gente.

5. Mientras que la magnificación del riesgo se puede ver sin tener en cuenta el gasto en intereses, el coste del endeudamiento se debe incluir en el análisis cuando se analiza el modo en que la composición de la financiación de las empresas afecta a su ROE y el modo en que está relacionada con el rendimiento de sus activos. La falacia relacionada con el ROE que analizamos en este capítulo a veces se examina desde el punto de vista de la influencia del endeudamiento de la empresa en los beneficios por acción, dando a entender erróneamente que el endeudamiento beneficia a los accionistas al aumentar sus beneficios por acción. Véase Berk y DeMarzo (2011, págs. 466–468).

6. Si no existe casi ninguna probabilidad de que Carolina incumpla sus obligaciones, es razonable suponer que el tipo efectivo que paga será el mismo independientemente de que pida un préstamo de 30.000 euros o uno de 60.000. Si existe alguna probabilidad de que no cumpla sus obligaciones, se le podría cobrar un tipo de interés algo más bajo si pide un préstamo menor. Si existe alguna probabilidad de que no cumpla sus obligaciones, el tipo que se le cobre podría ser superior a los rendimientos medios esperados que recibirían los acreedores. Como señalamos en el capítulo 7, el rendimiento exigido incluiría alguna compensación por el riesgo que asume el prestamista al hacer el préstamo. Estas observaciones no afectan a ninguna de nuestras conclusiones.

7. Si el valor de la casa aumenta exactamente el 4 por ciento, el ROE efectivo será el mismo independientemente de cuánto se endeude Carolina. Un aumento del valor de la casa del 4 por ciento significa que se venderá por 312.000 euros. Con una hipoteca de 270.000 y, por tanto, una deuda hipotecaria de 280.800, a Carolina le quedarán 31.200 euros si la casa se vende por 312.000, que es un ROE del 4 por ciento. Si pide un crédito de 240.000 y aporta un capital de 60.000, le quedarán 62.400, de nuevo un ROE del 4 por ciento.

8. Cualquiera que pudiera pedir un préstamo a un determinado tipo e invertir el dinero de tal manera que la deuda se pagara con seguridad, querría pedir prestado lo más posible a este tipo e invertir la mayor cantidad posible de dinero en esta maravillosa oportunidad. Ni siquiera sería necesario capital si la deuda se pagara siempre con seguridad mediante los activos. Si existiera fácilmente ese tipo de oportunidades, habría una enorme demanda de préstamos y no suficientes personas dispuestas a prestar al bajo tipo ofrecido. El tipo de los préstamos tendría que aumentar. La observación de que los bancos consiguen pagar un tipo de interés muy bajo por los

depósitos, si es que pagan alguno, no refuta este argumento. Hay algunos depósitos cuyos titulares reciben el rendimiento en forma de servicios de cajeros automáticos o servicios de pago en lugar de intereses; la prestación de esos servicios puede generar un excedente, ya que algunos depositantes los valoran más que los intereses, pero aun así esos servicios tienen un coste para el banco que hay que tener en cuenta. Antes de la liberalización de principios de los años ochenta, cuando la regulación impedía a los bancos utilizar los tipos de interés para competir por los depósitos, los bancos utilizaban, de hecho, sus ofertas de servicios para atraer depósitos (véase Klein, 1974). Sin embargo, como señalamos en el capítulo 4, cuando los fondos del mercado de dinero comenzaron a competir con los bancos y las cajas de ahorros ofreciendo mayores rendimientos por inversiones que eran casi tan cómodas como los depósitos, estos últimos presionaron en favor de la liberalización para poder competir también ofreciendo tipos de interés más altos. Por tanto, incluso en el caso de los depósitos por los que los depositantes son compensados con la prestación de algunos servicios, los tipos de interés no pueden ser demasiado distintos de los que ofrecen otras oportunidades de inversión. Los rendimientos que ofrecen a los inversores todas las demás clases de deuda que emiten los bancos, igual que otras empresas, deben reflejar la situación del mercado, es decir, los rendimientos que ofrecen otras inversiones y el riesgo que atribuyen los inversores a esa clase de deuda. En los capítulos 9 y 10 analizamos los incentivos y la capacidad de los bancos y de otras instituciones financieras para endeudarse a tipos favorables y en condiciones favorables. En los capítulos 10 y 13 examinamos más extensamente la influencia de los fondos del mercado de dinero en la banca.

9. Sheila Bair, antigua presidenta de la FDIC, hizo esta observación el 13 de abril de 2012 en una columna del *Washington Post* titulada «Fix Income Inequality Now». Bair invita enigmáticamente a los bancos a resolver el problema de la desigualdad concediendo a todo el mundo un préstamo de 10 millones de dólares a diez años a un tipo de interés nulo, que podría generar unos intereses de 200.000 dólares al año durante una década. Después de señalar que recibiendo 10 millones de dólares a un tipo de interés nulo e invirtiéndolos al 2 por ciento, todo el mundo obtendría 200.000 como regalo, esencialmente como una «máquina tragaperras», dice: «Los más aventurados pueden comprar deuda griega a 10 años a un tipo de interés del 21 por ciento y obtener una renta anual de 2,1 millones de dólares. O si Grecia parece demasiado arriesgada, comprar deuda portuguesa a un tipo de interés de alrededor del 12 por ciento y obtener una renta anual de

1,2 millones de dólares». Este comentario reconoce que los diferenciales de las llamadas operaciones de arbitraje normalmente entrañan algún riesgo de pérdida. Acharya y Steff (2012) aportan pruebas de que los bancos europeos están dedicándose, de hecho, a este tipo de apuestas; cuanto menos capital tienen, más se dedican a apostar. En el capítulo 9, analizamos los préstamos y las garantías subvencionados.

10. En un episodio anterior, en 1990, cuando los grandes bancos comerciales de Estados Unidos estaban a punto de declararse insolventes, la Reserva Federal bajó los tipos de interés a corto plazo a alrededor del 4 por ciento. En un momento en el que los tipos de interés a largo plazo eran de alrededor del 8 por ciento, los bancos pudieron obtener grandes beneficios. Entre 1990 y 1994, utilizaron esta máquina tragaperras para reconstruir su capital. Sin embargo, cuando la Reserva Federal subió de nuevo los tipos en la primavera de 1994, esta subida provocó una enorme conmoción y planteó problemas a muchos bancos.

11. Por ejemplo, si el tipo al que se endeuda el banco es del 4 por ciento y se espera que este obtenga, en promedio, un rendimiento del 6 por ciento por sus inversiones, el ROE medio será del 24 por ciento con el 10 por ciento de capital y de solo el 11,4 por ciento con un capital del 20 por ciento en relación con el total de activos. La lógica y la idea intuitiva son las mismas que en el apartado anterior, en el que analizamos los distintos casos en los que podría encontrarse Carolina. El hecho de que ahora estemos hablando de rendimientos *medios* en lugar de rendimientos *efectivos* no cambia nada. Cuando el banco tiene más capital, el rendimiento efectivo del capital es menor si el rendimiento de los activos es mayor que el tipo pagado por la deuda, y el rendimiento efectivo del capital es mayor si el rendimiento de los activos es menor. Intuitivamente, si los activos generan, en promedio, un rendimiento más alto que el tipo de la deuda, los resultados en los que el ROE efectivo es relativamente alto tienen un peso mayor en el cálculo del ROE medio que los resultados en los que el ROE efectivo es relativamente bajo. Como el apalancamiento aumenta el ROE efectivo en el lado positivo, el ROE medio es mayor con más apalancamiento (y menor con menos apalancamiento). Véase Berk y DeMarzo (2011, capítulo 14).

12. Incluso después de la tormenta generada por la quiebra de Lehman Brothers, Ackermann aún dijo que «un rendimiento del capital del 25 por ciento es una cifra alcanzable para el banco, y más de un 20 por ciento es una cifra bastante realista» (William Launder, «Deutsche Bank CEO: 25% RoE Is Achievable for Bank», Dow Jones Newswires, 5 de febrero de 2009).

Cuando los rendimientos efectivos fueron más bajos, Ackermann dijo que pronto se recuperarían («Deutsche Bank CEO: Return to 25% ROE Target in 3 Years», Dow Jones Newswires, 20 de diciembre de 2010). Se dice que Ackermann declaró en marzo de 2011 que «el ROE del banco de inversión, indicador clave de la rentabilidad, debería llegar a ser del 25 por ciento dentro de dos años» («Deutsche Targets ROE above 20%», *Financial Times*, 30 de marzo de 2011). Más tarde ese mismo año, se rebajó el objetivo (véase «Deutsche Bank Eyes 15% Return on Equity», *Wall Street Journal*, 5 de diciembre de 2011).

13. Patrick Jenkins, «Barclays Chief Ready to Increase Risk Appetite in Search of Profits», *Financial Times*, 11 de abril de 2011.

14. Lewis (2011) atribuye a la transformación de los bancos de inversión de sociedades colectivas en sociedades anónimas el aumento de la asunción de riesgo y del apalancamiento y afirma concretamente que «desde ese mismo momento, la empresa de Wall Street [Salomon Brothers, que comenzó a cotizar en Bolsa en 1981] se convirtió en una caja negra. Los accionistas que financiaban la asunción de riesgo no entendían realmente lo que hacían los que lo asumían y, a medida que la asunción de riesgo iba siendo cada vez más compleja, lo entendían todavía menos» (pág, 258). Bhide (2010, capítulo 9) y McLean y Nocera (2010, capítulo 11) también señalan que la transformación de los bancos de inversión en las décadas de 1980 y 1990 de sociedades colectivas en sociedades anónimas cotizadas llevó a poner más el acento en medidas como el ROE, a adoptar estrategias de mayor riesgo y a plantear problemas de gobernanza. Más adelante en este capítulo, analizamos los problemas de gobernanza.

15. Los datos del ROE proceden de los informes anuales del Deutsche Bank (https://www.deutsche-bank.de/ir/en/content/reports_2012.htm, consultado el 14 de octubre de 2012): 9,5 por ciento en 2003, 4,8 en 2004, 21,7 en 2005, 26,4 en 2006, 24,1 en 2007, −16,5 en 2008, 9,5 en 2009, 15,3 en 2010 y 10,2 en 2011. Los informes anuales del Deutsche Bank no dan cifras del ROE antes de impuestos de los años anteriores a 2003. Las cifras después de impuestos que indican son 41,4 por ciento en 2000, 2,3 en 2001 y 1,1 en 2002. Estas cifras reflejan los efectos de un cambio de la legislación tributaria. La reforma tributaria que se aprobó en 2000 eliminó la tributación de las ganancias de capital de las empresas que tenían acciones en otras. Deutsche Bank, al igual que otras empresas alemanas, aprovecharon la oportunidad que brindaba este cambio de la legislación para vender muchas de sus tenencias en instituciones no financieras; así obtuvieron

ganancias de capital que habían ido acumulando durante décadas. Las cifras dadas aquí corresponden a las prácticas contables de Estados Unidos. El Deutsche Bank también declara lo que denomina *rendimiento del capital activo*, que tiene en cuenta diversos efectos relacionados con el calendario de los pagos de dividendos, la realización de ganancias y pérdidas de capital y los efectos fiscales. En este índice, que no se reconoce como una medida de los resultados según las normas contables oficiales, pero que el Deutsche Bank, según sus comunicados de prensa, considera que es el índice clave de los resultados, la media de los años 2003–2011 fue del 14,3 por ciento, algo mejor que el ROE antes de impuestos, pero la distancia con respecto al objetivo del 25 por ciento para la media seguía siendo enorme; los máximos fueron del 32,7 por ciento en 2006 y del 29,0 en 2007; el mínimo fue de –17,7 por ciento en 2008. Curiosamente, no parece posible hacerse una idea general de cómo le fue al Deutsche Bank a más largo plazo sin remitirse a sus informes anuales. Los resúmenes de acceso público, que suelen dar los rendimientos trimestrales, como http://www.wikinvest.com/stock/DEUTSCHE_BANK_AG_(DB)/Data/ROE/2008/Q1 (consultado el 9 de octubre de 2012), parecen indicar que la evolución fue mucho más uniforme.

16. Por ejemplo, el antiguo regulador de Fannie Mae, Armando Falcon Jr., declaró a la FCIC (2011, pág. 64) que «Fannie comenzó la última década con un ambicioso objetivo: duplicar los beneficios en cinco años. Una gran parte de la remuneración de los ejecutivos estaba ligada al cumplimiento de este objetivo. Su cumplimiento reportó al director general Franklin Raines 52 millones de dólares de su remuneración de 90 millones entre 1993 y 2003. … Sin embargo, el objetivo resultó inalcanzable sin infringir las normas y ocultar riesgos. Los ejecutivos de Fannie y Freddie se esforzaron en convencer a los inversores de que los activos relacionados con hipotecas eran una inversión libre de riesgo, mientras cubrían al mismo tiempo la volatilidad y los riesgos de sus propias carteras hipotecarias y balances».

17. El ROE de Barclays fue del 5,8 por ciento en 2011. El nuevo director general del banco, Antony Jenkins, anunció en agosto de 2012 que su objetivo sería superior al «coste del capital» declarado del banco del 11,5 por ciento (véase «New Barclays CEO Sets Sights on 'Credible' RoE Plan», Reuters, 30 de agosto de 2012). No explicó cómo se estimó este coste del capital y si podría reducirse si el banco tuviera más capital. De hecho, Allison (2011, loc. 409) afirma que los megabancos generalmente no son capaces de generar los rendimientos ajustados para tener en cuenta el riesgo que deberían

esperar los accionistas. Mayo (2011) señala que, como analista, ha criticado a menudo las decisiones de inversión de los bancos.

18. Para los fallos de los objetivos que se fijan para el ROE, véanse, por ejemplo, Anat Admati, «Beware of Bankers' Flawed ROE Measure», *New York Times,* 25 de julio de 2011, y «Change Bank Pay Now–BoE's Robert Jenkins», Reuters, 31 de octubre de 2011, y la nota 33 de este capítulo.

19. Andrew Haldane, director ejecutivo de estabilidad financiera del Banco de Inglaterra, ha afirmado que los elevados ROE que lograron los bancos durante un tiempo antes de la crisis pueden atribuirse totalmente al aumento del apalancamiento y del riesgo y no pueden interpretarse como una indicación del rendimiento de los banqueros; véase Haldane (2010).

20. «Deutsche Bank Doubles Down with a Casino», *Wall Street Journal,* 17 de noviembre de 2010, y «Cosmopolitan of Las Vegas Loses $58.5M in 3Q», *Bloomberg Business Week,* 14 de noviembre de 2011.

21. Esos incentivos sesgados son generados por opciones que tienen unos precios de ejercicio muy altos o por sistemas de remuneración que prevén primas extra si se obtienen unos beneficios muy altos, por ejemplo, si se alcanza y se sobrepasa el ROE objetivo cuando este se ha fijado en unos niveles extravagantemente altos.

22. Véanse Acharya *et al.* (2007) y Acharya y Yorulmazer (2008).

23. Véase Haldane (2012b) y Daniel Schäfer, «No Stop to Bankers' Pay Rises, Data Reveal», *Financial Times,* 24 de junio de 2012. Más adelante en este capítulo, analizamos las cuestiones relacionadas con la gobernanza.

24. Véanse Partnoy (2009, 2010) y Bhagat y Bolton (2011). Das (2010, pág. 151) afirma que «a los operadores se les dan todos los incentivos del mundo para asumir riesgos y generar beneficios a corto plazo. … Los sistemas calibrados de primas animan a *adelantar* y sobrestimar los beneficios».

25. Véanse McLean y Elkind (2004) y Healy y Palepu (2003).

26. Este es un ejemplo de toma de riesgos en el que las pérdidas son improbables, pero muy grandes cuando se materializan. Taleb (2001, 2010) hace hincapié en que el hecho de que no se tenga en cuenta la cantidad de pérdidas potenciales es una importante fuente de distorsión de las estrategias financieras. El problema es parecido al de los automovilistas que dominan bien su automóvil y que pueden ser muy agresivos cuando rebasan a otros, incluso en carreteras estrechas de mala visibilidad, disfrutando de la pequeña reducción del tiempo de desplazamiento y no teniendo en cuenta el hecho de que si los riesgos que corren se materializan, las consecuencias pueden ser desastrosas.

27. Bhagat y Bolton (2011) muestran, en contraste con Fahlenbrach y Stulz (2011), que cuando se considera el periodo 2000–2008, así como los subperiodos 2002–2008 y 2004–2008, los directores generales salieron mucho mejor parados que los accionistas, se mire por donde se mire. Sostienen que todos los datos corroboran la hipótesis de que los incentivos de los directivos para asumir excesivos riesgos desempeñaron un importante papel en el periodo anterior a la crisis. Demostrando que los directores generales salieron mucho mejor parados que otros accionistas, refutan la insinuación de que, como los altos directivos de algunos bancos como Bear Stearns o Lehman Brothers perdieron mucho personalmente cuando cayó el valor de sus acciones, se puede concluir que los sistemas de incentivos de los directores generales no fueron importantes y que la crisis se debió probablemente al *riesgo imprevisto*. Los resultados concuerdan con los de Bebchuk *et al.* (2010), que también observan que los incentivos generados por la remuneración de los ejecutivos llevaron a los bancos a asumir excesivos riesgos. Barth *et al.* (2012, págs. 61 y sigs.) sostienen que los propios sistemas de remuneración se vieron muy afectados por los cambios de las estructuras de propiedad, las fusiones y las adquisiciones y los cambios de los mercados y de los productos, consecuencia todo ello de las estrategias de los directores generales, y que eso afectó enormemente a la remuneración de los directores generales. Mayo (2011, loc. 2.909–11) afirma: «Muchos ejecutivos de Wall Street se enriquecieron enormemente haciendo gigantescas apuestas por sus empresas y después se fueron antes de que esas apuestas salieran mal. Algunas pérdidas provocadas por las apuestas se socializaron, es decir, fueron asumidas por los contribuyentes». Hayes (2012, pág. 99) señala que detrás de los incentivos para asumir riesgos está la idea de «YNETNE» (yo ya no estaré, tú ya no estarás).

28. UBS (2008).

29. Véase McLean y Elkind (2004) y Hayes (2012). Wilmarth (2007) señala que algunos casos como los de Enron y WorldCom representan un doble fallo de la gobernanza de las empresas. Aparte de los fallos inmediatos de la gobernanza de las empresas en quiebra, también falló la gobernanza de los propios bancos, al incumplir estos sus obligaciones y exponerse a enormes riesgos legales y a enormes riesgos para su reputación en sus prisas por obtener beneficios a corto plazo poniéndose al servicio de los sistemas fraudulentos de Enron y WorldCom. L. McDonald (2010), antiguo vicepresidente de Lehman Brothers, hace una descripción de la caída de esta entidad y de cómo el énfasis en el corto plazo puede permear la cultura corporativa

de una organización. Das (2010) y Allison (2011) también señalan que el énfasis de los sistemas de remuneración en el corto plazo ha llevado a los grandes bancos a asumir excesivos riesgos. «The Revolution Within» (*The Economist*, 16 de mayo de 2009) predijo que se introducirían cambios en las prácticas con respecto a los ajustes para tener en cuenta el riesgo, pero no parece que haya habido cambios significativos.

30. Haldane (2012b) compara la mentalidad de los banqueros, el deseo de «no ser menos que los Goldman», con la de los elefantes marinos que compiten por aparearse con todas las hembras, siguiendo en cierto modo el principio de que *el ganador se lo lleva todo*, y acaban excesivamente abotargados. La competencia entre los bancos por lograr mayores rendimientos los ha llevado a asumir más riesgos y a utilizar más apalancamiento.

31. Véase, por ejemplo, «Citi Chief on Buyouts: 'We're Still Dancing' », *New York Times*, 10 de julio de 2007.

32. Para una visión escéptica del concepto de creación de valor para los accionistas, véase Stout (2012). Para los problemas de gobernanza, incluidos los consejos de administración ineficaces que a menudo carecen de conocimientos de banca, véase Pozen (2009, capítulo 11), Smith (2010, capítulo 7), Allison (2011, loc. 474) y Stanton (2012, capítulo 4). Mayo (2011, loc. 3.226–29) afirma que los «consejos de administración normalmente son responsables de tres cosas: 1) de contratar a un director general y evaluar la remuneración y el rendimiento de esa persona; 2) de fijar un apetito global de riesgo en el banco, y 3) de ser para la empresa una especie de supervisores independientes. En las tres áreas, los consejos de administración han fracasado últimamente y, a pesar de eso, en la mayoría de los casos, siguen en gran medida intactos y no se han cambiado.

33. Para un intento de plantear al consejo de administración la cuestión de la regulación del capital, véase Anat Admati, «An Open Letter to JPMorgan Chase Board», *Huffington Post*, 14 de junio de 2011. Véase también Robert Jenkins, «A Bank Run for the Benefit of Its Owners? Dream On», *Financial Times*, 8 de enero de 2012, y Jenkins (2012c).

34. Solo dos grandes bancos han revelado públicamente la existencia de cláusulas de recuperación (véase « 'Likely' JPMorgan Clawbacks Rare on Wall Street», *CNNMoney*, CNN, 13 de junio de 2012). Para las culturas de la gobernanza y de las primas, véase también «Hit Bankers Where It Really Hurts, in Their Bank Accounts», Bloomberg, 13 de julio de 2012, que también menciona el papel potencial de la ley Sarbanes-Oxley.

35. Para la posible regulación de los sistemas de remuneración, véanse Bebchuk

y Spamann (2010), Bebchuk *et al.* (2010), Wolf (2010) y Bhagat y Bolton (2011). Para una propuesta que intenta resolver diferentes problemas relacionados con la gobernanza, creando sociedades *holding* limitadas (*liability holding companies*), véase Admati *et al.* (2012c). La ley Dodd-Frank contiene disposiciones que exigen la regulación de la remuneración de los ejecutivos que fomenta la conducta de riesgo, pero no se han aplicado hasta ahora.

36. Cabiallavetta, que también era responsable del control de riesgos del banco, había protegido al operador de toda interferencia de los controladores del riesgo. En la fusión que dio origen al UBS, fue casi el único miembro del consejo de administración del antiguo Union Bank of Switzerland que siguió estando en la nueva institución: un año, hasta que la crisis de LTCM provocó otra pérdida de 700 millones de dólares y también tuvo que dimitir. Véase Schütz (1998, págs. 74–117, esp. 80, 108 y 120).

37. Para la poca importancia y los pocos recursos que se dan a la gestión de riesgos, véase UBS (2008). Das (2010), Lewis (2010) y Smith (2010) también describen el status relativamente bajo que tienen dentro de los bancos los gestores de riesgos. Stanton (2012, capítulo 5) analiza algunos problemas de la gestión de riesgos relacionados con la crisis financiera.

38. Por ejemplo, el intento de los accionistas de influir en la composición del comité de riesgos de JPMorgan Chase en 2011 no se ha traducido en ningún cambio. La composición del comité no varió entre 2008 y 2012. Está integrado por tres consejeros que tienen poca experiencia relevante, uno de los cuales también estaba en el consejo de administración de AIG antes de la crisis financiera. Véase Max Abelson, «JPMorgan Gave Risk Oversight to Museum Head Who Sat on AIG Board», Bloomberg, 25 de mayo de 2012. Sin embargo, los mayores inversores institucionales pueden mostrarse pasivos y tener sus propios problemas de gobernanza. Por ejemplo, Allison (2011, loc. 562) señala: «Muchos de la gran familia de fondos tienen un motivo obvio e inquietante para no enfrentarse a los megabancos por sus prácticas empresariales y su gobernanza; ellos también tienen conflictos de intereses. Los creadores de los fondos obtienen considerables ingresos ofreciendo servicios de inversión … a los megabancos y muchos recurren a los bancos para distribuir sus fondos entre el público». Señala que existen problemas de gobernanza dentro de los propios fondos.

39. Véase McLean y Elkind (2004). También surgieron cuestiones parecidas en otros escándalos, como los que rodearon a Tyco y WorldCom.

40. Francine McKenna, que colabora a menudo con *American Banker,* ha señala-

do estos problemas en numerosos artículos. Véanse, por ejemplo, «Auditors Are Asleep at the Switch on Banks' Risk Controls», *American Banker*, 16 de julio de 2012, y «Familiar Patterns in Spain's Banking Crisis», *American Banker*, 27 de junio de 2012. El problema de los auditores que tienen conflictos de intereses y que son reacios a poner en entredicho los modelos que utilizan los bancos y sus contables o a alertar a los inversores y a los reguladores de los riesgos de las partidas fuera de balance se suma a la opacidad de la información que se publica y de las valoraciones basadas en la contabilidad, todo lo cual pone en duda la información que suministran las valoraciones publicadas. Por ejemplo, Das (2010, pág. 221) se refiere al «mundo al revés de la contabilidad japonesa». Al describirlo, afirma: «Era como darle dinero a alguien y después decirle que te lo devolviera y llamarlo renta; carecía totalmente de sentido».

9. Dulces subvenciones

1. El comentario de Zandi del epígrafe procede de Louise Story, «U.S. Program Lends a Hand to Banks, Quietly» (*New York Times*, 14 de abril de 2009) y se refiere a la capacidad de Goldman Sachs y Morgan Stanley para acceder a los préstamos de la Reserva Federal y a las garantías de la FDIC después de dejar de ser bancos de inversión y convertirse en entidades de crédito en 2008. Zandi continuaba diciendo: «Es una subvención infinita». Véase el apartado «Los bancos tienen un tío Sam» de este capítulo.

2. La historia reciente está llena de incidentes de este tipo. Por ejemplo, el 1 de noviembre de 1986 estalló un enorme incendio en una fábrica de tintes situada en el Rin, cerca de la ciudad suiza de Basilea. El agua que se empleó para extinguir el incendio se mezcló con las sustancias químicas y se extendió por el río tiñéndolo de rojo y acabando con todos los peces varios cientos de kilómetros río abajo (véase Hernan, 2010). El *Exxon Valdez* y, más recientemente, los vertidos de petróleo de BP en el golfo de México son otros ejemplos.

3. En todo el análisis, continuamos dejando de lado el beneficio que obtiene Carolina por vivir en la casa. Su inclusión no cambiaría el análisis, ya que vive en la casa en todos los casos.

4. Para simplificar el análisis, dejamos de nuevo de lado las pérdidas que podría sufrir el banco si la casa se abandonara o perdiera valor por falta de mantenimiento.

5. En Estados Unidos, antes de 2007 mucha gente pidió segundas hipotecas para financiar más consumo (véase «Second Mortgage Misery», *Wall Street Journal*, 7 de junio de 2011).

6. Si Carolina invierte 20.000 euros en bonos que pagan un tipo de interés del 3 por ciento con seguridad en lugar de invertir esa cantidad en la vivienda, tendrá 20.600 por su inversión independientemente de lo que ocurra después con el valor de la casa. En el lado positivo, las garantías no importan; Carolina se encontrará en la misma situación que si invirtiera los 30.000 euros en la casa (panel inferior del cuadro 9.1 y panel superior del 9.2). Pero en el lado negativo estará protegida de las pérdidas. Por ejemplo, si el valor de la vivienda baja a 255.000 euros, Carolina solo perderá 10.000, mientras que habría perdido los 30.000 euros si los hubiera aportado como entrada. En todos los casos, la situación de Carolina es mejor con la hipoteca mayor. El ejemplo supone, en realidad, que en la economía el tipo de interés de las inversiones libres de riesgo es del 3 por ciento. Sin embargo, la conclusión de que Carolina prefiere el crédito hipotecario mayor no depende de lo que haga con el dinero que no invierte en la casa; se basa únicamente en la observación de que invirtiendo menos en la vivienda, se aprovecha más de las garantías. Como el banco cobra con seguridad, lo que no pague Carolina lo pagará su tía; el hecho de que Clara pague más y nunca menos implica que Carolina se beneficia más. Naturalmente, Carolina puede hacer malas inversiones y asumir mucho riesgo por el que no es compensada totalmente. Podría obtener menos del 3 por ciento por sus 20.000 euros y, por tanto, perder posiblemente más de lo que perdería si los invirtiera en la casa. Sin embargo, lo que hemos visto es que existe una forma de que Carolina se beneficie de las garantías si invierte el dinero prudentemente. Como veremos en seguida, si tía Clara da a Carolina unas garantías generales, mientras Clara no quiebre, Carolina se beneficia independientemente de lo que haga; las garantías generales son, en realidad, como las máquinas tragaperras.

7. El ROE de Carolina se magnificará aún más si se endeuda más. En primer lugar, las ganancias generadas por su inversión en la vivienda se magnificarán aún más en los casos en los que puede pagar su crédito hipotecario sin las garantías. Por ejemplo, si el precio final de la vivienda es de 345,000 euros, el ROE de Carolina será del 123 por ciento si invierte 30.000 euros en la casa, como se observa en el cuadro 9.1; con 10.000 euros solamente de capital propio, los 46.300 que acabará teniendo Carolina, como se observa en el cuadro 9.2, representan un ROE de 363 por ciento, una cifra realmen-

te mucho más alta. Si el valor de la vivienda *solo* aumenta un 5 por ciento, a 315.000 euros, Carolina acabará obteniendo un ROE del 23 por ciento si invierte 30.000 en la casa, mientras que su posición final de 16.300 representa un rendimiento de su inversión de 10.000 del 63 por ciento, de nuevo una cifra más alta. Sin embargo, con una inversión de 10.000 euros, perderá más por euro en los demás casos. Comparando los ROE de la inversión de 30.000 euros de Carolina en la vivienda y de la inversión de 10.000 euros en la vivienda y 20.000 euros a un 3 por ciento libre de riesgos, se obtiene la posición de Carolina del panel inferior del cuadro 9.2 añadiendo 20.600 en cada caso. Su ROE será el mismo que muestra el panel inferior del cuadro 9.1 (123 por ciento, 23 por ciento y una pérdida del 27 por ciento, respectivamente) en los casos en los que el valor de la vivienda aumenta el 15 por ciento y el 5 por ciento y en el que no varía, mientras que Carolina solo perderá el 31 por ciento de sus 30.000 euros gracias a los 20.600 que recibirá por su inversión segura, aun cuando pierda toda la entrada de 10.000 euros.

8. Incluso sin garantías, si los prestamistas creen que los precios de la vivienda siempre subirán, como parece que creían en la burbuja inmobiliaria antes de 2006 (o si creen que los prestatarios siempre pagarán sus deudas hipotecarias), podrían conceder —y, de hecho, concedieron— préstamos con un capital nulo, sin exigir ninguna entrada y contando con que aumente el capital a medida que crezca el valor de la casa. Sin embargo, como hemos visto, los precios de la vivienda no siempre suben.

9. De nuevo, si Carolina no pone nada en la casa e invierte sus 30.000 euros en una inversión segura al 3 por ciento, tendrá 30.900 euros con seguridad, a los que hay que añadir lo que gane por la casa si su valor acaba siendo superior a 309.000 euros. Tiene garantizado en este caso un tipo de interés de al menos un 3 por ciento y su ROE será el mismo que muestra el panel inferior del cuadro 9.1 si el valor de la vivienda acaba siendo de 315.000 euros o de 345.000. Su rendimiento será del 3 por ciento en los otros tres casos, ya que no tiene que cubrir los intereses o las pérdidas de valor que pueda experimentar la vivienda. Si Carolina realiza inversiones de riesgo con los fondos, entonces el cómo acabe dependerá, por supuesto, de cómo resulten estas inversiones, pero está claro que no tener ningún dinero invertido en la casa y experimentar únicamente el lado positivo de eso es una situación muy beneficiosa para Carolina.

10. Esta cifra es la cantidad garantizada que se ha establecido recientemente. Es fácil asegurar una cantidad mayor repartiendo el dinero entre múltiples cuentas o múltiples bancos. Hay incluso gestores de depósitos que ayuda-

rían a repartirlos. Kane (2012b) describe un arbitraje regulador creado por un mercado de permutas de depósitos en el que se puede asegurar casi cualquier cantidad. Malysheva y Walter (2010) analizan el aumento de la red de seguridad de Estados Unidos en los últimos años.

11. Véase Acharya *et al.* (2010) y CTC (2012).

12. Para más información sobre el uso de garantías implícitas y de la recapitalización, véase Laeven y Valencia (2010, 2012).

13. Para el coste de los rescates y la crisis reciente de Estados Unidos, véase Better Markets (2012). Para descripciones detalladas de cómo se utilizaron los rescates —y a veces no se utilizaron o se abusó, en realidad, de ellos— véase Bair (2012) y Barofsky (2012).

14. Véase Phil Kuntz y Bob Ivry, «Fed Once-Secret Loan Crisis Data Compiled by Bloomberg Released to Public», Bloomberg, 22 de diciembre de 2011. Según este artículo, la cantidad que la Reserva Federal comprometió para rescatar al sector financiero fue de 7,77 billones de dólares, y los tipos de interés de los préstamos eran inferiores a los tipos de mercado, por lo que fue una gran subvención. Bloomberg News tuvo que pelearse en los tribunales para poder obtener la información sobre los préstamos. Alan Feurer describe en «Appeals Court Rules Fed Must Release Loan Reports» (*New York Times,* 19 de marzo de 2010) la larga batalla judicial sobre la información. Según este autor, la Reserva Federal, ayudada por The Clearing House, consorcio formado por los mayores bancos, luchó por impedir que se hiciera pública la información. Barofsky (2012, pág. 88) dice a propósito de uno de los programas de ayuda del Fed, el llamado *Term Asset-Backed Securities Loan Facility* (TALF), que «según las condiciones de un bono emitido por la sociedad financiera de Ford que reúne los requisitos exigidos por el TALF, un emisor podía recibir un préstamo del TALF de 100 millones de dólares que le exigía pagar al Fed de Nueva York un tipo de interés del 3,0445 (alrededor de tres millones de dólares) por un bono que rendía un 6,07 por ciento (alrededor de seis millones de dólares), lo cual permitía al inversor embolsarse la diferencia del 3 por ciento (alrededor de tres millones) cada año. Eso es para el inversor como pescar un pez en un barril». En los préstamos que hizo el Fed de Nueva York a las entidades formadas en el rescate del AIG, utilizó el LIBOR para fijar el tipo de interés que iba a cobrar por los préstamos a las entidades, sabiendo que ese tipo era artificialmente bajo en ese momento. Véase Mark Gongloff , «Tim Geithner Admits Banks Bailed Out with Rigged Libor, Costing Taxpayers Huge Amount», *Huffington Post,* 25 de julio de 2012. Véase más bibliografía en las notas siguientes.

15. Véase Boyd y Gertler (1994).

16. Véanse Burnside (2011) y Acharya y Steffen (2012). Como señala Louise Armitstead en «ECB's LTRO Plan Flops as Banks Cut Lending» (*The Telegraph*, 28 de marzo de 2012), parece que los bancos han empleado estos fondos para prestar a sus gobiernos en lugar de prestar a empresas privadas.

17. Véase Louise Story, «U.S. Program Lends a Hand to Banks, Quietly» (este es el caso al que se refieren el epígrafe del capítulo y la nota 1, en el que Zandi dice que «es una subvención infinita»). Para el uso del programa de préstamos del Fed por parte de Morgan Stanley, véase Jonathan Weil, «Morgan Stanley's Deep Secret Now Is Revealed», Bloomberg, 23 de marzo de 2011.

18. La ley alemana de reestructuración bancaria de 2010 sigue la misma lógica. La Banking Act de 2009 del Reino Unido es la única que admite la posibilidad de que, aunque no sea deseable, podría ser necesaria de nuevo la ayuda de los contribuyentes en una futura crisis. Para un análisis, véanse CTC (2012) y Hellwig (2012). Véase también nuestro análisis y las notas del final del capítulo 5.

19. Victoria McGrane, «Obama Signs Financial Regulation Bill», *Wall Street Journal*, 21 de julio de 2010.

20. Según Curry y Shibut (2000), el coste total fue de alrededor de 153.000 millones de dólares, de los cuales unos 29.000 millones procedían de fondos privados, principalmente de cargos cobrados a otras instituciones del sector.

21. Las normas sobre la posibilidad de deducir los intereses de los créditos hipotecarios varían de unos países a otros. Por ejemplo, en Suiza son deducibles hasta un «alquiler imputado» más 50.000 francos suizos. En Alemania, las personas propietarias de las viviendas que ocupan normalmente no pueden deducir los intereses hipotecarios.

22. ¿Hay aquí gato encerrado? Si en lugar de invertir el dinero en una casa, se invierte en alguna otra cosa, se pagan impuestos por los beneficios generados por esa inversión. Pero si se hacen inversiones relativamente seguras (también para no verse en la situación de no poder pagar la hipoteca), se pueden elegir inversiones que estén sujetas a un tipo menor que el de la renta, por ejemplo, aprovechando el tipo impositivo más bajo de las ganancias de capital. Eso puede hacer que sea atractivo endeudarse para comprar una vivienda incluso para los que no tienen suficiente dinero para comprarla sin endeudarse.

23. Eso se basa en la analogía entre las empresas y los individuos. En el caso de una persona que posee una empresa, los gastos de intereses son un coste.

Por tanto, cuando se calcula la renta de esa persona, se deducen los gastos de intereses. En el caso de una empresa, los gastos de intereses también son un coste, pero también lo es, en cierto sentido, el reparto de beneficios entre los accionistas. Desde el punto de vista de los inversores —es decir, de los individuos afectados en última instancia— la cuestión clave es cómo afectan los impuestos a los rendimientos que obtienen por los diferentes activos que emite la empresa.

24. Cuando también se tiene en cuenta la tributación de la renta de los inversores, el panorama puede cambiar algo, ya que las ganancias de capital a menudo están sujetas a un tipo más bajo (véase Miller, 1977).

25. Para los impuestos en general, véase Slemrod y Bakija (2008); para la corrección de la ventaja fiscal de la deuda, véase De Mooij (2011) y Fleischer (2011). Panier *et al.* (2012) centran la atención en una subvención fiscal explícita al capital que se introdujo en Bélgica en 2006.

26. Las empresas también pueden tratar de evitar el pago del impuesto de sociedades de otras formas, por ejemplo, trasladando fondos y entidades a zonas en las que sean más bajos los impuestos. Véase, por ejemplo, Charles Duhigg y David Kocieniewski, «How Apple Sidesteps Billions in Taxes», *New York Times,* 28 de abril de 2012.

27. Véase, por ejemplo, Lewis (2011).

28. Allison (2011) sostiene que los bancos son ineficientes y no han creado valor para los accionistas ajustado para tener en cuenta el riesgo. Una prueba clara de la financiación subvencionada a través de garantías implícitas es el hecho de que las agencias de calificación crediticia dan a los grandes bancos notas más altas que les permiten endeudarse en condiciones mejores y más baratas. Davies y Tracey (2012), Carbo-Valverde *et al.* (2011), Noss y Sowerbutts (2012) y Ueda y Weder di Mauro (2012) muestran que la cuantía de las subvenciones que reciben las instituciones financieras de importancia sistémica es considerable. Allison (2011), Boot (2011) y Hu (2012) sostienen que la creciente complejidad de los bancos es problemática para los bancos y para los reguladores y la gente. Además de las complicaciones relacionadas con la resolución y la quiebra, la complejidad plantea serios problemas de gobernanza y de control, algunos de los cuales se han analizado en capítulos anteriores.

29. Algunos autores —por ejemplo, Berger *et al.* (1993)— habían insinuado que la escala eficiente de los bancos podría ser bastante pequeña, de menos de 1.000 millones de dólares de activos totales. Hughes y Mester (2011) sostienen que las estimaciones anteriores estaban distorsionadas,

ya que no prestaban atención a las economías de escala de las elecciones del riesgo, la diversificación de los riesgos y el procesamiento de la información de los bancos. Observan que cuando se presta atención a las elecciones del riesgo, la expansión de los bancos puede generar considerables beneficios y que cuanto mayores son los bancos, mayores son estos beneficios. Anderson y Jöeveer (2012) también observan que la escala de los bancos puede producir considerables efectos; sin embargo, estos efectos adoptan la forma de mayores pagos a los directivos de los bancos y no de ganancias para los accionistas. Tanto Hughes y Mester (2011) como Anderson y Jöeveer (2012) sostienen que sus observaciones no pueden deberse a las políticas basadas en la idea de *demasiado grande para quebrar*, pero no tienen realmente en cuenta los efectos que produce el status de esa idea en los costes del endeudamiento de los bancos y en su comportamiento. En respuesta a Hughes y Mester (2011), Davies y Tracey (2012) han realizado un estudio que sí tiene en cuenta el efecto que producen las garantías implícitas en los costes de financiación de los bancos. Observan que cuando se tiene en cuenta el valor de las garantías, la expansión de los bancos no genera ningún beneficio. Sostienen que, en todo caso, los grandes bancos son «demasiado grandes para ser eficientes»; es decir, los bancos que se benefician de garantías públicas pueden muy bien estar operando en una escala ineficientemente grande. Cuando analizan el papel de las elecciones del riesgo y los beneficios de la mejora de la diversificación de los riesgos en los grandes bancos, Hughes y Mester (2011) tampoco tienen en cuenta la posibilidad de que la diversificación del riesgo de las carteras de los inversores ocupe el lugar de la diversificación del riesgo de los bancos. También cabría preguntarse por qué centran la atención en los datos posteriores a 2007, periodo en el que los bancos estaban obteniendo grandes beneficios. Boyd y Heitz (2011) analizan la cuestión de la escala eficiente desde una perspectiva *social*, teniendo en cuenta los riesgos que entrañan para el sistema financiero los bancos que son demasiado grandes para quebrar; sostienen que es probable que la escala socialmente eficiente de los bancos sea bastante pequeña. Allison (2011, loc. 437) afirma que es una «falacia que la diversificación puede proteger a los megabancos de una recesión. Los mercados y las empresas que parecían tener bajas correlaciones en las épocas buenas convergieron todos ellos durante la crisis y agravaron las pérdidas y los problemas de liquidez de los bancos».

30. El analista de banca Mike Mayo describe el siguiente incidente de 2010

(Mayo 2011, loc. 2.677–79): «Uno de los objetivos de Citigroup ... era aumentar un 5 por ciento los activos de Citicorp». Dice, además (2.685–89) que «para una empresa que tiene unos activos de 1,4 billones de dólares en el área de crecimiento fijada como objetivo, un aumento del 5 por ciento significa generar todos los años hasta 70.000 millones de dólares de nuevo negocio, lo cual equivale al 0,5 por ciento del producto interior bruto de Estados Unidos. Citigroup aspiraba a lograr ese tipo de crecimiento en un momento en el que la economía mundial se encontraba en recesión. ... El objetivo del 5 por ciento de Citi era como un bateador de béisbol que dice que va a por tres de cuatro en un partido antes de saber incluso quién está bateando». Añade (2.697–99) que cuando le preguntó a la empresa por eso, «lo que dijo Pandit era que eso no es un objetivo. No es algo que estemos buscando; estamos tan bien situados que vamos a ser meros receptores pasivos de ese crecimiento. Fenómeno. Como maná llovido del cielo». Estas afirmaciones concuerdan con nuestra insinuación de que las garantías ilimitadas equivalen a una máquina tragaperras.

31. Brewer y Jagtiani (2009).
32. Véase Kelly *et al.* (2012). Gandhi y Lustig (2012, pág. 5) analizan el efecto de las garantías y de las subvenciones implícitas en los rendimientos de los bancos grandes y pequeños y estiman que el valor de las garantías para los mayores bancos comerciales ha sido de alrededor de 4.710 millones de dólares al año.
33. Haldane (2011b, tabla 1) estima el valor de las garantías para los bancos en el Reino Unido y en todo el mundo. Las estimaciones del valor de la subvención que obtiene utilizando un método basado en la fijación del precio de las opciones son de 496.000 millones de dólares en 2007, 1,8 billones en 2008, alrededor de 2,3 billones en 2009 y 924.000 millones en 2010, lo que hace una media de 1,3 billones al año para 2007–2010. Haldane obtiene unas estimaciones más bajas utilizando las mejoras de las calificaciones crediticias, que son las diferencias entre las calificaciones crediticias de los bancos con ayuda pública y las calificaciones sin ayuda pública.
34. Véanse Haldane (2011b), Davies y Tracey (2012), Gandhi y Lustig (2012) y Noss y Sowerbutts (2012).
35. Todas las cifras proceden del capítulo 1 de Acharya *et al.* (2011a), que realizan una exhaustiva descripción de Fannie Mae y Freddie Mac a lo largo de varias décadas. Los 85.000 millones de dólares y 5,2 billones en participaciones en hipotecas y garantías hipotecarias en 1980 y en 2008 están compuestos por 64.800 millones y 1,7 billones de dólares en créditos hipotecarios

para viviendas en 1980 y 2008 y 20.600 millones y 3,5 billones en garantías hipotecarias en 1980 y 2008.

36. Acharya *et al.* (2011a, pág. 29).

37. Si el sector no es muy competitivo, el efecto de las garantías y subvenciones públicas podría ser diferente. Las subvenciones y las garantías aumentan el valor de la licencia de un banco. El temor a perder su licencia podría llevarlo a tener más cuidado con los riesgos que asume. Keeley (1990) insinúa que el aumento de la asunción de riesgos de los bancos en la década de 1980 se debió a la reducción de los valores de franquicia de los bancos como consecuencia del aumento de la competencia. Si el sector es muy competitivo, los efectos positivos que pueden producir las subvenciones y las garantías en los valores de franquicia de los bancos normalmente desaparecen debido a la competencia. Cuando los bancos tienen dificultades para obtener beneficios, sus propietarios y directivos pueden pensar que no tienen mucho que perder, por lo que pueden apostar por la supervivencia o por la reactivación. Si eso no preocupa a los depositantes y demás acreedores, el resultado puede tener muchos costes.

38. Para una temprana advertencia sobre las S&L, véase Kareken (1983). Los Landesbanken alemanes constituyen un interesante experimento natural. La Comisión Europea y el Gobierno alemán llegaron a un acuerdo en 2001 por el que en 2005 se dejaría de conceder garantías públicas a los bancos. Por tanto, los beneficios esperados de las futuras garantías disminuyeron en 2001, pero los Landesbanken tuvieron cuatro años más para endeudarse con la ayuda de las garantías públicas. Durante esos años, se dedicaron a aumentar enormemente su endeudamiento y su asunción de riesgos. Los Landesbanken que más aumentaron su asunción de riesgos fueron los que eran más débiles. Véanse Fischer *et al.* (2011) y Körner y Schnabel (2012).

39. En el caso del TARP, actualmente las estimaciones de las pérdidas rondan los 60.000 millones de dólares. Véase Mark Gongloff, «TARP Profit a Myth, Claims TARP Inspector General Christy Romero», *Huffington Post,* 25 de abril de 2012. En el caso de Fannie Mae y Freddie Mac, las estimaciones de las pérdidas oscilan entre los 150.000 y los 350.000 millones de dólares (véase Acharya *et al.*, 2011, pág. 2). En el caso de los activos adquiridos por la Reserva Federal, las predicciones no están claras. Véanse también Better Markets (2012) y la lista que se encuentra en http://projects.propublica. org/bailout/list, consultado el 12 de octubre de 2012. Para algunas estimaciones de los costes en Europa, véase Sebastian Dullien, «The Costs of the Financial Crisis 2008–2009: Governments Are Paying the Tab», *Social*

Europe Journal, 19 de octubre de 2011. Las estimaciones de los costes alemanes realizadas por Kaserer (2010), que ascienden a 34.000–52.000 millones de euros, han sido sobrepasadas por los acontecimientos ocurridos desde 2010, que han añadido unos 20.000–30.000 millones de euros más a la factura. Como señalamos en el capítulo 1, basándose en los costes efectivos (no en los costes futuros previstos), Laeven y Valencia (2012) estiman que los costes de los rescates de Alemania en la crisis reciente representan el 1,8 por ciento del PIB. Las cifras correspondientes son 1 por ciento en el caso de Francia, 6 por ciento en el de Bélgica, 3 por ciento en el de Dinamarca, 27,3 por ciento en el de Grecia, 12,7 por ciento el de los Países Bajos, 3,8 por ciento en el de España y 1,1 por ciento en el de Suiza. Mientras que las estimaciones de Kaserer se basan en predicciones de las pérdidas futuras que aún no se han confirmado, las valoraciones de Laeven y Valencia se basan en los gastos y las pérdidas efectivos en los que ya se ha incurrido, según la contabilidad nacional.

40. Esta cuestión se analizará en el capítulo 13.
41. Véase Holtfrerich (1981), Berger *et al.* (1995), Alessandri y Haldane (2009) y Carbo-Valverde *et al.* (2011).

10. ¿Deben endeudarse tanto los bancos?

1. Como vimos en el capítulo 6, los préstamos representan una parte bastante pequeña de los activos de los bancos globales. Los bancos más pequeños también pueden hacer inversiones que no son muy distintas de las que hacen otros inversores en lugar de dar préstamos. Aunque los bancos se crean para conceder créditos, la ley no les obliga a hacerlos y ellos eligen los préstamos y las inversiones que quieren hacer de acuerdo con sus propias preferencias. El papel de la regulación bancaria en la distorsión de los incentivos de los bancos se analiza en el capítulo 11 y la concesión de préstamos bancarios se examina de nuevo en el capítulo 13.
2. Se deriva de la palabra italiana *banca rotta,* que significa literalmente 'banco roto' o 'mesa rota' y se dice que se refiere a la costumbre de finales de la Edad Media de romper la mesa del cambista cuando no cumplía sus compromisos. Esta explicación de los orígenes del término en el caso de la palabra italiana *bancarotta* es de Pietro Ottorino Pianigiani (*Dizionario etimologico online,* http://www.etimo.it/?term=bancarotta, consultado el 28 de octubre de 2012) y en el de la palabra francesa *banqueroute* es de François

Noël ([1857] 1993). Kluge (1975) también da esta explicación del origen de la palabra alemana *Bankrott*, pero advierte de que no existe ninguna prueba que demuestre que era cierta la práctica de romper la mesa de los cambistas que no cumplían sus compromisos. Según Kluge, el término *rotta* debería traducirse por 'en mora, insolvente', un segundo significado tanto de la palabra italiana como de su antecesora latina, *ruptus*, roto, tomada en la Alta Edad Media. Hoad (1986) también afirma que el significado medieval de *ruptus* es 'insolvente'.

3. Gorton (2010) insinúa que en Estados Unidos el «periodo tranquilo» de la banca duró hasta 2007, pero no tiene en cuenta ni la crisis de las S&L de los años ochenta y principios de los noventa ni la crisis oculta de los bancos comerciales de 1990. Para esta última, véase Boyd y Gertler (1994). La crisis de las S&L, analizada en el capítulo 4, tuvo para los contribuyentes unos costes de 129.000 millones de dólares (véase Curry y Shibut 2000).

4. Véase Goodhart (1996).

5. En esta misma línea, Gorton (2010) aboga por una extensión del alcance de la garantía federal de los depósitos tradicionales a otros tipos de préstamos a corto plazo. Mehrling (2010) aboga por que el banco central actúe de «prestamista de última instancia», comprando activos cuando los mercados se congelan, para que los bancos puedan estar seguros de que siempre tienen suficiente liquidez. Ninguno de los dos autores tiene en cuenta el problema de que los bancos pueden ser insolventes ni sus incentivos para asumir excesivos riesgos y endeudarse demasiado; como vimos en los capítulos anteriores, los incentivos distorsionados y la probabilidad de ser insolvente son mayores si los bancos y otras instituciones pueden recurrir a las garantías. Al no fijarse más que en la liquidez, estos autores no prestan atención a los problemas más profundos de insolvencia y posiblemente a la necesidad de eliminar el exceso de capacidad en la banca. En el capítulo 13, analizamos más extensamente el argumentario sobre la liquidez.

6. Desde 1816 hasta 1914, el portador de un billete de una libra podía pedir un soberano, que era una moneda que contenía 1320/5607 onzas troy, o sea, 7,32238 gramos, de oro. El derecho a cambiar billetes de libras por oro se suspendió al comienzo de la Primera Guerra Mundial. Se reanudó en 1926 y se suspendió definitivamente en 1931, durante la Gran Depresión. En 1926–1931, los billetes de libras solo se podían cambiar por lingotes de oro y no por monedas. Antes del siglo xix, la conversión de los billetes del Banco de Inglaterra en oro se suspendió durante las guerras de la Revolución Francesa y Napoleón, de 1797 a 1816.

7. Se dice que en Inglaterra, el uso de pagarés como derechos sobre depósitos que podían utilizarse para hacer pagos tiene su origen en los orfebres a mediados del siglo XVII. Los comerciantes que se habían acostumbrado a depositar oro en la Torre de Londres dejaron de hacerlo y se lo confiaron a los orfebres después de que el rey Carlos I confiscara el oro de la Torre en 1640 para financiar su guerra contra el Parlamento. Los orfebres pronto utilizaron parte de este oro para hacer préstamos.

8. Existe una cierta controversia sobre si el uso de los depósitos de oro por parte de los orfebres para hacer préstamos incumplía los contratos de depósitos. Según algunos autores, el contrato de depósito era un contrato de custodia, por lo que el préstamo de parte del oro era un abuso de confianza (véase Rothbard, 2008, págs. 85 y sigs.). Según otros, el contrato de depósito era un contrato de préstamo, por lo que los orfebres podían utilizar el oro como les pareciera conveniente; el argumento clave a favor de la segunda teoría es que los orfebres prometían pagar intereses por los depósitos, lo cual no habría sido posible si solo hubieran prestado un servicio de custodia (véanse Quinn, 1997, y Selgin, 2010; Gorton [1985, 1988] analiza cuestiones parecidas en la historia de la banca de Estados Unidos).

9. Goodhart (1988) ofrece una visión general del desarrollo de los sistemas de pago y de la banca central. En el Reino Unido, la Bank Act de 1844 concedió al Banco de Inglaterra el monopolio de la emisión de billetes. En Estados Unidos, la Reserva Federal recibió ese tipo de monopolio cuando se creó en 1913. Hasta entonces, la National Banking Act de 1863 permitía emitir billetes a cualquier banco que tuviera una autorización nacional, pero tenían que estar respaldados por títulos de deuda del Gobierno federal.

10. A veces se considera que los depósitos son un tipo de dinero por la facilidad para disponer de ellos y por el papel que desempeñan en el sistema bancario. Desde el punto de vista de un comprador en un supermercado que acepta tanto cheques como dinero en efectivo, un euro en una cuenta bancaria puede equivaler, de hecho, a un euro en efectivo. Por tanto, en la tradición de Friedman y Schwartz (1963), los depósitos a la vista en los bancos se consideran parte de la «cantidad de dinero» que hay en la economía. Según la definición más sencilla, la cantidad de dinero está formada por el efectivo y los depósitos a la vista de los individuos y las instituciones no financieras. Como los bancos tienen unas reservas de menos del 100 por ciento para respaldar los depósitos, la cantidad de dinero es, según esta definición, mayor que la cantidad de dinero emitida por el banco central, que está formada por el efectivo de los individuos y las instituciones

financieras, así como por las reservas de los bancos. Por tanto, a veces se dice que los bancos «crean dinero». Sin embargo, existe una importante diferencia: por ejemplo, si Carolina deposita 1.000 euros en un banco, este le debe 1.000 euros. Si tiene 1.000 euros en efectivo, nadie le debe nada. Un euro en una cuenta bancaria es una deuda del banco. Un euro en efectivo no es deuda de nadie. Tobin (1967) subrayó la importancia de esta diferencia para el funcionamiento de los bancos y de los bancos centrales y, más en general, para el sistema financiero. Algunos autores destacan el papel del Gobierno y del banco central en la determinación de qué es el efectivo y de cuánto se emite; es la llamada visión *cartalista* del dinero, que se remonta a Knapp (1924). Para una exposición reciente, véase Goodhart (1998).

11. Mehrling (2010, págs. 4–5).

12. Ahamed (2009).

13. Véase, por ejemplo, Gorton (2010) y Mehrling (2010). Goodhart (1988) explica cómo se desarrollaron diferentes mecanismos de acción popular para atenuar los efectos que producen las fluctuaciones de los depósitos, las retiradas y los pagos en los bancos, las cámaras de compensación, los clubes y, finalmente, los bancos centrales.

14. Desde el punto de vista cartalista (véase la nota 10), los billetes pueden concebirse como derechos sobre el Estado, ya que este se compromete a aceptarlos (o como derechos sobre ellos, como los cheques) para pagar los impuestos (véase, por ejemplo, Goodhart, 1998). Sin embargo, aparte de eso, la emisión de billetes no compromete al Estado a nada. En concreto, el Estado no garantiza ni puede garantizar el futuro valor del dinero. Eso quedó claro con consecuencias desastrosas en la inflación que sufrió Alemania después de la Primera Guerra Mundial. En esa época, el Reichsbank, el banco central alemán, estaba bajo la influencia de Knapp ([1905] 1924) y no parecía entender que la impresión de dinero estaba causando la inflación.

15. En muchos países, la práctica de convertir los billetes en oro acabó durante la Gran Depresión de principios de los años treinta: en Estados Unidos en 1933 y en el Reino Unido en 1931. A partir de entonces, hasta 1968, el banco central se comprometió a mantener el precio del oro en 35 dólares por onza. En 1968, este compromiso se limitó a los intercambios entre bancos centrales. En 1971, incluso desapareció. El compromiso de mantener el precio del oro en 35 dólares por onza no implicaba, ni siquiera antes de 1968, que el banco central tuviera alguna obligación con los portadores de billetes. En

algunos países, los bancos centrales prometen convertir los billetes que emiten en una moneda extranjera. Por ejemplo, en la década de 1990 Argentina tuvo lo que se llama una caja de conversión, que ligaba el peso al dólar estadounidense; en una caja de conversión, la promesa de convertibilidad está apoyada por unas reservas obligatorias del 100 por ciento. Los Estados bálticos han tenido cajas de conversión en las que su moneda estaba ligada primero al marco alemán y, después, al euro.

16. La emisión de dinero del banco central sí aparece como un pasivo en su balance, pero es un pasivo que no impone ninguna obligación real al banco central. La única importancia práctica de esta partida del balance podría ser que si el banco central tiene pérdidas por los activos que posee, su capital —la diferencia entre su activo y su pasivo— podría tener que anotarse y podría volverse negativo. Como los pasivos no obligan al banco central a nada, eso sería irrelevante desde el punto de vista económico, pero las pérdidas incurridas en los activos del banco podrían llamar la atención de la opinión pública. Cuando decimos que el dinero del banco central no tiene ningún riesgo de impago, no queremos decir que este dinero está libre de riesgos. Siempre existe el riesgo de que pierda valor. Eso es, de hecho, bastante probable si el banco central imprime mucho dinero. Reinhart y Rogoff (2009) han hecho hincapié en que la inflación generada por la creación de dinero —es decir, una devaluación del dinero en relación con los bienes reales— puede entenderse como una forma de impago de la deuda interior que se ha emitido en la moneda nacional.

17. La elección entre el efectivo y los depósitos también se debe, por supuesto, a las diferencias de comodidad.

18. Esta observación subyace a las propuestas en favor de la llamada *banca en sentido estricto*, que analizamos en la nota 38 del capítulo 6.

19. Por ejemplo, las retiradas masivas de depósitos que sufrió el Banco de Inglaterra en el siglo XVIII ocurrieron en 1745, cuando los inversores temieron que el Estuardo pretendiente al trono inglés ganara la guerra y se incautara de los activos del Banco, y en 1797, cuando iba mal la guerra contra los franceses y los inversores temieron que no se devolvieran los préstamos del Banco al Gobierno británico (véase, por ejemplo, Bowman, 1937).

20. Como explicamos en el capítulo 6, las reservas tienen el inconveniente de que un banco obtiene menos rendimientos si realiza menos préstamos. El capital propio no tiene ese inconveniente, ya que, cuando el banco tiene más capital, la inversión en sus acciones es más segura y el ROE exigido es menor.

21. Si preocupa la posibilidad de que los directivos tengan acceso a una excesiva reserva de fondos disponibles, la garantía de capital puede colocarse en una entidad separada, como proponen Admati *et al.* (2012c).

22. Quien expresa con mayor contundencia esta idea es Gorton (2010). Véase también Mehrling (2010).

23. La analogía de la deuda bancaria con los automóviles o las impresoras, los iPhones y los iPads procede de una charla que Gary Gorton dio en la Twentieth Annual Hyman P. Minsky Conference celebrada en el Economic Institute del Bard College el 14 de abril de 2011; en http://www.levyinstitute.org/news/?event=32 (sesión 5, audio, alrededor de 19–20 minutos), consultado el 18 de octubre de 2012. Gorton (2010, págs. 19, 42–43, 135–144) resta importancia explícitamente al papel de los préstamos bancarios, a las evaluaciones de la solvencia y al control como funciones de los bancos cuando subraya la importancia de la «creación de liquidez». No tiene en cuenta el hecho de que cuando los bancos asumen riesgos con los fondos que obtienen «produciendo deuda», este riesgo puede crear problemas de insolvencia que pueden poner en peligro la propia liquidez que alaba.

24. Se dice que un activo es líquido si puede convertirse fácilmente en efectivo y utilizarse para realizar pagos. Hay dos razones por las que un activo puede parecer *líquido*. En primer lugar, el emisor puede dar al portador el derecho a recuperar rápidamente su dinero. En segundo lugar, el activo puede negociarse en un mercado que funcione bien. La primera se aplicaría a los depósitos a la vista, la segunda a las acciones o bonos de empresa que se negocian en un mercado organizado o al efectivo que sirve de medio ·de pago en todos los mercados.

25. Este es un tema subyacente de Gorton (2010).

26. Como hemos señalado en la nota 16, existe el riesgo de que el poder adquisitivo del dinero —es decir, cuánto se puede comprar con los billetes del banco central— disminuya porque el Estado se financia imprimiendo más dinero y haciendo que los precios de los bienes y los servicios suban. Reinhart y Rogoff (2009) señalan que este uso de la imprenta es una forma de impago de la deuda soberana en moneda nacional.

27. Tal vez algunos piensen que una letra del Tesoro es más segura que el efectivo que uno tiene en casa, pero no es tan cómoda como el efectivo para pagar en el supermercado.

28. Véase Floyd Norris, «Buried in Details, a Warning to Investors», *New York Times*, 3 de agosto de 2012. Partnoy (2009, 2010) y Dunbar (2011) describen otras sorpresas desagradables.

29. En el periodo anterior a la crisis financiera, las instituciones financieras invirtieron en títulos relacionados con hipotecas a los que las agencias de calificación crediticia les habían dado la nota AAA y que pagaban unos cuantos puntos básicos, es decir, unas cuantas centésimas de un 1 por ciento, un tipo de interés más alto que el de otros títulos AAA. Parece que nadie se ha preguntado por qué era más alto el tipo de interés. Véanse Hellwig (2009) y la bibliografía que ahí se cita, así como Acharya *et al.* (de próxima aparición).

30. Cualquiera que esté pensando en comprar el préstamo podría temer que el banco esté vendiendo los préstamos fallidos y quedándose con los préstamos buenos. Este es un ejemplo de lo que se conoce en economía como «problema de los cacharros», denominado así por Akerlof (1970), que recibió el Premio Nobel por un análisis de lo que llamó *mercado de «cacharros».* Akerlof (1970) muestra que los mercados en los que los vendedores tienen mejor información que los compradores pueden funcionar de forma distinta a los mercados ordinarios. Por ejemplo, en el mercado de automóviles usados, los compradores potenciales pueden exigir mayores descuentos en compensación por el riesgo de que los vendedores oculten información importante sobre sus automóviles y sobre las razones por las que los venden. Si estos descuentos inducen a los dueños de automóviles buenos a abstenerse de vender y se quedan más tiempo con sus automóviles, el mercado de automóviles usados puede funcionar, en realidad, como un mercado de automóviles malos, de «cacharros». Los automóviles usados que se venden realmente son cacharros y el precio refleja esta expectativa. El análisis de Akerlof se ha aplicado y extendido a muchos mercados en los que los participantes tienen información diferente, no solo de los mercados financieros, sino también de los mercados de seguros y de trabajo e incluso de los mercados de esclavos de Nueva Orleans antes de la guerra de Secesión. Véanse, por ejemplo, Spence (1973), Rothschild y Stiglitz (1976) y Greenwald y Glasspiegel (1983).

31. Por ejemplo, Pozsar *et al.* (2010, 1) señalan que «la creación de crédito por medio de la transformación de vencimientos, crédito y liquidez puede reducir significativamente el coste del crédito en relación con los préstamos directos. Sin embargo, la utilización de pasivos a corto plazo por parte de los intermediarios de crédito para financiar activos a largo plazo ilíquidos es una actividad inherentemente frágil y puede ser propensa a las retiradas masivas de depósitos».

32. Este es otro ejemplo del problema de los cacharros analizado en la nota 30. En 2007, el gestor de fondos de alto riesgo John Paulson obtuvo enormes

beneficios reuniendo una cartera de títulos relacionados con hipotecas que pensaba que iban a perder valor y haciendo que Goldman Sachs hiciera lo necesario para que su fondo vendiera derechos sobre esta cartera a otros inversores (véanse Zuckerman, 2009, y Cohan, 2012, págs. 11–16). En abril de 2010, la SEC llevó a juicio a Goldman Sachs por no informar a los compradores de que Paulson, el vendedor, había desempeñado un importante papel en la selección de los títulos. Según la SEC, los compradores pensaban que Goldmand Sachs había seleccionado los títulos y estaba actuando como un agente neutral; si hubieran sospechado que los había seleccionado Paulson, el vendedor, es posible que hubieran estado menos dispuestos a comprar los derechos. La SEC permitió posteriormente a Goldman Sachs llegar a un acuerdo extrajudicial y pagar una multa de 550 millones de dólares (véase «Goldman, SEC Discuss Catch-All Settlement», *Wall Street Journal*, 15 de julio de 2010).

33. Demyanyk y Van Hemert (2009), Hellwig (2009), Lewis (2010), McLean y Nocera (2010), Ben-David (2011) y FCIC (2011). Gorton (2010, págs. 138 y sigs.) descarta los problemas de calidad de las hipotecas subyacentes sin examinar los datos empíricos.

34. Cabría preguntarse, en realidad, si la pretendida liquidez era un espejismo que quedó al descubierto cuando los inversores empezaron a temer por el valor de los títulos.

35. La obra clásica de referencia sobre la ayuda de los bancos centrales a los bancos comerciales es la de Bagehot ([1873] 1906); véase también Goodhart (1988). Mientras que Bagehot subraya el papel del banco central como prestamista de última instancia, Mehrling (2010) propone que el banco central actúe como agente de última instancia, dispuesto a intervenir cuando los bancos necesitan vender activos para cubrir sus necesidades de liquidez y no hay ningún comprador en los mercados privados.

36. Cuando Bagehot ([1873] 1906) analiza el papel del banco central como prestamista de los bancos comerciales, insiste en que estos deben aportar una buena garantía y en que se les debe cobrar multas para disuadirlos de utilizar el banco central como una fuente normal de fondos. Durante los años anteriores a 2007, los bancos centrales aceptaron a menudo como garantía títulos de dudosa calidad o incluso compraron títulos de ese tipo. Mehrling (2010) subraya la influencia positiva de estas medidas en la liquidez de los bancos sin abordar la cuestión de los riesgos que tienen para los bancos centrales e, indirectamente, para los contribuyentes las pérdidas que pueden generar esos títulos.

37. Estrictamente hablando, eso solo es de esperar si se crea más dinero de lo que crece la actividad económica. Además, en un momento de cambio estructural, el banco central podría crear dinero sin consecuencias inflacionistas. Por ejemplo, desde 2008 los préstamos interbancarios han disminuido mucho, debido a que los bancos comerciales han dejado de confiar unos en otros; como no pueden recurrir al endeudamiento a corto plazo, recurren mucho más a los depósitos en su banco central para satisfacer las necesidades imprevistas de efectivo. Esos depósitos han aumentado extraordinariamente, sin consecuencias inflacionistas. El hecho de que los bancos centrales paguen intereses por los depósitos que tienen de los bancos comerciales refuerza ese efecto y reduce aún más los efectos inflacionistas. Según un viejo argumento, que se remonta a Friedman (1969), el pago de intereses por los depósitos en el banco central puede ser, de hecho, eficiente, ya que esos depósitos son una fuente más fiable de liquidez que los préstamos interbancarios. Si no se pagan intereses por los depósitos que se encuentran en el banco central, los bancos comerciales tienen un incentivo para tener menos reservas en el banco central y recurrir a fuentes de liquidez de mayor riesgo. Según el argumento de Friedman (1969), esta forma de obtener liquidez es ineficiente, ya que la liquidez a través de los depósitos en el banco central no impone un coste a la sociedad.

38. Por ejemplo, la impresión excesiva de dinero puede culminar en una hiperinflación, que puede destruir por completo el sistema monetario. Reinhart y Rogoff (2009) subrayan el uso de la imprenta y la inflación que genera por medio de la cual los gobiernos pueden devaluar su deuda interior.

39. Algunas de estas salvaguardas y normas se refieren al status del banco central, otras a los tipos de títulos que pueden aceptar como garantía o que pueden comprar. La salvaguarda institucional más importante es hacer al banco central independiente del Gobierno (véanse, por ejemplo, Grilli *et al.* 1991, y Alesina y Summers, 1993). Las normas de conducta implican, por ejemplo, la prohibición de prestar directamente a los gobiernos, de comprar acciones en el mercado de valores o de prestar a los bancos sin garantía. La independencia del BCE y de los bancos centrales que no son miembros del Sistema Europeo de Bancos Centrales, así como la prohibición de los bancos centrales de prestar directamente a los gobiernos, son elementos fundamentales de la Unión Monetaria Europea, recogidos en los artículos 130 y 123 del Tratado de Funcionamiento de la Unión Europea. Un importante tema de discusión en Europa es si la prohibición de

la concesión directa de préstamos de los bancos centrales a los gobiernos quiere decir que también están prohibidas las compras de bonos del Estado en el mercado abierto o si estas compras deben considerarse actividades normales en apoyo del sistema financiero, es decir, de los bancos comerciales. En Estados Unidos, la Reserva Federal es, en principio, independiente, pero debe esta independencia a una simple ley del Congreso que se podría revocar en cualquier momento. Los estudios históricos insinúan que en la Segunda Guerra Mundial y hasta 1951, la Reserva Federal estaba comprometida, en realidad, a apoyar la emisión de deuda del Gobierno federal, fijando el tipo de interés de esta deuda en un 2,5 por ciento. Este periodo concluyó con el Acuerdo entre el Tesoro y la Reserva Federal de 1951, que dio libertad a la Reserva Federal para gestionar la política monetaria sin instrucciones del Tesoro. Véase, por ejemplo, *Federal Reserve Bank of Richmond Economic Quarterly 2001,* número especial sobre el 50º Aniversario del Acuerdo entre el Tesoro y la Reserva Federal, http://www.richmondfed. org/publications/research/special_reports/treasury_fed_accord/eq_special/index.cfm, consultado el 19 de octubre de 2012.

40. *The Tragedy of Pudd'nhead Wilson and the Comedy of the Extraordinary Twins* (1894).

41. Esta es la pauta típica de financiación de los bonos garantizados, analizada en las notas 47 y 48 del capítulo 4, en la cual una cartera de hipotecas no negociables sirve de garantía de un bono negociable.

42. Los riesgos habrían sido irrelevantes si los títulos relacionados con hipotecas hubieran estado en manos de instituciones de pensiones o de compañías de seguros de vida, cuyos pasivos duran décadas, y que deben estar realmente contentas de adquirir activos de larga duración, como hipotecas y propiedades inmobiliarias y no se plantee así la cuestión de en qué invertir cuando expiren los activos actuales. Según Hellwig (1994), esta práctica sería realmente eficiente si se controlara el problema de dar incentivos para evaluar la solvencia.

43. Gorton (2010).

44. Muchos contratos tenían, de hecho, unos tipos *tentadores* iniciales muy bajos; de todos modos, se ajustaban al alza después de dos años. Gorton (2010, págs. 79 y sigs.) insinúa que como consecuencia de estas cláusulas, que era inevitable que se renegociaran, las hipotecas de alto riesgo eran, en realidad, a corto plazo. Sostiene que como las hipotecas tenían tipos ajustables que era inevitable que se renegociaran, los bancos que utilizaban deuda a corto plazo para financiar sus tenencias de títulos relacionados con hi-

potecas no se dedicaban realmente a la transformación de vencimientos. Sin embargo, este argumento no tiene en cuenta la posibilidad de que el prestatario no sea capaz de pagar, si se sube el tipo de interés exigido. En este caso, el banco podría recuperar la posesión de la propiedad, pero se quedaría con un activo a largo plazo que podría no ser fácil vender. El análisis de Gorton no tiene en cuenta el hecho de que los activos últimos, a saber, las viviendas, son de larga duración y no hay cláusulas de tipo ajustable que rijan la comodidad y otros servicios que prestan. Las valoraciones de la transformación de vencimientos y la transformación de liquidez que solo tienen en cuenta uno de los elementos de toda la cadena de transacciones son incompletas y pueden ser engañosas. Para hacer una valoración como es debido, hay que tener en cuenta toda la cadena de transacciones. Como explicamos en el capítulo 3, las hipotecas de tipo ajustable aumentaron mucho la morosidad en la fase de elevados tipos de interés de finales de los años ochenta, no solo en el Reino Unido, sino también en Estados Unidos. En Estados Unidos, los tipos de interés eran mucho más bajos en 2006–2007 que a finales de los años ochenta, pero los efectos que produjo la subida registrada entre 2004 y 2007 en la morosidad de los prestatarios fueron mucho mayores debido a que la solvencia de los prestatarios hipotecarios era mucho menor. Para el grado de insolvencia de los prestatarios y el papel de la laxitud de los bancos hipotecarios en la comprobación de la solvencia, véanse la nota 43 del capítulo 4 y la bibliografía que ahí se cita.

45. Gorton (2010, págs. 123 y sigs.) sostiene que es más correcto interpretar los acontecimientos del verano de 2007 como un pánico provocado por el hecho de que nadie sabía qué títulos relacionados con hipotecas habían resultado afectados y cuáles no. Destaca los problemas de liquidez que provocó el hundimiento de la financiación de los vehículos de inversión estructurada en el verano de 2007, comparándolo con la retirada masiva de depósitos del siglo xix. Sin embargo, el hundimiento de la financiación de los vehículos de inversión estructurada del verano de 2007 solo supuso que los bancos que los habían creado patrocinadores tuvieran que introducir en sus propios libros de contabilidad los títulos relacionados con hipotecas que estaban en manos de estos vehículos. Estos bancos no tenían normalmente graves problemas de financiación, pero cuando introdujeron estos activos en sus balances, no tuvieron suficiente capital para respaldarlos. Como consecuencia de la caída de los precios, algunos, como el Industriekreditbank y el Sächsische Landesbank alemanes, se declararon insolventes inmediatamente y tuvieron que ser rescatados. Otros observaron simplemente que las caídas

de los precios reducían cada vez más su capital a medida que se dejaban sentir los efectos contagio analizados en el capítulo 5. Los problemas reales de financiación llegaron más tarde, en marzo de 2008 para Bear Stearns y en septiembre de 2008 para Lehman Brothers, cuando comenzó a ponerse en duda su solvencia. Krishnamurthy *et al.* (2012) muestran que, salvo en el caso de los bancos agentes de bolsa, como Bear Stearns o Lehman Brothers, los préstamos mediante repo, en los que pone énfasis Gorton (2010), desempeñaron un papel mucho menor que el papel comercial respaldado por activos; según estos autores, el hundimiento de la financiación del papel comercial respaldado por activos en el verano de 2007 se parece poco a una retirada masiva de fondos de un banco; en cambio, en los episodios de Bear Stearns y Lehman Brothers, sí había repos y sí había algunos elementos de una retirada masiva de fondos.

46. Los fondos de inversión del mercado de dinero se inventaron en la década de 1970 para soslayar la Regulación Q, que limitaba el tipo de interés que se podía pagar por los depósitos a la vista y de ahorro. También es útil recordar que la promesa de que el valor neto de los activos se mantendrá estable hace que las participaciones en los fondos de inversión sean un híbrido extraño: aunque son participaciones, su denominación es tal que a cualquiera de ellas se le asigna un valor estable de un dólar. El resultado es que los fondos del mercado de dinero de Estados Unidos han crecido espectacularmente. Según el BPI (2012, pág. 68), los fondos del mercado de dinero controlaban alrededor de 2,7 billones de dólares en Estados Unidos, 1,5 billones en Europa y 400.000 millones en otros países. En los análisis recientes, se habla de 2,6 billones de dólares en Estados Unidos (véase, por ejemplo, «Reform Still Looms over Money Market Funds», *Financial Times,* 23 de agosto de 2012). Los fondos del mercado de dinero son atractivos para los inversores, porque parecen seguros y líquidos y pagan unos rendimientos relativamente altos. En realidad, están transfiriendo riesgos a otros y, a la larga, al Estado y a los contribuyentes, aumentando al mismo tiempo la fragilidad del sistema financiero. Véase Fink (2008) y Goodfriend (2011).

47. Véanse Tett (2009), McLean y Nocera (2010), Dunbar (2011), Morgenson y Rosner (2011) y Thiemann (2012).

48. De la misma manera, los fondos del mercado de dinero a veces son creados por bancos regulados. Eso les permite ofrecer servicios parecidos a los de los bancos sin estar regulados como estos. Algunos fondos son creados por familias de fondos de inversión, en cuyo caso permiten a los fondos ofrecer

un menú más amplio de inversiones. Algunos fondos del mercado de dinero pertenecen principalmente a instituciones. Véase la nota 46 de Acharya *et al.* (de próxima aparición).

49. Estos riesgos se subestimaron considerablemente, debido en parte a la ficción de que al ser ajustables los tipos de interés de las hipotecas, no había una transformación de vencimientos significativa, debido en parte a la creencia de que los precios de la vivienda solo podían subir y, en parte, a que las calificaciones AAA de estos títulos inducían a pensar que eran absolutamente seguros. Los incentivos de los bancos de inversión y de las agencias de calificación para vender y valorar estos títulos no se cuestionaban mucho. Véanse Acharya *et al.* (2010) y Lewis (2010).

50. UBS (2008), Hellwig (2009), Tett (2009), McLean y Nocera (2010), Dunbar (2011) y Morgenson y Rosner (2011).

51. Véase Admati *et al.* (2012a).

52. Supongamos, por ejemplo, que un banco emite un bono a diez años. Si después de un año emite más deuda y esta tiene prioridad sobre el bono a diez años, el riesgo de impago del bono a diez años aumentará. Los acreedores a diez años podrían poner una condición en el contrato que dijera que cualquier nueva emisión de deuda deberá estar subordinada al bono a diez años. Pero esta condición no tiene sentido si la nueva deuda vence antes, por ejemplo, a los cinco años. Cuando venza la deuda a cinco años, los tenedores del bono a diez años no podrán hacer nada para impedir que se pague, aunque el pago pueda reducir sus propias posibilidades de cobrar. Véase Brunnermeier y Oehmke (de próxima aparición).

53. Brunnermeier y Oehmke (de próxima aparición).

54. Disfrazando un contrato de préstamo con garantía como una venta y una recompra, el acreedor evita pasar por los procedimientos de quiebra; de hecho, ha pasado por encima de todos los demás acreedores, incluidos los depositantes asegurados por la FDIC (véase Bolton y Oehmke, 2012, y Skeel y Jackson, 2012). Según Gorton (2010), se debería considerar que los préstamos mediante repos son una versión moderna de los depósitos bancarios y que las retiradas masivas de los mercados de repos son una versión moderna de las retiradas masivas de depósitos de los bancos, con la salvedad de que los préstamos mediante repos proceden de empresas y no de individuos. A juicio de Gorton, las retiradas masivas se debieron a la preocupación por el valor de la garantía y a la falta de información precisa sobre ese valor. La falta de información podría ser útil para evitar los «problemas de los cacharros» (nota 30) en épocas normales, pero podría

ser una fuente de pánico cuando hay dudas sobre la garantía. Sin embargo, Krishnamurthy *et al.* (2012), basándose en datos sobre los fondos del mercado de dinero y sobre los préstamos mediante títulos, muestran que la contracción que experimentan los repos basados en garantías del sector privado durante una crisis es relativamente insignificante en comparación con la contracción que experimenta el llamado papel comercial respaldado por activos. Durante el verano de 2007, la contracción de los préstamos mediante papel comercial respaldado por activos perturbó la financiación de los vehículos de inversión estructurada que habían sido utilizados por los bancos regulados para tener títulos relacionados con hipotecas. Contrariamente a lo que parecería indicar el argumentario que atribuye la crisis financiera a un problema de liquidez, esta perturbación no provocó el hundimiento de la financiación, sino una contracción del capital: los propios bancos que habían creado los vehículos de inversión estructurada no tuvieron problemas de financiación e intervinieron, pero tuvieron que respaldar las inversiones con capital (véanse Hellwig, 2009, y la bibliografía que ahí se cita). Por lo que se refiere a la contracción de los préstamos mediante repos, Krishnamurthy *et al.* (2012) muestran que el origen de la preocupación de los prestamistas por el valor de la garantía podría estar en los emisores del sector privado, en concreto, en algunos agentes de Bolsa clave, como Bear Stearns y Lehman Brothers. Krishnamurthy *et al.* (2012, pág. 6) concluyen que, en contraste con la interpretación de Gorton (2010), la retirada masiva de los mercados de repos «no se parece tanto a una retirada tradicional de depósitos de los bancos como a una contracción crediticia en la que los agentes actuaron a la defensiva, dados sus propios problemas de capital y de liquidez, endureciendo las condiciones en las que concedían préstamos a sus prestatarios». Las contracciones crediticias se deben, en realidad, al efecto del sobreendeudamiento analizado en el capítulo 3, que lleva a los prestamistas que tienen dificultades financieras a no conceder préstamos que habrían otorgado si hubieran tenido menos dificultades financieras.

55. Como señalan Skeel y Jackson (2012), las normas aprobadas desde 1994 y su expansión en 2005 eximen a los repos y a los derivados de la permanencia automática en quiebra y les dan especial preferencia. El uso de garantías para una gran parte del endeudamiento bancario exacerba la fragilidad del sistema, ya que la colateralización de alguna deuda hace que otra sea menos segura. La práctica de la rehipotecación, que consiste en que un agente de Bolsa reutiliza la garantía de los clientes para respaldar sus propias operacio-

nes y endeudamiento, agrava los problemas. Singh y Aitken (2010, pág. 7) estudian el papel de la rehipotecación en la crisis de 2007–2009 e insinúan que «la caída de la financiación global a los bancos fue considerable». En la quiebra de MF Global en diciembre de 2011, surgieron de nuevo cuestiones relacionadas con la rehipotecación. Para una explicación de las cuestiones legales que plantea esta práctica y que se refieren, en concreto, a la laxa regulación de la práctica en el Reino Unido, véase Christopher Elias, «MF Global and the Great Wall Street Re-hypothecation Scandal», Thompson Reuters News and Insight, 7 de diciembre de 2011.

56. Existe abundante literatura académica que se basa en esta idea (por ejemplo, Calomiris y Kahn, 1991, y Diamond y Rajan, 2000, 2001). French *et al.* (2010), refiriéndose a la crisis financiera, afirman que «el efecto disciplinario de la deuda a corto plazo ... hace que los directivos sean más productivos. Las necesidades mínimas de capital que juegan en contra de la deuda a corto plazo llevan a los bancos a recurrir a otros tipos de financiación que permiten a los directivos ser más laxos». Admati *et al.* (2011, apartado 5) analizan detalladamente la lógica en la que se basan estos modelos y sostienen que son inadecuados para servir de guía de política. Dewatripont y Tirole (1994, de próxima aparición) ponen un ejemplo (no analizado por Admati *et al.*). En su análisis, la deuda es necesaria porque los tenedores de deuda son más conservadores que los accionistas y, por tanto, es más probable que obliguen a un banco a cerrar cuando sea ineficiente que continúe con sus actividades. Este análisis supone que los tenedores de deuda actúan como una única persona y no tiene en cuenta la repercusión del cierre del banco en el resto del sistema. De hecho, la única razón que dan Dewatripont y Tirole para regular la banca es la necesidad de que alguien actúe en interés colectivo de los tenedores de deuda y cierre el banco cuando es deseable. Se supone que los tenedores de deuda están dispersos y no son capaces de cerrar el banco. Este supuesto contrasta claramente con otros estudios académicos sobre el papel de la deuda a corto plazo a la hora de disciplinar a los directivos, que insinúan que una retirada masiva de depósitos cumple este mismo fin, o con los datos empíricos sobre casos en los que las retiradas masivas de depósitos han obligado a cerrar bancos.

57. Geanakoplos (2010) señala que la preocupación por el valor de las garantías es el determinante fundamental del apalancamiento y del riesgo en el sistema financiero. Una demostración de esta preocupación son los recortes que aplican los acreedores a las garantías; estos recortes miden la canti-

dad de garantías que exigen los acreedores para prestar una determinada cantidad de dinero y, por tanto, son una medida de la solvencia y similares al capital propio que exige un acreedor para estar dispuesto a prestar. En el periodo anterior a las crisis de Bear Stearns y Lehman Brothers, los prestamistas aumentaron enormemente los recortes aplicados debido a su preocupación por las garantías, así como por los bancos. Los cambios de los recortes precipitaron el hundimiento de Bear Stearns y Lehman Brothers.

TERCERA PARTE
Avanzando

11. Si no es ahora, ¿cuándo?

1. Véase, por ejemplo, «Danger Everywhere: The Debt Crisis in Europe Is Draining Confidence in Banks», *The Economist,* 8 de octubre de 2011. Recuérdese también el análisis de los capítulos 1 y 6 sobre la confusión entre capital propio y reservas, el supuesto de que no es posible obtener más capital y las advertencias de que el aumento de las necesidades mínimas de este reduciría la concesión de préstamos y afectaría al crecimiento.

2. Como señalamos en el capítulo 1 (nota 22) y en el 6, algunos importantes elementos de la regulación bancaria se basan en acuerdos internacionales, los llamados Acuerdos de Basilea, forjados y negociados en el Comité de Supervisión Bancaria de Basilea (CSBB), órgano de supervisores de los grandes países. La regulación y la supervisión bancarias son en sí mismas competencia de cada país. Los Acuerdos de Basilea son efectivos cuando se introducen en la legislación de cada país (o de la UE). La mayoría de las leyes nacionales cumplen (la mayor parte de) las condiciones de estos acuerdos, ya que su cumplimiento es un requisito previo para la aplicación del llamado *principio del país de origen,* por el que los bancos de un país pueden operar en otros países y solo están sometidos a la supervisión del supervisor del país de origen. Para estudios históricos del CSBB, véase Tarullo (2008) y Goodhart (2011).

3. Véanse Mary Winton y Jon Hilsenrath, «Unease Rises over Funds: U.S. Regulators Worried about Exposure of Money-Market Assets to European

Banks», *Wall Street Journal,* 10 de junio de 2011; «Concerns Rise on Exposure of Some Money-Market Funds to European Banks», *Wall Street Journal,* 21 de junio de 2011; y «US Money Market Funds Cut European Exposure», *Financial Times,* 22 de agosto de 2011. Según Brady *et al.* (2012), más de sesenta fondos del mercado de dinero de primera clase tenían posiciones en Dexia, el banco franco-belga que después fue nacionalizado en 2011. La figura 5 de Rosengren (2012) muestra la considerable exposición de los fondos del mercado de dinero de primera clase de Estados Unidos a Italia, Francia y España entre diciembre de 2010 y principios de 2012.

4.   La ayuda de los bancos centrales fue posible gracias a un acuerdo entre los bancos centrales por el que la Reserva Federal prestó dólares, por ejemplo, al Banco Central Europeo (BCE), que este último pudo prestar entonces a bancos franceses, como el BNP Paribas, que habían perdido su financiación en dólares. Como la financiación estaba en dólares, el BCE no pudo hacerlo solo, sino que tuvo que pedir dólares prestados a la Reserva Federal. Véase «ECB Announces Additional US Dollar Liquidity-Providing Operations over Year-End», comunicado de prensa del BCE, 15 de septiembre de 2011, http://www.ecb.int/press/pr/date/2011/html/pr110915.en.html, consultado el 15 de octubre de 2012, y http://www.federalreserve.gov/monetarypolicy/bst_liquidityswaps.htm, consultado el 14 de octubre de 2012. Los problemas de solvencia de los bancos europeos se analizan más extensamente en el capítulo 12.

5.   Véanse Liz Alderman y Jack Ewing, «Largest Greek Banks to Receive Financing», *New York Times,* 22 de mayo de 2012, y «Spain Creates Bad Bank, Injects Funds in Bankia», Reuters, 31 de agosto de 2012.

6.   Concretamente, el requisito era que el capital propio representara un 9 por ciento de los llamados activos ponderados por el riesgo (que se analizan más adelante en este capítulo), y muchos bancos tenían mucho menos capital propio en ese momento. También se obligó a los bancos a reconocer y admitir las pérdidas generadas por la deuda soberana que no habían reconocido anteriormente. Véase «Statement of EU Heads of State or Government», http://www.consilium.europa.eu/uedocs/cms_data/docs/pressdata/en/ec/125621.pdf, consultado el 14 de octubre de 2012. La mayoría de los bancos tenían bonos del Estado en la llamada cartera bancaria y los trataban como préstamos que conservaban hasta su vencimiento. Los bonos y los préstamos de la cartera bancaria normalmente se declaran a su valor nominal y sus valores solo se anotan cuando el banco y sus contables creen que estas deudas no se recuperarán íntegramente. En el verano y el otoño de 2011, los

valores de mercado de la deuda soberana de algunos países eran mucho más bajos que los valores a los que se anotaron estas deudas en la contabilidad de los bancos; aunque ningún país había suspendido aún el pago de su deuda, los inversores de mercado eran muy pesimistas. Sin embargo, durante el otoño de 2011, para calcular el capital necesario, los bancos tuvieron que valorar estas tenencias a valores de mercado. Eso los obligó a reconocer pérdidas y a reponer el capital que se habían comido estas pérdidas. Véase «EBA Recommendation on the Creation and Supervisory Oversight of Temporary Capital Buffers to Restore Market Confidence» (EBA/REC/2011/1), http://stress-test.eba.europa.eu/capitalexercise/EBA%20BS%202011%20173%20 Recommendation %20FINAL.pdf, consultado el 14 de octubre de 2012.

7. En noviembre de 2011, los bancos que aspiraban a alcanzar el objetivo del 9 por ciento establecido en la cumbre estaban tratando de vender activos, lo que provocó una caída aún mayor de los precios en los mercados de activos. El objetivo se había fijado en términos porcentuales y no por medio de un valor, por ejemplo, la cantidad necesaria para que el capital representara el 9 por ciento de los activos en septiembre de 2011. Véase «Fears Rise over Banks' Capital Tinkering», *Financial Times,* 13 de noviembre de 2011.

8. En concreto, el requisito se fijó en términos porcentuales —el 9 por ciento de los activos ponderados por el riesgo–, lo cual dio a los bancos demasiada discrecionalidad para decidir cómo lograrlo. Las respuestas de los bancos a un requisito expresado en porcentaje pueden perjudicar a la economía. Véanse Admati *et al.* (2012a) y el análisis posterior de este capítulo.

9. Además de las advertencias basadas en la confusión entre capital y reservas que analizamos en los capítulos 1 y 6, véanse, por ejemplo, «HSBC Warns of New Credit Crunch from Tough Bank Regulation», *The Guardian,* 8 de mayo de 2010; Patrick Jenkins, «For Their Health, Banks Need a Holiday away from Basel», *Financial Times,* 9 de agosto de 2011 (que dio origen al artículo de Anat Admati, «Easing Capital Rules Would Lead Banks away from Vital Lending», *Financial Times,* 23 de agosto de 2011); «Basel III: Don't We Have Enough Problems?», *Wall Street Journal,* 6 de mayo de 2012; «Regulate and Be Damned: Basel III Was Designed to Prevent Another Financial Crisis, but the Unintended Consequences Could Lock Up Global Trade», *Wall Street Journal,* 7 de febrero de 2011; «Banks Warn Rule Change Will Hurt Recovery», *Financial Times,* 29 de enero de 2012; «Dimon Tells Bernanke He Fears New Rules Hurt Recovery», Reuters, 7 de junio de 2011, y Steven Davidoff , «A Debt Market's Slow Recovery Is Burdened by New Regulation», *New York Times,* 21 de enero de 2012.

10. Esta cita y el epígrafe de este capítulo proceden de Cornford (1908); véase la nota 11 del capítulo 1. El título de este capítulo se atribuye a Rabbi Hillel, uno de los estudiosos más influyentes de la historia judía. La cita completa es: «Si no me cuido yo, entonces ¿quién va a cuidarme? Y si solo me cuido yo, entonces, ¿qué soy yo? Y si no es ahora, ¿cuándo?».

11. CTC (2012).

12. Hoshi and Kashyap (2004, 2010). Algunos dicen que la crisis no ha terminado.

13. El libro de Onaran (2011), titulado *Zombie Banks*, hace esta misma observación. Entre los bancos que sospecha que son insolventes se encuentran Bank of America y Citigroup, así como varios bancos europeos (véase la nota 19). Por lo que se refiere a Bank of America, véase también una petición realizada por la organización sin fines de lucro Public Citizen el 25 de enero de 2012, en http://www.citizen.org/documents/Public-Citizen-Bank-of-America-Petition.pdf, consultado el 154 de octubre de 2012. Por lo que se refiere a Citigroup, véanse también Mayo (2011) y Bair (2012).

14. Las advertencias como las que mencionamos en las notas 1 y 9 y que hemos analizado antes en este libro constituyen el motivo de este temor.

15. Desde la quiebra de Lehman Brothers, los gobiernos se han abstenido de dejar que quiebren los grandes bancos, pero ni siquiera cuando han aportado fondos para rescates, han tratado de reestructurar los bancos y el sector bancario para que fueran más seguros.

16. Véase Caprio y Klingebiel (1996, 1997). En un sentido parecido, Laeven y Valencia (2012) observan que las economías avanzadas parece que tardan mucho más que las economías emergentes en volver a tener una tasa normal de desarrollo económico; insinúan que el retraso podría deberse al hecho de que la ayuda pública no solo está alargando la recesión, sino que también está impidiendo o, al menos, retrasando la eliminación de las debilidades subyacentes.

17. Un ejemplo representativo de competencia feroz es lo que ocurrió en el sector alemán de los bonos garantizados en los años anteriores a la crisis. Una *reforma* de 2005 eliminó las restricciones a la entrada en este sector. Un banco que emite bonos garantizados —bonos que están garantizados por una cartera de hipotecas— tiene una necesidad adicional de financiación no garantizada, ya que el valor inicial de la cartera de hipotecas tiene que ser mayor que el valor de los bonos garantizados. Al haber exceso de capacidad en el mercado antes de la crisis, la competencia era feroz. Para reducir los costes de la financiación no garantizada, los bancos se dedica-

ron a la transformación de vencimientos de la parte no garantizada de su financiación, recurriendo a los depósitos o al endeudamiento a corto plazo en el mercado de dinero para financiar su exceso de tenencias con respecto a la emisión de bonos garantizados con el fin de ser competitivos. Cuando se paralizaron los mercados interbancarios en 2008, la financiación a corto plazo procedente del mercado de dinero se evaporó y el Hypo Real Estate necesitó ayuda pública. Véase «Hypo Real Estate Tripped by Funding Strategy», *MarketWatch*, 6 de octubre de 2008, así como Expertenrat (2011).

18. ¿Cómo se puede saber si hay exceso de capacidad en el mercado? En otros mercados, la respuesta a esta pregunta se deja a los agentes de aquellos que entran o salen según les parezca rentable hacerlo. En la banca, el mecanismo normal del mercado no funciona bien, ya que la ayuda pública permite a los bancos sobrevivir, aunque no sean rentables. El caso del mercado alemán de bonos garantizados, analizado en la nota anterior, tuvo mucho que ver con el hecho de que los Landesbanken, bancos propiedad de los estados y garantizados por ellos, eran activos en este mercado. Estos bancos no han sido capaces de obtener unos márgenes razonables ni siquiera con las garantías de los Estados y han sido una fuente constante de inestabilidad financiera, pero los gobiernos de los Estados no han querido renunciar a ellos. En el capítulo 12, volveremos a analizar este asunto cuando examinemos la política de la banca.

19. Véanse Expertenrat (2011), CTC (2012) y BPI (2012, págs. 42, 63, 74). Onaran (2011) afirma que en junio de 2011 los bancos siguientes eran realmente insolventes: cuatro Landesbanken, el Commerzbank y el Hypo Real Estate en Alemania; las cajas en España y tres bancos cada uno en Irlanda e Islandia, así como Citigroup y Bank of America en Estados Unidos (véase la nota 13) (no ha examinado los bancos de otros países, por ejemplo, de Francia). Los bancos españoles han tenido grandes problemas y la crisis bancaria española ha estado amenazando a Europa. Véase «Spain Creates Bad Bank, Injects Funds in Bankia» mencionado en la nota 5.

20. Como ya hemos señalado, Mayo (2011, págs. 3.091–3.092) afirma que a mediados de 2011 no figuran alrededor de 300.000 millones de dólares de pérdidas debido a la libertad que dan las normas contables. Este cálculo se hizo antes de los diversos escándalos y juicios del verano y el otoño de 2012. El BPI (2012, pág. 26) ha señalado que la reducción observada de la cantidad agregada de deuda en Estados Unidos en 2010 y 2011 se debe a una reducción de las nuevas hipotecas y no a la aceptación de pérdidas por los préstamos existentes.

21. Es lo que se conoce con el nombre de *hipótesis de la jerarquía* en las finanzas corporativas (véanse Myers y Majluf, 1984; Mayer, 1988; Hellwig, 1991 y 2000, y Berk y DeMarzo, 2011, pág. 539).

22. Este análisis de la política de reparto de dividendos se ha simplificado para hacer las observaciones fundamentales. De hecho, hay otro resultado Modigliani y Miller (M&M), relativo en este caso a los dividendos, que es el punto de partida del análisis, del mismo modo en que el resultado M&M sobre la financiación del capítulo 7 es el punto de partida del análisis de los costes de las diferentes combinaciones de financiación. Para más información sobre esta cuestión, véase, por ejemplo, Berk y DeMarzo (2011, capítulo 17). En el caso de las empresas no financieras, preocupa que las oportunidades de inversión no sean lo suficientemente buenas para justificar la reinversión de la mayoría de los beneficios. Ese tipo de empresas podría tener *gallinas de los huevos de oro*, unidades que ganan mucho con las inversiones realizadas anteriormente, pero que no tienen buenas oportunidades para el futuro. Un ejemplo son las compañías petrolíferas que extraen elevados beneficios de los pozos conocidos y tienen pocas perspectivas de encontrar pozos comparables haciendo más prospecciones petrolíferas. Véase, por ejemplo, Jensen (1986, 1993). En el caso de los bancos, el argumento es menos convincente, ya que siempre pueden invertir sus fondos en títulos negociados en los mercados financieros.

23. Si las acciones no cotizan en Bolsa, los accionistas pueden tener más dificultades para crear un *dividendo casero*, pero podrían pedir un préstamo contra sus propios activos.

24. Si los accionistas sospechan que los directivos de los bancos no hacen buenas inversiones en su representación, eso indica que hay un problema de gobernanza dentro del banco. Los problemas de gobernanza existen en todas las sociedades anónimas y algunos sostienen que ese tipo de problemas motiva las compras apalancadas o el uso de deuda. Sin embargo, como señalamos en los capítulos 8 y 9, los problemas de gobernanza de los bancos son algo distinto y en ellos influyen la capacidad de los banqueros para asumir riesgos y ocultarlos y el conflicto de intereses entre los directivos y los accionistas del banco, por una parte, y los acreedores y los contribuyentes, por otra.

25. Véanse Acharya *et al.* (2011b) y Rosengren (2010).

26. Los fondos del TARP no se dieron, en realidad, a cambio de acciones ordinarias, sino a cambio de acciones preferentes, que se parecen a la deuda a largo plazo. En ese sentido, los fondos que dio el Gobierno crearon algo pa-

recido a una carga de la deuda sobre los bancos y no fueron tan útiles para la absorción de pérdidas como habrían sido los beneficios no distribuidos. Como el TARP imponía restricciones sobre las remuneraciones y los dividendos, los bancos estaban deseosos de devolver los fondos al Estado. Por tanto, estos fondos fueron menos útiles para hacer préstamos a la economía. Otros países también utilizaron esos títulos híbridos para los rescates y los resultados fueron parecidos. En el caso del Commerzbank alemán, en el que la ayuda pública consistió en 16.400 millones de euros en deuda híbrida y 1.800 millones por una participación del 25 por ciento en el banco, la devolución de 14.000 millones de euros en deuda híbrida en el primer semestre de 2011 hizo que el banco fuera muy vulnerable a las pérdidas causadas por la deuda soberana de Grecia y de otros países en el segundo semestre de 2011. Para el TARP, véase Barofsky (2012); para Alemania, véase Expertenrat (2011).

27. Los bancos tienen la obligación de tener un plan para alcanzar a tiempo el nivel exigido por Basilea III, no antes. Para el asunto de la conveniencia de permitir el reparto de dividendos, véanse Anat Admati, «Force Banks to Put America's Needs First», *Financial Times,* 19 de enero de 2011; Anat Admati, «Fed Runs Scared with Boost to Bank Dividends», Bloomberg, 24 de febrero de 2011, y una carta de dieciséis profesores, «Only Recapitalized Banks Should Pay Dividends», *Financial Times,* 15 de febrero de 2011. Según Jesse Eisinger («Fed Shrugged Off Warnings, Let Banks Pay Shareholders Billions», *Pro Publica,* 2 de marzo de 2012), la Reserva Federal también desoyó las advertencias de Sheila Bair, presidenta de la FDIC, y de otros de que se retrasara el reparto de dividendos, y en 2011 los grandes bancos pagaron 33.000 millones de dólares de dividendos. Incluso después de las dificultades existentes en Europa durante el verano de 2011, en 2012 se permitió de nuevo el pago de dividendos. Véase Anat Admati, «Why the Bank Dividends Are a Bad Idea», Reuters, 14 de marzo de 2012.

28. Véase, por ejemplo, Admati *et al.* (2011, 2012a).

29. Esta disminución se denomina a veces *dilución* de los antiguos accionistas como consecuencia de una nueva emisión de acciones. Como señalamos en los capítulos 2, 3 y 7, aparte de las cuestiones relacionadas con el control corporativo, el efecto que produce cualquier nueva emisión de acciones en las antiguas acciones depende únicamente de cómo se emplee el dinero procedente de la emisión de acciones y de cómo se repartan los rendimientos de las inversiones entre los acreedores y los accionistas. Si se emiten nuevas acciones para financiar inversiones rentables que beneficiarán a los

accionistas, el precio de las acciones subirá para reflejar la ganancia que obtendrán los accionistas gracias a la inversión. En la literatura académica, a veces se esgrime el argumento de que los directivos que tienen mejor información que los accionistas sobre los activos de la empresa se opondrán —y deberían oponerse— a la emisión de nuevas acciones cuando creen que los accionistas subvaloran la empresa y sus activos (véase, por ejemplo, Myers y Majluf, 1984). En el contexto de los bancos, el mantra de que el capital es caro a veces se relaciona con este argumento (véanse, por ejemplo, Bolton y Freixas, 2006, y Hanson *et al.*, 2011). Sin embargo, como explican Admati *et al.* (2011, 2012a), este argumento en contra del endurecimiento de la regulación del capital de los bancos es erróneo y representa otra prenda más del traje nuevo de los banqueros. En primer lugar, el argumento solo se aplica a las nuevas emisiones de acciones en las situaciones en las que los bancos tienen libertad para elegir el método de financiación; si las nuevas acciones se emiten porque lo exige la regulación, los supuestos efectos son mucho más débiles y posiblemente ambiguos. En segundo lugar, los supuestos costes no son costes para la sociedad, sino el resultado de una forma de redistribución que beneficia a los nuevos accionistas, a los cuales se les da la oportunidad de adquirir buenas acciones a un bajo precio. El efecto puede desaparecer, de hecho, si las nuevas acciones se emiten por medio de una oferta de derechos de suscripción preferente. Por último, los efectos serán mucho menores si los bancos tienen, para empezar, más capital y, por tanto, menos necesidad de reponerlo.

30. Como muestran Admati *et al.* (2012a), es de esperar que se prefiera este tipo de desapalancamiento mediante las ventas de activos a una nueva emisión de acciones si los activos se pueden vender a buen precio y si la deuda que se paga es principalmente deuda subordinada. Si el banco tiene menos niveles tanto de activos como de deuda subordinada, la deuda principal pendiente estará más expuesta al riesgo de insolvencia del banco.

31. En el caso de la Unión Europea, parte del desapalancamiento que perturbó los mercados financieros en noviembre de 2011 se podría haber evitado si el nuevo coeficiente de capital del 9 por ciento fijado como objetivo se hubiera especificado en relación con los activos que tenían los bancos en 30 de septiembre de 2011, antes de la cumbre, y no en relación con los activos que tenían el 30 de junio de 2012. En el caso de la deuda soberana, las necesidades mínimas de capital se fijaron en relación con las tenencias del 30 de septiembre de 2011, pero no en el caso de otros títulos.

32. El precio actual de las acciones podría ser positivo y reflejar la posibilidad

de que el banco se recupere, así como el valor de las subvenciones públicas. Eso no excluye la posibilidad de que el banco sea insolvente.

33. Como indicamos en la nota 16, Laeven y Valencia (2012) insinúan que el uso de ayuda pública para evitar una limpieza puede ser una razón por la que las economías avanzadas tardan mucho más en salir de una crisis que las economías emergentes.

34. En cambio, desde 2007 los países europeos parece que han seguido la política de rescatar a todos los bancos sin considerar ni siquiera si eran solventes o no. Para un extenso análisis de esta política, véase CTC (2012). Véase también Dag Detter, «Swedish Lessons for the New Owners of Spanish Banks», *Financial Times*, 9 de octubre de 2012.

35. Véanse las notas 17 y 18.

36. Este 7 por ciento consiste en unas necesidades mínimas de capital del 4,5 por ciento (en el acuerdo de Basilea II eran del 2 por ciento) y un llamado *colchón de conservación de capital* recién introducido de un 2,5 por ciento de los activos bancarios ponderados por el riesgo. Además, los bancos estarán obligados a tener, al menos, un llamado *capital de nivel 1* del 6 por ciento y, al menos, un capital de nivel 2 del 8 por ciento de sus activos ponderados por el riesgo, a los que hay que añadir el colchón de conservación de capital. El capital de nivel 1 y el capital de nivel 2 consisten en acciones ordinarias y, además, determinados tipos de títulos híbridos que tienen algunas propiedades de la deuda y algunas propiedades de las acciones. En diciembre de 2011, la Reserva Federal anunció que obligará a los bancos de Estados Unidos que tengan un total de activos de 50.000 millones de dólares o más a satisfacer los requisitos de Basilea III (véase http://www.federalreserve.gov/newsevents/press/bcreg/20111220a.htm, consultado el 14 de octubre de 2012).

37. Según el propio Deutsche Bank, el valor de su «capital de nivel 1 sin títulos híbridos» es de 37.000 millones de euros, lo cual representa el 9,5 por ciento de sus activos ponderados por el riesgo. La diferencia se debe a diversas deducciones, como las deducciones por pérdidas esperadas por la deuda soberana, exigidas por la Autoridad Bancaria Europea, que aún no se han anotado en el balance del banco. Con el cociente del 9,5 por ciento obtenido de esta forma, el banco cumple el requisito de la cumbre de la UE celebrada en octubre de 2011 y que se ha analizado antes en este capítulo.

38. Las diferencias no son tan grandes en el caso de los bancos de Estados Unidos, principalmente porque, como señalamos más adelante en este capítulo, el país no ha aplicado el acuerdo de Basilea II en el caso de los

bancos comerciales. Sin embargo, los activos ponderados por el riesgo también son significativamente menores que el total de activos en el caso de los bancos de Estados Unidos (véase Ledo, 2012). En Estados Unidos, las necesidades mínimas de capital han incluido tradicionalmente los porcentajes exigidos en relación con el total de activos al menos en el caso de las instituciones aseguradas por la FDIC. Véase FDIC Law, Regulations, Related Acts–Rules and Regulations, Part 325, http://www.fdic.gov/regulations/laws/rules/2000-4 400.html, consultado el 14 de octubre de 2012, y FDIC Law, Regulations, Related Acts—Bank Holding Company Act, http://www.fdic.gov/regulations/laws/rules/6000-2200.html, consultado el 14 de octubre de 2012. Para las propuestas de la Office of the Controller of the Currency, la Reserva Federal y la FDIC sobre la aplicación de Basilea III en Estados Unidos, véase https://www.federalregister.gov/articles/2012/08/30/2012-16757/regulatory-capital-rules-regulatory-capital-implementation-of-basel-iii-minimumregulatory-capital#h-10, consultado el 14 de octubre de 2012.

39. Véase «The Wait Is Over: The Biggest Sovereign Default in History, and the Most Anticipated», *The Economist,* 17 de marzo de 2012.

40. Como señalamos en la nota 56 del capítulo 6, así sucedió con el banco suizo UBS. La insolvencia de Dexia se debió a las pérdidas generadas por la deuda pública, en concreto, por la deuda pública griega. El caso de Dexia se analiza en el capítulo 12.

41. Bair (2012, capítulo 3) describe sus intentos de oponerse a las ponderaciones de riesgo de Basilea II.

42. Está previsto que se introduzca plenamente en 2015 si se considera que el periodo de prueba anterior ha tenido éxito. El término *coeficiente* de apalancamiento, interpretado en su sentido literal, se refiere a la relación entre la deuda y el capital propio. Exigir que el capital de un banco represente al menos el 3 por ciento de su total de activos, es decir, la suma de su deuda y su capital, equivale a exigir que el coeficiente de apalancamiento no sea superior a 97:3, es decir, 32,3:1

43. 14 de septiembre de 2010. Nuestro análisis de la regulación del capital del capítulo 6 se refería a la regulación del apalancamiento medido de esta forma.

44. La evolución del capital bancario se analizó al final del capítulo 2 y las redes de seguridad en el capítulo 9. Véanse Holtfrerich (1981), Berger *et al.* (1995), Alessandri y Haldane (2009), Malysheva y Walter (2010) y Haldane (2011b).

45. Algunos —por ejemplo, Eugene Fama, conocido profesor de finanzas de la Universidad de Chicago— afirmaron en una entrevista de la CNBC en mayo de 2010 que los niveles de capital deberían ser incluso más altos, del orden del 40-50 por ciento. Kotlikoff (2010) propone esencialmente que no se permita ninguna deuda a los intermediarios financieros, salvo a los bancos en un sentido estricto, que invierten esencialmente en efectivo. Todas las demás instituciones financieras deberían gestionarse como fondos de inversión, con la obligación de informar extensamente de sus actividades e inversiones para proteger a los accionistas. Estos fondos de inversión no tendrían ninguna deuda. Sin embargo, podrían tener graves problemas propios. Los inversores quieren que las participaciones de los fondos sean líquidas para poder obtener (parte de) su dinero cuando lo necesiten. En el caso de los fondos de inversión de capital variable, los inversores devolverían sus participaciones y obtendrían lo que valieran. Si los activos del fondo se negociaran diariamente en la Bolsa, sería fácil calcular los valores de las participaciones. Si los activos no se negociaran diariamente en la Bolsa o quizá no se negociaran diariamente, lo más que se podría hacer sería estimar el valor de las participaciones. Además, en este caso el fondo de inversión podría ser vulnerable a las retiradas masivas si los dueños de las participaciones, temiendo que bajara el precio de los activos, devolvieran sus participaciones y el fondo tuviera que vender activos para obtener el efectivo necesario para pagar a los dueños de las participaciones. Como Alemania ha tenido ese tipo de experiencias con los fondos de inversión de capital variable para inversiones inmobiliarias, el ministro federal de Finanzas alemán propuso en julio de 2012 que se prohibieran los fondos de inversión de capital variable para inversiones inmobiliarias.

46. Miller (1995, pág. 487).

47. Estados Unidos ha distinguido tradicionalmente las instituciones en función de las actividades a las que se dedican tradicionalmente. Interpretando muy literalmente los términos legales, eso deja margen a las nuevas instituciones para decir que hacen algo distinto a los bancos y que, por tanto, no deben estar sometidas a la misma legislación que ellos. Gorton (1994) explica que eso tiende a desestabilizar el sistema financiero al permitir que exista excesiva competencia entre los «bancos» y las «instituciones que no son bancos» y ofrecen servicios bancarios. La legislación alemana sobre regulación bancaria, a diferencia de la estadounidense, define una entidad de crédito (el término legal alemán para referirse a un banco) como una institución que se dedica a cualquiera de una serie de actividades; utili-

zando este enfoque, «bancos» y «banca» siempre son lo mismo. Siguiendo esta lógica, los fondos de inversión en el mercado de dinero que permiten a los clientes participar en el proceso de pago deberían tratarse como si fueran bancos. En concreto, si los fondos de inversión del mercado de dinero prometen que el valor neto de los activos se mantendrá estable, esta promesa debería tratarse como un pasivo y las participaciones como depósitos. Desde el punto de vista legal, la promesa podría no ser vinculante, pero si el valor de una participación en un fondo del mercado de dinero cae por debajo de un dólar, es probable que sus *depositantes* retiren su dinero exactamente de la misma forma que los depositantes de un banco. Los fondos del mercado de dinero no están asegurados explícitamente por el sistema de garantía de depósitos. Las instituciones que crean estos fondos normalmente los respaldan. Sin embargo, en la crisis del Lehman, los fondos del mercado de dinero sufrieron de todas formas un pánico hasta que el Gobierno federal les proporcionó el equivalente de un seguro de depósitos. Incluso los fondos del mercado de dinero primario asumen riesgos nada despreciables en sus inversiones sin la capacidad para absorber por sí mismos las pérdidas. Véanse Acharya *et al.* (2010, capítulo 10), Brady *et al.* (2012) y Rosengren (2012). En Estados Unidos, los fondos del mercado de dinero son supervisados por la SEC, como fondos de inversión que tienen poco que ver con la banca. En octubre de 2012, la SEC no había sido capaz de decidirse a reformar la regulación de los fondos del mercado de dinero.

48. Un ejemplo serían las cámaras de compensación, en concreto, las creadas para operar en derivados; los creadores de mercado de títulos clave, es decir, los agentes que negocian estos títulos con cualquiera que lo desee, y los bancos de inversión que están muy interconectados con otras instituciones financieras.

49. Y lo que es interesante, los fondos de alto riesgo estaban mucho menos apalancados en el periodo anterior a la crisis financiera (véase Ang *et al.*, 2011) y, aunque muchos quebraron, ninguno produjo un contagio significativo. No obstante, para evitar la acumulación de riesgo sistémico, se debería vigilar a los fondos de alto riesgo —por ejemplo, obligándolos a divulgar información— sobre todo si crecen mucho. Para los fondos de alto riesgo, véase Mallaby (2010).

50. Para las cámaras de compensación, véase Levitin (2013). Allison (2011, págs. 426–432), después de afirmar que la crisis de 2007–2009 (que llama *crash*) demostró que la diversificación es un mito, dice que «en lugar de confirmar que los megabancos podían arreglárselas con menos capital del

total exigido para apoyar sus actividades de una manera autónoma, el *crash* demostró lo contrario: deben tener suficiente capital para mantener cada una de sus actividades en su propio escenario sumamente difícil, como si cada uno fuera una unidad independiente. Por tanto, en lo que se refiere a la reducción de las necesidades mínimas de capital, parece que no tiene ninguna ventaja combinar actividades financieras supuestamente diversificadas. Si la base de capital de una filial puede ser aprovechada por otra, esa filial debe tener más capital para hacer frente a esa contingencia».

51. Por ejemplo, el CSBB (2010a) supone que los bancos se marcan un objetivo para el rendimiento fijo del capital incluso cuando cambian las necesidades mínimas de capital. Algunos de los modelos que se utilizaron (llamados modelos estocásticos y dinámicos de equilibrio general, modelos semiestructurales y modelos en forma reducida) suponen falsamente que si los bancos tienen más capital, eso tendrá costes para la sociedad, por ejemplo, al aumentar los diferenciales de tipos de interés de los préstamos de una forma que tiene costes sociales. En el análisis, se utiliza en parte un modelo de Van den Heuvel (2008), en el que el aumento del capital obliga a los bancos a limitar sus depósitos, aunque, como hemos visto, en algunos bancos los depósitos solo representan una proporción de las deudas, y no hay motivo alguno para suponer que no se puede aumentar el capital (Van den Heuvel, 2008, publicado aproximadamente durante la crisis financiera, concluye que los niveles mínimos de capital establecidos en Basilea II son *demasiado altos*, algo que la crisis demostró que era manifiestamente falso. Véase Admati *et al.*, 2011, apartado 3.2). En Angelini *et al.* (2011), publicado como un informe del personal técnico del banco de la Reserva Federal de Nueva York, se afirma que cada porcentaje adicional de capital exigido reduciría el PIB un 0,09 por ciento. El informe admite que no tiene en cuenta los beneficios del aumento de las necesidades mínimas de capital, pero su título induce a pensar que se refiere al *efecto a largo plazo* del aumento de las necesidades mínimas de capital, y la afirmación sobre la disminución del PIB puede sacarse fácilmente de contexto. Los grupos de presión de la banca, como el Institute of International Finance o el Clearing House, sostienen repetitivamente que sus *investigaciones* han indicado que el crecimiento, el empleo, etc., disminuirían considerablemente si se aumentaran las necesidades mínimas de capital. En uno de los estudios que justifican las cifras de Basilea III (CSBB, 2010d, pág. 1), se dice que «el mínimo regulador es la cantidad de capital que necesita [el banco] para que sea considerado viable por los acreedores y las contrapartes». Sin embargo, según este

criterio, la regulación no sería necesaria: si los acreedores y las contrapartes consideraran que un banco no es una entidad viable con la que se puede interactuar sin riesgos, el banco ya no sería, casi por definición, viable, puesto que los acreedores y las contrapartes se negarían a tener relaciones con él. La afirmación no reconoce que la regulación debería reducir los *daños colaterales* de un elevado apalancamiento, el efecto que producen las dificultades financieras o la insolvencia de los bancos en el sistema. Para lograrlo, es beneficioso tener mucho más capital, sobre todo porque la tenencia de más capital no tiene ningún coste social. En CSBB (2010a), se tienen en cuenta explícitamente los beneficios de evitar las crisis financieras y las recesiones, pero en este estudio los costes del aumento de las necesidades mínimas de capital se valoran basándose en el supuesto de que el ROE exigido es independiente de cuánto capital tenga un banco, falacia que analizamos en el capítulo 7 (el informe reconoce que este sobreestima el coste del capital adicional, pero elige este enfoque para demostrar que incluso con este supuesto los beneficios del capital adicional son superiores a los costes). Los estudios tampoco tienen en cuenta ni los incentivos distorsionados que genera el uso de ponderaciones de riesgo ni sus consecuencias para el sistema financiero y la economía, que analizamos más adelante.

52. Hanson *et al.* (2011), Miles *et al.* (2011), Buch y Prieto (2012), Cole (2012) y Junge y Kugler (2012) muestran que si los bancos tuvieran mucho más capital, el efecto negativo que produciría en los préstamos y su coste sería pequeño, si es que produjera alguno. Como hemos señalado, Hanson *et al.* (2011) no reconocen que el hecho de que los bancos paguen más impuestos u obtengan nuevo capital no tiene costes sociales. Su preocupación por el sistema bancario en la sombra apunta al reto de la aplicación de la regulación, pero no es una razón para evitar la regulación beneficiosa. Si el hecho de que los directivos tengan acceso a demasiadas «reservas de fondos disponibles» plantea un problema de gobernanza, se deberían considerar soluciones como la creación de una «sociedad holding limitada», como proponen Admati *et al.* (2012c). Los problemas de gobernanza y la preocupación por la banca en la sombra se analizan de nuevo en el capítulo 13.

53. En «Healthy Banking System Is the Goal, Not Profitable Banks», *Financial Times*, 9 de noviembre de 2010, escrito por nosotros dos y firmado por veinte profesores, entre los que se encuentran John H. Cochrane, Eugene F. Fama, Charles Goodhart, Stewart C. Myers, William F. Sharpe, Stephen A. Ross y Chester Spatt, se critica el acuerdo de Basilea III porque tiene fallos y es insuficiente, se aboga por un nivel de capital de al menos un 15 por

ciento en relación con el total de activos, se manifiesta una preocupación por el uso de ponderaciones de riesgo y se propone que se prohíban los dividendos como punto de partida obvio en una transición (el texto y la lista completa se encuentran en http://www.gsb.stanford.edu/news/research/admatiopen.html, consultado el 20 de octubre de 2012). Para otros comentarios, véanse Joseph V. Rizzi, «Case Is Strong for Capital Additions», *American Banker,* 16 de febrero de 2011; Mark J. Perry y Robert Dell, «More Equity, Less Government: Rethinking Bank Regulation», *The American,* 24 de febrero de 2011; Matt Miller, «The Next Bank Crisis Is Coming», *Washington Post,* 27 de abril de 2011; Sebastian Mallaby, «Radicals Are Right to Take on the Banks», *Financial Times,* 7 de junio de 2011; Simon Johnson, «Jamie Dimon's Faulty Capital Requirement Math», Bloomberg, 9 de junio de 2011; Joe Nocera, «Banking's Moment of Truth», *New York Times,* 20 de junio de 2011; Tim Hartford, «More Equity, Less Risk», *Financial Times,* 2 de Julio de 2011; David Miles, «Banks Can Raise More Capital», *Wall Street Journal,* edición para Europa, 2 de julio de 2011; John Cochrane, «The More Bank Capital, the Safer the Bank», *Wall Street Journal,* 15 de julio de 2011; Clive Crook, «Real Reasons That Bankers Don't Like Basel Rules», Bloomberg, 20 de diciembre de 2011; Robert Jenkins, «Basel II Proved to Be Inadequate, So Are the New Rules Really 'Too Severe'?», *The Independent,* 27 de abril de 2012, y «Rules for Bank Capital Still Broken aft er Four Years», editorial de Bloomberg, 6 de mayo de 2012. Bair (2012) analiza extensamente las necesidades mínimas de capital y aboga por que se establezcan unos niveles más altos que los de Basilea III. Jenkins (2011), Haldane (2012c) y Hoenig (2012) también instan a que se exijan unos niveles más altos de capital y ambos consideran que las ponderaciones de riesgo, analizadas más adelante, plantean muchos problemas. Los senadores Sherrod Brown y David Vitter se hacen eco de esta opinión en una carta dirigida a los reguladores y escrita en octubre de 2012 (véase William Alden, «2 Regulators Call for Greater Bank Capital Requirements», *New York Times,* 17 de octubre de 2012).

54. Allan Meltzer, en una comparecencia ante el Congressional Oversight Panel, recomendó un 20 por ciento de capital para los mayores bancos. Véase la nota 120 del informe, en http://www.gpo.gov/fdsys/pkg/CHRG-112shrg64832/pdf/CHRG-112shrg64832.pdf (consultado el 31 de octubre de, 2012), que también menciona la comparecencia de Simon Johnson que está de acuerdo con la propuesta de Eugene Fama (véase la nota 45) de que los bancos tengan entre el 40 y el 50 por ciento de capital.

55. Se podría ir más allá y afirmar que incluso los niveles de capital que se ob-

servaban antes de que se desarrollaran y se expandieran las redes de seguridad, también han sido ineficientemente bajos. En otras palabras, es posible que los bancos hayan sido crónicamente ineficientes, asumiendo siempre demasiado riesgo, dado su nivel de capital o, lo que es lo mismo, teniendo demasiado poco capital para los riesgos que asumen. Eso puede atribuirse a los conflictos fundamentales de intereses sobre el riesgo entre los prestatarios y los acreedores y al hecho de que los acreedores de los bancos, como los depositantes, pueden estar más dispersos que otros acreedores de la economía. La capacidad de los depositantes para retirar sus fondos les da, de hecho, la sensación de que pueden retirarlos simplemente cuando sospechen que los bancos tienen problemas. Como señalamos en el capítulo 2, a mediados del siglo XIX los bancos tenían entre el 40 y el 50 por ciento de capital y sus accionistas tenían un pasivo ilimitado. Debe señalarse que aunque no es práctico recurrir al pasivo personal de los propietarios de los bancos, los mercados de capital están mucho más desarrollados hoy que en el siglo XIX y el acceso de todas las empresas a los inversores en capital es mucho más fácil que hace cien años o más.

56. En Admati *et al.* (2011), publicado por primera vez en agosto de 2010, se concluye afirmando: «Hemos basado nuestro análisis de los costes y los beneficios de aumentar los niveles mínimos de capital de los bancos en lo que consideramos que son las cuestiones económicas fundamentales en juego. Esperamos que algunos discrepen de nuestras conclusiones. Cualquier análisis de este importante tema de política pública debe centrar totalmente la atención en los costes y los beneficios sociales. Además, cualquier afirmación que se haga debe basarse en argumentos sólidos y en pruebas convincentes. Desgraciadamente, el nivel de debate que hemos visto sobre este asunto no siempre es coherente con estos criterios».

57. La Reserva Federal ha aprobado el pago de dividendos. Sin embargo, después de que el JPMorgan Chase sufriera unas pérdidas de 5.800 millones de dólares en la primavera de 2012, se retrasaron algunos repartos de dividendos. Véase Dan Fitzpatrick y Matthias Rieker, «Whale's Tail Hits Bank on Buyback», *Wall Street Journal*, 9 de agosto de 2012.

58. Un ejemplo típico (que han dado a Martin Hellwig diversos participantes) es el siguiente. Las cajas de ahorros alemanas, que pertenecen en su mayoría a las ciudades o a los distritos en los que operan, han advertido de que si se regula el coeficiente de apalancamiento, es posible que se limiten los préstamos a los ayuntamientos o a los distritos y, en todo caso, serán más caros, ya que, por primera vez en su historia, esos préstamos tendrán que

EL TRAJE NUEVO DEL BANQUERO

estar respaldados por un capital del 3 por ciento. Como todos los alcaldes conocen a un miembro del Bundestag o del Parlamento Europeo, estas cuestiones han sido objeto de un amplio debate en esos órganos.

59. Bien es verdad que esta idea es compartida por Hellwig (1995) y por Hellwig y Staub (1996), pero no por Hellwig (2009, 2010a). Sin embargo, en Hellwig and Staub (1996) ya se planteó la cuestión de cómo controlar la calidad de los modelos utilizados para decidir las ponderaciones de riesgo.

60. Véanse Tarullo (2008) y Goodhart (2011).

61. Véase «FDIC: Crisis Validates US Basel II Delay and Leverage Ratio», *Risk Magazine*, 20 de agosto de 2009.

62. En Basilea III, así como en Basilea II, hay tres pilares de supervisión bancaria. El primer pilar se refiere a la regulación del capital, el segundo a la calidad profesional de la banca y el tercero a la «disciplina de mercado». El más importante de estos tres pilares es el primero, ya que contiene estrictas normas sobre las necesidades mínimas de capital. Distingue los activos dependiendo de que estén en la «cartera de inversión» o en la «cartera de negociación» del banco; los activos de la cartera de inversión tienen que mantenerse hasta que se paguen, mientras que los activos de la cartera de negociación están disponibles para revenderlos en el momento oportuno. Para cada categoría, los bancos pueden elegir si quieren utilizar un «método estándar», en el que las ponderaciones en función del riesgo están especificadas en las normas o, en el caso de los riesgos crediticios, un método «basado en calificaciones internas» y, en el de los activos de la cartera de negociación, un método basado en modelos para calcular el capital necesario. La regla de ponderaciones de riesgo nulo para la deuda pública viene dada por las normas sobre el método estándar para valorar el riesgo crediticio. Un importante fallo de todo el enfoque es que supone que los riesgos son independientes. No se tiene en cuenta las correlaciones, por ejemplo, las que se deben al hecho de que a menudo es probable que los prestatarios hipotecarios quiebren todos juntos o no quiebre ninguno.

63. Algunos de los intentos de parecer bien capitalizado son calificados de «alquimia» por Tom Braithwaite en «Banks Turn to Financial Alchemy in Search for Capital» (*Financial Times*, 24 de octubre de 2011). El artículo cita la declaración de Jamie Dimon del JPMorgan Chase de que el banco «manipulará los RWA [*risk-weighted assets*, activos ponderados por el riesgo] para alcanzar los niveles más altos» y concluye diciendo que «los halcones del capital tendrán que vigilar tanto a los bancos como a los reguladores

nacionales si RWA no quiere decir Really Weird Accounting [Contabilidad Realmente Misteriosa].

64. Un ejemplo es el riesgo de que si los bancos utilizan financiación a corto plazo para financiar préstamos a largo plazo, una subida de los tipos de interés de mercado pueda obligarlos a endeudarse a tipos superiores a los que reciben por los préstamos pendientes. Como señalamos en el capítulo 4, este riesgo hizo que muchas cajas de ahorros de Estados Unidos se declararan insolventes a principios de los años ochenta. Aun así, no se tiene en cuenta en los acuerdos de Basilea II y Basilea III. Tradicionalmente, las inversiones de los bancos se dividen en dos grupos, las que figuran en la llamada *cartera de inversiones* y las que figuran en la llamada *cartera de negociación*. La cartera de inversiones contiene préstamos que el banco tiene intención de conservar hasta que se paguen. En el caso de estos préstamos, los acuerdos de Basilea II y Basilea III imponen ponderaciones de riesgo que dependen únicamente del riesgo crediticio, es decir, del riesgo de que los prestatarios no paguen. No se tiene en cuenta el riesgo de que cambien las condiciones de financiación. Otro ejemplo es el riesgo de que muchos deudores incumplan sus obligaciones al mismo tiempo. La regulación del capital existente, el llamado primer pilar de las normas de Basilea, se basa en el supuesto de que los riesgos crediticios de los diferentes deudores pueden evaluarse por separado. Eso estaría bien si los riesgos fueran independientes; en realidad, los riesgos crediticios, por ejemplo, de los deudores hipotecarios del sur de California están estrechamente correlacionados, ya que los mercados inmobiliarios del sur de California dependen de cómo vaya la economía. Del mismo modo, los riesgos crediticios de los proveedores de los grandes fabricantes de automóviles están estrechamente correlacionados. Tanto el riesgo de que cambien las condiciones de financiación como el riesgo de que los préstamos estén correlacionados deberían tenerse en cuenta, en principio, en el llamado segundo pilar de las normas de Basilea, que se refiere a la calidad profesional de los directivos y de los procedimientos de cada banco. Sin embargo, no existen reglas absolutas que nos digan cómo se hace eso y, en la práctica, no se hace mucho.

65. El Banco de Pagos Internacionales ha venido recomendando que se modifique esta norma (véase, por ejemplo, BPI, 2012, págs. 62–63; véase también J. Caruana y S. Avdjiev, «Sovereign Creditworthiness and Financial Stability: An International Perspective», *Banque de France, Financial Stability Review*, 16 [abril de 2012], págs. 71–85). Sin embargo, esas recomendaciones se han encontrado con la oposición de los países que llevan mucho tiempo utili-

zando la regulación bancaria para asegurarse de que los bancos financian los déficit públicos; como señalamos en las notas del capítulo 12, las ponderaciones de riesgo nulo de la deuda pública son una importante preocupación política de muchos gobiernos.

66. En primer lugar, una enmienda introducida en Basilea I en 1996 permitió a los bancos utilizar sus propios modelos de riesgo para averiguar cuánto capital necesitan para los llamados *riesgos de mercado*, los riesgos de que varíen los precios de mercado de sus inversiones. En Basilea II, este método se extendió al riesgo crediticio; es decir, al riesgo de impago de un prestatario o de otro socio de un contrato (véanse Tarullo, 2008; Goodhart, 2011; Haldane, 2011a y 2012c, y Hoenig, 2012). El FMI (2008a) y Acharya *et al.* (2011) muestran que el apalancamiento había aumentado en la década anterior a la crisis.

67. Los efectos que produce la regulación en los incentivos —en concreto, las distorsiones que las ponderaciones de riesgo erróneas introducen en los incentivos— se habían analizado en algunas investigaciones académicas. Véanse, por ejemplo, Koehn y Santomero (1980), Kim y Santomero (1988) y Rochet (1992).

68. Para una visión general y una explicación precisas de las razones por las que algunos fallos son fundamentales y apenas pueden repararse, véase Hellwig (2010a). King (2010) también manifiesta su preocupación por el uso de ponderaciones de riesgo. En «We Need Much Simpler Rules to Rein in the Banks» (*Financial Times,* 26 de agosto de 2012), Nicholas Brady, que presidió el Presidential Task Force on Market Mechanisms después de la crisis de 1987 y que fue posteriormente secretario del Tesoro de Estados Unidos, afirma: «Estos modelos informáticos son una cosa impresionante. Sin embargo, aunque dan la impresión de que las relaciones entre los mercados y el modo en que los acontecimientos mundiales afectarán a los precios son ciertas desde un punto de vista matemático, es esencial reconocer que estos modelos se basan, en el fondo, en supuestos sobre el comportamiento humano postulados por el hombre; no son leyes absolutas de la naturaleza. Además, la conducta de los mercados de derivados puede ser episódica e ilíquida precisamente en los momentos en los que más necesitamos mayor liquidez y confianza. Independientemente de lo sofisticadas que sean las matemáticas o de lo grande que sea la base de datos en la que se basa un modelo, nadie puede predecir con certeza el comportamiento del hombre o del mercado. Eso significa inevitablemente que las fórmulas fallan en los momentos más críticos». En el mismo sentido, Andrew Haldane, del

Banco de Inglaterra, ha afirmado que Basilea III es demasiado complejo y aboga por una simplificación de la regulación bancaria (véanse Haldane, 2011a y 2012c, y Jason Zweig, «The Jackson Hole Speech People Should Long Remember», *Wall Street Journal*, 31 de agosto de 2012). En un sentido parecido, Hoenig (2012), de la FDIC, ha criticado Basilea por su método fallido de la ponderación de riesgos y por los bajos niveles de capital exigidos (véase «Basel III Should Be Scrapped, Hoenig Says», *American Banker*, 14 de septiembre de 2012). Roubini y Mihm (2010, págs. 203–209 y 214) también critican el uso de ponderaciones de riesgo y recomiendan limitar el apalancamiento absoluto de los bancos de todos los tamaños, sin dar a los banqueros ninguna discrecionalidad para interpretar los requisitos.

69. UBS (2008) pone varios ejemplos de casos en los que, en determinadas condiciones, los riesgos se consideraron nulos en los modelos cuantitativos.

70. Los títulos relacionados con hipotecas normalmente figurarían en la llamada cartera de negociación, los préstamos en la cartera de inversiones. En el caso de los títulos de la cartera de negociación, el método basado en el modelo para calcular las necesidades de capital daba mucha más libertad a los bancos para minusvalorar los riesgos (véase FSA, 2010). Los bonos del Estado, que reciben automáticamente una ponderación de riesgo nulo cuando se encuentran en la cartera de inversiones, son una excepción. En cambio, los préstamos a las pequeñas y medianas empresas se tratan como si tuvieran bastante riesgo, debido en parte a que provocaron grandes pérdidas en la crisis de principios de los años noventa, pero en 2007–2008 eran, en realidad, mucho más seguros.

71. Para una descripción más detallada, véanse la nota 2 del capítulo 5 y la nota 43 del capítulo 4. En cada fase, se formaba un paquete de derechos subordinados (*mezanine*), con bajas calificaciones crediticias, BBB o menos, y se emitían nuevos derechos, con diferentes prioridades, sobre los rendimientos de este paquete. Suponiendo que los riesgos crediticios de los diferentes títulos de un paquete de títulos con garantía hipotecaria *mezanine* (*mortgage-backed securities*, MBS) eran independientes, las obligaciones con la garantía de un fondo de deuda (*collaterallized debt obligations*, CDO) principales se trataban como si no tuvieran casi ningún riesgo y se les daba una calificación de AAA. Sin embargo, el supuesto de que los riesgos crediticios eran independientes no estaba justificado, ya que todas las hipotecas subyacentes dependían de los factores que influían en los mercados inmobiliarios de Estados Unidos, como la economía agregada, la política de tipos de interés de la Reserva Federal y la propia burbuja inmobiliaria. McLean y Nocera

(2010, pág. 362) preguntan con sarcasmo: «¿Obligaciones con la garantía de un fondo de deuda? ¿Títulos sintéticos? ¿Para qué?». Los bancos respondieron a los fallos de la legislación buscando su propio beneficio; sus respuestas tenían poco que ver con la eficiencia.

72. Los reguladores obligan a los bancos a utilizar datos de cinco años. En el caso de un ciclo de auge y caída del mercado inmobiliario que dure más de una década, eso equivale a menos de una observación completa. Cuando se evalúa la solvencia de un socio como AIG, es posible que ya sea irrelevante mucha de la información de hace cuatro años.

73. Otra crítica es que el método para calcular las necesidades mínimas de capital basado en modelos centra la atención en las probabilidades y no en las pérdidas potenciales. Se dan unas necesidades mínimas de capital para hacer frente al riesgo de mercado del triple de la cantidad necesaria para cubrir cualquier pérdida que pueda ocurrir con una probabilidad del 99 por ciento. No se considera la magnitud de las pérdidas que podrían ocurrir con la probabilidad restante del 1 por ciento o menos. Este método revela una notable confianza en nuestra capacidad para evaluar las probabilidades y una notable falta de preocupación por las desastrosas consecuencias que podrían tener unas grandes pérdidas en uno de los llamados *acontecimientos extremos* que no se tienen en cuenta.

74. Véanse Demirgüç-Kunt *et al.* (2010) y Brealey *et al.* (2011).

75. Véanse las páginas web de la ABE, por ejemplo, http://www.eba.europa. eu/EU-wide-stresstesting/g/2011/2011-EU-wide-sterss-test-results.aspx, y la Reserva Federal, por ejemplo, http://www.federalreserve.gov/newsevents/press/bcreg/20120313a.htm, consultado el 19 de octubre de 2012.

76. Es lo que ocurrió en 2010 con los grandes bancos irlandeses y en el verano de 2011, por ejemplo, con Dexia. Véase Admati *et al.* (2012b) para más comentarios sobre las pruebas de resistencia. Como no hay razón alguna para economizar capital bancario, las disyuntivas entre los costes y los beneficios de las pruebas de resistencia no están claras. Parte del problema que parece que resuelven las pruebas es el hecho de que las normas contables ocultan las verdaderas posiciones financieras de los bancos.

77. El tratamiento de estos títulos es un problema importante en España. Los bancos españoles habían vendido muchos títulos de ese tipo, como participaciones preferentes, a pequeños inversores, trabajadores o pensionistas, presentándoselas como «productos de ahorro» sin explicarles los riesgos que entrañaban. Las autoridades europeas a las que se les pidió que rescataran a los bancos europeos han pedido que los propietarios de esos títulos

híbridos asuman parte de las pérdidas de los bancos. Al mismo tiempo, los tribunales españoles han dictaminado que estas ventas no eran válidas, porque los bancos no informaron debidamente a sus clientes de los riesgos. Véase See Miles Johnson, Peter Spiegel, and Joshua Chaffin, «Spain Pressed to Inflict Losses on Small Investors», *Financial Times,* 12 de julio de 2012. Véase también «Unhappy Holidays: A Proposed Hit to Savers Increases the Government's Unpopularity», *The Economist,* 18 de agosto de 2012.

78. Tras este caso, el Comité de Supervisión Bancaria de Basilea propuso unas normas que garantizarían que los títulos híbridos participarían en las pérdidas antes de que se utilizaran fondos públicos para rescates (véase CSBB, 2010b). Sin embargo, estas propuestas no resuelven el problema de que los gobiernos pueden estar decididos a rescatar a los propios tenedores de estos títulos híbridos. Véanse el análisis de los activadores más adelante en este capítulo y las notas 80 y 81, así como Admati (2010) y Hellwig (2010b). En Estados Unidos, la enmienda Collins a la ley Dodd-Frank (véase Bair, 2012, capítulo 19) rechaza que en la regulación del capital se considere que los llamados títulos fiduciarios preferentes, que son esencialmente deuda, son instrumentos para la absorción de pérdidas (la enmienda también exige que se impongan los niveles de capital a los grupos bancarios e instituciones financieras no bancarias estadounidenses de importancia sistémica).

79. El éxito de estas presiones puede observarse en Europa. Mientras que Basilea III insiste en que, en el caso de los bancos cuyas acciones cotizan en bolsa, solo se aceptarán como «capital básico» las acciones ordinarias, la regulación de las necesidades mínimas de capital que ha propuesto la Comisión Europea solo da una lista de catorce criterios de obligado cumplimiento. La lista está elaborada de tal forma que, además de acciones ordinarias, los bancos también podrían utilizar «aportaciones pasivas», que son populares en los bancos públicos alemanes. Los detalles de estos instrumentos de financiación dependen de cada contrato, pero normalmente los titulares no tienen ningún derecho de control y esta falta de control es compensada por una promesa parecida a la deuda de pagar un rendimiento fijo, a menos que el banco sufra pérdidas. Para las propuestas de la UE, véase http://ec.europa.eu/internal_market/bank/regcapital/new_proposals_en.htm, consultado el 21 de octubre de 2012; para una crítica, véase Comité de Supervisión Bancaria de Basilea, Basel III Regulatory Consistency Assessment (Level 2) Preliminary Report: European Union, Basilea, octubre de 2012, http://www.bis.org/bcbs/implementation/l2_eu.pdf, consultado el 22 de octubre de 2012.

80. El capital contingente ha sido defendido por algunos profesores (véanse, por ejemplo, Flannery, 2005; French *et al.*, 2010, escrito por quince profesores; y Calomiris y Herring, 2011). En algunas variantes, el punto de activación de la conversión se especifica en forma de condición sobre el precio de las acciones o sobre medidas contables del capital. En otras variantes, la regulación o el contrato de este tipo de deuda también especifican unas condiciones que indican una crisis sistémica que permitiría a los reguladores convertir la deuda en acciones. El concepto de deuda capaz de absorber pérdidas es similar a la resolución en numerosos aspectos: recurre a los reguladores para imponer pérdidas y convierte alguna deuda en capital (algunas de las cuestiones relacionadas con los mecanismos de resolución se analizaron al final del capítulo 5; para los comentarios sobre CSBB, 2010b, véase Admati, 2010, y Hellwig, 2010b.)

81. Supongamos, por ejemplo, que las compañías de seguros tienen considerables posiciones en estos títulos. Si ocurre algo que provoca la conversión estipulada contractualmente del capital contingente en acciones ordinarias, ¿cómo va a abordar el Gobierno las consecuencias sistémicas de la conversión? En el punto de conversión, es probable que los precios de las acciones experimenten una bajada discontinua. ¿Asumirán las compañías de seguros las pérdidas correspondientes o preferirá el Gobierno evitar la conversión con el fin de evitar esa consecuencia sistémica? Otra cuestión es cómo debe definirse la relación de conversión y el grado de dilución de los accionistas que ya existían. Como es probable que los diferentes agentes interesados (los titulares de cocos, los titulares de acciones y los acreedores existentes y los directivos de los bancos) tengan diferentes preferencias respecto a la conversión, un grave problema es que haya manipulación e inestabilidad si los puntos de activación parecen al alcance y que las diferentes partes traten de influir en las medidas contables o en los precios de las acciones para conseguir el resultado deseable para ellas. El uso de activadores contables plantea aún más problemas, ya que las cifras contables a menudo se basan en valores históricos y, por tanto, pueden no proporcionar los puntos de activación adecuados para la recapitalización cuando se avecina una crisis. R. McDonald (2010), Sundaresan y Wang (2010) y Prescott (2012) analizan las cuestiones relacionadas con los activadores. En concreto, Sundaresan y Wang (2010) y Prescott (2012) muestran que el uso de precios de activación puede generar una considerable inestabilidad y dificultar la fijación de los precios.

82. Entre las razones por las que los híbridos que se parecen a la deuda, como

los cocos, son más populares en Europa que en Estados Unidos se halla en que sus intereses se consideran gastos deducibles de los impuestos, aunque tengan un componente parecido a las acciones. En Estados Unidos, los cocos no se consideran deuda a efectos fiscales, ya que no ofrecen *derechos de acreedor*. En cambio, la legislación tributaria reconoce los pagos de los llamados *títulos fiduciarios preferentes*, que han utilizado los bancos como parte de su capital regulador, aunque no sean realmente títulos de deuda. Esta práctica les ha permitido parecer que estaban mejor capitalizados que en la realidad. La enmienda Collins a la ley Dodd-Frank pretende detener esta práctica. Para la forma en que los bancos han tratado de utilizar los títulos, véase Yalman Onaran y Jody Shenn, «Banks in 'Downward Spiral' Buying Capital in CDOs», Bloomberg, 8 de junio de 2010. El uso de participaciones preferentes en lugar de acciones también plantea problemas, ya que limita de muchas maneras a los bancos y, por tanto, origina un sobreendeudamiento que puede interferir en la concesión de préstamos, como señalamos en el capítulo 3 y anteriormente en este capítulo.

83. El análisis del capítulo 7 sobre si las acciones son caras también se aplica a la comparación de las acciones capital y los cocos. Es falso insinuar que la utilización de acciones es más cara que la utilización de cocos simplemente porque las acciones tiene más riesgo y, por tanto, el ROE exigido es mayor que en el caso de los cocos. Aunque el ROE exigido fuera menor en el caso de los cocos que en el de las acciones, la utilización de cocos en lugar de acciones supondría que estas tuvieran más riesgo y, por tanto, aumentarían su riesgo y su ROE exigido. French *et al.* (2010) insinúan que la deuda a corto plazo «disciplina» a los directivos. Sin embargo, esta insinuación no explica por qué los cocos son superiores a las acciones, ya que son, en realidad, deuda *a largo plazo*. Como señalamos en el capítulo 10 (nota 56) y como afirman Admati *et al.* (2011, apartado 5), los datos empíricos no confirman la insinuación de que la deuda disciplina a los directivos; los modelos que sostienen eso no tienen en cuenta importantes características de la vida real, como la capacidad repetida de los bancos para endeudarse (la carrera desenfrenada por el endeudamiento) y los incentivos distorsionados de los directivos de los bancos para aumentar el apalancamiento y el riesgo, analizados en los capítulos 8 y 9. Si se emiten cocos en lugar de acciones desde el principio, convirtiéndolos de hecho inmediatamente, podrán absorber automáticamente las mismas deudas en los mismos escenarios que los cocos, fijando las decisiones de inversión de los bancos (véanse Admati *et al.*, 2011, apartado 8, y Admati y Hellwig, 2011a).

84. Bob Diamond, del Barclays, lo admitió en 2011, cuando dijo que el banco trataría de utilizar cocos para no dañar su ROE (véase «Barclays Chief Ready to Increase Risk Appetite in Search of Profits», *Financial Times*, 11 de abril de 2011, analizado en el capítulo 8; véase la nota 13).

85. Véase el análisis de la nota 82 de este capítulo.

86. Véase Patrick Jenkins, «UK Banks to Issue New Equity for Bonuses», *Financial Times*, 4 de marzo de 2012. Los bancos estaban respondiendo a las presiones del Banco de Inglaterra para que no redujeran su capital.

87. La banda del 20–30 por ciento proporciona un llamado *colchón de conservación* en el que los bancos deben tratar de conservar su capital y no dejar que disminuya como consecuencia de pagos como el reparto de dividendos. Basilea III incluye este acertado concepto, con una banda de 4,5–7 por ciento de capital de nivel 1 (que consiste principalmente en acciones, pero que a menudo también incluye otros títulos, como las acciones preferentes) en relación con los activos ponderados por el riesgo. Basilea III también postula el uso de colchones anticíclicos para contener las expansiones del crédito que suelen provocar caídas de este (véase CSBB, 2010e). Goodhart (2010) también analiza la necesidad de establecer unos niveles de capital graduados.

88. Como señalamos en el capítulo 6, JPMorgan tenía en diciembre de 2011 un 8 por ciento de capital en relación con su total de activos según las normas contables de Estados Unidos, pero solo habría tenido un 4,5 por ciento de capital en relación con su total de activos de acuerdo con las normas que se aplican a los bancos europeos. Véase Tucker (2011) para algunas observaciones parecidas sobre la consolidación de los activos en los balances. Otros motivos de preocupación son el uso de garantías para ocultar endeudamiento en contratos como los repos (véase Skeel y Jackson 2012) y la práctica de la rehipotecación. Singh y Aitken (2010, resumen), del FMI, afirman que desde el punto de vista de las políticas, los supervisores de los grandes bancos que informan sobre una base consolidada global podrían necesitar comprender mejor la financiación fuera de balance que reciben estos bancos de otras jurisdicciones por medio de la rehipotecación.

89. En el caso de Lehman Brothers, las llamadas *transacciones repo 105* hicieron que el banco pareciera más fuerte de lo que realmente era. Véase Valukas (2010) y Michael J. De La Merced y Julia Werdigier, «The Origins of Lehman's 'Repo 105' », *New York Times*, 10 de marzo de 2010. Haldane (2011c) aboga por la revisión de las normas contables de los bancos para suministrar mejor información a los reguladores.

90. Queda la cuestión de la gobernanza de los bancos y de si los banqueros tienen incentivos para asumir riesgos excesivos. Esta cuestión se reconsiderará
en el capítulo 13.

12. La política de la banca

1. Véanse las notas 4 y 5 del capítulo 11.
2. Los bancos centrales tienen prohibido adquirir capital en otros bancos, por
lo que la única ayuda que pueden dar es en forma de préstamos contra
garantías, como «prestamistas de última instancia» (véase «Bank State Aid
in the Financial Crisis», Center for European Policy Studies Task Force Report, 29 de octubre de 2010, http://www.ceps.eu/book/bank-state-aid-fi
nancial-crisis-fragmentationor-level-playing-field, consultado el 15 de octubre de 2012).
3. Para la historia de Dexia (ya mencionada en el capítulo 4; véase la nota 39),
desde su fundación en 1996 hasta finales de 2011, véase Thomas (2012). En
el rescate de 2011, se colocaron 95.000 millones de euros de activos tóxicos
en un *banco malo* garantizado por los dos Estados. Además, el Estado belga
pagó 4.000 millones de euros por el negocio minorista belga de Dexia, que
se nacionalizó. Las operaciones y el resto de los activos y pasivos de la parte
francesa de Dexia se transfirieron a dos instituciones de propiedad pública
en Francia. Véase «Governments to Take Toxic Assets Off Dexia's Hands:
Report», *Agence France Presse,* 9 de octubre de 2008; «Rescued Bank Dexia
Posts 3.3 Billion Euros Losses for 2008», *Agence France Presse,* 26 de febrero
de 2009, y «France, Belgium Reach Pact on Ailing Dexia», *Wall Street Journal,*
10 de octubre de 2011.
4. «Lagarde Calls for Urgent Action on Banks», *Financial Times,* 27 de agosto
de 2011.
5. Las observaciones de Noyer se encuentran en un artículo de David Enrich y David Gauthier-Villars, «Struggling French Banks Fought to Avoid
Oversight», *Wall Street Journal,* 21 de octubre de 2011. También hizo unas
observaciones parecidas el ministro francés de Finanzas, que dijo que no
había ningún motivo para «dudar o temer por el sistema bancario francés» (véase «French Finmin Says Country's Banks Healthy», Reuters, 31 de
agosto de 2011).
6. Véanse «Paris and Berlin Seek to Dilute Bank Rules», *Financial Times,*

22 de enero de 2012; «French Banks Lobby Politicians over Basel Concerns», Reuters, 29 de enero de 2010; Brian Blackstone y David Enrich, «Germany Holds Out for Better Deal at Basel», *Wall Street Journal*, 28 de julio de 2010; Tom Braithwaite, «FDIC Chief Says Watchdogs 'Succumbing' to Bank Lobby», *Financial Times*, 20 de julio de 2010; «Heavy Lobbying Leads to Easing of Basel III Banking Norms», Reuters, 27 de julio de 2010, y «Feud Deepens over EU Bank Rules; Germany, France Lead Effort to Relax Regulations; U.K. Urges Tougher Approach», *Wall Street Journal*, 18 de junio de 2011. Bair (2012, capítulo 22) describe las negociaciones.

7. Kaserer (2010) estima que los costes del rescate para los contribuyentes alemanes ascenderán finalmente a 34.000–52.000 millones de euros. La información que se ha publicado desde su estimación —por ejemplo, sobre el tamaño de las carteras del *banco malo* de Hypo Real Estate y WestLB y de las pérdidas de estas carteras generadas por la crisis de la deuda soberana en Europa— induce a pensar que esta estimación debería elevarse en unos 20.000–30.000 millones de euros. Los rescates de Dexia en 2008 y 2011 tuvieron costes tanto para Francia como para Bélgica (véase la nota 3). A mediados de los años noventa, Crédit Lyonnais, que era por entonces el mayor banco francés, tuvo unas pérdidas de más 20.000 millones de euros y requirió una inyección de dinero de los contribuyentes de 15.000 millones.

8. Por poner un ejemplo, véase el análisis del papel de la City de Londres de ICB (2011, pág. 15), según el cual «las recomendaciones de este informe serán positivas para la competitividad en general del Reino Unido, ya que reforzarán la estabilidad financiera. También deberían ser buenas para la reputación internacional de la City como lugar para hacer negocios». Andrew Tyrie, presidente del Parliamentary Committee on Banking Standards, afirmó que la banca es «uno de los sectores más importantes del Reino Unido y, si queremos que los bancos sean el centro de nuestra economía, se deberá permitir que sigan siendo internacionalmente competitivos» («A Mandate to Tackle Our Banks' Failure», *Financial Times*, 1 de octubre de 2012). Thiemann (2012) muestra que la preocupación de los supervisores por la posición competitiva de *sus* bancos fue responsable de algunos de los peores fallos de supervisión antes de la crisis. En el contexto de Basilea III, Francia y Alemania no solo se opusieron a los aumentos de las necesidades mínimas de capital como tales; también querían mantener algunas normas anteriores que permitían tratar los títulos distintos de las acciones ordinarias de los bancos como si fueran *capital*: en el caso de Francia, las participaciones minoritarias en las compañías de seguros propiedad de los bancos;

en el caso de Alemania, las llamadas aportaciones pasivas, híbridos entre la deuda y las acciones, que se parecen a la deuda en el sentido de que dan derechos nominales que tienen prioridad sobre el pago de dividendos a los accionistas y se parecen a las acciones en el sentido de que estos derechos se reducen o incluso se anulan, cuando los bancos sufren pérdidas. En la práctica, los accionistas de los bancos experimentan principalmente el carácter de deuda de estos híbridos, en concreto, la carga de la deuda cuando el banco tiene dificultades financieras; para un estudio de los problemas que eso puede acarrear, véase Expertenrat (2011).

9. Véase Viscusi *et al.* (2005). Un famoso ejemplo de captación es la transformación de la Interstate Commerce Commission, creada en 1887 para proteger a los consumidores de las empresas de transporte ferroviario que explotaban el poder de monopolio, en un organismo que impedía la competencia entre las empresas de transporte ferroviario (y más tarde, también entre las empresas de transporte terrestre) e imponía elevados precios en el transporte, especialmente en el transporte de larga distancia. Véase Friedman y Friedman (1990, págs. 183 y sigs.) y la bibliografía que ahí se cita. Para la captación en el sector financiero, véase Kane (2001), Johnson y Kwak (2010), Wilmarth (2011) y Kwak (2012). Véase también Lessig (2011) para la creciente influencia de las presiones en la política estadounidense. Barofsky (2012, capítulo 1) afirma que en Washington, D.C., reina una cultura basada en argumentarios y en la que todo el mundo está pensando en su próximo puesto de trabajo. El libro comienza describiendo una conversación en la que se le avisaba a Barofsky de que su carrera podría estar en peligro si ponía demasiado en cuestión a los que estaban en el sistema.

10. Olson (1982) y Acemoglu y Robinson (2012) analizan los orígenes de esas diferencias y muestran cómo afectan a los resultados económicos y políticos.

11. Dimon, entrevista en el *Financial Times,* 12 de septiembre de 2011.

12. «German Banks Try to Fend Off Basel III,» *Financial Times,* 6 de septiembre de 2010. Véase «Behind French Bank Drama, a Relaxed Regulator?» *Wall Street Journal,* 15 de septiembre de 2011.

13. Véase «EU Warns US to Speed Up Bank Reform», *Financial Times,* 1 de junio de 2011.

14. Véase Ronald Orol, «Geithner Urges Global Capital Rules for Swaps», *MarketWatch,* 6 de junio de 2011.

15. Véase la nota 6, así como las notas 33–34 del capítulo 1. Los supervisores suizos hicieron claras advertencias en 1995 y 1996 sobre las consecuencias de esas presiones; véanse las declaraciones de Kurt Hauri en Blattner (1995,

págs. 826–827) y de Daniel Zuberbühler en Hellwig y Staub (1996, págs. 768–771).

16. No tenemos en cuenta el orden lógico de los pagos. En la práctica, una empresa primero tiene que obtener financiación endeudándose o consiguiendo capital. Puede utilizar esta financiación para pagar los factores, como el trabajo, las máquinas o las materias primas. Cuando vende el producto, puede utilizar los ingresos para pagar su deuda y repartir el resto entre sus propietarios. Si se mantiene la actividad, puede limitarse a pagar intereses y dividendos a los acreedores y los propietarios; de ese modo, evita la necesidad de adquirir nueva financiación para la compra de factores con los que proseguir su actividad.

17. Véanse Lewis (2011); «Financial: Iceland: From the Devil to the Deep Blue Sea: After the Banking Collapse, a Stricken Nation Hopes a Return to Fishing Will Save It», *The Guardian,* 3 de junio de 2009; y «Tiny Iceland's Huge Banking Debt Led to Downfall», Reuters, 7 de octubre de 2008.

18. Esta es la esencia de la teoría del comercio internacional con mercados competitivos, uno de los clásicos en economía, desarrollada primero por David Ricardo (1817, capítulo 7). El argumento es independiente de cualquier consideración sobre la justicia distributiva, en el sentido de que cualquier alternativa al resultado del mercado implicaría que el bienestar de al menos uno de los grupos de participantes sería menor; además, las pérdidas que sufrirían estas personas serían en total mayores que las ganancias que obtendrían las que se beneficiaran de la alternativa al resultado del mercado.

19. Véase OCDE (2009). Los costes pueden aumentar aún más. El conflicto con los Países Bajos y el Reino Unido por unos 4.000 millones de euros de compensación a los depositantes de las sucursales danesas y británicas de bancos islandeses aún está pendiente de resolverse en los tribunales europeos. Para el rechazo de los votantes en 2011, véase «Icelanders Reject Deal to Repay U.K., Netherlands», *Wall Street Journal,* 11 de abril de 2011. La vista oral comenzó el 18 de septiembre de 2012 (véase Stephanie Bodoni, «Iceland Neglected U.K., Dutch Icesave Clients, Watchdog Says», Bloomberg, 18 de septiembre de 2012).

20. Para una visión panorámica del paquete europeo de ayuda a Irlanda, véase http://ec.europa.eu/economy_finance/articles/eu_economic_situation/2010-12-01-financial-assistanceireland_en.htm, consultado el 21 de octubre de 2012.

21. La conclusión también es la misma si los gobiernos utilizan aranceles y

franquicias monopolísticas para proporcionar a sus *campeones* una generosa fuente de beneficios en casa que les permitan *conquistar* los mercados extranjeros con unos precios mucho más bajos.

22. Para las subvenciones al maíz, véase Lessig (2011, 50). Algunos han propuesto que se grave a los bancos para corregir la distorsión (véase Acharya *et al.*, 2010, capítulo 5). Sin embargo, no está claro cómo debería calcularse el impuesto. Es muy difícil medir los riesgos y los costes que imponen las actividades de un banco a otros. En este caso, también se aplican los argumentos que expusimos en el capítulo 11 en contra del ajuste perfecto de las necesidades mínimas de capital en función de los riesgos. La imposición de unas elevadas necesidades mínimas de capital reduciría las subvenciones, basándose de una forma más natural en las fuerzas del mercado para calcular los costes de financiación del banco de una manera menos distorsionadora.

23. El cálculo de las subvenciones (y de los impuestos) supone que los mercados son competitivos y que las empresas no tienen poder de mercado. La llamada *teoría estratégica* del comercio internacional ha demostrado que si los mercados no son competitivos y solo hay margen para un pequeño número de oferentes, un país puede beneficiarse subvencionando a las empresas para que puedan hacerse un hueco en el mercado, desde el que puedan cobrar elevados precios al resto del mundo. Sin embargo, este argumento tiene poca relevancia práctica, ya que el sistema político carece de la información que se necesitaría para aplicar ese tipo de política con éxito. Además, el argumento no es válido si las empresas en cuestión son de propiedad extranjera, es decir, si los beneficios obtenidos explotando el poder de mercado van a parar a accionistas extranjeros. Para un análisis de los pros y los contras de la política comercial estratégica, véanse Krugman (1996) y Monopolkommission (2005) y la bibliografía que ahí se cita.

24. Véanse, por ejemplo, «U.S. Relief for Steel Expected», *New York Times,* 30 de septiembre de 1980, y Leonard Silk, «Protectionism: Reagan's View», *New York Times,* 12 de noviembre de 1980.

25. Jaffe *et al.* (1995) presentan una visión panorámica de la literatura y de las cuestiones. Insinúan que la legislación medioambiental apenas afectó, en realidad, a la competitividad de la industria manufacturera de Estados Unidos. En el caso de algunas de las industrias que se contrajeron espectacularmente o que incluso desaparecieron, se podría suponer que los cambios de los costes laborales unitarios, provocados por la competencia procedente de otras industrias, fueron las causas más importantes del cambio.

26. Por ejemplo, French *et al.* (2010, pág. 69) señalan que «las necesidades mínimas de capital también pueden afectar a la competitividad del sector bancario de un país. Por ejemplo, si las necesidades mínimas de capital de Estados Unidos son demasiado onerosas, las empresas pueden recurrir a los servicios financieros de los bancos de otros países. Eso socavaría un importante sector de Estados Unidos».

27. Muy pocos países han investigado las causas de la crisis y las responsabilidades y en ninguno ha habido nada parecido a las comparecencias ante el U.S. Senate Banking and Currency Committee que, bajo la dirección de su abogado principal, Ferdinand Pecora, destapó en 1933 muchas de las imprudencias que habían caracterizado el comportamiento de los banqueros y el modo en que habían tratado a los clientes a finales de los años veinte. Para las comparecencias de la Comisión Pecora, véase Perino (2010). Islandia es el único país en el que ha habido importantes procesos penales. Véase «Trial of Iceland Ex-PM Haarde over 2008 Crisis Begins», *BBC News Europe,* BBC, 5 de marzo de 2012.

28. Suiza fijó unos niveles mínimos de capital más altos que los de otros países en lo que se ha denominado *acabado suizo* (véase «Bankers' Group Warns of Overly Tough Swiss Capital Rules», Reuters, 16 de enero de 2012). Sin embargo, los bancos suizos son conocidos por tener unos niveles especialmente bajos de activos ponderados por el riesgo en relación con su total de activos, y las necesidades mínimas de capital se formulan en relación con los activos ponderados por el riesgo (véase el capítulo 5 de Ledo, 2012). Por lo que se refiere a Suecia, véase Mark Scott, «Sweden Proposes Higher Capital Requirements for Bank», *New York Times,* 25 de noviembre de 2011. El Reino Unido ha obstaculizado los intentos de armonizar las necesidades mínimas de capital (véase Alex Barker, «Barnier vs the Brits», *Financial Times,* 8 de noviembre de 2011). Como señalamos en el capítulo 6, el ICB (2011) del Reino Unido propuso que se separara la banca minorista y se exigiera que esta se realizase en entidades legales independientes, las cuales deberían tener unos niveles mínimos de capital más altos. El Gobierno británico presentó el 12 de octubre de 2012 una propuesta legislativa para aplicar esta medida (véase http://www.hm-treasury.gov.uk/d/icb_banking_reform_bill.pdf, consultado el 21 de octubre de 2012).

29. La cita que encabeza este apartado es una declaración que se atribuye erróneamente al ladrón de bancos Willie Sutton, cuando estaba respondiendo a un periodista que le había preguntado por qué robaba bancos (Keys, 2006).

30. Para algunos estudios sobre la Europa anterior a 1990, véanse Borges (1990),

Bruni (1990) y Caminal *et al.* (1990) en el caso de Europa meridional, así como Englund (1990) en el de Suecia. Según Bruni (1990, pág. 250), en 1987 la deuda pública representaba el 35,4 por ciento de las carteras de los bancos en Italia y el 37,4 en España; según Borges (1990, pág. 330), en 1988 representaba el 43 por ciento en Portugal. Aunque las reservas mínimas pagaban, en realidad, algunos intereses, Bruni (1990, pág. 258) estima que el coste de esta tributación implícita de la banca para el sector privado representaba entre el 0,6 y el 1 por ciento del PIB en Italia. Borges, aunque no da una estimación numérica, deja claro que la tributación implícita a través de la regulación bancaria de los bancos portugueses en la década de 1980 también era considerable. Véase también CCE (1988).

31. Después de las pruebas de resistencia de julio de 2011, la Autoridad Bancaria Europea (ABE) publicó datos que mostraban que de los 98.000 millones de euros de deuda pública griega que tenían los bancos sometidos a las pruebas, 67.000 millones estaban en bancos griegos (véase ABE, *2011 EU-wide Stress Test Aggregate Report,* http://stresstest.eba.europa.eu/pdf/EBA_ST_2011_Summary_Report_v6.pdf, consultado el 20 de octubre de 2012). El paquete de ayuda a Grecia relacionado con la suspensión del pago de la deuda de marzo de 2012 contenía, pues, ayuda tanto para los bancos griegos como para el Estado.

32. Si el Congreso de Estados Unidos se niega a elevar el tope de deuda, sería posible una suspensión del pago de esta, pero incluso en ese caso es improbable que el Estado acabara no pagándola. La idea de que el banco central imprime dinero debe verse como una metáfora. Actualmente, la mayor parte del dinero se crea electrónicamente en forma de asientos contables en determinadas cuentas. Desde la Segunda Guerra Mundial hasta la década de 1970, la Reserva Federal compró durante mucho tiempo deuda federal con dinero recién creado, *monetizando* así la deuda pública. Antes del Acuerdo de 1951 entre el Tesoro y la Reserva Federal, el Tesoro ordenaba, de hecho, monetizarla: más concretamente, mantener el tipo de interés en un determinado bajo nivel. A partir de 1951, se volvió independiente, pero siguió manteniendo los tipos de interés de mercado en unos niveles relativamente bajos, que le obligaban a comprar deuda pública con dinero (recién creado). Thornton (1984) presenta una visión panorámica de la evolución histórica. También cuestiona la intencionalidad de la monetización, al menos desde principios de los años setenta, que es cuando la Reserva Federal comenzó a basar su política en los agregados monetarios y no en los tipos de interés. En Italia, durante la década de 1970, el banco central

estaba obligado realmente a comprar los títulos del Tesoro que el mercado no había adquirido. Véase también Goodhart (2012).

33. La suspensión del pago de la deuda mexicana de 1982 marcó el comienzo de la crisis internacional de la deuda de los años ochenta. Unos años antes, a mediados de la década de 1970, la ciudad de Nueva York evitó la quiebra gracias a la intervención del estado de Nueva York en la Municipal Assistance Corporation para imponer disciplina fiscal, así como una reestructuración de la deuda de la ciudad de Nueva York (véase, por ejemplo, Dunstan, 1995). Para un análisis más reciente de las cuestiones relacionadas con la quiebra de los estados, véase Conti-Brown y Skeel (2012).

34. Reinhart y Rogoff (2009) muestran que este riesgo ha aparecido una y otra vez a lo largo de los siglos y ha determinado las relaciones entre los bancos y los gobiernos. También advierten de que la «ausencia de riesgo» de la deuda pública no debe tomarse demasiado en serio. La impresión de dinero para financiar al Estado provoca inflación, es decir, una pérdida de valor real de la deuda pública. En el caso de los bancos, cuya deuda está denominada en moneda nacional, esta devaluación puede ser menos grave que una simple suspensión del pago de la deuda pública, pero en el de los inversores no hay tanta diferencia.

35. Véase la Directiva 2006/48/CE del Parlamento Europeo y del Consejo del 14 de junio de 2006, «relativa al acceso a la actividad de las entidades de crédito y a su ejercicio» (http://eur-lex.europa.eu/LexUriServ/LexUriServ.do?uri=OJ:L:2006:177:0001:0001:ES:PDF, consultado el 21 de octubre de 2012), anexo VI, punto 4; véase también art. 109, sección 4, de la Propuesta de reglamento del Parlamento Europeo y del Consejo sobre los requisitos prudenciales de las entidades de crédito y las empresas de inversión (http://eurlex.europa.eu/LexUriServ/LexUriServ.do?uri=COM:2011:0452:FIN:es:PDF, consultado el 25 de noviembre de 2012). El acuerdo de Basilea, que tiene, en principio, un sistema para establecer las ponderaciones de riesgo en función de las calificaciones crediticias, no exige realmente aplicar unas ponderaciones de riesgo nulo a la deuda pública, pero permite hacer excepciones en el caso de la deuda denominada y financiada en la moneda nacional del Estado. Véanse CSBB (2004) y CSBB (2010e).

36. Dexia (analizado antes en el capítulo, especialmente en la nota 3) se creó en 1996 con la fusión del Crédit Communal de Belgique y el Crédit Local de France, dos instituciones que habían sido las que más habían prestado a los ayuntamientos de Bélgica y Francia. En este tipo de préstamo, se aplicaba la regla de la ponderación de riesgo nulo, ya que los ayuntamientos esta-

ban garantizados realmente por el Estado central. El temor a interrumpir el flujo de fondos a las administraciones locales fue una importante causa de los rescates de 2008 y 2011 y quizá también un motivo por el que se toleró el bajísimo nivel de capital que tenía Dexia. El 31 de diciembre de 2008, tres meses después del primer rescate, el balance del banco decía que tenía un capital igual al 2,7 por ciento de su total de activos; en realidad, eso era posible únicamente porque, contraviniendo las Normas Internacionales de Información Financiera, Dexia no había rebajado el valor de algunos de sus activos cuando había disminuido el valor de mercado de estos activos. Véase Thomas (2012), especialmente la parte 1 sobre la fundación de Dexia y la pág.168 sobre su capital.

37. Véase Reinhart y Rogoff (2009) para una historia del endeudamiento público y las crisis bancarias de los últimos 800 años.

38. El desarrollo de los préstamos hipotecarios de alto riesgo en Estados Unidos durante las décadas de 1990 y 2000 podría estar relacionado, en parte, con los cambios introducidos en 1994 en la aplicación de la Community Reinvestment Act (CRA) y con las presiones políticas para que las instituciones financieras ayudaran más a financiar la compra de viviendas de las familias de renta baja. El grado de contribución de estos acontecimientos a la crisis es controvertido. La FCIC (2011, resumen, pág. 27, y capítulo 7) llega a la conclusión de que la CRA «no fue un factor importante». Das (2011, pág. 187), que pertenece al sector, concluye que «el problema no fueron los préstamos de dinero a personas pobres. El problema fue que se prestó mal el dinero». Uno de los miembros de la FCIC, Peter Wallison, en su voto particular (http://fcic-tatic.law.stanford.edu/cdn_media/fcic-reports/fcic_fi nal_report_wallison_dissent.pdf, consultado el 21 de octubre de 2012), afirma que la política de vivienda fue la causa principal de la crisis. Las investigaciones empíricas del personal de la Junta de Gobernadores de la Reserva Federal (en http://www.federalreserve.gov/newsevents/speech/20081203_analysis.pdf, consultado el 21 de octubre de 2012) y el BPI (véase Ellis, 2008) no corroboran esa interpretación.

39. El sistema de bancos públicos de Alemania está formado por las cajas de ahorros locales, propiedad de los ayuntamientos y de los distritos, y los Landesbanken, propiedad conjunta de los Länder, que son el equivalente alemán de los estados en Estados Unidos, y las asociaciones regionales de cajas de ahorros locales. Para una visión panorámica, véase Krahnen y Schmidt (2003), especialmente el capítulo 3. Sinn (2010) explica que esta estructura fue responsable en parte de la imprudencia de algunos bancos alemanes

antes de la crisis financiera y de su vulnerabilidad en la crisis. Véase también la nota 18 del capítulo 11.

40. Ejemplos terribles son el Bayerische Landesbank y el Westdeutsche Landesbank. Se dice que el WestLB ha costado a los contribuyentes 18.000 millones de euros solo desde 2005 (véase «WestLBDesaster kommt Steuerzahler teuer zu stehen», *Financial Times Deutschland,* 20 de junio de 2006). En 2008, el BayernLB necesitó 10.000 millones de euros de nuevo capital del estado de Baviera, además de 15.000 millones en garantías de deuda del Gobierno federal. Kaserer (2010) muestra que la mayoría de los costes que tuvo la crisis para los contribuyentes se debieron a las pérdidas de los Landesbanken.

41. Véanse las notas 17 y 18 del capítulo 11 y la bibliografía que ahí se cita.

42. En este contexto, merece la pena señalar que mientras que en Estados Unidos la palabra *público* se refiere a lo que es de acceso libre, en Francia *público* se refiere a algo que está en el ámbito del Estado (véase Fourcade, 2009). Fourcade también señala que la idea de «Estado» no es la misma en Estados Unidos que en Francia.

43. *Enarques* puede traducirse por 'gobernantes procedentes de la ENA'.

44. Una generación antes, Jean-Yves Haberer había disfrutado de una carrera ministerial aún más distinguida antes de ser nombrado director general del banco Paribas y, más tarde, director general de Crédit Lyonnais, que era por entonces el mayor banco francés. Su mandato acabó en 1993, cuando Crédit Lyonnais necesitó 15.000 millones de euros de dinero de los contribuyentes para evitar la quiebra. Los préstamos inmobiliarios fallidos, los préstamos a empresarios con conexiones políticas y la contabilidad fraudulenta fueron algunas de las causas del escándalo. Aparte del efecto de puerta giratoria, este sistema también refuerza el efecto de equipo de casa, ya que los supervisores y los supervisados fueron a la misma escuela y es posible que, en algunas ocasiones, fueran incluso compañeros de clase (véase «Old School Ties», *The Economist,* 10 de marzo de 2012).

45. En 2000, el gobernador del Banco de Francia, Jean-Claude Trichet, desempeñó un papel muy activo en la fusión del Banque Nationale de Paris y el Paribas, dos de los mayores bancos franceses, y en su conversión en el PNB Paribas, adelantándose así a cualquier fusión de estos bancos con uno extranjero. Dejó claro que habría preferido que también se sumara a la fusión Société Générale, otro gran banco, pero los accionistas de ese banco se negaron. Véase Nicolas Lecaussin, «What's the Matter with the French Banks? Whether the Market's Worst Fears Are Realized or Not, the Financial System Maintains Too Close a Relationship to the State», *Wall Street Jour-*

nal, 13 de septiembre de 2011. Véase también Thomas (2012) sobre Dexia.

46. Los bancos de inversión gastaron 169 millones de dólares en ese tipo de donaciones en 2008 y dieron el 57 por ciento a los demócratas (la tercera cantidad más alta del total); en 2010, gastaron 104 millones y dieron el 49 por ciento a los demócratas (la cuarta cantidad más alta del total). En 2012, los bancos han gastado hasta ahora 128 millones de dólares y han dado el 38 por ciento a los demócratas. Después de 2008, se observó un notable aumento de las donaciones al Partido Republicano. Véase «Wall Street Shifting Political Contributions to Republicans», *Washington Post,* 24 de febrero de 2010. Mian *et al.* (2010) muestran que la cantidad de donaciones del sector financiero a las campañas es un buen indicador del resultado de la votación sobre la Economic Emergency Stabilization Act de 2008, que asignó al Tesoro 700.000 millones de dólares de fondos de rescate que pudieron utilizarse para ayudar al sector financiero. Stiglitz (2010, pág. 42) señala que las donaciones políticas posiblemente hayan sido las inversiones más rentables de los bancos en los últimos años. Ross (2011, pág. 75) también establece la conexión entre la legislación favorable y las donaciones políticas. Lessig (2011, pág. 83) afirma que «desde 1999 hasta 2008, el sector financiero gastó 2.700 millones de dólares en gastos declarados en presiones federales; los individuos y los comités de acción política del sector donaron más de 1.000 millones de dólares. ... Si comparamos las donaciones de las cien empresas que más han donado desde 1989, observamos que las donaciones de las empresas del sector financiero son superiores en total a las de los sectores de la energía, la sanidad, la defensa y las telecomunicaciones juntos».

47. Por ejemplo, las cajas de ahorros alemanas han lanzado una intensa campaña contra la introducción de un coeficiente de apalancamiento, que obliga a los bancos a tener al menos un 3 por ciento de capital en relación con su total de activos. A la campaña se han sumado sus propietarios, es decir, los ayuntamientos, que se han beneficiado hasta ahora del hecho de que para prestar a las instituciones públicas no hace falta ningún capital. Véase «Basel Bank Plans Eased aft er Heavy Lobbying», Reuters, 26 de julio de 2010.

48. Ryan Grim, «Dick Durbin: Banks 'Frankly Own the Place'», *Huffington Post,* 30 de mayo de 2009. Lessig (2011) llama a ese tipo de relaciones «dependencias corruptoras». Otros muchos autores, especialmente Johnson y Kwak (2010), Ferguson (2012) y Hayes (2012), han identificado y analizado recientemente en términos más generales la influencia del dinero en la política.

49. Johnson y Kwak (2010), Lessig (2011), Morgenson y Rosner (2011), Ferguson (2012), Hayes (2012) y Kwak (2012).

50. Johnson y Kwak (2010, capítulos 6 y 13), Kane (2012c) y Barth *et al.* (2012).

51. En Johnson y Kwak (2010, capítulo 5) y en otros estudios, se señala que la propuesta inicial de Brookley Born, presidente de la Commodity Futures Trading Commission, para regular las operaciones de derivados, presentada en 1998, se descartó y, tras ella, se aprobó en diciembre de 2000 la Commodity Futures Modernization Act, que eximió de la regulación a la mayoría de los derivados negociados en el mercado extrabursátil. Se considera que esta ley es un importante motivo por el que se pudieron acumular considerables riesgos en los mercados de derivados sin que nadie los controlara.

52. William Cohan, en «How We Got the Crash Wrong» (*Atlantic,* junio de 2012), insinúa, contrariamente a lo que han afirmado otros, que esta decisión endureció, en realidad, la regulación de capital de los bancos de inversión. El hecho cierto es que la resolución les permitió tener mucho menos capital que a los bancos comerciales de Estados Unidos, del orden del 3 por ciento o menos de su total de activos. Además, los reguladores permitieron a los bancos de inversión mantener muchos títulos fuera de sus balances en vehículos especiales de financiación.

53. Véase Patrick Jenkins y Brooke Masters, «Finance: London's Precarious Position», *Financial Times,* 29 de julio de 2012. Sin embargo, como el Reino Unido ha resultado especialmente afectado por la crisis financiera, las autoridades británicas han tomado la iniciativa en el debate sobre el endurecimiento de la regulación bancaria. La Independent Commission on Banking propuso la imposición de una regulación considerablemente más estricta que la del Comité de Supervisión Bancaria de Basilea y Adair Turner, director de la Financial Services Authority, ha sido un firme defensor del tipo de reforma que proponemos en este libro (véase, por ejemplo, Turner 2010, 2012). El Banco de Inglaterra también ha abogado en numerosas ocasiones por el aumento de las necesidades mínimas de capital (por ejemplo, Miles *et al.*, 2011, Haldane 2012a,c y Jenkins 2012a, b).

54. Johnson y Kwak (2010), Dunbar (2011), Barth *et al.* (2012) y Kane (2012a).

55. Estas entidades no tenían casi ningún capital. Se financiaban con deuda a corto plazo y tenían diversos títulos con garantía de activos. Un ejemplo extremo es el Sächsische Landesbank, que tenía más de 40.000 millones de euros en garantías para vehículos especiales de inversión cuando su capital era de menos de 4.000 millones. Véase Acharya *et al.* (de próxima aparición).

56. Para la política de puertas giratorias, véase Kristina Cooke, Pedro da Costa y Emily Flitter, «The Ties That Bind at the Federal Reserve», Reuters, 30

de septiembre de 2010, y Brooke Masters, «Enter the Revolving Regulators», *Financial Times,* 23 de abril de 2012. El fenómeno está muy extendido (véase Suzy Khimm, «How JPMorgan Exploits Washington's Revolving Door; the Project on Government Oversight Points out That JPMorgan Frequently Dispatches Former Government Officials to Lobby Current Regulators Who Are Writing the Rules for Wall Street Reform», *Washington Post,* 22 de junio de 2012; «Why Can't Obama Bring Wall Street to Justice? Maybe the Banks Are Too Big to Jail. Or Maybe Washington's Revolving Door Is at Work», *Newsweek,* 14 de mayo de 2012, y Nicolas Lecaussin, «What's the Matter with the French Banks? Whether the Market's Worst Fears Are Realized or Not, the Financial System Maintains Too Close a Relationship to the State», *Wall Street Journal,* 13 de septiembre de 2011). Lessig (2011, pág. 123) afirma que en 2009 el sector financiero tenía setenta antiguos congresistas presionando en representación suya. Describe, además, la puerta giratoria con el personal (véanse las págs. 222–223). Zingales (2012, págs. 277–278) sostiene que la captación es más probable cuando los reguladores necesitan tener unas cualificaciones muy específicas.

57. Véase, por ejemplo, Annalyn Censky, «Why Is Jamie Dimon on a Federal Reserve Board?» *CNNMoney,* CNN, 21 de mayo de 2012.

58. En marzo, de 2008, cuando Dimon estaba en el consejo del Banco de la Reserva Federal de Nueva York, JPMorgan Chase adquirió el banco de inversión Bear Stearns en quiebra, con garantías del Banco de la Reserva Federal de Nueva York. Johnson y Kwak (2010, pág. 159) afirman que «esto fue una jugada maestra para JPMorgan, que pagó por Bear Stearns aproximadamente lo que valía su *edificio*». Richard Fuld, director general de Lehman Brothers, era consejero del Fed de Nueva York desde 2005 y acababa de comenzar su segundo mandato de tres años cuando Lehman Brothers se declaró en quiebra. Véase Huma Khan, «Federal Reserve Board Rife with Conflict of Interest, GAO Report», *ABC News,* ABC, 19 de octubre de 2011. Para la sensación de los inversores de que es beneficioso tener un director en el consejo del banco local de la Reserva Federal, véase Adams (2011).

59. Algunos estudios empíricos han demostrado que en los deportes en los que las decisiones subjetivas de los árbitros son importantes, estas decisiones tienden a favorecer a los equipos locales. Parece que los árbitros se dejan influir subconscientemente por las simpatías de los seguidores del equipo de casa que están viendo el partido. Véase Barth *et al.* (2012), que utiliza la analogía en el análisis de la captación en la banca, y la bibliografía que ahí se cita.

60. Esta idea se debe inicialmente a Olson (1965), Stigler (1971) y Peltzman (1976). Según el Center for Responsive Politics (información disponible en http://www.opensecrets.org/lobby/top.php?showYear=a&indexType=c, consultado el 21 de octubre de 2012), en 2011 el sector financiero gastó 479.237.675 dólares en presiones, lo que representa un aumento de alrededor del 13,9 por ciento con respecto a 2007 (durante ese periodo, la inflación total fue de alrededor del 8 por ciento). Lessig (2011, pág. 147) señala que «en octubre de 2009, aproximadamente en la época en la que estaba debatiéndose la ley Dodd-Frank Act, había registrados en D.C. 1.537 miembros de grupos de presión que representaban a instituciones financieras. ... veinticinco veces el número registrado para apoyar a asociaciones de consumidores y a otros partidarios de que se llevara a cabo una gran reforma». Estas cifras no tienen en cuenta la conexión directa entre los políticos y destacados banqueros que hacen grandes donaciones a las campañas.

61. Véase Jackie Calmes y Louise Story, «In Washington, One Bank Chief Still Holds Sway», *New York Times,* 18 de julio de 2009.

62. Un ejemplo es la feroz batalla que se entabló en Estados Unidos a propósito del Financial Consumer Protection Bureau (véanse Wilmarth 2012a, b; Nathan Kopel, «Consumer Protection Bureau Mired in Politics», *Wall Street Journal,* 15 de junio de 2011, y Michelle Singletary, «Consumer Financial Protection Bureau Got Off to a Good Start in Its Inaugural Year», *Washington Post,* 10 de julio de 2012). Bair (2012, pág. 342) afirma que «los grupos de presión del sector han observado que la mejor manera de hostigar a la SEC y a la CFTC [Commodity Futures Trading Commission] y de bloquear los intentos de llevar a cabo una reforma financiera es convenciendo a los comités de gastos de que limiten el modo en que estos organismos pueden gastar su dinero». Describe los intentos de «prohibir a la CFTC utilizar estos fondos para aplicar normas que obliguen a negociar más derivados en los mercados organizados y otras medidas».

63. Por ejemplo, los viejos monopolios de las telecomunicaciones se desmantelaron cuando los nuevos proveedores lograron convencer a los jueces y a los políticos de que tenían razones legítimas para querer entrar en esos mercados y de que la competencia y la innovación eran muy beneficiosas (véanse Crandall, 1991, Waverman y Sirel, 1997, y Viscusi *et al.*, 2005).

64. El National Transportation Safety Board se dedica a investigar las causas de los grandes accidentes que ocurren en los sistemas de transporte; no existe un organismo parecido que pudiera prevenir los *accidentes* financieros

(véase Fielding *et al.*, 2011). El Financial Stability Oversight Council creado por la ley Dodd-Frank Act está integrado por los reguladores existentes; hasta ahora existen pocas pruebas de que haya sido útil para este fin (véase, por ejemplo, Bair, 2012, págs. 337–339). De la misma manera, la ley Dodd-Frank estableció la Office for Financial Research, pero este organismo ha tardado en desarrollarse y las repercusiones que pueda tener no estaban claras en el momento de escribir este libro.

65. Una excepción que confirma la regla es la de Nikolaus von Bomhard, director general de la mayor compañía de seguros del mundo, Munich Re, que ha abogado por que se reforme la banca. Al mismo tiempo, ha afirmado que el sector de los seguros no aumenta el riesgo sistémico y que, por tanto, los reguladores no deben prestarle tanta atención. Véase «Munich Re CEO Says Europe Needs to Push Forward Structural Reforms», *Wall Street Journal*, 16 de julio de 2012. En Estados Unidos, Paul Singer, gestor de un fondo de alto riesgo, ha abogado por una reforma financiera (véase «Donor Urges Romney Shift on Banks», *Financial Times*, 15 de agosto de 2012). Sin embargo, como ha dicho Eric Rosengren, presidente del Banco de la Reserva Federal de Boston, «la estabilidad financiera no tiene un electorado natural» (véase «Money-Market Funds Still Need Reform», *Wall Street Journal*, 26 de abril de 2012, y Rosengren, 2012).

66. Existen algunas organizaciones dedicadas a mejorar la regulación financiera para la gente, como Better Markets y Americans for Financial Reform en Estados Unidos y Finance-Watch en Europa. En «Facing Down the Bankers» (*New York Times*, 20 de mayo de 2012), Annie Lowrey afirma que Dennis Kelleher, de Better Markets, está «batallando contra Wall Street y sus grupos de presión para regular el sistema bancario» y cita una frase del antiguo senador Byron Dorgan: «Es David contra Goliat, pero al menos David está ahí». Véanse también Scott Patterson, Serena Ng y Victoria McGrane, «Boo, and Backers, for 'Volcker Rule'», *Wall Street Journal*, 14 de febrero de 2012, y Simon Johnson, «Opening up the Fed», *New York Times*, Economix blog, 23 de febrero de 2012. Lessig (2011) describe la excesiva influencia del dinero en la política en Estados Unidos. En un contexto más general, Ross (2011, pág. 68) afirma: «No está claro que las instituciones políticas modernas, ya sean nacionales o internacionales, presten realmente suficiente atención a los intereses comunes de la humanidad. Es cada vez más evidente que estas instituciones ponen, por el contrario, los intereses de los grupos de presión más poderosos por encima del interés colectivo y no tienen en cuenta las necesidades básicas a largo plazo».

67. Véase Norimitsu Onishi y Ken Belson, «Culture of Complicity Tied to Stricken Nuclear Plant», *New York Times,* 26 de abril de 2011.

13. El dinero de los demás

1. Para la carta íntegra, véase http://www.bbc.co.uk/news/business-18678731, consultado el 15 de octubre de 2012.
2. El LIBOR, el «London interbank offered rate», no cotiza realmente en ningún mercado, sino que se basa en la información de los bancos participantes sobre los tipos de interés. Si los operadores manipulan sus informes, eso puede alterar el tipo de interés de todas las deudas relacionadas con el LIBOR: por ejemplo, de cualquier deuda cuyo tipo de interés se especifique como un tipo variable igual al «LIBOR + 1 por ciento». Los propios operadores se beneficiaban de la forma en que los tipos más bajos afectaban a sus propias posiciones en derivados o a los costes atribuidos a los fondos que empleaban. Además de las supuestas manipulaciones de este tipo por parte de los operadores que, según los correos electrónicos publicados, es posible que se ayudaran mutuamente, parece que ha habido un intento más coordinado de los bancos de dar unas cifras más bajas con el fin de no alertar a los inversores de sus dificultades financieras. Los reguladores parece que eran conocedores de las manipulaciones, al menos desde 2007.
3. Véase «Diamond Cuts Up Rough as He Quits Barclays», *The Guardian,* 4 de julio de 2012, y «MPs Slam Barclays and Bank of England over Libor Scandal», *The Guardian,* 18 de agosto de 2012.
4. Dentro del sector, parece que la manipulación se conocía perfectamente, al menos desde principios de los años noventa. En el *Financial Times* del 27 de julio de 2012, Douglas Keenan, antiguo operador de Morgan Stanley, informa de que, en una de sus primeras experiencias como operador en 1991, perdió dinero porque, debido a la manipulación de la información por parte de los operadores de otros bancos, el valor en el que se fijó el LIBOR era diferente de los tipos de interés que había visto realmente en su pantalla. Morgan Stanley no estaba entre los bancos que informaban de sus cotizaciones del LIBOR, pero, como señala Keenan, la práctica de la manipulación era perfectamente conocida por sus colegas, que sonreían ante su ingenuidad. En ese momento, el jefe de operaciones de tipos de interés en Morgan Stanley era Diamond, que ahora se sorprende de que el Barclays

se hubiera dedicado a ese tipo de prácticas. Según una investigación de la Financial Services Authority (FSA) en el Reino Unido, la manipulación del LIBOR por parte de los operadores era habitual; la FSA menciona 257 correos electrónicos que indican que se manipuló entre 2005 y 2009. Aparte de eso, en 2007–2008 los bancos realizaron un esfuerzo más coordinado para rebajar el tipo de interés deudor que declaraban con el fin de parecer más sólidos y tener menos dificultades de las que tenían realmente. Parece que los reguladores lo sabían. Véase «Timeline: Barclays' Widening Libor-Fixing Scandal», *BBC News Business*, BBC, 17 de julio de 2012. Para las cuestiones relacionadas con la fijación del LIBOR, véase Peter Eavis y Nathaniel Popper, «Libor Scandal Shows Many Flaws in Rate-Setting», *New York Times*, 19 de julio de 2012. Véase también «Libor's Trillion-Dollar Question,» editorial, Bloomberg, 27 de agosto de 2012.

5. En un editorial del *Financial Times* titulado «Shaming the Banks into Better Ways» del 28 de junio de 2012, se hace ese tipo de preguntas. Hayes (2012, pág. 100) analiza la «cultura de la mentira» en Wall Street. Das (2010, pág. 53) describe los derivados como el mundo de las «mentiras bonitas». Véase también Smith (2010).

6. En el verano de 2012, hubo numerosos escándalos, desde la pérdida por parte de JPMorgan Chase de cerca de 6.000 millones de dólares en operaciones con derivados en Londres hasta los bancos acusados de manipular a los ayuntamientos y los precios de la energía y de defraudar a los clientes. Además, dos fondos de alto riesgo se declararon en quiebra en Estados Unidos y, en ambos casos, se pusieron en peligro las cuentas de los clientes. El comportamiento en los mercados financieros se ha caracterizado a menudo durante siglos por la disposición a tomar atajos y a saltarse la ley con el objetivo de enriquecerse. Véase, por ejemplo, Perino (2010) para finales de los años veinte o Kindleberger y Aliber (2005) para una visión más general. Sin embargo, entre los años treinta y los setenta, las apuestas de los operadores fueron menores y parece que hubo menos posibilidades de abusar de la confianza. Para los acontecimientos ocurridos desde la década de 1980, véase Lewis (1990, 2010, 2011), Partnoy (2009, 2010), Das (2010) y Dunbar (2011). Véase también Greg Smith, «Why I'm Leaving Goldman Sachs», *New York Times*, 14 de marzo de 2012. Para una respuesta que sitúa el problema en perspectiva, véase Frank Partnoy, «Goldman's 'Muppets' Need Treating Like True Clients», *Financial Times*, 15 de marzo de 2012. Partnoy dice que «nadie debe esperar que los vendedores de derivados sean honorables, igual que nadie debe esperar que una cebra se quite las

rayas. Tampoco debemos ser comprensivos con los tesoreros de los ayuntamientos y con los gestores de los fondos de pensiones que sucumben a sus instintos animales y se sientan en la mesa de póquer cuando no deberían». Continúa insistiendo en la necesidad de regular los mercados de derivados.

7. La inmensa mayoría de los operadores son varones (véase, por ejemplo, «Women Sue Goldman, Claiming Pay and Jobs Bias», *New York Times*, 15 de septiembre de 2010; véase también «Keep Taking the Testosterone», *Financial Times*, 10 de febrero de 2012).

8. Véanse, por ejemplo, Lewis (1990), Partnoy (2009, capítulo 8), Das (2010, Capítulo 7), Rohatyn (2010) y Morgenson y Rosner (2011). Algunos de los comportamientos inmorales en la banca no son ilegales, pero suponen aprovecharse de la ignorancia de la gente y llevarla a asumir riesgos de los que no es consciente y que podría no ser capaz de asumir. Muchas personas, cuando invierten dinero, son especialmente vulnerables porque no están en condiciones de evaluar los riesgos. A menudo no se dan cuenta de que, si algo parece demasiado bueno para que sea cierto, como la obtención de elevados rendimientos con un riesgo escaso o nulo, lo más probable es que no sea cierto. Además, si un asesor de inversiones oculta la verdad, aunque solo sea un poco, o no menciona alguna información relevante, el fraude puede ser difícil de detectar. Para un ejemplo en el que es posible que incluso algunos de los banqueros implicados no comprendieran los riesgos, véase el artículo de Floyd Norris, «Buried in Details, a Warning to Investors» (*New York Times*, 2 de agosto de 2012). En el primer párrafo, afirma que «el banco que agrupó el inusual título obtuvo buenos resultados. Los clientes que lo compraron sufrieron grandes pérdidas. Parece que nadie —al menos ninguno de los que negociaron el título— comprendió los riesgos que estaban ocultos en la letra pequeña del folleto».

9. Según Barofsky (2012, pág. 8), «la 'adopción de un argumentario' era una táctica de eficacia probada en Washington: calificar el *statu quo* de éxito y después no tener en cuenta todas las pruebas que parecen indicar lo contrario».

10. Según el argumentario de los *beneficios*, las autoridades ayudaron a los mercados comprando activos a un bajo precio cuando los agentes del mercado habían perdido la confianza, y acabaron ganando dinero cuando retornó la confianza. Véase, por ejemplo, «New York Fed Sells Last of Its Bonds from AIG Bailouts», *New York Times*, 24 de agosto de 2012. Este artículo no tiene en cuenta el coste de la ayuda que se dio a Fannie Mae y Freddie Mac. El

coste de la intervención en Fannie y Freddie se estima en 151.000 millones de dólares (véase, por ejemplo, «U.S. Nets $25 Billion on Mortgage Debt», *Wall Street Journal,* 19 de marzo de 2012). Según las estimaciones, en abril de 2012 los contribuyentes aún debían 119.000 millones de dólares por las inversiones del TARP (véase «Billions in Loans Still in Doubt», *Wall Street Journal,* 25 de abril de 2012). El inspector general del TARP estimó que no se devolverán cerca de 10.000 millones de dólares pasados a cuentas incobrables por el Tesoro. Los supuestos beneficios tampoco tienen en cuenta los riesgos a los que se expuso a los contribuyentes. Como señalamos en el capítulo 9, las garantías y los préstamos que se dan a tipos inferiores a los de mercado también son una forma de subvención.

11.   El enorme coste de la crisis se ha analizado en la nota 19 del capítulo 1. En el caso de la sociedad, hay que distinguir entre el coste directo de conceder subvenciones dando garantías a un precio inferior al de mercado y garantías implícitas que pueden reclamarse en los rescates y las ayudas (analizados en el capítulo 9) y los daños colaterales que inflige una crisis financiera o la existencia de bancos en dificultades o insolventes, afectados por las ineficiencias del lado malo del endeudamiento que analizamos en el capítulo 3.

12.   Como señalamos en el capítulo 10, Gorton (2010) atribuye la crisis a retiradas masivas de fondos similares a las retiradas masivas de depósitos anteriores. El argumento de la liquidez se utilizó en las presiones que frustraron los intentos de reformar el sector de los fondos del mercado de dinero de Estados Unidos en 2012 (véase James Stewart, «Influence of Money Market Funds Ended Overhaul», *New York Times,* 7 de septiembre de 2012). En este artículo, se dice que «Vanguard también ha afirmado que la crisis de 2008 provocada por el Reserve Fund fue una crisis de liquidez».

13.   Según esta interpretación, el colapso de la liquidez provocado por las retiradas masivas de fondos interrumpió el flujo del dinero por la economía y el banco central tuvo que intervenir y dar dinero cuando y donde fue necesario. Como cabría esperar, al presidente Bernanke le encanta el argumentario de la liquidez (véase David Ignatius, «Ben Bernanke, Quiet Tiger at the Fed», *Washington Post,* 28 de mayo de 2009).

14.   Véanse, por ejemplo, Mehrling (2010) y Duffie (2012); Gorton (2010) compara la provisión de liquidez por parte del sistema financiero con la electricidad.

15.   Para las extensiones de las garantías públicas, véase Gorton (2010), y para el papel del banco central, véase Mehrling (2010).

16. Véanse Calomiris y Mason (1997) y Schnabel (2004).

17. Los primeros modelos de retiradas masivas en la teoría económica centraron la atención en el caso en el que una institución es solvente si nadie retira su dinero y todo el mundo sabe que eso es así. En este contexto, las retiradas masivas se deben necesariamente a un fallo de coordinación. Sin embargo, si la solvencia de la institución está en duda, la cuestión es cómo se podría reunir la información que poseen los diferentes inversores para poder evaluar mejor la solvencia de la institución. Una manera de hacerlo es dejar que los inversores se retiren cuando pierden la confianza (véanse Calomiris y Kahn, 1991; Morris y Shin, 1998; Goldstein y Pauzner, 2005; Hellwig, 2005, y Admati *et al.*, 2011, apartado 5).

18. Véanse Hellwig (2009) y Krishnamurthy *et al.* (2012). Como señalamos en las notas 45 y 54 del capítulo 10, los resultados de Krishnamurthy *et al.* (2012) demuestran que la versión más popular de la explicación de la crisis basada en la liquidez no se ajusta a los hechos. El «pánico de 2007», como lo llama Gorton (2010), se desató en el mercado de papel comercial con garantía de activos y no en el de repos (acuerdos de recompra) y dañó el sistema financiero porque los bancos comerciales afectados se quedaron sin capital, no sin liquidez. También debe señalarse que el auge y la caída de los mercados inmobiliarios de Irlanda y España fueron similares a la burbuja inmobiliaria de Estados Unidos. En Irlanda y España, las burbujas inmobiliarias también fueron alimentadas por la excesiva facilidad para conseguir créditos bancarios, pero las hipotecas estaban en los bancos que las habían concedido; no se titulizaron. Véanse los votos particulares de Hennessey, Holtz-Eakin y Thomas en el Financial Crisis Inquiry Report, en http://fcicstatic.law.stanford.edu/cdn_media/fcic-reports/fcic_final_report_hennessey_holtz-eakin_thomas_dissent.pdf, consultado el 18 de octubre de 2012. En ambos países, la ayuda pública evitó las retiradas masivas. Sin embargo, esta ayuda no eliminó los problemas subyacentes de solvencia. En ambos países, las pérdidas de los bancos y los problemas de solvencia resultantes fueron tan grandes que los gobiernos tuvieron que pedir ayuda al FMI y a otros miembros de la Unión Europea.

19. Esta es la conclusión que se extrae claramente del análisis de la historia de las crisis financieras de Reinhart y Rogoff (2009), que concluyen su libro diciendo: «Hemos vuelto al punto de partida, al concepto de fragilidad financiera en las economías que tienen un enorme endeudamiento. … Las economías muy apalancadas … raras veces sobreviven, sobre todo si el apalancamiento continúa aumentando desenfrenadamente. … Afortu-

nadamente, la historia sí da señales de alarma en las que pueden fijarse los responsables de la política económica para evaluar los riesgos, aunque solo sea para que no se emborrachen demasiado con su éxito alimentado por la burbuja del crédito». De la misma manera, Lawrence Summers, secretario del Tesoro de Estados Unidos desde 1999 hasta 2001, considera que «la creciente relevancia de las debilidades del sector financiero que vienen de lejos y que se deben a la combinación de una capitalización y supervisión insuficientes de los bancos y un apalancamiento y garantías excesivos, combinación que, junto con los préstamos destinados a determinados sectores, se ha recogido por medio del término *capitalismo clientelista*», es la causa fundamental de la mayoría de las crisis (Summers, 2000, pág. 5). Pasando a las retiradas masivas, Summers (2000, pág. 7) afirma que «no son provocadas por manchas solares; su probabilidad depende de la magnitud de las debilidades fundamentales», y concluye que la cuestión de «evitar las crisis es principalmente una cuestión de evitar las situaciones en las que prende la psicología de las retiradas masivas de depósitos bancarios, y eso dependerá mucho del reforzamiento de las instituciones básicas y de otras variables fundamentales». Véanse también King (2010) y Schularick y Taylor (2012).

20. Los riesgos se describen en Tett (2009), Lewis (2010, 2011), McLean y Nocera (2010), Morgenson y Rosner (2011), Dunbar (2011) y FCIC (2011). Barth *et al.* (2012) centran la atención especialmente en los fallos de la regulación.

21. Véanse Tett (2009), Mclean y Nocera (2010), Dunbar (2011), FCIC (2011) y Barth *et al.* (2012). En el capítulo 11 analizamos muchas de las cuestiones relacionadas con la elaboración y la aplicación de la regulación del capital.

22. La FCIC (2011, página ix) llega a la conclusión de que «el endeudamiento excesivo, unido a las inversiones de riesgo y a la falta de transparencia, acabó llevando al sistema financiero a la crisis». Acharya y Richardson (2009, capítulo 1) también atribuyen la crisis al elevado apalancamiento y a una expansión del crédito que llevaron a la insolvencia. Blundell-Wignall y Atkinson (2009) sostienen que la crisis fue una crisis de solvencia exacerbada por los problemas de liquidez. Véanse también las notas 18 y 19 de este capítulo, así como la nota 47 del capítulo 1.

23. Véase, por ejemplo, «Bernanke: Banking System Stronger, but Mortgage Credit Still Tight», *Dow Jones Business News,* 10 de mayo de 2012.

24. Véase el análisis de la primera parte del capítulo 11.

25. Este argumento fue expuesto inicialmente por Olson (1965, 1982). Stigler (1971) y Peltzman (1976) lo aplicaron a la política de la regulación de un

sector y Grossman y Helpman (1994) a la política de la protección de la competencia extranjera. Véanse también Wilson (1980) y Lessig (2011).

26. Véanse el análisis y la bibliografía del capítulo 12 sobre la captura de los reguladores.

27. Para el debate sobre las normas contables y sus conclusiones, véanse Carruth (2003) y Farber *et al.* (2007). Véanse también «High Anxiety: Accounting Proposal Stirs Unusual Uproar in Executive Suites», *Wall Street Journal*, 7 de marzo de 1994; «Stock Options Are Not a Free Lunch», *Forbes*, 18 de mayo de 1998, y las observaciones finales de Admati *et al.* (2011) sobre «la economía política de los argumentos falaces». Para los argumentos falsos de los grupos de presión de la banca, véase Jenkins (2011, 2012b).

28. En 2009, Nicholas Brady, secretario del Tesoro de Estados Unidos durante la administración de George H. W. Bush, que presidió el Presidential Task Force on Market Mechanisms tras la crisis bursátil de 1987, declaró que el presidente Obama había «despilfarrado» la crisis y calificado las propuestas reformistas de incoherentes (véase Edward Luce, «Obama 'Wasted' Reform Chances», *Financial Times*, 29 de junio de 2009). Esta sensación se expresa en algunos libros sobre la crisis, por ejemplo, en McLean y Nocera (2010), Dunbar (2011), Morgenson y Rosner (2011) y Ferguson (2012). Mayo (2011, págs. 2.928–2.932) señala que «lo verdaderamente vergonzoso de la crisis financiera no es que haya ocurrido. … No, lo verdaderamente vergonzoso de la Citi es que todos los factores causantes de los problemas durante su larga historia y especialmente durante la última década —la dudosa contabilidad, la separación del riesgo de la recompensa, la enorme remuneración de los ejecutivos— *siguen* estando ahí. Es como si no hubiéramos aprendido nada».

29. La afirmación que encabeza este apartado es una paráfrasis del último párrafo de una columna publicada el 26 de abril de 2013 en el *Wall Street Journal* por Eric Rosengren, presidente y director general del Banco de la Reserva Federal de Boston y titulada «Money-Market Funds Still Need Reform». Rosengren concluye diciendo que «aunque a menudo parece que la estabilidad financiera no tiene un electorado natural, ese electorado somos, en realidad, todos los que queremos evitar otro otoño de 2008 y sus consecuencias».

30. Para la erosion de Glass-Steagall, véanse, por ejemplo, Fink (2008), Partnoy (2009) y Johnson y Kwak (2010, capítulo 3).

31. Simon Johnson, «The Federal Reserve and the Libor Scandal», *New York Times*, 19 de julio de 2012, y Sudeep Reddy, «Congress Joins Libor Probes; Focus Includes U.S. Regulators Who Knew about Problem as Early as 2007'»,

Wall Street Journal, 10 de julio de 2012. Véase también «The Federal Reserve and the Libor Scandal», *New York Times,* 19 de julio de 2012. Para el Reino Unido, véase el Timetable de la BBC, http://www.bbc.co.uk/news/business-18671255, consultado el 15 de octubre de 2012.

32. «Financial Crimes Bedevil Prosecutors», *Wall Street Journal,* 6 de diciembre de 2011; «Federal Prosecution of Financial Fraud Falls to 20-Year Low, New Report Shows», *Huffington Post,* 11 de noviembre de 2011; Matt Taibi, «Why Isn't Wall Street in Jail?» *Rolling Stone,* 16 de febrero de 2011, y Hayes (2012, pág. 72).

33. La sentencia de 150 años de cárcel a la que fue condenado Madoff por estafar a miles de personas grandes cantidades de dinero durante muchos años es una excepción extrema y poco habitual.

34. Daniel Kaufman, «Judge Rakoff Challenge to the S.E.C.: Can Regulatory Capture Be Reversed?», Brookings Institution research opinion, 2 de diciembre de 2011, http://www.brookings.edu/research/opinions/2011/12/02-rakoff-challenge-kaufmann, consultado el 15 de octubre de 2012.

35. Lessig (2011) emplea el término «dependencias corruptoras» para describir relaciones como las de los miembros de los grupos de presión o los individuos ricos con los poderes públicos. Para la cuestión de la responsabilidad vista desde una perspectiva histórica, véase el artículo algo enigmático de Adrian R. Bell, «Libor Scandal Is No Match for Its Medieval Precedent», Bloomberg, 27 de julio de 2012, y «Should Crimes of Capital Get Capital Punishment?», *Wall Street Journal,* 27 de julio de 2012.

36. A Brandeis ([1914] 2009), cuyo libro se titula *Other People's Money and What Bankers Do with It* [«El dinero de los demás y lo que hacen los banqueros con él], le preocupaba principalmente el poder que daba a los banqueros el control del dinero. En cambio, a nosotros nos preocupan los riesgos inherentes a su manejo del dinero de los demás.

37. Véanse Cochrane (2005) y Korteweg y Sorensen (2010).

38. Para un análisis de la necesidad de centrar la atención en este objetivo sin permitir que interfieran otras cuestiones, véase Admati y Hellwig (2011b).

39. En la década de 1990, Argentina tuvo una caja de conversión que exigía que la emisión de pesos estuviera totalmente respaldada por dólares. Como el Gobierno no podía utilizar la imprenta del banco central, pedía préstamos a los bancos privados. En 2000–2001, cuando quedó claro que el endeudamiento público era insostenible, hubo una retirada masiva de depósitos de los bancos, porque la gente quería retirar los pesos para convertirlos en dólares antes de que se cambiara el sistema monetario. La retirada masiva

de depósitos provocó una grave crisis financiera y económica. El nivel de vida cayó radicalmente.

40. Véanse, por ejemplo, Johnson y Kwak (2010), Allison (2011) y Hoenig y Morris (2011). El Banco de la Reserva Federal de Dallas (2012) dedicó su informe anual de 2011 a una llamada a «acabar ya con el concepto de *demasiado grande para quebrar*. Existen otras pintorescas expresiones para describir estos bancos. Véanse, por ejemplo, Thomas Hoenig, «Too Big to Succeed», *New York Times,* 1 de diciembre de 2010; Sebastian Mallaby, «Woodrow Wilson Knew How to Beard Behemoths», *Financial Times,* 5 de julio de 2012; Patrick Jenkins, «Too Big to Be Trusted: Banks' Balance Shift s towards the Historical and Ethical», *Financial Times,* 17 de julio de 2012; Jim Wells, «Too Big to Behave, Not Too Big to Be Punished», *American Banker,* 20 de julio de 2012; y George Will, «Too Big to Maintain?» *Washington Post,* 12 de octubre de 2012. Hu (2012) analiza el problema de que los bancos sean «demasiado complejos para describirlos». Refiriéndose a Haldane (2012b), véase «Bank of England Official Likens Banks to Overgrown Elephant Seals», *Financial Times,* 25 de abril de 2012.

41. El riesgo es mayor cuando muchos bancos eligen estrategias parecidas. Si esperan que los supervisores y los bancos centrales sigan la política de *demasiado grande para quebrar,* es posible que quieran elegir realmente unas estrategias de préstamos con las que si estos son fallidos, todos quiebren al mismo tiempo y las autoridades tengan que enderezar el entuerto (véanse, por ejemplo, Acharya *et al.,* 2007, Acharya y Yorulmazer, 2008; y Farhi y Tirole, 2011). Tanto en la crisis de las S&L de Estados Unidos en los años ochenta como en la crisis bancaria japonesa de los años noventa y la crisis reciente de las cajas españolas (cajas de ahorros locales o regionales), han quebrado muchos bancos. Las crisis muestran que los rescates también pueden ser difíciles de evitar, si son muchos los bancos que tienen dificultades al mismo tiempo. Esos rescates no solo son caros, sino que, además, distorsionan los incentivos de los bancos, por lo que estos tienen motivos para asumir riesgos para que haya varias quiebras al mismo tiempo.

42. En la primera ronda, los daños afectaron a los acreedores a corto plazo, como los fondos del mercado de dinero y los fondos de alto riesgo, así como a los participantes en los mercados de derivados que esperaban que Lehman Brothers fuera un creador de mercado. Los efectos de la primera ronda tuvieron nuevas repercusiones, al abandonar masivamente los inversores otros bancos de inversión y los fondos del mercado de dinero y al bajar los precios en muchos mercados de activos.

43. Paradójicamente, Bear Stearns y Lehman Brothers estaban algo menos
    más regulados que los bancos comerciales y eso contribuyó a su caída. Al
    ser bancos de inversión puros, estaban regulados por la Securities and Ex-
    change Commission (SEC), que les permitió aplicar el método de Basilea
    II para calcular sus necesidades mínimas de capital, como a los bancos
    europeos. Como consecuencia, el endeudamiento y la asunción de riesgos
    de estos bancos llegaron a tales extremos que no pudieron absorber sus
    grandes pérdidas en 2007 y 2008. La quiebra de Lehman se analizó al final
    del capítulo 5.
44. Las permutas de incumplimiento crediticio estaban estructuradas de tal
    manera que AIG tenía que aportar garantías en efectivo, si se rebajaba la
    calificación de los títulos hipotecarios asegurados. Estos fueron los compro-
    misos que AIG no pudo cumplir y de los que se hizo cargo el Gobierno de
    Estados Unidos en su integridad. Véase Barofsky (2012).
45. Las interconexiones aumentarán, en realidad, si como consecuencia de las
    escisiones, una institución tiene que pedir préstamos a otra, mientras que
    antes las dos estaban bajo la misma institución matriz. Por ejemplo, con las
    leyes McFadden y Glass-Steagall de Estados Unidos, los bancos comerciales
    locales prestarían los fondos de algunos depositantes a los grandes bancos
    y los de otros a los bancos de inversión. En los bancos universales europeos
    que tienen grandes redes de sucursales, todos estos préstamos serían tran-
    sacciones internas. El problema último de controlar qué riesgos se asumen
    con el dinero es el mismo en ambos sistemas. Sin embargo, en un sistema
    en el que las unidades de banca comercial pueden decidir a qué se destinan
    los fondos de los depositantes, es probable que el control de los riesgos sea
    más eficaz que en un sistema en el que las unidades de banca de inversión
    llevan la batuta y pueden pedir los fondos que quieran al *precio* vigente que
    esté fijando la organización matriz. Para un ejemplo de cómo puede fallar
    en un banco universal el control de la banca de inversión por parte de los
    altos directivos, véase UBS (2008). Cabría pensar que el control de los ban-
    queros de inversión sería más estricto si tuvieran que obtener financiación
    a través de una relación de plena competencia con otra parte. Sin embargo,
    como señalamos en el capítulo 10, la financiación de bancos de inversión
    como Bear Stearns o Lehman Brothers en condiciones de plena compe-
    tencia por parte de fondos del mercado de dinero y de otras instituciones
    tampoco impuso mucha disciplina. Los sistemas estructurales que están a
    medio camino entre la total integración del tipo de UBS y la total separa-
    ción del tipo Glass-Steagall —por ejemplo, un sistema en el que la acep-

tación de depósitos y la banca de inversión estén en filiales distintas de la misma empresa matriz— podrían dar lugar a unas falsas relaciones de plena competencia entre las diferentes filiales. Un ejemplo de ese tipo de falsas relaciones de plena competencia es el sistema de bancos públicos alemanes, en el que las cajas de ahorros locales, que son activas en la banca minorista, obtienen más fondos de los depositantes de los que pueden utilizar ellas mismas e invierten automáticamente una gran parte de los fondos que les sobran en los Landesbanken, que se dedican fundamentalmente a la banca de inversión. En cualquier sistema, la cuestión clave es cómo garantizar la gobernanza adecuada de la financiación de las actividades de riesgo de la banca de inversión.

46. Los intentos de crear cámaras centrales de compensación para los derivados podrían crear, en realidad, nuevas instituciones de importancia sistémica especialmente peligrosas. El hecho de ser propiedad de los bancos participantes haría que estuvieran estrechamente conectadas. Es esencial que tengan suficiente capacidad para absorber las pérdidas sin necesidad de ayuda de los bancos o del Estado. Sería fundamental regularlas eficazmente. Si se negociaran más derivados en los mercados, eso podría aumentar la estabilidad financiera sin perjudicar mucho a la economía. Véase Levitin (2013) para un análisis de las cámaras de compensación.

47. Véase Admati y Hellwig (2011b).

48. Como señalamos en el capítulo 11, es engañoso utilizar el tamaño que tienen actualmente los bancos o el sector bancario para calcular las cantidades astronómicas de nuevo capital que entrañarían supuestamente esos requisitos. Los niveles de capital se pueden alcanzar, aunque el sector o sus bancos disminuyan mucho de tamaño, ya que la dimensión actual de los bancos y del sector puede no ser eficiente para la sociedad. Como señalamos en los capítulos 11 y 12, no podemos decir qué tamaño debería tener el sector, debido a las distorsiones existentes provocadas por las subvenciones y a la dañina fragilidad del sistema. Los bancos tienen un considerable volumen de deuda que no forma parte de su negocio y que parece que tiene un precio inferior al de mercado. Con más capital, los costes de financiación de los bancos serían acordes con la economía en su conjunto y el tamaño de los bancos y del sector se determinarían en un mercado menos distorsionado.

49. Las citas proceden de Turner (2010, págs. 5 y 57, respectivamente). En un sentido parecido, Haldane *et al.* (2010), en un artículo que lleva el provocativo título de «What Is the Contribution of the Financial Sector: Miracle

or Mirage?», subrayan la necesidad de que se ajusten las medidas de los resultados de los bancos para tener en cuenta el riesgo, como señalamos en el capítulo 8. Tanto Turner como Andrew Haldane, director de estabilidad financiera del Banco de Inglaterra, abogan por que se eleven las necesidades mínimas de capital y consideran que es un elemento clave de la reforma financiera. Véase también Haldane (2012a, c).

50. Como se señala en el capítulo 11 y en Admati *et al.* (2012a), las necesidades mínimas de capital que se especifican en porcentaje de capital en relación con los activos ponderados por el riesgo pueden provocar una disminución ineficiente de los préstamos. Por tanto, la transición a unos niveles de capital más altos debe ser gestionada por los reguladores para evitar este efecto.

51. Esta cuestión se analizó en la última parte del capítulo 8.

52. Por ejemplo, Kashyap *et al.* (2010) advierten de que el aumento de las necesidades mínimas de capital originará la emigración del riesgo del sistema regulado y aumentará la fragilidad global. Patrick Jenkins *et al.*, en «New Forces Emerge from the Shadows» (*Financial Times*, 10 de abril de 2012), citan la advertencia de los directores generales de que el endurecimiento de la regulación se llevará la actividad al sistema bancario en la sombra. En el capítulo 10, desacreditamos la idea de que el sistema bancario en la sombra existente es eficiente. Ese sistema se ha desarrollado principalmente para eludir la regulación, y la acumulación de fragilidad en este sistema se debe a los incentivos distorsionados y a una carrera desenfrenada por el endeudamiento que son ineficientes.

53. Para una visión panorámica del sistema bancario en la sombra, que incluye los fondos de alto riesgo, los vehículos especiales de financiación y otras entidades, véanse Pozsar *et al.* (2010), Acharya *et al.* (2010, parte III), FCIC (2011, capítulo 2) y FSB (2012). Como señalamos en el capítulo 4 (véase la nota 27) y en el 10 (véase la nota 46), los fondos de inversión del mercado de dinero se desarrollaron en los años setenta para soslayar la regulación de los bancos comerciales y de las cajas de ahorros. Estos fondos están regulados por la SEC, lo cual significa que están muy poco regulados en relación con los bancos y operan con pocas restricciones. Se puede decir que la preocupación por la banca en la sombra y el llamado *arbitraje regulador* se remonta a la creación de los fondos del mercado de dinero. Desde entonces, los reguladores temen que la regulación de los bancos provoque la sustitución de los bancos regulados por nuevas instituciones no reguladas. El problema de la aplicación de la legislación es especialmente difícil en Estados Unidos, ya que el sistema regulador está muy fragmentado. El Fi-

nancial Stability Oversight Council está autorizado por la ley Dodd-Frank para llevar a cabo una «amplia supervisión para garantizar la estabilidad» del sistema financiero de Estados Unidos, con la idea de eliminar los vacíos de la legislación (véase http://www.treasury.gov/initiatives/fsoc/Pages/default.aspx, consultado el 22 de octubre de 2012).

54. FCIC (2011, pág. xviii). Véase también Tett (2009), McLean y Nocera (2010), Morgenson y Rosner (2011) y especialmente Dunbar (2011) y Barth *et al.* (2012). Thiemann (2012) analiza la política que hay detrás de la pasividad de los supervisores en diferentes países.

55. Véanse Hellwig (2009), FCIC (2011, capítulo 10) y Acharya *et al.* (de próxima aparición). Algunas veces las afiliaciones eran indirectas como, por ejemplo, en el caso de los fondos del mercado de dinero que tenían vehículos especiales de financiación, que tuvieron que ser ayudados por los grandes bancos, como describe la FCIC (2011, capítulo 13). Véase también Jonathan Weil, «Citigroup SIV Accounting Looks Tough to Defend», *Bloomberg*, 24 de octubre de 2007. Ang et al. (2011) muestran que los fondos de alto riesgo independientes estaban poco apalancados durante la crisis en comparación con otras entidades del sistema bancario en la sombra que estaban afiliadas a bancos regulados.

56. Véase la bibliografía de las dos notas anteriores. Los supervisores podrían haber invocado las normas que prohíben a los bancos asumir grandes riesgos con un único socio con el fin de limitar las garantías que dan a sus vehículos especiales de financiación. Eso habría limitado radicalmente la financiación de estos vehículos.

57. Así sucede con los derivados y los llamados repos. Las leyes sobre la rehipotecación también pueden plantear problemas (véanse la nota 55 del capítulo 10 y la nota 88 del capítulo 11).

58. Véase el capítulo 12.

59. O podrían estar directamente bajo las órdenes del Gobierno, como ocurre en muchos países europeos.

60. En este contexto, es importante encontrar la manera de mejorar los incentivos de los supervisores y los reguladores y de luchar contra los efectos de la captación de los reguladores. Kane (2012a, 2012c) y Barth *et al.* (2012) proponen algunos útiles enfoques.

61. Peter Lattman, «A Jury's Message for Wall Street», *New York Times,* 4 de agosto de 2012. El directivo fue condenado, pero la defensa y el jurado se preguntaron por qué no se habían presentado cargos contra los directivos de mayor rango.

Bibliografía

Academic Advisory Committee, 2010, «Reform der Bankenregulierung und Bankenaufsicht nach der Finanzkrise» "La reforma de la regulación bancaria y supervisión bancaria después de la crisis", informe para el Ministerio Federal de Economía y Tecnología de Alemania, Berlín, mayo, http://www.bmwi.de/DE/Mediathek/publikationen,did=344680.html.

Acemoglu, Daron, y James Robinson, 2012, *Why Nations Fail: The Origins of Power, Prosperity, and Poverty*, Nueva York, Crown Publishers.

Acharya, Viral, y Matthew Richardson, 2009, *Restoring Financial Stability*, Nueva York, John Wiley and Sons.

Acharya, Viral V., y Sascha Steffen, 2012, «The 'Greatest' Carry Trade Ever? Understanding Eurozone Bank Risks», documento de trabajo, Stern School of Business, New York University, Nueva York, y European School of Management and Technology, Berlín.

Acharya, Viral V., y Tanju Yorulmazer, 2008, «Information Contagion and Bank Herding», *Journal of Money, Credit, and Banking*, 40, págs. 215-231.

Acharya, Viral V., Demos Gromb y Tanju Yorulmazer, 2007, «Too Many to Fail—An Analysis of Time-Inconsistency in Bank Closure Policies», *Journal of Financial Intermediation*, 16 (1), págs. 1-31.

Acharya, Viral V., Thomas F. Cooley, Matthew P. Richardson e Ingo Walter (comps.), 2010, *Regulating Wall Street: The Dodd-Frank Act and the New Architecture of Global Finance*, Nueva York, John Wiley and Sons.

Acharya, Viral V., Matthew Richardson, Stijn van Nieuwerburgh y Lawrence J. White, 2011a, *Guaranteed to Fail: Fannie Mae, Freddie Mac, and the Debacle of Mortgage Finance*, Princeton, NJ, Princeton University Press.

Acharya, Viral V., Irvind Gujral, Nirupama Kulkarni y Hyun Song Shin, 2011b, «Dividends and Bank Capital in the Financial Crisis of 2007–2009», NBER Working Paper 16896. National Bureau of Economic Research, Cambridge, MA.

Acharya, Viral V., Philipp Schnabl y Gustavo Suárez, «Securitization without Risk Transfer», *Journal of Financial Economics*, de próxima aparición.

Acheson, Greame G., Charles R. Hickson y John D. Turner, 2010, «Does Limited Liability Matter? Evidence from Nineteenth-Century British Banking», *Review of Law and Economics*, 6 (2), págs. 247–273.

Ackermann, Josef, 2010, «The New Architecture of Financial Regulation: Will It Prevent Another Crisis?» LSE Special Discussion Paper 194. London School of Economics, Londres.

Adams, Renee, 2011, «Who Directs the Fed?» documento de trabajo, Business School, University of Queensland, Australia.

Admati, Anat, 2010, «Comments on Proposal to Ensure the Loss Absorbency of Regulatory Capital at the Point of Non-viability: Consultative Document of the Basel Committee on Banking Supervision, August 2010», Stanford Graduate School of Business, Stanford, CA, 1 de octubre, http://www.gsb.stanford.edu/sites/default/files/research/documents/ AdmaticommentsforBaselCommitteeOct12010.pdf; consultado el 23 de octubre de 2012.

Admati, Anat R., y Martin F. Hellwig, 2011a, «Comments to the UK

Independent Commission on Banking,» 4 de julio, http://www.gsb.
stanford.edu/sites/default/files/research/documents/ICB_Adma-
ti_Hellwig.pdf; consultado el 23 de octubre de 2012.

————, 2011b, «Good Banking Regulation Needs Clear Focus, Sensible Tools, and Political Will», documento de trabajo, Stanford Graduate School of Business, Stanford, CA, e International Center for
Financial Regulation, Londres.

Admati, Anat R., Peter M. DeMarzo, Martin F. Hellwig y Paul Pfleiderer, 2011, «Fallacies, Irrelevant Facts, and Myths in the Discussion
of Capital Regulation: Why Bank Equity Is *Not* Expensive», Working
Paper 86, Rock Center for Corporate Governance at Stanford University, y Research Paper 2065, Stanford Graduate School of Business,
Stanford, CA; prepublicación 2010/42, Max Planck Institute for Research on Collective Goods, Bonn, Alemania.

————, 2012a, «Debt Overhang and Capital Regulation», documen-
to de trabajo, Rock Center for Corporate Governance at Stanford
University; y trabajo de investigación, Stanford Graduate School of
Business, Stanford, CA; Preprint 2012/05, Max Planck Institute for
Research on Collective Goods, Bonn, Alemania.

————, 2012b, «Comments to the Federal Reserve on Sections 165
and 166 of the Dodd-Frank Act», presentado en la Reserva Federal,
30 de abril, http://www.gsb.stanford.edu/ sites/default/files/re-
search/documents/Capital%20Regulation%20Summary.pdf; consultado el 23 de octubre de 2012.

Admati, Anat, Peter Conti-Brown y Paul Pfleiderer, 2012c, «Liability
Holding Companies», *UCLA Law Review*, 852, págs. 852–913.

Agarwal, Sumit, Gene Amromin, Itzhak Ben-David, Souphala Chom-
sisengphet y Douglas Evanoff, 2011, «The Role of Securitization in
Mortgage Renegotiation», *Journal of Financial Economics*, 102 (3),
págs. 559–578.

Ahamed, Liaquat, 2009, *Lords of Finance*, Nueva York, Penguin.

Aiyar, Shekhar, Charles W. Calomiris y Tomasz Wieladek, 2012, «Does Macro-Pru Leak? Evidence from a UK Policy Experiment», NBER Working Paper 17822, National Bureau of Economic Research, Cambridge, MA.

Akerlof, George A., 1970, «The Market for «Lemons»: Quality Uncertainty and the Market Mechanism», *Quarterly Journal of Economics*, 84 (3), págs. 488–500.

Akerlof, George A., y Paul M. Romer, 1993, «Looting: The Economic Underworld of Bankruptcy for Profit», *Brookings Papers on Economic Activity*, 1993 (2), págs. 1–73.

Alesina, Alberto y Lawrence J. Summers, 1993, «Central Bank Independence and Macroeconomic Performance: Some Comparative Evidence», *Journal of Money, Credit, and Banking*, 25 (2), págs. 151–162.

Alessandri, Piergiorgio, y Andrew G. Haldane, 2009, «Banking on the State», artículo presentado en la 12th Annual International Banking Conference del Banco de la Reserva Federal de Chicago, 25 de septiembre.

Allen, William, Reinier Kraakman y Guhan Subramanian, 2009, *Commentaries and Cases on the Law of Business Organization*, Richland Hills, TX, Aspen, 3ª ed.

Allison, Herbert M., 2011, *The Megabanks Mess*, Kindle Single, Seattle, Amazon Digital Services.

Anderson, Ronald W., y Karin Jöeveer, 2012, «Bankers and Bank Investors: Reconsidering the Economies of Scale in Banking», Financial Markets Group Discussion Paper 712, London School of Economics.

Ang, Andrew, Sergey Gorovyy y Gregory B. van Inwegen, 2011, «Hedge Fund Leverage», NBER Working Paper 16801, National Bureau of Economic Research, Cambridge, MA.

Angelini, Paolo, Laurent Clerc, Vasco Cúrdia, Leonardo Gambacorta, Andrea Gerali, Alberto Locarno, Roberto Motto, Werner Roeger, Skander Van den Heuvel y Jan Vl ek, 2011, «Basel III: Long-Term Impact on Economic Performance and Fluctuation», Staff Report 485, Banco de la Reserva Federal de Nueva York, Nueva York.

Aron, Janine, y John Muellbauer, 2010, «The Second UK Mortgage Crisis: Modelling and Forecasting Mortgage Arrears and Possessions», Oxford Housing Seminar, Nuffield College, Oxford University, Oxford, Inglaterra, 26 de febrero.

Bagehot, Walter, [1873] 1906, *Lombard Street: A Description of the Money Market*, Nueva York, Charles Scribner's Sons.

Bair, Sheila, 2012, *Bull by the Horns: Fighting to Save Main Street from Wall Street and Wall Street from Itself*, Nueva York, Free Press.

Baker, H. Kent, 2009, «Cross-Country Determinants of Payout Policy: European Firms», en *Dividends and Dividend Policy*, Hoboken, NJ, John Wiley and Sons.

Baltensperger, E., y Jean Dermine, 1987, «Banking Deregulation in Europe», *Economic Policy*, 2 (4), págs. 63–109.

Banco de la Reserva Federal de Dallas, 2012, «Choosing the Road to Prosperity: Why We Must End Too Big to Fail Now», informe anual de 2011, Dallas.

Barofsky, Neil, 2012, *Bailout: An Inside Account of How Washington Abandoned Main Street while Rescuing Wall Street*, Nueva York, Free Press.

Barth, James R., y Martin A. Regalia, 1988, «The Evolving Role of Regulation in the Savings and Loan Industry», en Catherine England y Thomas Huertas (comps.), *The Financial Services Revolution: Policy Directions for the Future*, Boston, Kluwer, págs. 113–161.

Barth, James R., Gerard Caprio Jr. y Ross Levine, 2012, *Guardians of Finance: Making Regulators Work for Us*, Cambridge, MA, MIT Press.

Barth, Mary E., y Wayne R. Landsman, 2010, «How Did Financial Reporting Contribute to the Financial Crisis?» *European Accounting Review*, 19 (3), págs. 1–25.

Beattie, Vivien, Charles Sutcliffe, Richard Dale, Peter Casson y George McKenzie, 1995, *Banks and Bad Debts: Accounting for Loan Losses in International Banking*, Londres, John Wiley.

Beaver, William H. y Ellen E. Engel, 1996, «Discretionary Behavior with Respect to Allowance for Loan Losses and the Behavior of Securities Prices», *Journal of Accounting and Economics*, 22, págs. 177–206.

Bebchuk, Lucian A. y Holger Spamann, 2010, «Regulating Bankers' Pay», *Georgetown Law Journal*, 98, (2), págs. 247–287.

Bebchuk, Lucian A., Alma Cohen y Holger Spamann, 2010, «The Wages of Failure: Executive Compensation at Bear Stearns and Lehman 2000–2008», *Yale Journal of Regulation*, 27, págs. 257–282.

Ben-David, Itzhak, 2011, «Financial Constraints and Inflated Home Prices during the Real-Estate Boom», *American Economic Journal: Applied Economics*, 3 (3), págs. 55–78.

Benston, George J., Mike Carhill y Brian Olasov, 1991, «The Failure and Survival of Thrifts: Evidence from the Southeast», en R. Glenn Hubbard (comp.), *Financial Markets and Financial Crises*, Chicago, University of Chicago Press.

Berger, Allen N., William C. Hunter y Stephen G. Timme, 1993, «The Efficiency of Financial Institutions: A Review and Preview of Research Past, Present, and Future», *Journal of Banking and Finance*, 17, págs. 221–249.

Berger, Allen N., Richard J. Herring y Giorgio P. Szegö, 1995, «The Role of Capital in Financial Institutions», *Journal of Banking and Finance*, 19, págs. 393–430.

Berglöf, Erik, y H. Sjögren, 1998, «Combining Control-Oriented and

Arm's-Length Finance–Evidence from Main Bank Relationships in Sweden», en Klaus J. Hopt, Hideki Kanda, Mark J. Roe, Eddy Wymeersh y Stefan Progge (comps.), *Comparative Corporate Governance: The State of the Art and Emerging Research,* Oxford, Inglaterra, Oxford University Press.

Berk, Jonathan, y Peter DeMarzo, 2011, *Corporate Finance,* Englewood Cliffs, NJ, Prentice Hall, 2ª ed.

Bernanke, Ben S., 1983, «Nonmonetary Effects of the Financial Crisis in Propagation of the Great Depression», *American Economic Review,* 73 (3), págs. 257–276.

————, 1995, «The Macroeconomics of the Great Depression: A Comparative Approach», *Journal of Money, Credit, and Banking,* 27 (1), págs. 1–28.

Bernanke, Ben S., y Cara S. Lown, 1991, «The Credit Crunch», *Brookings Papers on Economic Activity,* 22 (2), págs. 205–248.

Bernanke, Ben, Mark Gertler y Simon Gilchrist, 1996, «The Financial Accelerator and the Flight to Quality», *Review of Economics and Statistics,* 78 (1), págs. 1–15.

Berra, Yogi, 1998, *The Yogi Berra Book,* Little Falls, NJ, LTD Enterprises.

Better Markets, 2012, «The Costs of the Financial Crisis», en http://bettermarkets.com/sites/default/fi les/Cost%20Of%20Th e%20Crisis_1.pdf. Consultado el 22 de septiembre de 2012.

Bhagat, Sanjai, y Brian Bolton, 2011, «Bank Executive Compensation and Capital Requirements Reform», documento de trabajo, University of Colorado, Boulder.

Bhide, Amar, 2010, *Call for Judgment: Sensible Finance for a Dynamic Economy,* Oxford, Inglaterra, Oxford University Press.

Black, Fischer, y Myron S. Scholes, 1973, «The Pricing of Options and Corporate Liabilities», *Journal of Political Economy*, 81 (3), págs. 637–654.

Blattner, Niklaus, 1995, «Panel Discussion—Statements and Comments», *Swiss Journal of Economics and Statistics*, 131, págs. 819–830.

Blundell-Wignall, Adrian, y Paul Atkinson, 2009, «Origins of the Financial Crisis and Requirements for Reform», *Journal of Asian Economics*, 20 (5), págs. 536–548.

Bolton, Patrick, y Xavier Freixas, 2006, «Corporate Finance and the Monetary Transmission Mechanism», *Review of Financial Studies*, 19, págs. 829–870.

Bolton, Patrick, y Martin Oehmke, 2012, «Should Derivatives Be Privileged in Bankruptcy?» documento de trabajo, Columbia University, Nueva York, 3 de julio.

Boot, Arnoud, 2011, «Banking at the Cross Roads: How to Deal with Marketability and Complexity?», Amsterdam Business School, University of Amsterdam; Centre for Economic Policy Research (CEPR), y Tinbergen Institute, Amsterdam.

Borges, Antonio, 1990, «Portuguese Banking in the Single European Market», en Jean Dermine (comp.), *European Banking in the 1990s*, Oxford, Inglaterra, Blackwell, págs. 325–343.

Bowman, William D., 1937, *The Story of the Bank of England*, Londres, Jenkins.

Boyd, John H., y Gianni De Nicolò, 2005, «The Theory of Bank Risk Taking and Competition Revisited», *Journal of Finance*, 60 (3), págs. 1.329–1.343.

Boyd, John H., y Mark Gertler, 1994, «The Role of Large Banks in the Recent US Banking Crisis», *Federal Reserve Bank of Minneapolis Quarterly Review*, 18 (1), págs. 2–21.

Boyd, John H., y Amanda Heitz, 2011, «The Social Costs and Benefits of Too-Big-to-Fail Banks: A Bounding Exercise», documento de trabajo, University of Minnesota, Minneapolis.

BPI (Banco de Pagos Internacionales), 2008, *78th Annual Report, 1 April, 2007–31 March, 2008*, Basilea.

———, 2009, *79th Annual Report, 1 April, 2008–31 March, 2009*, Basilea.

———, 2012, *82nd Annual Report, 1 April 2011–31 March 2012*, Basilea.

Brady, Stephanie A., Ken E. Anadu y Nathaniel R. Cooper, 2012, «The Stability of Prime Money Market Funds: Sponsor Support from 2007 to 2011», Working Paper RPA12-3, Banco de la Reserva Federal de Boston, Boston, agosto.

Brandeis, Louis Dembitz, [1914] 2010, *Other People's Money, and How the Bankers Use It*, Nueva York, Fredrick A. Stokes, reimpreso en Seattle, Amazon Digital Services.

Brealey, Richard A., 2006, «Basel II: The Route Ahead or Cul-de-Sac?», *Journal of Applied Corporate Finance*, 4, págs. 34–43.

Brealey, Richard A., Ian A. Cooper y Evi Kaplanis, 2011, «International Propagation of the Credit Crisis», multicopiado, London Business School, Londres.

Brewer, Elijah, y Julapa A. Jagtiani, 2009, «How Much Did Banks Pay to Become Too-Big-to-Fail and to Become Systemically Important?» Working Paper 09-34, Banco de la Reserva Federal de Filadelfia, Filadelfia.

Bruni, Franco, 1990, «Banking and Financial Reregulation: The Italian Case», en Jean Dermine (comp.), *European Banking in the 1990s*, Oxford, Inglaterra, Blackwell, págs. 241–267.

Brunnermeier, Markus, 2009, «Deciphering the Liquidity and Credit Crunch, 2007–08», *Journal of Economic Perspectives*, 23 (1), págs. 77–100.

Brunnermeier, Markus K. y Martin Oehmke, «The Maturity Rat Race», *Journal of Finance,* de próxima aparición.

Bryant, John, 1980, «A Model of Reserves, Bank Runs, and Deposit Insurance», *Journal of Banking and Finance,* 4, págs. 335–344.

Buch, Claudia M., y Esteban Prieto, 2012, «Do Better Capitalized Banks Lend Less? Long-Run Panel Evidence from Germany», Working Papers in Economics and Finance 37, Faculty of Economics and Social Sciences, Universidad de Tubinga, Tubinga, Alemania.

Burnside, Craig, 2011, «Carry Trades and Risk», NBER Working Paper 17278, National Bureau of Economic Research, Cambridge, MA.

Calomiris, Charles W. y Gary Gorton, 1991, «The Origins of Banking Panics: Models, Facts and Bank Regulation», en R. Glenn Hubbard (comp.), *Financial Markets and Financial Crises,* Chicago, University of Chicago Press, págs. 109–173.

Calomiris, Charles W. y Richard J. Herring, 2011, «Why and How to Design a Contingent Convertible Debt Requirement», documento de trabajo, Finance Department, University of Pennsylvania (Filadelfia) y Columbia Business School, Columbia University (Nueva York).

Calomiris, Charles W. y Charles M. Kahn, 1991, «The Role of Demandable Debt in Structuring Optimal Banking Arrangements», *American Economic Review,* 81, págs. 497–513.

Calomiris, Charles W., y Joseph R. Mason, 1997, «Contagion and Bank Failures during the Great Depression: The June 1932 Chicago Banking Panic», *American Economic Review,* 87 (5), págs. 863–883.

Caminal, Ramon, Jordi Gual y Xavier Vives, 1990, «Competition in Spanish Banking», en Jean Dermine (comp.), *European Banking in the 1990s,* Oxford, Inglaterra, Blackwell, págs. 271–321.

Campbell, John J., Stefano Giglio y Parag Pathak, 2011, «Forced Sales and House Prices», *American Economic Review,* 101 (5), págs. 2.108–2.131.

Caprio, Gerald, y Daniela Klingebiel, 1996, «Bank Insolvencies, Cross-Country Experiences», Policy Research Working Paper 1620, Banco Mundial, Washington, DC.

———,1997, «Bank Insolvency: Bad Luck, Bad Policy, or Bad Banking?», artículo escrito para la Annual World Bank Conference on Development Economics, 25–26 de abril de 1996.

Carbo-Valverde, Santiago, Edward J. Kane y Francisco Rodríguez-Fernández, 2011, «Safety-Net Benefit Conferred on Difficult-to-Fail-and-Unwind Banks in the US and EU before and during the Great Recession», documento de trabajo, Department of Finance, Boston College, Boston.

Carruth, Paul J., 2003, «Accounting for Stock Options: A Historical Perspective», *Journal of Business and Economics Research*, 1 (5), págs. 9–14.

CCE (Comisión de las Comunidades Europeas), 1988, *Research on the Costs of Non-Europe: Basic Findings*, vol. 9, ciudad de Luxemburgo.

Cecchetti, Stephen G., 2009, «Crisis and Responses: The Federal Reserve in the Early Stages of the Financial Crisis», *Journal of Economic Perspectives*, 23 (1), págs. 51–75.

Cochrane, John H., 2005, «The Risk and Return of Venture Capital», *Journal of Financial Economics*, 75, págs. 3–52.

Cohan, William D., 2012, *Money and Power: How Goldman Sachs Came to Rule the World*, Nueva York, Anchor.

Cole, Rebel A., 2012, «How Did the Financial Crisis Affect Small-Business Lending in the U.S.?» estudio de investigación, U.S. Small Business Administration, Washington, DC.

Conti-Brown, Peter, y David Skeel (comps.), 2012, *When States Go Broke: The Origins, Context, and Solutions for the American States in Fiscal Crisis*, Nueva York, Cambridge University Press.

Copeland, Adam, Antoine Martin y Michael Walker, 2012, «Repo Runs: Evidence from the Tri-Party Repo Market», Staff Report 506, Banco de la Reserva Federal de Nueva York, Nueva York.

Cornford, F. M., 1908, *Microcosmographia Academica*, Cambridge, Inglaterra, Bowes & Bowes.

Crandall, Robert W., 1991, *After the Breakup: U.S. Telecommunications in a More Competitive Era*, Washington, DC, Brookings Institution.

CSBB (Comité de Supervisión Bancaria de Basilea), 2004, «International Convergence of Capital Measurement and Capital Standards: A Revised Framework», Discussion Paper 107, Banco de Pagos Internacionales, Basilea, junio.

———, 2010a, «An Assessment of the Long-Term Economic Impact of Stronger Capital and Liquidity Requirements», Discussion Paper 173, Banco de Pagos Internacionales, Basilea, agosto.

———, 2010b, «Proposal to Ensure the Loss Absorbency of Regulatory Capital at the Point of Non-viability—Consultative Document», Discussion Paper 174, Banco de Pagos Internacionales, Basilea.

———, 2010c, «The Basel Committee's Response to the Financial Crisis: Report to the G20», Discussion Paper 179, Banco de Pagos Internacionales, Basilea.

———, 2010d, «Calibrating Regulatory Minimum Capital Requirements and Capital Buffers: A Top-Down Approach», Discussion Paper 180, Banco de Pagos Internacionales, Basilea.

———, 2010e, «Basel III: A Global Regulatory Framework for More Resilient Banks and Banking Systems», Discussion Paper 189, Banco de Pagos Internacionales, Basilea.

———, 2011a, «Resolution Policies and Frameworks—Progress So Far», Discussion Paper 200, Banco de Pagos Internacionales, Basilea.

————, 2011b, «Global Systemically Important Banks: Assessment Methodology and the Additional Loss Absorbency Requirement», Discussion Paper 201, Banco de Pagos Internacionales, Basilea.

————, 2011c, «Important Banks: Assessment Methodology and the Additional Loss Absorbency Requirement», Discussion Paper 207, Banco de Pagos Internacionales, Basilea.

————, 2012, «A Framework for Dealing with Domestic Systemically Important Banks», Discussion Paper 233, Banco de Pagos Internacionales, Basilea.

CTC (Comité Técnico Consultivo de la Junta Europea de Riesgo Sistémico), 2012, «Forbearance, Resolution, and Deposit Insurance», informe 1, Francfort, Alemania, julio.

Cumming, Christine, y Robert A. Eisenbeis, 2010, «Resolving Troubled Systemically Important Cross-Border Financial Institutions: Is a New Corporate Organizational Form Required?» Staff Report 457, Banco de la Reserva Federal de Nueva York.

Curry, Timothy, y Lynn Shibut, 2000, «The Costs of the Savings and Loan Crisis: Truth and Consequences», *FDIC Banking Review*, 13, págs. 26–35.

Das, Satyajit, 2010, *Traders, Guns and Money: Knowns and Unknowns in the Dazzling World of Derivatives*, ed. rev. Financial Times Series, Englewood Cliffs, NJ, Prentice Hall.

————, 2011, *Extreme Money: Masters of the Universe and the Cult of Risk*, Upper Saddle River, NJ, FT Press.

Davies, Richard y Belinda Tracey, 2012, «Too Big to Be Efficient? The Impact of Implicit Funding Subsidies on Scale Economies in Banking», documento de trabajo, Banco de Inglaterra, Londres.

Davydenko, Sergei A., Ilya A. Strebulaev y Xiaofei Zhao, 2012, «A Market-Based Study of the Cost of Default», *Review of Financial Studies*, 25 (10), págs. 2.599–2.999.

De Mooij, Ruud A., 2011, «Tax Biases to Debt Finance: Assessing the Problem, Finding Solutions», IMF staff discussion note, Fondo Monetario Internacional, Washington, DC, 3 de mayo.

Dell'Ariccia, Giovanni, Luc Laeven y Deniz Igan, 2008, «Credit Booms and Lending Standards: Evidence from the Subprime Mortgage Market», IMF Working Paper 08/106, Fondo Monetario Internacional, Washington, DC.

Demirgüç-Kunt, Asli, Edward J. Kane y Luc Laeven, 2008, «Determinants of Deposit-Insurance Adoption and Design», *Journal of Financial Intermediation*, 17 (3), págs. 407–438.

Demirgüç-Kunt, Asli, Enrica Detragiache y Ouarda Merrouche, 2010, «Bank Capital: Lessons from the Financial Crisis», Policy Research Working Paper 5473, Banco Mundial, Washington, DC.

Demyanyk, Yuliya y Otto Van Hemert, 2009, «Understanding the Subprime Mortgage Crisis», *Review of Financial Studies*, 24 (6), 1.848–1.880.

Dermine, Jean, 1990, *European Banking in the 1990s*, Oxford, Inglaterra, Blackwell.

Dewatripont, Mathias y Jean Tirole, 1994, *The Prudential Regulation of Banks*, Cambridge, MA, MIT Press.

———, «Macroeconomic Shocks and Banking Regulation», *Journal of Money, Credit and Banking*, de próxima aparición.

Diamond, Douglas W., 1984, «Financial Intermediation and Delegated Monitoring», *Review of Economic Studies*, 51, págs. 193–414.

———, 1991, «Monitoring and Reputation: The Choice between Bank Loans and Directly Placed Debt», *Journal of Political Economy*, 99 (4), págs. 689–721.

Diamond, Douglas W., y Phillip H. Dybvig, 1983, «Bank Runs, Deposit Insurance, and Liquidity», *Journal of Political Economy*, 91, págs. 401–419.

Diamond, Douglas W., y Raghuram G. Rajan, 2000, «A Theory of Bank Capital», *Journal of Finance*, 55, págs. 2.431-2.465.

——, 2001, «Liquidity Risk, Liquidity Creation and Financial Fragility», *Journal of Political Economy*, 109, págs. 287-327.

Douglas, Paul H., Irving Fisher, Frank D. Graham, Earl J. Hamilton, Willford I. King y Charles D. Whittlesay, 1939, «A Program for Monetary Reform», multicopiado, julio. http://www.economicstability. org/wp/wp-content/uploads/2010/07/A-Program-for-Monetary-Reform-.pdf, consultado el 3 de noviembre de 2012.

Duffie, Darrell, 2012, «Re-plumbing Our Financial System: Uneven Progress», documento de trabajo, Stanford University, Stanford, CA.

Dunbar, Nicholas, 2011, *The Devil's Derivatives: The Untold Story of the Slick Traders and Hapless Regulators Who Almost Blew Up Wall Street ... and Are Ready to Do It Again*, Cambridge, MA, Harvard Business Review Press.

Dunstan, Roger, 1995, «Overview of New York City's Fiscal Crisis», Sacramento, CA, California Research Bureau, 1 de marzo.

Eichengreen, Barry J., 1992, *Golden Fetters: The Gold Standard and the Great Depression, 1919-1939*, Oxford, Inglaterra, Oxford University Press.

Ellis, Luci, 2008, «The Housing Meltdown: Why Did It Happen in the United States?», Working Paper 259, Banco de Pagos Internacionales, Basilea.

Englund, Peter, 1990, «Financial Deregulation in Sweden», *European Economic Review*, 34, págs. 385-393.

——, 1999, «The Swedish Banking Crisis—Roots and Consequences», *Oxford Review of Economic Policy*, 15 (3), págs. 80-97.

Esty, Benjamin C., 1998, «The Impact of Contingent Liability on

Commercial Bank Risk Taking», *Journal of Financial Economics*, 47, págs. 189–218.

European Policy Studies Task Force, 2010, «Bank State Aid in the Financial Crisis— Fragmentation or Level Playing Field?» CEPS Task Force Report, Centre for European Policy Studies, Bruselas.

Expertenrat (Grupo de expertos del Gobierno federal alemán), 2011, «Strategien für den Ausstieg des Bundes aus krisenbedingten Beteiligungen an Banken: Gutachten des von der Bundesregierung eingesetzten Expertenrats» (Estrategias de salida del Gobierno federal de las participaciones en los bancos provocadas por la crisis: informe para el Gobierno federal), http://www.bundesfi nanzministerium.de/Content/DE/Standardartikel/hemen/Internationales_Finanzmarkt/Finanzmarktpolitik/2011-02-15-gutachten-banken beteiligung-anlage.pdf?__blob=publicationFile&v=3. Consultado el 4 de noviembre de 2012.

Fahlenbrach, Rüdiger, y René Stulz, 2011, «Bank CEO Incentives and the Credit Crisis», *Journal of Financial Economics*, 99, págs. 11–26.

Farber, David B., Marilyn F. Johnson y Kathy R. Petroni, 2007, «Congressional Intervention in the Standard-Setting Process: An Analysis of the Stock Option Accounting Reform Act of 2004», *Accounting Horizons*, 21 (1), págs. 1–22.

Farhi, Emmanuel, y Jean Tirole, 2011, «Collective Moral Hazard, Maturity Mismatch, and Systemic Bailouts», documento de trabajo, Harvard University, Cambridge, MA, y Toulouse School of Economics, Université de Toulouse, Toulouse, Francia.

FCIC (Financial Crisis Inquiry Commission), 2011, *The Financial Crisis Inquiry Report*, Washington, DC, U.S. Government Printing Office.

Ferguson, Charles H., 2012, *Predator Nation: Corporate Criminals, Political Corruption, and the Hijacking of America*, Nueva York, Crown Business.

Ferguson, Thomas, y Peter Temin, 2003, «Made in Germany: The German Currency Crisis of July 1931», *Research in Economic History,* 21, págs. 1–53.

————, 2004, «Comment on 'The German Twin Crisis of 1931'», *Journal of Economic History,* 64 (3), págs., 872–876.

Fielding, Eric, Andrew W. Lo y Jian Helen, 2011, «The National Transportation Safety Board: A Model for Systemic Risk Management», *Journal of Investment Management,* 9 (1), págs. 17–49.

Fink, Matthew P., 2008, *The Rise of Mutual Funds,* Oxford, Inglaterra, Oxford University Press.

Fischer, Markus J., Christa Hainz, Jörg Rocholl y Sascha Steffen, 2011, «Government Guarantees and Bank Risk Taking Incentives», AFA 2012 Chicago Meetings paper, American Finance Association, Berkeley, CA.

Flannery, Mark J., 2005, «No Pain, No Gain? Effecting Market Discipline via Reverse Convertible Debentures», en Hall S. Scott (comp.), *Capital Adequacy Beyond Basel: Banking Securities and Insurance,* Oxford, Inglaterra, Oxford University Press, capítulo 5.

Fleischer, Victor, 2011, «Tax Reform and the Tax Treatment of Debt and Equity», comparecencia ante el Joint Congressional Committee on Ways and Means, Senate Committee on Finance, 13 de julio.

FMI (Fondo Monetario Internacional), 2007, «Market Developments and Issues», *Global Financial Stability Report,* Washington, DC, abril.

————, 2008a, «Containing Systemic Risks and Restoring Financial Soundness», *Global Financial Stability Report,* Washington, DC, abril.

————, 2008b, «Financial Stress and Deleveraging: Macro-Financial Implications and Policy», *Global Financial Stability Report,* Washington, DC, octubre.

————, 2009, «Sustaining the Recovery», *World Economic Outlook*, Washington, DC, octubre.

————, 2010a, «Rebalancing Growth», *World Economic Outlook*, Washington, DC, abril.

————, 2010b, «Sovereigns, Funding, and Systemic Liquidity», *Global Financial Stability Report*, Washington, DC, octubre.

Fohlin, Caroline, 2007, *Finance Capitalism and Germany's Rise to Industrial Power*, Cambridge, Inglaterra, Cambridge University Press.

Ford, Richard, 1926, «Imprisonment for Debt», *Michigan Law Review*, 25 (1), págs. 24–49.

Fourcade, Marion, 2009, *Economists and Societies: Discipline and Profession in the United States, Britain, and France, 1890s to 1990s*, Princeton, NJ, Princeton University Press.

Freedman, Abraham L., 1928, «Imprisonment for Debt», *Temple Law Quarterly*, 2, pág. 336.

French, Kenneth, Martin N. Baily, John Y. Campbell, John H. Cochrane, Douglas W.

Diamond, Darrell Duffie, Anil K. Kashyap, Frederic S. Mishkin, Raghuram G. Rajan, David S. Scharfstein, Robert J. Shiller, Hyun Song Shin, Matthew J. Slaughter, Jeremy C. Stein y René M. Stulz, 2010, *The Squam Lake Report: Fixing the Financial System*, Princeton, NJ, Princeton University Press.

Friedman, Milton, 1960, *A Program for Monetary Stability*, Nueva York, Fordham University Press.

————, 1969, *The Optimum Quantity of Money and Other Essays*, Chicago, University of Chicago Press.

Friedman, Milton y Rose Friedman, 1990, *Free to Choose: A Personal Statement*, Nueva York, Harcourt.

Friedman, Milton y Anna Schwartz, 1963, *A Monetary History of the United States, 1867–1960*, Princeton, NJ, Princeton University Press.

Frydman, Roman, y Michael D. Goldberg, 2011, *Beyond Mechanical Markets: Asset Price Swings, Risk, and the Role of the State*, Princeton, NJ, Princeton University Press.

FSA (Financial Services Authority), 2010, «The Prudential Regime for Trading Activities: A Fundamental Review», Discussion Paper 10/4, Financial Services Authority, Londres.

FSB (Financial Stability Board), 2011a, «Effective Resolution of Systemically Important Financial Institutions: Recommendations and Timelines», http://www.financialstability board.org/publications/r_110719.pdf. Consultado el 1 de octubre de 2012.

———, 2011b, «Key Attributes of Eff ective Resolution Procedures for Financial Institutions», octubre, http://www.fi nancialstability-board.org/publications/r_111104cc.pdf. Consultado el 1 de octubre de 2012.

———, 2012, «Strengthening the Oversight and Regulation of Shadow Banking», Progress Report to G20 Ministers and Governors, Londres.

Gandhi, Priyank, y Hanno Lustig, 2012, «Size Anomalies in U.S. Bank Stock Returns: A Fiscal Explanation», NBER Working Paper w16553, National Bureau of Economic Research, Cambridge, MA.

Geanakoplos, John, 2010, «Solving the Present Crisis and Managing the Leverage Cycle», *Economic Policy Review* (Banco de la Reserva Federal de Nueva York), agosto, págs. 101–131.

Gerschenkron, Alexander, 1962, *Economic Backwardness in Historical Perspective*, Cambridge, MA, Harvard University Press.

Ghent, Andra C., y Mariana Kudlyak, 2009, «Recourse and Residential Mortgage Default: Evidence from U.S. States», Working Paper 09-10R, Banco de la Reserva Federal de Richmond, Richmond, VA.

Gilbert, R. Alton, 1986, «Requiem for Regulation Q: What It Did and Why It Passed Away», *Federal Reserve Bank of St. Louis Review* (febrero), págs. 22-37.

Goldstein, Itay, y Adi Pauzner, 2005, «Demand Deposit Contracts and the Probability of a Bank Run», *Journal of Finance*, 60 (3), págs. 1.293-1.327.

Goodfriend, Marvin, 2011, «Money Markets», *Annual Review of Financial Economics*, 3 (1), págs. 19-37.

Goodhart, Charles A. E., 1988, *The Evolution of Central Banks*, Cambridge, MA, MIT Press.

———, 1996, «Has Financial Risk Really Worsened?», en Franco Bruni, Donald F. Fair y Richard O'Brien (comps.), *Risk Management in Volatile Financial Markets,* Dordrecht, Países Bajos, Kluwer.

———, 1998, «The Two Concepts of Money: Implications for the Analysis of Optimal Currency Areas», *European Journal of Political Economy*, 14, págs. 407-432.

———, 2010, «How Should We Regulate the Financial Sector?», *The Future of Finance,* LSE Report, London School of Economics and Political Science, Londres, capítulo 5.

———, 2011, *The Basel Committee on Banking Supervision: A History of the Early Years, 1974-1997*, Cambridge, Inglaterra, Cambridge University Press.

———, 2012, «Sovereign Ratings When Default Can Come Explicitly or via Inflation», VoxEU, Londres, 2 de febrero.

Gorton, Gary, 1985, «Clearinghouses and the Origin of Central Banking in the United States», *Journal of Economic History*, 45 (2), págs. 277–283.

——, 1988, «Banking Panics and Business Cycles», *Oxford Economic Papers*, 40 (4), págs. 751–781.

——, 1994, «Bank Regulation When 'Banks' and 'Banking' Are Not the Same», *Oxford Review of Economic Policy*, 10, págs.106–119.

——, 2010, *Slapped by the Invisible Hand: The Panic of 2007*, Oxford, Inglaterra, Oxford University Press.

Gorton, Gary, y Andrew Metrick, 2010, «Regulating the Shadow Banking System», *Brookings Papers on Economic Activity*, 41 (2), págs. 261–312.

Greenspan, Alan, 2010, «The Crisis», *Brookings Papers on Economic Activity*, primavera, págs. 201–246.

Greenwald, Bruce C., y Robert R. Glasspiegel, 1983, «Adverse Selection in the Market for Slaves: New Orleans, 1830–1860», *Quarterly Journal of Economics*, 98 (3), págs. 479–499.

Grilli, Vittorio, Donato Masciandaro y Guido Tabellini, 1991, «Institutions and Policies», *Economic Policy*, 6 (13), págs. 341–392.

Grossman, Gene M., y Elhanan Helpman, 1994, «Protection for Sale», *American Economic Review*, 84, págs. 833–850.

Grossman, Richard S., 2001, «Double Liability and Bank Risk Taking», *Journal of Money, Credit and Banking*, 33 (2, parte 1), págs. 143–159.

——, 2007, «Fear and Greed: The Evolution of Double Liability in American Banking, 1865–1930», *Explorations in Economic History*, 44 (1), págs. 59–80.

——, 2010, *Unsettled Account: The Evolution of Banking in the Industrialized World since 1800*, Princeton, NJ, Princeton University Press.

Grossman, Richard S., y Masami Imai, 2011, «Contingent Capital and Bank Risk-Taking among British Banks before World War I», Wesleyan Economics Working Paper 2011-003, Department of Economics, Wesleyan University, Middletown, CT.

Gurley, John G. y Edward S. Shaw, 1960, *Money in a Theory of Finance*, Washington DC, Brookings Institution.

Haldane, Andrew G., 2010, «Regulation or Prohibition: The $100 Billion Question», *Journal of Regulation and Risk North Asia*, 2 (2–3), págs. 101–122.

——, 2011a, «Capital Discipline», discurso pronunciado en la American Economic Association, Denver, 9 de enero.

——, 2011b, «Control Rights (and Wrongs)», Wincott Annual Memorial Lecture, Westminster, Londres, 24 de octubre.

——, 2011c, «Accounting for Banks' Uncertainty», discurso pronunciado en el Institute of Chartered Accountants in England and Wales, Londres, 19 de diciembre.

——, 2012a, «The Doom Loop», *London Review of Books*, 34 (4), págs. 21–22.

——, 2012b, «Creating a Socially Useful Financial System», discurso pronunciado en la conferencia «Paradigm Lost» del Institute of New Economic Thinking de Berlín.

——, 2012c, «The Dog and the Frisbee», discurso pronunciado en el 366º simposio de política económica del Banco de la Reserva Federal de Kansas City, Jackson Hole, Wyoming, 31 de agosto.

Haldane, Andrew, Simon Brennan y Vasileios Madouros, 2010, «What Is the Contribution of the Financial Sector: Miracle or Mirage?», en *The Future of Finance*, Londres, London School of Economics, capítulo 2.

Hanson, Samuel, Anil K. Kashyap y Jeremy C. Stein, 2011, «A Macroprudential Approach to Financial Regulation», *Journal of Economic Perspectives*, 25 (1), págs. 3–28.

Harding, John P., Eric Rosenblatt y Vincent W. Yao, 2009, «The Contagion Eff ect of Foreclosed Properties», *Journal of Urban Economics*, 66 (3), págs. 164–178.

Harrison, Ian, 2004, «Banks, Capital and Regulation: Towards an Optimal Capital Regime for a Small Open Economy», documento de trabajo, Banco de la Reserva Federal de Nueva Zelanda, Wellington.

Hayes, Christopher, 2012, *The Twilight of the Elites: America after Meritocracy*, Nueva York, Crown.

Healy, Paul M., y Krishna G. Palepu, 2003, «The Fall of Enron», *Journal of Economic Perspectives*, 17 (2), págs. 3–26.

Hellwig, Martin F., 1991, «Banking, Financial Intermediation, and Corporate Finance», en A. Giovannini y C. Mayer (comps.), *European Financial Integration*, Cambridge, Inglaterra, Cambridge University Press, págs. 35–63.

———, 1994, «Liquidity Provision, Banking, and the Allocation of Interest Rate Risk», *European Economic Review*, 38, págs. 1.363–1.389.

———, 1995, «Systemic Aspects of Risk Management in Banking and Finance», *Swiss Journal of Economics and Statistics*, 131, págs. 723–737.

———, 1998, «Banks, Markets, and the Allocation of Risks», *Journal of Institutional and Theoretical Economics*, 154, págs. 328–351.

———, 2000, «On the Economics and Politics of Corporate Finance and Corporate Control», en X. Vives (comp.), *Corporate Governance*, Cambridge, Inglaterra, Cambridge University Press, págs. 95–134.

———, 2005, «Market Discipline, Information Processing, and Corporate Governance», en K. J. Hopt, E. Wymeersch, H. Kanda y

EL TRAJE NUEVO DEL BANQUERO

H. Baum (comps.), *Corporate Governance in Context: Corporations, States, and Markets in Europe, Japan, and the US,* Oxford, Inglaterra, Oxford University Press, págs. 379–402.

————, 2009, «Systemic Risk in the Financial Sector: An Analysis of the Subprime-Mortgage Financial Crisis», *The Economist,* 157, págs. 129–207.

————, 2010a, «Capital Regulation aft er the Crisis: Business as Usual?» Max Planck Institute for Research on Collective Goods, Bonn, prepublicación 2010-31.

————, 2010b, «Comments on Proposal to Ensure the Loss Absorbency of Regulatory Capital at the Point of Non-viability», Max Planck Institute for Research on Collective Goods, Bonn, 1 de octubre.

————, 2012, «The Problem of Bank Resolution Remains Unsolved: A Critique of the German Bank Restructuring Law», en Patrick S. Kenadjian (comp.), *Too big to fail—Brauchen wir ein Sonderinsolvenzrecht für Banken?* Boston, De Gruyter, págs. 35–62.

Hellwig, Martin F., y Markus Staub, 1996, «Capital Requirements for Market Risks Based on Inhouse Models—Aspects of Quality Assessment», *Swiss Journal of Economics and Statistics,* 132, págs. 755–776.

Hendershott, Patric C., y James D. Shilling, 1991, «The Continued Interest Rate Vulnerability of Thrifts», en R. Glenn Hubbard (comp.), *Financial Markets and Financial Crises,* Chicago, University of Chicago Press, págs. 259–282.

Hernan, Robert, 2010, *This Borrowed Earth: Lessons from the Fifteen Worst Environmental Disasters around the World,* Houndmills, Basingstoke, Hampshire, Inglaterra, Palgrave McMillan.

Herring, Richard, y Jacopo Carmassi, 2010, «The Corporate Structure of International Financial Conglomerates: Complexity and its Implications for Safety and Soundness», en A. Berger, P. Molyneux y J. Wilson (comps.), *The Oxford Handbook of Banking,* Oxford, Inglaterra, Oxford University Press.

Hesse, Heiko, Nathaniel Frank y Brenda González-Hermosillo, 2008, «Transmission of Liquidity Shocks: Evidence from the 2007 Subprime Crisis», IMF Working Paper 08/200, Fondo Monetario Internacional, Washington, DC.

Hoad, T. F., 1986, *Concise Oxford Dictionary of English Etymology*, Oxford, Inglaterra, Oxford University Press.

Hoenig, Thomas M., 2012, «Back to Basics: A Better Alternative to Basel Capital Rules», discurso pronunciado en el American Banker Regulatory Symposium, Washington, DC, 14 de septiembre.

Hoenig, Thomas M., y Charles S. Morris, 2011, «Restructuring the Banking System to Improve Safety and Soundness», Banco de la Reserva Federal de Kansas City, Kansas City, MO.

Holtfrerich, Carl-Ludwig, 1981, «Die Eigenkapitalausstattung deutscher Kreditinstitute 1871— 1945», *Bankhistorisches Archiv*, 5, págs. 15–29.

Horngren, Charles, Walter T. Harrison y M. Suzanne Oliver, 2012, *Accounting*, Upper Saddle River, NJ, Pearson Education, 9ª ed.

Hoshi, Takeo, y Anil Kashyap, 2004, «Japan's Financial Crisis and Economic Stagnation», *Journal of Economic Perspectives*, 18 (invierno), págs. 3–26.

———, 2010, «Why Did Japan Stop Growing?», NBER working paper, National Bureau of Economic Research, Cambridge, MA.

Hoshi, Takeo, Anil Kashyap y David Scharfstein, 1990, «The Role of Banks in Reducing the Costs of Financial Distress in Japan», *Journal of Financial Economics*, 27 (1), págs. 67–88.

———, 1991, «Corporate Structure, Liquidity, and Investment: Evidence from Japanese Industrial Groups», *Quarterly Journal of Economics*, 106 (1), págs. 33–60.

Hu, Henry T. C., 2012, «Too Complex to Depict? Innovation, 'Pure

Information' and the SEC Disclosure Paradigm», *Texas Law Review*, 90, págs. 1.601–1.715.

Huertas, Thomas F., 2010, *Crisis: Cause, Containment and Cure*, Houndmills, Basingstoke, Hampshire, Inglaterra, Palgrave Macmillan.

Hughes, Joseph P., y Loretta J. Mester, 2011, «Who Said Large Banks Don't Experience Scale Economies? Evidence from a Risk-Return Driven Cost Function», Financial Institutions Center, Wharton School, University of Pennsylvania, Filadelfia.

Hull, John, 2007, *Risk Management and Financial Institutions*, Upper Saddle River, NJ, Pearson Prentice Hall.

Hyman, Louis, 2012, *Borrow: The American Way of Debt*, Nueva York, Vintage.

ICB (Independent Commission on Banking), 2011, «Final Report: Recommendation», http://www.financialregulationforum.com/wpmember/the-independent-commissionon-banking-final-report-6873/. Consultado el 15 de octubre de 2012.

IIF (Institute of International Finance), 2010, «Interim Report on the Cumulative Impact on the Global Economy of Changes in the Banking Regulatory Framework», Washington, DC, junio.

Independent Evaluation Group, 2012, *The World Bank Group's Response to the Global Economic Crisis—Phase II*, Washington, DC, Grupo del Banco Mundial.

ISDA (International Swaps and Derivatives Association), 2012, «Netting and Offsetting: Reporting Derivatives under GAAP and under IFRS», documento de trabajo, http://www2.isda.org/functional-areas/accounting-and-tax/gaap-us/. Consultado el 7 de octubre de 2012.

Ivashina, Victoria, y David Scharfstein, 2010, «Bank Lending during the Financial Crisis of 2008», *Journal of Financial Economics*, 97 (3), págs. 319–338.

Jaffe, Adam B., Steven R. Peterson, Paul R. Portney y Robert N. Stavins, 1995, «Environmental Regulation and the Competitiveness of U.S. Manufacturing: What Does the Evidence Tell Us?» *Journal of Economic Literature*, 33 (1), págs. 132–163.

Jenkins, Robert, 2011, «Lessons in Lobbying», discurso pronunciado en el tercer Gordon Midgley Memorial Debate, Londres.

—————, 2012a, «Let's Make a Deal», discurso pronunciado en la Worshipful Company of Actuaries, Haberdasher's Hall, Londres.

—————, 2012b, «A Debate Framed by Fallacies», discurso pronunciado en la 3rd Annual Regulatory Summit celebrada en el International Centre for Financial Regulation, Londres.

—————, 2012c, «Investors: Speak Now or Forever Hold Your Peace», discurso pronunciado en la cena anual del presidente de la CFA UK, Londres.

Jensen, Michael C., 1986, «Agency Costs of Free Cash Flow, Corporate Finance, and Takeovers», *American Economic Review*, 76 (2), págs. 323–329.

—————, 1993, «The Modern Industrial Revolution, Exit, and the Failure of Internal Control Systems», *Journal of Finance*, 48, págs. 831–880.

Johnson, Gordon, 1994, *University Politics: F. M. Cornford's Cambridge and His Advice to the Young Academic Politician*, Cambridge, Inglaterra, Cambridge University Press.

Johnson, Simon, y James Kwak, 2010, *13 Bankers: The Wall Street Takeover and the Next Financial Meltdown*, Nueva York, Pantheon.

—————, 2012, «Is Financial Innovation Good for the Economy?» en Josh Lerner y Scott Stem (comps.), *Innovation Policy and the Economy*, Cambridge, MA, National Bureau of Economic Research.

Jordà, Óscar, Moritz Schularick y Alan Taylor, 2011, «When Credit Bites Back: Leverage, Business Cycles, and Crises», Working Paper 2011-27. Banco de la Reserva Federal de San Francisco.

Jostarndt, Philipp, y Stefan Wagner, 2006, «Kapitalstrukturen börsennotierter Aktiengesellschaft en–Deutschland und die USA im Vergleich», Discussion Paper 2006–17, Munich School of Management, Universidad de Munich, Munich.

Junge, Georg y Peter Kugler, 2012, «Quantifying the Impact of Higher Capital Requirements on the Swiss Economy», multicopiado, Universidad de Basilea, Basilea.

Kane, Edward, 1985, *The Gathering Crisis in Federal Deposit Insurance*, Cambridge, MA, MIT Press.

———, 1989, *The S&L Insurance Mess: How Did It Happen?* Washington, DC, Urban Institute Press.

———, 2001, «Dynamic Inconsistency of Capital Forbearance: Long-Run vs. Short-Run Effects of Too-Big-to-Fail Policymaking», *Pacific-Basin Finance Journal*, 9 (4), págs. 281–299.

———, 2012a, «Bankers and Brokers First: Loose Ends in the Theory of Central-Bank Policymaking», documento de trabajo, Boston College.

———, 2012b, «The Inevitability of Shadowy Banking,» documento de trabajo, Boston College.

———, 2012c, «Missing Elements in U.S. Financial Reform: A Kübler-Ross Interpretation of the Inadequacy of the Dodd-Frank Act», *Journal of Banking and Finance*, 36, págs. 654–661.

Kareken, John H., 1983, «Deposit Insurance Reform or Deregulation Is the Cart, Not the Horse», *Federal Reserve Bank of Minneapolis Quarterly Review*, 7, págs. 1–9.

Kaserer, Christoph, 2010, «Staatliche Hilfen für Banken und ihre Kosten–Notwendigkeit und Merkmale einer Ausstiegsstrategie» "La ayuda pública a los bancos y sus costes—Necesidad y características de una estrategia de salida", documento de trabajo, Universidad Técnica de Munich, Munich.

Kashyap, Anil K., Jeremy C. Stein y Samuel Hanson, 2010, «An Analysis of the Impact of 'Substantially Heightened' Capital Requirements on Large Financial Institutions», documento de trabajo, University of Chicago, Chicago y Harvard University, Cambridge, MA.

Kay, John, 2010, «Should We Have 'Narrow Banking'?» *The Future of Finance*. LSE Report. London School of Economics and Political Science, Londres, capítulo 8.

Keeley, Michael C., 1990, «Deposit Insurance, Risk, and Market Power in Banking», *American Economic Review*, 80, págs. 1.183–1.200.

Kelly, Brian, Hanno Lustig y Stijn Van Nieuwerburgh, 2012, «Too-Systemic-to-Fail: What Option Markets Imply about Sector-Wide Government Guarantees», NBER Working Paper 17615, National Bureau of Economic Research, Cambridge, MA.

Keys, Benjamin J., Tanmoy Mukherjee, Amit Seru y Vikrant Vig, 2010, «Did Securitization Lead to Lax Screening? Evidence from Subprime Loans», *Quarterly Journal of Economics*, 125 (1), págs. 307–362.

Keys, Ralph, 2006, *The Quote Verifier*, Nueva York, St. Martin's Griffin.

Kim, Daesik, y Anthony M. Santomero, 1988, «Risk in Banking and Capital Regulation», *Journal of Finance*, 43, págs. 1.219–1.233.

Kindleberger, Charles P., 1984, *A Financial History of Western Europe*, Allen and Unwin.

Kindleberger, Charles P., y Robert Aliber, 2005, *Manias, Panics, and Crashes: A History of Financial Crises*, Nueva York, Palgrave Macmillan.

King, Mervyn, 1990, «International Harmonisation of the Regulation of Capital Markets: An Introduction», *European Economic Review*, 34, págs. 569-577.

————, 2010, «Banking from Bagehot to Basel and Back Again», Second Bagehot Lecture, Buttenwood Gathering, Nueva York, 25 de octubre.

Klein, Benjamin, 1974, «Competitive Interest Payments on Bank Deposits and the Long-Run Demand for Money», *American Economic Review*, 64, págs. 931-949.

Kluge, Friedrich, 1975, *Etymologisches Wörterbuch der deutschen Sprache*, Berlín, De Gruyter, 21ª ed.

Knapp, Georg Friedrich, [1905] 1924, *Staatliche Theorie des Geldes*, traducido con el título de *The State Theory of Money*, Londres, Macmillan.

Koehn, Michael, y Anthony M. Santomero, 1980, «Regulation of Bank Capital and Portfolio Risk», *Journal of Finance*, 35, págs. 1.235-1.244.

Körner, Tobias, e Isabel Schnabel, 2012, «Abolishing Public Guarantees in the Absence of Market Discipline», documento de trabajo. Universidad de Mainz, Mainz, Alemania.

Korteweg, Arthur, 2010, «The Net Benefit to Leverage», *Journal of Finance*, 55 (6), págs. 2.137-2.170.

Korteweg, Arthur, y Morten Sorensen, 2010, «Risk and Return Characteristics of Venture Capital–Backed Entrepreneurial Companies», *Review of Financial Studies*, 23 (10), págs. 3.738-3.772.

Kotlikoff, Laurence J., 2010, *Jimmy Stewart Is Dead: Ending the World's Financial Plague before It Strikes Again*, Hoboken, NJ, John Wiley and Sons.

Krahnen, Jan P., y Reinhard H. Schmidt, 2003, *The German Financial System*, Oxford, Inglaterra, Oxford University Press.

Krishnamurthy, Arvind, Stefan Nagel y Dmitri Orlov, 2012, «Sizing Up Repo», documento de trabajo, Stanford University.

Krugman, Paul, 1996, *Pop Internationalism*, Cambridge, MA, MIT Press.

Kwak, James, 2012, «Cultural Capture and the Financial Crisis», en Daniel Carpenter, Steve Croley y David Moss (comps.), *Preventing Capture: Special Interest Influence in Legislation and How to Limit It*, Cambridge, Inglaterra, Cambridge University Press, capítulo 7.

La Porta, Rafael, Florencio López de Silanes, Andrei Shleifer y Robert W. Vishny, 1997, «Legal Determinants of External Finance», *Journal of Finance*, 52, págs. 1.131–1.510.

———, 1998, «Law and Finance», *Journal of Political Economy*, 106, págs. 1.113–1.515.

———, 2000a, «Agency Problems and Dividend Policies around the World», *Journal of Finance*, 55 (1), págs. 1–33.

———, 2000b, «Investor Protection and Corporate Governance», *Journal of Financial Economics*, 58 (1–2), págs. 3–27.

Laeven, Luc, y Fabián Valencia, 2009, «Systemic Banking Crises: A New Database», IMF Working Paper 08/224. Fondo Monetario Internacional, Washington, DC.

———, 2010, «Resolution of Banking Crises: The Good, the Bad and the Ugly», IMF Working Paper 10/146, Fondo Monetario Internacional, Washington, DC.

———, 2012, «Systemic Banking Crisis Database: An Update», IMF Working Paper 163, Fondo Monetario Internacional, Washington, DC.

La Porta, R., F. López de Silanes y A. Shleifer, 1999, «Corporate Ownership around the World», *Journal of Finance*, 54, págs. 471–517.

Laux, Christian, y Christian Leuz, 2010, «Did Fair-Value Accounting Contribute to the Financial Crisis?», *Journal of Economic Perspectives*, 24, págs. 93–118.

Ledo, Mayte, 2012, «Towards More Consistent, Albeit Diverse, Risk-Weighted Assets Across Banks», Banco de España, Madrid.

Lessig, Lawrence, 2011, *Republic, Lost: How Money Corrupts Congress— and a Plan to Stop It*, Nueva York, Twelve.

Levitin, Adam J., 2013, «The Tenuous Case for Derivatives Clearing-houses», *Georgetown Law Journal*, 101; Georgetown Law and Economics Research Paper 12-032; Georgetown Public Law Research Paper 12-124, Georgetown University, Washington, DC.

Lewis, Michael, 1990, *Liar's Poker: Rising through the Wreckage on Wall Street*, Ontario City, Canadá, Penguin.

———, 2010, *The Big Short: Inside the Doomsday Machine*, Nueva York, W. W. Norton.

———, 2011, *Boomerang: Travels in the New Third World*, Nueva York, W. W. Norton.

London Economics y Achim Dübel (Finpolconsult) en colaboración con el Institut für Finanzdienstleistungen e.V. (iff), 2009, «Study on the Costs and Benefits of the Different Policy Options for Mortgage Credit: Final Report», informe realizado para la Comisión Europea, Dirección General de Mercado Interior y Servicios, http://ec.europa.eu/internal_market/finservices-retail/docs/credit/mortgage/study_cost_benefit-final_report_en.pdf. Consultado el 30 de septiembre de 2012.

Lopez, Robert S., 1976, *The Commercial Revolution of the Middle Ages, 950–1350*, Nueva York, Cambridge University Press.

LoPucki, Lynn, 2005, *Courting Failure*, Ann Arbor, University of Michigan Press.

Lowenstein, Roger, 2001, *When Genius Failed*, Nueva York, Random House.

Lütge, Friedrich, 1966, *Deutsche Sozial- und Wirtschaft sgeschichte* (Historia económica y social alemana), Berlín, Springer, 3ª ed.

Macey, Jonathan R., y Geoffrey P. Miller, 1992, «Double Liability of Bank Shareholders: History and Implications», *Wake Forest Law Review*, 27, págs. 31–62.

Mallaby, Sebastian, 2010, *More Money than God: Hedge Funds and the Making of a New Elite*, Londres, Penguin.

Malysheva, Nadezhda, y John R. Walter, 2010, «How Large Has the Federal Financial Safety Net Become?» documento de trabajo, Banco de la Reserva Federal de Richmond, Richmond, VA.

Markham, Jerry W., 2002, *A Financial History of the United States*, Armonk, NY, M. E. Sharpe.

Mayer, Colin, 1988, «New Issues in Corporate Finance», *European Economic Review*, 32, págs. 1.167–1.188.

Mayo, Mike, 2011, *Exile on Wall Street: One Analyst's Fight to Save the Big Banks from Themselves*, Hoboken, NJ, John Wiley and Sons.

McDonald, Lawrence G., 2010, *A Colossal Failure of Common Sense: The Inside Story of the Collapse of Lehman Brothers*, Nueva York, Three Rivers.

McDonald, Robert L., 2010, «Contingent Capital with a Dual Price Trigger», documento de trabajo, Kellogg School of Management, Northwestern University.

McLean, Bethany, y Peter Elkind, 2004, *The Smartest Guys in the Room: The Amazing Rise and Scandalous Fall of Enron*, Nueva York, Portfolio Trade.

McLean, Bethany, y Joe Nocera, 2010, *All the Devils Are Here: The Hidden History of the Financial Crisis*, Nueva York, Portfolio Trade.

Mehran, Hamid, y Anjan Thakor, 2010, «Bank Capital and Value in the Cross Section», *Review of Financial Studies*, 24 (4), págs. 1019–1067.

Mehrling, Perry, 2010, *The New Lombard Street*, Princeton, NJ, Princeton University Press.

Meltzer, Allan, 2012, *Why Capitalism?* Nueva York, Oxford University Press.

Melzer, Brian T., 2012, «Mortgage Debt Overhang: Reduced Investment by Homeowners with Negative Equity», documento de trabajo, Northwestern University, Chicago.

Merkley, Jeff, y Carl Levin, 2011, «The Dodd-Frank Act Restrictions on Proprietary Trading and Conflicts of Interest: New Tools to Address Evolving Threats», *Harvard Law and Policy Review*, 48, págs. 515–553.

Merton, Robert C., 1973, «Theory of Rational Option Pricing», *Bell Journal of Economics*, 4 (1), págs. 141–183.

Merton, Robert K., 1957, «The Self-Fulfilling Prophecy», en *Social Theory and Social Structure*, Nueva York, Free Press of Glencoe, ed. rev. y ampl., págs. 421–436.

Mian, Atif, Amir Sufi y Francesco Trebbi, 2010, «The Political Economy of the US Mortgage Default Crisis», *American Economic Review*, 100 (5), págs. 1.967–1.998.

Miles, David, Jing Yang y Gilberto Marcheggiano, 2011, «Optimal Bank Capital», documento de debate, Bank of England, Londres.

Miller, Merton H., 1977, «Debt and Taxes», *Journal of Finance*, 32, págs. 261–275.

————, 1995, «Does the M&M Proposition Apply to Banks?» *Journal of Banking and Finance*, 19, págs. 483–489.

Mills, Lillian F., y Kaye J. Newberry, 2005, «Firms' Off Balance Sheet and Hybrid Debt Financing: Evidence from Their Book–Tax Reporting Differences», *Journal of Accounting Research*, 43 (2), págs. 251–282.

Mishkin, Frederic S., 2007, *The Economics of Money, Banking and Financial Institutions*, Upper Saddle River, NJ, Pearson Addison Wesley, 8ª ed.

Modigliani, Franco, y Merton H. Miller, 1958, «The Cost of Capital, Corporation Finance, and the Theory of Investment», *American Economic Review*, 48, págs. 261–297.

Monopolkommission, 2005, *Wettbewerbspolitik im Schatten «nationaler Champions»: XV. Hauptgutachten 2002/2003* (Política de competencia a la sombra de los «campeones nacionales»: XV informe bienal 2002/2003), Baden-Baden, Alemania, texto alemán con resumen en inglés.

Morgenson, Gretchen, y Joshua Rosner, 2011, *Reckless Endangerment: How Outsized Ambition, Greed, and Corruption Led to Economic Armageddon*, Nueva York, Times Books.

Morris, Stephen, y Hyun Song Shin, 1998, «Unique Equilibrium in a Model of Self-Fulfilling Currency Attacks», *American Economic Review*, 88, págs. 587–597.

Muellbauer, John y Anthony Murphy, 1997, «Booms and Busts in the UK Housing Market», CEPR Discussion Paper 1615, Centre for Economic and Policy Research, Londres.

Myers, Stewart C., 1977, «Determinants of Corporate Borrowing», *Journal of Financial Economics* 5, págs. 147–175.

Myers, Stewart C., y Nicholas S. Majluf, 1984, «Corporate Financing and Investment Decisions when Firms Have Information That Investors Do Not Have», *Journal of Financial Economics*, 13, págs. 187–222.

Noël, François, [1857] 1993, *Dictionnaire étymologique et historique du français*, Nouvelle édition, París, Références Larousse.

Noss, Joseph, y Rihannon Sowerbutts, 2012, «The Implicit Subsidy of Banks», Financial Stability Paper 15, Bank of England, Londres.

NU-DAES (Departamento de Asuntos Económicos y Sociales de Naciones Unidas), 2011, *The Global Social Crisis: Report on the World Social Situation 2011*, Publicación de Naciones Unidas ST/ESA/334, Nueva York.

OCDE (Organización de Cooperación y Desarrollo Económicos), 2009, *Economic Surveys: Iceland*, París.

O'Keffee, John, 2009, «The Effects of Underwriting Practices on Loan Losses: Evidence from the FDIC Survey of Bank Lending Practices», *International Finance Review*, 11, págs. 273–314.

Olson, Mancur, 1965, *The Logic of Collective Action: Public Goods and the Theory of Groups*, Cambridge, MA, Harvard University Press.

———, 1982, *The Rise and Decline of Nations*, New Haven, CT, Yale University Press.

Onaran, Yalman, 2011, *Zombie Banks: How Broken Banks and Debtor Nations Are Crippling the Global Economy*, Hoboken, NJ, Bloomberg.

Oxford Economics, 2012, «The Aggregate Mortgage Repossessions Outlook», *Economic Outlook*, 36, págs. 20–32.

Panier, Frédéric, Francisco Pérez-González y Pablo Villanueva, 2012, «Capital Structure and Taxes: What Happens When You (Also) Subsidize Equity?» documento de trabajo, Stanford University, Stanford, CA.

Paredes, Troy, 2010, «Corporate Governance and the New Financial Regulation: Complements or Substitutes?», discurso pronunciado en el Transatlantic Corporate Governance Dialogue, Bruselas, 25 de octubre. http://www.sec.gov/news/speech/2010/spch102510tap.htm. Consultado el 18 de octubre de 2012.

Partnoy, Frank, 2009, *Infectious Greed: How Deceit and Risk Corrupted the Financial Markets*, Nueva York, PublicAffairs.

———, 2010, *F.I.A.S.C.O*, Nueva York, Penguin, Nueva York, W. W. Norton.

Peltzman, Sam, 1975, «The Effects of Automobile Safety Regulation», *Journal of Political Economy*, 83 (4), págs. 677-725.

———, 1976, «Towards a More General Theory of Regulation», *Bell Journal of Economics*, 19 (2), págs. 211-240.

Perino, Michael, 2010, *The Hellhound of Wall Street: How Ferdinand Pecora's Investigation of the Great Crash Forever Changed American Finance*, Nueva York, Penguin.

Petersen, Mitchell A., y Raghuram G. Rajan, 2002, «Does Distance Still Matter? The Information Revolution in Small Business Lending», *Journal of Finance*, 57 (6), págs. 2.533-2.570.

Pfleiderer, Paul, 2010, «On the Relevancy of Modigliani and Miller to Banking: A Parable and Some Observations», Working Paper 93, Rock Center for Corporate Governance, Stanford University, Stanford, CA.

Plantin, Guillaume, 2012, «Shadow Banking and Bank Capital Regulation», documento de trabajo, Toulouse School of Economics y CEPR, Toulouse, Francia, 27 de mayo.

Pozen, Robert C., 2009, *Too Big to Save? How to Fix the U.S. Financial System*, Hoboken, NJ, John Wiley and Sons.

Pozsar, Zoltan, Tobias Adrian, Adam B. Ashcraft y Haley Boeskey, 2010, «Shadow Banking», Staff Report 458, Banco de la Reserva Federal de Nueva York, Nueva York.

Prescott, Edward S., 2012, «Contingent Capital: The Trigger Problem», *Federal Reserve Bank of Richmond Economic Quarterly*, 98 (1), págs. 33–50.

President's Working Group on Financial Markets, 1999, «Hedge Funds, Leverage, and the Lessons of Long-Term Capital Management», http://www.treasury.gov/resource-center/fin-mkts/Documents/hedgfund.pdf. Consultado el 23 de septiembre de 2012.

Quinn, Stephen, 1997, «Goldsmith-Banking: Mutual Acceptance and Interbank Clearing in Restoration London», *Explorations in Economic History*, 34, págs. 411–432.

Rajan, Raghuram G., 1992, «Insiders and Outsiders: The Choice between Informed and Arm's-Length Debt», *Journal of Finance* 47 (4), págs. 1.367–1.00.

———, 1994, «Why Bank Credit Policies Fluctuate: A Theory and Some Evidence», *Quarterly Journal of Economics*, 109 (2), págs. 399–441.

Rajan, Raghuram, y Luigi Zingales, 1995, «What Do We Know about Capital Structure? Evidence from International Data», *Journal of Finance*, 50 (5), págs. 1.421–1.460.

———, 1998, «Debt Folklore and Cross-Country Differences in Financial Structure», *Journal of Applied Corporate Finance*, 10, págs. 102–107.

Rajan, Uday, Amit Seru y Vikrant Vig, 2010, «The Failure of Models to Predict Models», documento de trabajo, University of Chicago, Chicago.

Reinhart, Carmen M., y Kenneth Rogoff, 2009, *This Time Is Different: Eight Centuries of Financial Folly*, Princeton, NJ: Princeton University Press.

———, 2010, «Growth in a Time of Debt», *American Economic Review*, 100 (2), págs. 573–578.

Reiss, Peter, 1990, «Economic and Financial Determinants of Oil and Gas Exploration Activity», en R. Glenn Hubbard (comp.), *Asymmetric Information, Corporate Finance and Investment,* Chicago, University of Chicago Press.

Ricardo, David, 1817, «The Principles of Political Economy and Taxation», Londres, texto complete en http://www.econlib.org/library/Ricardo/ricP.html. Consultado el 21 de octubre de 2012.

Riesser, Jakob, [1912] 1971, *Die deutschen Großbanken und ihre Konzentration* "Los grandes bancos en Alemania y su concentración", Jena, Alemania, Gustav Fischer, 4ª ed; reimpreso en Glashütten, Alemania, Detlev Auvermann KG.

Rochet, Jean Charles, 1992, «Capital Requirements and the Behaviour of Commercial Banks», *European Economic Review* 36, págs. 1.137–1.170.

Rohatyn, Felix G., 2010, *Dealings: A Political and Financial Life,* Nueva York, Simon and Schuster.

Rosengren, Eric S., 2010, «Dividend Policy and Capital Retention: A Systemic 'First Response'», discurso pronunciado en la conferencia «Rethinking Central Banking», Washington, DC, 10 de octubre.

———, 2012, «Money Market Mutual Funds and Financial Stability», discurso pronunciado en la 2012 Financial Markets Conference del Banco de la Reserva Federal de Atlanta, abril.

Ross, Carne, 2011, *The Leaderless Revolution: How Ordinary People Can Take Power and Change Politics in the 21st Century,* Nueva York, Blue Rider.

Rothbard, Murray N., 2008, *The Mystery of Banking,* Auburn, AL, Ludwig von Mises Institute, 2ª ed.

Rothschild, Michael, y Joseph Stiglitz, 1976, «Equilibrium in Competitive Insurance Markets: An Essay on the Economics of Imperfect Information», *Quarterly Journal of Economics,* 90 (4), págs. 629–649.

Roubini, Nouriel, y Stephen Mihm, 2010, *Crisis Economics: A Crash Course in the Future of Finance*, Londres, Penguin.

Satchell, Stephen, 2011, «Stress and Scenario Testing for UK Residential Mortgage-Backed Securities: A Methodology for Loan-by-Loan Testing», MIAC Acadametrics, Londres, 26 de septiembre.

Schaefer, Stephen M., 1990, «The Regulation of Banks and Securities Firms», *European Economic Review*, 34 (2–3), págs. 587–597.

Schnabel, Isabel, 2004, «The German Twin Crisis of 1931», *Journal of Economic History*, 64, págs. 822–871.

———, 2009, «The Role of Liquidity and Implicit Guarantees in the German Twin Crisis of 1931», *Journal of International Money and Finance*, 28, págs. 1–25.

Schnabel, Isabel, y Hyun Song Shin, 2004, «Liquidity and Contagion: The Crisis of 1763», *Journal of the European Economic Association*, 2, págs. 929–968.

Schoenmaker, Dirk, 2010, «Burden Sharing: From Theory to Practice», DSF Policy Paper 6. Duisenberg School of Finance, Amsterdam, octubre.

Schularick, Moritz, y Alan Taylor, 2012, «Credit Boom Gone Bust: Monetary Policy, Credit Cycles, and Financial Crises, 1870–2008», *American Economic Review*, 102 (2), págs. 1.029–1.061.

Schütz, D.. 1998. *Der Fall der UBS*, Zürich, Weltwoche-Verlag.

Schwartz, Eduardo S., y Walter N. Torous, 1991, «Caps on Adjustable Rate Mortgages: Calcuation, Insurance, and Hedging», en R. Glenn Hubbard (comp.), *Financial Markets and Financial Crises*, Chicago, University of Chicago Press, págs. 283–303.

Selgin, George, 2010, «Those Dishonest GoldSmiths», multicopiado,. Terry College of Business, University of Georgia, Athens.

Sengupta, Rajdeep, y Yu Man Tam, 2008, «The Libor–OIS Spread as a Summary Indicator», Banco de la Reserva Federal de San Luis, San Luis, MO.

Shiller, Robert, 2008, *The Subprime Solution: How Today's Financial Crisis Happened and What to Do about It*, Princeton, NJ, Princeton University Press.

Shleifer, Andrei, y Robert Vishny, 1997, «A Survey of Corporate Governance», *Journal of Finance*, 52, págs. 737–783.

Silva, John, 1973, *An Introduction to Crime and Justice*, Nueva York, MSS Information.

Singh, Manmohan, y James Aitken, 2010, «The (Sizeable) Role of Rehypothecation in the Shadow Banking System», IMF discussion paper. Fondo Monetario Internacional, Washington, DC, julio.

Sinn, Hans-Werner, 2010, *Casino Capitalism: How the Financial Crisis Came About and What Needs to Be Done Now*, Oxford, Inglaterra, Oxford University Press.

Skeel, David A. Jr., 2010, *The New Financial Deal: Understanding the Dodd-Frank Act and Its (Unintended) Consequences*, Hoboken, NJ, John Wiley and Sons.

Skeel, David A. Jr., y Thomas H. Jackson, 2012, «Transaction Consistency and the New Finance in Bankruptcy», *Columbia Law Review*, 112, págs. 152–202.

Slemrod, Joel, y Jon Bakija, 2008, *Taxing Ourselves: A Citizen's Guide to the Great Debate over Taxes*, Cambridge, MA, MIT Press, 4ª ed.

Smith, Yves, 2010, *ECONned: How Unenlightened Self Interest Undermined Democracy and Corrupted Capitalism*, Nueva York, Palgrave Macmillan.

Sorkin, Andrew Ross, 2009, *Too Big to Fail: The Inside Story of How Wall*

Street and Washington Fought to Save the Financial System—and Themselves, Nueva York, Penguin.

Spence, Michael, 1973, «Job Market Signaling», *Quarterly Journal of Economics*, 87 (3), págs. 355–374.

Stanton, Thomas H., 2012, *Why Some Firms Thrive while Others Fail: Governance and Management Lessons from the Crisis*, Oxford, Inglaterra, Oxford University Press.

Staub, Markus, 1998, «The Term Structure of Interest Rates and the Swiss Regional Bank Crisis—Empirical Evidence and Its Limits», *Swiss Journal of Economics and Statistics*, 134 (4), págs. 655–684.

Stigler, George J., 1971, «The Theory of Economic Regulation», *Bell Journal of Economics and Management Science*, 2 (primavera), págs. 3–21.

Stiglitz, Joseph E., 2010, *Freefall: America, Free Markets, and the Sinking of the World Economy*, Nueva York, W. W. Norton.

Stout, Lynn, 2012, *The Shareholder Value Myth: How Putting Shareholders First Harms Investors, Corporations, and the Public*, San Francisco, Berrett-Koehler.

Strebulaev, Ilya A., y Baozhong Yang, «The Mystery of Zero-Leverage Firms», *Journal of Financial Economics*, de próxima aparición.

Summers, Lawrence H., 2000, «International Financial Crises: Causes, Prevention, and Cure», Richard T. Ely Lecture, *American Economic Review*, 90 (2), págs. 1–16.

Sundaresan, Suresh, y Zhenyu Wang, 2010, «Design of Contingent Capital with Stock Price Trigger for Conversion», Staff Report 448, Banco de la Reserva Federal de Nueva York, Nueva York, 23 de abril.

Taleb, Nassim N., 2001, *Fooled by Randomness: The Hidden Role of Chance in the Markets and in Life*, Nueva York, W. W. Norton.

————, 2010, *The Black Swan, Second Edition: The Impact of the Highly Improbable, with a New Section: On Robustness and Fragility*, Nueva York, Random House.

Tarullo, Daniel K. 2008. *Banking on Basel: The Future of International Financial Regulation*, Washington, DC, Peter G. Peterson Institute of International Economics.

Tett, Gillian, 2009, *Fool's Gold: How the Bold Dreams of a Small Tribe at JP Morgan Was Corrupted by Wall Street Greed and Unleashed a Catastrophe*, Nueva York, Free Press.

Thiemann, Matthias, 2012, «Out of the Shadow? Accounting for Special Purpose Entities in European Banking Systems», *Competition and Change*, 16, págs. 37–55.

Thomas, Pierre-Henri, 2012, *Dexia: Vie et mort d'un monstre bancaire (Dexia: vida y muerte de un monstruo bancario)*, París, Les Petits Matins.

Thornton, Daniel, 1984, «Monetizing the Debt», *Federal Reserve Bank of St. Louis Review* (diciembre), págs. 30–43.

Tilly, Richard H., 1989, «Banking Institutions in Historical and Comparative Perspective: Germany, Great Britain and the United States in the Nineteenth and Early Twentieth Century», *Journal of Institutional and Theoretical Economics*, 145, págs. 189–249.

Tobin, James, 1967, «Commercial Banks as Creators of 'Money', en Donald D. Hester y James Tobin (comps.), *Financial Markets and Economic Activity*, Cowles Foundation Monograph 21, New Haven, CT, Yale University Press.

Tsatsaronis, Kostas, y Jing Yang, 2012, «Bank Stock Returns, Leverage, and the Business Cycle», *BIS Quarterly Review* (marzo), págs. 43–59.

Tucker, Paul, 2012, «Shadow Banking: Thoughts for a Possible Policy Agenda», Bank of England, discurso pronunciado en la European Commission High-Level Conference, Bruselas.

Turner, Adair, 2010, «What Do Banks Do? Why Do Credit Booms and Busts Occur and What Can Public Policy Do about It?» en *The Future of Finance*, Londres, London School of Economics, capítulo 1.

——, 2012, *Economics after the Crisis: Objectives and Means*, Cambridge, MA, MIT Press.

Turner, Adair, Andrew Haldane y Paul Woolley, 2010, *The Future of Finance*, LSE Report, Londres, London School of Economics and Political Science.

UBS, 2008, «Shareholder Report on UBS's Writedowns», Zurich, 18 de abril, https://www.static-ubs.com/global/en/about_ubs/investor_relations/agm/2008/agm2008/invagenda/_jcr_content/par/linklist_9512/link.277481787.fi le/bGluay9wYXRoPS9jb250ZW50L2RhbS91YnMvZ2xvYmFsL2Fib3V0X3Vicy9pbnZlc3Rvcl9yZWxhdGlvbnMvMTQwMzMzXzA4MDQxOFNoYXJlaG9sZGVyUmVwb3J0L nBkZg==/140333_080418Shareholder Report.pdf. Consultado el 6 de octubre de 2012.

——, 2011, «Annual Report», http://www.ubs.com/global/en/about_ubs/investor_relations/annualreporting/2011.html. Consultado el 6 de octubre de 2012.

Ueda, Kenichi, y Beatrice Weder di Mauro, 2012, «Quantifying Structural Subsidy Valuesfor Systemically Important Financial Institutions», IMF Working Paper 12, Fondo Monetario Internacional, Washington, DC.

Valukas, Anton R., 2010, *Report of Anton R. Valukas, Examiner, In re Lehman Bros. Holding Inc.*, Chapter 11, Case No. 08-13555 (JMP), U.S. Bankruptcy Court, Southern District of New York, Nueva York.

Van den Heuvel, Skander J., 2008, «The Welfare Cost of Bank Capital Requirements», *Journal of Monetary Economics*, 55, págs. 298–320.

Viscusi, W. Kip, Joseph E. Harrington y John M. Vernon, 2005, *Economics of Regulation and Antitrust*, Cambridge, MA, MIT Press, 4ª ed.

Waverman, Leonard, y Esen Sirel, 1997, «European Telecommunications Markets on the Verge of Full Liberalization», *Journal of Economic Perspectives*, 11 (4), págs. 113–126. di:o10.1257/jep.11.4.113.

Weinberg, John A., 1995, «Cycles in Lending Standards?», *Economic Quarterly*, 81 (3), págs. 1–18.

Weinstein, David, y Yishay Yafeh, 1998, «On the Costs of a Bank Centered Financial System: Evidence from the Changing Main Bank Relations in Japan», *Journal of Finance*, 53, págs. 635–672.

Wheelan, Charles, 2003, *Naked Economics: Understanding the Dismal Science*, Nueva York,W. W. Norton.

Whitaker, Stephan, y Thomas J. Fitzpatrick IV, 2012, «The Impact of Vacant, Tax-Delinquent, and Foreclosed Property on Sales Prices of Neighboring Homes», Working Paper 1123, Banco de la Reserva Federal de Cleveland, Cleveland, OH.

White, Lawrence J., 1991, *The S&L Debacle: Public Policy Lessons for Bank and Thrift Regulation*, Oxford, Inglaterra, Oxford University Press.

———, 2004, «The Savings and Loans Debacle: A Perspective from the Early Twenty-First Century», en J. Barth, S. Trimbaugh y G. Yago, Dordrecht (comps.), *The Savings and Loan Crisis: Lessons from a Regulatory Failure*, Países Bajos, Kluwer.

Wilmarth, Arthur E. Jr., 2007, «Conflicts of Interest and Corporate Governance Failures at Universal Banks during the Stock Market Boom of the 1990s: The Cases of Enron and Worldcom», en Benton E. Gup (comp.), *Corporate Governance in Banking: A Global Perspective*, Northampton, MA, Edward Elgar.

———, 2011, «The Dodd-Frank Act: A Flawed and Inadequate Response to the Too-Big-to-Fail Problem», *Oregon Law Review*, 89, págs. 951–1.057.

———, 2012a, «The Financial Services Industry's Misguided Quest to

Undermine the Consumer Financial Protection Bureau», Public Law Research Paper 2012-4, George Washington University Law School, George Washington University, Washington, DC.

————, 2012b, «The Dodd-Frank Act's Expansion of State Authority to Protect Consumers of Financial Services», *Journal of Corporation Law*, 36 (4), págs. 893–954.

Wilson, James Q. (comp.), 1980, *The Politics of Regulation*, Nueva York, Basic Books.

Wolf, Martin, 2010, «Why and How Should We Regulate Pay in the Financial Sector?», en *The Future of Finance*, The LSE Report, Londres, London School of Economics and Political Science, capítulo 9.

Wuffli, Peter, 1995, «Comment on the Paper by Professor Hellwig, 'Systemic Aspects of Risk Management in Banking and Finance'», *Swiss Journal of Economics and Statistics*, 131, págs. 139–410.

Zingales, Luigi, 2012, *A Capitalism for the People: Recapturing the Lost Genius of American Prosperity*, Nueva York, Basic Books.

Zubrow, Barry, 2011, comparecencia ante el Financial Services Committee, Washington, DC, 16 de junio.

Zuckerman, Gregory, 2009, *The Greatest Trade Ever: The Behind-the-Scenes Story of How John Paulson Defied Wall Street and Made Financial History*, Nueva York, Crown Business.

Índice analítico

Los números de las páginas correspondientes a las figuras van seguidos de una *f*, los correspondientes a las notas, van seguidos de una *n* y los correspondientes a los cuadros, van seguidos de una *t*.

liquidez, 262–265, 439nn12–13, 440n18; motivos del éxito de los, 266–288; de la solvencia, 264–265 argumentarios fáciles, 262–268; liquidez y, 262–265, 439nn12–13, 440n18; motivos del éxito de los, 266–288; solvencia y, 264–265 argumentarios fáciles utilizados por los, 262–265; y diferencias entre los bancos y otras empresas, 146; sobre la crisis financiera de 2007–2009 como una casualidad, 10–11, 287n9; y fragilidad del sistema bancario, 115, 75–77, 210, 266; y garantías implícitas, 294n30; renta de los (*véase* remuneración); y competición internacional, 245–247, 251–252; y «reglas del juego iguales para todos», 32, 245, 426n26; cobertura de los, en los medios de comunicación, 21; errores admitidos por los, 10–11, 25, 286n8, 289n17; utilización del «dinero de los demás» por parte de los, 268–272, 443n36; y captación de los reguladores, 256–258; y rendimiento del capital, 135–137, 153; evaluación del riesgo por parte de los, problemas de la, 104; examen de las afirmaciones de los, falta de, 21 22; y «consecuencias inintencionadas», 10–11, 30–31, 287n10

Armitstead, Louise, 376n16

Asia, crisis bancarias de 1996–1998 en, 95, 97. *Véase también países específicos*

asociaciones ciudadanas sin fines de lucro, 259, 267, 435n66

asunción de riesgo: en la remuneración de los banqueros, 136, 143, 163–165, 369n27; excesivo y dificultades financieras, 58, 67–69; efecto de las garantías en la, 187, 380nn37–38; e innovación, 270

auditores, conflictos de intereses de los, 168, 372n40

auge y caída en las crisis financieras, 85, 440n18

auge, evaluaciones de la solvencia durante el periodo de, 86

Australia: seguro de depósitos en, 325n25; neutralización de la penalización fiscal por la financiación mediante acciones en, 181

Autoridad Bancaria Europea (ABE), 427n31

Avdjiev, S., 413n65

Bagehot, Walter, 388nn35–36

Bair, Sheila, 225, 286n5, 288n12, 289n16, 296n38, 298nn47–48, 307n2, 309n10, 311n16, 322n43, 335n57, 335n62, 338n65, 346n30, 353nn54–55, 364n9, 375n13, 399n13, 402n27, 405n41, 410n53, 417n78, 434n62, 435n64

balances, 75–76, 116–120; en los métodos para controlar el riesgo, 120–121; activos en los, 75–77, 75f; valor contable en los (*véase* valores contables); de las empresas, 50, 50f, 51, 303n12; derivados en los, 101, 333n42; «fortaleza», 116–120, 340n6; en la ley Glass-Steagall, 75–76, 75f;

burbuja tecnológica de los años noventa, 89, 91, 324n3, 325n6
burbujas inmobiliarias, 85, 374n8,
415n71, 440n18
Bureau of Economic Analysis de
EE UU, 299n49
Burnside, Craig, 376n16
Cabiallavetta, Mathis, 167, 371n36
caja de conversión, 385n15, 443n39
cajas, problemas de solvencia de las,
400n19
calificaciones crediticias: garantías y,
papel de las, 30, 185, 294nn31–
32, 377n28; de los títulos relacionados con hipotecas, 200–202,
233; riesgos ocultos en las,
163–165, 200–202, 277, 387n29;
en la titulización de hipotecas,
331n33
California: crisis japonesa de los años
noventa y, 329n25; cláusulas de
dación en pago de los préstamos
hipotecarios en, 301n5; escándalos en, relacionados con los
derivados, 101; préstamos hipotecarios con problemas en, 308n10
Calomiris, Charles W., 318n20,
395n56, 418n80, 440n16-17
cámaras de compensación, 407n48,
446n46
Campbell, John J., 302n6, 308n10
cancelación de préstamos hipotecarios antes de su vencimiento, 105,
313n20, 323n47
cantidad de dinero, definiciones de,
383n10
capital (acciones), 135–152; de los
bancos (véase capital); valor con-

table frente a valor de mercado
del, 118–120, 343-44nn20–21;
de las sociedades anónimas
(véase capital de las sociedades
anónimas); costes de la financiación mediante acciones, 28–29,
100–109, 169–189; costes de la
financiación con deuda tratada
como, 236–238; definición de,
27; dilución del, 28; en vivienda,
40–47, 41f, 43f, 302n9; cociente
entre el, y los activos, historia del,
55, 93, 226; regulación del (véase
regulación del capital); rendimiento exigido al (véase rendimiento del capital); y beneficios
no distribuidos, 52, 219–223, 231,
240; de las empresas de propiedad individual, 47–49, 48f
capital (capital bancario): valor contable del, 118–120; frente a reservas de caja, 26–27, 132; confusión
sobre el término, 26–27, 132;
costes del, 28–29, 132, 135–137,
148–149, 195, 355n2; definición
de, 27, 132; cociente entre el, y los
activos, historia del, 55, 93, 226,
229, 410n55. Véase también regulación del capital; apalancamiento
capital bancario. Véase capital
capital básico, 224, 417n79
capital de las sociedades anónimas,
51–53; coste del, 142–144; definición de, 303n12; mercados financieros como fuente de, 40, 48–49,
303nn14–16, 311n17, 316n14;
aumento del, y rendimiento del
capital, 158; crecimiento interno

como fuente de, 52–53; de las
sociedades anónimas que cotizan
en Bolsa, 303n12; beneficios no
distribuidos como fuente de, 52,
220; riesgos del, 136; fiscalidad
del, 182, 237
capital en vivienda, 40–47, 41f, 43f,
302n9
capitalismo clientelista, 441n19
capitalismo de riesgo, 270
capitalización de mercado, 343n20.
   Véase también valor de mercado
   del capital frente a valor
Capítulo 11 de la Bankruptcy Code
   de EE UU: procedimiento de
   insolvencia según el, 309n11;
   reforma de 1978, 309n11, 311n19
Caprio, Gerald, 399n16
captación de los reguladores,
   256–260; causas de la, 257–258;
   definición de, 245; efectos de la,
   206; ejemplo de, 423n9; en la
   crisis financiera de 2007–2009,
   257; puerta giratoria y, 257–258,
   432n56. *Véase también* presiones
Carbo-Valverde, Santiago, 377n28,
   381n41
cárcel para deudores, 62, 308n7
cargas de capital, confusión sobre el
   término, 355n2
Carmassi, Jacopo, 335n62
carrera profesional, preocupación
   por la, 167, 283, 423n9
cartera bancaria, 329n26, 397n6,
   412n62, 413n64
cartera de negociación, 412n62,
   413n64, 415n70
Caruana, Jaime, 413n65

catástrofe nuclear de Japón (2011),
   analogía con las crisis financieras,
   xi, 260
catástrofes naturales: comparación
   de las crisis bancarias con las,
   191-193; en Japón, xi, 259–260
causas del, 17; aumento del, 301n2.
   Véase también préstamo(s)
   hipotecarios(s)
CBO. *Véase* Congressional Budget
   Office
CDO. *Véase* obligaciones con la garantía de un fondo de deuda
CDS. *Véase* permutas de incumplimiento crediticio
Cecchetti, Stephen G., 327n17
Center for Responsive Politics,
   286n4, 434n60
CFTC. *Véase* Commodity Futures
   Trading Commission
Chrysler Financials, 294n29
cierre de los bancos: en Alemania
   (1931), 325n8; en EE UU (1933),
   81, 92
Citigroup: balance de, 107, 342n15;
   valor contable frente a valor de
   mercado de, 120, 344n22;
Citrix, endeudamiento de, 293n26
City of Glasgow Bank, hundimiento
   del, en 1878, 82
Clarke, David, 345n24
cláusulas de dación en pago de las
   hipotecas, 43–44, 45, 301n5
cláusulas de recuperación, 184
cláusulas restrictivas, deuda y, 67,
   182–184
Clearing House, The, 345n24,
   375n14, 408n51

cuestiones relacionadas con la
solvencia de, 400n19
Commodity Futures Modernization
Act de 2000 (EE UU), 432n51
Commodity Futures Trading Commission (CFTC), 339n4, 432n51,
434n62
Communal de Belgique y Crédit
Local de France, 346n28, 428n36;
rescate público de, 33, 86, 243,
296n38, 321n39, 349n36, 421n3,
422n7, 428n36; deuda pública de,
201, 428n36; fondos del mercado
de dinero invertidos en, 396n3;
problemas de solvencia de, 224,
405n40
Community Reinvestment Act
(CRA) (EE UU), 429n38
compañías de seguros: necesidades
mínimas de capital para las, 227;
bonos convertibles
compensación, 118, 139, 85–86,
342nn15–17
competición: entre la banca y otros
sectores, 246–249; exceso de
capacidad en la banca y, 218,
399n17; efecto de las garantías en
la, 187, 380n37; entre las instituciones de ahorro y los fondos del
mercado de dinero, 81–83. *Véase
también* competición internacional
competición internacional: normas
de Basilea y, 245–246; legislación
medioambiental y, 251–252,
425n25; tendencia de los reguladores a favorecer al equipo de
casa, 244, 258; retórica de las

«reglas del juego iguales para
todos» y, 32, 245–246; y política
nacional, 244, 245–246, 422n8;
subvenciones y garantías en la,
249–242
complacencia, cultura de la, 260
complejidad: de las cadenas de
transacciones, 98, 203–206; de los
derivados, 101–103; en la
compra de viviendas. *Véase*
préstamo(s) hipotecario(s)
compras apalancadas, 293n26,
401n24
concentración del sector financiero:
liberalización y, 122, 346n27; y
eficiencia, 122, 186
concesión de préstamos. *Véase* concesión de préstamos bancarios;
préstamos bancarios; endeudamiento
concesión de préstamos bancarios:
beneficiosa para la economía,
75–76, 191, 196, 314n8; al Estado,
252–256, 301n1; efecto de la regulación del endeudamiento bancario en la, 26–28, 290n18; efecto
de la regulación del capital en la,
131, 133, 215, 277, 353n59; límites a la cantidad de préstamos,
121, 345n24; transformación de
liquidez a través de la, 199–201,
203–204 317n17; transformación
de vencimientos a través de la, 79,
203; orígenes de la, 193; fuentes
de financiación para la, 75–77,
79–80, 220; condiciones para la,
53, 77–79, 304n19 (*véase también*
evaluaciones de la solvencia);

Duffie, Darrell, 439n14
Dunbar, Nicholas, 331n34, 332n37, 332n40, 386n28, 392n47, 393n50, 432n54, 437n6, 441nn20–21, 442n28, 448n54
Durbin, Dick, 431n48
Düsseldorf (Alemania), títulos relacionados con hipotecas comprados por los bancos de, 330n29
Dybvig, Phillip H., 317n19
École Nationale d'Administration (ENA), 255, 430n43
economía, beneficios de los bancos para la, 10–11, 76–79, 191, 288n14
economía mundial, efecto de la crisis de las hipotecas de alto riesgo en la, 89
economías de mercado: quiebra como algo normal en las, 64; distorsiones en las, 249–250
Economic Emergency Stabilization Act de 2008 (EE UU), 431n46
Edad Media: impago en la, 62; historia de la banca en la, 316n16
efectivo: frente a pagarés, 193; frente a depósitos, 197, 198, 383n10; frente a activos que rinden intereses, 197–199; necesidad de, 198, 199
efecto disciplinario de la deuda a corto plazo de los bancos, 210, 432n56, 419n83
efectos dominó, 91; de las permutas de incumplimiento crediticio, 98–99; en la crisis financiera de 2007–2009, 91, 97. *Véase también* contagio

Eichengreen, Barry, 325n8
Eisenbeis, Robert A., 335n60, 336n62
ejecuciones hipotecarias: efecto en los precios de la vivienda, 308n10; ineficiencias de las, 302n6, 357n12; en las hipotecas con cláusula de dación en pago, 43
El traje nuevo del emperador (Andersen), 22, 131
Elkind, Peter, 341n8, 368n25, 369n29, 371n39
Ellison, Keith, 347n33
empleados: preocupación por su carrera profesional, 167, 283, 423n9; remuneración de los, 162–169; competición por los, 248–249
empleo en la crisis financiera de 2007–2009, 291n20, 297n42
empresas: quiebra de (*véase* quiebra); endeudamiento de las (*véase* endeudamiento);
empresas de propiedad individual: balances de las, 47, 48f; endeudamiento de las, 47–49
empresas de responsabilidad ilimitada, bancos como, 53–55, 197
empresas de responsabilidad limitada, 48–49; bancos como, 53–55; frente a responsabilidad ampliada, 55; tipos de, 301n10; aparición de las, 53; frente a responsabilidad ilimitada, 53–55. *Véase también* sociedad(es) anónima(s)
empresas privadas, endeudamiento de las, 28–29, 293n26
ENA. *Véase* École Nationale d'Administration

con repos, 208-210; riesgos del, 34-35, 170; a corto plazo (*véase* deuda a corto plazo); subvenciones al, 30, 129-171, 178-180, 181-182, 294n30
endeudamiento de los individuos: tipos de interés y, 136; para realizar inversiones, 39-40;
endeudamiento público. *Véase* deuda soberana
Englund, Peter, 321n38, 345n26, 427n30
Enron: quiebra de, 90, 310n13; cultura del ROE en, 165, 369n29; problemas de gobernanza en, 167; compromisos fuera de balance de, 116, 164
entidades de crédito frente a bancos de inversión, 126, 179, 372n1
entidades fuera de balance, 115-117, 164, 240, 327n17, 340n7, 341n11
entradas de los créditos hipotecarios, 40-47, 45t
escala eficiente de los bancos, 78-79, 122, 186, 346n31, 377n29
escándalos: contabilidad, 267; relacionados con derivados, 101-102, 437n6; LIBOR, 261, 262, 269, 356n5, 436n2, 436n4; en el verano de 2012, 437n6
esclavitud, prestatarios morosos vendidos como esclavos, 91, 307n4
España: bancos como fuente de financiación en, 426n30; costes de los rescates en, 380n39; riesgo de impago y tipos de interés en, 138, 356n7; ayuda de la UE a la banca en, 33, 300n52; quiebra de bancos

en, 33, 185, 301n1, 444n41; títulos híbridos en, 416n77; deuda hipotecaria en, 301n4; burbuja inmobiliaria en, 85, 440n18; cajas de ahorros en, 74; problemas de solvencia en, 400n19, 440n18; deuda soberana en, 216
estabilidad financiera: periodo comprendido entre los años treinta y los setenta, 81, 95, 191, 320n36, 321n40; y crecimiento económico, falsa elección entre, 5; como objetivo fundamental de la regulación bancaria, 271, 273; ausencia de un electorado natural para la, 268-272, 435n65, 442n29; estrategias para evitar las quiebras bancarias y, 272-279
Estado, concepto estadounidense frente a concepto francés, 430n42
Estados Unidos: normas contables de, frente a normas contables europeas, 117f, 116-118, 341n11, 341n13, 342n15, 343n18; industria automovilística de, 29, 294n29; cierre de los bancos en 1933 en, 81, 92; tope de la deuda de, 427n32; deuda de los mayores bancos de, 33; cárcel para deudores en, 62, 308n6; GDP of, 291n19, 297n42, 299nn49-50; responsabilidad limitada en, aparición de la, 53; política monetaria de, 389n39; suspensión del pago de la deuda soberana de, riesgo de, 253, 427n32. *Véase también organismos, crisis, instituciones y leyes específicos*

estrategias para evitar las, 272–279;
en las empresas, costes de las,
182–184; precaución o imprudencia en respuesta a las, 58,
67–69; cláusulas restrictivas y,
183; sobreendeudamiento y, 68–
69; insolvencia oculta y, 82–83,
218–219; ineficiencias y, 311n18;
decisiones de inversión en los periodos de, 67–69, 311n18. *Véase
también* quiebra
Esty, Benjamin C., 305n22
euro y riesgo de suspensión del pago
de la deuda soberana, 253, 356n6
Europa: bancos como fuente de
financiación pública, 252–256,
427–22nn30–31; necesidades mínimas de capital en, 216, 397n6;
endeudamiento de las sociedades
anónimas en, 53; deuda de los
mayores bancos en, 33; riesgo
de impago y tipos de interés en,
138–140, 356-57nn7–8; seguro
de depósitos en, 305n25; política de dividendos en, 304n17;
restricciones geográficas sobre los
bancos en, 88, 345n25; créditos
hipotecarios para la compra
de viviendas en, 42–43, 301n4;
reservas obligatorias en, 349n41;
problemas de solvencia de los
bancos en, 216, 397n4; bancos
universales en, 313n3. *Véase
también* zona del euro; Unión Europea; *países específicos*
European Policy Studies Task Force,
297n41
Eurozona. *Véase* zona del euro

evaluaciones de la solvencia, 78; realizadas sin cuidado, 85, 357n12;
retos de las, 78; economizar,
315n13; información dura y blanda en las, 78, 314n9; en el caso de
los préstamos hipotecarios, 85,
88, 314n9, 357n12
exceso de capacidad en la banca, 218,
255, 382n5, 400nn17–18
Expertenrat, 296n38, 298n45,
321n39, 326n12, 335n55, 349n40,
400n17, 400n19, 402n26, 423n8
externalidades: y costes de la regulación bancaria, 114; 131, 339-
40nn4–5; respuestas del gobierno
a las, 249–242, 425n22; analogías
con la contaminación, 34, 114;
131, 170, 249
externalidades; garantías; asunción
de riesgo, excesivo, en las dificultades financieras; subvenciones
falacias del debate sobre la regulación
del capital, 131–134; confusión
sobre las causas de la reducción
de la concesión de préstamos,
131, 133, 215, 277, 353n59;
confusión sobre el coste de la
financiación mediante acciones,
135–137, 150, 231; confusión
sobre el lenguaje, 26–27, 132,
355n2; confusión sobre el papel
del ROE, 135–137, 140–147, 150,
275–276, 360n22; confusión entre
los costes del endeudamiento de
los bancos para los bancos y para
la sociedad, 29–30, 32, 169–189;
confusión entre el capital y las reservas, 26–27, 131–132, 292n23,

409n52
Harding, John P., 308n10
Harrison, Ian, 360n22
Hauri, Kurt, 423n15
Hayes, Christopher, 286n7, 369n27, 431nn48-49, 437n5
Healy, Paul M., 341n8, 368n25
Heitz, Amanda, 378n29
Hendershott, Patrick C., 319n33
Herring, Richard, 335n62, 418n80
Herstatt Bank, hundimiento del, 320n36, 329n23
Hesse, Heiko, 298n46
Hillel, Rabbi, 399n10
hipoteca(s) de alto riesgo: afirmación de que eran préstamos a corto plazo, 390n44; en la crisis financiera de 2007-2009, 89-91; tipos de interés de las, 357n12
hipotecas cuyo valor es superior al valor de la vivienda, 42-43, 68, 129, 173, 311n18
hipotecas de alto riesgo: motivos del efecto de las pérdidas provocadas por las, 89-91; valor de las pérdidas provocadas por las, 89, 324n2
hipotecas de primera clase,322n43
hipotecas de tipo ajustable, 60, 205, 307n2, 390n44
Hitler, Adolf, 325n8
Hoenig, Thomas M.,347n33, 410n53, 414n66, 415n68, 444n40
Holtfrerich, Carl-Ludwig, 305n20, 306n27, 381n41, 405n44
Horowitz, Maurice, 336n62
Hoshi, Takeo M., 316n14, 325n4, 338n70, 399n12
Hu, Henry T. C., 346n30, 377n28,

444n40
Hughes, Joseph P., 377n29
Hyman, Louis, 301n2
Hypo Real Estate: y competencia feroz, 400n17; insolvencia efectiva de, 400n19;
IASB. *Véase* International Accounting Standards Board
ICB. *Véase* Independent Commission on Banking
ideología contraria a la regulación, 257, 268-269
IIF. *Véase* Institute of International Finance
Imai, Masami, 305n22
impago de las empresas: trastornos causados por el, 62; riesgo de, 141
impago, 61-64; coste medio del, 310n13; como problema de los prestatarios frente a los acreedores, 62, 307n3; mecanismos de contagio del, 91-92; respuestas de los acreedores al, 61-62; en el lado malo del endeudamiento, 61-64; trastornos causados por el, 62-64; historia del, 62; diferencias internacionales en el tratamiento del, 62; acciones legales contra el, 61-62; problemas de liquidez e, 64-66; riesgo de, y tipos de interés, 29-30, 138-140; tamaño de la deuda e, 62; problemas de solvencia e, 66-67. *Véase también* quiebra
impago de los bancos, 29-30, 32-35; consecuencias de permitir el, 33; mecanismos de contagio e, 92-93; daños causados por el,

Majluf, Nicholas S., 401n21, 403n29
Mallaby, Sebastian, 407n49, 410n53
Malysheva, Nadezhda, 375n10,
    405n44
manus iniectio, 307n4
máquina tragaperras, 158, 364n9,
    365n10; oportunidad de arbitraje
    como, 138, 357n9;
Mariani, Pierre, 256
Mary Poppins (película), 264, 317n19
Mason, Joseph R., 318n20
Masters, Brooke, 286n6, 362nn1-2
Mayer, Colin, 314n8, 401n21
Mayo, Mike, 337n64, 344n21,
    368n17, 369n27, 370n32, 378n30,
    399n13, 400n20, 442n28
MBS. Véase títulos con garantías
    hipotecarias
McCain, John, 320n35
McDonald, Lawrence G., 369n29
McDonald, Robert L., 418n81
McFadden Act of 1927 (U.S.),
    345n25, 346n27, 445n45
McKenna, Francine, 371n40
McLean, Bethany, 293n27, 331n34,
    341n8, 366n14, 371n39, 388n33,
    392n47, 393n50, 415n71,
    441nn20–21, 442n28, 448n54
Mecanismo Europeo de Estabilidad
    Financiera, 300n52
Mehran, Hamid, 360n22
Mehrling, Perry, 310n15, 317n18,
    352n49, 382n5, 384n11, 384n13,
    386n22, 388nn35–36, 439nn14–
    15
Meltzer, Allan, 298n48, 306n26,
    339n2, 410n54
Melzer, Brian T., 311n18

mentira, cultura de la, 437n5. Véase
    también cultura de la banca
mercado de dinero, definición de, 76
Merkley, Jeff, 288n13, 330n32
Merrill Lynch, fondo del mercado de
    dinero de, 319n27
Merton, Robert K., y la profecía que
    se cumple automáticamente,
    317n19
Mester, Loretta J., 377n29
metáfora de las cañerías, 263-64
método de valoración a precios de
    mercado, contabilidad por el,
    164, 329n26
Metrick, Andrew, 310n15
México, suspensión del pago de la
    deuda soberana de, 428n33
MF Global, quiebra de, 395n55
Mian, Atif, 431n46
«Microcosmographia Academica»
    (Cornford), 288n11
Mihm, Stephen, 415n68
Miles, David, 359n20, 360nn22-23,
    409n52, 410n53
Miller, Brad, 347n33, 361n25
Miller, Geoffrey P., 305n23
Miller, Harvey A., 336n62
Miller, Merton, 135, 137, 146, 147,
    150, 227, 355n1, 359n18, 360n22,
    401n22, 406n46. Véase también
    Modigliani–Miller
Mishkin, Frederic, 153, 317n17,
    362n3. Véase también libros de
    texto de banca modelo: y regula-
    ción del capital, 232, 235–236,
    241; y contabilidad por medio
    del valor que indica el modelo,
    344n21; de riesgo (véase modelos

301n5; de primera clase, 322n43;
problemas causados por la carga
de los, 58–60; rendimiento del
capital y, 155–157, 156t, 176,
363n7, 373n7; riesgos de los,
40–47, 138–139; segundo, 60, 70,
301n5, 313nn21–22, 373n5; titulización de (*véase* titulización);
problemas de solvencia de las
S&Ls como consecuencia de los,
82, 204, 319n32; de alto riesgo
(*véase* hipoteca(s) de alto riesgo);
subvenciones fiscales a los, 182,
376n22; cuyo valor es superior al
valor de la vivienda, 42–43, 68,
129, 173, 311n18; con un capital
nulo, 175–177, 374nn8–9
préstamos. *Véase* concesión de
préstamos bancarios; préstamos
bancarios; endeudamiento
préstamos bancarios: en porcentaje
de los activos del banco, 118,
343n18, 381n1; riesgos de los,
84–88, 121; venta de (*véase* titulización). *Véase también* concesión
de préstamos bancarios
préstamos con un capital nulo,
175–177, 374nn8–9
préstamos de los bancos a las pequeñas empresas: beneficiosos
para la economía, 79; y método
de la ponderación de riesgo, 233,
415n70
préstamos entre particulares, 84,
315n10
préstamos interbancarios. *Véase*
LIBOR
préstamos no garantizados, tipos de

interés de los, 326n13
préstamos para la compra de
viviendas. *Véase* préstamo(s)
hipotecario(s)
presupuesto del Estado y bancos
centrales, 202
prevención de las quiebras bancarias, estrategias para la, 113–129,
272–279
PricewaterhouseCoopers, 292n21
Prieto, Esteban, 290n18, 305n20,
306n27, 409n52
prima de riesgo, definición de, 140
primas: base de las, 152, 164, 165,
207, 368n24; pagos retrasados de
las, 184
Primera Guerra Mundial, financiación de la, 226
Prince, Chuck, 166
principio de la inmadurez del tiempo, 217
principio del país de origen, 335n59,
396n2
Principios de Contabilidad Generalmente Aceptados (PCGA), 115f,
116–18, 341n11, 342n15, 343n18
problema de los cacharros, 199, 200,
387n30, 387n32, 393n54
problemas de liquidez (falta de
liquidez), 64–66; enfoque para
controlar los, 125–128; y retiradas masivas de depósitos de
los bancos, 80, 126; efecto de la
regulación del capital en los, 129;
ayuda de los bancos centrales en
caso de, 65–66, 92, 227, 326n13;
mecanismos de contagio de los,
92; definición de, 64; en la crisis

416n76; evaluación del riesgo con, 104, 235-236, 416n76
público, definición estadounidense frente a definición francesa, 430n42
puertas giratorias, efecto de las, 258, 260, 283, 430n44, 432n56
Qué bello es vivir (película), 73-75, 77, 131, 205, 264, 313n1
quiebra de empresas, 62-64, 309-10nn12-13; conflictos de intereses en la, 183; costes para los prestatarios, 62, 182-183; costes para los acreedores, 62; costes para terceros, 62-63, 183, 308n9; tribunales, 183, 311n19; retraso de las declaraciones de, 311n19; derivados en la, 210, 282, 295n35, 394n55, 448n57; trastornos causados por la, 62-64; diferencias internacionales en el tratamiento de la, 63, 309n11; leyes sobre la, 63, 309n11, 311n19; responsabilidad limitada en la, 49; problemas de liquidez en la, 64-66; posiciones netas en la, 342n17; normal en las economías de mercado, 64; acuerdos de repo en la, 210, 282, 295n35, 393n54, 394n55, 448n57; permutas en la, 295n35; fin tradicional de la, 37. *Véase también* empresas específicas
quiebra, 61-64; en el lado malo del endeudamiento, 61-64; historia de las prácticas relacionadas con la, 307n4, 308nn6-7, 309n11; orígenes del término, 191, 381n2. *Véase también* impago; *Konkurs*

quiebra personal: problemas de liquidez en la, 64-65; empresas de propiedad individual y, 48; e hipotecas en las que el valor de la vivienda es menor que la hipoteca, 42, 301n4
quiebras bancarias: costes de las, para el sistema financiero, 106, 107, 109-110, 113; costes de las, para la sociedad, 109-110; credibilidad de las amenazas de permitir las, 106-107, 181, 337n65; debate sobre la posibilidad de permitir las, 105-110; temor al contagio de las, 74-75, 109-110; historia de las, 95, 191; interconexiones y, 338n66; necesidad de un mecanismo viable para las, 109-110; resolución de las (*véase* resolución); instituciones de ahorros, 74, 313n2; deuda soberana y, 301n1; estrategias para evitar las, 272-279; demasiado grande para salvar, 122. *Véase también* crisis bancarias; impago de los bancos; demasiado grande para quebrar; *bancos específicos*
quiebras bancarias. *Véase* quiebras
Quinn, Stephen, 383n8
Raines, Franklin, 367n16
Rajan, Raghuram G., 314n9, 315n12, 316n14, 395n56
Rajan, Uday, 314n9
Ranieri, Lewis, 322n42
recesiones: de 2008-2009, 5, 33, 291n19; relacionadas con crisis financieras, historia de las, 291n19; duración de la recuperación

tal de las sociedades anónimas); gobernanza de las (*véase* gobernanza corporativa); rescate públicos de, 29; renta de las, definición de, 182; pruebas de insolvencia de las, 67; persona jurídica de las, 49; responsabilidad limitada de las, 26; que cotizan en Bolsa, 302n10, 303n12; accionistas de las (*véase* accionistas de las sociedades anónimas); acciones de las (*véase* acciones); recompra de acciones por parte de las, 52–53; fiscalidad de las, 150, 181–182, 238, 377n26

sociedades anónimas cuyas acciones cotizan en Bolsa, 302n10

sociedades anónimas que cotizan en bolsa: balances de las, 303n12; gobernanza de las, 302n10

sociedades colectivas en la historia de los bancos, 54, 366n14

sociedades de ahorro y crédito inmobiliario (S&L), crisis de los años ochenta, EE UU: coste de la, 83, 181, 376n20; seguro de depósitos después de la, 318n22; fallos de muchas instituciones en la, 444n41; fallos de la legislación que contribuyeron a la, 121; restricciones geográficas y, 121, 255; pocos efectos internacionales de la, 95; orígenes de la, 82–83; problemas de solvencia y, 82–83, 320n35

sociedades de ahorro y crédito inmobiliario (S&L): balance de las, 75–76, 75f, 314n4; seguro

de depósitos para las, 318n22; liberalización de las, 82–83, 128, 319n28; quiebra de las, 74, 313n2; restricciones geográficas sobre las, 121, 255; y ley Glass-Steagall, 73, 75–76; en la Gran Depresión, 74, 313n2; crecimiento de las, 187; tipos de interés de las, restricciones sobre las, 81, 82; inversiones de las, en bonos basura, 82–83, 352n50; saqueo de las, 319n33; fondos del mercado de dinero en competencia con las, 81–83; préstamos hipotecarios realizados por las, 82, 88, 204, 319n32; orígenes e historia de las, 74, 187, 313n2; problemas de solvencia de las, 82–83, 128, 319n32, 320n35; 3-6-3 modelo de negocio de las, 81–83, 86

Société Générale, 332n39, 430n45

Solo ante el peligro (película), 280

solvencia, definición de, 58

Sorkin, Andrew R., 298n47

Sowerbutts, Rihannon, 377n28, 379n34

Spamann, Holger, 371n35

Squam Lake Report. *Véase* French, Kenneth

Stanton, Thomas H., 370n32, 371n37

Staub, Markus, 321n38, 349n39

Steffen, Sascha, y operaciones de arbitraje y riesgo, 357n8, 365n9, 376n16

Stewart, Jimmy, 313n1

Stigler, George M., 434n60, 441n25

Stiglitz, Joseph E., 431n46

Stout, Lynn, 370n32

subvenciones, 169-189; al endeudamiento bancario, 30, 129-171,
178-180, 181-182, 294n30; al
endeudamiento de las sociedades
anónimas, 170, 181-182; costes
de las, para la sociedad, 187-189;
explícitas (*véase* garantías explícitas); externalidades y, 249-242;
garantías como tipo de (*véase*
garantías); implícitas (*véase* garantías implícitas); y competición
internacional, 249-242; perversas, 34, 113, 170, 181, 238, 113,
282; y tamaño de los bancos, 122,
170, 346n31; atx, 181-182, 237
subvenciones públicas. *Véase* subvenciones
sucursales bancarias, restricciones
geográficas sobre las, 345n25
Suecia: crisis bancaria de 1992 en, 95,
121; reforma bancaria apoyada
por, 252; limpieza de bancos
en, 223; bancos universales en,
322n41
Suiza: rescates bancarios en, 33, 130-
131, 296n38; deuda bancaria en
porcentaje del PIB de, 299n50;
reforma bancaria apoyada por,
251-252, 426n28; regulación
del capital en, 426n28; costes de
los rescates en, 380n39; crisis de
principiios de los años noventa
en, 321n41, 349n39; tipo de interés de los préstamos hipotecarios
en, 376n21; acciones nominativas
en, 303n13; éxito de la banca
en, 246-247, 251-252; bancos
universales en, 321n41

Sumitomo Corporation, 332n39
Summers, Lawrence, 286n7, 389n39,
441n19
Sundaresan, Suresh, 418n81
supervisores: evaluación de la
solvencia por parte de los, 223;
preocupación por la competitividad internacional, 422n8; y
captación de los reguladores,
257-258; respuesta a los incumplimientos de las necesidades
mínimas de capital, 238-239;
papel en la crisis financiera de
2007-2009, 257, 266, 282, 443n56
suspensión del pago de la deuda
soberana: y crisis bancarias, 255;
bancos como fuente de financiación pública y, 252-255; como
problema de los acreedores,
307n3; de Grecia, 138-140, 216,
224, 253, 307n3; historia de la,
301n1; de México, 428n33; riesgo
de, 136, 253-254, 356n6, 427n32
Sutton, Willie, 426n29
swaps (permutas): y quiebra, excepciones en el caso de los, 295n35;
uso del término, 331n34. *Véase
también* permutas de incumplimiento crediticio
Swiss Bank Corporation, 167,
346n28
táctica del miedo, 23, 31. *Véase también* cuentos del lobo, 217, 279
Taleb, Nassim N., 287n9, 334nn50-
51, 368n26
TALF. *Véase* Term Asset-Backed
Securities Loan Facility
tamaño de los bancos: escala eficien-

tipos de interés: del endeudamiento
bancario, 29–30, 169, 178–180,
375n14; de los préstamos a las
empresas, 136; influencia de la
regulación del capital en los, 131,
353n59; de las reservas de caja,
125, 349n41; de los depósitos en
los bancos centrales, 252, 389n37;
de las cuentas corrientes (depósitos a la vista), 76, 314n6, 363n8;
de los bancos comerciales, 81,
82; de los préstamos al consumo,
136; y costes del endeudamiento,
138–140; riesgo de impago y,
29–30, 138–140; liberalización
de los, 82, 319n28; y ley Glass-
Steagall, 81, 314n6, 318n26;
efecto de las garantías en los,
171; y subvenciones implícitas,
178–180, 375n14; LIBOR (*véase*
LIBOR); de los fondos del mercado de dinero, 81–83, 97; de los
préstamos hipotecarios, 60, 136,
137, 155, 205, 357n12, 363n6,
390n44; de las hipotecas de tipo
ajustable, 60, 205, 307n2, 390n44;
Regulación Q y, 81, 318n26;
«exigidos», 358n14; riesgo de
que varíen los, 60, 74, 81–83, 86,
101, 103, 121, 130-131, 203–205,
329n23, 374n10, 390n44, 427n32;
de las instituciones de ahorros,
81, 82; a corto plazo, historia de
los, 178, 318n25, 364n10; permutas, 332n37; de los préstamos
interbancarios no garantizados
en la crisis, 326n13
tipos específicos

tipos tentadores, 59, 307n2, 390n44
Tirole, Jean, 319n30, 319n33, 395n56
titulización: definición de, 87; orígenes de la, 87, 201, 322nn42–43
titulización de hipotecas, 86–88;
evaluaciones de la solvencia y, 58,
314n9; en la crisis financiera de
2007–2009, 89, 89; historia de la,
204, 322n43; interconexiones en
la, 99, 331n33; transformación de
vencimientos y, 203–206, 390n42,
390n44; y títulos con garantías hipotecarias, 204, 324n2;
problemas creados por la, 86–88,
200–202; y método de la ponderación de riesgo, 233, 415n71
títulos con garantías de activos
(ABS), 324n2
títulos con garantías hipotecarias
(MBS): hundimiento de los
mercados de, 86–88; y obligaciones con la garantía de un
fondo de deuda, 324n2; frente a
bonos garantizados, 322nn47–48;
definición de, 88; interconexiones y, 99; como activos líquidos,
350n44; y títulos relacionados
con hipotecas, 324n2; titulización
de, 204, 324n2
títulos fiduciarios preferentes,
417n78
títulos híbridos, 237, 402n26,
404nn36–37, 417nn77–78, 423n8
títulos relacionados con hipotecas:
como garantía, 202; contagio en
los mercados de, 92–93, 327n17;
calificaciones crediticias de los,
200–202, 233; definición de,

324n2; compra de, por parte de
bancos alemanes, 96, 330n29;
y efecto mundial de la crisis
financiera de 2007-2009, 95-96;
en entidades fuera de balance,
115-117; problemas de liquidez
de los, 200-202, 388n34; pérdidas
provocadas por los, en la crisis
financiera de 2007-2009, 89,
130-131, 324nn2-3, 353n56; y
transformación de vencimientos,
203-205; pánico en 2007 por los,
391n45; riesgos de los, 104, 207,
393n49; y método de ponderación de riesgo, 233, 415n70; y
vehículos de inversión estructurada, 206-207, 391n45
Tobin, James, 384n10
Tokyo Electric Power Company
(TEPCO), xi, 259-60
tope de la deuda, EE UU, 427n32
Torous, Walter, 307n2
Tracey, Belinda, 346n31, 378n29,
379n34
Transaction Account Guarantee
Program, 351n48
transferencias bancarias, 76, 194
transformación de liquidez, 200, 203-
204, 317n17, 387n31, 291n44
transformación de vencimientos
(desajuste), 203-205; como función básica de los bancos, 79, 203;
definición de, 79, 203; frente a
transformación de liquidez, 203-
204; titulización de hipotecas
como respuesta a los problemas
de la, 203-206, 390n42, 390n44;
en los sectores no bancarios, 212;

carrera desenfrenada, 92-95;
riesgos de la, 83, 203
transparencia en los mercados de
derivados: falta de, 101-103,
333n43; propuesta para aumentar
la, 257, 432n51
transporte por carretera, sector del,
límites de velocidad y riesgos,
analogía con el riesgo y la regulación de la banca, 241
Tratado de Funcionamiento de la
Unión Europea (TFUE), 295n32,
356n5, 389n39
Tribunal de la Asociación Europea
de Libre Comercio, 299n51
Trichet, Jean-Claude, 320n37,
430n45
Troubled Asset Relief Program
(TARP): coste del, 380n39,
439n10; y pagos de dividendos,
222, 401n26; como garantía
implícita, 178; uso ineficiente del,
309n10
Tsatsaronis, Kostas, 360n23
tsunami japonés, xi, 259
Turner, Adair, 277, 343n18, 348n35,
349n38, 432n53, 446n49
Twain, Mark, 203
Tyrie, Andrew, 422n8
UBS: ventas de activos de, 327n16;
balance de, 343n18; cultura del
ROE en, 165-166, 167; deuda
en porcentaje de los activos
en, 296n37, 343n18; deuda
en porcentaje del PIB suizo,
299n50; formado por la fusión
de Union Bank of Switzerland
y Swiss Bank Corporation, 167,